劲牌有限公司

劲牌有限公司是一家健康产品企业，1953年创建于湖北大冶。历经70年稳步发展，从一家县级小酒厂，成为业务覆盖20多个国家和地区的公司。

一直以来，劲牌公司以“健康人类、永无止境”的企业宗旨，“创新草本科技、创造健康生活”的品牌定位，通过提供健康的产品和服务，始终将提高消费者身体素质和生活质量作为企业的使命，致力于成为世界一流的健康产品企业。

劲牌公司拥有“保健酒、草本白酒、中药业”三大业务板块，专注健康产品的研发、生产、销售，分别打造了“中国劲酒、毛铺草本酒、持正堂”三大核心产品品牌，坚持所有产品和服务必须具有健康内涵和健康价值。

劲牌公司围绕“健康、科技、品质、责任”核心价值，通过创新草本科技赋能产品健康内涵，率先将科学提取技术、中药指纹图谱技术运用于产品生产。目前，劲牌公司拥有专业技术研发人员380余名，与国内外20余家科研院校（机构）开展了多项科研攻关工作，拥有发明专利授权102项，其中21项科技成果被国家权威机构鉴定为达到“国际领先（先进）水平”，先后获得国家和省级科技奖21项。

劲牌公司坚持“好而不同，追求极致”的产品理念，通过精益求精的产品品质为消费者创造健康生活。目前已在湖北黄石、四川宜宾、贵州茅台镇分别建设清、浓、酱三香原酒酿造基地，各类原酒储存总量逾60万吨，并拥有130多个中药材直供产区。2021年和2022年，劲牌公司连续两年获得全国质量奖最高奖项，即第十九届全国质量奖组织奖和第二十届全国质量奖个人奖。

劲牌公司秉承“怀仁行善，共生共荣”的社会理念，主动履行企业社会责任，热心公益慈善事业，截至2023年10月，劲牌公司历年累计公益捐赠总额达31.41亿元。先后荣获“中华慈善奖”（四次）、“全国文明单位”（四次），全国“万企帮万村”精准扶贫行动先进民营企业奖、“绿色工厂”、“全国脱贫攻坚先进集体”“国家科技进步奖二等奖”“中国酒业30年科技成果奖”等百余项殊荣。

贵州习酒
GUI ZHOU XI JIU
JUNPIN-XIJIU
習酒
贵州习酒股份有限公司出品
君品習酒
酱香型白酒

君子之品 东方习酒

中国食品工业年鉴

CHINA FOOD INDUSTRY YEARBOOK

2023

（总第35部）

主编　沈　篪

《中国食品工业年鉴》编辑委员会

图书在版编目（CIP）数据

中国食品工业年鉴．2023 / 《中国食品工业年鉴》编辑委员会编．-- 长春： 吉林科学技术出版社，2024.3

ISBN 978-7-5744-1058-9

Ⅰ．①中… Ⅱ．①中… Ⅲ．①食品工业—中国—2023—年鉴 Ⅳ．①F426.82-54

中国国家版本馆CIP数据核字（2024）第054381号

中国食品工业年鉴 2023

CHINA FOOD INDUSTRY YEARBOOK

（总第 35 部）

编　《中国食品工业年鉴》编辑委员会
出版人　宛　霞
责任编辑　张延明
封面设计　李志伟
幅面尺寸　889 mm×1194 mm
开　本　16
字　数　659 千字
印　张　26.5
印　数　1-5000 册
版　次　2024年4月第1版
印　次　2024年4月第1次印刷

出　版　吉林科学技术出版社
发　行　吉林科学技术出版社
地　址　长春市福祉大路5788号出版大厦A座
邮　编　130118
发行部电话/传真　0431-81629529　81629530　81629531
81629532　81629533　81629534
储运部电话　0431-86059116
编辑部电话　0431-81629380
印　刷　吉林省吉广国际广告股份有限公司

书　号　ISBN 978-7-5744-1058-9
定　价　680.00 元

《中国食品工业年鉴（2023）》编辑委员会

年鉴编委

年鉴特约撰稿人

中国粮食行业协会	赵奕总工程师
中国糖业协会	闫卫民理事长
中国肉类协会	高观副会长
中国水产学会	高宏泉秘书长
中国食协豆制品专委会	吴月芳秘书长
中国焙烤食品糖制品工业协会	张九魁理事长
中国食协糖果专委会	张京玉秘书长
中国食协冷冻冷藏食品专委会	姜燕京副会长兼秘书长
中国乳制品工业协会	刘美菊副理事长
中国罐头工业协会	晁曦秘书长
中国调味品协会	白燕常务副会长兼秘书长
中国生物发酵产业协会	王洁副理事长兼秘书长
中国生物发酵产业协会氨基酸分会	关丹副理事长兼秘书长
中国生物发酵产业协会有机酸分会	冯志合理事长
中国生物发酵产业协会淀粉糖分会	吴丹副主任
中国生物发酵产业协会酶制剂分会	王晋副理事长兼秘书长
中国生物发酵产业协会酵母分会	卢涛副理事长兼秘书长
中国生物发酵产业协会酵素分会	周海龙副理事长
中国保健协会	费洪涛副秘书长
中国盐业协会	宋占京副理事长
中国食品添加剂和配料协会	杜鉴秘书长
中国饮料工业协会	张金泽理事长
中国茶叶流通协会	梅宇秘书长
中国养蜂学会	陈黎红秘书长

编辑说明

一、《中国食品工业年鉴》(以下简称《年鉴》)是一部全面反映上一年度全国食品工业发展情况纪年性、资料性、权威大型年刊。《年鉴（2023)》系统收录了全国食品行业各专业和31个省（自治区、直辖市）2022年食品工业经济运行情况的综述,《年鉴》是由中国食品工业协会主管和主办的。《年鉴（2023)》为总第35部，包括;【概况】、【运行特点】、【市场分析】、【面临问题】、【趋势判断】、【科技创新】、【名优企业和产品】【大事记】、【政策建议】、【经济数据】、【主要工作】等内容。

二、为保持《年鉴》的连续性,《中国食品工业年鉴(2023)》的结构体例和以前《年鉴》的结构体例基本上一致。行业篇按照《国民经济行业分类》(GB/T4754—2017)所规定的分类名称和顺序进行排列记述，原则上按中类名称记述，少数特殊类有所合并或以小类名称来记述；地方篇按照东部（10个)、中部（6个)、西部（12个)、东北部（3个）顺序进行排列记述。

三、本部《年鉴》均未包括中国香港、澳门特别行政区和中国台湾地区的综述和数据。《年鉴》中的统计数字，以国家统计局提供的数据为准；《年鉴》中的“同比”表示“与上（去、2021）年同期相比”。

四、本部《年鉴》的组稿、编纂、出版等工作，得到了中央政府有关部门、中国食品行业各专业协会、地方经信委、地方食品工业协会、等单位的大力支持和帮助，谨此表示衷心的谢意！

中国食品工业年鉴编辑部

前言

全面放开疫情年，新冠爆发舞蹁跹，
民生经济双受损，百姓徘徊阴阳间，
年鉴编纂也遭险，编委鼎助志更坚，
艰巨方显英雄色，越是艰巨越向前。

习近平总书记在2022年新年致辞中讲道：“路虽远，行则将至；事虽难，做则必成。只要有愚公移山的志气、滴水穿石的毅力，脚踏实地，埋头苦干，积跬步以至千里，就一定能够把宏伟目标变为美好现实。14亿多中国人心往一处想、劲往一处使，同舟共济、众志成城，就没有干不成的事”。

1984年12月，一部反映年度全国食品工业发展情况纪年性、资料性权威大型年刊—《中国食品工业年鉴》1984版正式出版发行了，至今已经度过40个年头了，期间，由于，种种原因，年鉴编纂曾迷失过方向，有过彷徨，有过焦虑。我部通过学习习总书记的讲话精神，倍受鼓舞，决心在新征途上，把《中国食品工业年鉴》办成一部具有参考的实用性，丰富的可读性，详尽的专业性，珍贵的资料性，真实的权威性，及时的时效性，编排的鉴赏性的历史文献。

最后，非常感谢您对中国食品工业行史上唯一一部含三个系统（轻工业、商业和农业），由29个中国字头行业协会（学会）和由31个省（自治区、直辖市）地方食协、地方经信局、地方统计局相关处室完成的历史材料传承工作的大力支持和多方关心。

中国食品工业年鉴编辑部

2024年5月

目 录

第一部分 综合篇

第二部分 行业篇

第三部分　地方篇

第四部分　统计篇

第五部分　附　录

第一部分

综合篇

1.1 2022年全国食品工业经济运行情况

中国食品工业协会行业信息部

2022年，面对复杂严峻的国际环境和多重超预期因素冲击，我国食品工业坚持高效统筹疫情防控和积极推进高质量发展，稳步前行，表现出强劲的发展韧性。全年食品工业（含农副食品加工业、食品制造业、酒饮料和精制茶制造业）以占全国工业5.1%的资产，创造了7.1%的营业收入，完成了8.1%的利润总额。在着力扩大国内需求，强化重要民生商品和能源保供稳价工作的大的宏观经济背景下，食品工业为稳经济、促民生、保就业做出积极贡献。

一、生产探底回升

2022年，全国规模以上食品工业企业（不含烟草），完成工业增加值同比实际增长2.9%，增速同比收窄5.8个百分点，全部工业同比实际增长3.6%。从当月看，12月份增加值同比增长0.3%，增速较前一月加快2.3个百分点。

经测算，食品工业完成工业增加值占全国工业增加值的比重为6.3%，对全国工业增长贡献率5.3%，拉动全国工业增长近0.2个百分点。

分大类行业看，农副食品加工业同比增长0.7%，食品制造业同比增长2.3%，酒、饮料和精制茶制造业同比增长6.3%。

分中类行业看，18个中类行业，9个同比正增长，8个行业同比负增长，1个同比持平。

2022年以来，在国际大宗商品价格高位运行、输入性通胀压力较大的背景下，保供稳价政策措施及时有效落实落地，食品工业是保民生的基础产业，主要产品供应充足，基本满足消费需求，鲜冷藏肉、熟肉制品、速冻食品、乳制品等产量同比分别增长7.6%、4.2%、3.3%、2.0%（表1）。

表1 2022年食品工业主要产品产量

（万吨、万千升）

产品名称	产量	同比增长（%）
精制食用植物油	4881.9	–4.6
成品糖	1470.4	1.7
鲜、冷藏肉	3632.5	7.6
乳制品	3117.7	2.0
白酒（折65度，商品量）	671.2	–5.6
啤酒	3568.7	1.1
葡萄酒	21.4	–22.1
饮料	18140.8	0.3

二、食品价格指数温和上涨

2022年，全国居民消费价格（CPI）同比上涨2.0%，大幅低于欧、美等发达经济体和印、巴等新兴经济体的物价涨幅，涨幅比上年扩大1.1个百分点。其中，食品价格同比上涨2.8%，2021年是同比下降1.4%。食品价格影响CPI上涨约0.51个百分点。分月看，各月同比变动幅度在–3.9%—8.8%之间，低点在2月，高点在9月。其中，猪肉价格自3月份起触底回升，10月份同比上涨51.8%，11月份和12月份涨幅有所回落。全年看，猪肉价格同比下降6.8%，蛋类价格上涨7.2%，鲜果价格上涨12.9%，水产品价格上涨1.9%，粮食价格上涨2.8%，鲜菜价格上涨2.8%，食用油上涨5.8%。

三、企业利润较快增长

2022年，全国规模以上食品工业企业（不含烟草）实现利润总额6815.4亿元，同比增长9.6%，高出全部工业13.6个百分点。农副食品加工业、食品制造业和酒、饮料、精制茶制造业同比分别增长0.2%、7.6%和17.6%，在全国规模以上工业企业利润整体同比下降4%的情况下，食品工业3个行业利润总额同比增长，其中，酒、饮料、精制茶制造业同比还保持了较快增长（表2）。

规模以上食品工业企业实现营业收入9.8万亿元，同比增长5.6%，比全部工业低0.3个百分点；发生营业成本8.3万亿元，增长5.9%；营业收入利润率为7.0%，比上年高出0.2个百分点；资产负债率52.8%。

表2　2022年食品工业经济效益指标

单位：亿元

行业名称	营业收入	同比增长(%)	利润总额	同比增长(%)	企业单位数（个）
食品工业总计	97991.9	5.6	6815.4	9.6	38449
农副食品加工业	58503.0	6.5	1901.1	0.2	23593
食品制造业	22541.9	4.0	1797.9	7.6	9119
酒、饮料和精制茶制造业	16947.0	4.9	3116.3	17.6	5737

四、进出口情况

海关统计数据显示，2022年，我国进出口食品近1.9万亿人民币，同比增长10.3%。其中，出口5091.8亿元，同比增长10.0%；进口13872.7亿元，同比增长10.4%；逆差8780.9亿元，进出口同比增长水平接近。

就进出口产品种类看，食用水产品、蔬菜及食用菌和干鲜瓜果及坚果为主要出口食品；粮食、肉类（包括杂碎）、食用水产品主要进口食品（表3）。

表3　2022年食品主要进出口商品统计表

单位：亿元

出口				进口			
产品	价值	同比增长（%）	占比（%）	产品	价值	同比增长（%）	占比（%）
食用水产品	1502.1	7.9	29.5	粮食	5499.9	13.7	39.6
蔬菜及食用菌	829.0	4.4	16.3	肉类（包括杂碎）	2120.6	2	15.3
干鲜瓜果及坚果	354.7	–10	7.0	食用水产品	1297.9	39.7	9.4
罐头	288.4	38.7	5.7	干鲜瓜果及坚果	1037.4	5.1	7.5
酒类及饮料	215.3	25.1	4.2	乳品	926.8	3.6	6.7
茶叶	138.8	–6.5	2.7	食用植物油	606.3	–14.1	4.4
肉类（包括杂碎）	130.2	12.5	2.6	酒类及饮料	402.0	–6.3	2.9
粮食	124.9	9.5	2.5	食糖	172.6	17	1.2

2023年，国内外经济发展形势依然严峻复杂，需求收缩、供给冲击、预期转弱三重压力依然较大，食品工业要按照中央经济工作会议精神，坚持稳中求进工作总基调，把扩大内需战略和深化供给侧结构性改革有机结合起来，利用好促消费扩内需政策，增强行业活力，促进行业持续健康发展。

1.2 中国特种食品发展之我见

国家食品安全风险评估中心研究员、总顾问陈君石

尊敬的各位领导、各位嘉宾：

很高兴参加首届中国特种食品产业融合发展高峰论坛。我想首先讲一下我对这个论坛重要性的认识。中国人民解放军的吃饭问题现在面临着在管理体制方面的改革。我们不但要为解放军提供打仗时候的餐饮，而且也要供应在不打仗时候的，备战时期的餐饮。这是我觉得这次会议很重要的一个认识。另外一点，从我国食品工业的发展来讲，也需要逐步建设解放军的军用食品产业。这个产业应该说过去是不存在的。现在由于刚才我讲到的这样一个需求，所以非常需要从一开始就把这个军用食品产业搭建好，然后健康发展。基于这两点，我认为这次会议十分重要，中国食品工业协会组织这次会议是很有眼光的。我希望在会后，中国食品工业协会能继续不遗余力地帮助特种食品也好，军用食品也好的产业，稳步发展起来。会议主办方要我做第一个报告。坦白地说，我对军用食品完全没有了解。但是为了支持这次大会，我接受了这个任务，也做了一些家庭作业，现学现卖，希望能够对大家有所帮助。我将从以下几个方面来讲我个人对军用食品的认识。首先，我们要把特种食品的范围画一个圈，确定什么是特种食品。然后讲中国和国外的特种食品的发展。第三，是最重要的部分，要讲我对军用和民用食品融合发展的观点。关于特种食品，顾名思义是为特定人群适应特殊环境、完成特殊任务而提供的制式特需食品。我们中国人喜欢创造名词。中国的食品安全法中有特殊食品，另外还有特殊膳食用食品。今天我们又创造了一个特种食品。从适用于今天这个论坛出发，我愿意把特种食品和军用食品画等号。我今天报告当中讲的是军用食品。严格来讲，军用食品是特种食品当中的一类。军用食品总的功能是要保持军人的体能、维持生命，特别重要的是后面这个，即提高战斗力。下面的报告，我会用军用食品这个名词。我再声明一下，特种食品可以包括很大的范围，今天这个会主要讲军用食品。而且因为刚才主持人已经介绍了，我们中国食品工业协会成立了2781特种食品专业委员会，不就是瞄准着军用食品吗。所以我下面就用军用食品这个名词。第一个部分，军用食品的研究开发原则。由于是给部队提供的食品，所以要以特殊营养学为基础，要以特定需求为导向，还要以先进食品加工技术为引擎。下面我想很简单地就这三个方面做一点展开。

所谓特殊营养学研究，是营养学范畴之内的一个分支。实际上就是军人营养，也可以说研究军人的营养是特殊营养学的一个重要的组成部分。军人的营养与老百姓的营养相比，有两个方面。第一，军人的营养素需要量，也就是蛋白质、

脂肪、碳水化合物、维生素、矿物质的需要量，和老百姓的不完全一样。早在1957就制订了《军人营养素供给量标准》。到2016年，已经进行了六次修订。第二，营养素需要量要落脚到食品，食品是这些营养素的载体。所以也制订了军人应该摄入的食物品种和数量的标准。也是从1957年开始，颁布了《中国人民解放军食物定量标准》，已经经过了六次补充修订。这两个标准是配套的，属于国军标（GJB），即军队的国标。我为什么要讲这个？这次会议的目的是推动我国的食品工业能够为建立军用食品产业做出贡献。其依据就是这两个标准。第二个方面，以特定需求为导向，就是要满足不同军兵种对饮食营养的特定需求。今天参加会议的各个企业的董事长、老总们，假如你们有意向参与军用食品产业发展的话，那就要了解这些特定的需求。除了需求，还有要求。即要满足这么几个条件，包括功能化、多样化、美味适口、易消化、卫生安全，还要便于携带和耐储存。所谓的功能化就是第一要营养和健康；第二要增强适应能力；第三要提高作战能力；还有其他的不一一细讲。这些功能显然和我们老百姓的一日三餐的功能是不太一样的。当然，也有一样的地方，比如维生素强化食品，这些是老百姓和军队都需要的，但是还有很多不一样的地方，这就是功能化，在功能化方面，我可以举个例子。我们都知道高原缺氧，如青藏高原的部队，不管是平时驻扎在那里的，还是训练的，都需要提供抗缺氧的军用食品。打仗也可能到达这样条件的地区。抗缺氧食品包括高能量固体饮料、多种维生素和电解质饮料，这些仅仅是很小一部分例子。我还要强调一句，这次开会请了这么多的食品行业的大佬们，就是希望你们了解，假如你们愿意为发展中国的军用食品这个产业做贡献的话，就需要了解这样一些需求。再有军用食品要多样化。所谓多样化就是在满足人体营养需求的大原则下，针对不同军种要适应不同环境，还要满足不同个体的口味喜好。现在我们要求高了，不再满足于供应干粮，而且要有各种类型的美味食品。还要讲究食谱的变换，不能老吃一种两种，要各种各样的多样化。我顺便讲一下美国军队食品的发展。在早期，美国军队吃得也很单调，但是到了现在，已经发展成为很多很多品种。用中国的眼光来看，美军的品种并不多，只有24个餐谱，数百个品种。对于把舌尖上的需求放在第一位的中国人，解放军的味蕾发育程度也超过世界上其他国家的军队，对美味的要求也很高。即便是美军，从当初到现在，这个军用食品的发展也是很快的，也发展成为有食谱的，有各种各样的食品形式，有预加工的生鲜食品，也有容易加热的软包装罐头和其他食品。英国、法国、俄国、日本各有特色，不再详细展开。

我们中国人民解放军的食品，经过多年的发展，也已经不是小米加步枪，也不仅仅是干粮。从20世纪的炒米炒面、压缩饼干、罐头，品种少，口味单纯；到现在已经有了长足的发展。但是，从今天我们开会要倡导的发展军用食品产业来讲，这个还是很不够的。比如说现在的压缩食品，从营养上是好的，但是从多样化和口味来讲，就不尽人意了。解放军和老百姓一样，都有理由享受美好的生活。那第一就是吃。现在不埋锅做饭了，已经有一些自热食品，比起原来有很大进步，但是对于未来，要真正做到好吃、营养健康，还有很多工作要做。总结起来一句话，我们将来的军用食品要根据中国人的口味，运用我们食品工业新的技术，要向家常饭发展。我们上过天的这些解放军，不已经能够吃到宫保鸡丁了吗？当然，这仅是很少几个人，容易做到。现在的努力方向是让我们的解放军在备战期间，也能吃到家常饭。此外，军用食品要容易消化吸收、卫生安全，这些容易理解。我们刚才工信部的司领导已经讲得很清楚，把安全放在第一，这是必需的。任何食品，包括军用食品在内，安全是个底线。 现在问题是要在食品安全这个底线的基础上提高一步，那就是营养健康，要好吃，便于携带和储存。还有一点需要强调，就是要以先进的食品加工技术为引擎。现在的食品领域有很多新技术，刚才周书记在讲话当中也提到了，要用新技术。老百姓吃的新技术食品，都应该用在军用食品的发展方面。在这里，我要特别提出生物技术，因为现在生物技术用于食品创新是一个大趋势，会起非常重要的作用。最后一部分讲融合，这是这次大会的重点。前面几位领导在开幕致辞中都强调了融合。融合有各种方面，比如说第一、第二、第三产业的融合，或者说从原料到最后的餐桌，整个食品供应链各部分的融合。我要讲的是军用食品这个产业和我们老百姓的食品工业的融合。这也是这次会议的目的。前面已经讲到，解放军的军用食品有各种各样的特性、需求、要求，这些都要和现在已经有的强大的中国食品工业融合起来。这次来参加会议的有中国食品工业的各个类别的企业，例如，调味品的、饮料的等等，都是为老百姓提供食品的，包括一日三餐和休闲食品。我认为需要把老百姓的食品和军用食品融合，这就是这次大会倡导的融合发展。这是相互促进，不仅仅是老百姓的食品工业向军用食品产业做出贡献。反过来，军队食品产业的发展也会推动整个食品工业的发展。这是一个新的格局。我想从以下三个方面来讨论这个融合问题。第一，应该充分认识到这样一个融合的时机已经趋于成熟。融合可以带来多赢的效果，最后形成融合的新格局需要多方面努力。我先讲一个美国的例子，从 1996 年到 2004 年一直到现在，美国也经过了融合发展。也就是说某一些军用食品和老百姓的食品是可以共用的。以营养棒为例，这是美国非常流行的一种食品形式。除了作为美国军队的食品形式，老百姓在健身、减肥、旅游中都可以用。这个例子可以作为我们的参考。

我先讲时机成熟的问题。图中这边是军用食品，那边是老百姓食品。两者有共同的方面，也有不同的方面。这就是融合的基础。尽管老百姓和部队的饮食需求不太一样；但是，是有很好的融合基础的。这就是时机趋于成熟，因为我们现在有基础，也就是说有“本钱”来融合。老百姓的食品中有一类运动食品，和军用食品有很多共同性。因为运动者要增强肌肉，提高运动能力，加速运动后恢复。这和前面讲到的军用食品的要求和功能有很大的相同之处。再比如说旅游市场，现在的旅游者已不是主要吃饼干、面包、方便面，也和军用食品有相同的地方。

最后讲预制菜。今天早上吃饭的时候，广东的张会长跟我讲，现在中国的预制菜有一点名堂的已经发展到七千多家了。尽管这说明中国的一窝蜂又来了；但是，也表明预制菜是一个不可抗拒的产业，一定会发展。当然，还是要由乱到治，逐步规范化。不管怎么样，我认为预制菜的发展给军用食品产业的发展提供了很好的条件。在现在不打仗的备战时期，解放军饮食的主要形式就是预制菜。我可能讲得过于主观武断了一点，但是我相信是有一定道理的，大家也会同意的。就是要把适合于解放军部队用的预制菜形成一个产业。预制菜发展的一个重要环节是原料供应，另外就是规范化，这是要有相当规模的企业才能做到的。预制菜是餐饮行业发展出来的，现在要工业化。预制菜有很大的发展空间，这里包括军用食品产业的发展。第二点，在融合过程中会带来多赢的效果。也就是说，不仅仅是满足解放军的需求，同时可以用于其他特殊情况下需要的食品，如救灾时候的应急食品，包括地震、洪涝灾害等情况。如果有军用食品这个产业，就可以派上很大的用场。特殊作业的人群需要更多的食物选择，也可以助推食品科技的发展，提升食品工业的水平和效益。所以，发展军用食品产业，不仅仅是为了解放军，也是为了广大的老百姓。形成融合的格局，需要多方面的努力。在中国，做任何事情，没有政府的主导是不会成功的。军用食品产业的发展也需要政府的主导作用和有关政府部门的指导和行业的支持。中国食品工业协会这次开了个好头，我希望中国食品工业协会，特别是通过它的特种食品专业委员会，能够把军用食品产业发展这个重任担起来。科技人员当然很重要。新技术的应用和新产品的研发，都需要科技。当然，一个产业的发展需要投资，还需要做宣传。科普宣传十分重要，要正确认识什么是特种食品，什么是军用食品。最后，做一个简单的总结。解放军餐饮供应体制的变化需要有民用的食品行业来参与。军用食品产业的发展需求，对于我国食品工业来说是一个很大的发展机遇。军队食品在营养、质量、包装、储存等方面有特殊要求，需要特殊研发，这就需要一些民用食品企业来参加。军队的食品，特别是现在不太打仗的备战食品，应该可以和老百姓的食品进行融合，而预制菜可能是一个很重要的切入点。最后我希望中国的食品界，包括食品科技、食品生产经营，整个的食品界能够踊跃参与新时期、新体制下的军用食品产业的发展，共同为增强部队战斗力、保家卫国做出贡献。

1.3 《国民经济行业分类》

国标（GB/T4754）
中国食品工业年鉴编辑部

1968年，联合国统计委员会制定了《所有经济活动的国际标准行业分类》ISIC.Rev.1。

1984年，参考联合国统计委员会制定的《所有经济活动的国际标准行业分类》，制定了我国的《国民经济行业分类》，即国标（GB/T4754）. 根据联合国统计委员会ISIC Rev的四次修订，我国的《国民经济行业分类》（GB/T4754）也是先后经过1994年、2002年、2011年和2016年四次修订而成的。

国标（GB/T4754）按照我国全部经济活动，划分为20个门类（用英文字母标注，从A到T）、97个大类（用两位数字标注），中类用三位数标注，小类用四位数标注，其中，97个大类中工业大类占了41个，食品工业在这41个工业大类中，食品工业占了4个

我国的食品工业的统计一直是按照《国民经济行业分类》（GB/T4754）进行统计的，包括采盐业、国标代码12，农副食品加工类，国标代码13，食品制造业，国标代码14，酒、饮料和精制茶制造业，国标代码15，烟草制品业，国标代码16，共五大类。2016年，在第四次修订《国民经济行业分类》（GB/T4754）时，将食用盐加工从大类变成了小类，国标代码也改变成为1494，食品工业统计定为分成四个大类，即国标代码13的农副食品加工类、国标代码14的食品制造业、国标代码15的酒、饮料和精制茶以及国标代码16的烟草制品业；21个中类，即谷物磨制131，饲料加工132，植物油加工133，制糖业134，屠宰及肉类加工135，水产品加工136，蔬菜、菌类、水果和坚果加工137，其他农副食品加工139，烘焙食品制造141，糖果、巧克力及蜜饯制造142，方便食品制造143，乳制品制造144，罐头食品制造145，调味品、发酵制品制造146，其他食品制造149，酒的制造151，饮料制造152，精制茶加工153，烟叶复烤161，卷烟制造162，其他烟草制品制造169；64个小类，即稻谷加工1311，小麦加工1312，玉米加工1313，杂粮加工1314，其他谷物磨制1319，宠物饲料加工1321，其他饲料加工，1329，食用植物油加工1331，非食用植物油加工1332，制糖业1340，牲畜屠宰1351，禽类屠宰1352，肉制品及副产品加工1353，水产品冷冻加工1361，鱼糜制品及水产品干腌制加工1362，鱼油提取及制品制造1363，其他水产品加工1369，蔬菜加工1371，食用菌加工1372，水果和坚果加工1373，淀粉及淀粉制品制造1391，豆制品制造1392，蛋类加工1393，其他未列明农副食品加工1399，糕点、面包制造1411，饼干及其他烘焙食品制造1419，糖果、巧克力制造1421，蜜饯制作1422，米、面制品制造1431，速冻食品制造1422，方

便面制造 1433，其他方便食品制造 1439，液体乳制造 1441，乳粉制造 1442，其他乳制品制造 1449，肉、禽类罐头制造 1451，水产品罐头制造 1452，蔬菜、水果罐头制造 1453，其他罐头制造 1459，味精制造 1461，酱油、食醋及类似制品制造 1462，其他调味品、发酵制品制造 1469，营业食品制造 1491，保健食品制造 1492，冷冻饮品及食品冰制造 1493，盐加工 1494，食品及饲料添加剂制造 1495，其他未列名食品制造 1499，酒精制造 1511，白酒制造 1512，啤酒制造 1513，黄酒制造 1514，葡萄酒制造 1515，其他酒制造 1519，碳酸饮料制造 1521，瓶（罐）装饮用水制造 1522，果菜汁及果菜汁饮料制造 1523，含乳饮料和植物蛋白饮料制造 1524，固体饮料制造 1525，茶饮料及其他饮料制造 1529，精制茶加工 1530，烟叶复烤 1610，卷烟制造 1620，其他烟草制品制造 1690。

2001 年，随着国家的体制改革，国家轻工业部改成了中国轻工业联合会后，中国烟草也改由工业和信息化部负责管理，工业和信息化部把食品工业分类中的烟草制品业删除，改成为了三个大类，18 个大类，62 个小类。

据国家统计局获悉，根据联合国统计委员会 2019 年的 1 号修改单，国家统计局将在 2024 年修订新的《国民经济行业分类 GB/T4754-2024》。

1.4 融合创新和品质强国

中国食品工业年鉴编辑部主任　郑宣东

近年来，随着大健康时代的到来，国民健康意识大幅度提高，营养、健康、便携、高效、无添加的特种食品逐渐成为食品消费市场的新风口。特种食品迎合新的消费需求变化，让消费者获取最大化福利感知的体验，打破了高端零食产品壁垒，已飞入寻常百姓家，而且正逐步成长为新时期深受人民群众欢迎的消费新热点。

中国特种食品关系到国防建设、安全应急和人民健康事业，关于中国特种食品产业现状和发展趋势、机遇、目标和路径等问题，整理汇总如下意见。

一、中国食品工业的发展

2022 年，中国规模以上食品企业营业收入超过 9.8 万亿元，占全国制造业总收入的 7%，食品消费占全国社会总消费的 30%，食品工业发展已成为中国经济稳增长、扩内需的重要“压舱石”。

（一）提高行业整体科技创新能力，发挥科技创新支撑引领作用，支持企业加强与大专院校、重点实验室、研究机构协同创新，加强食品健康营养基础研究，推动数字化技术、绿色化技术、生物技术等先进技术在食品行业的推广应用，提升食品技术、装备、产品高质量供给水平，加快食品行业的数字化、绿色化、高端化转型升级；

（二）深入实施国家的“三品”战略，积极落实健康中国战略，以营养、美味、多元、方便为重点，细化不同消费人群、不同消费场景需求分析研究，开发促进儿童、老人、学生及特殊消费场景营养健康食品的供给和消费，对于中国特种食品行业，还应加强生产加工模式转型，加强商业服务延伸，拓展工业化消费场景，培育具有市场影响力的企业品牌、产品品牌和区域品牌；

（三）构建融合发展产业生态，食品行业是典型的一、二、三产融合产业，具有一业旺，多业兴的引领作用，要充分发挥龙头企业链主引擎作用，深入挖掘特色原料优势，强化从田间到餐桌全链条的产业链协同配套，促进大中小企业融通发展，推动食品集聚、集群发展，提高资源配置效率，营造良好的产业生态；

（四）提升食品质量安全保障水平，建立健全食品质量安全管理制度，强化企业质量安全和诚信经营意识，加强食品质量检测与安全营养评价，实施诚信管理体系国家标准，完善全生命周期的质量追溯制度。

二、中国特种食品的发展

近年来，中国特种食品产业发展势头强劲，创新能力不断增强，产业规模不断扩大，含有特殊成分、同时能满足特殊医学用途和营养需求的食品在特定人群中得到了越来越多的关注和重视，在保障中国特种饮食安全和体力供应等方面发挥了重要作用。中国食协旨在搭建产学研用合作交流平台，推动融合创新发展，更好地促进我国特种食品向营养化、功能化、品位化、易食化、定制化方向发展，适应新时期国防后勤保障体系改革、应急救援、野外作业、体育运动等特殊领域对特种食品发展的需要。

中国特种食品需求发展空间广阔，但还存在企业站位有待提高、品种仍较单一、行业内部各门类和科研院所之间融合发展不深入不充分等问题。中国特种食品产业发展关乎国之大事，需要大家协同努力。

（一）深入研究需求，从需求倒推创新研发；

（二）针对目前的特种食品产品结构和体系状况，加快产业、产品的迭代升级，加强新技术、新品种导入，将植物基、全谷物、深海水产等营养丰富、安全性强的食品原料和纳米技术、基因技术、生物技术、3D 打印、人工智能等前沿科技和先进装备，持续导入，不断丰富产品品种、提升产品品质；

（三）不断完善标准化体系建设，为特种食品的规范、可持续、高质量发展打下坚实基础；

（四）培育特种食品融合创新发展生态，建设产供需对接平台，贯通产业链，通过要素集聚，形成需方提诉求、政府搭平台、行业做纽带、院所搞研发、企业抓生产的产业生态。

三、中国特种食品产业融合发展

（一）落实国之大者，进一步把握融合的高度

按照注重效益、着眼急需、先易后难的思路，选准项目、搞好示范，在健全推进机制、完善融合措施、健全制度标准上下功夫，切实做到快、优、好的特种食品保障；

（二）搭建交流平台，进一步提高融合的精度

搭建专业交流平台，开展精准对接，明确各方需求，把融合战略落实到相关细分领域和关键环节；

（三）立足创新驱动，进一步强化科技融合的深度

可以预见，人工智能、大数据、物联网、生物技术、新材料、航天科技等领域新技术的不断融合，将为特种食品供给提供更多技术支撑，并推动特种食品产业走上创新驱动发展的道路；

（四）坚持市场导向，进一步拓展产业融合的广度

中国特种食品产业必须坚持市场导向，立足需求拓市场，面向市场要效益，形成全要素、多领域的产业融合态势。这种融合，包括由企业主导的产学研融合、一二三产业融合、数字经济与实体经济融合、国内外两个市场融合，形成从研发到运输、从田间到餐桌、从国内到国际的产业融合链条。

1.5 福建省漳州市及龙海区调研报告

中国食品工业年鉴编辑部主任　郑宣东

一、调研的背景和调研的内容

按照中国食协党委学习贯彻习近平新时代中国特色社会主义思想主题教育的工作部署，结合开展大兴调查研究之风的安排，就行业企业当前运行情况及运行中存在的突出问题和困难，有哪些思考和建议？并对如何发挥好协会的作用提出意见和建议？7月12日—14日，中国食协副会长、副书记王琪，中国食协秘书长助理、龙头食品企业发展部主任沈志勇，中国食品工业年鉴编辑部主任、中国食协罐藏食品专委会副会长郑宣东一行赴福建省的漳州市及龙海区，对当地的罐头食品企业和休闲食品企业进行调研。

二、调研地介绍

（一）漳州市食品行业情况介绍

漳州市是中国的罐头之都，也是中国食用菌之都和中国食品名城，特别是辖区的龙海区，还是全国唯一的中国休闲食品名城。

漳州市的食品行业总产值超过2,000亿元，拥有各类食品生产企业，大概有2500多家，规模以上食品企业超过630家，是漳州市九大产业的第一大产业。漳州市食品的产业优势主要体现在几个方面，第一是漳州市具有良好的食品产业体系。漳州市食品工业门类较为齐全，涵盖了农副食品加工业、食品制造业、酒、饮料和精制茶制造业三个大类，18个中类，40多个小类，拥有水产品加工、果蔬食用菌加工、焙烤食品制造、粮油饲料加工、罐头食品制造、肉制品加工等为主要内容的食品产业体系。水产品加工、罐头食品制造、果蔬食用菌加工、焙烤食品、饲料加工等规模位居全省前列，在全国也具有一定的影响力。第二是漳州市具有优秀的食品加工企业。漳州市食品产业累计培育的专精特新的企业有24家，拥有紫山集团（罐头食品）、天福茶业（精制茶、茶食品）、傲农生物（配方饲料）3家省级的工业龙头企业。以及大闽食品，丹夫集团、中港水产、立兴集团、东方食品，绿新食品等22家省级工业龙头培育企业。第三是漳州市知名品牌食品企业很多。漳州市拥有天福、紫山、含羞草、Q3等中国驰名商标超过20件。此外泡吧、丹夫、豪士、卡尔顿、小白心里软、然利、好运来等一批烘焙新兴品牌也逐步地进入了大众的视野。第四是漳州市具有较为完备的产业链条。漳州市食品产业链条较为完备，生产企业吸引带动了原料基地、辅料、包装印刷、纸制品、专用机械，空罐、冷链仓储、物流、电商、会展、工业设计、科研检测服务等上下游相关的配套产业链的发展，实现了整个产业可持续发展。如水产品加工产业。依托了漳州市良好的临港优势，形成了集海鱼捕捞、码头、冷链仓储、加工、包装物流等产业链条，主要集中在环东山湾区域及漳浦、龙海等沿海地区。此外，漳州市先后举办“中国食品名城漳州食品交易会暨龙海国际食品博览会”，“中国冻干食品产业峰会”等产业活动，极大弥补了产业的薄弱环节，带动了一二三产协同发展。第五是漳州市食品具有长期出口优势。漳州市食品出口量一直位居全国的前列，产品销往美国、欧盟、日本、东盟、非洲等国家和地区，享有“世界厨房美誉”。2022年，尽管受到新冠疫情，航运成本上升，原材料涨价等因素影响，漳州市食品出口交货值约376亿元，同比增长8.2%，约占漳州市出口四成。出口的代表品种包括罐头食品（如蘑菇、海捕鱼、马蹄、清水笋、玉米、荔枝、龙眼等）、果蔬加工产品、食用菌、水产品（如海捕鱼、白对虾托），冻干食品、蜜饯（如糖姜制品）等。

工作举措主要有以下几个方面：一是强化政策引导；二是强化龙头企业认定培育；三是强化分层培育；四是鼓励品牌营销开拓市场；五是提升科研水平；六是强化园区标准化建设提升；七是推动产业链招商。下阶段，漳州市将深刻把握新时代产业发展的新特征新要求，坚持以供给侧结构性改革为主线，坚持把做实做强做优实体经济作为主攻方向，以行业领军企业和重点项目为带动，引领提升产业链稳定性和竞争力，推进食品产业转型升级，为食品产业高质量发展提供有力支撑。

随着国家改革开放的国策，近十几年来，漳州市的民营企业得到了迅猛发展，民营企业的占有率高达百分之九十九；漳州市的食品工业产值占到福建省食品工业产值的四分之一；就罐头食品而言，漳州市的罐头食品产量占到了全国罐头产量的百分之四十左右，远远超过了排名第二的湖南省和排名第三的山东省。

（二）龙海区食品行业情况介绍

近十几年来，在龙海区委区政府的大力扶持和精心培育下，龙海食品工业业进入新的发展时期，从农产品粗加工到健康食品深加工，从普通饼干面包到高端休闲食品，从家庭作坊到现在的全球买卖，食品生产从“最闽南古早味”传统特色为主，发展成为引领全国休闲食品产业“最时尚新潮流”的超品牌、风向标，涌现出一批批享誉国内外的优质品牌，在全国食品行业刮起了“龙海旋风”形成了“龙海板块”，创造了“龙海品牌”。龙海先后获得国家首批“食品工业百强县”“食品安全示范县（市）”、福建省食品安全社会共治示范县和“中国休闲食品名城”等殊荣。

目前，龙海已拥有取得生产许可证的食品生产企业800多家，其中，规模以上食品工业企业150多家，年产值500亿元，在龙海食品工业龙海企业家群体最大、从业人数最多、规模食品工业实现产值约占福建省的十分之一、漳州市的三分之一，食品产业体系已成为龙海最完整的特色支柱产业。

三、企业面临的问题及行业建议

（一）关于出口退税行为死灰复燃，严重威胁实体企业的生存

以罐头行业为例

国家为了鼓励企业出口，采用了给出口企业退税的优惠政策，此政策大大提高了企业为国创汇的积极性，但是，在基层运行过程中，部分地区企业采取了以不正当竞争，甚至是以虚报数据，骗取国家退税手段，这是当前罐头行业普遍存在的一个问题，这严重冲击了罐头行业的实体经济，打压了正常生产的实体企业，如果这样继续下去，罐头企业将被逼向死亡的边缘。

鉴于这种恶劣行为愈演愈烈和事件的重要性、紧迫性，建议联系海关总署、税务总局、商务部和中国人民银行（汇率）利用全国的5G大数据、联网信息平台，对出口报关地产的数据和异常的报价数据，进行比较和分析，然后必须马上采取有效的措施，遏制住这些不正当手段竞争的蔓延，同时也是为了保护了合法经营实体企业的正当权益。不正当手段竞争受益的是外国，受损的是我国的出口，这也间接影响了我国的经济发展，同时也会使国家的财税白白流失。

（二）关于“职业”打假

1994年1月1日我国开始实施《消费者权益保护法》，规定了消费者退货和经营惩罚制度，维护了消毒者的权益，这一维护消费者权益的好制度，被一些不法分子（团伙）所利用，在线下，特别在线上恶意投诉，向企业多次敲诈勒索，骗取钱财，索要赔偿，企业一般在这种情况下，基本上采取忍气吞声、息事宁人的方法，再加上一些不负责任媒体也为了自身的利益，博取消费者的眼球，采用夸大事实，兴风作浪，恶意炒作或者用破财免报道，索要钱财的方法，这些都给企业正常生产带来了严重影响。

建议联系市场监督管理总局、公安局、新闻出版署，联合执法，严厉打击这些违法犯罪行为，该抓就抓，该取消新闻报道权力的就取消，还生产企业一个清白。同时，建议成立一个国家有关多部门和相关行业组织的联合办公室，专门接受和处理投诉，然后，进行取证、验证、商谈。是企业责任的，企业按规定赔偿；对恶意投诉的，无端制造谣言诽谤的，也要追究其的法律责任，恶意投诉者若给企业带来严重不良影响或者造成极坏的社会影响的，还应该追究其的刑事责任。

（三）制定行业政策、法规、制度、标准要完善

一个好的行业政策、法规、制度、标准能够拉动经济的发展，促进企业的进步。

国家的行业政策、法规、制度、标准很多都是专家学者教授们制定的，可能会和企业实际情况有一定出入，一个不完善的政策、法规、制度、标准的制定，可以导致整个行业的企业无法生产，这是一个很严重的问题。如果，不以生产工艺划分，不考虑销售方式企业能不能适应，就贸然采取“一刀切”的方式颁布，那给生产企业的打击就是致命的。

食品工业有着“一业旺，万业兴”的引领作用，现在，食品行业已经是门类齐全、拥有着几十万个食品品种的产业了，满足了人们对食品多样化的需求，其中，也不乏具有功能性的食品。

建议联系工信部、市场监督管理总局、卫健委、国家标准化管理委员会，请他们在颁布行业的政策、法规、制度、标准之前，能够进一步深入基层，更广泛征求行业企业的意见和想法，尤其是对食品行业的企业。

（四）对电商的管理要改善

目前，电商（抖音、快手、B站、小红书、陆小馋、零食连锁）都采用资本收割市场的方式，直接和制造厂家联系，这样他们就省掉了许多中间费用（进场费、公关费等），然后，他们以低价销售，又对制造厂家的产品进行二次包装，致使市场混乱不堪，严重影响到了制造厂家的正常生产，同时，让大家都在处理二次包装后的纸箱子，这不仅造成了资源的巨大浪费，而且也给环境带来了污染。

目前，行业企业要求急需组织力量对预制菜肴和冻干食品制定行业标准，建议联系工信部、卫健委、国家标准化管理委员会，日中经济协会，希望能够得到他们的支持和帮助，有了行业标准，企业就可以进行正常的、良性的公平竞争了。

另外，关于9月1日就要开始正式实施的GB233502021，即限制商品过度包装要求其中，就包括茶、酒、罐头、糕点等31类食品，现在时间紧迫，工作难度大，需要再次写报告给市场监督管理总局、工信部，请求他们在正式实施后，对特殊食品做出一些补充条款或者特别解释。

四、附录

座谈会纪要和参观单位简介（略）

1.6 燕麦 - 健康全谷物食品的代表

中国食品工业协会杂粮产业工作委员会

燕麦是世界第六大粮食作物，也是我国重要的杂粮作物。燕麦片作为全谷物食品，其健康功能的关注度逐年上升，产业发展迅速。在我国主要种植裸燕麦，常常被晋冀蒙产区称为“莜麦”。作为全谷物食品的重要代表，食用燕麦产品有利于降低 2 型糖尿病、心血管疾病、结直肠癌等与膳食相关的慢性病的发病风险，已经成为国际国内行业、消费者的共识。

近日，消费者和行业企业反映，在 2022 年 11 月 30 日，一篇来自“郁芳医生聊健康”的自媒体推文中，其标题为“垃圾食品清单已列出，燕麦片排第 2，排第 1 的很多人喜欢吃”，燕麦居然被提名为“垃圾食品”，并且还被不明媒体转发，引起消费者恐慌。这一报道严重违背事实，影响了燕麦产业健康发展。中国食品工业协会杂粮产业工作委员会本着严谨求实的态度，再一次为大家宣传普及燕麦健康知识，便于消费者正确认识燕麦。

燕麦片是燕麦的主要产品形式之一，根据产业内共识，燕麦片可细分为纯燕麦片、混合燕麦片和复合麦片。我国目前没有燕麦片的直接国家标准，相关产品分别执行相关标准（GB 19640—2016，冲调谷物制品）、行业标准（NY/T 1510-2016，绿色食品 麦类制品）、团体标准（T/CCOA 38-2021，燕麦片）。

纯燕麦片：目前执行标准 GB 19640—2016《冲调谷物制品》中纯麦片相关规定，或者农业部行业标准 NY/T 1510-2016《绿色食品 麦类制品》即食麦类制品中麦片规定，但是没有针对燕麦片的专门定义。根据中国粮油学会标准 T/CCOA 38-2021《燕麦片》要求，纯燕麦片是仅以燕麦（包括裸燕麦、皮燕麦）为原料，经清理、灭酶、压片等工艺制成，不添加任何食品添加剂或营养强化剂的即食或加热食用的预包装食品。纯燕麦片经过灭酶、压片等简单工艺加工制成，不添加任何食品添加剂或营养强化剂，保留了燕麦的主要营养物质，是我国市场上最常见的燕麦产品，消费者习惯上把纯燕麦片叫燕麦片、麦片。

混合燕麦片：目前没有专门的相关国家、行业标准，产品执行标准 GB 19640—2016《冲调谷物制品》中麦片相关规定，或者农业部行业标准 NY/T 1510-2016《绿色食品 麦类制品》即食麦类制品中麦片规定，但是没有针对混合燕麦片的专门定义。按照行业相关共识，混合燕麦片是以燕麦片为主要组分，同时添加其他谷物片、坚果、水果干等配料，包装上会明确标注燕麦片含量，消费者根据自身需要选择。混合燕麦片是对燕麦片进行再次加工，喷涂油脂、糖分改善产品口感，添加食品添加剂延长产品保质期。混合燕麦片包括什锦麦片、格兰诺拉麦片等，一般作为早餐食品、休闲食品，通常与酸奶、蜂蜜、牛奶或其他形式的植物奶一起食用；或者当作零食直接食用。消费者习惯上把混合燕麦片叫烘焙燕麦片、水果麦片，是目前燕麦片的网红产品。

复合麦片：目前没有专门的国家、行业标准，产品执行标准 GB 19640—2016《冲调谷物制品》中麦片相关规定，或者农业部行业标准 NY/T 1510-2016《绿色食品 麦类制品》即食麦类制品中麦糊规定，但是没有针对复合麦片的专门定义。按照行业相关共识，复合麦片是以燕麦、大麦、小麦、荞麦等谷类为原料，添加（或不添加）奶、植脂末、糖等辅料经粉碎、打浆、熟化、滚筒干燥、粉碎成片或挤压等工艺制成的即食可冲调食品。复合麦片加工过程中加入了奶、植脂末、糖等辅料，易于溶解，口感好，但是燕麦添加量少，习惯上称其为麦精片。因为消费者健康意识和对于标签的关注度增加，复合麦片目前销量大大减少。

根据国家标准 GB19640—2016（本标准代替 GB19640—2005《麦片类卫生标准》）定义，以谷物或其他淀粉质类原料为主，添加或不添加辅料，经熟制和 / 或干燥等工艺加工制成，直接冲调或冲调加热后食用的食品，如麦片、芝麻糊、莲子羹、藕粉、杂豆糊、粥等。从以上国家标准可知，麦片与燕麦片没有直接关系。简单粗暴地将燕麦片归结于“垃圾食品”，是根本不了解燕麦食品的胡乱说法。这种没有科学依据、不负责任的文字误导消费者对于健康食品的理念和认知，严重违背了事实。

对于某自媒体作者提到的问题，中国食品工业协会杂粮产业工作委员会秘书长胡新中、国家燕麦荞麦产业技术体系首席科学家任长忠进行了客观分析指出：网络中的宣传，“商家为了满足消费者的口味，所以在加工燕麦片的时候，会加入各种香精和调味品，以便制造出不同口味的燕麦片”。对于燕麦片产品，要说明几点：

第一，所谓的“加入各种香精和调味品，以便制造出不同口味的燕麦片”，应该指的是混合燕麦片。混合燕麦片属于燕麦片大类，生产过程中添加的白砂糖、食用盐、柠檬酸、麦芽糊精、单双甘油脂肪酸酯、二丁基羟基甲苯、丁基羟基茴香醚等物质，符合 GB2760《食品添加剂》、GB14880《食品营养强化剂》相关规定，执行 GB19640《冲调谷类制品》相关标准。混合燕麦片使用添加剂，是为了满足消费者方便食用的需求，合理添加就是保障食品安全。添加的坚果、水果干等辅料能够提高产品蛋白质、不饱和脂肪酸等营养物质的含量，进一步提高了其营养价值，长期食用，不但不会造成营养匮乏，还能够补充身体需要的膳食纤维等营养素，对身体健康有利。

第二，从热量来看，纯燕麦片、混合燕麦片、复合麦片每 100g 产品的热量范围一般为 1500-1680KJ、1550-2000KJ、1600-1900KJ。混

不同燕麦片产品能量比较 （kJ/100g）

纯燕麦片	混合燕麦片	复合麦片
≈ 1500 - 1680	≈ 1550 -2000	≈ 1600 - 1900

纯燕麦片

项目	每100克	营养素参考值%
能量	1656 千焦	20%
蛋白质	11.0 克	18%
脂肪	9.3 克	16%
- 饱和脂肪酸	1.9 克	10%
碳水化合物	60.5 克	20%
膳食纤维	12.0 克	48%
钠	8 毫克	0%

项目	每100克	营养素参考值%
能量	1570千焦	19%
蛋白质	12.0克	20%
脂肪	8.6克	14%
胆固醇	0毫克	0%
碳水化合物	56.2克	19%
膳食纤维	11.6克	46%
—β-葡聚糖	3.8克	
钠	7毫克	0%

混合燕麦片

营养成分表

项目	每100克	营养素参考值%
能量	1930千焦	23%
蛋白质	8.1克	14%
脂肪	22.7克	38%
—反式脂肪酸	0克	
碳水化合物	53.2克	18%
膳食纤维	6.0克	24%
钠	68毫克	3%

营养成分表

每份食用量：80克

项目	每份	营养素参考值%
能量	1599千焦	19%
蛋白质	6.3克	11%
脂肪	17.4克	29%
—饱和脂肪酸	5.5克	28%
—反式脂肪酸	0克	
碳水化合物	47.9克	16%
—糖	18.7克	
膳食纤维	4.2克	17%

复合麦片

项 目	每100克(g)	营养素参考值%
能量	1882千焦(kj)	22%
蛋白质	4.8克(g)	8%
脂肪	12.0克(g)	20%
—反式脂肪酸	0克(g)	
碳水化合物	78.0克(g)	26%
膳食纤维	3.8克(g)	15%
钠	276毫克(mg)	14%
钙	200毫克(mg)	25%

项目	每100克	营养素参考值%
能量	1672千焦	20%
蛋白质	5.5克	9%
脂肪	4.6克	8%
——反式脂肪	0克	
碳水化合物	80.0克	27%
膳食纤维	6.0克	24%
钠	440毫克	22%
铁	6.0毫克	40%

合燕麦片的热量因为添加油脂、蔗糖会略高于纯燕麦片，但并没有比纯燕麦片高多少。而且很多企业采用减糖减油的新型加工工艺，混合燕麦片能量并没有显著提高，请消费者放心食用。

第三，从添加剂来看，消费者需要知道，现代食品生产加工离不开食品添加剂。食品添加剂是为了改善食品色、香、味等品质，以及为防腐、保鲜和加工工艺的需要而加入食品中的人工合成或者天然物质，是食品工业化的重要特征。一定要分清合理使用食品添加剂、滥用食品添加剂和违法添加的关系。所谓“零添加”，不等于产品最安全，更不等于产品最优质。只要是合法、适量使用食品添加剂，其加入的种类多少并不影响食品的质量和安全。对超范围、超限量使用食品添加剂和添加非食用物质等违法行为，必须依法严厉打击。按照混合燕麦片执行的国家标准，允许合理使用添加剂。如果实在介意食品添加剂的话，可以购买纯燕麦片，纯燕麦片不允许添加任何食品添加剂或营养强化剂。

燕麦作为全球公认的健康谷物，2022 年出版的《中国居民膳食指南》中明确提出要提高全谷物食品摄入，并将燕麦作为推荐杂粮摄入的第一位。2016 年中国粮油学会把燕麦评选为健康谷物，推荐中国消费者放心食用。早在 1997 年美国 FDA（食品药品监督管理局）将燕麦列为健康谷物。2002 年美国《时代周刊》将燕麦评选为全球十大健康食物，是唯一入选的谷物。研究表明，食用燕麦产品可以降低心血管疾病发生的风险，表现在具有降血压、改善动脉粥样硬化、降低餐后血糖水平、增加胰岛素应激反应、抗肿瘤、免疫调节、调节肠道菌群、预防和治疗皮肤炎症、瘦身减肥、平衡心态、解除焦虑等功效。根据国内外燕麦研究成果，以燕麦为主要原料加工出的相关产品，营养功能可以概括为：控糖降脂护血管，美容减肥防衰老，增强免疫抗疲劳，润肠通便缓焦虑。

最后，中国食品工业协会杂粮产业工作委员会再一次重申，燕麦及其食品的健康价值已经被科研工作者证实。我们有必要消除不合理的认识误区，引导消费者进行健康消费，才能更好地满足消费者的健康需求。广大媒体应该本着客观、准确的态度进行报道宣传，不能夸大宣传，误导消费者。燕麦加工企业注意进行技术升级，遵守相关标准规定，正确宣传推介产品。同时，也请广大燕麦及杂粮产业人员正确科学的普及燕麦的相关知识。中国食品工业协会杂粮产业工作委员会是我国杂粮科研、产业加工平台的建设者，乐于为产业人员、消费者解答关于燕麦健康的科学知识。欢迎大家转发、留言，为消费者健康，燕麦产业的高质量发展助力！

参考文献：

［1］董锐，李亮，胡新中，任长忠，郭来春，王凤梧，李玉伟．我国燕麦产品特点及消费需求分析［J］．粮油食品科技，2021,29(06):146-155.

［2］任长忠，闫金婷，董锐，胡新中．燕麦营养成分、功能特性及其产品的研究进展［J］.食品工业科技，2022,43(12):438-446.

［3］闫金婷，郑建梅，刘变芳，张燕，张国权，任长忠，胡新中．国内市场纯燕麦片及复合麦片营养和微生物指标分析［J］.中国粮油学报，2013,28(03):23-28.

［4］中国营养学会．中国居民膳食指南（2022）．北京：人民卫生出版社，2022.

［5］T/CCOA 38-2021,燕麦片，中国粮油学会，2021.

［6］GB 19640—2016,食品安全国家标准 冲调谷物制品，中华人民共和国国家卫生和计划生育委员会、国家食品药品监督管理总局，2016.

［7］NY/T 1510-2016,绿色食品 麦类制品，中华人民共和国农业部，2016.

第二部分

行业篇

2.1 粮油加工业

【a. 概况】

2022年，党的二十大胜利召开，擘画了全面建设社会主义现代化国家、以中国式现代化全面推进中华民族伟大复兴的宏伟蓝图，吹响了奋进新征程的时代号角。全国粮食系统坚持以习近平新时代中国特色社会主义思想为指导，坚持稳中求进工作总基调，完整、准确、全面贯彻新发展理念，坚决扛稳保障粮食安全政治责任，着力强化“产购储加销”协同、粮食安全保障水平不断提升，扎实做好设施建设和收储轮换，为维护经济发展和社会大局稳定发挥了积极作用。

2022年，党的二十大作出了“全方位夯实粮食安全根基，全面落实粮食安全党政同责，牢牢守住18亿亩耕地红线”等重要部署，出台实施重要农产品保障战略、建立粮食生产功能区和重要农产品生产保护区、加强耕地保护和改进占补平衡、加强高标准农田建设等政策文件，成为保障国家粮食安全的重要制度安排。国家粮食和物资储备局深入推进优质粮食工程，各地安排财政资金176亿元，支持“十四五”期间实施优质粮食工程。

稳步推进政策性粮食公开竞价销售，根据市场形势变化和调控需要，灵活调整投放品种、数量、时机和节奏，在国际粮价大幅波动的情况下国内粮食市场保持总体平稳，国家储备实力进一步增强，应急救灾物资保障及时有力。

2022年，中国粮食行业协会积极参与优质粮食工程“六大提升行动”，推进放心粮油工程，增加绿色优质粮油产品供给，认定了全国放心粮油示范企业469家，其中，加工企业402家，仓储企业28家，销售店26家，配送中心9家，主食厨房2家，批发市场2家，二十多年来首次实现了全国范围内的全覆盖，这些示范企业在全行业的食品安全工作中发挥了很好的示范引领作用。

【b. 主要经济指标】

据2023年中国粮食行业协会重点粮油企业专项调查数据，小麦加工企业50强销售收入、产品产量、利润合计依次为1466.22亿元、870.57亿斤、101.24亿元；大米加工企业50强销售收入、产品产量、利润合计依次为813.22亿元、302.62亿斤、80.22亿元；食用油加工企业50强销售收入、产品产量、利润合计依次为3319.54亿元、542.16亿斤、127.79亿元；挂面加工企业10强销售收入、产品产量、利润合计依次为91.03亿元、45.27亿斤、85.22亿元；菜籽油加工企业10强销售收入、产品产量、利润合计依次为422.94亿元、71.82亿斤、104.37亿元；棕榈油加工企业10强销售收入、产品产量、利润合计依次为392.37亿元、34.91亿斤、47.04亿元；花生油加工企业10强销售收入、产品产量、利润合计依次为474.39亿元、49.51亿斤、100.01亿元；油茶籽油加工企业10强销售收入、产品产量、利润合计依次为38.76亿元、1.20亿斤、4.16亿元；杂粮加工企业10强销售收入、产品产量、利润合计依次为43.80亿元、13.33亿斤、59.51亿元；主食品加工企业10强销售收入、产品产量、利润合计依次为38.87亿元、6.08亿斤、15.72亿元。2022年，中国粮食行业协会认定的402家全国放心粮油示范加工企业销售收入、产品产量、利润合计依次为1784.56亿元，284.18亿斤，27.87亿元。

据国家统计局对全国31个省（自治区、直辖市）的抽样调查和农业生产经营单位的全面统计，2022年，全国粮食播种面积、单位面积产量、总产量数据如下：

（1）全国粮食播种面积118332khm^2，同比增加701khm^2，同比增长0.6%。其中，谷物播种面积99269khm^2，同比减少908khm^2，同比下降0.9%。

（2）全国粮食单位面积产量5802kg/hm2，同比减少3.3kg/hm2，同比下降0.1%。其中，谷物单位面积产量6379kg/hm2，同比增加62.7kg/hm2，同比增长1.0%。

（3）全国粮食总产量13731亿斤，同比增加74亿斤，同比增长0.5%。其中，谷物产量12665亿斤，同比增加10亿斤。

【c. 行业发展分析】

1. 价格

2022年，国家继续在稻谷主产区和小麦主产区实行最低收购价政策，生产的早籼稻、中晚籼稻和粳稻最低收购价格分别为每50kg124元、129元和131元，早籼稻、中晚籼稻、粳稻同比分别上调2元、1元、1元；生产的小麦（三等）最低收购价为每50kg117元，同比上涨2元。

据国家粮食交易中心数据，2022年，共发布29次最低收购价稻谷交易结果。总计划稻谷交易588.12亿斤，实际成交13.09亿斤，总成交比率为2.23%，最高价1.39元/斤，最低价1.19元/斤，均价为1.30元/斤。2022年共发布最低收购价、国家临时存储、跨省移库共计23次。总计划小麦交易154.70亿斤，实际成交151.44亿斤，总成交比率为97.89%，最高价1.68元/斤，最低价0.91元/斤，均价为1.41元/斤。

2. 市场

2022年，我国粮食生产连续十九年丰收，总产量连续8年保持在1.3万亿斤以上，粮价总体保持平稳，人均粮食占有量明显高于世界平均水平，但饲料粮和工业用粮消费持续增加，粮食生产环境资源约束趋紧，粮食供需中长期将处于紧平衡态势。国家有关部门加强粮食收购统筹组织，先后批复江苏、安徽、河南、湖北、黑龙江五省启动中晚稻最低收购价执行预案，共安排收储库点790多个、仓容560多亿斤，五省累计收购最低收购价中晚稻180多亿斤。全年各类粮食企业累计收购8000亿斤左右，主产区各类粮食企业累计收购秋粮2324亿斤。其中，中晚籼稻499亿斤、粳稻632亿斤、玉米1152亿斤、大豆40亿斤。各地统筹抓好粮食市场化收购和政策性收购，夏粮和早籼稻旺季收购圆满收官，秋粮旺季收购平稳有序，牢牢守住农民“种粮卖得出”的底线，切实保护种粮农民利益。

3. 投资

进入新时代，全行业积极适应社会主要矛盾变化对粮食行业提出的新要求，努力对接人民群众从“吃得饱”到“吃得安全、吃得营养、吃得健康”的粮油消费升级新需求，重点龙头企业发挥自身优势，推动各类资源要素跨界融合、集成集约，抓住机遇，加大投资力度，扩大市场份额。益海嘉里金龙鱼粮油食品股份有限公司累计直接投入项目募集资金24.52亿元，在茂名、青岛、霸州、齐齐哈尔等地新建多个生产基地。五得利面粉集团有限公司投资28亿元用于五得利（定兴）面粉、面制品项目。金沙河集团在重庆忠县投资15亿元的年加工100万吨小麦项目正式投产。

4. 区域分布

粮食产量居前的省份为黑龙江、河南、山东、安徽和吉林，五省粮食产量为5655.44亿斤，占全国的 41.19 %，占比同比增加 0.13 个百分点。五省中河南、山东、安徽、吉林四省处于正增长，黑龙江为下降。全国粮食产量处于增长的省（自治区、直辖市）有 23 个，下降的省（自治区、直辖市）8 个。其中，北京同比增长幅度最大，为 20.11%，辽宁同比下降幅度最大，为 2.13%；粮食播种面积居前的省（自治区、直辖市）为黑龙江、河南、山东、安徽和内蒙古，五省（自治区）播种面积为 48099.8khm^2，占全国的 40.65%，占比同比下降 0.05%。五省（自治区）均处于增长。全国播种面积各省（自治区、直辖市）同比均处于增长。其中，北京同比增长幅度最大，为 25.94%，贵州同比增长最小，为 0.04%；粮食单位面积产量居前的省（自治区、直辖市）为上海、新疆、吉林、辽宁和江苏，平均值为 7237.2kg/hm^2，比全国平均值每公顷多产 1435.5kg，同比下降 3.33%。全国粮食单位面积产量处于增长的省（自治区、直辖市）有 17 个，下降的省（自治区、直辖市）有 14 个。其中，河南同比增长幅度最大，为 3.69%，北京同比下降幅度最大，为 4.61%。全国粮食产量、粮食播种面积、粮食单位面积产量及各省（自治区、直辖市）情况见表 1、表 2、表 3。

表 1　2022 年全国粮食产量前五位省份情况

地区	产量 / 亿斤	同比增长 /%	占全国比例 /%
全国合计	13730.56	0.54	100
黑龙江	1552.62	–1.33	11.31
河南	1357.88	3.75	9.89
山东	1108.76	0.78	8.08
安徽	820.02	0.31	5.97
吉林	816.16	1.03	5.94

资料来源：国家统计局。

表 2　2022 年全国粮食播种面积前五位省（自治区）情况

续表

地区	播种面积 /khm^2	同比增长 /%	占全国比例 /%
全国合计	118332.1	0.60	100
黑龙江	14683.2	0.91	12.41
河南	10778.4	0.06	9.11
山东	8372.2	0.20	7.08
安徽	7314.2	0.06	6.18
内蒙古	6951.8	0.98	5.87

资料来源：国家统计局。

表 3　2022 年全国粮食单位面积产量前五位省（自治区、直辖市）情况

地区	单位面积产量 /khm^2	同比增长 /%	占全国比例 /%
全国合计	5801.7	–0.1	100
上海	7782.1	–2.8	34.13
新疆	7451.0	1.8	28.43
吉林	7053.9	–0.1	21.58
辽宁	6976.1	–2.6	20.24
江苏	6922.9	0.3	19.33

资料来源：国家统计局。

5. 行业集中度

我国粮食产业逐步迈向高质量发展，粮食市场化程度明显提升，市场各类主体价格博弈程度加深。面粉行业近年来不断在向规模化、专业化、集团化发展，整体加工产能持续扩张，品类多样化、市场细分化持续加速，速冻食品、方便食品、传统主食等专用粉以及营养强化面粉、绿色面粉、预混合粉等产品类型不断丰富。食用油行业竞争较为集中，品牌和龙头企业优势明显，受俄乌战争、能源危机、宏观经济等因素影响，食用油原料价格大幅波动，给食用油加工企业的经营带来了更多挑战，利润空间受到挤压。大米加工行业进入门槛较低，企业数量众多，规模小，产能过剩，低水平重复建设严重，品牌标准不健全不完善，品牌很多很散，竞争力不强。

6. 进出口

据海关总署统计数据，2022 年，全国共进口粮食 2937.4 亿斤，金额 54998560 万元，同比下降 10.7% 和增加 13.7%。具体进口情况见表 4。

表 4　2022 年全国粮食进口情况

商品名称	进口量 / 亿斤	同比增长 /%	进口额 / 万元	同比增长 /%
粮食合计	2937.4	-10.7	54998560	13.7
小麦	199.2	1.9	2558007	28.4
大麦	115.2	-53.8	1354181	-41.1
玉米	412.4	-27.3	4671942	-10.0
谷物及大米	123.8	24.8	1765646	22.3
高粱	202.8	7.7	2464128	25.9
大豆	1821.6	-5.6	40848452	18.1

数据来源：海关总署。

其中，大豆一般贸易 1733.02 亿斤，金额 38920057 万元；加工贸易 24.31 亿斤，金额 541915 万元；保税物流 55.72 亿斤，金额 1247768 万元；其他 8.59 亿斤，金额 138713 万元。

7. 重点行业

2022 年，全国主要粮油品种价格走势分化运行，玉米和小麦价格同比涨势明显，大豆价格同比小幅上涨，稻米价格同比微幅下跌。2022 年国际小麦价格同比总体走高，引发市场对小麦产量的担忧，国内疫情多点散发，下游面粉囤货增加，小麦需求有所扩大，国内小麦价格全年总体高位运行。据 2022 年中国粮食行业协会重点粮油企业专项调查显示，行业产量前 5 名，五得利面粉集团有限公司、益海嘉里金龙鱼粮油食品股份有限公司、中粮粮谷控股有限公司、河北金沙河面业集团有限责任公司、蛇口南顺面粉有限公司产量合计约占全国 31.62 %。食用油行业集约化程度最高，益海嘉里、中粮集团、鲁花集团等品牌企业优势明显，在消费升级的大背景下将主导整个行业的发展。行业产量前 5 名，益海嘉里金龙鱼粮油食品股份有限公司、中粮油脂专业化公司、山东鲁花集团有限公司、九三粮油工业集团有限公司、山东渤海实业股份有限公司产量合计约占全国 43.22%。大米加工业相对分散，行业产量前 5 名，中粮粮谷控股有限公司、益海嘉里金龙鱼粮油食品股份有限公司、湖北国宝桥米有限公司、湖南粮食集团有限责任公司、万年贡集团有限公司产量合计约占全国 3.27%。

8. “三品”战略实施情况

（1）增品种

结合国家粮食安全产业带建设，以市场需求为导向，调整优化粮食品种结构，促进优质品种和特色品种向优势产区集中，实现优质、高产、高效、生态、安全相统一。如安徽省阜南县筛选 6 个优质品种，主打弱筋小麦，依托中化农业和中粮贸易等龙头企业，通过规模化、标准化种植，发展优质小麦 30 多万亩。

（2）提品质

完善粮食质量标准体系，修订《大米》《小麦粉》《菜籽油》等推荐性国家标准，发布《二氧化碳气调储粮技术规程》《氮气气调储粮技术规程》等绿色储粮标准发布，引导发展优质粮食生产，以“好粮油”系列标准为引领，全面提升产品品质。

（3）创品牌

以标准化生产、科技化支撑、品牌化营销为手段，以当地优势产业为依托，结合自然地理资源禀赋，建设地方特色区域公共品牌，如吉林大米已经成为吉林农业的“第一品牌”，通过从生产到标准、从收获到加工、从种植到溯源等多环节的标准规范和精细管理，有效提升并稳定了吉林大米的品质，持续擦亮“好吃、营养、更安全”的品牌形象。

9. 绿色制造、智能制造

引导实施粮食加工设备智能改造、绿色改造，强化粮机装备制造信息化应用能力，开展智能化、清洁化加工技术装备研发，推广低温碾米设备，应用柔性大米技术设备。加快数字化转型，提升储备动态监管、应急指挥调度、安全风险监测预警、粮食质量安全追溯、粮食企业信用监管、粮食产业创新服务等能力。动态监管系统覆盖全部中央储备粮储存库点，29个省份实现省级储备信息化全覆盖，创新采用“云端指挥、直插库点”方式开展线上查库，穿透式监管格局初步形成。

10. 包装与装备

我国粮食机械装备企业正在向自动化、智能化迈进，走出去的步伐逐渐加快，国际化程度越来越高。如安徽捷迅光电技术有限公司作为全球技术领先的智能分选解决方案提供商，积极开拓国际化业务，充分利用在智能分选领域的技术创新优势，推进全球智能分选领域发展的新格局，拥有成熟的营销网络体系，覆盖了全球一百多个国家和地区，探索出中国企业技术创新引领“一带一路”国家发展之路。河北苹乐面粉机械集团有限公司等一批粮机整机企业加强技术创新，推动装备升级，产品出口到几十个国家和地区，成功打造出了中国粮机装备品牌。

11. 发展新亮点、新增长点

2022年，面对国内外多重超预期因素的冲击，全国粮食系统交出了一份令人满意的答卷。我国加快粮食应急保障中心建设，推动形成粮食储备、加工、配送、供应功能集成的区域、省、市、县粮食应急保障中心，有效衔接粮食产业链供应链上下游，确保区域粮食应急供应稳定高效，粮油储备不断充实，成品粮保障水平不断提高，保供稳价物质基础扎实稳固。到2022年底，全国共有粮食应急加工企业6584家、应急储运企业4846家、应急配送中心3542家、应急供应网点56495个。应急加工能力每天可达到164万吨，能满足全国人民2天的需要。不断推动完善国家、省、市、县四级粮食应急预案体系，扎实推进《国家粮食应急预案》修订工作，目前有19个省（区、市）修订印发省级粮食应急预案，333个地级市均具备粮食应急预案，2431个县具备县级粮食应急预案。持续加大仓储物流现代化建设，全国标准粮食仓房完好仓容近7亿吨，仓储条件总体达到世界较先进水平，粮食物流网络更加健全。粮食储备体系进一步完善，政府粮食储备数量足、质量好，有效发挥了守底线、稳预期、保安全的关键作用。

【d. 行业面临的问题】

1. 政策与市场

2022年，全球经济通胀危机、地缘政治局势紧张、气候变化挑战突出，与往年相比，影响粮价的因素除全球粮食供需外，宏观因素受到了前所未有的关注。在此背景下，国际粮食价格波动较大。联合国粮食及农业组织发布的数据显示，2022年全球粮食价格指数143.7点，同比涨幅14.3%，创历史新高。受局部国际冲突、极端天气，以及相关国家出口管制、资本炒作等因素影响，全球粮食供应链稳定性受到冲击。从国内看，我国粮食连年丰收，有能力解决好自身的吃饭问题，但饲料粮和工业用粮消费持续增加，粮食供需中长期将处于紧平衡态势，粮食安全根基仍不稳固。行业整体利润率低，同质化竞争严重，品牌意识不强，假冒伪劣现象严重，粮食收获、储运、加工、销售、消费等环节“跑冒滴漏”现象仍比较严重。

2. 科技创新

我国粮食加工技术和装备水平虽然日益提高，但仍然存在自主创新能力薄弱、低水平重复建设、高端产品依赖进口等问题。一些大型粮油龙头骨干企业使用的先进设备国产化率较低，多采用日本、瑞士、意大利等发达国家的大型自动化装备。国产粮机装备企业受资金、技术装备水平等因素制约，整体水平还比较落后，规模小集中度低、国际竞争力和品牌影响力不足等突出问题，产品技术含量低，高端装备自主研发能力亟待提高。粮食机械材料可靠性不足、基础理论研究薄弱等问题一直制约我国粮食加工装备自主创新能力提升。

【e. 发展趋势】

粮食事关国计民生，粮食安全是国家安全的重要基础。要落实总体国家安全观，统筹发展和安全，坚持底线思维，树立系统观念，以新安全格局保障新发展格局，以国内稳产保供的确定性来应对外部环境的不确定性，坚定走好中国特色粮食安全之路，切实扛稳保障国家粮食安全重任，端牢14亿多中国人的饭碗。未来粮食市场竞争更加激烈，保障粮食安全，是一项系统工程，主产区、主销区、产销平衡区饭碗一起端、责任一起扛。聚焦推动产业高质量发展，着力构建与满足人民群众美好需求相适应的现代化粮食产业体系，坚持目标导向，锚定需求变革，围绕延伸产业链、提升价值链、稳定供应链，构建从原粮到成品、产区到销区、田间到餐桌的“大粮食”“大产业”“大流通”的现代化粮食产业体系，满足从“吃得饱”向“吃得好”“吃得营养健康”转变，不断增强粮食产业保供稳市、改革创新、升级发展的韧性和能力。

【f. 政策建议】

1. 大力支持品牌建设

政府出台具体的支持政策，行业协会充分发挥桥梁纽带作用，积极培育骨干企业，共同营造“谋品牌、创品牌、管品牌、强品牌”的良好氛围，着力强化粮食行业品牌顶层设计和制度创设，激发全社会参与粮食行业品牌建设的积极性和创造性。从全产业链视野推进品牌建设，坚持标准引领，加强行业自律，规范市场秩序，引导企业诚信经营，在高质量发展阶段书写下粮食品牌跃升的壮丽新篇。

2. 切实推动节粮减损

树立绿色低碳发展理念，全面倡导粮油适度加工、合理加工。加大节粮减损相关标准的宣贯解读和培训力度，支持企业研发应用粮油营养保全等技术，加强粮食资源综合利用，大力发展循环经济。有效利用米糠、麸皮、胚芽、油料粕、薯渣薯液等粮油加工副产物，生产食用产品、功能物质及工业制品。实施智能制造，持续推动工艺革新、装备升级、管理优化和生产过程智能化，提升粮食生产机械化效率。

3. 强化知识产权保护意识

政府部门要进一步优化营商环境，完善信用体系建设，行业协会要维护市场秩序，营造公平诚信市场环境。企业要大力坚持以市场为导向，以发掘和引领需求为追求，加强服务创新和商业模式创新，提高精细化管理水平。完善商标战略，及时规范注册商标、商号等商业标识，防止恶意抢注；要通过对专利、商标、商业秘密、著作权等的综合运用，建立完善的品牌保护体系。

赵奕　韩兆轩　张杰

2.2 制糖业

【a. 概况】

我国有13个省（区）产糖，集中在西南部、北部和西北部的省（区）。其中，甘蔗糖产区主要分布在广西、云南、广东、海南及其他省（区）；甜菜糖产区主要分布在内蒙古、新疆、黑龙江及其他省（区）。2021/22年制糖期（以下简称本制糖期）全国食糖总产量中甘蔗糖占90.97%，甜菜糖占9.03%。

我国的食糖生产销售年度为10月1日至翌年的9月30日，开榨时间由北向南各不相同。甜菜糖厂一般在9月底或10月初开机生产；甘蔗糖厂一般11月中或12月初开榨。

本制糖期从2021年9月20日呼伦贝尔晟通糖业科技有限公司正式开机生产，至2022年7月25日孟连昌裕糖业有限责任公司停机，历时309天，比上制糖期多生产24天。全国开工制糖生产企业（集团）*49家，开工糖厂179家，比上制糖期少开工7家。其中，甘蔗糖生产企业（集团）42家，制糖厂149家；甜菜糖生产企业（集团）7家，制糖厂30家；原糖加工企业26家。

本制糖期食糖产量前十位的制糖企业（集团）产糖量占全国食糖总产量的84.8%。

本制糖期全国共生产食糖956.2万吨。其中，优级和一级白砂糖812.3万吨，精制糖63.9万吨，绵白糖33万吨，赤砂糖和红糖20万吨，原糖及其他27万吨。

本制糖期全国糖料种植面积1894.93万亩，比上制糖期下降6.9%。其中，甘蔗种植面积1683.01万亩，比上制糖期下降0.5%；甜菜种植面积211.92万亩，比上制糖期下降38.38%。甘蔗品种以桂糖系列、桂柳系列和粤糖系列为主，三大系列品种占甘蔗总种植面积的79.29%，其他品种约占总种植面积的20.71%；甜菜种子99%依赖进口，以德国KWS系列、安地系列、先正达系列等为主。2021/22年制糖期食糖产量、播种面积、开工糖厂数见表1。

表1　2021/22年制糖期全国糖料播种面积、食糖产量基本情况

单位：万吨、万亩、间

企业名称	糖料播种面积（万亩）	产糖量（万吨）	开工糖厂数（间）
全国累计	1894.93	956.20	179
甘蔗糖合计	1683.01	869.85	149
广东	119.93	54.65	19
其中：湛江	108.92	48.02	16
广西	1100.00	611.94	74
云南	437.03	194.13	50
海南	24.60	8.44	5
其他	1.45	0.69	1
甜菜糖合计	211.92	86.35	30
黑龙江	4.30	0.65	1
新疆	73.62	33.75	14
内蒙古	130.00	49.00	13
其他	4.00	2.95	2

本制糖期甘蔗平均收购价格（地头价，不含运输及企业对农民各种补贴费用等，下同）为506元/吨，比上制糖期上调8元/吨，甜菜平均收购价格为541元/吨，比上制糖期上调32元/吨。

本制糖期全国制糖行业主要技术指标：甘蔗平均单产4.57吨/亩，甜菜平均单产3.4吨/亩；甘蔗平均含糖分13.76%，甜菜平均含糖分15.04%；甘蔗平均产糖率12.05%，甜菜平均产糖率12.26%。

【b. 市场】

1. 国内食糖市场

（1）总体情况

本制糖期全国累计产糖956.2万吨，比上制糖期减少110.46万吨，同下降10.36%。其中，甘蔗糖产量869.85万吨，比上制糖期下降4.77%；甜菜糖产量86.35万吨，比上制糖期下降43.66%。

本制糖期全国食糖消费量1550万吨，年人均食糖消费量为10.97公斤。食糖消费结构基本稳定，食糖消费总量中民用消费占比46.6%，工业消费占比53.4%。

本制糖期中国糖业协会食糖价格指数5902元/吨，比上制糖期回升366元/吨，同比增长6.61%；制糖工业企业累计销售平均价格5754元/吨，比上制糖期回升375元/吨，同比增长6.96%。

本制糖期全国制糖行业销售收入（含综合利用产品销售收入）718亿元，利润10.51亿元，财政税收23.45亿元，糖农收入442亿元。

（2）运行特征

①食糖产量减少

全国糖料种植面积1895万亩；加工糖料7922万吨；食糖产量956万吨，比上制糖期减少110万吨。

②食糖进口量减少

食糖进口533万吨，比上制糖期减少100万吨。

③食糖消费量减少

全国食糖消费量1550万吨，比上制糖期减少30万吨；年人均食糖消费量10.97公斤，比上制糖期减少0.22公斤。

④食糖销售价格回升

全国制糖企业（集团）成品白糖累计平均销售价格5754元/吨，比上制糖期回升375元/吨。

⑤糖料收购价上调，农民收入基本稳定

甘蔗平均收购价上调8元/吨，甜菜32元/吨。农民收入基本稳定。

⑥财政税收增加，企业利润小幅增长

财政税收23.45亿元，同比增加3.17亿元；企业实现利润10.51亿，同比增加1.24亿元。

2. 国际食糖市场

2021/22年制糖期（以下简称本制糖期），国际食糖价格高位区间震荡，震荡重心下移。国际食糖产销预期存在缺口；俄乌冲突引发印度等部分食糖主产国家（地区）限制食糖出口，刺激食糖进口需求增加，为市场提供了支撑和上涨动能。但是，为遏制高通胀，美联储激进加息，美元走强并创20年新高，市场流动性收紧，国际原油价格冲高后大幅回落；巴西下调燃料税，乙醇竞争力下降，刺激糖厂扩大产糖量，增加了国际食糖供应。与此同时，全球经济衰退忧虑上升，国际食糖产销预期从缺口向平衡乃至过剩转化，市场承压。本制糖期初，美国纽约原糖期货价格震荡下滑，至2022年2月末止跌上扬，于4月中旬创制糖期最高，随后步入下跌，于8月初见制糖期最低，重启反弹，最终报收于18.6美分/磅，比上个制糖期末下跌6.67%，波动区间为17.2美分/磅至20.69美分/磅。

展望2022/23年制糖期（以下简称新制糖期），市场普遍预期全球食糖产量回升，食糖消费增长，但产量增幅高于消费，食糖产销转为过剩，过剩量500万吨左右。例如，国际糖业组织（ISO）预期全球食糖产销过剩557万吨左右，其中，全球食糖产量增加4.5%至1.819亿吨，食糖消费量增加 0.5% 至 1.763 亿吨；路易达孚（Louis Dreyfus）预期全球食糖产销过剩 610 万吨，其中，全球食糖产量增加 5.18% 至 1.936 亿吨，食糖消费量增加 1.17% 至 1.875 亿吨，期末库存消费比自最近 5 年低位回升 2.7 个百分点至 50.9%。

进入新制糖期，美元及食糖主要出口国家（地区）的汇率波动，能源价格走势及水平，全球经济衰退还是复苏等等，国际金融市场、能源市场乃至经济形势复杂多变严峻。未来天气，印度食糖出口政策，巴西能源政策和糖厂糖醇生产方案，通胀背景下的成本变化，食糖补库需求，全球食糖产销过剩但地区性结构性存在缺口等等，食糖供求基本面仍然存在巨大不确定性，将影响市场运行节奏及水平，有望促进全球食糖从预期的产销过剩走上现实的再平衡。世界主要产糖国食糖产量和消费量见表 2、表 3。

表 2　世界主要产糖国食糖产量统计表

单位：万吨（原糖值）

国家（地区）	2018/19	2019/20	2020/21	2021/22	2022/23*
总产量	17916	16658	18101	18118	18289
其中：甘蔗糖	13961	12588	14291	14271	14398
甜菜糖	3955	4069	3810	3847	3891
阿根廷	157	175	183	173	171
澳大利亚	473	429	434	412	445
白俄罗斯	70	74	58	65	60
巴西	2950	3030	4205	3535	3637
中国	1076	1040	1060	960	1000
哥伦比亚	240	235	224	230	230
古巴	130	120	85	80	75
多米尼加	55	59	61	62	63
厄瓜多尔	54	53	54	56	53
埃及	241	274	278	286	293
埃斯瓦蒂尼	75	67	69	62	63
欧盟	1675	1704	1591	1651	1626
危地马拉	297	276	257	258	260
印度	3430	2890	3376	3688	3580
印度尼西亚	220	225	213	230	240
伊朗	152	101	154	160	160
日本	78	83	82	81	81
肯尼亚	50	60	71	70	72
墨西哥	681	560	606	654	636
尼加拉瓜	79	79	76	78	78
巴基斯坦	527	534	651	714	718
秘鲁	126	120	120	126	132
菲律宾	210	215	214	205	200
俄罗斯	608	780	563	600	650
南非	226	230	211	191	215

续表

国家（地区）	2018/19	2019/20	2020/21	2021/22	2022/23*
泰国	1458	829	759	1023	1050
土耳其	270	275	310	280	310
乌克兰	175	164	124	142	109
英国	113	119	99	103	104
美国	816	739	838	837	820
其他国家	1205	1120	1080	1110	1160

备注：2022/23 年制糖期为预测数字

表 3 世界主要食糖消费国食糖消费量统计表 单位：万吨（原糖值）

国家（地区）	2018/19	2019/20	2020/21	2021/22	2022/23*
总消费量	17380	17237	17350	17637	17966
阿尔及利亚	209	214	198	207	212
阿根廷	148	150	152	147	148
澳大利亚	100	80	85	85	90
孟加拉国	252	249	243	259	269
巴西	1060	1065	1015	980	980
加拿大	134	127	140	147	148
中国	1580	1540	1550	1550	1580
哥伦比亚	186	187	186	187	187
埃及	310	325	334	343	349
欧盟	1700	1700	1690	1700	1700
危地马拉	90	92	94	95	95
印度	2750	2700	2800	2900	2950
印度尼西亚	706	736	745	760	790
伊朗	245	218	282	240	232
伊拉克	121	120	112	92	93
日本	198	197	188	185	185
肯尼亚	101	114	116	109	120
韩国	167	162	161	165	172
马来西亚	199	188	182	193	197
墨西哥	481	472	469	468	469
摩洛哥	127	129	135	125	149
尼日利亚	165	167	166	165	167
巴基斯坦	540	554	575	590	610
秘鲁	146	133	139	140	147
菲律宾	230	230	228	230	230
俄罗斯	604	611	544	572	616

续表

国家（地区）	2018/19	2019/20	2020/21	2021/22	2022/23*
沙特阿拉伯	101	99	110	110	111
南非	179	154	169	173	177
苏丹	163	196	164	174	176
泰国	248	236	235	242	252
土耳其	278	300	291	296	298
乌克兰	145	130	125	127	125
阿拉伯联合酋长国	145	72	96	116	123
英国	188	177	165	192	192
美国	1112	1127	1115	1139	1139
越南	160	206	207	240	254
也门	69	76	91	96	98
其他国家	2044	2008	2055	2102	2139

备注：2022/23 年制糖期为预测数字。

3. 食糖进出口贸易

本制糖期截至 2022 年 8 月底，我国食糖进口同比下降，出口同比增加。累计进口食糖 455.71 万吨，同比下降 16.63%；累计出口食糖 14.74 万吨，同比增长 29.3%。统计数据见下图：

我国食糖进出口贸易情况分别见表 4、表 5。

表 4　2013～2022 年全国食糖进口与贸易方式统计表　单位：万吨

年度	合计	一般贸易	来料加工	进料加工	保税监管场所进出境货物	特殊监管区域物流货物	其他
2013	454.59	434.86	1.3	14.77			3.66
2014	348.58	266.33	1.24	13.94	66.93		0.14
2015	484.59	265.71	0.9	13.93	185.14	18.88	0.03
2016	306.19	219.43	1.21	13.67	61.91	9.96	0.01
2017	229.05	124.47	1.31	15.3	77.68	10.28	0.01
2018	279.54	183.65	1.81	18.18	59.66	16.24	
2019	339.01	209.69	1.35	18.13	94.72	15.12	
2020	527.29	312.37	0.72	21.32	169.47	23.41	
2021	566.62	300.16	0.71	25.28	230.4	10.07	
2022*	272.63	148.54	0.77	24.2	86.68	12.44	

注：2022 年统计数字截至 8 月底

表 5　2013～2022 年全国食糖出口与贸易方式统计表

年度	合计	一般贸易	来料加工	进料加工	保税监管场所进出境货物	特殊监管区域物流货物	边贸	其他
2013	4.78	1.48	1.06	1.71			0.02	0.51
2014	4.62	1.39	1.09	2				0.14
2015	7.5	1.09	1.09	1.7	0.28	3.32		0.02
2016	14.91	1.17	1.12	2.12	0.16	10.34		
2017	15.79	0.9	1.19	2.01	1.65	10.03		0.01
2018	19.57	0.9	1.6	1.83	1.51	13.73		
2019	18.56	0.76	1.21	2.08	0.65	13.85		0.01
2020	14.74	0.66	1.13	2.25	1.36	9.34		
2021	12.18	0.99	0.99	3.1		7.1		
2022*	11.97	0.73	0.57	2.65	0.13	7.89		

注：2022 年度统计数字截至 8 月底

【c. 行业大事记】

1. 2021 年 10 月 22 日，中国糖业协会团体标准技术委员会专家对团体标准《制糖工业用石灰》进行审查。与会专家认为该标准内容先进合理，实验方法切实可行，经投票表决一致同意该标准通过审查。该标准于 2021 年 12 月 1 日发布。

2. 2021 年 11 月 1 日至 2 日，“2021/22 全国食糖产销大会”在广东省广州市召开。

会议总结了 2020/21 年制糖期全国食糖产销工作，通报了 2021/22 年制糖期全国糖料种植及产量预计情况，新制糖期国家食糖宏观调控的思路和原则，分析研究了 2021/22 年制糖期全国糖料生产及食糖产销形势，对新制糖期食糖供求平衡、产销工作、政府调控工作提出了政策建议。会议审议通过了《中国糖业协会秘书处工作报告》《食糖产业“十四五”高质量发展指导意见》《变更中国糖业协会副理事长人选》等决议（决定）。会议同期举办了“2021/22 食糖市场形势与风险管理论坛”。会议为参会代表提供了工商洽谈、订货的机会，帮助各企业间加强了产销、供需等环节的联系与合作。

3. 2021 年 11 月 15 日，根据《农产品进口关税配额管理暂行办法》（商务部、发展改革委令 2003 年第 4 号），商务部制定了 2022 年食糖进口关税配额申请和分配细则。

4. 2021 年 12 月 10 日，农业农村部与广西壮族自治区举行工作会谈，签署高质量建设现代特色农业全面推进乡村振兴合作框架协议。双方将进一步深化合作，充分发挥广西的产业优势、资源优势、区位优势，加强农业综合生产能力建设，挖掘双季稻、冬油菜、糖料蔗、特色农产品等生产潜力，打造重要农产品保供基地。

5. 2021 年 12 月 13 日，国务院关税税则委员会下发《关于 2022 年关税调整方案的通知》（税委会〔2021〕18 号），自 2022 年 1 月 1 日起，对部分商品的进出口关税进行调整。2022 年关税调整方案中继续对小麦、玉米、稻谷和大米、糖、羊毛、毛条、棉花、化肥等 8 类商品实施关税配额管理，税率不变。

6. 2021 年 12 月 22 日 –23 日，中国糖业协会原糖加工委员会工作会议在海南省召开。会议全面回顾了委员会成立以来的工作开展情况，总结行业自律工作取得的成效及经验；听取与会代表汇报 2021 年本企业食糖进口、加工生产、经济运营及原糖进口报告执行情况，提出对国家宏观调控政策的意见和建议；研究探讨新形势下行业发展的思路，提出2022年委员会工作计划。会议在均衡进口销售、开展技术交流、促进食糖消费等方面达成广泛共识。

7. 2021年12月31日，财政部修订印发《中央财政农业保险保费补贴管理办法》（以下简称《办法》）。中央财政补贴险种的保险标的中种植业主要包括：稻谷、小麦、玉米、棉花、马铃薯、油料作物、糖料作物、天然橡胶、三大粮食作物（稻谷、小麦、玉米）制种；《办法》要求，承保机构应当公平、合理拟订农业保险条款和费率。保险费率应当按照保本微利原则厘定，综合费用率不高于20%。《办法》自2022年1月1日起施行。

8. 2022年1月10日，广西壮族自治区政府办公厅出台《广西农业机械化改革发展实施方案（2022–2025年）》。提出到2025年，主要农作物耕种收综合机械化率达到70%以上。

在做大现代农机装备产业上，要重点突破甘蔗、桑果、杧果、柑橘、油茶、香蕉等经济作物种、采、运输机具，以及节水灌溉设备、抗旱排涝机械、林业采伐机械等适合丘陵山区使用、广受农户欢迎的机械装备研发技术。

9. 2022年2月16日–23日，受工信部委托，中国糖业协会组织专家组，对三家国家定点糖精生产企业的年度生产计划执行情况进行线上检查，三家企业完全按照国家下达年度计划完成糖精生产销售。

10. 2022年2月22日，中共中央、国务院发布《关于做好2022年全面推进乡村振兴重点工作的意见》，即2022年第一号文件。在保障“菜篮子”产品供给中提出，探索开展糖料蔗完全成本保险和种植收入保险。在落实“长牙齿”的耕地保护硬措施中指出，要分类明确耕地用途，严格落实耕地利用优先序，耕地主要用于粮食和棉、油、糖、蔬菜等农产品及饲草饲料生产，永久基本农田重点用于粮食生产，高标准农田原则上全部用于粮食生产。

11. 2022年2月15日，国务院印发《“十四五”推进农业农村现代化规划》（以下简称《规划》），《规划》指出，要夯实农业生产基础，提升粮食等重要农产品供给保障水平，优化农业生产布局，加强重要农产品生产保护区建设。在粮食等重要农产品安全保障工程专栏中提出，加快坡改梯和中低产蔗田改造，建设一批规模化机械化、高产高效的优质糖料生产基地。提升农业抗风险能力，稳定国际农产品供应链。实施农产品进口多元化战略，健全农产品进口管理机制，稳定大豆、食糖、棉花、天然橡胶、油料油脂、肉类、乳制品等农产品国际供应链。

12. 2022年3月5日，李克强总理代表国务院在十三届全国人大五次会议上做《政府工作报告》（以下简称《报告》），《报告》明确了2022年实现经济社会发展目标任务的重点工作。《报告》指出要加强粮食等重要农产品稳产保供。坚决守住18亿亩耕地红线，划足划实永久基本农田，切实遏制耕地“非农化”、防止“非粮化”。加快推进种业振兴，加强农业科技攻关和推广应用，提高农机装备水平。支持棉花、甘蔗等生产。

13. 2022年3月10日，国家发展改革委发布《关于进一步做好粮食和大豆等重要农产品生产相关工作的通知》，对保障粮食安全和重要农产品供给提出细化分解任务要求。在持续加强农田水利等农业基础设施建设中指出，要坚决守住耕地红线，分类明确耕地用途，严格落实耕地利用优先序，耕地主要用于粮食和棉、油、糖、蔬菜等农产品及饲草饲料生产，永久基本农田重点用于粮食生产，高标准农田原则上全部用于粮食生产。

14. 2022年3月17日，农业农村部种植业管理司会同全国农业技术推广服务中心、农业农村部糖料专家指导组有关专家，研究制定了《2022年糖料蔗春季生产技术指导意见》，指出春植蔗应以选用健康种苗为基础，配套推广应用轻简高效生产技术，重点抓好推广高产高糖品种健康种苗、推广节水抗旱轻简栽培技术、推广糖料蔗机械化种植技术、加强病虫害监测和防治等环节。与新植蔗相比，宿根蔗生长期提前 1 个月左右，要突出一个“早”字，及早抓好宿根蔗田间管理，促进宿根蔗早萌发、早出苗、出苗齐、苗量多，为保障宿根蔗稳产丰产打好基础，重点抓好砍收质量和田间管理等环节。

15. 2022 年 3 月 25 日，广西壮族自治区糖业发展办公室、广西壮族自治区财政厅联合发布《关于印发广西甘蔗优良品种选育后补助奖励办法（试行）的通知》，明确了后补助奖励标准、方法和资金分配。对于符合申报条件的品种，按申报指南指定榨季入榨量（机收蔗按照实际入榨量的 1.1 倍计算）划分为五个等级进行后补助。补助资金范围在 100 万元至 500 万元之间。

16. 2022 年 4 月 2 日，为稳定全国棉花、糖料生产，促进棉花、糖料提质增效，农业农村部种植业管理司发布了《关于推介 2022 年棉花糖料主推品种和技术模式的通知》（以下简称《通知》）。《通知》涉及 29 个棉花、糖料主推品种和 22 项技术模式。甘蔗品种方面，主推品种包括桂柳 05136、云蔗 0551、桂糖 49 号、中糖 3 号、桂糖 44 号、云蔗 081609、桂糖 42 号、粤糖 03373 以及桂糖 46 号。甘蔗、甜菜生产技术模式方面，主要包括甘蔗生产农机农艺融合技术、甘蔗延长宿根年限丰产管理技术、甘蔗提质增效整装技术、基于中小型收获机的甘蔗农机农艺融合技术、丘陵山地甘蔗机械化种植技术、甜菜全程机械化绿色高效综合栽培技术、甜菜水肥一体化高密度高产高效栽培技术、甜菜生产全程机械化技术以及甜菜全程机械化垄作直播栽培技术。

17. 为有效遏制食糖“妖魔化”愈演愈烈现象，维护国民健康安全及食糖产业稳定，中国糖业协会启动了“科学认识食糖 合理消费食糖”系列宣传工作。2022 年 4 月 16 日，在京举办了以“科学认识食糖”为主题的现场宣传活动。活动期间发放了《蔗糖》图册和《科学认识食糖》论文集，播放了以甘蔗和甜菜卡通人物制作的动画短片，生动活泼地向消费者介绍了食糖基础知识、功效和作用，引导消费者树立健康科学的食糖消费观念，增强食品安全意识。吸引了 23 家媒体的广泛报道，阅读量超过 1300 万人次。

18. 2022 年 4 月 20 日，原糖加工委员会工作会议以视频形式召开。会议听取了原糖加工企业 2022 年一季度生产经营情况介绍、存在问题及对委员会下步工作的意见建议，通报了原糖加工委员会 2022 年一季度工作进展、2021/22 年制糖期全国食糖产销形势及协会秘书处近期工作情况。

19. 2022 年 4 月 27 日，《中国糖史》编纂工作会议以视频形式召开。参编单位分享了《中国糖史》地方篇和企业篇编纂工作经验；针对编纂工作中存在的问题提出意见建议；中国糖业协会通报了《中国糖史》编纂工作进展并部署下步编纂工作。

20. 2022 年 5 月 9 日，农业农村部、财政部发布《关于做好 2022 年农业生产发展等项目实施工作的通知》（农计财发〔2022〕13 号），提出五项重点任务。一是要全力保障粮食和油料等重要农产品有效供给，统筹抓好蔬菜、棉糖胶等生产；二是加强耕地保护、种业振兴、农机装备支撑保障；三是大力推动农业产业融合发展和乡村人才振兴；四是推进农业资源保护利用和绿色转型发展；五是支持脱贫地区乡村特色产业发展壮大。

21. 2022 年 5 月 12 日，财政部、农业农村部、银保监会联合发布《关于在广西开展糖料蔗完全成本保险和种植收入保险的通知》（财金〔2022〕55 号），在广西开展糖料蔗完全成本保险和种植收入保险，由中央财政和广西财政对投保蔗农实施保费补贴，以稳定农户种蔗收益，服务保障国家食糖供应安全。

22. 2022 年 6 月 8 日，农业农村部计划财务司发布《关于做好 2023 年中央预算内投资农业建设项目前期工作的通知》。其中，高标准农田建设项目中指出，依据《全国高标准农田建设规划（2021–2030 年）》，支持建设一批高产稳产、旱涝保收的高标准农田，统筹发展高效节水灌溉。统筹支持糖料蔗、新疆优质棉生产基地和甘肃省张掖市制种基地建设，具体建设任务需单独列出。

23. 2022 年 6 月 10 日，财政部、农业农村部发布了 2022 年重点强农惠农政策。其中，在农业产业融合发展方面，聚焦稻谷、小麦、玉米、大豆、油菜、花生、牛羊、生猪、淡水养殖、天然橡胶、棉花、食糖、奶业、种业、设施蔬菜等重要农产品，适当兼顾其他特色农产品。在农业保险保费补贴方面，在地方财政自主开展、自愿承担一定补贴比例基础上，中央财政对稻谷、小麦、玉米、棉花、马铃薯、油料作物、糖料作物、天然橡胶、能繁母猪、育肥猪、奶牛、森林、青稞、牦牛、藏系羊，以及三大粮食作物制种保险给予保费补贴支持。

24. 2022 年 6 月 17 日，工业和信息化部、人力资源社会保障部、生态环境部、商务部、市场监管总局联合发布《关于推动轻工业高质量发展的指导意见》（以下简称《意见》）。《意见》围绕科技创新、高质量供给、产业链现代化、绿色低碳转型、产业生态协调发展等方面提出 5 项重点任务。其中，在构建高质量的供给体系中提出，升级创新产品制造工程食品中包括工业用途食糖产品；在深入推进绿色低碳转型中，提出制糖生产热能优化集中控制及高效煮糖系统等绿色低碳技术发展工程。

25. 2022 年 7 月 26 日，国家发展和改革委员会发布第 51 号令，《关于修改、废止部分规章、行政规范性文件和一般政策性文件的决定》已经 2022 年 6 月 27 日第 21 次委务会议审议通过，自 2022 年 9 月 1 日起施行。根据国家发展和改革委员会第 51 号令，《糖料管理暂行办法》自 2022 年 9 月 1 日起废止。

26. 2022 年 8 月 1 日，《中华人民共和国黑土地保护法》（以下简称“黑土地保护法”）正式施行。这是世界上唯一一部国家层面立法保护黑土地的法律。黑土地保护法中明确规定，保障黑土地保护财政投入，综合采取工程、农艺、农机、生物等措施，保护黑土地的优良生产能力，确保黑土地总量不减少、功能不退化、质量有提升、产能可持续。黑土地应当用于粮食和油料作物、糖料作物、蔬菜等农产品生产。

27. 2022 年 7 月 14–15 日，中国糖业协会六届三次理事长（扩大）工作会议在山东济南召开。会议审议了中国糖业协会秘书处工作报告，听取了食糖产业高质量发展研究课题工作情况及全国食糖产销形势汇报。会议认真分析了我国糖业发展面临的新问题、重点任务和存在的困难，深入研究了行业及协会的应对策略，并就下一步重点工作进行了安排。会议表决通过了相关决定和决议（草案）。

28. 2022 年 8 月 17 日，根据《中华人民共和国海关进出口货物商品归类管理规定》有关规定，海关总署制定发布了有关商品归类决定。其中，蔗糖含量不低于 90% 的蔗糖与其他糖的粉末状混合物（白砂糖预混粉）归入税则号列 1701.9990；蔗糖含量高于 50% 且低于 90% 的蔗糖与税目 17.02 所包括糖的简单固体混合物（白砂糖预混粉）归入税则号列 1702.9012；蔗糖含量高于 50% 且低于 90% 蔗糖、淀粉和盐的简单固体混合物（复合糖）归入税则号列 2106.9062。2022 年商品归类决定自 2022 年 9 月 1 日起实施。

29. 2022 年 8 月 26 日，农业农村部种植业管理司会同全国农业技术推广服务中心、农业农村部糖料专家指导组有关专家，就加强秋季糖料蔗田间管理、确保丰产丰收提出了生产技术指导意见，包括及时抗旱排涝、改善通风透光条件、强化病虫害防治、加强田间管理、做好秋植蔗种植五方面内容。

30. 2022 年 8 月 10 日，中国糖业协会以视频形式召开2022年度信息工作会议。会议听取协会近一年来信息工作汇报，介绍信息员关注的热点工作进展，就信息安全、信息反馈、信息化建设等内容展开讨论。会议要求，信息报送工作不仅应准确、及时、客观、实事求是，还应统筹好信息安全和信息发布的关系，服务好行业发展。

31. 2022年9月5日，广西壮族自治区糖业发展办公室制定并印发《广西糖料蔗生产保护区管理办法（试行）》。办法指出设区市、县（市、区）政府是糖料蔗生产保护区管理工作的责任主体，要建立健全工作机制，明确任务分工，切实履行好属地管理责任。广西区糖业、农业农村、自然资源等部门要建立健全工作协同机制，开展糖料蔗生产保护区动态监测，加强业务指导，形成糖料蔗生产保护区管理合力。

32. 2022年9月16日，中国糖业协会在福建厦门市召开2022年原糖加工委员会工作会议。会议通报了近期协会秘书处工作和蔗糖糖浆（食糖预混粉）进口管理相关工作进展情况。企业代表汇报了2022年原糖进口报告执行情况、企业生产经营情况和问题以及政策建议。会议研讨了全国食糖市场形势、原糖加工企业面临困难和目标任务，并在均衡进口销售、促进食糖消费等方面达成共识。

33. 2022年9月18日，根据商务部、国家发展和改革委员会令2003年第4号（《农产品进口关税配额管理暂行办法》），商务部制定并发布了《2023年食糖进口关税配额申请和分配细则》，对2023年食糖进口关税配额申请条件和分配规则进行了规定和说明。

白喆 王让梅

2.3 水产品加工业

【a. 概况】

2022 年是加快建设农业强国的起步之年，“三农”工作的首要任务是保障粮食安全。农业农村部以新一轮千亿斤粮食产能提升行动为抓手，全力以赴端牢端稳中国饭碗。面对新发展形势，任务目标突出强调“两提”，即提高单产、提高农产品自给率。水产品是我国重要农产品之一，为保障国家粮食安全作出了重要贡献。近年来，全国水产品产量保持稳步增长，2022 年，产量为 6869 万吨，同比增幅超过 2.7 个百分点。养殖单产水平预计达到 7860 千克 / 公顷，比 2016 年（6437.7 千克 / 公顷）增长 22.1%，年均增长 3.4%。2022 年，水产品人均占有量为 48.7 公斤，比 2016 年（45.8 公斤）增长 6.33%，年均增长率 1.06%。渔业生产平稳发展，保障了市场供给需求，为稳预期、稳物价、稳渔业经济大盘提供了基本保障，也为“践行大食物观，推动食物供给向多元化转变，把牢我国食物供给安全主动权”提供了强有力的支撑。

1. 全社会渔业经济总产值

按当年价格计算，全社会渔业经济总产值 30873.14 亿元，其中渔业产值 15267.49 亿元，渔业工业和建筑业产值 6621.17 亿元，渔业流通和服务业产值 8984.48 亿元，三个产业产值的比例为 49.5 ：21.4 ：29.1，如图 1 所示。渔业流通和服务业产值中，休闲渔业产值 847.40 亿元，同比上升 1.42%。

2. 水产品产量及人均占有量

2022 年，全国水产品总产量 6865.91 万吨，同比增长 2.62%。其中，养殖产量 5565.46 万吨，同比增长 3.17%，捕捞产量 1300.45 万吨，同比增长 0.35%，养殖产品与捕捞产品的产量比例为 81.1 ：18.9，如表 1、表 2 所示；海水产品产量 3459.53 万吨，同比增长 2.13%，淡水产品产量 3406.38 万吨，同比增长 3.13%，海水产品与淡水产品的产量比例为 50.4 ：49.6。

表 1　2022 年全国水产养殖产量

单位：万吨

指标	养殖产量	海水养殖		淡水养殖	
		产量	同比增长（%）	产量	同比（%）
全国总计	5565.46	2275.70	2.92	3289.76	3.35
鱼类	2903.04	192.56	4.44	2710.48	2.66
甲壳类	684.84	195.25	5.26	489.59	6.80
贝类	1588.56	1569.58	2.85	18.97	–3.19
藻类	272.39	271.39	–0.03	1.00	19.98
其他	116.64	46.92	7.28	69.72	8.69

表 2　2022 年国内捕捞产量

单位：万吨

指标	国内捕捞产量	海洋捕捞		淡水捕捞	
		产量	同比增长（%）	产量	同比（%）
全国总计	1067.47	950.85	–0.06	116.62	–2.64
鱼类	731.70	641.87	–0.51	89.83	–2.39
甲壳类	200.89	188.53	1.29	12.36	0.33

续表

指标	国内捕捞产量	海洋捕捞		淡水捕捞	
		产量	同比增长（%）	产量	同比（%）
贝类	49.46	36.29	0.99	13.17	-6.70
藻类	1.94	1.94	-4.40		
头足类	59.15	59.15	1.02		
其他	24.33	23.07	-2.46	1.26	-3.43

2022年，远洋渔业产量232.98万吨，同比增长3.71%，占水产品总产量的3.39%。

2022年，全国水产品人均占有量48.63千克（全国人口数为141175万人），比上年增加1.27千克、增长2.68%。

3. 水产品进出口贸易

据海关总署统计，2022年，我国水产品进出口总量1023.28万吨、进出口总额467.38亿美元，同比分别增长7.17%和16.99%。其中，出口量376.30万吨，同比下降0.99%，出口额230.31亿美元，同比增长5.04%；进口量646.98万吨、进口额237.06亿美元，同比分别增长12.57%和31.53%。贸易逆差6.75亿美元。

4. 水产品加工

截至2022年年底，全国水产加工企业9331个，水产冷库8675座。水产加工品总量2147.79万吨，同比增长1.07%。其中，海水加工产品1709.15万吨，同比增长0.02%；淡水加工产品438.64万吨，同比增长5.39%。用于加工的水产品总量2556.13万吨，同比增长1.33%。其中，用于加工的海水产品1976.32万吨，同比增长1.29%；用于加工的淡水产品579.81万吨，同比增长1.44%。

【b. 行业发展分析】

1. 进出口贸易总量及贸易总额保持增长，贸易顺差逐步收窄

改革开放以来，我国积极参与国际渔业经济分工合作，大力发展以水产品对外贸易为主的外向型渔业经济。自2000年起，水产品出口总额位居大宗农产品出口首位。近年来，水产品进口贸易迅猛发展，进口额增速逐步快于出口额增速，贸易顺差逐步收窄，我国水产品逐步由出口创汇型向进出口平衡型转变。在进口水产品中，绝大部分为食用水产品，并以冷冻鱼为主。2022年，食用水产品进口量同比增长22.1%，进口额同比增长39.7%。我国食用水产品出口增速放缓，2022年食用水产品出口量369万吨，出口额215.39亿美元，同比增长4.6%（2021年出口额同比增长15.2%）。水产品进口额特别是食用水产品进口额同比快速增长，而国外需求走弱、订单下降，出口额增速放缓，导致水产品贸易顺差收窄。

2. 水产养殖转型升级加快，绿色发展成效显著

水产养殖对于渔业稳产保供的重要性日益凸显，绿色转型发展势在必行。《2022中国渔业统计年鉴》数据显示，水产养殖产量在全国水产品总量中的占比已超80%。第四次全球水产养殖大会上，唐仁健部长指出水产养殖业要“坚持绿色转型，致力发展环境友好型水产养殖”。2021年，农业农村部印发《关于实施水产绿色健康养殖技术推广“五大行动”的通知》，各级渔业主管部门采取一系列举措促进水产养殖转型升级。一是增殖放流工作有序推进，水产养殖环境得到保护。“十四五”水生生物增殖放流工作得到全面部署，管理更加规范化；苗种供应体系建设步伐进一步加快，放流苗种的质量有保障；各地确定了一批水生生物公众放流场所，定点化、规范化开展增殖放流活动；科学选择适宜放流区域及放流物种，严禁放流不符合生态要求的外来水生物种。二是水产养殖基地标准化体系建设步伐加快。通过政府推进和水产养殖加工龙头企业带动，建设了一批具有一定规模、达到较高水产品质量安全标准的养殖标准区。养殖标准区符合水产品产业环境要求，按照渔业生产规范操作，有效控制化学品使用，全程监控养殖的全过程，基本实现养殖产品产地的可追溯。三是水产养殖方式更加集约化、智能化。工厂化、深水网箱和生态养殖等集约化养殖模式逐渐取代传统养殖模式，世界第一艘10万吨级养殖工船“国信1号”建成并投入使用，首创了“船载舱养”海上工业化养殖方式，突破了一系列关键技术，实现养殖方式向集约化、智能化发展。2022年养殖产量5568万吨，同比增长3.2%。四是碳汇渔业逐步发展起来。福建省莆田市秀屿区已经建立并形成了鲍鱼、牡蛎、海带、龙须菜、紫菜等优势水产品养殖产业带，上述养殖产品均不需要投放饵料，还可以作为载体吸收二氧化碳，并将其固化，从而实现降碳。据调研，1.5万亩生蚝可以固定近2万吨二氧化碳。2022年5月19日，林蚝水产公司和华峰新能源公司完成了全国首例双壳贝类海洋渔业碳汇交易；9月29日，南日镇云万村、岩下村与厦门产权交易中心有限公司签订了村集体海洋碳汇交易合同。

【c. 行业面临问题分析】

1. 部分国家收紧粮食出口，冲击我国饲料原料进口

部分国家出于对粮食安全的担忧，收紧了粮食出口政策。IFPRI数据显示，截至2022年10月6日，包括阿根廷、埃及、印度、伊朗、俄罗斯、乌克兰等国在内的21个国家正在限制粮食出口。被限制的主要包括小麦、玉米、面粉、西红柿、植物油、豆类等农产品，出口贸易限制量占据全球粮食贸易份额的7.3%（以卡路里口径计算）。其中，水产饲料中，名优鱼豆粕用量占5%～10%、大宗淡水鱼占15%～35%；DDGS饲料配方中玉米为主要原料。我国现阶段无法实现玉米和大豆供给的自主可控，进口依赖度高。如果玉米和豆类进口受限，将对渔用饲料行业带来一定冲击，水产养殖生产也将受到波及。

2. 渔业生产成本居高不下，渔民增收后劲不足

俄罗斯是世界原油和天然气出口大国，“俄乌”冲突导致国际油价攀升，助推了渔业捕捞成本的上升。据国家发改委官网报道，柴油价格从年初的7255元/吨上涨至12月初的9055元/吨，年底价格上涨势头稍有回落、但仍保持高位运行。柴油价格的上涨直接抬高了近海捕捞及远洋渔业的生产成本，用油成本占近海捕捞成本比重从50%攀升至70%，远洋渔业海上加油及自捕鱼运输成本也大幅增加。渔用饲料价格上涨明显。据饲料行业信息网报道，12月第3周进口鱼粉平均单价13800元/吨，同比上涨15.00%。豆粕价格涨幅超出预期。全国畜牧总站监测数据显示，12月第3周全国豆粕平均价格5.21元/公斤，同比上涨38.6%。2022年以来，美联储连续四次加息，引发了美元指数飙升、人民币对美元的持续贬值。人民币贬值引发输入性通胀，来进料加工企业原料成本显著提高，1—10月我国进口水产品单价（3282美元/吨，折算人民币23630.4元/吨）比1—5月（3445美元/吨，折算人民币22392.5元/吨）上涨了5.53%。受国内外疫情影响，水产品包装、航运及消杀的成本居高不下，交货时间周期普遍延长，企业回款慢、经营陷入困境。渔业生产成本上涨制约了渔民收入的增长。据农业农村部统计，2022年全国渔民人均纯收入预计为24614.41元，同比名义增幅为5.00%，2022年农村居民人均可支配收入20133元，比农村居民人均可支配收入增幅（6.3%）低了1.3个百分点。

【d. 水产品加工政策】

2022年，国务院发布的《“十四五”推进农业农村现代化规划》，提出强化科技支撑、质量控制、品牌建设和产品营销，建设一批特色农产品标准化生产、加工和仓储物流基地，培育一批特色水产品产业带，核心致力于推动水产品加工相关基础设施设备建设，促进水产品加工发展，构建现代渔业产业体系，提升产业链供应链现代化水平。2021年9月，农业农村部渔业渔政管理局在广州组织召开水产品加工发展座谈会，指导各地聚焦关键环节，大力发展产地水产品初加工和冷藏保鲜，补齐设施短板，积极引导支持水产品冷链物流建设，加强科技支撑，统筹各方力量，共同促进水产品加工业高质量发展。指导中国渔业协会、中国水产流通与加工协会、中国远洋渔业协会等单位组织开展海水产品进内陆系列活动，推动国内市场水产品流通，促进水产品稳价保供。

高宏泉

2.4 大豆食品行业

【a. 概况】

1. 国产大豆的生产量

国家统计局 :2022 年，我国大豆产量 2028 万吨（2022 年度大豆进口 9108，国产大豆自给率 18%），2021 年我国大豆产量为 1640 万吨，同比增长 23.66%。

2012—2022 年历年国产大豆产量进口量图如下：

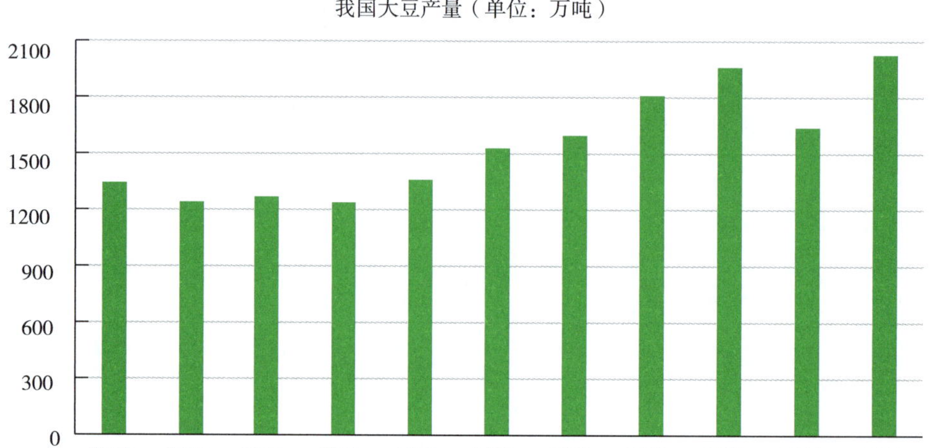

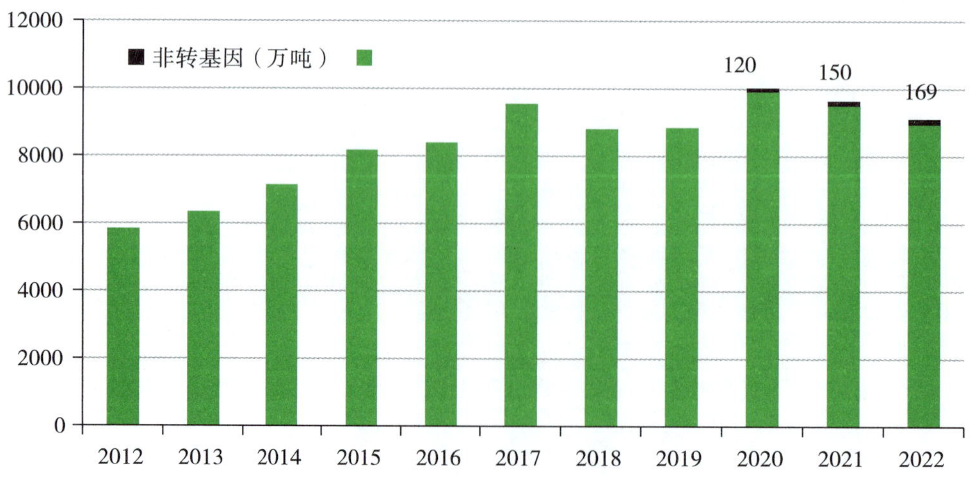

2. 我国食品大豆消费（不包括港澳台）

我国每年出台的《市场准入负面清单》中规定加工转基因大豆需要办理准入许可，目前还没有大豆食品加工企业办理该许可。故我国可以用于食品的大豆均为非转基因大豆，货源来自国产大豆和进口非转基因大豆。

根据海关总署统计：2022 年，我国进口非转基因大豆约 169 万吨（俄罗斯 69.4 万吨、乌克兰 6.7 万吨、美国 50.3 万吨、加拿大 19.1 万吨、贝宁 20.9 万吨），同比增长 7%；

国产大豆主要以国内销售为主，出口量不大，2022 年，我国出口大豆 11.4 万吨（韩国 8 万吨、日本 1.6）；

我会数据统计综合评估，2021 年，用于食品工业的大豆量约 1530 万吨，2022 年，同比增长 0.18%，其中：用于豆制品加工的大豆用量，约为 950 万吨；用于其他食品加工的用量，约为 350 万吨，其中大豆蛋白约 250 万吨（除出口外，30%–35% 用于豆制品，65%–70% 用于肉制品、保健品、饮料、婴幼儿奶粉等），酱油等约 100 万吨；直接食用（包括家庭自制豆浆等），约为 230 万吨。

2012 年，以来我国可以用于食品加工的大豆供给量及我国大豆食品消费量如下图：

我国大豆产量与食品大豆消费量

2012 2013 2014 2015 2016 2017 2018 2019 2020 2021 2022

我国大豆产量（万吨） 我国食品大豆消费量（万吨）

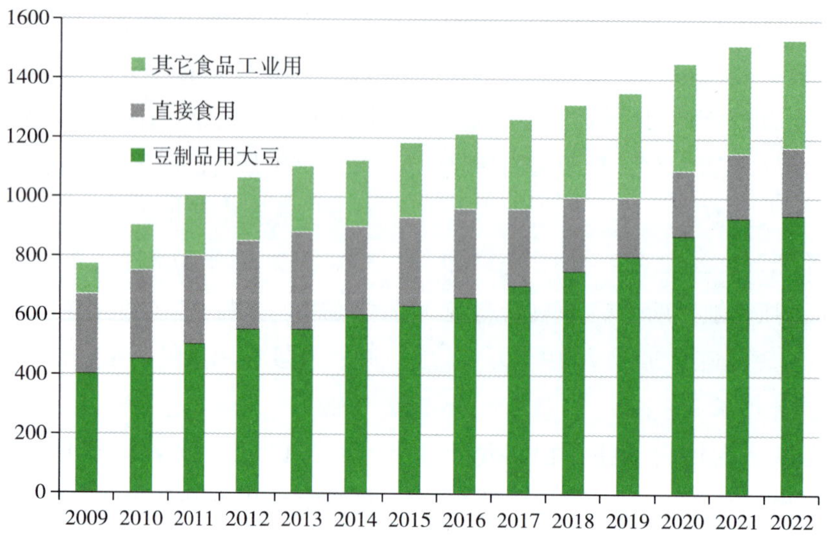

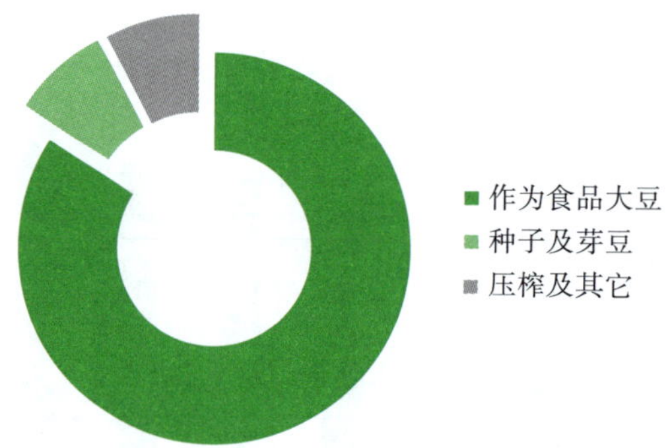

我国非转基因大豆用途包括食品领域（1500–1600 万吨）、非转压榨及其他（150 万吨左右）、种子及芽豆（150 万左右），共计约 1800–1900 万吨。

我国各省大豆生产与食品大豆消费量表（不包括港澳台）

省份 / 直辖市	企业数量	产量（万吨）（国家统计局 2020 年数据）	食品大豆需求量测算（万吨）	进出量（估）
黑龙江	214	920.29	55	600
内蒙古	79	234.74	15	200
安徽	343	92.94	65	30
河南	130	93.42	95	–2
四川	78	101.25	90	11
吉林	145	64.23	25	40
江苏	357	51.93	80	–30
云南	339	46.4	50	–4
山东	504	55.49	280	–220
湖北	398	35.54	60	–25

续表

省份 / 直辖市	企业数量	产量（万吨）（国家统计局 2020 年数据）	食品大豆需求量测算（万吨）	进出量（估）
湖南	797	31.16	70	–40
江西	373	27.75	40	–12
陕西	83	23.64	35	–11
山西	183	20.78	35	–15
浙江	392	21.75	60	–40
河北	287	22.31	65	–40
重庆	356	20.22	35	–15
贵州	151	22.35	40	–18
辽宁	188	23.9	45	–20
广西	79	15.44	45	–30
广东	151	9.1	140	–130
福建	202	9.47	35	–25
新疆	51	5.22	15	–10
甘肃	62	8.16	15	–5
天津	64	0.85	10	–10
宁夏	28	0.39	6	–5
海南	49	1.04	8	–7
北京	49	0.26	15	–15
上海	97	0.15	20	–20
西藏	4	0	2	–2
青海	5	—	5	–5

通过数据对比分析：我国（不包括港澳台）每年约 800 万吨食品大豆需要进行跨省贸易。进入 6000 多家全国各地的食品大豆加工企业和 10 万家以上的个体餐饮及豆制品作坊户。其中黑龙江约 600 万吨、内蒙古 200 万吨左右、吉林 40 万吨左右、安徽 30 万吨左右。河南、四川、云南食品大豆基本能自给。

3. 我国的大豆食品有哪些？

根据我会统计，近十年来，我国用于食品的大豆量每年以 4%–6% 平稳增长。 我国大豆制品具有丰富的产品体系，有 14 大类，并随着消费人群的细分，品种越来越多，几乎涉及消费的各个场景和各个领域。以消费场景分，有早餐豆制品、菜肴类豆制品、有休闲零食类豆制品等等；按品类划分包括豆浆类等液态产品、以豆腐系列为代表的生鲜类豆制品、以各种口味的豆腐干等为代表的休闲类豆制品、以能量棒、大豆纤维饼干为代表的代餐食品，以腐竹、腐皮为代表的干燥制品、以冻豆腐、千叶豆腐等为代表的速冻豆制品、以大豆冰激凌等为代表的冷饮豆制品、以毛豆、豆芽为代表的蔬菜、以豆浆粉为代表冲调代餐食品等等。

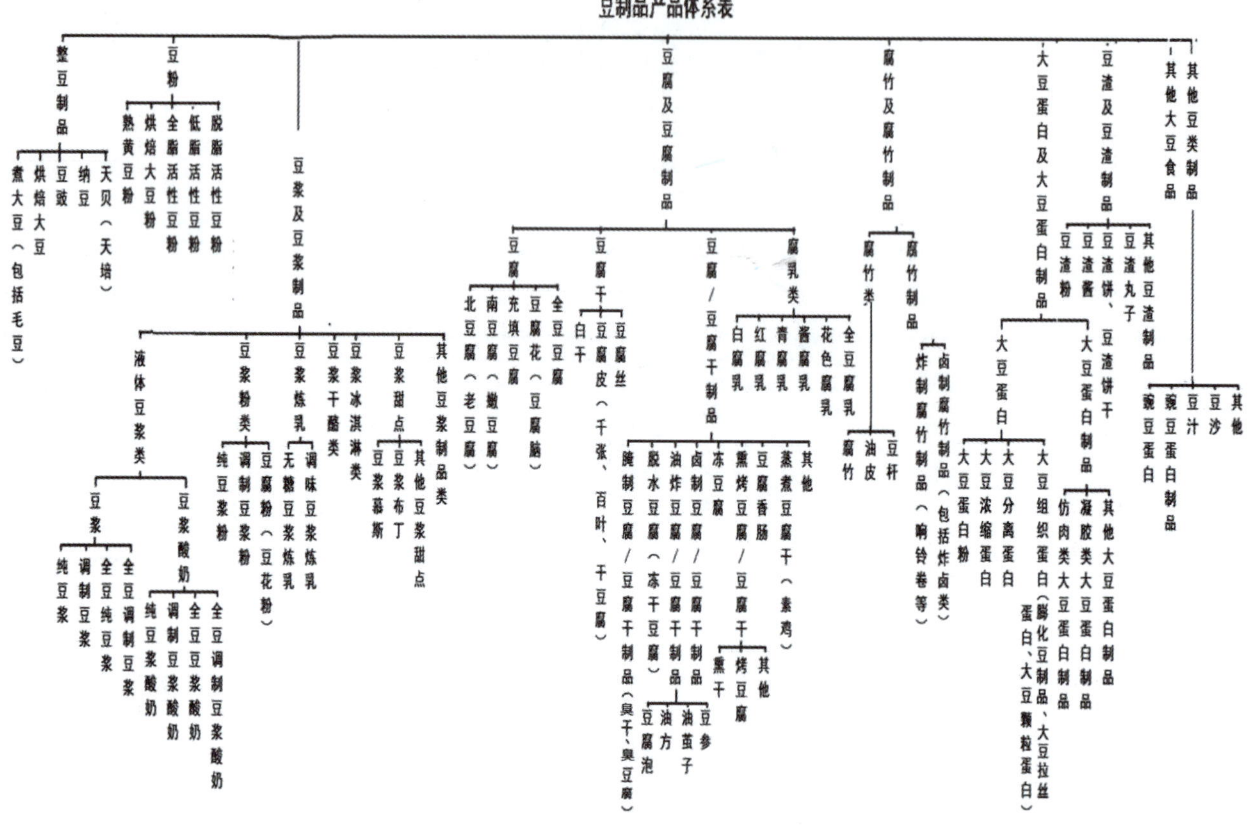

【b. 规模企业（全国前五十强）】

我会对 2022 年全国规模以上豆制品企业统计：其中，豆制品行业前 50 强规模企业，销售额及投豆量与 2021 年比均有上升，其中：投豆量为 185.27 万吨，比上年增加了 0.1%；销售额为 348.4 亿元，比上年增加了 6.44%；缴税额较 2021 年增长 7.96%；税后利润较 2021 年增长 6.04%。

2012—2021 年 50 强企业销售额及投豆量情况表

年份	销售额（亿）	同比增长 %	投豆量（万吨）	同比增长 %	备注
2012	155.58	17.9	106	0	
2013	161.03	3.5	106.4	0	
2014	157.03	–2.48	96.02	–9.76	
2015	167.94	6.95	100.44	4.6	
2016	185.86	10.65	120.43	19.91	
2017	202.05	8.71	150.59	25.04	
2018	233.71	15.63	157.86	4.83	
2019	265.9	13.77	174.04	10.25	
2020	290.4	9.23	180.31	4.04	
2021	327.3	12.7	185.09	2.65	
2022	348.5	6.44	185.27	0.1	

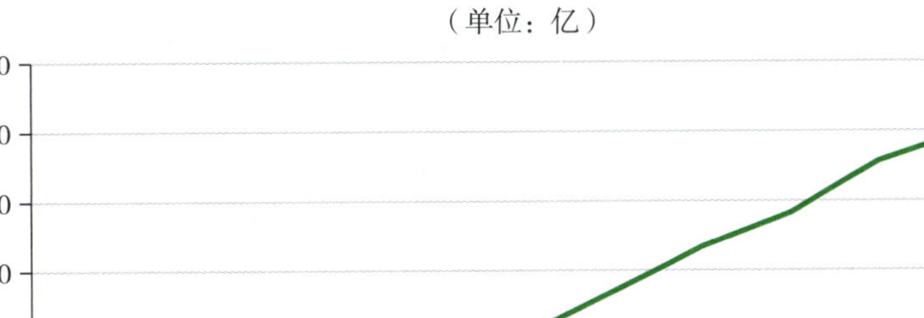

2012—2021 年 50 强企业销售收入变化趋势

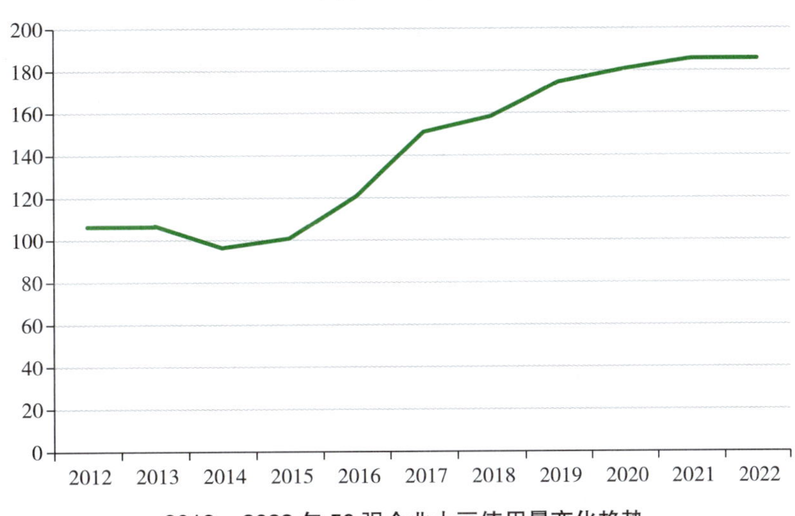

2012—2022 年 50 强企业大豆使用量变化趋势

经我会统计：50 强企业中以生鲜为主的豆制品企业 22 家；豆浆及豆浆粉企业 8 家；以休闲豆制品为主的企业 10 家；其他豆制品（发酵、膨化、腐竹、蛋白等）10 家。

规模企业分布情况

东北
华北
华东
华中
华南
西南
西北

• 2022 年 50 强等规模豆制品企业相对集中在东部中部及南部人口相对密集、经济相对发达地区。

【c. 部分重点品类】

1. 豆腐等生鲜类大豆食品

2022 年，50 强规模企业用于豆腐等生鲜豆制品的投豆量为 67.86 万吨，同比增长 8.08%。

2013–2022 年规模企业豆腐等生鲜食品的投豆量

	2013	2014	2015	2016	2017	2018	2019	2020	2021	2022
投豆量（万吨）	31.05	31.76	35.07	42.17	43.85	46.27	50.98	57.55	62.79	67.86
同比增长	33.20%	2.20%	10.43%	20.24%	4.00%	5.52%	10.18%	12.90%	9.10%	8.08%

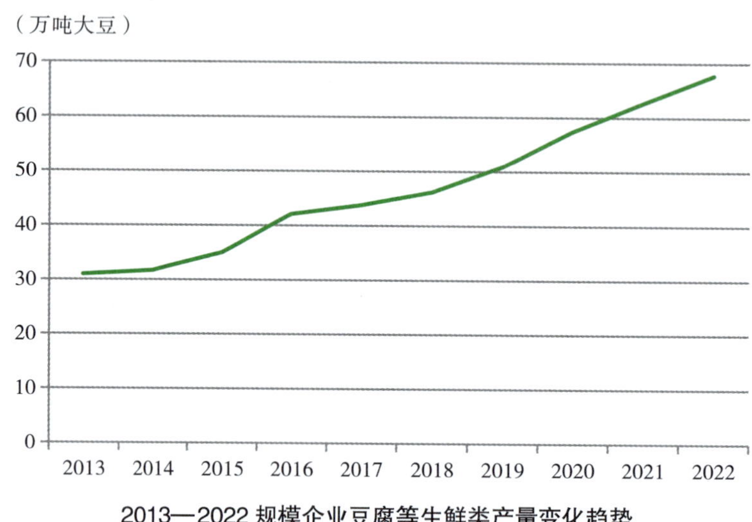

2013—2022 规模企业豆腐等生鲜类产量变化趋势

小结：

近年来，消费者对新鲜食品的需求不断增长，促进短保生鲜豆制品消费的持续增长。疫情原因，居民选择在家就餐，这也是生鲜豆制品消费增长的主要原因之一。企业开始重视市场消费渠道、消费场景的变化研究，并针对不同的渠道/赛道（家庭厨房、餐饮、团餐、预制菜等），研发创新适销对路的产品。

由于疫情及贸易战对原来的产业格局造成一定冲击，国内经济形势复杂，就业压力较大，国家对个体小微企业的政策支持有所倾斜（尤其是食品产业方面对于个体小微企业污水处理处罚、税收等），整体环境对生鲜豆制品加工小微企业较有利。

当前生鲜类市场竞争，主要还是价格，说明：一方面，行业品牌化发展还远远不够，品牌豆制品未来的发展空间很大；另一方面，产品创新的潜力空间还很大，亟待进一步挖掘。

2. 豆浆类产品

2022 年，50 强规模企业用于豆浆类产品的投豆量为 50.42 万吨，同比增长 3.45%。其中：豆浆粉的销售量为 34.5 万吨，同比增长 5.18%；液态豆浆行业的销售量 127.4 万吨，同比持平。

2019–2022 年规模企业豆浆类产品的投豆量及产量

项目	豆浆类产品（总）		液态豆浆		固态豆浆粉	
年份	投豆量/万吨	同比增长	产量/万吨	同比增长	销量/万吨	同比增长
2019	47.24	13.01%	121.6	20.25%	32.04	9.88%
2020	47.6	0.80%	124.3	2.20%	32.08	0.12%
2021	48.74	2.39%	127.5	2.56%	32.8	2.24%
2022	50.42	3.45%	127.4	0.00%	34.5	5.18%

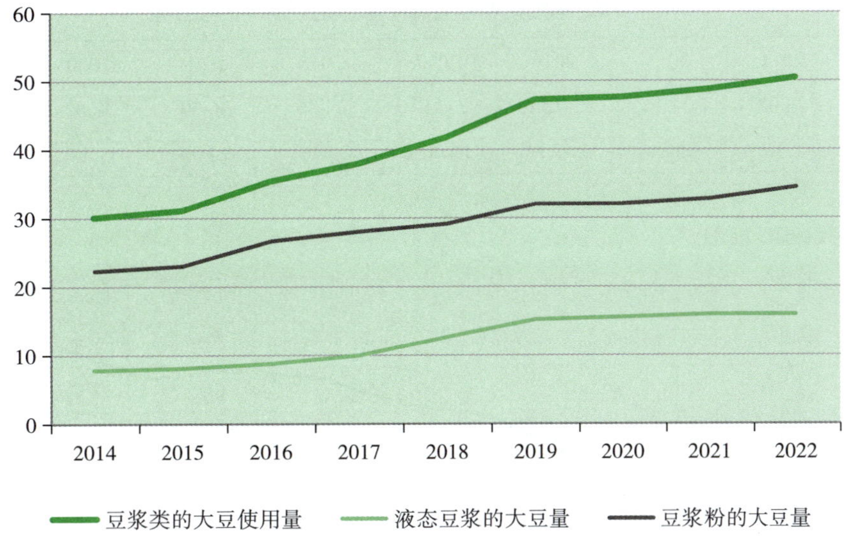

2014—2022 年规模企业豆浆类产品产量的变化趋势

小结：

疫情影响了餐饮，影响了外出消费的频率，但增加了家庭消费的频率和比重，尤其是豆浆粉，通过各种线上渠道推广，弥补了餐饮消费不足的影响，实现了不错的增长。

（1）液态豆浆

生鲜品类的液态豆浆产品，还处在区域性品牌培育期，品牌产品的总体消费量还较小。生鲜豆浆类品牌产品的市场才刚刚开始启动，有一些区域性的品牌豆制品企业对该品类产品的市场投入处于保守，但从市场的反馈来看，潜力可期。

资本对于高温灭菌类的液态豆浆产品关注度高，比如豆本豆、维他奶近两年在这个品类中投入比较大，从企业的业绩报告看，市场也给予了不错的回报。

应消费者对高品质的要求，企业开始注重产品的品质，同时也开始注重产品风味、品种、包装等的多样性创新。企业及科研单位在工艺技术方面对于豆浆基料的品质、杀（灭）菌方式和杀（灭）菌的关键工艺参数还在不断探索研究。

未来企业还应该放眼于豆浆制品（可参照乳制品）的新产品研发和品质提升。

（2）豆浆粉（固态）

虽然疫情导致豆浆粉在餐饮渠道的消费量影响较大，但是豆浆粉企业通过扩展线上等销售渠道，弥补了受疫情影响的餐饮渠道。2022 年规模豆浆粉企业总体实现了较好的增长。

线上渠道对于豆浆粉产品、品牌拓展越来越重要，原来的寡头竞争的格局开始有所动摇，新品牌、新产品开始活跃，但同质化现象还是比较严重，市场尤其是价格竞争激烈，企业应引起注意。

- 豆浆粉未来实现量的突破，需要在终端的消费渠道、应用领域进行创新和突破。
- 高蛋白型（蛋白含量 30% 以上）的产品已经克服了技术难点，市场上的品牌及产品已经开始普及，而且成了企业实现不错的增长的重要品类。

豆浆品类的产品属性问题，一定要引起重视，这是决定这个行业未来发展的关键！

3. 豆腐干等休闲类大豆食品

2022 年，规模企业用于豆腐干及休闲类大豆食品的投豆量为 39.45，投豆量增加 6.89%

2014—2022 年规模企业豆腐干等休闲豆制品的投豆量

年份	2014	2015	2016	2017	2018	2019	2020	2021	2022
投豆量（万吨）	24.02	24.76	30.54	33.9	34.86	36.99	37.62	36.91	39.45
同比增长	–3.22%	3.08%	23.33%	11.00%	2.83%	6.11%	1.71%	–1.88%	6.89%

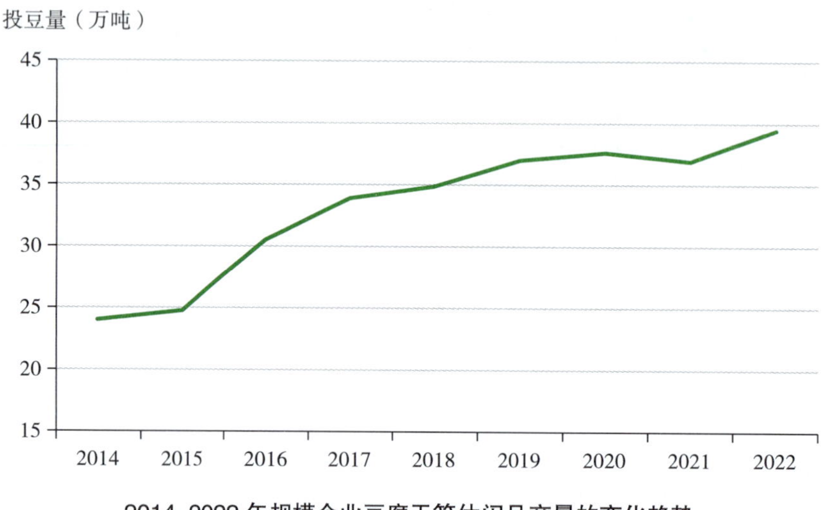

2014–2022 年规模企业豆腐干等休闲品产量的变化趋势

小结：

• 2022 年，50 强规模企业中休闲豆制品销售 39.45 万吨（以大豆计），同比增长 6.89%；

• 虽然受疫情影响，旅游外出减少，影响了这部分的消费，但是企业通过不断创新，扩展线上等销售渠道，实现了较好的同比增长；

• 当前休闲类食品的市场活跃度高，竞争激烈，受此影响，休闲豆制品企业在产品创新、渠道创新、拓展方面积极投入；

>> 未来在消费者心理及行为上需要更多投入研究，尤其需要在包材上、口味上、产品形式上、辅料及配料应用上还有进一步创新提升的空间。

4. 其他类产品

（1）腐竹 / 腐皮

腐竹（腐皮）产品的销售渠道主要以餐饮业、家庭消费为主。近两年，餐饮消费受疫情影响较大，腐竹（腐皮）类产品在餐饮渠道的销量下滑明显，但，企业通过不断创新产品（比如响铃卷等）更好满足家庭消费的多样化，2022 年，企业的腐竹销量基本恢复到 2020 年的水平；

餐饮行业是腐竹 / 腐皮类产品重要的销售渠道，随着火锅店等连锁餐饮行业恢复和繁荣，腐竹 / 腐皮的销量还将持续上升；

腐竹 / 腐皮产品的深加工应用、产品消费形式的创新开始不断拓展，产品的销量将出现持续增长。

腐竹 / 腐皮作为加工原料的应用领域很多，还有需要更进一步创新挖掘。

（2）大豆蛋白制品

我国用于加工大豆蛋白的大豆量约 260 万吨，年大豆蛋白的产量大约为 130 万吨，其中大豆分离蛋白约 40 万吨，其余大豆蛋白（组织蛋白、浓缩蛋白、普通蛋白）约 90 万吨。

大豆蛋白应用的很多领域受疫情影响，2022 年大豆蛋白的消费量出现较大程度的下滑。环境和健康概念引发植物肉板块持续发酵，吸引国内资本界对大豆及植物性食品的关注和投资意向。资本流入明显，植物肉产品的开发创新意识强烈，产品质量、风味有了较大提升，但是近来市场对植物肉热度似乎在降温。

疫情改变了消费习惯，速冻产品、预制菜受消费青睐，市场增速喜人，速冻产品的生产企业对大豆蛋白类产品应用于速冻产品领域的新产品研发也不断创新，比如各种肉馅、蟹棒、鱼糜类、丸子类产品等，也成为速冻调理、火锅类食材、预制菜食材等的必备品种。

以大豆蛋白、变性淀粉、植物油脂为主要原料的千叶豆腐，虽然与豆腐外形相似度极高但是由于其口感与豆腐的差距很大，餐饮消费在经过热点的推崇后进入理性的回归，与前几年相比，市场增长速度变缓。

未来大豆蛋白制品需要进一步细分品类（仿肉类大豆蛋白制品、凝胶类大豆蛋白制品、冲调类大豆蛋白制品、其他大豆蛋白制品等）有助于产品的创新和渠道定位。

【d. 大豆食品的机遇与挑战】

当前，有利于大豆食品发展的消费大环境，包括来自消费者与市场利好、膳食研究及国家健康政策层面以及大豆食品行业发展的内生动力等因素，在 2021 年的行业包括中已经做了详细分析。

这里主要针对目前国家从大豆供给安全出发，战略性扩种增产国产大豆，以提升国产大豆自给率方面做出相关政策及未来的政策预期，将会对国产大豆加工及大豆食品行业产生的影响和机遇，作简要分析。

回顾大豆 2016 年以来，关于大豆的政策及变化：

2016《全国种植业结构调整规划（2016—2020 年）》的通知

——大豆：粮豆轮作、恢复面积，改善品质、提高效益

粮豆轮作、恢复面积。因地制宜开展粮豆轮作，在东北地区推广玉米大豆轮作模式，在黄淮海地区推广玉米大豆轮作、麦豆一年两熟或玉米大豆间套作，适当恢复大豆种植面积。到 2020 年，大豆面积达到 1.4 亿亩、增加 4000 万亩左右。

改善品质、提高效益。根据我国居民的饮食习惯和大豆市场供求现状，东北地区扩大优质食用大豆面积，稳定油用大豆面积。黄淮海地区以优质高蛋白食用大豆为重点，适当恢复面积。加快科技创新、加大政策扶持，推进经营体制创新，实现增产增效、节本增效、提质增效。实现国产大豆与国外高油大豆的错位竞争，满足国民对健康植物蛋白的消费需求。

2017 年以来中央 1 号文件，有关大豆政策变化：

2017 年中央一号文件《中共中央、国务院关于深入推进农业供给侧结构性改革加快培育农业农 村发展新动能的若干意见》中：一、优化产品产业结构，着力推进农业提质增效　1. 统筹调整粮经饲种植结构。按照稳粮、优经、扩饲的要求，加快构建粮经饲协调发展的三元种植结构。粮食作物要稳定水稻、小麦生产，确保口 粮绝对安全，重点发展优质稻米和强筋弱筋小麦，继续调减非优势区籽粒玉米，增加优质食用大豆、薯类、杂粮杂豆等。

2018 年中央一号文件《关于实施乡村振兴战略的意见》中：三、提升农业发展质量，培育乡村发展新动能（一）夯实农业生产能力基础。深入实施藏粮于地、藏粮于技战略，严守耕地红线，确保国家粮食安全，把中国人的饭碗牢牢端在自己手中。

2019 年中央一号文件《关于坚持农业农村优先发展做好“三农”工作的若干意见》中：二、夯实农业基础，保障重要农产品有效供给（三）调整优化农业结构……推进农业由增产导 向转向提质导向。深入推进优质粮食工程。实施大豆振兴计划，多途径扩大种植面积。

2020 年中央一号文件《关于抓好“三农”领域重点工作确保如期实现全面小康的意见》中：三、保障重要农产品有效供给和促进农民持续增收（十四）稳定粮食生产。…… 加大对大豆 高产品种和玉米、大豆间作新农艺推广的支持力度。

2021年中央一号文件《中共中央 国务院关于全面推进乡村振兴加快农业农村现代化的意见》中：三、加快推进农业现代化（七）提升粮食和重要农产品供给保障能力……完善玉米、大豆生产 者补贴政策。深入推进农业结构调整……鼓励发展青贮玉米等优质饲草饲料，稳定大豆生产，多措 第13页 并举发展油菜、花生等油料作物。

2022年，中央一号文件《中共中央 国务院关于做好2022年全面推进乡村振兴重点工作的意见》中：一、全力抓好粮食生产和重要农产品供给（二）大力实施大豆和油料产能提升工程。加大耕地 轮作补贴和产油大县奖励力度，集中支持适宜区域、重点品种、经营服务主体，在黄淮海、西北、西南地区推广玉米大豆带状复合种植，在东北地区开展粮豆轮作，在黑龙江省部分地下水超采区、寒地井灌稻区推进水改旱、稻改豆试点，在长江流域开发冬闲田扩种油菜。开展盐碱地种植大豆示范。 支持扩大油茶种植面积，改造提升低产林。（四）合理保障农民种粮收益。按照让农民种粮有利可图、让主产区抓粮有积极性的目标要求，稳定玉米、大豆生产者补贴和稻谷补贴政策。

2023年，中央一号文件《中共中央 国务院关于做好2023年全面推进乡村振兴重点工作的意见》中：一、抓紧抓好粮食和重要农产品稳产保供（二）加力扩种大豆油料。深入推进大豆和油料产能 提升工程。扎实推进大豆玉米带状复合种植，支持东北、黄淮海地区开展粮豆轮作，稳步开发利用 盐碱地种植大豆。完善玉米大豆生产者补贴，实施好大豆完全成本保险和种植收入保险试点。统筹 油菜综合性扶持措施，推行稻油轮作，大力开发利用冬闲田种植油菜。支持木本油料发展，实施加 快油茶产业发展三年行动，落实油茶扩种和低产低效林改造任务。深入实施饲用豆粕减量替代行动。

2020年以来大豆种植面积、产量及相关贸易格局的变化：

2020年，大豆播种面积9882.5千公顷，产量1960万吨，进口非转基因食品大豆估算120万吨

2021年，大豆播种面积8415.4千公顷，产量1640万吨，进口非转基因食品大豆估算150万吨

2022年，大豆播种面积10243千公顷，产量2029万吨，进口非转基因食品大豆169万吨（海关统计）

2018年，中美贸易战，2020年开始，尤其2021年，资本由关注开始积极进入，国家政策（重点关注三年1号文件中关于大豆玉米的表述）、资本、市场供求因素叠加，情况变得复杂起来，流通领域大豆市场的变化规律出现了与以往不同的现象。但是我们看到，中储粮公司代表国家对市场的稳定起到了很好的作用，现货市场的价格基本平稳。

2022年上半年全国多地尤其是黄淮海出现高热干旱，上半年预估减产较大，但是下半年出现反转，大豆喜获丰收。

2022年底至今，农业农村部及地方农业相关部门积极开展相关产销的衔接活动、探讨出台了相关措施；2023年3月份，中央农办协调推动农业农村部、国家发展改革委、财政部、国家粮食和储备局等部门推出稳定2023年大豆生产一揽子支持政策，稳定大豆价格，保障农民种豆积极性，保持大豆种植面积和产量稳定增长。

当前形势下，我们需要更进一步梳理、分析，厘清思路，清醒认识到：在我国，大豆角色是什么？

大豆是重要的豆类作物中主要的品种。

大豆中含有蛋白质（35%以上）（其必需氨基酸、消化率可以和鸡蛋蛋白媲美）可以是粮食作物（大豆食品被称为副食品）

大豆中含有丰富的油脂（约20%），大豆油

是植物油脂中重要的品类，可以是油料作物，榨油的豆粕是动物饲料的蛋白原料。

大豆对于我国居民的消费，虽然随着改革开放，生活水平改善，并受西方饮食文化影响，饮食结构有了一段时期的变化，但是农耕饮食的彻底改变非常难，短时间几乎不可能。所以对于我国老百姓，大豆一直以油料和蛋白食物（粮食）两种形式存在。

由于历史原因，我国对于大豆的定位，体现在政府各部门的政策文件、各种标准中，在不同时期对国产大豆的定位及管理或者侧重粮食，或者侧重油料。

国家战略性扩种增产大豆，目标是提高我国大豆自给率，保障饭碗（蛋白和油脂）端在自己手里。路径：基于我国土地资源现状，调整平衡种植业结构，补上我国原种植业结构中植物蛋白作物、油料作物（油脂和饲料）——大豆的不足（见下图）。可见，在当前我国的种植业品种、结构下，大豆更应偏向于蛋白作物及粮食作物。

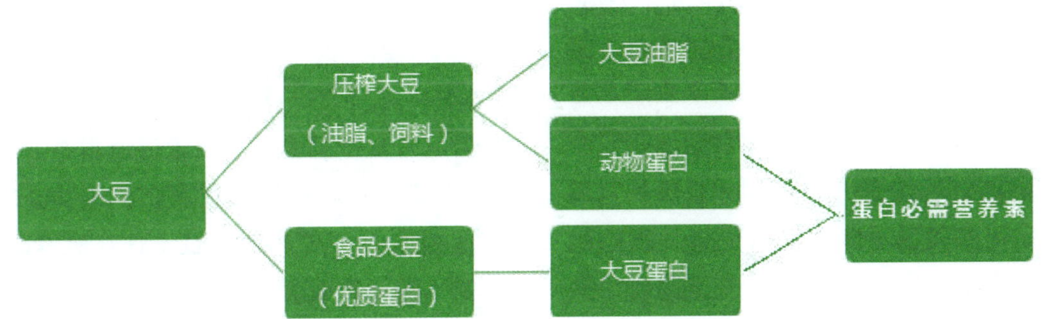

提高大豆自给率，通过扩种增产同时，增加国产大豆使用量比例是关键，除了要引导压榨企业增加国产大豆压榨量（从目前的压榨成本核算来看，很难。要解决这个问题。需要国家研究出台组合政策来引导）外，可以通过增加居民食品大豆消费量，来间接减少大豆进口量，提高大豆自给率。

可以算一笔账：理论上消费者每增加多吃 1 克大豆及其制品，将减少 3 克肉类的消费，所以我国食品大豆消费量每增加 100 万吨，就会减少 300 万吨肉类，按照肉料比 1:3 计算，就会减少 900 万吨饲料，也就是减少 600 万吨玉米、300 万吨进口大豆压榨量。可以说，增加我国居民食品大豆（国产非转大豆）的消费，不仅可有效降低进口，提高我国大豆自给率，还将大大减少玉米使用量，节约土地资源。

大豆增产，增加食品大豆消费量，与自给率的关系，见下表（以 2022 年的数据为基础）：

大豆增产（万吨）	大豆产量（万吨）	食品大豆消费量增加（万吨）	食品大豆消费量（万吨）	肉类消费量减少（万吨）	进口量（万吨）	饲用玉米量（万吨）	压榨量（万吨）	自给率 %	饲用玉米减少（万吨）	节约饲用玉米，土地转化为大豆生产（万吨）	大豆生产需要土地（亿亩）	大豆增产需要挤出土地（亿亩）
	2028		1530		9108	19200	8762	18.2		0	1.54	
1000	3038	0	1530	0	8108	19200	8762	27.26	0	0	2.3	0.76
1000	3038	500	2030	1500	6608	16200	7262	31.5	3000	1000	2.3	0
2000	4038	1000	2530	3000	5108	13200	5762	44.2	6000	2000	3.06	0

注：肉料比：1∶3；饲料中玉米添加量 60%，豆粕添加量 24%；大豆玉米产量比：1:3；2022 年大豆种植面积 1.54 亿亩，产量 2028 万吨，食品大豆消费量 1530。

可见，增加大豆食品消费量，不仅有利于我国在现有土地资源的基础上实现大豆增产，减少大豆进口量，是目前有利于加快我国大豆自给率提高最有效的办法，同时还将大大减少玉米使用量，节约土地资源。

【e. 政策建议】

豆制品作为农副产品，由农业部门成立专门机构——大豆产业促进办或者国家大豆行动计划办公室，以“提升国产大豆消费自给率提升到50%”为目标（或者国产食品大豆消费量从现在1530万吨的基础上增加到2500万吨，也就是食品大豆人均消费量达到18公斤（《柳叶刀》给出的豆类及其制品的平均最佳摄入量——平均每天最低摄入60克干大豆或相当量的豆制品）。为达到这一目标，可以分两步走，第一步人均年消费量达到14公斤，第二步达18公斤）以项目推进形式开展工作，重点从以下5个方面解决问题：

1. 育种方面

重点是非转基因育种。重点解决产量高、食品加工适应好、压榨出油率高的品种培育。

2. 种植补贴方面

比较玉米种植效益，科学完善大豆种植补贴政策，尤其对于各区域大豆种植补贴也要考虑尽量公平。

3. 流通、贸易、储备环节

做好仓储、流通领域的专用品种服务和管理；对市场上混杂（转与非转混杂）问题的科学监管；转基因非转基因的标注标签管理，科学评估市场上转基因混杂管理成本，制定合理阈值。

当前，市场上混杂（转与非转混杂）现象严重，大多数情况下国产非转基因大豆的价格要远远高于转基因大豆价格，贸易商为了利益驱使，在市场流通过程中非法将转基因大豆掺杂到国产非转大豆中销售，严重破坏了大豆原料市场的贸易环境，造成了不公平竞争，导致企业的经营风险和管理成本大大增加。

4. 加工环节

目前加工环节，是发挥行业产业链活力，促进拉动消费的主要关键环节，第一步目标应在每个城市培育一到两家的豆制品品牌工厂。但目前加工环节的堵点较多，需要急迫解决以下几个问题

（1）从我国粮食供给安全出发，以提高大豆自给率到50%为目标，从大豆产业链的角度推动各有关部门统一认识，将大豆制品明确为与肉蛋奶同等重要的农副产品

历来，我国与世界上很多国家，尤其是与游牧饮食文化的美国等西方国家不同，大豆及其制品作为中华饮食文化中的标志性食物产品。豆制品产品非常丰富，其作用与肉蛋奶一样，是人类饮食中的蛋白质来源，且蛋白质量与鸡蛋一样。豆制品在国民经济分类中属于农副产品加工（13类），但是地方在实际管理中往往被忽略，往往出现在应该享受的农副产品加工优惠政策将其列入食品制造业（14类），而在应该享受食品制造相关优惠政策时又将其列入农产品的情况，导致行业地位变得很尴尬，处处被歧视。

（2）税制公平问题

①豆制品的增值税税率是13%，大豆原料进项税税率9%，行业高征低扣问题；

②与大豆压榨加工（主要进口大豆）税制不同，大豆压榨食用油增值税税率是9%，进口压榨行业税负率不到2%，国产大豆加工大豆食品的增值税率13%，大豆食品行业的税负率平均达8.5%，导致国产大豆加工（豆制品行业）劣势；

③与同类竞争性行业的税制不同，腊肉、腌肉、熏肉、巴氏乳、灭菌乳等肉类生制品和乳制品的税率均为9%，导致国产大豆加工消费在同类竞争性行业中的劣势，税负平均高出4个点。

（3）碳排放、能耗问题

据联合国粮农组织(FAO)的数据显示，畜牧业制造了全球近五分之一的温室气体，每年产生的升温效应，相当于71亿吨二氧化碳当量。另外，肉制品的加工、运输和冷藏环节都会使用燃

料，从而释放大量的二氧化碳。联合国粮农组织的数据显示，全球人类制造的温室气体中14.5%来自畜牧业，是位列煤炭、石油和天然气燃烧之后的全球第二大温室气体来源。

增加植物蛋白消费，来替代动物性蛋白消费，无疑是可以降低二氧化碳排放量，但针对大豆食品（豆制品）加工环节，它又是需要大量蒸汽，能耗较高的环节，如果仅就加工环节的高能耗而限制豆制品加工，则就会对整个产业链产生破坏性影响。所以建议对于能耗问题、碳排放（碳指标）问题的相关政策应该从产业链的角度综合考虑，而不仅仅是割裂的分段限制，否则会适得其反。

（4）从国家的产业政策制定的角度，将豆制品与肉蛋奶享受平等地位，为豆制品作为菜篮子正名，将豆制品列入商务部生活必需品清单、将豆制品列入鲜活农产品目录享受绿色通道等

在计划经济时代，豆腐等生鲜豆制品与肉蛋地位一样，是每个城市凭票供应的生活必需品，从中央到各级政府都非常重视豆制品加工产业。如今，在市场上，老百姓还是把生鲜豆制品作为与肉蛋奶地位一样的生鲜农产品、菜篮子产品、生活必需品，长期以来生鲜豆制品企业也一直承担着各城市菜篮子生活必需品的社会责任，在突发极端天气、自然灾害等情况时，对保障供应、保障居民营养、维持市场秩序等方面发挥了巨大的作用。尤其在近几年的新冠疫情的遭遇战和阻击战中，各地的豆腐、豆浆等生鲜豆制品作为优质蛋白来源，与肉蛋奶一样，在保供过程中发挥着不可替代的作用。但是本应该与肉蛋奶同样列入生活必需品、菜篮子鲜活农产品目录，享受该目录中产品的相关政策，却没有！在商务部、交通运输部、农业农村部等部委制定的生活必需品清单目录、鲜活农产品品种目录（《商务部城市生活必需品市场监测统计制度》《全国高效率鲜活农产品流通“绿色通道”建设实施方案》《鲜活农产品品种名录》《国务院办公厅关于印发“菜篮子”市长负责制考核办法的通知》《“菜篮子”市长负责制考核办法实施细则》），以及大部分地方菜篮子产品名单中都没有豆制品列入，而以上所有的产品目录中都列入了肉蛋奶！由此，生鲜类豆制品的物流配送无法同肉蛋奶一样走绿色通道，在城市内配送中的车辆也无法申请绿色通行证。这不仅产生高额的过路费、罚款费用，而且还会因为节假日、高速交通事故，道路不畅、封堵、滞留，错过进城时间，甚至进不了城，送货延迟、导致产品腐败报废的情况时有发生。

（5）豆渣、污泥再利用问题

需要解除行业屏障。豆制品加工产生的黄浆水和豆渣中含有很高的蛋白质成分，黄浆水是很多工业废水处理过程中很好的营养物质，黄浆水处理中产生的污泥是无害高效的肥料，豆渣经过发酵处理后同样也是肥力远远高于一般有机肥的高效肥料，但是由于肥料属于农业领域，而污泥和豆渣是加工副产品，被认为是污染物，企业只能花高价求专业处理公司派车当作固废拉走，并进行无害处理，处理方式是焚烧，这样既浪费又不经济，还造成二次污染。希望研究出台相关政策，解除行业屏障，创造一种可操作的循环利用通道，让这样的高效肥料直接再利用于农业生产。

（6）企业自建仓库用地问题

大豆食品企业大都为劳动密集型企业，产品特性需要在具有人口相对密度较大的地区，而且重资产，不符合地方用地申请的政策导向，企业申请地皮扩建难度大。

（7）对豆制品加工环节给予科研经费投入和奖励，鼓励科研单位和企业加大研发投入，尤其是基础性研究的投入等

大豆食品属于中国特色产品，生产装备基本以国产自主研发为主，虽然当前在大豆食品加工领域的豆制品装备在国际领先，但是长期以来，针对豆制品技术装备创新、研发的国家支持政策几乎没有。

5. 食育和消费宣传方面

可以先从膳食指南入手，一方面将膳食指南中将奶及奶制品 300–500 克 / 天，修订为奶、奶制品及豆浆（豆乳 / 豆奶）300–500 克 / 天；另一方面将大豆及其制品移到与动物性食品放一层。

需要从营养战略层面，科学规划大豆食品食育教育和消费宣传，比如：

设定专门的豆制品消费月（日）、在中小学开设食育课等，将豆制品等健康食品知识传递给消费者，培养孩子从小养成良好的科学健康饮食习惯。

倡导在学校的营养餐中按比例加入豆腐、豆浆（豆奶）等豆制品等，这是提高国民生活水平，增强民族身体素质的迫切需要。

通过编制“早晚两杯奶，一杯豆奶，一杯牛奶”“餐餐食豆，健康驾到”等公益宣传，时时提醒健康消费、科学饮食。

吴月芳

2.5 焙烤食品糖制品业

【a. 概况】

2022年，在国内复杂多变的疫情形势和国际大宗商品价格大幅波动等因素综合影响下，我国焙烤食品糖制品行业企业普遍遭遇了运营成本居高不下、仓储物流不畅、经营利润不断压缩的发展态势，行业发展下行压力相比2021年进一步增大，终端产品涨价压力不断积累。

面对复杂严峻的形势，行业企业强化使命担当，积极通过各种途径和方式稳就业、保供给，在确保食品质量安全的前提下，贯彻绿色发展理念，为推动行业高质量发展、助力疫情期间食品物资供应，做出了重要贡献。

据国家统计局统计及行业测算，2022年，国内焙烤食品糖制品行业（含糕点/面包、饼干、糖果巧克力、蜜饯、方便面、其他方便食品和冷冻饮品）规模以上企业共2897家，同比增加183家，主要产品产量合计约为2511.12万吨（行业测算）；营业收入为5817.04亿元，同比增长2.49%；利润总额为332.16亿元，同比下降12.55%；出口交货值为187.69亿元，同比增长8.04%。（见表1）

焙烤食品糖制品行业2022年经济运行情况

行业		焙烤糖制品	糕点面包	饼干	糖果巧克力	蜜饯	方便面	其他方便食品制造	冷冻饮品
企业数	累计	2897	1055	623	374	240	107	369	129
	同期	2714	949	608	362	253	118	300	124
产量（万吨）	累计	2511.12	（453）	（667）	280.01	（185）	512.36	（181）	232.75
	同比增长%				–8.42		1.02		4.18
营业收入（亿元）	累计	5817.04	1269.47	1334.26	1194.98	370.47	874.68	507.88	265.30
	同比增长%	2.49	3.06	0.30	0.85	–2.49	14.31	3.44	–9.45
利润总额（亿元）	累计	332.16	77.95	85.05	92.93	21.35	39.31	0.83	14.74
	同比增长%	–12.55	–20.09	–5.75	3.19	–28.54	–9.16	–91.07	–24.55
出口交货值（亿元）	累计	187.69	8.02	30.44	92.03	45.28	7.43	3.65	0.86
	同比增长%	8.04	7.42	–8.90	18.59	–0.69	30.69	9.97	29.62

- 数据来源：国家统计局规模以上企业数据统计（即年营业收入2000万元及以上工业法人企业）。
- 括号内数字是行业测算数据。

【b. 行业运行情况】

从 2022 年我国焙烤食品糖制品行业规模以上工业企业全年营业收入数据上看，除方便面行业同比有 10% 以上的增长外，糕点面包、饼干、糖果巧克力及其他方便食品制造业都同比基本保持稳定或略有增长，蜜饯行业营业收入略有下滑，而冷冻饮品业则有同比下降 10%。从利润总额数据来看，2020 年，新冠肺炎疫情暴发以来行业利润持续下降的趋势未见明显改善，除糖果巧克力行业有 3% 左右的小幅增长外，其余子行业都有不同程度下跌，其中其他方便食品制造业利润总额同比下跌超过 90%。

总体来看，2022 年我国焙烤食品糖制品行业受到了较大冲击，行业整体营业收入、利润总额同比双双下降，虽然在出口交货值方面略有增长，但由于其在行业整体中占比较少，难以弥补行业整体弱势运行的态势。

三年疫情期间，行业供应链和经营环境被深刻重塑，产业结构调整与品牌化建设进程加快，众多中小型企业承受的稳增长和稳就业压力尤为艰巨。在传统线下经营场所和消费场景受到持续冲击的背景下，在线零售业务占比增长迅速，热门跨界品牌、在线品牌和“网红产品”成为驱动行业产业创新发展的重要力量，行业产品在线销售占比稳步提高，消费者在线比价和购物的消费习惯逐步提升，并有望在“后疫情时代”进一步强化。同时，伴随国际政治经济形势的不断变化和国内企业经营成本的不断上涨，我国焙烤食品糖制品行业相关产品出口国际市场时竞争力同比有所下降，产能向东南亚发展中国家转移的情况逐渐显现。

【c. 行业发展趋势】

1. 行业规模保持稳步增长，但增速相比疫情之前将有所放缓

近年来，经济全球化遭遇回头浪，贸易保护主义不断抬头，新冠肺炎疫情严重冲击各国供应链的稳定和产业安全，我国焙烤食品糖制品行业的出口需求面临萎缩风险。从国内需求来看，在连续三年新冠肺炎疫情影响下，消费者消费理念回归理性，简约适度、实用性强、性价比高的产品和服务预计将更加受消费者青睐，在国内经济下行压力彻底释放、经济增速和居民收入提高预期得到显著改善之前，理性消费将会是未来的主流消费观念。因此，总体看，行业规模保持稳步增长，但增速相比疫情之前将有所放缓。

2. 环保理念逐步增强，推动全行业低碳绿色高质量发展

随着国家相关政策和标准的发布实施，以及行业企业低碳绿色发展理念的增强，2022 年行业相关企业严格执行国家强制标准 GB23350–2021《限制商品过度包装要求 食品和化妆品》和第 1 号修改单的要求，贯彻落实国家发展改革委等 4 部门联合发布的《遏制“天价”月饼 促进行业健康发展的公告》（2022 年第 5 号），全行业正在践行低碳绿色的发展理念，共同营造简约包装、定价合理、诚信经营的良好氛围，倡导包括月饼和粽子在内的新时代焙烤产品理性消费的新观念，推动行业低碳绿色高质量发展。

3. 自主品牌企业占比提升，民族特色产品将进一步发展壮大

随着我国制造水平的提升和文化自信的增强，中国制造技术、产品和服务已日趋成熟。在以国内大循环为主、国内国际双循环相互促进的新发展格局下，国货消费将更加受到消费者重视，国产品牌地位逐步提升，成为消费时尚。在此趋势下，国内生产企业借助电商平台等渠道，加快自主品牌建设、优化国产品牌商品供给，市场占比在整个行业中逐步提升，融合传统文化和民族特色的产品将越来越多，并得到消费者的青睐。

与“网红”产品的快速迭代相比，“新国潮”有望成为支撑行业持续增长的稳定原动力之一。

随着我国广大民众民族自信和文化自信意识的提升，特别是随着国际国内发展形势的深刻变化，将促使我国社会、经济、消费各界更加重视推动中华优秀传统文化创造性转化、创新性发展，表现在焙烤食品糖制品行业，“新国潮”和“新中式”产品成为行业生产企业和广大民众表达“文化自信”的重要载体。因此，国潮品牌和“新中式”概念的产品有望延续较快的增长势头，体现传统文化和民族特色的产品将越来越多，融合地方特产和人文特色的文创类产品在整个行业中的占比有望进一步提升。

4. 科技进步助推行业升级，互联网渗透率进一步增长

疫情期间，我国城镇居民的线上消费习惯已经普遍养成，不仅是年轻群体，中老年人群线上消费的比例与频率也在明显提升，线上购物已成为居民日常生活的重要组成部分。随着国家“快递进村”工程三年计划将在 2022 年收官，按照规划目标，全国范围内乡村一级的市场将实现物流快递网点 100% 全覆盖，线上购物将进一步渗透到广大的乡村消费市场，线上消费黏性将持续增强，焙烤食品糖制品线上消费占比有望进一步增长。

随着我国数字经济与实体经济加速融合，信息技术在生产和流通等环节深度应用，5G、物联网、人工智能等技术的应用将加速传统制造和流通领域的转型升级，产业链协同效应和流通效率将大幅提高，互联网渗透率进一步增长，为推动经济循环建设提供新动能。

【d. 自动化、智能化发展情况】

新时代以来，新一轮科技革命加速重构全球食品产业结构和创新版图，伴随着我国经济社会发展环境的变化，以及主流消费群体迭代和消费观念的变迁，我国焙烤食品行业发展迎来数字化转型发展的新机遇。过去 5 年来，和路雪太仓工厂和亿滋苏州工厂跻身世界灯塔工厂行列，其中，亿滋中国（主营奥利奥、太平饼干）在苏州工厂累计投资 3.5 亿元，利用工业物联网、人工智能和大数据分析等第四次工业革命技术，应用 50 多项数字化创新案例，在 2022 年底建成全球饼干行业首家“端到端”灯塔工厂，使得准时交货率提高了 18%，交货时间缩短了 32%，成功将线性供应链转变为整合智能的供应生态系统，推动了生产力提升、质量改进、可持续发展和供应链韧性。这些创新探索，为全行业探索实现智能化、绿色可持续发展树立了良好的标杆和榜样，为建立更高水平的焙烤食品制造业人才培养体系提供了重要参考。

【e. 月饼行业】

2022 年上半年，由于北京、上海等地频发新冠疫情，社会面活动明显减少，糕点行业受到了一定程度的冲击。1 至 6 月份，糕点面包业规模以上企业营业收入约为 580 亿元，同比增长 4.3%；利润总额约为 25 亿元，同比下降 35%，下降幅度较大。从数据来看，行业规模以上企业整体运营压力较大，疫情影响面广、各项成本高企、企业运转受阻及市场面反响不强是造成企业利润率明显下降的主要原因。下半年，我国经济企稳回升，糕点面包行业相应有所好转，全年产量、销售额比上年略有增长，利润率下降幅度比上半年有所收窄，基本回归平稳走势。

2022 年中秋节是 9 月 10 日，与教师节同期，我国自古尊师重道之风蔚然，对中秋市场也有一定的带动。另外，强制性国家标准 GB 23350-2021《限制商品过度包装要求 食品和化妆品》第 1 号修改单已于 5 月 24 日公布，8 月 15 日实施，往年库存包装中不满足新标准要求的包装在此日期之前需全部消化用完。因此，2022 年中秋预售期有所延长，前期促销活动增多，市场主售卖期集中在九月份以后，尤其在临近中秋的几天，终端市场呈现短期量大的特点。月饼的整体产量同比略有增长，同比增长在 5% 以内，销售额同比略有上升，利润率同比有所下降。

从月饼包装看，《限制商品过度包装要求食品和化妆品》第 1 号修改单于 8 月 15 日实施，该修改单对月饼和粽子产品的包装层数、必要空间系数（k 值）、混装要求、包装成本占比及实施日期等方面进行了更加严格的规定。中国焙烤食品糖制品工业协会一直在积极配合工业与信息化部和市场监管总局进行行业调研，标准修订及宣贯工作。绝大部分月饼和相关包装企业已经认真研究新标准，并积极采标用标，严格贯彻执行。因此，2022 年的月饼礼盒包装进一步“瘦身”。包装形式以简约适度、多种口味产品组合的礼盒装为主，简装、散装月饼产品占比不大，包装风格继续以弘扬传统中秋文化为主，以尊师感恩为主题的产品也有一定占比。另外，彰显个性、结合特色、形状各异、设计感强、IP 联名等富有文化内涵和时代特色的包装及产品，仍受到年轻消费者的追捧。

从月饼品种看，除广式、苏式、京式这几个品类全国流行且占绝对比例外，各地根据传统风俗、饮食习惯，均挖掘出了许多具有地方特色的月饼产品。广式多以莲蓉蛋黄、五仁、豆沙、枣泥等为主，以及近年来流行的流心奶黄系列产品等；苏式多以百果、鲜花、果仁等为主；京式则皮偏厚，馅料以果仁、豆沙、枣蓉等为主。各地方特色月饼则更具地域特色，是产品差异化的集中体现，如云贵地区的云腿月饼，玫瑰鲜花月饼，广东潮汕地区的潮式朥饼、广东广西南部交接处的金腿五仁大月饼，四川的川式麻椒月饼，山西的郭杜林月饼、蛋月烧月饼，宁夏的枸杞月饼，新疆的枣泥核桃月饼，内蒙古的奶豆腐月饼，东北的传统果仁老月饼等。在新品开发方面，有从饼皮入手，开发出了双色月饼、三色月饼等；更多的是从馅料入手，开发了苦荞蛋月烧月饼、绞股蓝招牌果子月饼、抹茶蛋黄月饼等；另外，配合国家“三减”行动，一些低糖低油产品也受到消费者青睐，如低 GI 的蛋黄莲蓉月饼和五仁月饼等；还有一些中西结合的月饼，如法式月饼、乳酪月饼等。此外，受蛋黄酥产品的启发，多层馅心的月饼产品已成为生产企业的主推产品，众多营养美味的月饼产品将进一步促进中秋消费市场的繁荣。

随着我国居民生活水平的日益提高及经济的通胀影响，月饼产品价格略有上涨，橄榄形的价格体系不变，礼盒价格主要集中在 80–260 元之间。另外，根据国家发改委等四部委的联合公告《关于遏制“天价”月饼、促进行业健康发展的公告》（2022 年第 5 号）文件要求，价格超过五百元月饼礼盒产品将在生产端和销售端均有相关规定，因此，价格在 500 元以上的礼盒产品大幅减少，月饼回归食品属性是大势所趋，主流产品价格区间更加亲民。

销售渠道一直是月饼行业企业的必争之地，2022 年仍以传统的商超、专卖店、批市等渠道为主。电商平台、社区团购等模式已经比较成熟，企业根据自身实际情况各有侧重。一些互联网营销较好的企业，通过多年的客户和经验积累，更好地运用互联网营销规则，销售额进一步增加。线上销售头部企业竞争激烈，除个别企业外，量大利微的局面短期内仍很难改变。

在大力弘扬中华传统文化的大背景下，新国潮概念已迅速兴起并引发广大消费者的共鸣，逐步发展为年轻人喜闻乐见的一种新消费理念。月饼生产企业凭借其优秀的文化传承，随国潮风而起，在品牌文化基础上，做好新产品研发、新包装设计、新形象宣传，从前两年来看，均取得了不错的成绩。2022 年，各企业加大这方面的资源倾斜，将传统文化、地方文化、企业文化融于一体，开发出更多独具特色的“新国潮”产品。“新国潮”仍将会在今后相当长一段时间内成为月饼市场的热点之一。

中国焙烤食品糖制品工业协会举办了 2022 年（第二十八届）中国月饼文化节系列活动，本届月饼文化节也是工业与信息化部 2022“三品”

全国行的配套活动之一。文化节开幕式采取线下发布+线上直播的方式进行，全国各地月饼行业骨干企业代表以及关心关注行业发展的众多朋友，通过直播收看了本届开幕式活动，累计在线观看超过2.7万人次。在月饼文化节开幕式上发布了“2022年中国月饼产品质量抽检报告”，本年度共抽检了121家企业生产的164种月饼，其中网购抽检月饼15种，检测数量较往年均明显增多。经检验，产品合格率为97.6%，高于近二十多年来的平均水平。另外，检验中心依据第1号修改单要求，对礼盒包装的月饼样品进行了测定，总体合格率98.2%，行业企业对标更高要求，产品包装“瘦身”工作初步取得良好成效。开幕式上，中国消费者协会与中国焙烤食品糖制品工业协会共同发布了“月饼过度包装联合督查”计划，在2022年度月饼销售期间，中消协发动分布于全国的中消协消费维权志愿者队伍，依照相关国家标准，在节日期间结合自己的日常生活进行监督，及时发现、汇总可能存在的过度包装月饼和组合产品搭售行为。同时，中消协还委托专业公司开展“扫网”行动，进行覆盖性调查，及时收集线索、发现案例，并于调查结束后面向社会公布了调查结果。

通过中国消费者协会与中国焙烤食品糖制品工业协会共同打靶式监督显示，2022年市场上存在过度包装问题的月饼大为减少，月饼包装“瘦身”效果明显。本次消费监督共调查月饼商品达8000余个独立销售单位，调查人员以普通消费者身份对其中高度疑似存在过度包装问题的部分月饼商品抽样采买，共发现8件月饼商品存在问题，包括5件混装、3件空隙率不合格。调查结果显示，价格亲民、绿色环保的月饼成为今年月饼市场上的主流，“月饼大了”“盒子环保了、变薄了”，成为中秋月饼市场上一道亮丽的风景。《限制商品过度包装要求 食品和化妆品》(GB 23350–2021)国家标准第1号修改单的实施给2022年的月饼市场带来了新的变化，总体上看，生产企业对新标准执行较为到位。

【f. 标准化工作】

1. 食品安全国家标准

按照GB 7099《食品安全国家标准 糕点、面包》制修订计划开展工作，为解决云腿月饼酸价相关问题，中国焙烤食品糖制品工业协会召开研讨会完成云腿月饼相应生产企业调研工作，讨论形成《云腿月饼中酸价试验方案》，并确定了相关采样和检测工作。组织召开《糕点、面包》标准研讨会，讨论形成征求意见稿并公开征求意见，最终达成一致处理意见。中焙糖协组织冷冻饮品生产企业召开了《即食食品中单核细胞增生李斯特氏菌污染控制规范》研讨会，讨论形成冷冻饮品部分单增李斯特菌的污染控制措施并提交修改意见，受疫情影响，相关调研工作未能开展。组织相关生产企业参加了《食品中丙烯酰胺污染控制规范》标准研讨会，并提交相关材料。组建了《果冻》第1号修改单标准起草组，召开两次研讨会形成征求意见稿并在行业内征求意见，最终通过第二届食品安全国家标准审评委员会食品产品专业委员会第七次会议审查。参与了GB 14880《食品营养强化剂使用标准》标准修订研讨会。征集并提交了GB 2760《食品添加剂使用标准》第二次征求意见的意见和建议。提交了2023年食品安全国家标准立项计划—GB 19640《冲调谷物制品》。同时，协会积极参与了相关食品安全国家标准的制修订工作。

2. 国家标准

中国焙烤食品糖制品工业协会积极配合有关部门，出色完成月饼、粽子行业过度包装标准修订宣贯及遏制“天价”月饼相关工作。自2022年1月27日开始，中国焙烤食品糖制品工业协会全力配合工业与信息化部、国家市场监管总局开展对GB 23350–2021《限制商品过度包装 食品和化妆品》的修订工作；配合国家发改委完成了《关于遏制“天价”月饼 促进行业健康发展的公告》的起草工作。并积极配合工信部消费品工业司、国标委标准技术司开展标准宣贯工作。5月24日GB 23350–2021《限制商品过度包装 食品和化妆品》第1号修改单发布后，协会在国标委标准技术司强标处的指导下，完成了《<GB 23350–2021 限制商品过度包装要求 食品和化妆品>及第1号修改单解读》课件；8月4日，国家市场监管总局开展了第二期市场监管执法稽查“云课堂”活动，中国焙烤食品糖制品工业协会技术法规工作委员会秘书长魏立立应邀对GB 23350–2021《限制商品过度包装要求 食品和化妆品》标准及第1号修改单进行了解读，全国市场监管系统的3万余名执法干部在线参加培训。8月末，9月初，先后应江苏省和北京市市场监督管理局标准化处邀请，为相关省市市场监管人员和生产企业代表解读《限制商品过度包装要求食品和化妆品》标准及第1号修改单。此外，协会还与中国消费者协会联合开展了月饼过度包装专项消费监督活动；配合中央广播电视台综合频道（CCTV1）《生活提示》栏目完成“对月饼过度包装说‘不’”等节目录制等工作。从2022年中秋节的情况看，市场上只有极少数月饼产品存在过度包装问题，月饼包装“瘦身”效果明显，基本达到了预期目标，得到了国家相关部委的肯定和赞赏。

中国焙烤食品糖制品工业协会在全国焙烤制品标准化技术委员会第二次会议上，为各委员解读GB/T 20980–2021《饼干质量通则》，关于新版标准中酸度检验方法有关问题，收集相关数据与各起草单位进行进一步探讨。召开《黑芝麻糊质量通则》第2次研讨会，研究讨论总糖试验方法并进行进一步验证，最终完成总糖检验方法的验证，提交全国食品工业标准化技术委员会公开征求意见。作为《冰激凌质量通则》《月饼》参与起草单位，积极听取冰激凌及月饼生产企业意见，参与标准线上线下研讨会，并将有关意见反馈至牵头单位。与各部门积极沟通，积极解决饼干生产企业消化旧包装等问题，收到《市场监管总局办公厅关于同意延长饼干包装材料使用期限的复函》。

3. 行业标准

中国焙烤食品糖制品工业协会牵头起草了《冷冻饮品 冰棍》《冷冻饮品 雪泥》《冷冻饮品 食用冰》《冷冻饮品 甜味冰》《焙烤食品绿色工厂评价要求》《蛋类芯饼》《植脂奶油》《软冰激凌》《冰激凌筒》《速冻汤圆》《速冻春卷》《年糕》《咸鸭蛋黄》等13项行业标准，按照行业标准制修订工作安排，召开行业标准研讨会，形成标准征求意见稿，最终12项行业标准通过全国食品工业标准化技术委员会第二十二次年会审查。按照要求提交《全谷物食品》《蛋白布丁》《绿豆糕》《非氢化植物奶油》《软冰激凌及软雪糕浆料》《锅巴》等行业标准立项材料，并完成相关答辩。与各部门积极沟通，积极解决QB/T 2686–2021《马铃薯片（条、块）》正式文本公布较晚，企业消化旧包装等问题。

4. 地方标准

中国焙烤食品糖制品工业协会收集北京市焙烤食品企业2021年用水数据，并按要求完成北京地方标准《用水定额 第22部分 焙烤食品》实施报告。

5. 标准相关工作

按要求完善GB2760–2014《食品安全国家标准 食品添加剂使用标准》中食品添加剂使用技术必要性调查，完成冷冻饮品、可可制品、巧克力和巧克力制品（包括代可可脂巧克力及制品）以及糖果、焙烤食品类等相关报告。收集生产企业糖醇类产品的有关情况，汇总分析形成《糖醇类食品添加剂使用情况及管理建议》并提交风险评估中心。组织15家生产企业，召开两次视频会议，完成协会承担的4个食品类别的食品添加剂使用有关问题的编写。按工信部消费品司要求，征集应急保障生产企业，并提交相关电子版和纸质版材料。参加了风险评估中心组织的“三新食品”风险评估、儿童食品管理、咖啡因香料等相关会议。参加市场监管总局组织的《盲盒经营活动规范指引（试行）》研讨会、2023 年全国食品安全抽检监测计划制定工作等会议。

【g. 行业展会】

2022 年 9 月 19—22 日，第二十四届中国国际焙烤展览会在上海虹桥国家会展中心成功举办，尽管受到疫情的影响，但本届展会的展出规模依然达到了 15 万平方米，吸引了来自全球 30 个国家和地区的 1200 多家展商参展，专业观众超过 10 万人次现场观展。第二十四届中国国际焙烤展览会的成功举办，为正在面临着前所未有下行压力的中国焙烤行业和相关产业提振了信心，为产业高质量发展持续赋能。此外，中国国际焙烤展整合行业 3000+ 优质供应商商家，汇聚 50 万 + 精准买家用户和数万 SKU 新品全新推出商贸平台“焙烤商贸云平台（iBakeryChina）”，线上配对撮合的商贸功能进一步增强。展会同期举办的活动有：第二十三届全国焙烤职业技能竞赛全国总决赛，第五届亚洲西点师竞技大赛“黛妃杯”中国区选拔赛决赛，“维益・爱真杯”第十二届全国职业技术院校在校生创意西点技术大赛，第四届“安琪酵母杯”全国青年烘焙师创意面包大赛，第六届路易乐斯福杯中国区总决赛，2022 第七届中国家庭烘焙料理大赛等。

【h. 技能竞赛及职业能力培训评价工作】

由中国轻工业联合会、中国焙烤食品糖制品工业协会、中国就业培训技术指导中心、中国财贸轻纺烟草工会联合举办的第二十三届全国焙烤职业技能竞赛选拔赛于 2022 年 7 月 25 日启动，全国选拔赛共设北京、上海、广东、四川、黑龙江、辽宁、河南、新疆、江苏、山西、福建、安徽、内蒙古、江西、山东共 15 个赛区。9 月 19 日，第二十三届全国焙烤职业技能竞赛全国总决赛在上海虹桥国家会展中心成功举办。来自石狮鹏山工贸学校的卢桂华、上海市贸易学校的仇志俊、上海亿成食品科技有限公司的吴凡等三位选手荣获“维益杯”全国装饰蛋糕技能比赛金奖，来自上海新麦食品工业有限公司的刘玉梅、安徽巴莉甜甜食品有限公司的赵伟、北京稻香村食品有限责任公司的陈美玲等三位选手最终夺得“顺南食品杯”全国月饼技能比赛的金奖。全部六名金奖选手，由组委会报请人力资源和社会保障部授予“全国技术能手”荣誉称号。

由中国焙烤食品糖制品工业协会主办，维益食品（苏州）有限公司冠名赞助，王森冠军联盟协办的“维益・爱真杯”第十二届全国职业技术院校在校生创意西点技术大赛于 9 月 20 日在上海举行。本次大赛在初赛阶段共收到来自全国 50 所职业院校的 95 件作品，经过为期两个月的作品征集和行业专家初选后，共有 39 所院校的 59 件作品入围大赛决赛。经过评委的认真评选，共有 37 名选手获得大赛金、银、铜奖。本项大赛不仅为广大的高校学子提供一个实践与施展才华的平台，更为中国的食品行业持续选拔培养了技艺优良、职业素质过硬的西点制作人才，为国内西点行业发展提供了庞大的技能人才资源库，对国内焙烤食品行业具有深远影响。本届大赛贯彻了新型发展理念，充分发挥了行业的引领示范作用，推动职业教育进一步坚持面向市场、服务发展、促进就业的办学方向，坚持工学结合、知行合一、德技并修，坚持培育和弘扬工匠精神。未来，在校生创意西点技术大赛还将积极引进国际赛事资源，进一步提升竞赛层次，为更好发挥职业院校人才资源优势、推动中国烘焙行业人才走出国门做出新的更大贡献。

由中国焙烤食品糖制品工业协会主办，上海亿成食品科技有限公司冠名赞助的第五届亚洲西点师竞技大赛“黛妃杯”中国区选拔赛于 9 月 19-20 日在上海虹桥国家会展中心举办。该项大赛于 2021 年下半年启动，有 6 名选手进入决赛。竞赛形式为个人赛，竞赛项目为巧克力雕塑作品及巧克力糖果、糖艺作品及整形西点，赛程两天。经过两天紧张激烈的角逐，最终王丽丽获得冠军，将代表中国焙烤行业代表队参加该项赛事总决赛。

由中国焙烤食品糖制品工业协会、法国乐斯福集团主办的第六届路易·乐斯福杯世界烘焙大赛中国区总决赛9月22日在上海落下帷幕。获得法式长棍和欧式特色面包项目冠军的选手林业强、羊角丹麦和花式甜面包项目冠军的选手周振山、艺术面包项目冠军的选手冯英杰将组成新一届的“中国国家队”，作为“冠军队”向2024年的烘焙“世界杯”发起冲击。烘焙“世界杯”源自1992年，随后酵母生产头部企业乐斯福承办了其国家、洲际的选拔赛，路易·乐斯福杯世界烘焙大赛随之应运而生，成为世界烘焙界每4年一次的盛典。全球的烘焙师们经过层层比拼，以3人组成的国家队形式展开角逐，每一届有12支国家队能来到巴黎的烘焙“世界杯”总决赛上一较高低。2020年，中国队勇夺冠军。

由中国焙烤食品糖制品工业协会主办，中国焙烤食品糖制品工业协会面包师分会协办，安琪酵母股份有限公司冠名及承办的第四届“安琪酵母杯”全国青年烘焙师创意面包大赛于9月20–21日在上海虹桥国家会展中心举办。本届比赛吸引了来自广东、福建、湖北、山东等地的三十多家职业院校的四十多名青年烘焙师报名，9位选手通过海选入围了在上海举行的决赛。决赛制作产品为传统餐包及特色餐包、布里欧修辫子包、无糖无油面包、牛角与丹麦4类面包及1组艺术面包。赛时长达8个半小时，对选手的能力、耐力、意志力是极大的挑战。参赛选手只有深入了解烘焙原料、能熟练使用烘烤设备和制定不同烘焙产品配方，并具有很强的临场应变能力才能顺利完成全部作品的制作。经过激烈的角逐，来自山东省城市服务技师学院的孙子桓和东莞市技师学院的黄荣浪摘得金奖。全国青年烘焙师创意面包大赛始创于2017年。赛事旨在激发我国青年烘焙师学习烘焙技术的热情，提供交流学习和提升技艺的平台，促进我国焙烤职业教育的发展。2018年，大赛成功与国际青年烘焙师大赛（UIBC–Cup）对接，成为该项赛事在中国的选拔赛。2019年1月，中国青年面包师杨雄森、朱宇飞在位于法国里昂举办的第48届UIBC国际青年烘焙师大赛上，勇夺金奖、银奖，以及大赛唯一的团队奖——国家奖，登上了国际烘焙赛事的最高领奖台。

中国焙烤食品糖制品工业协会积极配合国家人社部做好职业分类大典的修订和世界技能大赛的相关工作。组织制修订《糕点面包烘焙工》《糕点装饰师》国家职业标准、培训教材、题库等。重点做好全国焙烤职业技能竞赛组办，以及轻工焙烤行业职业能力评价基地建设和职业能力等级评价工作。

7月8日，2022年全国行业职业技能竞赛轻工大赛动员大会暨国家级裁判员培训在重庆举行。中国焙烤食品糖制品工业协会组织了焙烤食品糖制品行业全国轻工技术能手、备选裁判员等共计一百余人参加了此次会议。

7月28日，2022年轻工业职业能力评价工作会在宁波召开，中国焙烤食品糖制品工业协会荣获2021年度轻工业职业能力评价先进总站称号。

8月20日，经中国就业培训技术指导中心标准处同意，中国焙烤食品糖制品工业协会职业技能工作委员会在南京组织召开《糕点面包烘焙工》《糕点装饰师》国家职业技能标准初审会，并布置下一阶段重点任务。

由全国食品产业职业教育教学指导委员会、中国焙烤食品糖制品工业协会联合主办，安琪酵母股份有限公司承办的全国职业院校食品类专业焙烤食品方向骨干教师培训班于7–8月在湖北省宜昌市举办。培训共分为两期，共有来自全国36所职业院校的50名教师参加了本次培训。培训对标世界技能大赛烘焙项目，以及UIBC国际青年烘焙师大赛，围绕烘焙项目技术文件、比赛流程、烘焙理论、烘焙项目竞赛品种实操等方面进行了授课。本次培训为进一步完善职业院校教师企业实践，打造“双师型”教师队伍，推动产教融合提供了切实的保障。

中国焙烤食品糖制品工业协会积极开展焙烤行业职业能力水平评价工作。2022年上半年疫情对焙烤职业能力培训评价工作影响很大，我们积极调整工作思路，化整为零小步快跑，采用局部和线上线下结合的方式积极开展工作。下半年，职业技能工作委员会努力做好以赛促评、以赛促训工作，充分调动各培训评价基地积极性，加强与行业龙头骨干企业的技术协同等重点工作，职业技能评价工作稳步推进。中国焙烤食品糖制品工业协会（总站）2022年共组织评价活动47批次，参加评价人数共计2413人次。其中，四级（中级工）397人次，三级（高级工）1160人次，二级（技师）232人次，一级（高级技师）462人次。

中国焙烤食品糖制品工业协会

2.6 糖果巧克力工业

【概况】

1. 生产企业数量情况

根据国家统计局提供数据，2022 年，规模以上（营业收入 2000 万元及以上）糖果巧克力生产企业 372 家，同比增长 10 家。

2. 主要产品产量情况

根据国家统计局提供数据，2022 年，全国规模以上糖果生产企业总产量 280.0 万吨。

3. 整体经济效益情况

根据国家统计局提供数据，2022 年，规模企业主营业收入为 1195 亿元，连续实现同比增长；2022 年，实现利润总额为 92.9 亿元，利润总额同比持续增长。

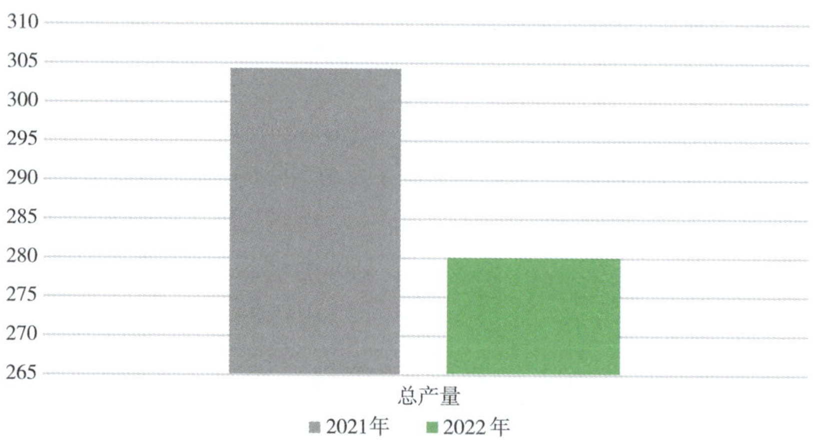

图 1　2021 ～ 2022 年规模企业糖果总产量对比

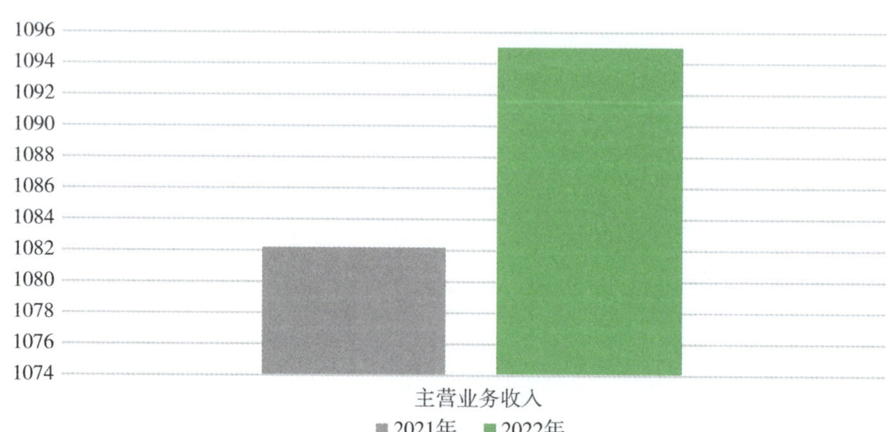

图 2　2021-2022 年规模企业实现营业收入对比

2022 年，规模糖果、巧克力企业同比亏损 53 家，同比亏损总额 2.2 亿元。

2022 年，规模糖果、巧克力企业资产总计 799.1 亿元，同比持平。

2022 年，规模糖果、巧克力企业流动资产 464.8 亿元，同比略有增长。

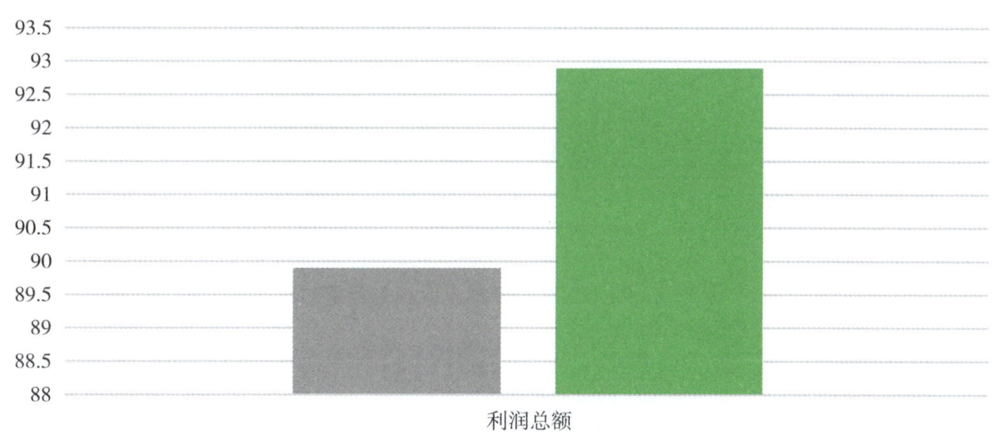

图 3　2021-2022 年规模企业利润总额对比

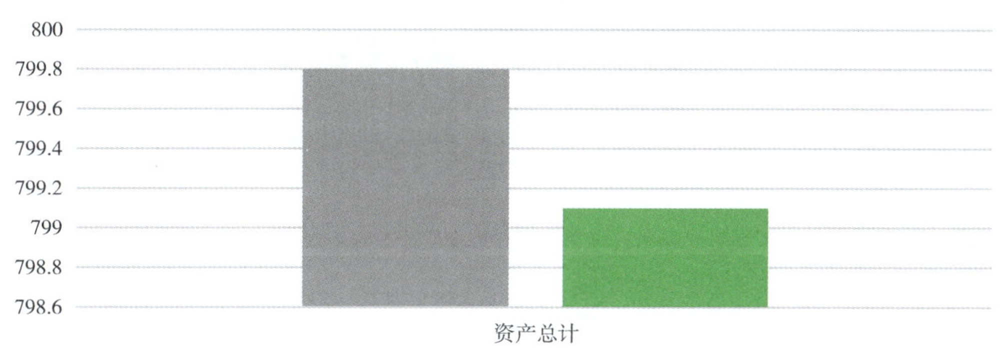

图 4　2021-2022 年规模企业资产总计对比

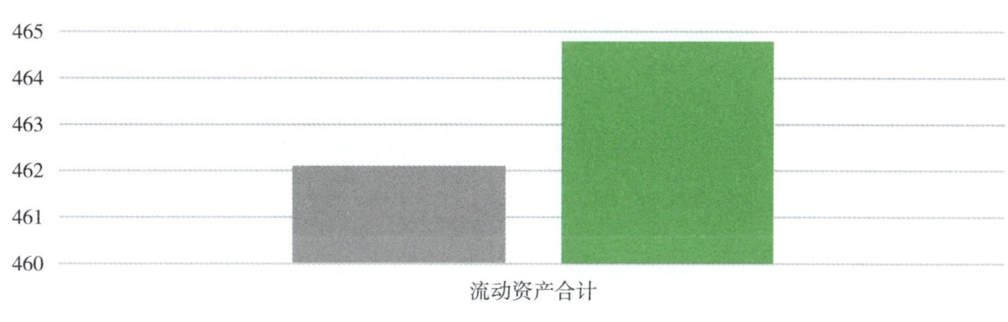

图 5　2021-2022 年规模企业流动资产对比

2022 年规模糖果、巧克力企业全年产成品 37.9 亿元，存货 94.6 亿元。

2022 年，规模糖果、巧克力企业全年营业成本总计 894.2 亿元，同比略有增加。其中，2022 年，销售费用为 133.4 亿元，同比继续增加；2022 年，管理费用 64.0 亿元；2022 年，财务费用为 1.3 亿元，同比下降 65.0%。

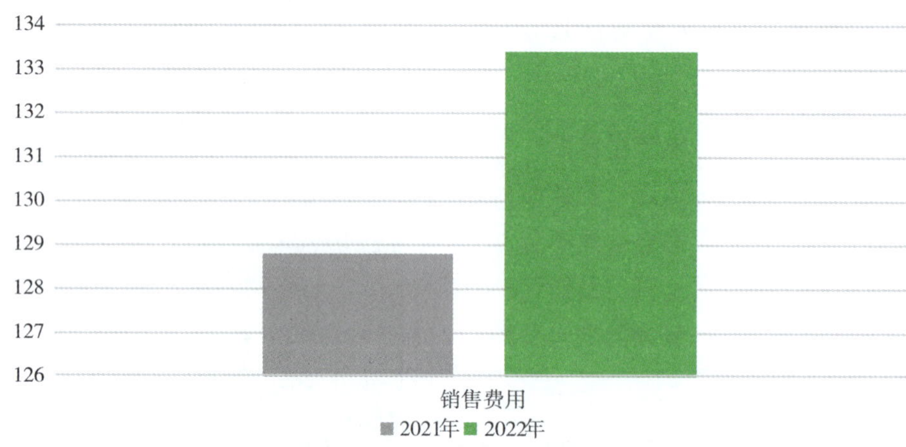

图 6　2021-2022 年规模企业销售费用对比

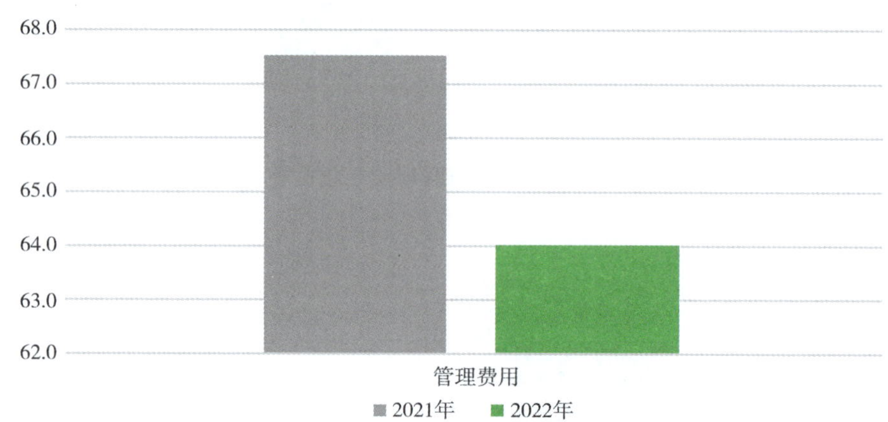

图 7　2021-2022 年规模企业管理费用对比

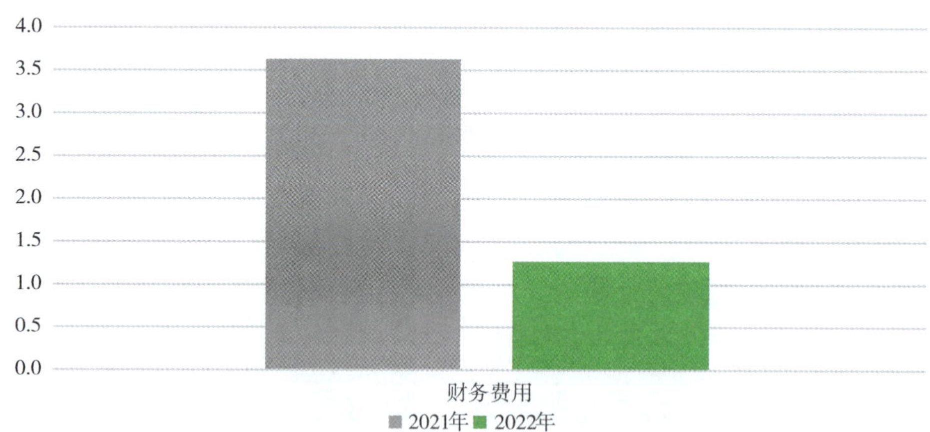

图 8　2021-2022 年规模企业财务费用对比

4. 区域生产发展情况

根据国家统计局提供数据，2022 年，产量排在前 5 位的地区分别是广东、福建、湖北、上海、安徽，共生产糖果 213.0 万吨，占全国糖果产量的 76.0%。

中国食协糖果专委会

2.7 蜂产品加工业

【a. 概况】

我国是世界第一养蜂大国，也是世界第一蜂产品生产大国和出口大国。养蜂业已成为现代农业的一个重要组成部分，是一资源节约型、环境友好型、人类健康型的绿色产业。养蜂技术的进步与创新对农业生产增产提质、农民就业增收、改善生态平衡、维护生物多样性、增强人类健康等都有着积极重要的推动作用。世界上许多发达国家和发展中国家已将养蜂业列入促进农业可持续发展、维护生态平衡的重要保障。

我国幅员辽阔，气候适宜，蜜源植物种类繁多，人力资源丰富，发展养蜂业具有得天独厚的优势。我国养蜂业历史悠久，古人对蜂产品的应用也早有领悟，公元前 16 ～ 11 世纪殷商甲骨文中就有“蜜”字的记载，说明中国养蜂至少已有 3000 多年的历史。随着社会生产力的发展，先人们从野外猎取蜂蜜开始，发展到以传统方式饲养中华蜜蜂，直到 20 世纪 60 年代引进西方蜜蜂和活框饲养技术，养蜂生产进入了一个新的发展时期；新中国成立后，特别是改革开放之后，在党和国家政府的高度重视下，中国养蜂业有了长足的发展；21 世纪以来，党和国家政府更加重视蜜蜂授粉与发展养蜂业，斥巨资鼎力支持养蜂业技术创新，拓展蜜蜂授粉，发展养蜂脱贫攻坚，开展蜂产品安全与标准化生产基地建设、成熟蜜等优质蜂产品基地建设、倡导并推动机械化养蜂，提升蜂产品附加值，拓展蜂文旅融合、助力乡村振兴，开展蜂产业质量提升行动，中国养蜂业发展突飞猛进，取得了举世瞩目的成就。蜜蜂生物学、饲养管理、遗传育种、蜂病防治、蜜蜂授粉、蜂产品生产技术与质量安全等方面都有了“质”的飞跃。

蜂产品是蜜蜂为了生存繁衍从自然界索取并加上自身分泌物，在蜂巢中酿造而成的天然物质，它包括蜂蜜、蜂王浆、蜂花粉、蜂胶、蜂蜡和蜂毒等六大类，也含蜜蜂个体如雄蜂蛹、幼虫。它们都是蜜蜂与自然界赋予人类的绿色健康珍品，是全世界人民都喜爱的天然功能食品。随着人们生活水平的提高和保健意识的增强，消费者回归自然、崇尚自然的保健意识愈加突出，特别是新冠疫情之后，蜂产品的保健功能被越来越多的广大消费者所青睐，除蜂蜜之外，对蜂王浆、蜂花粉、蜂胶、雄蜂蛹等高营养价值产品的需求日益上升，对高附加值的系列保健品、美容用品更受消费者欢迎，成熟蜜等高品质的优质蜂产品也受到高级消费者青睐。中国蜂产业蒸蒸日上。

2022 年，我国蜂群饲养量达 1400 万群，位居世界首位；我国蜂蜜总产量 46.19 万吨，同比略有下降，但仍居世界榜首；蜂王浆总产量约 4000 吨，同比基本持平；蜂花粉的年产量约 5000 吨，略有下降；蜂胶约 350 吨，基本持平；蜂蜡 6000 吨，基本持平；均居世界第一。

2022 年，我国蜂产品（蜂蜜、蜂王浆、蜂花粉）的出口总额为 2.9 亿美元，仅蜂蜜一项出口 12.08 万吨，创汇 2.35 亿美元。

【b. 主要经济指标】

1. 蜂群数量

我国蜂群数量增长迅速。据中国养蜂学会不完全统计，由 1949 年的不足 50 万群，发展到 1960 年的 335 万群，到 1999 年的 720 万群，到 2009 年的 920 万群；2015 年，逾千万群 1100 万群；2022 年，达 1400 万群，占世界蜂群总量（101,624,052 群，图 1）的 13.8%，居世界首位（图 1–3），印度居第二位，土耳其名列第三，第四至前二十名的国家分别为：伊朗、埃塞俄比亚、俄罗斯、阿根廷、坦桑尼亚、西班牙、美国、墨西哥、韩国、中东、罗马尼亚、波兰、希腊、肯尼亚、安哥拉、巴西（图 2）。

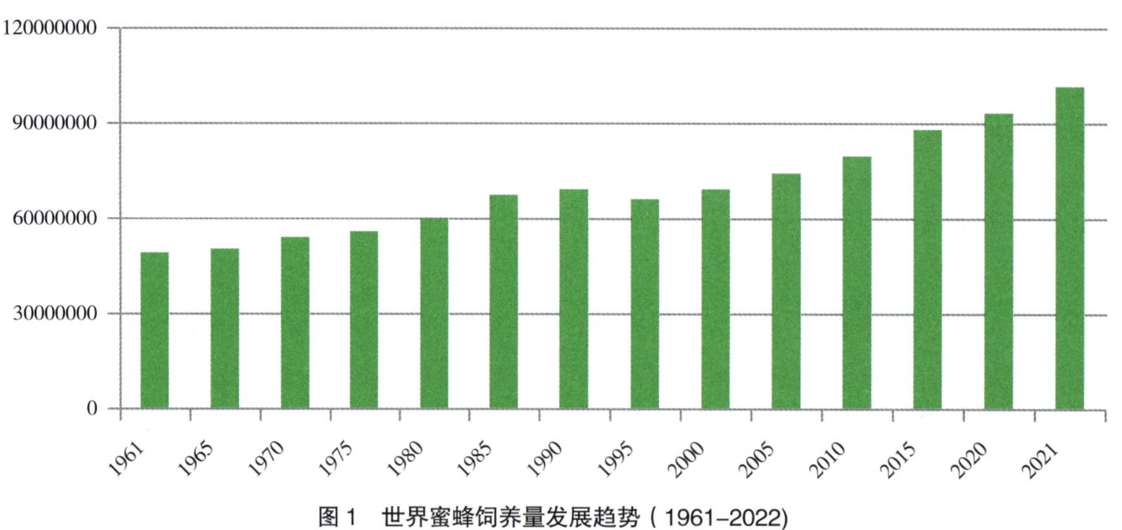

图 1　世界蜜蜂饲养量发展趋势（1961–2022）

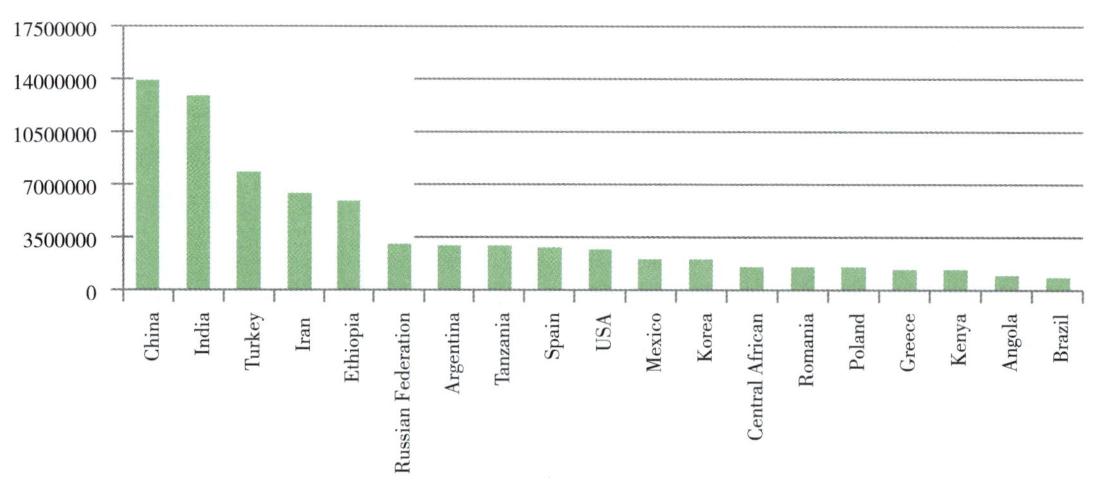

图 2　世界蜜蜂饲养量前 20 国（2022）

（数据来源；中国养蜂学会、联合国粮农）

据中国养蜂学会还完全统计，我国蜜蜂饲养量主要分布于：四川、浙江、云南、广东、广西、重庆、河南、湖南、安徽、湖北、黑龙江、陕西、吉林、北京、江苏、河北、江西、福建、山东、内蒙古、贵州、辽宁、山西、甘肃、新疆、海南、宁夏、青海、西藏、上海、天津。我

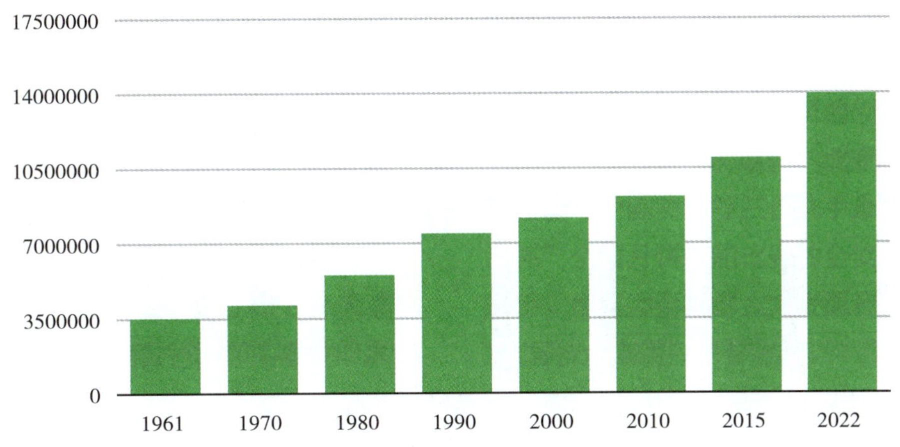

图 3　中国蜜蜂饲养发展趋势图（1961–2022）
（数据来源：中国养蜂学会）

国台湾地区约 16.7 万群。

2. 蜂产品产量

（1）蜂蜜产量

随着我国蜜蜂饲养量的增长，蜂蜜产量也飞速提升。20 世纪 60 年代初，我国蜂蜜年产量 5.3 万吨；90 年代末，发展到 23 万吨；21 世纪初，2000 年 24.6 万吨；2002 年开始，农业农村部要求中国养蜂学会面向全国推广“蜂产品安全与标准化生产”并建设基地，产量、质量逐年提升，2005 年 29.32 万吨，2010 年 40.12 万吨；2012 年，在农业农村部的领导与指导下，中国养蜂学会倡导并从意大利、法国引进多箱体生成成熟蜜蜂技术与加工流水线设备，向全国试推广建设“成熟蜜基地”，卓见成效，2015 年，我国蜂蜜产量达 47.73 万吨，2016 年再创历史新高 55.53 万吨；2020 年，由于疫情的影响，蜂蜜产量有所下降，全国总产量 45.81 万吨；2021 年回升达 47.27 万吨，2022 年，由于气候原因，蜂蜜总产量略有下降，46.19 万吨，但仍居世界首位（图 4–6）。

2023 年联合国统计数据显示：中国蜂蜜产量占世界总产量 1,771,944.36（图 4）的 26%，居世界榜首，土耳其名列第二，伊朗位居第三，第四至前二十名的国家分别为：阿根廷、乌克兰、印度、俄罗斯、墨西哥、美国、巴西、加拿大、坦桑尼亚、韩国、安哥拉、越南、新西兰、德国、肯尼亚、中非、法国（图 5）。世界蜂蜜产量

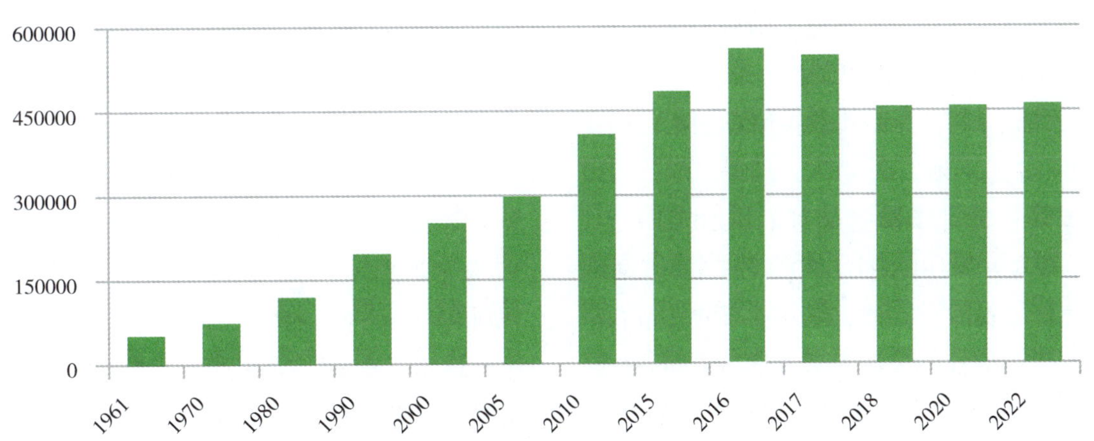

图 4　全国蜂蜜产量发展趋势（1961–2022，单位：吨）
（数据来源：中国养蜂学会、联合国粮农）

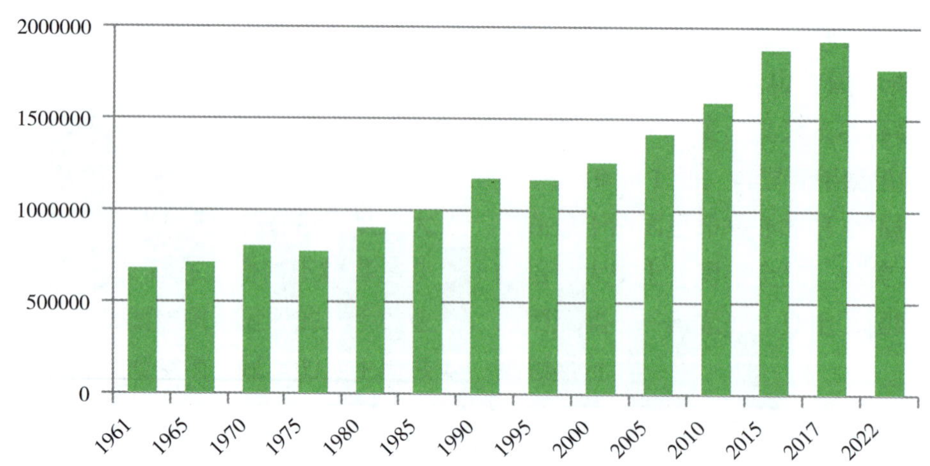

图 5　世界蜂蜜产量发展趋势图（1961–2022）
（数据来源；联合国粮农）

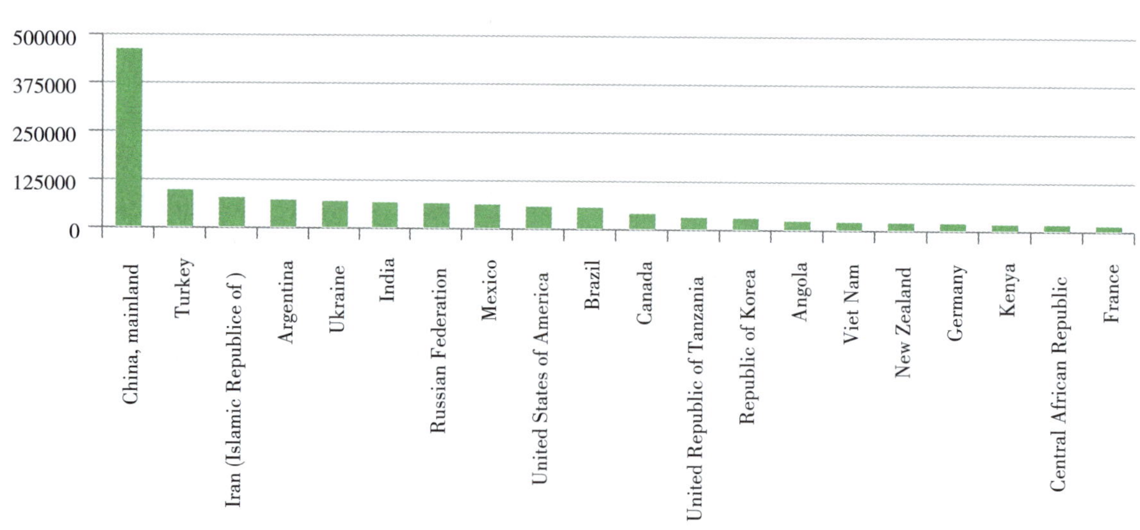

图 6　世界蜂蜜产量前 20 国（Data，2023）
（数据来源；中国养蜂学会、联合国粮农）

在万吨以上的国家和地区还有：中国台湾地区、乌兹别克斯坦、埃塞俄比亚、乌拉圭、泰国、智利、古巴、葡萄牙等。从图 6 中也可看出，中国蜂蜜产量全球遥遥领先。

2022 年，全国蜂蜜主产省（前 10 省）为：河南（含收购），四川、浙江，产、广东、广西、重庆、湖北、安徽、福建、新疆（图 7），占全国蜂蜜总产量的 69%。河南是全国重要的蜂蜜集散地，历年供给全国蜂蜜数量居榜首，最高达 10.2 万吨，2022 年约为 6.5 万吨，占全国产量的 14%；四川为养蜂大省，随着蜂群数量的增长，蜂蜜产量与日俱增，近两年达最高峰，2022 年，蜂蜜产量约 6.3 万吨，占全国蜂蜜总产量 13.6%，除河南蜂蜜集散地之外，蜂蜜生产位居全国第一；浙江 5 万吨，占全国蜂蜜总产量 10.8%，位居全国第二；广东约 4 万吨，占全国蜂蜜总产量 8.7%，位居第三；广西 2.6 万吨、重庆 2.2 万吨分别居全国第四、第五；蜂蜜产量 1 万吨以上的还有湖北、安徽、福建、新疆、江西、湖南、黑龙江、云南、河北、陕西、吉林；其他各省蜂蜜产量均不到 1 万吨（比例见图 7）。

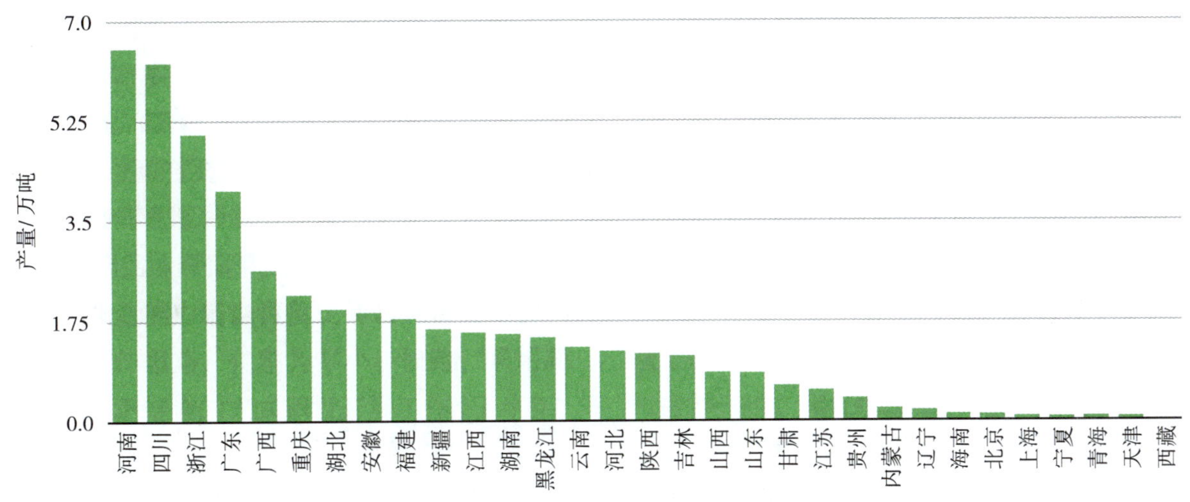

图7　全国各省、自治区、直辖市蜂蜜产量（单位：万吨）

（2）**蜂王浆产量**

蜂王浆，由于不是蜜蜂采集而来的，是由蜜蜂工蜂分泌的用于饲喂蜂王和幼虫发育成长的特殊营养物质，是蜂王幼虫成为蜂王的唯一食物，也是终生食物，故其产量相对要少，是稀世之宝。

我国蜂王浆生产历史悠久，始终是世界蜂王浆第一主产国和主出口国，世界上90%以上的蜂王浆来自中国，为世界人民健康做出不可磨灭的贡献。我国蜂王浆产量，随着生产技术的提升与创新以及“浆蜂”的培育和发展，增长迅速，最高达4000吨。新冠疫情的影响，产量虽有所下降，但新冠疫情却促进了国际免疫产品的需求，提高了蜂王浆的消费。2022年，我国蜂王浆产量约3000吨，性价比最高青海油菜浆产量约50吨。全国总产量仍居世界首位，占全球蜂王浆总量的90%以上。

（3）**蜂花粉产量**

中国是蜂花粉生产大国，蜂花粉产量、品种、单一花粉纯度等均高于其他国家，在国际上具有一定的主导地位。2022年，我国蜂花粉总产量约6000吨，同比基本持平，50%用于出口。

我国花粉主要以油菜花粉、茶花粉和杂花粉为主，荷花、玉米、柳树、荞麦、五味子等为辅。油菜花粉主要产自江西、安徽、湖北、四川、辽宁、青海、甘肃、新疆和内蒙古等地；茶花粉主要产自四川、江西、安徽、浙江、江苏等地，其中油菜粉和杂油菜粉约占总产量50%，内销、出口并举。

（4）**蜂蜡产量**

中国也是蜂蜡生产和出口大国，近年来，国际市场前景看好，进口国需求日益增多。2022年，全国蜂蜡总产量约6000吨，同比基本持平，主用于出口。

（5）**蜂胶产量**

由于疫情的影响，蜂胶产量及收购价格有所下降，2022年，全国蜂胶产量约200吨，同比减产50%；但疫情之后，蜂胶保健品更受消费者关注，价格呈持续上涨的趋势。我国蜂胶主要用于国内市场，供不应求。

（6）**蜂毒**

蜜蜂蜂毒通常是指由工蜂的毒腺、副腺分泌的具有芳香气味的一种透明毒液，贮存于毒囊中，工蜂自卫时从尾部螫刺中排出。蜜蜂蜂毒是人类祖先最先认识蜜蜂并利用蜜蜂的重要途径，是具有悠久历史的蜂产品之一，在我国古代多册名著中均有记载对蜂毒的认识与应用，我国民间也应用蜂毒、蜂螯治疗疾病。19世纪以来，蜂毒的临床研究有了长足的进展，中国养蜂学会还专门成立了蜂疗专业委员会普及蜂毒疗效并开展蜂毒的应用，多数应用还是以“蜂针疗法”为主，蜂毒深加工制品也在不断地开发和应用。蜜蜂蜂毒的量很少，一只工蜂大约只能产 0.3mg 蜂毒。养蜂生产过程中由于目前使用的取毒方法多数会伤及蜜蜂甚至死亡，故除了必要的医用外，为了保护蜜蜂，一般情况不生产蜂毒。目前，蜂毒未做批量生产尚无统计数字。

【c. 国内市场】

随着人们生活水平的提高，人们保健意识日益增强，特别是新冠疫情，健康已成为人们日常生活的重中之重，纯天然功能食品日益受消费者青睐，蜂蜜替代糖有益健康已被消费者认知，纯天然高营养的优质蜂产品的越来越受消费青睐，电商市场销售活跃。

然而，2022 年，疫情封控及经济萧条，严重影响了我国蜂产品市场，销售下降，致使蜂产品国内市场疲软。目前，我国从事蜂产品经营的企业持续增加，拥有资质的企业约有 1460 家，分布于全国各省，东北、中部地区相对较为集中，黑龙江，山东、吉林、云南四省约占全国蜂产品资质企业总量的 34.37%。2022 年，据不完全统计，70% 的蜂产品企业出现销售额下降。其中，降幅达 20% 的占了 39%；持平或上升的仅占 30%。从经营主体、销售和消费来看，我国蜂产品市场稳中有升，但成熟蜜等高品质的优质蜂产品销路相对困难；电商、网售活跃，但传统销售渠道销量下滑严重；蜂产品消费需求旺盛，但仍有许多消费者对天然高品质蜂产品的认知度和信心不足，而花费高价购买进口蜂蜜，形成了不应有的消费误区。事实上，中国当年生产的纯正蜂蜜，特别是成熟蜜等高品质蜂产品是世界上品种最多、品质最好、新鲜度最高的天然蜂产品，堪称物美价廉。

【d. 国际市场】

2022 年，虽然我国仍处于新冠疫情防控，但我蜂产品国际市场却稳中有升，遗憾的是价格、创汇金额却下降。2022 年，我国蜂产品出口总量达 17 万吨，同比增长 6.2%，仍居世界第一蜂产品出口大国。其中，蜂蜜出口数量 15.6 万吨，同比增长 6.9%，鲜蜂王浆出口 683.11 吨，同比下降 11.16%，蜂王浆冻干粉出口 195.44 吨，同比下降 20.08%，蜂王浆制剂出口 269.97 吨，同比下降 20.75%；蜂蜡出口 9653.27 吨，同比增长 1.50%；蜂花粉出口 2945.34 吨，同比下降 2.16%；其他蜂产品（蜂胶类、蜂蛹类、花粉提取物及其他蜂产品制品、蜂蜜酒等）出口 321.51 吨，同比增长 1.78%（表 1）。然而，遗憾的是出口价格却居世界低位，令人深思，亟待出口相关方面的思考与策略。

（数据来源：海关）

表 1　2022 年我国蜂产品出口一览表　（单位：吨，美元）

产品名称	出口数量	金额 / 美元
天然蜂蜜	155920.570	277,461,534
鲜蜂王浆	683.11	18,460,290
鲜蜂王浆粉	195.44	16,573,226
蜂花粉	2945.34	13,850,364
其他蜂产品	337.94	7,494,802
蜂蜡	9653.27	48,625,703
蜂王浆制剂	269.97	2,650,857
发酵饮料（苹果酒、梨酒、蜂蜜酒、清酒等）	3465.75	32,043,969

1. 蜂蜜

2022 年，我国蜂蜜出口数量 15.6 万吨，同比增长 6.9%，金额 2.8 亿美元，同比增长 6.8%，平均单价 1,779.9 美元 / 吨，同比下降 0.1%（图 8–9）。

2022 年，我国蜜蜂出口亚洲 4.3 万吨，同比增长 7 .6%，金额 9,245.0 万美元，同比增长 4.0%，平均单价 2,130.8 美元 / 吨，同比下降 3.3%; 出口非洲蜂蜜数量 3,200.6 吨，同比下降 59.4%，金额 552.8 万美元，同比下降 56.0%，平均单价 1,727.1 美元 / 吨，同比增长 8.4% ；出口欧洲 10.5 万吨，同比增长 12.2%，金额 1.7 亿美元，同比增长 13.4%，平均单价 1,629.5 美元 / 吨，同比增长 1.1% ；出口南美洲 26.1 吨，同比增长 11.2%，金额 6.6 万美元，同比增长 13.2%，平均单价 2,535.1 美元 / 吨，同比增长 1.8% ；出口北美洲 28.1 吨，去年同期为 0，金额 14.1 万美元，去年同期为 0，平均单价 4,998.3 美元 / 吨；出口大洋洲 3,879.3 吨，同比增长 5.6%，金额 760.5 万美元，同比增长 8.7%，平均单价 1,960.5 美元 / 吨，同比增长 3.0%（表 2，图 10–11）。

图 8　2021–2022 年 我国蜂蜜出口走势

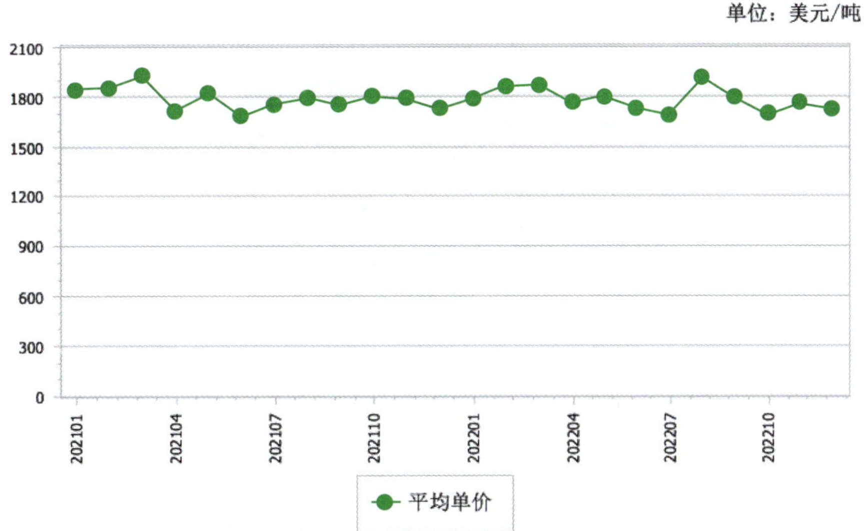

图 9　2021–2022 年我国蜂蜜出口平均单价走势

（数据来源：海关）

表 2　2022 年我国蜂蜜出口各洲数量及创汇金额分布

单位：吨、万美元

国别（或地区）	2022 年 1—12 月		同比 %	
	数量	金额	数量	金额
欧洲	105,480.3	17,188.1	12.2	13.4
亚洲	43,387.4	9,245.0	7.6	4.0
大洋洲	3,879.3	760.5	5.6	8.7
非洲	3,200.6	552.8	–59.4	–56.0
北美洲	28.1	14.1		
南美洲	26.1	6.6	11.2	13.2
* 欧盟 28 国	105,612.6	17,210.0	12.3	13.5
* 欧盟 27 国	71,351.7	12,205.7	26.4	27.6
*RCEP 国家	38,093.5	7,874.3	–1.2	–4.1
* 一带一路国家 149	42,676.8	7,710.6	0.2	5.5
* 一带一路国家	32,950.7	6,209.6	10.3	16.7
* 中东欧 17 国	20,610.2	3,501.7	–0.1	0.6
* 中东	8,674.4	1,909.9	37.6	65.7
* 阿拉伯国家联盟	8,603.5	1,898.1	37.3	65.7
* 海合会	7,707.5	1,727.4	82.4	102.1
* 东盟	4,272.8	904.6	–9.4	–2.1
* 南部非洲关税同盟	2,038.8	350.2	–63.8	–62.4
* 金砖国家	2,038.8	350.2	–63.8	–62.4
* 拉美地区	26.1	6.6	11.2	13.2
* 加勒比共同体	4.6	1.3	119.4	125.8

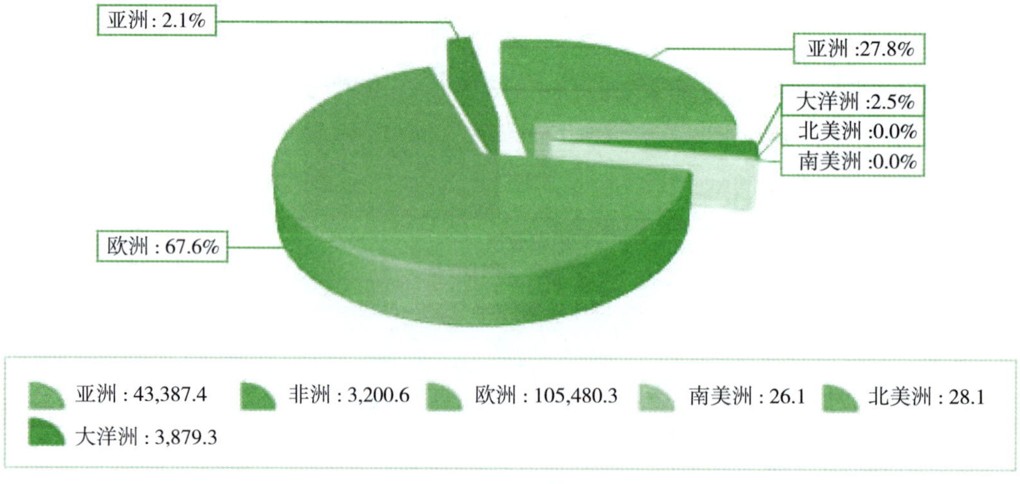

图 10　2022 年 我国蜂蜜出口各洲数量比例

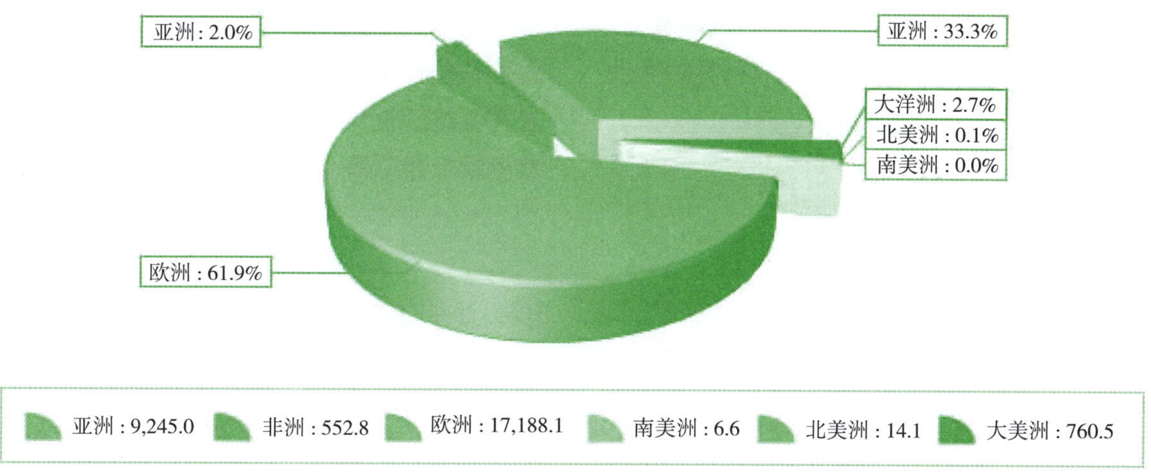

图 11 2022 年 我国蜂蜜出口各洲创汇金额比例

（数据来源：海关）

2022 年，我国蜂蜜向世界 58 个国家和地区出口，出口总量 15.6 万吨，欧洲、日本仍然是中国蜂蜜出口的主市场。蜂蜜出口英国数量位居第一 3.43 万吨，约占我国蜂蜜出口总量的 21.99%，同比下降 9.0%，创汇金额 5,004.3 万美元，同比下降 10.7%，平均单价 1,460.6 美元 / 吨，同比下降 1.8%；第二是日本，出口数量为 2.98 万吨，占我国蜂蜜出口总量的 19.10%，同比下降 1.0%，创汇金额 6,179.5 万美元，同比下降 6.0%，平均单价 2,074.0 美元 / 吨，同比下降 5.0%；第三是比利时，出口数量 2.5 万吨，同比增长 55.1%，金额 4,341.8 万美元，同比增长 56.8%，平均单价 1,736.5 美元 / 吨，同比增长 1.1%；蜜蜂出口前十的国家还有：波兰、沙特阿拉伯、西班牙、荷兰、澳大利亚、葡萄牙、德国，出口数量分别为：（表 3–4）。

表 3 2022 年我国蜂蜜出口前十国 （按创汇金额排序，单位：吨，万美元）

序号	出口国别（地区）	2022 年 1–12 月		同比 %	
		出口数量	出口金额	出口数量	出口金额
1	日本	29,795.3	6,179.5	–1.0	–6.0
2	英国	34，260.8 5	5,004.3	–9.0	–10.7
3	比利时	25,003.4	4,341.8	55.1	56.8
4	波兰 15	15,532.8	2,598.9	1.8	3.8
5	沙特阿拉伯	6,100.5	1,443.5	114.5	159.3
6	西班牙	7,185.0	1,201.4	30.2	28.3
7	荷兰	5,541.4	1,078.1	42.4	51.0
8	澳大利亚	3,879.3	760.5	5.6	8.7
9	葡萄牙	5,521.6	753.2	26.5	17.5
10	德国	3,432.5	629.2	3.8	8.1

（数据来源：海关）

表 4　2022 年我国蜂蜜出口的国家 / 地区及数量

（单位：千克）

国家 / 地区	数量	国家 / 地区	数量
英国	34260837	瑞典	154280
日本	29714068	韩国	146170
比利时	25003441	塞浦路斯	132240
波兰	15532832	伊拉克	122958
西班牙	7184952	毛里求斯	90200
沙特阿拉伯	6100536	巴林	70897
荷兰	5541423	约旦	66995
葡萄牙	5521600	拉脱维亚	60900
澳大利亚	3879271	柬埔寨	56976
德国	3432486	贝宁	52944
爱尔兰	2756160	肯尼亚	24090
罗马尼亚	2534020	安哥拉	23200
南非	2038833	斯洛伐克	21750
新加坡	1813808	库拉索	21475
马来西亚	1498084	利比亚	20048
中国香港	1105021	菲律宾	17850
意大利	1015000	卡塔尔	17600
斯洛文尼亚	812000	蒙古	16030
摩洛哥	756963	斯里兰卡	16000
泰国	712692	美国	14217
阿曼	637762	加拿大	13932
希腊	631040	印度尼西亚	11223
克罗地亚	618280	多哥	10468
阿联酋	601290	巴基斯坦	6017
科威特	279375	巴哈马	4608
保加利亚	204450	中国澳门	368
立陶宛	194880	法国	2
尼日利亚	183832	突尼斯	0
文莱	162196	瓦努阿图	0

2022 年，我国蜂蜜出口前三省是安徽、湖北、浙江，出口数量分别为 4.15 万吨、3.48 万吨、2.54 万吨，约占全国蜂蜜出口总量的 65.18%，同比分别增长 13.02%、18.99%、–22.5%，浙江省蜂蜜出口数量下降，但出口均价同比上涨 5.89%，安徽出口均价同比上涨 0.85%，湖北省的蜂蜜出口均价同比下跌 5.63%；出口蜂蜜数量超过 1 万吨还有辽宁和山东两省，同比分别增长 44.31%、55.64%，出口均价同比分别下跌 3.05%、2.21%；出口蜂蜜前 10 省的还有江苏、上海、天津、河南、宁夏等地区，出口数量分别为 0.68 万吨、0.65 万吨、0.36 万吨、0.23 万吨、1.95 万吨（表 5）。

表 5　2022 年全国出口蜂蜜的主要省份

（前 10 省，单位：吨、万美元）

地区	数量	金额	同比 %	
			数量	金额
安徽	41,471.7	7,236.3	13.0	14.0
湖北	34,762.5	5,148.5	19.0	12.3
浙江	25,444.5	4,707.1	–22.5	–18.0
辽宁 15	15,020.7	2,947.8	44.3	39.9
山东 13	13,833.9	2,804.1	55.6	52.2
江苏 6	6,770.2	1,385.5	–20.5	–17.1
上海 6	6,528.4	1,122.0	6.9	5.8
天津 3	3,626.8	620.5	–20.6	–20.6
河南 2	2,269.6	473.3	28.8	18.9
宁夏 1	1,951.8	358.1	–37.2	–34.7

（数据来源：海关）

此外，2022 年，越来越多的国际蜂蜜品牌看好中国市场，纷纷挤入世界第一养蜂大国 -- 中国蜂蜜市场。2022 年，进入我国蜂蜜市场的有 30 余个国家和地区，主要有：新西兰、俄罗斯、泰国、澳大利亚、法国、德国、中国、加拿大、西班牙、丹麦、英国、墨西哥、美国、奥地利、古巴、哈萨克斯坦、吉尔吉斯斯坦、赞比亚、保加利亚、巴西、土耳其、中国台湾等，一些本国市场蜂蜜供不应求的国家如意大利、瑞士、瑞典等欧洲品牌，甚至我国出口主市场的日本也开始尝试反扑中国市场分羹，而且进口价格远远高于我国出口价格（详见表 6），形成了严重贸易不对等的局面。

表 6 2022 年我国进口蜂蜜情况一览表 （单位：千克、人民币）

国家 / 地区	数量	金额	国家 / 地区	数量	金额
新西兰	1611618	382,719,706	赞比亚	10,116	497,946
俄罗斯	838857	6,500,054	爱沙尼亚	9	2,741
泰国	360799	11,452,602	斯里兰卡	1	90
澳大利亚	222615	33,990,450	以色列	0	367
法国	150505	14,491,309	日本	996	322,376
德国	113367	6,431,336	土耳其	867	29,059
中国	105352	2,234,947	中国台湾	481	59,227
加拿大	102427	5,915,153	瑞士	289	22,904
西班牙	54226	2,517,812	葡萄牙	260	16,419
丹麦	36127	1,387,282	希腊	171	16,905
英国	28119	1,744,887	马来西亚	84	60,711
墨西哥	18886	463,676	瑞典	13	688
美国	17487	974,473	爱沙尼亚	9	2,741
奥地利	12848	553,773	斯里兰卡	1	90
古巴	11803	1,046,419	以色列	0	367
哈萨克斯坦	11004	253,248			
吉尔吉斯斯坦	10141	222,314			

2. 蜂王浆

我国始终是世界第一蜂王浆生产大国和出口大国，世界上 90% 蜂王浆来自中国。世界上最珍惜健康、最擅长保健的日本人民对蜂王浆情有独钟。蜂王浆在日本非常昂贵，消费者非常珍惜，每天只舍得食用花生粒大小的鲜王浆，以保持长期用量，可见中国蜂王浆是稀世之宝，应有很好的国际市场前景。

（1）鲜蜂王浆

2022 年，我国鲜蜂王浆出口 683.11 吨，同比下降 11.16%，创汇金额 1846.03 万美元，同比下降 11.2%；蜂王浆冻干粉出口 195.44 吨，同比下降 20.08%，创汇金额 1657.48 万美元；蜂王浆制剂出口 269.97 吨，同比下降 20.75%，创汇

图 11 2012-2022 鲜蜂王浆出口创汇情况（单位：万美元）

285.32 万美元（表 1）；均居世界首位，占全球总量的 90% 以上。

2022 年，我国鲜蜂王浆出口的国家近 40 个（表 7）。主市场主要是日本和西班牙，出口数量分别为 252.92 吨、177.08 吨，占鲜蜂王浆出口总量的 62.94%；鲜蜂王浆出口数量万吨以上的前 10 国家还有法国、美国、韩国、德国、泰国、沙特阿拉伯、比利时、意大利。

2022 年，我国鲜蜂王浆没有进口数据。

表 7　2022 年我国鲜蜂王浆出口国家及地区统计表

（千克、美元）

国家 / 地区	数量	金额
日本	252916	7,981,548
西班牙	177083	3,903,121
法国	60502	1,394,940
美国	41794	1,164,647
韩国	23980	687,787
德国	21286	534,513
泰国	20000	516,219
沙特阿拉伯	15800	325,200
比利时	13513	400,075
意大利	12000	279,294
乌拉圭	9501	211,793
土耳其	8100	183,605
澳大利亚	5819	175,476
加拿大	3110	111,310
阿联酋	2579	87,564
伊拉克	2460	69,228
保加利亚	2140	71,000
奥地利	1980	79,547
科威特	1700	63,885
马来西亚	1660	41,574
以色列	1500	64,204
黎巴嫩	1050	21,845
中国香港	640	24,603
希腊	440	15,275
捷克	360	10,989
突尼斯	350	8,106

续表

国家 / 地区	数量	金额
匈牙利	240	10,842
卡塔尔	226	5,968
新加坡	155	4,919
阿尔巴尼亚	100	6,494
玻利维亚	100	3,300
吉尔吉斯斯坦	30	1,419

（2）蜂王浆冻干粉

2022 年，我国蜂王浆冻干粉出口近 50 个国家，日本依然是我国蜂王浆冻干粉出口主市场，出口数量为 65.85 吨，同比 2021 年略有增长，占蜂王浆冻干粉出口总量的 33.69%；第二、第三是澳大利亚和美国，出口数量同比 2021 年分别下降 29.45%、22.9%；蜂王浆冻干粉出口前十国家还有：西班牙、意大利、埃及、加拿大、印度尼西亚、新西兰、法国、沙特阿拉伯，其中西班牙的进口数量同比下降 61.90%（表 8）。

表 8　2022 年 RJ 粉出口

（千克、美元）

国家 / 地区	数量	金额	国家 / 地区	数量	金额
日本	65850	6,724,115	伊朗	275	29,606
澳大利亚	22981	1,902,838	克罗地亚	220	27,225
美国	19074	1,393,052	塞尔维亚	215	30,734
西班牙	12792	920,039	阿联酋	200	15,005
意大利	9902	701,231	新加坡	150	13,407
埃及	9845	835,065	科威特	130	11,006
加拿大	8220	602,542	以色列	105	13,037
印度尼西亚	7932	476,506	罗马尼亚	100	10,000
新西兰	6528	589,717	拉脱维亚	100	10,500
法国	6016	426,332	俄罗斯	100	7,183
沙特阿拉伯	4950	253,792	哥伦比亚	95	8,729
韩国	4825	430,539	缅甸	75	5,923
德国	3679	267,219	巴西	68	7,605
土耳其	2826	195,106	尼泊尔	62	6,178
荷兰	2000	162,266	白俄罗斯	60	5,047
中国香港	1100	98,710	印度	57	7,308

续表

国家 / 地区	数量	金额	国家 / 地区	数量	金额
马来西亚	1075	94,845	北马其顿	50	4,619
泰国	1025	84,746	希腊	25	2,739
乌拉圭	801	46,813	乌克兰	25	2,841
朝鲜	500	48,000	萨尔瓦多	25	4,075
摩洛哥	500	28,360	越南	20	1,880
阿尔及利亚	450	27,704	奥地利	20	1,712
突尼斯	370	35,282	波兰	15	1,148
伊朗	275	29,606	玻利维亚	10	900

（3）蜂王浆制剂

近几年，我国蜂王浆制剂产品出口对新兴市场的开拓效果显著。之前，我蜂王浆制剂出口对日本市场依存度高，风险过于集中。目前，蜂王浆制剂出口贸易已经覆盖六大洲，尤其对新兴市场非洲的出口高速增长，为产业进一步走向国际市场注入了活力（表 8)。国家若按物以稀为贵来调整提升我国蜂王浆及其产品的出口价位，产业前景更可观。

2022 年，我国蜂王浆制剂出口 269.97 吨，同比下降了 20.75%。主要出口国（前 10 国）：巴拿马、危地马拉、墨西哥、罗马尼亚、匈牙利、哥伦比亚、美国、加拿大、厄瓜多尔、德国等（表 9)。

表 9　2022 年我国蜂王浆制剂出口统计

（千克、美元）

国家 / 地区	数量	金额	国家 / 地区	数量	金额
巴拿马	34477	279,941	马来西亚	2202	19,810
危地马拉	31635	271,221	多米尼加	2160	23,954
墨西哥	26815	364,000	斯洛伐克	1962	21,600
罗马尼亚	25883	219,786	瑞士	1800	40,618
匈牙利	23512	236,968	保加利亚	1530	11,220
哥伦比亚	23501	210,483	波多黎各	1353	7,290
美国	22640	203,567	毛里求斯	1290	12,380
加拿大	12113	101,934	中国香港	1081	20,353
厄瓜多尔	8449	80,321	新加坡	830	30,175
德国	7165	70,729	约旦	732	7,581

续表

国家 / 地区	数量	金额	国家 / 地区	数量	金额
印度尼西亚	6240	51,504	澳大利亚	720	6,400
萨尔瓦多	4889	40,915	法国	600	6,588
哥斯达黎加	4018	46,300	巴哈马	366	6,079
英国	3367	33,462	秘鲁	200	11,650
荷兰	2880	50,705	新西兰	126	15,896
俄罗斯	2266	22,420	韩国	4	125

2022 年，我国蜂王浆制剂的出口重点省：黑龙江，出口数量 141.64 吨，占蜂王浆制剂出口总量的 52.47%，同比下降了 18.69%；辽宁，出口数量 99.63 吨，占蜂王浆制剂出口总量的 36.90%，同比增长了 8.75%；此外，还有吉林、广东、山东、内蒙古等省、自治区也有少量的蜂王浆制剂出口。

此外，2022 年，我国还进口了少量的蜂王浆制剂 4，573 千克，主要来自澳大利亚、新西兰、日本、西班牙、德国、加拿大、美国、英国等发达国家，还有中国香港地区（表 10)。

表 10　2022 我国进口蜂王浆制剂统计

（千克、美元）

国家 / 地区	数量	金额
澳大利亚	2006	67,625
新西兰	962	45,128
日本	777	74,641
西班牙	624	6,919
德国	182	3,724
加拿大	13	2,344
美国	6	1,269
英国	2	649
中国香港	1	90

3. 蜂花粉

2022 年，我国蜂花粉出口 2945 吨，创汇约 1385 万美元。

2022 年，我国蜂花粉出口主市场仍为韩国，出口数量达 1930.73 吨，占蜂花粉出口总量的

65.5%，创汇金额 8,685,348 美元；其次为美国和墨西哥，出口数量分别为 401.51 吨、125.25 吨，同比分别下降 14.28%、2.53%；蜂花粉出口的前 10 国还有：波兰、日本、加拿大、阿曼、沙特阿拉伯、希腊、乌拉圭等国（表 11）。

表 11　2022 年我国蜂花粉出口统计（单位：千克、美元）

国家 / 地区	数量	美元	国家 / 地区	数量	美元
韩国	1930731	8,685,348	阿尔及利亚	2200	10,895
美国	401514	2,020,022	哥斯达黎加	2000	10,600
墨西哥	125250	503,655	以色列	1600	10,051
波兰	66000	328,000	英国	1575	16,453
日本	65916	475,457	卡塔尔	1500	9,674
加拿大	64240	290,091	巴拿马	1300	8,450
阿曼	63200	367,365	缅甸	1000	9,144
沙特阿拉伯	59000	287,275	科威特	1000	6,500
希腊	33000	115,500	利比亚	1000	5,800
乌拉圭	32200	146,298	危地马拉	718	4,469
伊拉克	24000	82,456	阿联酋	593	5,336
阿根廷	20000	81,098	印度尼西亚	551	11,003
菲律宾	8710	54,831	土耳其	400	8,000
埃及	6400	72,956	委内瑞拉	385	7,527
黎巴嫩	6000	20,387	新西兰	302	2,953
澳大利亚	4575	46,408	新加坡	300	2,810
约旦	4000	33,047	尼泊尔	195	2,074
马来西亚	3970	60,718	中国香港	169	5,513
突尼斯	3700	17,000	南非	100	1,000
也门	3000	17,400	白俄罗斯	50	500
阿尔巴尼亚	3000	6,300			

2022 年，我国蜂花粉出口的重点省：山东省花粉出口居榜首，出口数量达 1531.50 吨，占蜂花粉出口总量的 52.00%，同比增长了 19.50%，创汇为 6,971,317 美元；河南列居第二，出口数量为 611.35 吨，占蜂花粉出口总量的 20.76%，同比下降 29.42%，创汇 2,718,167 美元；浙江第三，出口数量为 438.84 吨，创汇 2,249,171 美元；出口花粉的主要省（市）还有北京、辽宁、安徽、上海、四川、江苏、湖南、陕西、吉林、湖北、重庆、天津、广东、河北、青海等（表 11）。

目前，我国蜂花粉制品品种繁多，主要有蜂宝素、花粉蜜、花粉片、花粉晶、花粉冲剂、花粉口服液、破壁花粉及花粉饮品、药品、化妆美容品等百余种，主要市场为国内消费。

此外，2022 年，我国从法国、比利时、意大利进口少量蜂花粉，进口数量分别为：570、225、3 千克，进口价格为 14,366、7,557、281 美元，可见，贸易不对等，进口价格远远高于我国出口价格。

表 12　2022 年全国各省蜂花粉出口统计

（单位：千克、美元）

山东省	1531500	6,971,317
河南省	611345	2,718,167
浙江省	438842	2,249,171
北京市	159800	692,948
辽宁省	71843	392,954
安徽省	51001	234,976
上海市	43951	354,457
四川省	9000	46,174
江苏省	4600	40,226
湖南省	4505	25,545
陕西省	4368	28,966
吉林省	4150	27,842
湖北省	4000	16,800
重庆市	2000	12,170
天津市	1900	21,002
广东省	1169	11,144
河北省	1000	2,517
青海省	370	3,988

4. 蜂蜡

2022 年，我国蜂蜡出口形势较好。2022 年，我国蜂蜡出口 76 个国家，出口总量达 9653.27 吨，创汇 48,625,703 美元，同比基本持平。2022 年，德国仍旧是我蜂蜡出口的主市场，出口数量为 2635.02 吨，占蜂蜡出口总量的 27.30%；蜂蜡出口第二市场是美国，出口数量为 1460.39

吨，同比增长 16.72%；出口法国 827.70 吨、荷兰 576.53 吨、希腊 495.37 吨、塞尔维亚 480.00 吨、西班牙 451.20 吨、意大利 380.90 吨、英国 379.48 吨、澳大利亚 335.30 吨、阿尔及利亚 259.19 吨、阿尔巴尼亚 150.23 吨等（表 12）。

2022 年，我国蜂蜡出口千吨以上有两省，河南和云南。河南位居榜首，出口数量分别为 5968.86 吨，占蜂蜡出口总量的 61.83%，同比基本持平，出口均价同比上涨 7.46%；云南名列第二，出口数量 2017.35 吨，占蜂蜡出口总量的 20.90%，同比基本持平，出口均价同比上涨 5.46%。2022 年出口蜂蜡百吨以上的省（市）还有河北、浙江、上海、湖北，出口数量分别为 823.79 吨、248.12 吨、225.32 吨、140.50 吨；其中，上海的蜂蜡出口数量出现较大幅涨幅，河北、湖北均略有下降；浙江蜂蜡出口均价最高，湖北蜂蜡出口均价最低。2022 年出口蜂蜡省（市）还有四川、广东、辽宁、江苏、福建、重庆、北京、天津、湖南、安徽、江西、黑龙江、山西、陕西等（表 13）。

表 13　2022 年我国蜂蜡出口统计

（单位：千克、美元）

国家 / 地区	数量	金额	国家 / 地区	数量	金额
德国	2635020	14,149,391	中国香港	12400	78,555
美国	1460386	8,534,852	拉脱维亚	10000	53,000
法国	827703	4,389,241	斯里兰卡	9000	24,794
荷兰	576525	3,129,622	玻利维亚	8900	38,998
希腊	495372	1,808,192	危地马拉	7643	50,664
塞尔维亚	480001	1,659,435	索马里	7575	45,045
西班牙	451205	1,774,047	伊朗	7200	46,054
意大利	380901	1,944,949	伊拉克	7000	30,800
英国	379477	2,129,720	摩尔多瓦	6600	26,490
澳大利亚	335302	2,387,804	巴拿马	6509	32,995
阿尔及利亚	259187	696,693	叙利亚	5000	11,500
阿尔巴尼亚	150229	383,528	阿塞拜疆	5000	30,757
突尼斯	91700	201,860	柬埔寨	4000	18,000
波兰	87160	462,401	爱尔兰	3410	23,550
墨西哥	75456	438,068	新西兰	3060	21,831

续表

国家 / 地区	数量	金额	国家 / 地区	数量	金额
越南	73502	240,650	新加坡	3000	14,954
韩国	70568	372,226	多米尼加	2600	13,348
巴基斯坦	59200	214,375	马来西亚	2581	14,110
俄罗斯	51900	229,550	特立尼达和多巴哥	2200	5,500
泰国	50000	235,208	尼日利亚	2000	6,439
阿曼	49792	236,506	乌克兰	2000	6,680
日本	49093	417,862	洪都拉斯	2000	9,000
印度尼西亚	46686	250,071	斐济	1793	6,725
菲律宾	41600	173,433	丹麦	1602	7,274
土耳其	35500	213,830	埃及	1101	11,287
黎巴嫩	34298	124,648	以色列	1000	2,250
秘鲁	33603	186,847	保加利亚	1000	12,800
印度	32380	73,129	斯洛伐克	1000	3,756
南非	30600	157,489	萨尔瓦多	1000	6,800
哥伦比亚	26415	107,662	毛里求斯	951	5,657
比利时	25000	160,882	智利	665	3,105
加拿大	23816	124,654	厄立特里亚	270	1,350
孟加拉国	23175	61,247	加纳	250	853
克罗地亚	19000	106,550	蒙古	100	884
乌兹别克斯坦	18960	33,036	马耳他	23	103
约旦	15000	71,294	奥地利	2	6
塞浦路斯	14000	41,994	厄瓜多尔	13125	36,843

此外，2022 年，我国进口印度、日本、韩国、中国台湾等国和地区的蜂蜡共 111. 88 吨，金额 1,215,426 美元，交易不对等，进口价格远高于我国蜂蜡出口市场（表 14）。

表 14　2022 年蜂蜡出口省统计

（单位：千克、美元）

河南省	5968860	29,101,897	福建省	20000	84,000
云南省	2017348	10,794,568	重庆市	10412	41,883
河北省	823794	3,919,931	北京市	11020	40,910
浙江省	248121	1,691,069	天津市	7000	19,170
上海市	225316	1,481,553	湖南省	3000	15,900
湖北省	140500	476,790	安徽省	3000	15,588
四川省	57420	310,972	江西省	3000	10,170

续表

广东省	48031	263,731	黑龙江省	3000	9,390
辽宁省	13000	139,098	山西省	600	4,884
山东省	34480	110,390	陕西省	500	2,340
江苏省	14870	91,469			

表 15　2022 年我国进口蜂蜡统计（单位：千克、美元）

国家 / 地区	数量	金额	国家 / 地区	数量	金额
印度	25	350	马达加斯加	6813	75,977
日本	3045	75,136	德国	15542	147,928
日本	600	19,844	德国	1995	15,052
韩国	3240	51,573	法国	25631	251,408
中国台湾	2305	41,582	荷兰	16525	126,459
美国	30223	382,106	墨西哥	20	628

5. 其他蜂产品

2022 年，我国还有少量的雄蜂蛹出口，由于雄蜂蛹的生产技术难度较大，出口供不应求。2022 年，我国蜂胶、蜂毒没有出口数据，主要用于国内市场。

新冠疫情过后的今天，人们倍加关注身体健康和保健，纯天然的保健食品——蜂产品越来越受广大消费者青睐。2015 年，中国养蜂学会发布成熟蜜时，倡议：全国人民“每人每天一匙天然蜂蜜”（20 克），“每人每天一匙蜂王浆”（5 克），“每人每天一匙蜂花粉”（10 克），那么，全国天然蜂产品产量将供不应求，这还只是对人们健体强身、增强免疫力的最低标准，更何况还有庞大的国际市场。目前，越来越多的国际蜂产品品牌对中国蜂产品市场前景看好，而且纷纷挤入中国市场，可见，中国蜂产品市场应用前景无量。

中国蜂产品何去何从？关键做好自己。

把握时机、抓住机遇、高瞻远瞩、提升质量、打造品牌、树立名牌、监管好国内市场，稳住国际市场，开拓国际新市场，让全世界消费者吃上我们自己的放心蜂产品，才能确实有效的促进中国蜂产品产业高质量发展，中国养蜂大国才有望成为世界养蜂强国。

陈黎红

2.8 冷冻冷藏食品工业

【a. 概况】

2022年，是党和国家历史上极为重要的一年。这一年，党中央成功召开了二十大，规划启动了全面建设社会主义现代化新征程。这一年，国务院联防办宣布对新冠病毒实施“乙类乙管”措施，改变了三年来新冠病毒感染对食品供应链特别是餐饮领域造成的不利影响。这一年，随着国家颁布实施扩大内需、增加供给侧结构性改革、提振消费信心、促进经济稳定增长的战略方针，在消费市场拉动下，我国冷冻冷藏食品工业取得了持续增长，更迎来良好发展契机。

根据国家统计局、国家海关总署发布的数据，以及冻冷藏食品工业统计，2022年，我国冷冻冷藏食品工业实现良好稳定发展，呈现工业生产稳定增长、产品种类增加、产业结构升级、工业效益好转、有效拉动“三农”、全球进出口贸易活跃等特点。

【b. 行业发展特点分析】

在国家产业政策支持下，在食品消费市场强大的内生动力需求上升拉动下，2022年，我国冷冻冷藏食品工业的发展呈现六方面特点。

1. 工业生产稳定增长

2022年，我国冷冻冷藏食品工业生产持续高位运行，工业生产规模迈上新台阶，生产效益双双回升，整体运行情况良好。其中，规模以上冷冻冷藏食品工业企业，实现营业收入2.3万亿元，同比增长4.7%。从冷冻冷藏食品工业15个小类行业看，屠宰及肉制品加工业等11个小类行业的营业务收入，取得了同比增长；而蔬菜加工、水果加工等4个小类行业，则为同比下降。

根据国家统计局数据，2022年，全国猪牛羊禽肉产量9227万吨，同比增长3.8%，其中鲜、冷藏肉产量3635万吨、同比增长7.6%，达到近十年最高水平；在9227万吨猪牛羊禽肉产量中，猪肉产量5541万吨，同比增长4.6%；牛肉产量718万吨，同比增长3.0%；羊肉产量525万吨，同比增长2.0%，禽肉产量2443万吨，同比增长2.6%；禽蛋产量3456万吨，同比增长1.4%。主要食品产量提高，有力保障了市场供应。主要冷冻冷藏食品产量有升有降，2022年全国冷冻水产品产量同比下降2.9%，速冻米面食品产量同比下降0.2%，罐头产量同比下降2.7%。

2. 工业经济效益好转

冷冻冷藏食品工业是重资产，低利润的行业，制冷设备、冷库、冷车、物流等成本费用，均高出其他食品制造行业。与2020年、2021年突发新冠病毒感染对行业造成严重冲击、企业生产成本上升、经济效益深度下滑等不利情况相比，2022年，在国家保供稳价、助企纾困等各项政策措施推动下，我国冷冻冷藏食品企业通过加强企业管理、落实提质增效措施，规模以上冷冻冷藏食品工业企业共计实现利润总额829亿元，同比增长6.5%。

2022年，全行业的经济效益好转、利润增加，虽然一方面切实促进了企业家生产信心的恢复。但另一方面，冷冻冷藏食品工业人工、原辅料、物流的成本持续高位，企业营业成本仍然居高不下，加上汇率波动等因素，企业获利空间受到严重挤压。

3. 冷冻冷藏食品企业成为国际食品贸易主力军

冷冻冷藏食品工业作为外向型行业，积极参与国际食品贸易市场，是食品进出口贸易的主要品类，进出口贸易交易活跃。

2022 年，冷冻冷藏食品进出口贸易呈现持续稳定增长，进口金额高于出口金额，其中牛肉、水产品、蔬菜等重点产品数量大，单价增长幅度高。受国内牛肉市场存在缺口影响，牛肉进口量值持续放大，维持单价上升局面。进口牛肉占全国牛肉产量比重过高、增长过快，应该引起行业与主管部门关注。

（1）从进口贸易看

根据中国食协冷专委秘书处对国家海关总署官网数据整理，2022 年，全国食品进口贸易额 1.39 万亿元，同比增长 10.4%。主要进口肉类、水产品、蔬菜等品类，其中，肉类（杂碎）进口呈现数量同比下降、单价同比上涨局面，全国共计进口肉类 740 万吨，同比下降 21%、进口金额 2120.6 亿元，同比下降 2%；平均每吨进口单价上涨 6491 元，其中，进口牛肉单价同比上涨、猪肉单价同比下跌。

从进口牛肉单价上涨看，主要受国内牛肉消费市场需求增长影响，使得进口牛肉金额大幅度上涨。2022 年，全国进口牛肉 269 万吨，同比增长 15.3%，而进口金额则同比增长 47.1%；进口牛肉平均每吨单价，同比增加 9481.6 元。

从进口猪肉单价大幅度下降看，2022 年，全国进口猪肉数量 176 万吨、金额 261.6 亿元，进口数量同比下降 52.6%、金额同比下降 60.3%，平均每吨进口单价同比减少 2895.5 元。

从进口水产品单价上涨看，2022 年，全国进口食用水产品 437 万吨、金额 1297.9 亿元，数量同比增长 20.6%、金额同比增长 39.7%，平均每吨单价增加 4060.6 元。其中，冻鱼进口数量和金额大幅度提高，分别同比增长 27.8% 和 50.9%，平均每吨单价增加 4112.4 元。

（2）从出口贸易看

根据行业统计和海关总署数据，2022 年，冷冻冷藏食品工业完成出口交货值，同比增长 5.3%，主要出口冷冻水产品、蔬菜及食用菌、肉制品等品类，其中出口食用水产品单价同比上涨、出口蔬菜单价同比持平、出口肉类单价同比下降。

2022 年，出口食用水产品 369 万吨、价值 1502.1 亿元，同比增长 7.9%、平均单价每吨 40687 元，同比增加 3497 元；蔬菜及食用菌出口 940 万吨、价值 829.0 亿元、每吨单价 8819.6 元，同比持平）其中，鲜或冷藏蔬菜 620 万吨、价值 409.2 亿元；出口肉类 40 万吨，同比增长 15.8%、价值 130.2 亿元，同比增长 12.5%，每吨肉类单价 32554.8 元、同比下降 505.7 元。

4. 互联网市场销售新渠道得到积极开拓

根据国家统计局数据，2022 年，全国网上零售额 137853 亿元，同比增长 4.0%。其中，实物商品网上零售额 119642 亿元，同比增长 6.2%，占社会消费品零售总额的比重 27.2%。在实物商品网上零售额中，吃类商品同比增长 16.1%。

三年疫情，进一步催生电子商务、社区团购等新兴渠道快速增长。冷冻冷藏食品传统渠道，从传统的农贸市场、商超、餐饮等渠道，突破拓展到包括抖音、小红书、社区团购等网络平台新零售渠道。我国冷冻冷藏食品企业，深度拥抱互联网营销，持续改善运营方法，不断满足消费者需求，提升线上线下相结合的销售份额和渗透率。一方面从流量、直播带货、品牌 IP 上统筹，不断加大线上业务投入，实现“线上下单、线下配送”，“互联网 + 社区服务”等新型销售模式。另一方面针对不同渠道市场需要，主动出击，着力开展定制食品创新研发工作，打造出针对不同渠道的产品矩阵，创新推广了深受市场欢迎的亿元级大单品和爆品。例如，新希望食品公司生产的“小酥肉”产品，受到食堂、酒店、火锅餐饮、消费者家庭消费渠道欢迎，市场需求火爆，2022年创造出销售10亿元小酥肉的大单品，还有5亿元级、1亿元级单品；安井食品公司“冻品先生”预制菜年销售额达7亿元，涌现出多个亿元级大单品，其中“酸菜鱼”“小龙虾”“佛跳墙”位居前三；广州酒家生产的“香酥排骨”在天猫平台销售额同比增长382%，京东销售额同比增长651%，深受市场欢迎。

5. 冷链建设高质量发展

不断健全冷链物流与渠道，不断深入实施县域商业建设行动向广大乡镇延伸，不断建设覆盖从农产品主产地、集散地、主销地的冷链仓储与配送体系，既是促进更多农产品与深加工食品走向市场、走向消费者和实现农民增收、提升城乡消费的切实需要，更是保障食品质量安全的关键通路。

在国家产业政策、各方资金支持下，在生鲜电商平台、冷冻食品市场需求增长的协同拉动下，我国冷链行业正取得较快发展，特别是国家发改委2022年发布的覆盖全国东部、中部、西部、东北部地区的国家骨干冷链物流基地建设名单，在建设国家冷链物流骨干通关网络支撑与构建安全绿色、智慧便捷、保障有力的现代化冷链物流体系上，必将发挥重大促进作用。

在国家冷链物流“十四五”发展规划指引下，2022年全国冷链物流高速增长，冷链物流市场规模4916亿元、同比增长7.2%；冷链基础设施不断完善，全国冷库总容量突破2.1亿立方米、同比增长7.7%；冷藏车保有量38万辆、同比增长11.4%。

【c. 行业发展趋势】

中国食协冷冻冷藏食品专业委员会通过分析国家产业政策和近几年我国食品市场消费形势，判断2023年度冷冻冷藏食品工业保持良好运行态势。

1. 紧紧抓住我国后疫情发展契机

党中央高效统筹三年疫情防控和经济社会发展，我国取得了疫情防控决定性胜利。2023年新冠疫情基本结束，进入“乙类乙管”常态化防控阶段。

消费是我国经济发展的引擎。2023年是疫情管控放开后的第一年，我国将迎来疫情后经济复苏，国民经济稳定好转，服务业将率先回暖，线下消费能力释放，居民外出就餐，到实体店购物，内需市场潜力巨大。在国家“扩内需，稳增长”产业政策支持下，预判2023年冷冻冷藏食品工业将呈现生产稳定增长、生产成本有所下降、经济效益回升向好、工业规模增速同比达到7%左右的局面。

2. 肉类、水产品、禽蛋稳定增产

新冠疫情后，全民会更加关注食物营养健康，对肉类食品、水产品、禽蛋需求加大，将拉动肉类加工业、水产品加工业快速发展、产量增加。

预计2023年全国肉类产量持续增加，规模整体上升。猪肉、禽肉生产稳定增长，上半年生产消费淡季、价格维持低位，下半年迎来消费旺季、量价齐升。全年肉类价格前低后高，牛羊肉生产持续较快增长，但市场需求缺口促进进口牛羊肉数量上升、单价增长，价格持续高位局面。

预计2023年冷冻水产品生产效益同步上升，鲜、冻鱼、虾、蟹、贝等大众消费品供应充足，鱼糜及鱼糜制品、鱼油等工业用品，在下游市场拉动下，持续放量，精细加工的水产预制菜产品会大量上市，极大丰富人民生活。

疫情发生后，近十年来保持较高速持续发展的速冻米面食品在方便、快捷、易操作等特性上引爆市场认可，市场定位从初期的商超和C端消费者家庭，迎来进入餐饮、团餐、食堂、小吃店、快餐店等新渠道拓展及产品革新发力机遇，行业发展将处于持续上升通道。特别是，“三全”“思念”“湾仔码头”“安井”等速冻米面食品品牌，目前占据全国大半市场份额，市场品牌集中度高，产品种类齐全，生产规模效益突出。

冷冻烘焙食品制造业将迎来高速发展。连锁面包门店、咖啡店是业务渗透的主渠道，渗透率大幅度提升。为提高生产效率、减少成本，连锁门店使用冷冻预制面包、糕点，市场需求加大。头部冷冻烘焙企业投资建厂，增加成套冷冻面团生产线，扩大生产能力，以满足市场扩容需要。冷冻烘焙食品实现机械化、工业化生产，技术水平提升。

速冻预制菜生产发展与中央厨房建设如火如荼，将成为食品工业发展的新风向，也是政府部门和机构资金关注的新领域。各地政府出台政策、投入资金、建立预制菜产业园，鼓励发展预制菜生产。食品企业、餐饮企业建立中央厨房，增加预制菜生产，预制菜产品种类增加，产能扩大，出现了10亿元、5亿元、1亿元以上大单品。

预制菜在降低成本、提高效率、方便食用上存在空间，市场前景广阔，呈现加速发展局面。此外，为促进预制菜肴行业健康发展、提高预制菜肴质量，中国食协冷专委在分析食品市场发展形势基础上率先倡导鼓励预制食品生产销售，组织制定了《预制包装菜肴》（T/CNFIA115-2019）团体标准，已于2019年经中国食品工业协会批准发布，助推了预制菜产业的发展。

3. 行业经济效益改善提高

2023年，冷冻冷藏食品工业企业在经济回暖、线下消费市场放开形势下，通过强化市场渠道的精准判断，通过加强企业成本管理，将出现营收入与盈利水平提高、经营成本同比小幅下降的局面。

2023年，食品价格将波动上行，在肉类价格周期影响下，猪肉价格前高后低，禽肉价格平稳上行，牛、羊肉价格高位徘徊。水产品价格、蛋品价格上涨。食品工业生产者价格同比上行，增加企业获利空间。

4. 冷冻冷藏食品进出口贸易持续活跃

我国现在已成为世界上最大的冷藏集装箱以及冷冻冷藏食品进口国，这种趋势还会持续。2023年冷冻冷藏食品进出口贸易将维持市场活跃、单价上升局面。主要进出口食品集中在：肉类、水产、蔬菜、水果等品类，其中牛肉进口贸易较快增长，价格持续高位。冷冻冷藏食品行业在国内国际双循环发展格局中将不断完善产业链，成为保障百姓“菜篮子”的重要补充。

5. 创新发展迎来行业新局面

在国家政策支持和市场需求拉动下，冷冻冷藏食品企业将加大科技投入，积极开发新产品，投入资金和科研力量开展新产品、新工艺创发展，满足新兴市场需求，极大推进行业发展新局面。

6. 政策资金加大支持冷冻冷藏食品行业发展

冷冻冷藏食品良好的市场前景，持续吸引市场资金对行业的关注和支持。2021年未知香在A股成功上市，成为预制菜肴第一股，持续引发社会各界对冷冻冷藏食品工业的关注与投资。千味央厨、安井食品、立高食品、国联食品、南侨食品、惠发食品、得利斯等品牌公司纷纷上市，利用品牌效应、良好的经济效益、较高的市场份额吸引资金，利用融资进一步拓宽销售渠道，扩大生产能力，加强创新研发，促进企业做大做强，起到龙头企业的排头兵带动作用。

2023年，在国家扩内需稳增长政策扶持下、在市场需求拉动下，在国内国际双循环新发展格局中，我国冷冻冷藏食品工业发展趋势向好，将进入快速发展通道，更好地发挥民生基础产业作用，满足人民对冷冻冷藏食品不断增长的需求。

中国食协冷冻冷藏食品专业委员会

2.9 乳制品工业

【a. 概况】

2022 年，国内乳制品消费经历两年的较快增长后，增长速度明显放缓。据国家统计局月报数据，全国乳制品产量 3117.7 万吨，同比增长 2.0%（上年为 9.4%）。

2022 年，全国乳制品企业营业收入超 4700 亿元，同比增长 1.1%；利润总额近 390 亿元，同比增长 1.6%；销售收入利润率为 8%（上年为 8%）；行业亏损额与利润总额的比值为 1:15（上年同期 1:5）。

【b. 行业运行情况】

2022 年，原料乳产量继续快速增长，但乳制品消费增速明显回落，乳制品原料出现富余情况，奶牛养殖成本维持高位，奶牛养殖行业效益明显变差。同期，乳制品加工企业在自身原料富余的情况下继续收购原料乳，大量地加工暂存乳粉以分担缓解上游养殖企业压力，在增加自身资金压力和经营压力的同时，保证了国内行业的基本稳定。

1. 价格

（1）原料价格

从 2022 年下半年开始，受奶源供给增长和消费低迷共同影响，国内生乳出现了阶段性过剩，生乳价格持续走低。

据农业农村部对内蒙古、河北等 10 个奶牛主产省（自治区）[河北、山西、内蒙古、辽宁、黑龙江、山东、河南、陕西、宁夏、新疆] 生乳平均价格的调查数据，2022 年全国奶牛主产省（自治区）生乳平均价格为 4.16 元 / 千克，同比下降 3.1%；其中，1 月生乳平均价格为 4.27 元 / 千克，5 月为 4.16 元 / 千克，12 月为 4.12 元 / 千克，12 月平均价格环比下降 0.3%，同比下降 4.3%。见图 1。

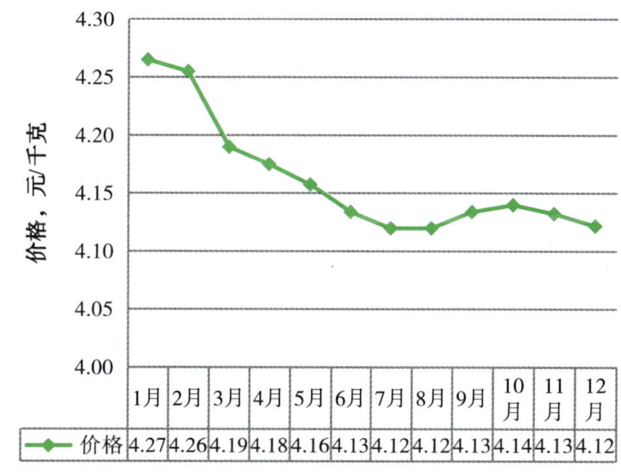

图 1　2022 年全国奶牛主产省（自治区）生乳平均价格变化情况

资料来源：农业农村部监测数据

（2）乳制品零售价格

2022 年，受消费动力不足影响，乳制品消费价格同比小幅增长。根据国家统计局的统计数据，2022 年 12 月，乳制品价格环比涨 0.7%，同比涨 1.2%；全年乳制品平均价格同比涨 0.8%，低于同期食品全年平均价格 2.4% 的增长。

2. 市场

2022 年，全国乳制品消费量同比略有增长，总量在3450万吨左右，同比增长0.6%。乳制品产成品存货占销售收入比例为3%，同比有所增加。

3. 投资

全年乳制品生产投资保持增长。2022年，全国乳制品企业资产总计超过5600亿元，同比增长20%，增速同比有所提高。

4. 区域分布

2022年，乳制品产量居前的省（自治区）分别是内蒙古、河北、山东、宁夏和河南，五省（自治区）乳制品总产量近1500万吨，占全国的48%，占比同比增加2个百分点。五省（自治区）中，内蒙古、宁夏和河南产量继续保持增长，而河北、山东为产量有所下降。全国31个省（自治区、直辖市）中，乳制品产量处于同比增长的有13个（上年25个），同比下降的有18个（上年6个）；有10个省（自治区）乳制品产量超过100万吨，分别为内蒙古、河北、山东、宁夏、河南、黑龙江、江苏、湖北、四川和安徽，其中，同比增长的有5个，同比增长最大的是宁夏，同比增长29.5%，同比下降的有5个，同比下最大的是安徽，同比下降12.6%。液体乳产量居前的省（自治区）是内蒙古、河北、宁夏、河南和山东，五省（自治区）液体乳总产量超过1400万吨，占全国的49%，占比同比增加1个百分点。有9个省（自治区）液体乳产量超过100万吨，分别是内蒙古、河北、宁夏、河南、山东、黑龙江、江苏、湖北和安徽。其中，同比增长的有5个，同比增长最大的是宁夏，同比增长29.2%，同比下降的有4个，同比下降最大的是安徽，同比下降12.7%。乳粉产量前五位的省（自治区）是黑龙江、陕西、内蒙古、河北和江苏，五省（自治区）合计生产乳粉近78万吨，占全国的79%，占比同比减少2个百分点。有12个省（自治区）乳粉产量超过1万吨，其中，同比增长的有5个，宁夏同比增长最大，同比增长287%，同比下降的有7个，湖南同比下降最大，同比下降20%。

5. 行业集中度

根据中国乳制品工业协会统计，2022年，国内营业收入居前列的乳制品企业有：内蒙古伊利实业集团股份有限公司、内蒙古蒙牛乳业（集团）股份有限公司、光明乳业股份有限公司、黑龙江飞鹤乳业有限公司、君乐宝乳业集团有限公司、新希望乳业股份有限公司、北京三元食品股份有限公司、雀巢（中国）有限公司、北大荒完达山乳业股份有限公司和上海妙可蓝多食品科技股份有限公司。2022年，10家企业营业收入合计3076.74亿元，同比增长5.03%，10家企业营业收入占全行业的65.22%。

【c. 进出口】

1. 进口

据海关总署统计数据，2022年，全国共进口各种乳制品343.63万吨，货值145.21亿美元，同比分别下降16.27%和增长0.98%，进口乳制品总货值与国内乳制品工业销售收入的比值为1:5.04（上年1:5.06）。从数量上看，乳粉、液体乳、乳清类产品、零售婴幼儿食品、稀奶油、干酪类产品、奶油和无水奶油、乳糖进口量较多。2022年，乳制品进口情况见表1。

表1 2022年全国乳制品进口情况

商品名称	数量/万吨	同比增长/%	金额/亿美元	同比增长/%
进口合计	343.63	−16.27	145.21	0.98
液体乳1	72.19	−27.50	6.66	−23.09
稀奶油	25.52	−6.36	9.61	1.53
乳粉2	103.53	−18.82	44.30	−3.59
炼乳	2.41	−30.80	0.48	−32.23
发酵乳	2.36	−14.37	0.49	−12.80
乳清类产品	60.62	−16.18	9.65	−5.65
奶油和无水奶油	14.29	9.07	9.29	39.26
干酪类产品	14.55	−17.41	7.69	−5.41
乳糖	12.82	6.80	1.83	7.63
零售婴幼儿食品	28.03	2.80	45.44	2.05

续表

商品名称	数量/万吨	同比增长/%	金额/亿美元	同比增长/%
酪蛋白	3.68	–3.29	4.78	27.89
白蛋白	3.61	–1.18	4.99	43.82

注：1.液体乳数据不包括发酵乳、稀奶油。
2.乳粉数据不包括婴幼儿配方乳粉。
资料来源：海关总署。

从进口来源看，新西兰是我国最大的乳制品进口来源地，其次是美国、德国、澳大利亚和荷兰，我国分别从这些国家进口 136.85 万吨、46.65 万吨、35.41 万吨、25.76 万吨和 21.01 万吨的乳制品，五国合计占到总进口量的 77.32%，占比同比增加 3.66 个百分点（图 2）。

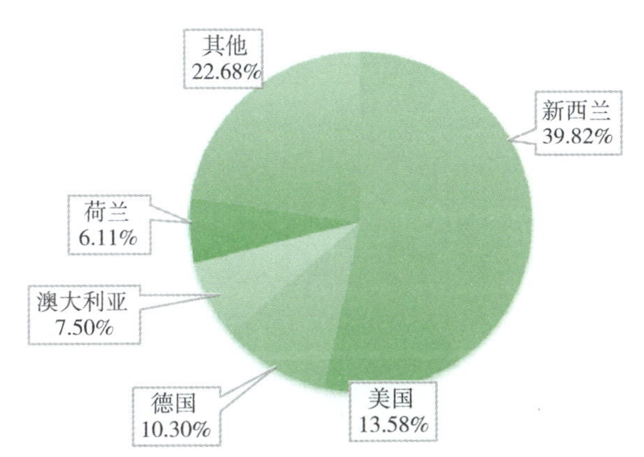

图 2　2022 年乳制品进口来源情况

资料来源：海关总署。

其中，液体乳主要来源于德国、新西兰、澳大利亚、波兰和奥地利，进口量分别为 27.13 万吨、19.24 万吨、11.28 万吨、9.38 万吨和 1.15 万吨，五国合计占液体乳总进口量的 94.43%，占比同比增加 2.71 个百分点（图 3）。

稀奶油主要来源于新西兰、法国、英国、西班牙和爱尔兰，进口量分别为 13.26 万吨、4.86 万吨、1.58 万吨、1.41 万吨和 1.39 万吨，五国合计占稀奶油总进口量的 88.19%，占比同比增加 2.14 个百分点（图 4）。

乳粉主要来源于新西兰、澳大利亚、美国、乌拉圭和芬兰，进口量分别为 73.87 万吨、8.95 万吨、3.81 万吨、3.13 万吨和 2.82 万吨，五国合计占乳粉总进口量的 89.42%，占比同比增加 3.00 个百分点（图 5）。

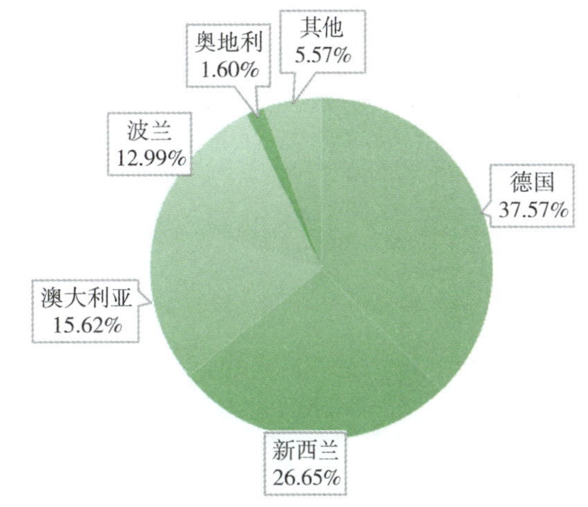

图 3　2022 年液体乳进口来源情况

注：2021 年以前液体乳进出口数据包括稀奶油，2021 年及以后不再包括稀奶油。

资料来源：海关总署。

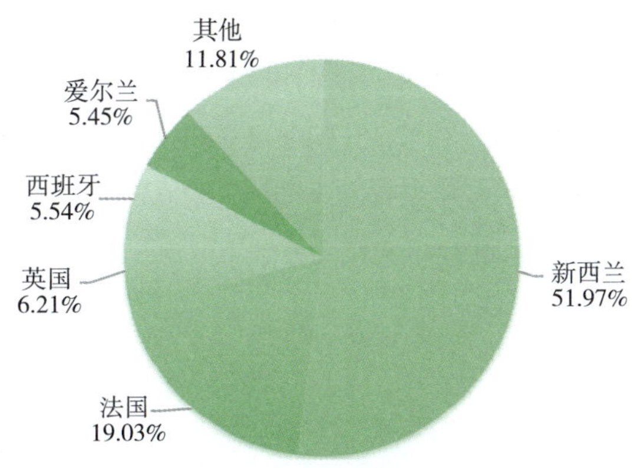

图 4　2022 年稀奶油进口来源情况

资料来源：海关总署。

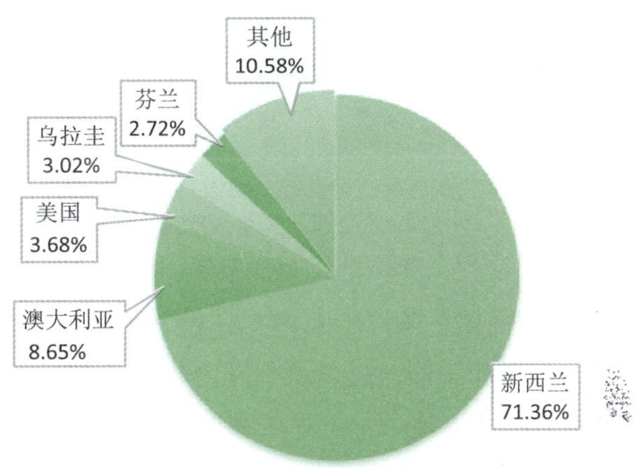

图 5　2022 年乳粉进口来源情况

资料来源：海关总署。

乳清类产品主要来自于美国、荷兰、法国、白俄罗斯和德国，进口量分别为30.91万吨、4.12万吨、4.08万吨、4.03万吨和3.57万吨，五国合计占乳清类产品总进口量的77.04%，占比同比增加4.62个百分点（图6）。

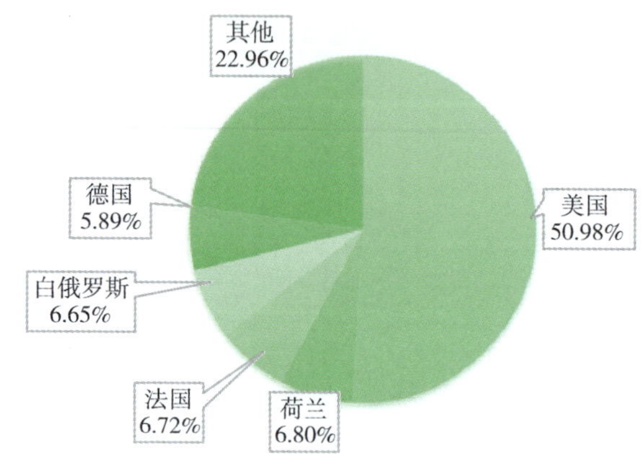

图6　2022年乳清类产品进口来源情况

资料来源：海关总署。

零售婴幼儿食品主要来自荷兰、新西兰、法国、爱尔兰和德国，分别进口12.50万吨、5.68万吨、3.87万吨、2.18万吨和0.88万吨，五国合计占零售婴幼儿食品进口量的89.62%，占比同比增加4.57百分点（图7）。

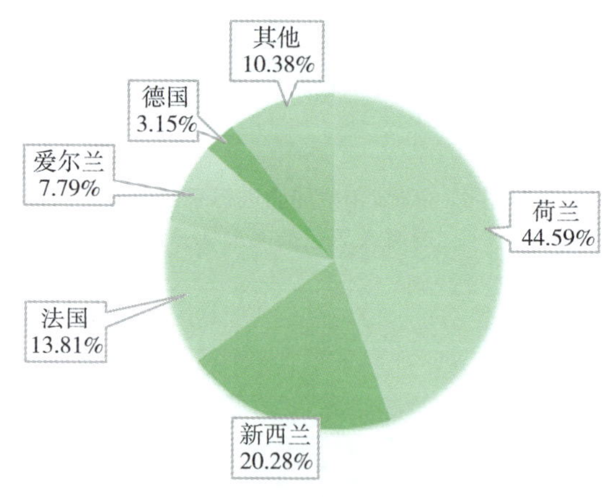

图7　2022年零售婴幼儿食品进口来源情况

资料来源：海关总署。

干酪主要来自于新西兰、澳大利亚、意大利、丹麦和法国，进口量分别为8.42万吨、2.12万吨、0.80万吨、0.74万吨和0.52万吨，五国合计占干酪总进口量的86.61%，85.81%，占比同比增加0.80个百分点（图8）。

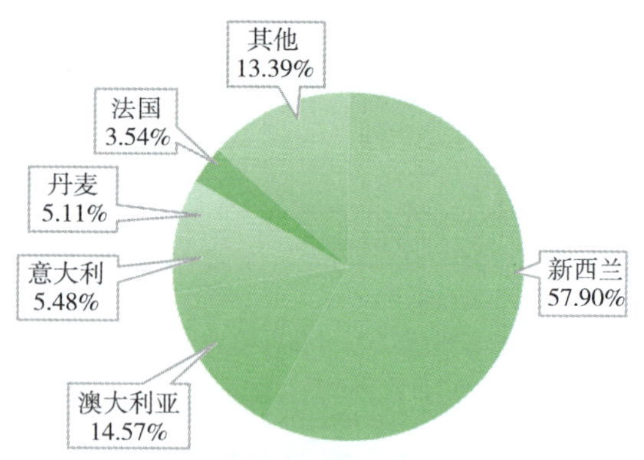

图8　2022年干酪类产品进口来源情况

资料来源：海关总署。

乳糖主要来自于美国、德国、波兰、新西兰和荷兰，进口量分别为10.22万吨、0.77万吨、0.32万吨、0.29万和0.27万吨，五国合计占乳糖总进口量的92.50%，占比同比增加3.12个百分点（图9）。

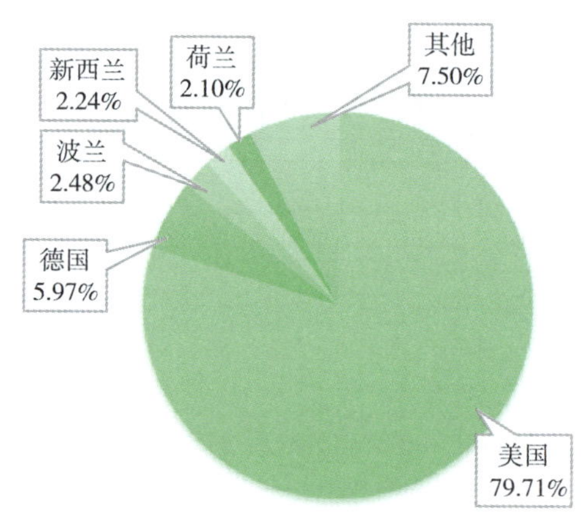

图9　2022年乳糖进口来源情况

资料来源：海关总署。

奶油和无水奶油主要来自新西兰、法国、澳大利亚、比利时和荷兰，进口量分别为12.55万吨、0.55万吨、0.23万吨、0.23万吨和0.22万吨，五国合计占奶油和无水奶油总进口量的96.45%，占比同比增加4.25个百分点（图10）。

酪蛋白主要来自新西兰、荷兰、爱尔兰、法国和德国，分别进口2.19万吨、0.43万吨、0.30万吨、0.29万吨和0.22万吨，五国合计占酪蛋白总进口量的92.94%，93.02%，占比同比下降0.08个百分点（图11）。

2022年，乳制品进口价格情况见表2。

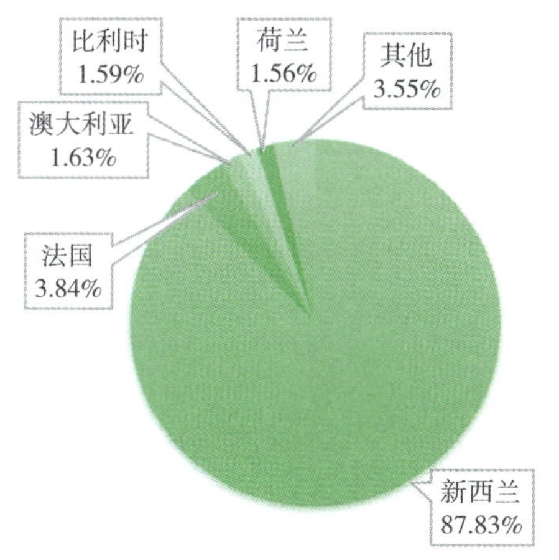

图 10　2022 年奶油和无水奶油进口来源情况

资料来源：海关总署。

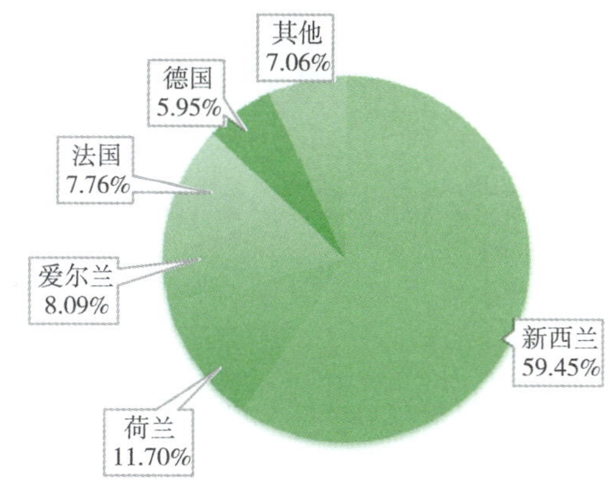

图 11　2022 年酪蛋白进口来源情况

资料来源：海关总署。

表 2　2022 年乳制品进口价格情况

商品名称	12 月平均价格 /（美元 / 吨）	同比增长 /%	2022 年平均价格 /（美元 / 吨）	同比增长 /%
液体乳 1	987	10.28	923	6.09
稀奶油	3988	–2.37	3766	4.50
乳粉 2	4157	1.76	4279	18.74
炼乳	2165	27.78	1969	5.25
发酵乳	1917	–7.02	2055	1.83
乳清类产品	1589	–5.04	1592	12.58
奶油和无水奶油	7021	19.26	6500	27.67
干酪类产品	5682	12.34	5287	14.53
乳糖	1595	11.66	1425	0.76
零售婴幼儿食品	15880	1.37	16213	–0.73
酪蛋白	13641	21.64	12972	32.24
白蛋白	15139	21.21	13828	45.56

注：1. 液体乳数据不包括发酵乳、稀奶油。

2. 乳粉数据不包括婴幼儿配方乳粉。

资料来源：海关总署。

2. 出口

2022 年，我国乳制品出口与上年变化不大。全年乳制品出口 4.68 万 t，货值 2.11 亿美元，同比分别增长 1.23% 和下降 36.28%。其中，液体乳、发酵乳、零售婴幼儿食品、乳粉、炼乳是出口的主要产品。2022 年乳制品出口情况见表 3。

表 3　2022 年全国乳制品出口情况

商品名称	数量 / 万 t	同比增长 /%	金额 / 亿美元	同比增长 /%
出口合计	4.68	1.23	2.11	–36.28
液体乳 1	2.39	3.82	0.23	4.94
稀奶油	0.00	0.00	0.00	0.00

续表

商品名称	数量 / 万 t	同比增长 /%	金额 / 亿美元	同比增长 /%
乳粉 2	0.42	−2.25	0.18	11.09
炼乳	0.26	47.91	0.06	37.36
发酵乳	0.62	19.81	0.13	4.16
乳清类产品	0.07	314.38	0.01	487.44
奶油和无水奶油	0.21	15.70	0.09	34.29
干酪类产品	0.01	−44.61	0.01	−29.03
乳糖	0.07	1021.19	0.03	670.25
零售婴幼儿食品	0.48	−48.10	1.28	−50.51
酪蛋白	0.05	17.86	0.05	34.75
白蛋白	0.10	1671.00	0.03	−27.38

注：1. 液体乳数据不包括发酵乳、稀奶油。

2. 乳粉数据不包括婴幼儿配方乳粉。

资料来源：海关总署。

我国乳制品出口主要是为中国香港和中国澳门地区提供产品，2022 年共向中国香港和中国澳门地区出口乳制品 3.50 万吨，同比下降 7.89%，占出口总量的 74.78%。

2022 年，我国乳制品进出口数量逆差 338.95 万吨，同比下降 16.45%，金额逆差 143.10 亿美元，同比增长 1.90%。

【d. 相关信息】

1. 乳制品质量稳定可靠

2022 年，市场监管部门食品安全监督抽检乳制品合格率 99.88%，婴幼儿配方食品合格率 99.98%，在所有监督抽检的 34 类食品中位于前列，产品质量稳定优秀，已成为我国高品质食品的标志性产品。

2.《乳制品行业绿色工厂评价要求》发布实施

2022 年 9 月 30 日，QB/T 5705–2022《乳制品行业绿色工厂评价要求》正式发布，该标准于 2023 年 4 月 1 日正式实施。该标准对乳制品绿色工厂的评价原则、评价指标体系、评价方法、评价程序和评价报告等做出了明确要求，针对基本要求、基础设施、管理体系、能源与资源投入、产品、环境排放、绩效等方面设定了详细的评分标准。

中国乳制品工业协会

2.10 营养与保健食品制造业

【a. 概况】

2022 年是新型冠状病毒性肺炎疫情暴发的第三年，企业依然受到疫情一定程度的影响。根据中国保健协会对 425 家保健食品生产企业进行抽样调查，2022 年新型冠状病毒性肺炎疫情对公司的保健食品业务是否有影响的结果可知（图 1），认为影响很大的企业占比为 26.87%，影响较大的企业占比为 32.40%，没有受到影响的企业仅为 8.76%，其中没有受到影响的企业占比较 2021 年有所增加。

【b. 行业运行情况】

进入“十四五”，保健食品行业发展速度较 2021 年略微增长。根据中国保健协会的调查分析，2021 年我国保健食品销售额为 5000 亿元，2022 年保健食品销售额为 5000 亿元，与 2021 年销售额基本持平。在中国保健协会抽样调查的 425 家保健食品生产经营企业中，规模达到 1000 万元以上的企业数量达到 70.52%，其中 1 亿元以上的企业数量达到 13.21%。被抽样调查的保健食品生产经营企业中，只生产或经营注册制保健食品的企业数量占比为 14.72%，只生产或经营备案制保健食品的企业数量占比为 35.43%，两者均生产或经营的企业数量占比为 49.85%。由此可知，从单一生产或经营某一种类型的保健食品企业数量来看，分析原因可能是由于 2021 年新增了五类保健食品原料目录种类，且疫情期间增强免疫力的产品需求增大，备案制保健食品较注册制保健食品的行政审批成本和企业市场准入成本有效降低，企业高质量发展的内生动力有效提升。

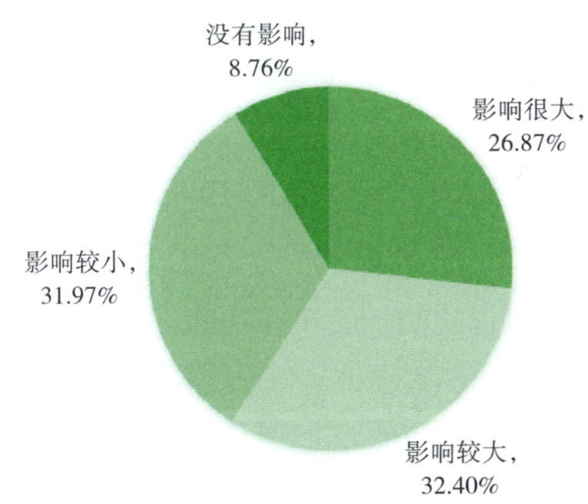

图 1 新型冠状病毒性肺炎疫情对保健食品企业的保健食品业务的影响程度

2022 年，国家对于保健食品的注册和备案工作也在稳步推进。据中国保健协会统计，2022 年保健食品注册产品总数为 341 件，归属 248 个主体（3 个为联合申报，未重复计入），包括新注册 / 延续注册 / 变更注册 / 技术转让，均为国产保健食品；备案产品总数为 3369 件，其中国产保健食品备案产品有 3361 件，进口保健食品备案产品有 8 件。

2022 年，国产注册保健食品方面，由于，国家市场监督管理总局食品审评中心以“待领取信息”和“邮寄详情单”形式公布的内容有限，且国家市场监督管理总局的特殊食品信息查询平台存在更新周期，本部分分析以国家市场监督管理总局特殊食品信息查询平台的 2022 年新注册的产品为依据。从图 2 可知，国产保健食品申报剂型种类繁多。但新批准的产品剂型仍然以传统的胶囊、片剂、口服液等剂型为主，其中胶囊剂型占比超过一半以上，达到 50.58%。

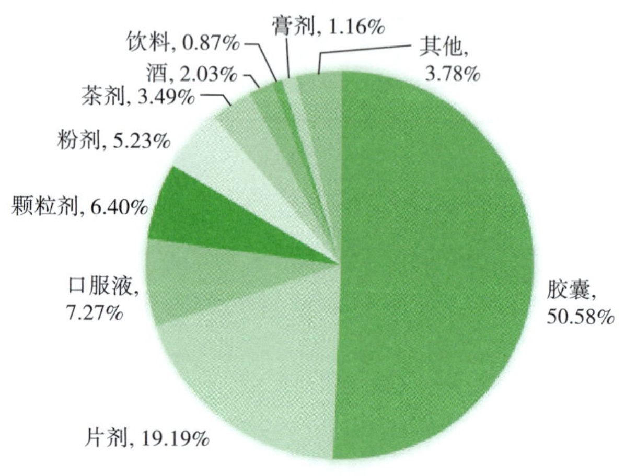

图 2　2022 年国产注册保健食品申报剂型

资料来源：国家市场监督管理总局。

2022 年，在申报的保健食品功能方面，大部分保健食品申报的为单一功能，有 23 件产品具有两种保健功能声称。根据国家相关规定，保健食品可申报的功能共 27 种，在 2022 年所申报的保健食品功能中，共有 18 种功能的产品进行了申报。其中，增强免疫力的产品申报数量最多，高达 200 件，占总申报数量的 59% 左右，辅助降血脂和缓解体力疲劳的保健功能申报数量紧随其后，分别为 45 件和 35 件，分别占比 13% 和 10%，两者数量较 2021 年比均有所增加，但与增强免疫力的产品占比相比仍相差较大。

2022 年进口注册保健食品方面，暂无进口保健食品获得批件，所以本部分暂不分析。

2022 年国产备案的保健食品方面，国产保健食品备案产品共 3088 件。从备案产品的种类来看，国产备案的保健食品可分为功能类产品和营养素补充剂的产品。功能类产品指的是以《辅酶 Q10 等五种保健食品原料目录》中的物料为原料的保健食品，共 1127 件，相对应的保健功能涉及增强免疫力、辅助降血脂、改善睡眠和抗氧化；营养素补充剂的产品共有 1961 件。从国产备案的功能类保健食品申报原料情况（图 3）可以看出，以破壁灵芝孢子粉为原料的产品最多，共 350 件，占功能类产品总数的 31%；其次为以辅酶 Q10 为原料的产品，共 289 件，占功能类产品总数的 26%；以螺旋藻为原料的产品备案数量最少，共44件，仅占功能类产品总数的4%。营养素补充剂的产品，按照补充营养素的种类数量，可分为补充单一营养素的产品、补充两种营养素的产品以及补充多种营养素的产品。从国产备案的营养素补充剂保健食品情况（图 4）可以看出，补充多种营养素的产品最多，共 736 件，达到营养素补充剂产品总数的 38%，其次为补充

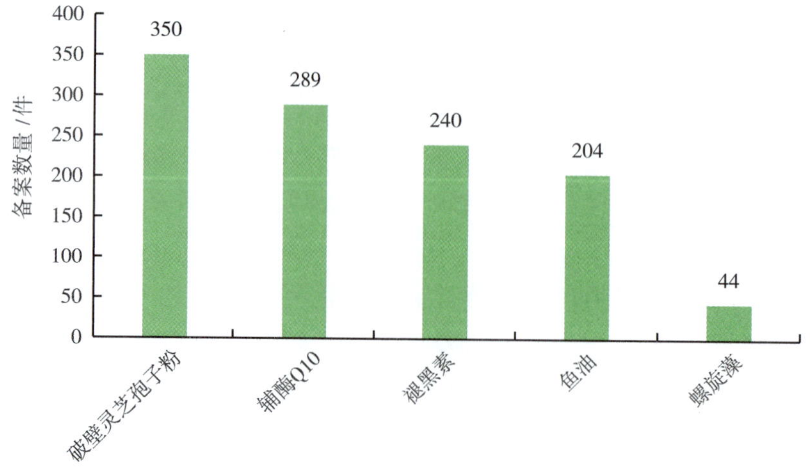

图 3　2022 年国产备案的功能类保健食品申报原料情况

注：以褪黑素为原料的产品统计，包含褪黑素 + 维生素 B6 的产品

单一营养素的产品，共728件，达到营养素补充剂产品总数的37%。从2022年单一营养素补充剂产品备案最热门的五种营养素统计情况（见图5）可以看出，在补充单一营养素的产品中，通过统计分析显示，补充维生素C的产品最多，共306件；其次是补充维生素E的产品和补充硒的产品，分别为74件和61件。从排名前十位的补充两种营养素的产品统计情况（见图6）可以看出，在补充两种营养素的产品中，以补充钙+维生素D的产品最多，共174件；其次为补充维生素A+维生素D的产品，共38件；补充维生素C+维生素E的产品排在第三位，共34件。

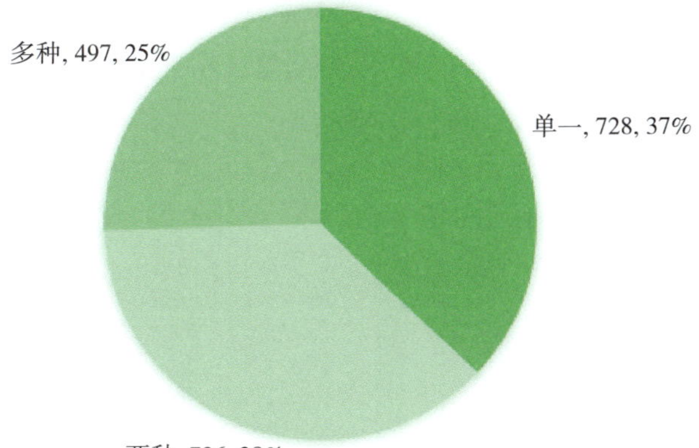

图4 2022年国产备案的营养素补充剂保健食品情况

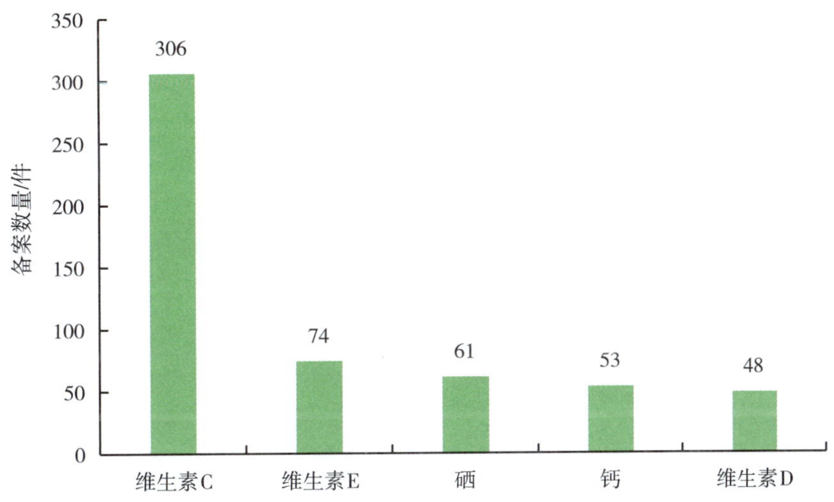

图5 2022年国产备案的保健食品中补充单一营养素产品排名前五的营养素种类

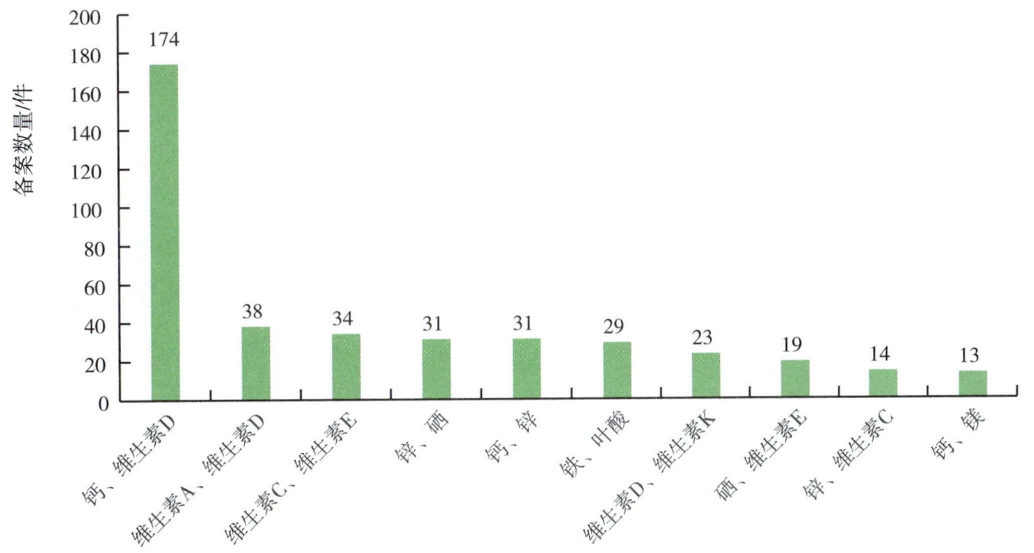

图6 2022年国产备案的保健食品中补充两种营养素产品排名前十的营养素种类

从所有国产备案的保健食品剂型申报情况（见图 7）可以看出，片剂产品最多，共 1442 件，占总数的 47%；其次是软胶囊产品，共 755 件，占总数的 24%；胶囊产品排在第三位，共 313 件，占总数的 10%。

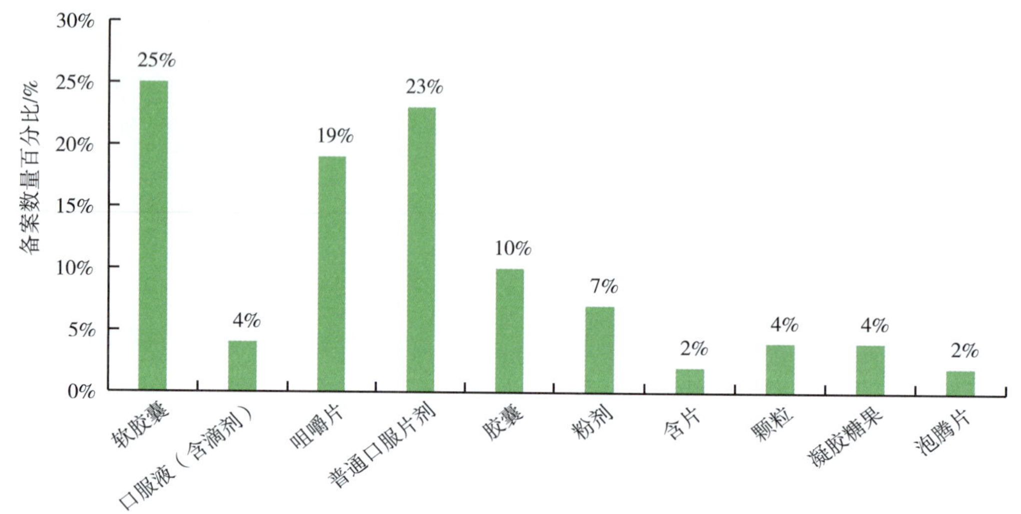

图 7　2022 年国产备案的保健食品剂型申报情况

进口备案的保健食品方面，2022 年，国家市场监督管理总局食品审评中心共发布了 8 件进口备案的保健食品信息，与历年进口备案的保健食品数量相比，2022 年的产品数量大幅下降。进口备案的保健食品分别来自 4 个国家，包括加拿大、美国、澳大利亚和韩国，其中加拿大最多（共 4 件产品），美国居于第二位（共 2 件产品）。进口备案的保健食品均属于营养素补充剂产品，备案剂型包括片剂、软胶囊和滴剂。其中，片剂的产品备案数量最多，共 6 件，占总量的 75%；软胶囊的备案产品数量和滴剂的备案产品数量各 1 件（见图 8）。

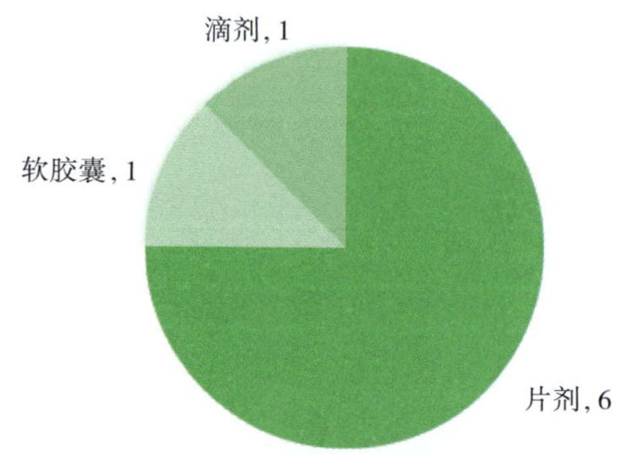

图 8　2022 年进口保健食品备案剂型申报情况

【c. 行业发展分析】

1. 研发投入

中国保健协会调查的 425 家保健食品企业，根据 2022 年度保健食品公司在研究与开发投入资金结果（图 9）可知，投资金额在 5000 万元以上的企业数量占 10.87%，投资金额在 3000 万～5000 万元的企业数量占 36.42%，投资金额在 1000 万～3000 万元的企业数量占到 22.13%，投资金额在 100 万～10000 万元的企业数量占到 15.78%，投资金额在 100 万元以下的企业数量占 9.21%，不确定的企业数量占 5.59%。其中，与 2021 年的研发投入力度类似，大部分公司在增强免疫力的注册制保健食品中投入的研发力度最大，其次为补充维生素矿物质类的备案制保健食品，此外还有一部分企业专注于减肥、增加骨密度等注册制保健食品的研发。综合来看，随着民众健康意识的提升，健康产业正面临着快速发展期，消费者会选择购买相关保健食品来提升免疫力。

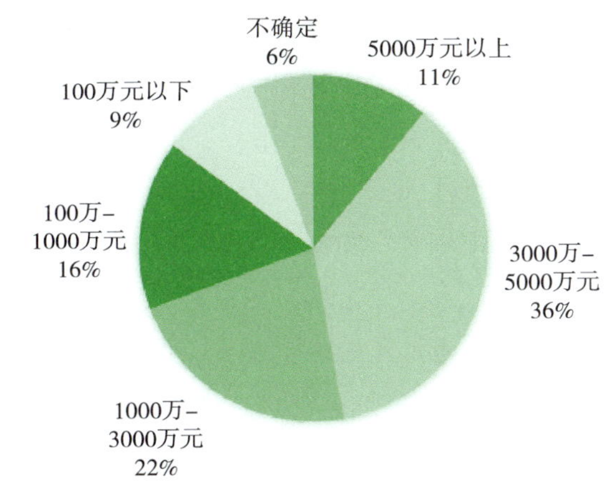

图 9 2022 年保健食品企业研究与开发（R&D）投入资金

2. 区域分布

从 2022 年国产保健食品注册（包括新注册 / 延续注册 / 变更注册 / 技术转让）的企业所在地看（图 10），保健食品各地区（省、自治区、直辖市）的注册主力军集中在东南沿海省份。各个省份中获得批件数最多的为北京市，共 63 件，占保健食品注册总量的 18%；广东省、山东省、浙江省、四川省分别有 39 件、30 件、27 件、20 件保健食品获得注册批准文号。

从 2022 年保健食品备案企业所在地看，备案产品的产地分别来自 29 个省份。其中，山东省以 745 件备案产品数量位居第一位，占国产备案产品总数的 24%；广东省以 498 件备案产品数量排名第二位，占国产备案产品总数的 16%；安徽省以 307 件备案产品数量排名第三，占国产备案产品总数的 10%。排名前十的省份的备案产品数量及占比分析见图 11 所示。

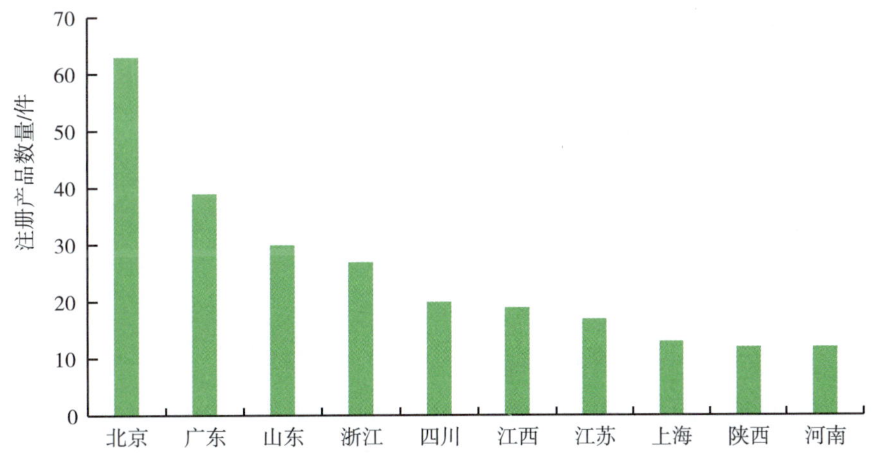

图 10 2022 年我国国产保健食品注册前十省份区域分布

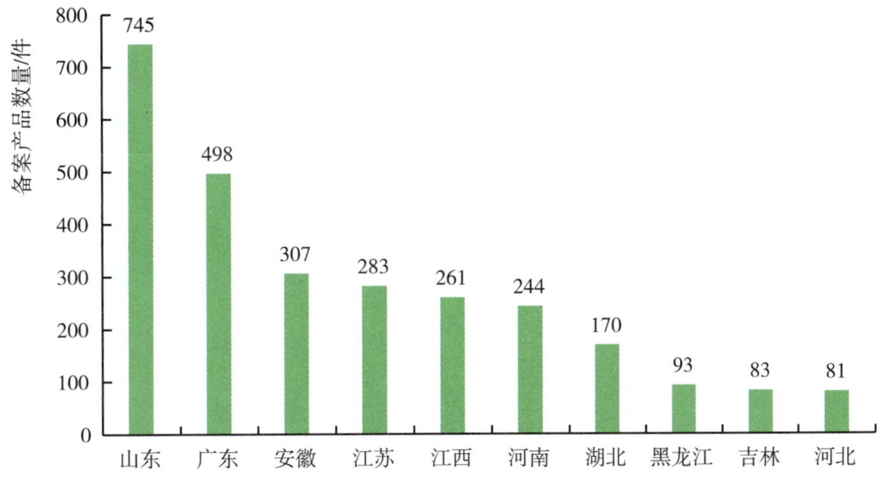

图 11 2022 年我国国产保健食品备案前十省份区域分布

3. 进出口

根据海关总署数据统计，2022年，我国营养保健食品进出口总额为91.26亿美元，进口金额和出口金额实现了逆势增长，其中，进口额为59.40亿美元，同比增长14.60%，出口额为31.86亿美元，同比增长21.87%。

（1）进口情况

我国当前是膳食营养补充剂主要消费国之一，进口金额呈现逐年增长趋势，2022年，进口金额达到了59.40亿美元，相比2008年增长了13倍。从进口市场看，美国、澳大利亚和德国、印度尼西亚和日本是前五大进口来源国，进口金额分别为12.28亿美元、8.24亿美元、5.77亿美元、4.49亿美元和3.10亿美元，市场集中度相对较高，前五大市场的市场份额占据了整个进口的半壁江山。其中美国占比21%，是全球最大的膳食补充剂市场，也是膳食补充剂渗透率最高的国家，发展较早，市场较为成熟，连续多年为我国膳食营养补充剂的第一大进口来源国，虽然中间三年被澳大利亚反超，但近几年强势回归，独占鳌头；澳大利亚进口来源的市场占比14%，澳大利亚凭借自然优势及产品优势，自2015年起发展迅速，2018年成为我国的第一大膳食营养补充剂来源国，并连续三年超越美国，占据进口优势地位，并涌现了一些目前在中国市场耳熟能详的品牌如Blackmores、Swisse、Life space等。

不同来源国的膳食营养补充剂各有优势，其中自美国进口的主要品类为维生素矿物质类、氨基葡萄糖类、蛋白粉类、膳食纤维及辅酶Q10类产品；从澳大利亚进口的主要品类为维生素矿物质类、氨基葡萄糖类、鱼油类、葡萄籽、乳铁蛋白类；印度尼西亚的主要品类为燕窝产品；日本的主要品类是酵素、胶原蛋白。

（2）出口情况

从出口市场看，2022年美国、中国香港及马来西亚为前三大出口市场，出口额分别为5.26亿美元、4.00亿美元和1.38亿美元，同比分别增长了20.17%、11.41%和91.97%，市场集中度较高，前十大市场占据了58%的市场。而我国对越南、印度尼西亚及澳大利亚的出口额有较大的增长，分别增长了101.81%、77.99%和48.34%。从数量看，出口缅甸的数量最多，其次为美国和菲律宾。

4. 基本监管情况

（1）相关法规标准

2022年，国家相关部门共发布了9项保健食品相关的征求意见稿（见表1）。

2022年1月13日，国家市场监督管理总局发布了《关于公开征求<关于发布允许保健食品声称的保健功能目录 非营养素补充剂（2022年版）及配套文件的公告（征求意见稿）>意见的公告》。公告包括《允许保健食品声称的保健功能目录 非营养素补充剂（2022年版）》、配套解读，以及配套的《保健食品功能检验与评价技术指导原则（2022年版）》《保健食品功能检验与评价技术指导原则（2022年版）》《保健食品功能检验与评价方法（2022年版）》《保健食品人群试食试验伦理审查工作指导原则（2022年版）》《保健功能释义（2022年版）》，为保健食品制定了一套明晰的概念声称体系和遵照标准，有利于市场规范和消费者教育。

表1 国家食品监管部门发布的保健食品相关法规征求意见稿

法规名称	发布机构	发布日期	失效日期
《允许保健食品声称的保健功能目录 非营养素补充剂（2022年版）（征求意见稿）》	国家市场监督管理总局	2022-01-12	2022-02-12
《保健食品功能检验与评价技术指导原则（2022年版）（征求意见稿）》	国家市场监督管理总局	2022-01-12	2022-02-12
《保健食品人群试食试验伦理审查工作指导原则（2022年版）（征求意见稿）》	国家市场监督管理总局	2022-01-12	2022-02-12

续表

法规名称	发布机构	发布日期	失效日期
《保健食品功能检验与评价方法（2022 年版）（征求意见稿）》	国家市场监督管理总局	2022-01-12	2022-02-12
《保健功能释义（2022 年版）（征求意见稿）》	国家市场监督管理总局	2022-01-12	2022-02-12
关于加强保健食品标志管理的公告（征求意见稿）	国家市场监督管理总局	2022-03-21	2022-04-21
关于征集番茄红素等保健食品原料技术资料的通知	中国营养学会	2022-06-22	2022-07-15
保健食品新功能技术评价实施细则（试行）（征求意见稿）	国家市场监督管理总局	2022-08-02	2022-09-01
关于公开征求人参等三种保健食品原料目录（征求意见稿）意见的公告	国家市场监督管理总局	2022-10-25	2022-11-25

（2）国家食品监管机构监管执行情况

根据国家市场监督管理总局以及各省、市市场监督管理局官方网站公开发布的 2022 年度保健食品抽检不合格信息，共搜集到 31 批次保健食品不合格信息。

按照不同功能类别对保健食品不合格信息进行对比分析，对功能类别统计，一共涉及 9 类保健功能宣称，分别是补充维生素矿物质类、增强免疫力类、缓解体力疲劳类、增加骨密度类、通便类、辅助降血糖类、辅助降血脂类、对辐射危害有辅助保护功能类、提高缺氧耐受力类。其中，补充多种维生素和矿物质功能类别的不合格保健食品数量最多，占比 51.52%。该类别中宣称单个维生素或单个矿物质的保健功能产品仅有 3 款，其余 14 款均为复合维生素、多种矿物质或者维生素和矿物质复配的产品。另外，增强免疫力类、缓解体力疲劳类保健食品的不合格占比依次为 18.18%、12.12%，两个类别总占比为 30.3%。

按照不合格项目对保健食品不合格信息进行分析，功效成分、理化指标、微生物指标的不合格项目数量占比显著高于污染物、标签标识、非法添加 3 类不合格项目，分别为 35.48%（11 款）、25.81%（8 款）、22.58%（7 款）。

总体来说，保健食品抽检依然存在少数不合格的情况，多数不合格原因集中反映在理化指标及微生物超标、功效成分不达标上。另外，在抽检数据分析中发现，存在个别企业为了谋取经济利益，达到快速见效的效果而违法添加的行为。

【d. 行业面临的问题】

1. 市场状况

国民健康在经济社会发展中居于优先地位，食品营养与健康产业对实施健康中国战略具有重大作用。当前，我国食品工业的发展已取得了长足进步，但随着生活方式、饮食营养、个性化营养健康食品消费等方面的变化，对营养健康食品提出了新的需求。2022 年是新型冠状病毒性肺炎疫情的第三年，随着疫情的持续影响，国民对于自身身体素质的提升非常迫切，对于营养保健食品的需求越来越大，在此背景下，对于保健食品企业来说依然是机遇也是挑战。为确保保健食品行业能够健康有序发展，目前亟待解决一些行业内存在的共性问题。

2. 生产经营中存在的问题

（1）保健食品欺诈和虚假宣传依然存在

目前，市场上依然存在保健食品欺诈和虚假宣传的现象，尤其存在“一二线城市向三四线城市转移”“老年群体向年轻群体转移”的趋势，不良商家通过会销、网销、登门、微课堂等手段大肆进行虚假宣传，将保健食品吹嘘成神药欺诈消费者导致部分患病老年群体误信后擅自停药，把保健食品当药吃，对消费者的身心健康造成极大的危害。

（2）功效成分、理化指标、微生物指标不符合要求

根据 2022 年的抽检情况来看，现阶段保健

食品中污染物、标签标识、非法添加的现象已逐渐减少，反而功效成分、理化指标和卫生指标仍存在不符合要求的现象。长期服用此类不符合要求的产品将会严重损害消费者身体健康，也会让消费者对保健食品行业失去信心。

（3）“抑制肿瘤”等旧批文注册的保健食品仍在售卖

原卫生部时期批准的无有效期、无产品技术要求的保健食品旧批文，如批准的抑制肿瘤、辅助抑制肿瘤、抗突变、延缓衰老等保健功能涉及疾病预防治疗和“神药”，已不再符合现行食品安全法和保健功能定位，但是现阶段尚未清理换证，目前市面上仍然存在销售行为，有潜在的风险。

【e. 发展趋势】

1. 高质量的保健食品将迎来发展机遇期

随着中国消费者健康保健意识的提升，保健食品的消费越来越普遍，逐渐呈现出一种刚需性。同时随着世界营养健康产业的融合发展，有越来越多的新原料、新功能、新技术、新产品不断涌现，保健食品也亟须开上高质量发展的快车道，保健品市场的消费潜力将逐步得到释放，新原料、新功能等高质量的保健食品迎来快速发展机遇期。

2. “保健食品注册备案双轨制”将持续发展

保健食品注册备案双轨制实施以来，对我国保健食品行业的各个环节和参与方都产生了一定积极的影响，相较于注册制时期，备案制更加注重备案材料的真实性、完整性和可追溯性，进一步促进了“放管服”改革，使得“公开申请，公开论证，公开结果”的程序更加正规，充分发挥社会资源科研优势，提高原料和功能评价方法的科学性，一定程度上解决了此前政府主导而科技力量不足的问题，解决了“重前置审批，轻后市监管”的问题，促进了保健食品行业不断规范发展。

3. 年轻人养生保健“新常态”

年轻消费群体的消费行为与习惯，值得业界深入研究。虽然目前的市场份额占比当前不是最高，但近年来增速迅猛，俨然已成为“新常态”，而且在很大程度上代表着未来最有可能的消费趋势。年轻一代随着经济状况的改善和对健康的逐渐重视，对于保健食品的日常消费频次上升，购买行为不再集中于某特定时间的促销阶段，且个性化、精准化的顾问式的营养健康服务，将越来越受到年轻人的青睐。

【f. 政策建议】

1. 持续加强对保健食品的监管力度

建议施行黑名单管理制度，开展定期监控与抽检工作，加大检查力度、增加检查频次。对当前市售增长迅速的增强免疫力、减肥等产品集中排查，并针对旧的批文清理换证，严厉打击保健食品夸大宣传，与其他不法广告行为，提高违法犯罪成本与惩治力度，净化市场行为，重塑行业形象。

2. 强化企业主体责任

强化并落实食品安全主体责任监督，作为第一责任主体的生产经营企业在加大科研投入，实现高质量发展的同时，更要不断完善产品质量控制与管理体系，持续向社会和消费者提供优质、高效能、合法合规的产品。建议企业应在内部建立合规与广告审核部门，严格实施出厂前合规审查机制。

3. 加快进行《保健食品标识规定》修订

保健食品属于特殊食品，对其标签标识要求的《保健食品标识规定》（卫生监发［1996］第38号）距今已有多年，应当尽快进行修订，虽然后续陆续出台了多项对标签标识的其他通知要求，但企业和监管部门在查找和应用方面还存在混乱，建议出台最新对保健食品的标签标识要求，对其进行整合并统一明确，更有利于企业的执行。

中国保健协会

2.11 罐头食品制造业

【a. 概况】

罐头食品制造业是我国传统食品产业，一直以来在供应内需、出口创汇、服务“三农”、满足健康消费、稳定扩大就业等方面发挥着举足轻重的作用，发展罐头食品产业，对巩固脱贫攻坚成果，促进农业农村提质增效和农民增收，满足人民对美好生活的期待，具有现实意义和深远影响。2022 年，在世界格局加速演变、地缘政治紧张、局部战争升级、全球通胀升温等复杂多变的外部环境下，世界多国货币政策随着美元加息的幅度持续较快收紧，造成全球经济增速逐步趋缓。受多种因素影响，国内消费对经济增长的贡献出现波动，居民消费倾向减弱，线下消费尤其是餐饮行业呈下滑趋势；全球通胀、劳工短缺等因素加大了罐头产业生产成本的上升趋势。虽然如此，但我国仍然保持经济社会稳定，罐头产业在此上坚持高质量发展，深耕传统领域，创新预制菜、半成品等深加工制品领域，不断优化产业结构，提高产品质量。

2022 年，我国规模以上 657 家罐头企业累计完成产量 794.03 万吨，同比下降 4.53%，行业营业收入 1184.7 亿元，同比基本持平，

利润总额 73.35 亿元，同比增长约 13.23%。

【b. 行业发展分析】

1. 价格

2022 年，在成本方面受到疫情散发、个别地区天气等多重超预期因素冲击，加之天气恶劣、原材料种植面积减少等影响，罐头加工用洋梨、黄桃、柑橘和番茄均出现减产，水产品进口困难，导致部分原料价格上涨现象较为明显。地缘政治局势动荡，世界经济下行风险加大，多国通货膨胀现象严重，导致国外罐头需求维持高位，全年出口量同比增长 11.77%，出口额同比增长 22.15%，罐头出口累计平均价格同比上涨 9.28%，为 2205.28 美元 / 吨（图 1）。

2. 市场

我国罐头分国内、国外两个市场。在国外市场，我国作为国际上最大的罐头生产和贸易国，产品在国际上具有重要地位。2022 年，蔓延全球的新冠肺炎疫情有了一定程度的缓解，但出口市场需求持续增加，成本的上升使得平均价格有所上涨，出口额大幅上涨。在国内市场，由于持续的新冠肺炎疫情，原材料的种植采摘养殖，企业的生产运输销售等都受到了阻碍，产量和销量均受到了影响，但同时也受益于新冠肺炎疫情，罐头食品尤其是预制菜肴类罐头逐渐进入新零售市场。

3. 投资

2022 年，全国规模以上罐头食品制造企业资产总计 800.75 亿元，同比增长 3.53%，负债合计 443.03 亿元，同比增长 5.90%，资产负债率为 55.33%，行业流动资产合计为 473.54 亿元，同比增长 0.70%。

4. 区域分布

我国罐头行业区域集中度较高，2022 年，

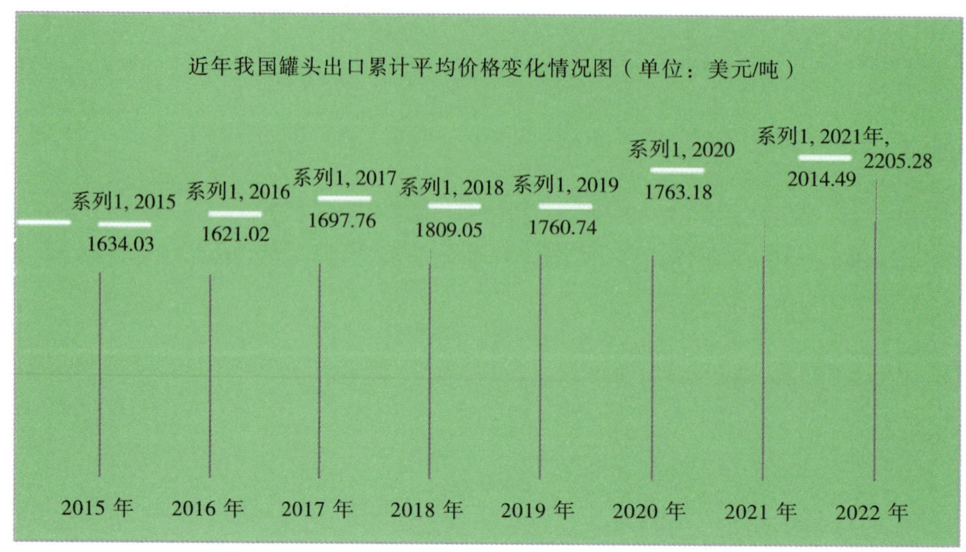

图 1　2015–2022 年我国罐头出口累计平均价格变化情况图

资料来源：海关总署

福建省罐头产量近 245.58 万吨，占全国罐头总产量的 30.93%，成为全国罐头产量最高的地区，依次为湖南、新疆、湖北、浙江和山东。

由于，罐头产品的主要原料在未经加工时不便于贮存、运输，因此我国罐头企业分布主要与当地原料及市场优势有关，2022 年，总体较以往变化不大。例如，我国水产品类罐头的产区以福建、山东、辽宁、广东等沿海地区为主产区；柑橘罐头以浙江、湖北、安徽等地为主产区；肉类罐头以四川、福建为主产区；黄、白桃罐头以山东、浙江和安徽为主产区；蘑菇、芦笋罐头以福建、山东、河南、云南为主产区；番茄酱以新疆、内蒙古、甘肃为主产区；竹笋罐头以浙江、福建、江西、广东为主产区；粥类罐头主产区是浙江、福建和河北等地（图 2）。

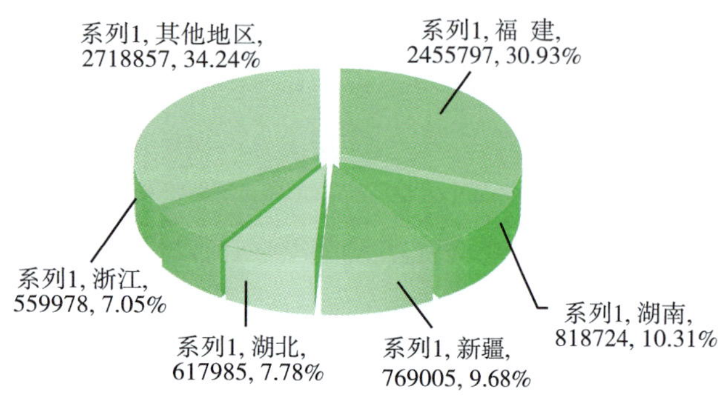

图 2　2022 年我国罐头行业产量地区分布

5. 行业集中度

2022 年，延续前几年的发展趋势，行业集中度持续提升，规模以上企业同比下降 8 家，规模以上企业累计年均营业收入近 2 亿元，利润同比上涨近 13%。我国罐头行业总体以中小企业居多，进入门槛相对较低，行业集中度并不高，易出现产能过剩，低价竞争的局面。同时，该行业受加工原料供应、产品季产年销、库存压力以及人工劳动力的制约，难以形成较高规模效益。近年来，政策引导企业转型升级，淘汰落后产能，且由于某些品种的产能过剩现象较为明显，兼并和重组的现象较多，行业集中度在逐年提高。

6. 进出口

（1）**出口**

海关总署数据显示，2022 年，我国罐头出口总量为 312.17 万吨，同比增长 11.77%，出口总金额为 68.84 亿美元，同比增长 22.14%。

2022 年，国外逐渐放松疫情管控措施，海运费大幅下降，全球贸易渐趋稳定。需求依然旺盛，出口量增加，但原材料成本上涨，世界经济逐步进入通货膨胀阶段，罐头产品出口价格上涨。

（2）**进口**

2022 年，我国进口罐头产品总量为 14.13 万吨，同比下降 12.00%，进口额为 3.78 亿美元，同比下降 3.25%。2022 年，我国进口罐头产品累计平均价格为 2673.73 美元/吨，同比上涨 9.94%。

7. 重点行业概况

罐头产品按原料分为肉禽类罐头、水产类罐头、果蔬类罐头和其他类罐头，其他类罐头主要包括粥类、汤类、调味类以及婴幼儿辅食类等罐头产品。

（1）粥类罐头

粥类罐头是我国罐头品种中总量最大的单品，且行业集中度较高。根据国民饮食习惯，产品基本全部内销。企业在食品科学、智能制造和质量安全上的不断投入，使得企业生产技术进步显著，粥类罐头生产线的自动化和智能化程度高，不受季节限制，产量较大，规模效益明显。在健康餐饮新风向的趋势和疫情囤粮的需求下，粥类罐头开拓创新，选择小众但健康营养的原材料如藜麦等来研发新产品，市场产品多样化较为突出。随着人们生活水平的提高，对于方便、快捷、健康的食品需求也越来越高，粥类罐头正好满足了这一需求。

（2）番茄酱罐头

美国、意大利和中国是世界上最主要的番茄酱罐头生产国。根据世界番茄加工委员会（WPTC）数据显示，2022 年，全球共加工约 3718 万吨番茄原料制作番茄酱罐头，同比下降 5.1%，其中，中国总加工量是 620 万吨，其中北疆 368 万吨，南疆 136 万吨，甘肃 6 万吨，内蒙古 110 万吨，占全球加工量的 16.7%，同比增长 29%。受番茄成本、生产制造成本以及国外价格上涨的影响，番茄酱价格继续上涨。

在市场方面，我国番茄酱罐头依然以国际市场为主，据海关总署数据显示，2022 年，全年出口番茄酱罐头产品共计 94.92 万吨，同比增长 24.02%，出口额 8.95 亿美元，同比增长 46.25%。其中，大桶番茄酱（＞ 5kg）出口量为 66.39 万吨，同比增长 29.82%，累计平均单价 943.80 美元/吨，同比上涨 20.54%；小包装番茄酱（≤ 5kg）出口量 28.53 万吨，同比增长 12.34%，累计平均单价 941.70 美元 / 吨，同比上涨 12.96%。

国内番茄制品消费稳步增长，年消费量相当于散装番茄酱 15 万至 18 万吨。国内食品行业创新迭出，除了传统的番茄酱外其他番茄制品消费量都有所增加，番茄火锅、番茄酸汤、番茄丁、番茄饮料、中式比萨等一系列中式番茄食品和餐饮发展迅速，各大厂商都在积极布局国内市场。

（3）桃罐头

我国桃罐头加工用原料及生产企业主要集中在安徽砀山、山东临沂、辽宁大连和河北保定等地。2022 年，桃收购价同比有所上涨，原料价格上涨，叠加糖价格、能源价格和人工价格的上浮，导致桃罐头出厂价格有所增加。由于桃罐头市场一直存在供给不足的情况，产量近年来年年递增。在市场方面，我国桃罐头近四分之一用于出口。从国际市场看，我国桃罐头加工竞争对手主要是希腊、西班牙、南非等国家。2022 年，我国桃罐头出口 16.42 万吨，同比增长 19.50%，出口额 2.22 亿美元，同比增长 32.58%，累计平均价格为 1353.48 美元 / 吨，同比增长 10.95%。2022 年，国内市场的售价同比高，产能大，市场不能消化。但因年底受疫情影响，桃罐头掀起了一阵消费热潮，国内市场将桃罐头库存抢购一空。

（4）柑橘罐头

我国是世界上主要的柑橘罐头生产国和出口国，国际市场占有率一直保持在 70% 以上。柑橘罐头近年来国内市场发展较好，销售规模稳中有升。企业一直重视柑橘罐头的连续化、机械化生产，有助于控制产品生产成本，保证了企业效益。在产品方面，柑橘罐头产品在包装、口感方面不断改善，在稳定既有消费群体的条件下，努力开发新品及扩展新的消费群体。

2022 年我国柑橘罐头出口量为 27.54 万吨，同比增长 5.14%，出口额为 3.77 亿美元，同比增长 23.15%，累计平均价格 1370.15 美元 / 吨，同比增长 17.14%。

（5）食用菌罐头

我国食用菌罐头主要包括双孢菇、香菇、草菇、平菇、金针菇、牛肝菌等罐头产品，其中双孢菇罐头产量最高。食用菌罐头生产主要集中在河南、福建、山东等省份。2022 年，我国食用菌及制品累计出口 29.92 万吨，同比增长 24.84%；出口额为 16.56 亿美元，同比增长 55.71%。出口市场方面，2022 年，我国食用菌及制品出口额排名前十的国家 / 地区分别为中国香港、越南、泰国、马来西亚、日本、韩国、俄罗斯、美国、意大利、缅甸，合计占我国该产品出口额的 80.12%。我国食用菌罐头企业在部分国际市场由于受到反倾销、贸易壁垒及同行恶意竞争的影响，国际市场拓展困难重重，但国内市场随着餐饮对食用菌罐头的需求增加，市场看好。

（6）猪肉类罐头

2022 年，我国猪肉类罐头以午餐肉、清蒸猪肉等罐头为主，以供应餐饮业为主，部分进行零售。2022 年我国生猪产业出现了前端出栏增多、价格下降，后端消费偏弱，旺季不旺的涨跌波动剧烈现象，充足的供给导致猪肉价格同比下降。随着生猪养殖企业持续去产能化，产能回归平衡，叠加后期消费复苏、下半年需求季节性好转等因素，行业盈利空间将得到逐步修复。自 2019 年起，个别国家以我国为非洲猪瘟疫区为由，禁止进口我国猪肉类罐头，对产品出口造成一定影响，目前尚未修复。2022 年我国共出口猪肉类罐头 2.37 万吨，同比微涨 0.4%，出口额为 0.90 亿美元，同比下降 3.11%，产品累计平均价格为 3815.31 美元 / 吨，同比下降 3.49%。我国猪肉类罐头出口以东南亚国家和中国香港地区为主。经过三年疫情，猪肉类罐头作为民众居家囤积保障食物之一，逐渐形成消费习惯，带动猪肉类罐头零售市场向上发展。

（7）金枪鱼类罐头

2022 年，金枪鱼罐头国际市场需求依然供不应求，但由于疫情防控，我国大量金枪鱼原料仍无法进口，其他金枪鱼罐头生产国家受疫情影响，加工能力降低，而我国远洋捕捞能力有限，人力成本上升，人员严重短缺，捕捞量不能满足国内金枪鱼罐头加工企业对原料的需求，导致产品产量下降，原有订单也存在流失现象。2022 年我国金枪鱼罐头（含金枪鱼鱼柳）共出口 13.06 万吨，同比下降 3.45%，出口额为 7.89 亿美元，同比增长 12.37%，产品累计平均价格为 6037.41 美元 / 吨，同比增长 16.39%。由于近年来部分国内消费者注重高蛋白及干净肉类饮食，对金枪鱼类罐头的营养成分逐渐重视，产品在国内消费中增长较快。

（8）鲭鱼类罐头

2022 年，我国鲭鱼罐头出口量 9.08 万吨，同比下降 10.15%，出口额为 2.19 亿美元，同比下降 12.67%，产品累计平均价格为 2410.92 美元 / 吨，同比下降 2.80%。2022 年南美部分国家对我国出口鲭鱼罐头设置贸易壁垒的影响尚未消除。

（9）宠物罐头

2022 年，宠物罐头仍保持了增长态势，逆周期属性凸显。从出口方面来讲，自 2019 年 1 月 1 日起美国开始对从中国进口的宠物食品加征 25% 的关税，使得当年宠物食品出口美国市场规模有所回落，进而致使宠物食品出口规模增速下降，即使是 2022 年影响也尚未消除。在欧洲市场方面，随着对中国宠物食品的认可度逐渐提高，出口量也逐渐提升。随着国际航运效率和经济状况逐渐恢复，出口业务效率恢复至正常水平，为降低前期航运效率造成的库存压力，海外客户纷纷实施了压缩库存策略，受此影响，宠物食品出口订单从 9 月份开始出现下滑，海外业务承压。2022 年我国宠物罐头出口量为 2.59 万吨，同比上涨 27.56%，出口额为 5.03 亿美元，同比上涨 34.65%，产品累计平均价格为 1944.59 美元 / 吨，同比上涨 5.56%。

8.“三品”战略实施情况

2022年罐头企业持续践行“三品”专项行动，积极取得一定成果。

（1）增品种

2022年，罐头行业企业立足国内外市场消费需求，深入分析，积极开发新产品。从市场需求出发，积极满足消费者各项需求。

（2）提品质

2022年，罐头行业努力提升产品品质，促进行业高质量发展。从源头把握原料质量，同时提高机械化程度，提升产品品质。

（3）创品牌

2022年，罐头行业企业积极从各个方面发力，提升企业品牌价值。借助疫情影响，化危机为转机，在困境中开新局，突出体现罐头食品便于储存的特性，借助直播等手段，打造企业品牌。

9. 绿色制造、智能制造

2022年，能源、人工成本等方面成本上涨仍较为明显，人工短缺问题较为严重，罐头行业对节能等方面愈加重视，进行转型升级，加大绿色制造、智能制造推进力度，优化加工工艺、杀菌工艺等，积极响应绿色可持续发展，打造环境友好型加工行业。

比如因人工成本过高、人才短缺等问题，罐头行业普遍都在寻求用数控、自动化系统替代人工，不仅符合绿色制造的理念要求，而且也迎合了智能制造的大势所趋。有部分空罐企业的智能化改造涵盖了采购、生产、检验、销售、财务和仓储等各个环节，比如在产品检验环节，“智改”后，产品一次合格率由之前的82%提升至99%，按日均生产180万个三片罐计算，一年可节约返工费用近20万元。此外，在生产环节，机械手臂大量应用分布在制罐生产线上，服务成品制造工序前段环节，也是企业智能化进程的重要一步。

10. 包装与装备

（1）包装

罐头产品由于其独特的杀菌工艺，对产品包装要求较高，包装材料的升级也体现着罐头行业的进步。当前罐头产品包装主要分为硬（马口铁、玻璃、铝等）和软（高阻隔塑料、铝箔、纸塑铝复合等）两种包装形式。2022年罐头行业在金属包装方面延续以往节能的材料减薄趋势，同时覆膜铁材料以美观、不生锈的特点受到部分企业青睐而改进包装。易撕盖塑料包装在宠物类罐头和水产类罐头方面应用数量逐渐提升。高阻隔塑料受限于原材料EVOH的产量和进口量，产品十分紧缺，价格涨幅较大，短期内难以改变上涨趋势。纸塑铝复合因材料较新颖，成本较高，虽符合环保可回收要求，但需求量仍较少。

（3）装备

罐头装备主要包括空罐、实罐和包装设备三大部分，始终伴随罐头产业发展和进步，发挥着举足轻重的作用。近年国内自主研发成功的定量灌装机解决了肉类及果蔬小块类的灌装问题，可保证产量速度和产品品质。

11. 发展新亮点、新增长点

2022年，罐头行业不少大品牌推出了预制菜肴类罐头的创新产品，配合节庆或联名合作销售，彼此赋能加大增量市场，同时集中线上渠道资源，并充分利用品牌官方公众号、官方旗舰店等平台进行广泛宣传；同时也抓紧抓好线下渠道，参加展会，加深与终端各渠道的联系，抓住预制菜产业发展机遇。近年来部分企业借助成熟的罐头工艺，与传统食品相结合，使部分传统中国菜肴工业化，带动菜肴类罐头产品更加多样化。

我国宠物消费以宠物食品为主，宠物用品、医疗、服务为辅的多元化宠物市场生态已初现雏形，且呈现出快速增长的趋势。2022年宠物食品占整体消费支出的比例在50%以上，宠物食品中又可继续细分出宠物主粮、零食、营养品等，其中宠物主粮为食品类目下占比最高的消费板块。宠物类罐头单价高，有营养，配方多，深受消费者喜爱。

【c. 面临的问题分析】

1. 原材料成本涨幅较大

2022 年以来，由于受原料减产、疫情等各种因素影响，导致果蔬罐头生产成本持续上涨。主要品种如黄桃、柑橘、番茄均出现原料价格上扬的现象。尤其加工用的番茄价格比近三年的平均价格高出 21%，另外，各果蔬罐头厂商还面临包材、辅材及能源等成本的上涨。针对成本上涨不利因素，企业纷纷提高销售价格，来应对产品成本的上涨。

2. 原料供应链薄弱，企业盲目生产争抢原料现象较为突出

2022 年，罐头加工用果蔬原料如黄桃、柑橘、番茄等受天气灾害或农户种植积极性下降等因素影响，不同程度出现原料减产的现象，在采购原料期间部分企业盲目采购，争抢原料引起市场恐慌，供应量供需混乱，导致原料价格攀升，给生产企业带来了不必要的损失。黄桃罐头经过 2022 年底消费者“疯抢”后，2023 年原材料价格是否存在上涨问题，企业是否会存在库存挤压问题，目前预测概率较大。

3. 生产技术亟待进步

能源、人力成本上涨速度快，招工困难，容易导致企业产出速度有所下降，产品成本上升。但品种研发难，技术研发和人才培养等需长期大量的投入，产品开发和创新需要经过一定的研发周期和测试周期，受限于标准，产品创新难以实现差异化。

4. 市场把握不足

市场营销难度大，企业需要花费大量的资金和人力物力去进行广告投放、营销推广等活动，能否成为爆点是概率性事件，营销成本相对较高。消费者需求日益多样化且市场细分程度也逐渐提高，但企业对消费者定位不明晰，包装、口味难跟上快速变化的需求，面临着寻找精准目标用户的困难，导致营销难度加大。

【d. 发展趋势】

1. 行业集中度将持续提升

随着生产成本持续上涨，国内环保等诸多政策的实施，以及市场优胜劣汰激烈竞争下，罐头行业不具备竞争力的中小企业在今后将逐步被市场所淘汰，行业集中度将持续提升，逐渐形成规模化生产的格局。

2. 国内罐头消费观念兴起

在疫情影响下，受居家囤积食物消费需求影响，罐头食品重新进入消费者的视野。未来居民家中为应对不可预见的突发情况会增加罐头产品的囤积。随着人们对健康饮食的重视，罐头食品行业本身的特点决定了更容易转型成为健康食品的主力军之一。

3. 国内市场更为活跃

国内市场在今后将成为我国罐头企业发展重点。随着国内消费水平提高，企业愈加重视国内市场的开拓。罐头食品企业为扩大市场，将加强产品研发和创新，推出更具差异化、创新性和个性化的产品，提高产品质量和品牌影响力，以满足消费者的需求。利用电商渠道的发展和普及，罐头食品企业开始借助电商平台进行销售和推广，提高销售渠道和销售效率。

【e. 政策建议】

1. 支持罐头企业转型升级和绿色生产

引导企业加强对食品行业人才培养的支持，培养专业技术人才和管理人才，同时引进国外专业人才来提升食品行业的发展水平，以达到提高技术研发和供应链管理水平的目的。罐头食品企业采用智能制造技术，推动原料种植 / 采购、生产和销售的数字化、智能化和信息化，以提高生产效率、产品质量和营销转化率，降低生产成本，提高净利润。鼓励企业采用环保型生产工艺和材料，推动食品行业的绿色生产和可持续发展。

2. 促进特色产业区协同发展

鼓励特色产业区罐头实罐企业和设备企业间的合作和协同，促进罐头食品产业链的协同发展，推动罐头行业的整体提升。倡议当地政府制定税收政策、财政补贴等措施，以支持当地罐头企业的发展，提高罐头企业的竞争力。

中国罐头工业协会

2.12 调味品行业

【a. 概况】

在当今经济环境复杂性、严峻性、不确定性上升的大背景下，保障民生消费已经成为稳定社会经济、促进企业发展的重要抓手。调味品作为关键的刚需消费品，既直接关系到人民生活质量水平，也在消费产业和地方经济中发挥着举足轻重的作用。

2022 年，调味品行业经历多重考验。企业原材料成本上涨，毛利大幅承压；中国人口总量提前到达负增长拐点，依靠人口驱动的量式增长已不可持续；同时，短期内行业依然面临供过于求、产能过剩与产品同质化等诸多压力，行业结构性升级、挖掘新需求与探索新增长路径已迫在眉睫。

然而在复杂严峻的外部环境下，调味品企业顺应市场变化，不断进行产品研发推陈出新，快速调整销售体系以适应市场变化，行业呈现出“整体发展平稳，大企业引领，各细分领域与各品牌之间出现一定的差异和分化”的发展态势。

【b. 消费环境】

2022 年是不平凡的一年，全球经济开启疫后重建与复苏之路，然而不同国家和区域的复苏阶段与节奏存在差异。欧美主要经济体通胀高企，而中国处在疫后修复期，GDP 增速稳定、通胀水平温和。尽管如此，目前的经济仍面临需求不足、消费疲弱的压力，未来一段时间内仍需政策进一步稳定预期、提振信心。

从中国的人口数据变化看，一个确定性的事实就是：中国人口已提前来到负增长拐点。延续多年的人口红利难以为继，同时城镇人口增速开始下滑。尽管和日本这样的成熟市场相比，中国的城镇化水平还有进一步提升空间，但城镇人口增长已进入慢速通道。

从国内居民的收入角度看，居民人均可支配收入在过去 10 年间翻了一倍，这意味着居民的消费能力已实现了质的提升。按照统计局对全国居民按收入五等份分组的拆分来看，从低收入组家庭到高收入组家庭，人均可支配收入相比过去均有近似同步的增长，但收入的绝对值差距较为明显，反映出消费群体的收入分级现象。无论是新型城镇化在取得重大进展后已进入中后发展期，还是分组的居民可支配收入绝对值差距扩大，这些现象都提示我们，企业针对不同消费人群和根据不同产品性质，在营销策略、品牌定位等多方面需采取差异化或分级化策略。

从国内实际消费情况来看，过去 3 年由于受到疫情影响，整体消费较为疲弱。社会消费品零售总额表现出波动性，尤其是餐饮业。受到外出就餐急剧减少的影响，餐饮业零售总额同比增速出现较大幅振荡。在疫后复苏时期，我们观察到一定程度的谨慎化消费趋势。少消费，甚至对部分可选品不消费，一方面使得居民的存款总额在过去两年中快速增长，另一方面也令消费品行业承压、令相关企业生存压力加剧。目前稳定预期、

劉伶醉酒

任何单一荣誉 都不能完整代表刘伶醉

中华老字号　中国非物质文化遗产　全国重点文物保护单位　国家工业遗产 明清地下木海陈藏

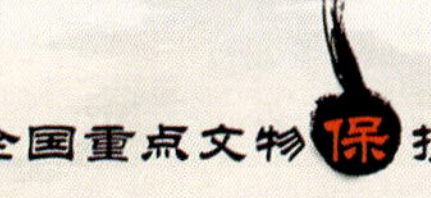

刘伶醉酿酒股份有限公司简介：

刘伶醉酿酒股份有限公司（以下简称“刘伶醉”）是以研究、生产、经营白酒系列产品为主营业务的综合性现代化企业。

刘伶醉酒产自中国北方“酒乡”河北保定，是北方浓香型酒品的典型代表之一。刘伶醉是一个经历千年，流淌着正宗蒸馏血脉的历史品牌，是一个凝聚北方地域文化的品牌。

一、历史底蕴

中国宝藏，河北名片。“刘伶醉”历史文化悠久，底蕴深厚，有四大国家级荣誉：“首批中华老字号”、“全国重点文物保护单位”、“国家级非物质文化遗产”、“国家级工业遗产”；三大独有“核心资产”：使用近千年的老窖池群、历经百年保存完整的“地下酒海”和中国最大的生态园林藏酒基地“万坛酒林”；早在1972年，“刘伶醉”就成为当时中国北方第一出口创汇的白酒企业。

千年传承 金元古窖

二、技术赋能

“刘伶醉”拥有省级认定的白酒技术研发中心，专业的技术团队：国家级酿酒师、国家级品酒师、技术研发人员50余人，并与国内知名专业院校、科研单位通力合作。强大的白酒酿造技术团队，充分的保障了刘伶醉酒的优异品质。

“刘伶醉”总占地面积近500亩，拥有两座大型酿造工厂，窖池3000余口，五条全自动灌装线，储酒能力5万吨，也是目前北方最大的浓香型优质生态白酒酿造基地之一。

木质荆编 地下酒海

三、品牌建设

“刘伶醉”围绕品牌建设、品质提升、河北根据地市场建设和全国重点区域打造全面发力，实现品牌、产品、渠道全面向上，助力“刘伶醉”健康快速发展。

“刘伶醉”以践行初心为使命，以务实发展为理念，以战略引领为方向，以实现品牌价值回归为目标，重新激活消费者对老字号的认知，致力于将“刘伶醉”打造为中国北方白酒的领军品牌。

万坛酒林 陶坛甄储

五粮液集团公司

四川省宜宾五粮液集团有限公司（下称“公司”）是一家以酒业为核心，现代制造、现代包装、现代物流、金融投资、健康产业等领域的特大型国有企业集团，拥有两家A股上市公司（000858五粮液和600793宜宾纸业）。其主导产品五粮液酒历史悠久，文化底蕴深厚，是中国浓香型白酒的典型代表与著名民族品牌，多次荣获“国家名酒”称号，并首批入选中欧地理标志协定保护名录。2019年，公司销售收入突破1000亿元；2022年，五粮液品牌价值名列Brand Finance“全球品牌价值500强”“全球最具价值烈酒品牌50强”，World Brand Lab“中国500最具价值品牌”“世界品牌500强”。

一、发展历史

五粮液酒以高粱、大米、糯米、小麦、玉米五种精细谷物为原料，以古法工艺配方酿造而成，是世界上率先采用五种粮食进行酿造的烈性酒。

五粮液传承多粮固态酿造历史逾千年，自盛唐时期的“重碧酒”即开始采用多粮酿造。公元765年，大诗人杜甫途经宜宾，当地最高行政长官杨使君在东楼设宴，以重碧酒款待，杜甫饮后赞叹不已，写下了《宴戎州杨使君东楼》：“胜绝惊身老，情忘发兴奇。座从歌伎密，乐任主人为。重碧拈春酒，轻红擘荔枝。楼高欲愁思，横笛未休吹。”公元782年，经唐德宗下诏，重碧酒正式成为官方专供酒（郡酿）。

北宋时期，宜宾大绅士姚君玉开设姚氏酒坊，在重碧酒的基础上，经过反复尝试，用高粱、大米、糯米、荞子和小米五种粮食，加上当地的安乐泉水酿成了“姚子雪曲”。公元1098年，北宋著名文学家黄庭坚时任涪州别驾，居戎州（今宜宾），与当地名士多有交游，把酒言欢，写下了盛赞宜宾美酒的《安乐泉颂》：“姚子雪曲，杯色争玉。得汤郁郁，白云生谷。清而不薄，厚而不浊。甘而不哕，辛而不螫。老夫手风，须此神药。眼花作颂，颠倒淡墨”。

明初，陈氏家族创立“温德丰”酒坊，融合姚子雪曲酿制精要，将原五粮配方中的小米替换为当时新从海外引进的玉米，最终形成了更趋完美的“陈氏秘方”。

清末，邓子均继承“温德丰”酒坊后，将其改名为“利川永”；1909年，邓子均携酒参加当地名流宴会，晚清举人杨惠泉品尝后说：“如此佳酿，名为杂粮酒，似嫌凡俗，姚子雪曲名字虽雅，但不足以反映韵味，既然此酒集五粮之精华而成玉液，何不更名为五粮液？”言毕，举座为之喝彩，邓子均欣然采纳，“五粮液”自此正式得名。

1952年，长发升、利川永、刘鼎兴、天锡福、张万和、全恒昌、听月楼、钟三和等8家宜宾最著名的古传酿酒作坊，组建成立联营社；1954年，邓子均献出陈氏秘方，并出任技术指导；1959年，企业更名为五粮液酒厂。

从20世纪60年代起的数十年间，历经五次大规模扩建，五粮液产业园区形成了气势恢宏的“十里酒城”；1995年，五粮液酒厂被国家统计局、第50届国际统计大会中国组委会、中国技术进步评价中心联合授予“中国酒业大王”称号；1998年，五粮液酒厂改制为五粮液集团公司和五粮液股份公司（同年在深圳证券交易所挂牌上市）；2020年，股份公司被国家农业农村部、发改委等八部委评定为农业产业化国家重点龙头企业。公司拥有规模宏大的纯粮固态发酵白酒生产基地，现有10万吨纯粮固态原酒年产能力和100万吨原酒储存能力，其中，最大的白酒酿造车间年产能力达4万多吨，产业园区规划面积18平方公里，被评为国家AAAA级旅游景区、国家工业旅游示范基地。

二、生态环境

公司总部位于有4000多年酿酒史的世界十大烈酒产区之一、长江首城、中国酒都宜宾，自然环境优越，三江生态得天独厚，冬无严寒，夏无酷暑，霜雪稀少，雨水充沛，年平均温度在17.9℃左右，生物丰富多样，特别适宜酿酒微生物的繁衍生息，这里地处被联合国教科文及粮农组织誉为“在地球同纬度上最适合酿造优质纯正蒸馏白酒的地区”。

三、 生产工艺

公司始终守护“中华老字号”荣誉，在五粮液酒的生产过程中，依托系统工程和中国五行哲学原理，遵守“道法自然、古今恒通、传承发展、匠心善工”的传统技艺，坚持“料必优、时必适、工必到、法必精”的古训，秉持“优质、高产、低耗、均衡、安全”的现代化生产理念，总结提炼出“种、酿、选、陈、调”美酒五字诀，形成了酒体内在的协同作用和外在的益生效应。

“种”。“粮为酒之本”，好酒是酿出来的，更是“种”出来的。粮食种植是酿造高品质美酒的重要环节之一——五粮液地处北纬30°黄金酿酒带，精选五谷入酒，高粱产酒清香味正、大米产酒醇和甘香、糯米产酒纯甜味浓、小麦产酒曲香悠长、玉米产酒喷香尾甜，合成各味谐调的完美口感。为确保原粮品质，以宜宾为核心、四川为主体，兼顾国内部分优质产区，五粮液在全国范围内升级建设专用粮基地百万亩，种植酿酒所需专用粮。通过对育、种、收、储、运、交各环节标准化、精准化、智慧化的科学管理，全面提升酿酒原粮品质，实现“从一粒种子到一滴美酒”的全过程100%可溯源，持续酿造高品质美酒，满足消费者对美好生活的追求。

“酿”。“千年老窖万年糟，酒好须得窖池老。”作为浓香型白酒不可复制的核心优势资源，公司拥有一大批连续发酵不间断使用的窖池，最早始于1368年（明初洪武元年）的五粮液古窖池群，活态酿造延续至今，不间断生产时间长达655年，是全国重点文物保护单位；五粮液窖池群及酿酒作坊被列入“国家工业遗产”，并入选中国世界文化遗产预备名单；五粮液地穴式曲酒发酵窖古窖泥中含有丰富的功能微生物，通过“以糟养窖，以窖养糟”长期不间断的迭代进化，赋予了五粮液经典幽雅的古窖浓香。五粮液明初古窖泥被中国国家博物馆永久收藏，是国家博物馆目前收藏的唯一一件“活文物”。

从选粮配料、磨粉制曲、酿造发酵至开窖取酒，五粮液酒的酿造时间周期长、操作要求细、控制难度大、生产成本高，尤其是在酿造发酵阶段，需经过“跑窖循环”“续糟发酵”“沸点量水”“分层起糟”“混蒸混烧”等多道极其复杂工序，每轮次发酵时间就需70天，双轮发酵达140天，发酵期在各香型白酒生产中历时最长，其传统酿造技艺被认定为国家级非物质文化遗产。

“选”。坚持“分级甄选、优中选优”，精细化识别原酒酒液色、香、味、格的差异，通过“掐头去尾”“量质摘酒”“按质并坛”等精准化操作，由具有丰富经验的专业技师对精酿原酒边尝边摘，严格根据感官、理化等指标，细分原酒等级，确保口感和品质最上乘的基酒才能用作生产“五粮液”，这种可生产五粮液的原酒在所有原酒中的比率称之为“名酒率”。

“陈”。选取特制陶坛存放原酒，在暗光、温度与湿度波动小的环境下保存。通过陶坛壁上细微孔隙，刺激性物质不断挥发，酒质进一步提升，氧气进入坛内与酒分子发生缓慢的陈化反应，经过3-5年的存放，酒分子与香味物质和谐交融，酒体充分成熟，陈香更幽雅，窖香更浓郁，口感更加醇厚丰满、细腻圆润。

“调”。首创“以酒调酒”的勾调工艺，拒绝添加其他任何非自然固态发酵产生的外来物质，按照酒体设计要求和质量标准，从视觉、嗅觉、味觉等方面，根据原酒的感官特征和理化数据，通过组合、调味两大工序，对不同车间、不同窖池、不同窖龄、不同酒龄、不同级别、不同酒度、不同个性特征的基础酒进行不同的排列组合，并通过对组合酒感官特征的科学分析，加入不同的调味酒，对微量香味成分进行综合平衡，保证并稳定五粮液各味谐调又恰到好处的酒体风格。

四、卓越品质

秉持“质量是企业的生命，匠心酿好每一滴酒”的质量理念和“集五粮精华，守百年匠心，唯求完美酿造，永树品质标杆”的质量方针，建立并实施严于国家标准的企业标准，构建“从一粒粮食到一滴美酒”的产品全生命周期质量管理体系，以对产品品质的坚守满足消费者对高品质生活的向往，先后获得亚洲质量卓越奖、国家质量管理奖、全国质量奖、中国最佳诚信企业、全国质量标杆奖等荣誉，是白酒行业内唯一四度荣获中国质量领域权威奖项的企业。

1963年，五粮液首次参加全国评酒大会，此次评酒会采用混合编组、密码编号，对所有参评白酒不分香型进行盲评，因会议规格之高、涵盖酒样之多、覆盖范围之广、评判标准之严远超以往，被广泛认为是真正意义上的第一次全国性评酒会。会上，专家高度赞赏五粮液酒“香气悠久，味醇厚，入口甘美，入喉净爽，各味谐调，恰到好处，尤以酒味全面而著称”，因与九百多年前黄庭坚对五粮液前身“姚子雪曲”的评价高度契合，而成酒业佳话。最终五粮液在众多白酒品类中脱颖而出名列第一，被国家轻工业部授予“国家名酒”称号，与古井贡酒、泸州老窖特曲、全兴大曲、茅台、西凤酒、汾酒、董酒一同被业界称为“老八大名酒”，并在其后连续三届的全国评酒会中以稳定如一的高品质蝉联国家名优白酒金质奖章。

五、产品体系

公司致力于在全球范围内打造品类齐全的酒类品牌，产品覆盖39°、45°、52°、56°、60°、68°、72°等高中低各酒度，形成能满足不同消费者需求的全产品供应链体系：　五粮液主品牌“1+3”产品策略：“1”是以第八代五粮液为核心的代际系列，“3”分别是以501五粮液为代表的古窖系列，以经典五粮液为代表的年份系列，以生肖造型酒为代表的文化定制系列。五粮浓香系列酒品牌“4+4”产品策略：包括五粮春、五粮醇、五粮特曲、尖庄四个全国战略品牌，五粮人家、友酒、百家宴、火爆为补充的四个区域重点品牌。

六、市场营销

公司秉持“消费者驱动，平台化运营，数字化支撑”的营销理念，布局全球市场体系。国内市场覆盖26个营销大区、75个营销区域；国外市场在欧洲、美洲、亚太等多地设立国际营销中心，产品直接销往国外56个免税店，分销业务覆盖100余个国家和地区。构建“线下+线上”多维度渠道体系，线下全面覆盖运营商、专卖店、KA商超、终端零售店，线上铺设五粮液云店网络，创新应用“数字酒证”，拓展“新零售”，依托数字化平台链接经销商、终端、消费者。

七、专业技术

公司拥有中国酿酒大师、中国首席白酒品酒师、国家级白酒评委等国家级行业领军人物64人，省级骨干人才67人，市级中坚人才517人，酒类技术技能人才4000余人组成的人才梯队。五粮液产业园区内建有国家企业技术中心、国家白酒产品质量检验检测中心、国家酒类品质与安全国际联合研究中心（白酒分中心）、国家级工业设计中心、中国轻工业浓香型白酒固态发酵重点实验室、中国白酒酿酒专用粮工程技术研究中心、中国白酒风味科学研究中心等多个国家级技术创新平台及博士后科研工作站、院士工作站。

五粮液在传承中不断创新，多项科研成果达到行业和国际领先水平。2021年，联合江南大学徐岩副校长团队攻关从持续酿造生产了650多年的古窖泥中分离出功能微生物，这株国际上首次发现的丰富度最高的主体己酸菌—解乳酸己小杆菌，代号为JNU-WLY1368。2022年，再次从五粮液501酿酒车间古窖泥中首次发现一株优势拟杆菌门下嗜蛋白菌属新种—丙酸嗜蛋白菌，代号JNU-WLY501，简称“501丙酸菌”；在501古窖池群生态环境中分离出一株产愈创木酚类活性成分的丛梗孢酵母新种—空气丛梗孢酵母，编号WLY-L-M-1；从第八代五粮液中检出了超过3000种化合物，领先行业普遍1000种左右的水平，完成了整个第八代五粮液的风味指纹图谱。

八、社会责任

着眼于社会的可持续发展，牢记“为消费者创造美好，为员工创造幸福，为投资者创造良好回报”使命，坚持生态优先、绿色发展，带头倡导和践行碳中和文化，以创建“零碳酒企”“零碳园区”为目标，推进能源绿色化、资源低碳化，打造行业领先的循环经济示范基地，建设滨江生态保护区和生态湿地公园，促进人与自然和谐共生，助力长江上游生态屏障保护和环境治理，被评为全国首批“循环经济试点单位”。设立五粮液慈善基金会，积极投身抗震救灾、精准扶贫、乡村振兴、教育助学、拥军爱军等社会公益事业。作为中国酒业协会酒与社会责任促进工作委员会轮值主席单位，积极倡导适量饮酒、快乐生活，广泛宣传非成年人不得饮酒，反酗酒、反酒驾，鼓励消费者健康饮酒、理性饮酒，先后荣获“人民企业社会责任奖”“中国食品企业社会责任金鼎奖”“社会责任百强企业”等称号。

在新的奋斗征程上，五粮液将大力践行“和美种植”“和美酿造”“和美勾调”“和美营销”“和美文化”，讲好中国白酒故事，持续满足消费者对美好生活的向往需求，进一步擦亮“大国浓香、和美五粮、中国酒王”金字招牌，加快建设产品卓越、品牌卓著、创新领先、治理现代的世界一流企业。

贵州茅台酒厂（集团）保健酒业有限公司简介

贵州茅台酒厂（集团）保健酒业有限公司（以下简称：“保健酒业公司”或“公司”）成立于1984年，是由中国贵州茅台酒厂（集团）有限责任公司出资设立的全资子公司，注册资金26.43亿元，2022年资产总额65.8亿元，现有员工2000余人。

保健酒业公司位于贵州省仁怀市，生产基地坐落于茅台镇，办公地点位于坛厂镇白酒工业园区，是集白酒、露酒、保健酒产销于一体的酒类企业。公司秉承传统酱香的酿造工艺，创新发展，核心品牌包括“茅台醇”“酱门经典”“台源”“茅台不老”“茅鹿源”“茅坛”“茅仙”等。

公司先后荣获“中国企业最佳形象AAA级”“企业质量信誉AAA等级”“十大健康文化传播领军品牌”等荣誉。其中，“茅台醇”曾获“中国名牌产品”“中国名优产品”“青酌奖”“国际烈酒（中国）金奖”“营销金爵奖”等荣誉称号；“茅台不老酒”曾荣获“贵州100强品牌”“中华环境保护基金会绿色产品”等荣誉称号；台源酒获“中国酒类流通协会市场畅销产品”“2023年度最具代理价值产品”等荣誉称号。

在“十四五”奋进征程中，公司借助集团“高质强业”的发展东风，在茅台集团的“大集团一盘棋、产业链一条心”的战略部署下，公司着力构建“五大体系”，深入践行“五匠质量观”，构建实施“365”质量管理体系，秉承“质量是生命之魂”的理念，强化全过程、全场景、全员工的质量控制，酿造品质好酒，筑牢发展根基，齐心协力推动茅台高质量发展，做强茅台家族产品，让更多消费者喝上茅台产品，共享茅台之美、生活之美。

一、承担重要使命 坚持履行社会责任

公司党委牢记初心使命，积极履行社会责任，在助力乡村振兴方面，积极开展助力道真县梅江村乡村振兴工作，从去年结对帮扶以来，公司党委直接投入帮扶资金82.72万元，助力帮扶村发展产业项目2个，加大“农企对接”，职工食堂全年从梅江村采购农副产品包括茶叶、大米、谷壳共计52.72万元。2020年以来，公司对疫情防控、贫困助学等进行公益性捐赠共计590.22万元，用实际行动诠释了国企的责任与担当。

二、质量把控

大力增强质量意识 加快建设质量强企

弘扬工匠精神 推动品质革命

不忘初心谋匠心 创新赋能高质量

质量凝聚正能量 品质放飞新梦想

1、质量信仰：质量是生命之魂；

2、质量理念：匠心品质 匠魂担当 匠术精益 匠器臻善 匠人制造；

3、“五匠”质量观：永葆质量匠心 铸牢质量匠魂 炼就质量匠术 精制质量匠器 锻造质量匠人；

4、“365”质量管理体系：“3”即实现“质量管理体系更加完善、全域质量均衡发展、质量水平整体跃升”3大目标；“6”即全力实施“全员质量共治、全域质量协同、全生命周期质量管控、全员全面全过程质量严监督、生命共同体构建和质量治理能力现代化”6大工程；“5”即做强“梯次人才、组织制度、信息技术、硬件设备、财务资源”5大保障，持续推进茅台质量管理现代化，巩固提升茅台品质的最强核心竞争力。

5、质量行为准则：

“三不准”：不合格的原材料不准进厂投入使用；上道工序的不合格品不准流入下道工序；不合格产品不准出厂进入市场。

“四服从”：产量服从质量；速度服从质量；成本服从质量；效益服从质量。

科创引领生态酿造 文化传承舍得智慧

舍得酒业股份有限公司

舍得酒业，位于中国白酒之乡射洪，是“中国名酒”企业和川酒“六朵金花”之一，也是全国质量奖获得者和白酒行业第三家上市公司。在长期发展中，公司依托于北纬 30.9 度世界黄金酿酒带的优势白酒产区条件，坚守“生态”“科创”“老酒”“文化”四大品牌核心资产，坚定走高品质可持续发展之路，以“生态酿酒”和“优质老酒储存量大”两大核心优势著称。公司旗下拥有“沱牌”“舍得”两个驰名中外的白酒品牌。根据世界品牌实验室发布的报告，目前双品牌价值合计达1501.02亿元。

生态标杆，老酒天成

白酒品质与生态环境息息相关，四川盆地就像一口大窖池，而射洪处于窖池底部。从四川盆地大生态圈到射洪亚生态圈，再到沱牌镇核心生态圈、舍得酒业生态园微生态圈，舍得酒业坐拥不可复制的四重酿酒生态圈的优势地理位置。

独特的地理环境与气候给舍得带来了不可复制的生态条件，由海拔5588米岷山雪宝顶冰川融水化为的涪江流经这里，河流的冲积给土壤带来了大量微生物元素，也为植被生长提供了良好的生态环境。公司在上世纪80年代末，于行业内首次提出“生态酿酒”概念，并率先打造了中国首座占地面积650万平方米的生态酿酒工业园，共390万棵植株在这里自然繁衍，绿化覆盖率达98.5%，丰富的植被造就了局部地区生态小气候的变化，也为酿酒微生物的繁衍生息营造了良好的生态环境。

长期以来，公司践行“生态酿酒”理念，坚定走生态可持续发展道路。2008年，公司提出的“生态酿酒”被纳入国家标准 GB/T 15109-2008《白酒工业术语》，进一步规范了行业对“生态酿酒”的认识，为生态酿酒打下了坚实的基础；2019年，公司制定并完善了行业首个《生态酿酒》评价标准(Q/SD1015-2019)，该标准的发布也成为了生态酿酒研究发展的重要里程碑。公司坚持以科创发展为引领，积极研究生态酿酒自然环境，精心营造这片白酒酿造的“风水宝地”。从2000年开始，公司运用植物学、微生物学原理，选择性的种植了大量银杏、香樟、桢楠、桂花等适宜酿酒微生物繁衍、富集的树木，打造出属于适宜酿酒微生物常年栖息、生长和繁殖的自然环境。

科技创新，品质引领

科学研究与创新，是白酒品质突围的关键条件。公司坚持科创引领品牌发展，将“科创驱动”作为置顶发展战略之一，高度重视延揽、培养专业人才，打造高能级研发团队，进一步加强产研融合，推动科技成果转化。2023年，公司聘请江南大学教授徐岩担任“舍得酒业首席科学家”，推动科创交流与学术沟通，加强公司人才培养与发展。同时，公司积极建设技术研究院，并联合江南大学共建“中国舍得陈酿老酒研究院”、与四川轻化工大学共建“中国生态酿酒产业技术研究院”、与四川省农业科学院共建“四川酒粮产业技术研究院”，为公司关键核心技术研发和产品开发打下坚实的科研基础，以科创驱动提升舍得老酒品质核心竞争力。

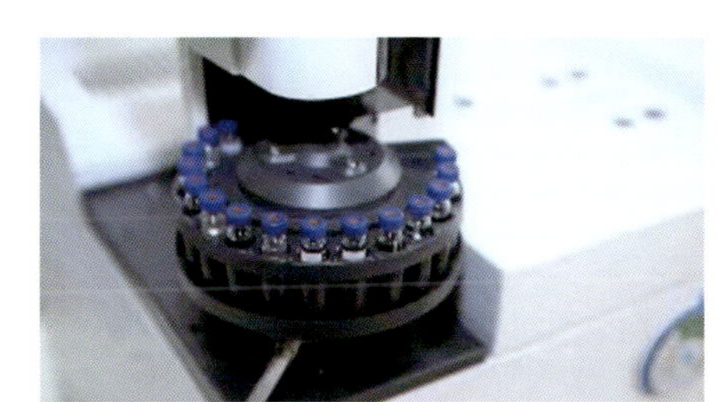

深耕生态酿酒科学研究，探索酿酒微生物奥秘。2022年，公司联合四川轻化工大学生物工程学院发布了《适宜制备浓香型大曲的植被生态评价研究》，通过对舍得生态酿酒工业园内的植被展开科研研究，为生态环境打造、植被构建提供了科学应用指导，让舍得生态酿酒有了科学依据。

公司坚持以生态+科创践行“生态酿酒”理念，积极推动酿酒工艺优化和品质的稳定提升，致力于为广大消费者酿造出一杯生态老酒。

老酒飘香，时光臻藏

舍得酒业酿酒技艺传承千年，从汉代酤酒、唐代春酒、明代谢酒、清代沱酒，再到今天沱牌酒、舍得酒，公司一代代匠人坚持于传承中创新，秉承独特的“六老”酿造技艺、“211”制曲工艺，遵循生态酿酒理念，以地域、水源、酒曲、原粮、老窖、酿艺、陈藏、灌装构筑成独属于舍得酒业的“生态八维”，建立起全面的生态酿酒体系，成就了舍得酒高品质的独特口感，成为浓香型白酒的典范。

多年以来，舍得酒业坚持以匠心铸就品质，以品质开创未来，获得了消费者与行业的高度赞誉，成为行业内唯一一家荣获“中国质量鼎”、“中国用户满意鼎”殊荣的企业。在长期发展中，公司始终坚守老酒品质，全力推动老酒品质持续提升。从原粮甄选到坚持选用紫砂陶坛储酒，专注打磨生产的每一环节，让酒体与自然深入沟通，以岁月沉淀使酒质更柔和、醇厚。

舍得智慧，文化赋能

舍得，浓缩了中国智慧的精髓，不仅是成就自我的处世哲学，更是一种胸怀天下的中国智慧。公司联袂凤凰网打造的以舍得智慧为主题的时代先锋访谈节目《舍得智慧人物》IP，覆盖了明星、社会名人以及对国家与社会有积极意义的人物，以舍得智慧为根基，为每个人生阶段、每个中国人、每个时代提供精神指引。舍得酒独家冠名《遇见大咖》第六季，聚焦时代企业家，以舍得精神致敬奋进者，用时代新视野分享舍得智慧。

公司坚持以文化赋能品牌发展，通过创新与艺术多样化联动，以多元化的形式不断演绎中国传统文化魅力；坚持践行国际化战略，加速深耕海外。公司积极推进舍得老酒出海、沱牌名酒出海，向世界展示中国名酒品质与深厚的文化底蕴，让全球消费者体验到舍得老酒之美、沱牌名酒之美。

舍得酒业以“为全球家庭酿造美好生活，传播中国白酒文化之美”的使命，坚持以品质为基石，用科创驱动生态酿造，积极向全球消费者分享中国白酒魅力，向世界传递舍得中国智慧、分享东方生活美学。

狮王精酿

未成年人禁止饮酒

甘肃滨河食品工业（集团）有限责任公司

甘肃滨河食品工业（集团）有限责任公司成立于1984年，核心产业为白酒和葡萄酒。历经四十年的拓展、创新和提升，已于2003年跻身中国白酒工业100强，被评为甘肃省60家重点工业企业。连续5年入选甘肃民营经济50强，连续五届荣获“华樽杯”甘肃白酒品牌价值第一名。

滨河集团先后荣获“国家级绿色工厂”、“全国质量奖鼓励奖”、“全国轻工行业做出突出贡献先进集体”、“甘肃省优秀企业”、“甘肃省纳税先进集体”、“甘肃省实施卓越绩效模式先进企业”、“张掖市人民政府质量奖”、首届“甘肃省履行社会责任示范单位”、“全国质量和服务诚信优秀企业”等400多项荣誉，2015年、2020年两度荣获“甘肃省人民政府质量奖”，成为甘肃食品行业首家获此殊荣的企业。

公司建有甘肃张掖、四川蒲江两个酿酒基地，地理位置优越，年生产能力均为2万吨。公司科研中心是省级技术中心，现有国家级品酒师7人，省级品酒师26人，科研团队曾被中华全国总工会授予“五一劳动奖状”，科研创新能力位于全国前列。

公司旗下的滨河九粮液4A级文化旅游区已挂牌运营。公司计划投资25亿元，分三期建成“滨河生态科技文化创意产业园”，发展现代农业、林业、旅游业为一体的现代化生产基地。在实现企业自身发展的同时，兼顾了可持续发展的理念。另外还设有“滨河青春助学基金”，助力寒门学子实现梦想。

白酒方面。独创“九粮九轮”酿造工艺技术，取得四项国家专利，并被录入省级非物质文化遗产保护名录。有滨河九粮液、滨河九粮春等甘肃省名牌产品，公司旗下的甘肃滨河九粮酒业公司为“中华老字号企业”。其中，“青云九九”和“滨河12年”以卓越不凡的酒品品质斩获2023年IWSC国际葡萄酒及烈酒大奖赛金奖，53度滨河九粮液斩获2022 ISGC国际烈酒（中国）大奖赛金奖。

葡萄酒方面。滨河旗下的国风系列有机葡萄酒为甘肃省名牌产品，国风庄园产出多款优质葡萄酒。为积极响应“陇酒百亿计划”，国风庄园在省商务厅及酒促中心指导带领下，积极抱团发展走出去，持续为品牌赋能，加强陇酒名优品牌培育、提升陇酒品牌的辨识度和影响力。其中，国风赤霞珠MAX斩获第十三届亚洲葡萄酒质量大赛赤霞珠干红葡萄酒类金奖、2022秋季法国国际有机葡萄酒大奖赛金奖、第29届比利时布鲁塞尔国际葡萄酒大奖赛金奖等多个奖项。

滨河集团秉承“人至诚、酒至醇、业至远”的核心价值观，“务实、开拓、创新、奉献”的企业精神，以“弘扬九粮香型，培育最具价值品牌”为使命，力争早日挺进中国酒企第一阵营。用速度刷新速度，用高度累积高度。

宝丰

酒精度:见外盒 净含量:500ml
宝丰酒业有限公司出品

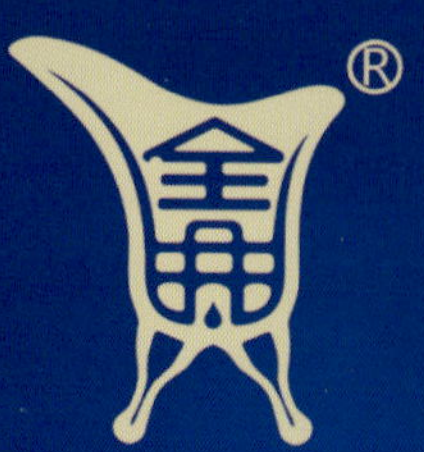

全興
大麯
QUANXING
樽
30
浓香型白酒
净含量:500mL
四川全兴酒业有限公司
SICHUAN QUANXING DISTILLERY CO., LTD.

全興
大麯
中国名酒
樽
30
浓香型白酒
酒精度:52%vol 净含量:500mL
四川全兴酒业有限公司
SICHUAN QUANXING DISTILLERY CO., LTD.

四川全兴酒业有限公司

SICHUAN QUANXING DISTILLERY CO.,LTD.

四川全兴酒业缘起公元1367年“富春烧坊”的古酿“锦江春”，是650余年的蜀都第一酿，于1963年、1984年和1989年三次荣获国家质量金奖及“中国名酒”称号，是川酒“六朵金花”和中国“老八大名酒”之一。

650年匠心酿造技艺传承

全兴酒业起源于元末明初时期成都老东门水井街的富春烧坊，650余年里历次更名“福升全”、“全兴成”，在新中国成立后由国家统一赎买，且合并当时的“永兴敬”、“广玉和”、“金元长”等诸多烧坊，成立国营成都酒厂，并于传统川酒工艺里博采众家之长，凝聚出全兴的四大独有工艺：“传世水谱”、“秘制双曲”、“超长发酵”及“降度储存”，让全兴酒品质口感别具一格，愈久弥香。

“传世水谱”。全兴历代酿酒师潜心总结的酿造秘诀，着眼于一个“水”字。老成都东门旧街有一眼古井，井下有泉，时常翻花，是天选的酿酒佳泉。“一净五水六不同”的用水工艺口耳相传至今，恰与现代工业化的科学酿酒理论相吻合。

“秘制双曲”。全兴烧坊的酒曲闻名蜀中，技艺精湛。桃花盛放之季制得中高温曲，俗称“桃花曲”，盛夏前制得“伏曲”，秘制双曲并用，工艺严格精细，用以酿酒出神入化，香浓味醇。

“超长发酵”。长于浓香品类平均水平的720小时的超长发酵，酒醅充分汲取天地精华，彻底酯化，酝育生香。

“降度储存”。新摘的原酒经梯度加浆多次降度，在漫长的陶坛储藏中更利于水分子与酒分子的紧密缔结，成就圆润无碍的独有风格。

三届中国名酒的浓香正源

追溯全兴历史，从元末明初“锦江春”到乾隆年间的“福升全”，迄至道光时的“全兴成”，650余年的发展历程中，全兴酒皆以蜀都第一美酿名扬天下。

1963年国家第二次评定的中国名酒里四川酒企占据四席，全兴大曲榜上有名，史称“老八大名酒”。计划经济时代，轻工业部和商业部共同组织举办的全国评酒会仅有五届，全兴大曲三次获评“中国名酒”，在之后的1984年和1989年全国评酒会上，全兴再次摘得名酒称号，拥有难以复制的名酒底蕴。

历经650余年不断代的传承和发展，全兴酒获誉无数。新中国成立后，更几乎囊括了“中国名酒”、“中华老字号”、“中国名酒典型酒”等白酒行业所有重要奖项，川酒正源实至名归。

和润名酒的高质量奔跑

江山代有人才出。2013年，全兴酒业与中国食品发酵工业研究院联合完成《和润型白酒的确立及关键技术的研究》。该项目由中国酒业协会及全国知名白酒专家联合进行成果鉴定，标志着全兴酒业“和润”浓香新风格的确立，为酒类市场提供品质跃级的“和润”名酒，更充分满足浓香型白酒的消费需求细分，“清雅、圆润、和顺、悠长”也成为消费者对全兴品质的高度赞誉。

2023年，全兴核心技术团队为稳定并建立“和润”型白酒质量控制体系，与中国食品发酵工业研究院再次携手，就该体系建设达成合作，进一步促进科研成果转化，并对“和润”型白酒风格产品及相关技艺进行深度剖析，持续围绕工艺标准化、检测技术化、酿造智能化等领域进行研究，建立健全覆盖“原料-发酵-成品-消费”全产业链的质量控制体系，实现产品质量全过程标准化稳态控制与提升，全链路构筑产品品质护城河。

品全兴、万事兴，是弘扬家国全兴的“兴文化”，更响彻数代消费者心间。坚定名酒品质，坚守工匠精神，全兴酒业始终致力于打造“美好生活祝福酒”，为消费者提供清雅醇美的和润名酒。

在“奔跑吧 全兴”复兴战略启动后，全兴酒业创新建设“全兴+”品牌生态，大踏步跨进了品牌发展的3.0时代。全兴名酒荣耀60周年之际，公司深入推进“两大品牌”（熊猫和全兴大曲）的市场全国化，坚定三大系列（熊猫系列、新名酒系列、老名酒系列）的产品矩阵，立足“中华老字号”品牌的焕新，不断丰富传播语境，营销互动，聚焦年轻化需求，积极构建以增强和联合为宗旨“全兴+”品牌生态，持续推进一个“老八大名酒”的复兴进程。

四川水井坊股份有限公司

四川水井坊股份有限公司属"酒、饮料和精制茶"制造业，主营白酒产品的生产与销售。目前，公司生产的白酒产品主要有水井坊元明清、水井坊菁翠、水井坊典藏、水井坊井台、水井坊臻酿八号、水井坊井台珍藏（龙凤）、水井坊鸿运、水井坊梅兰竹菊、小水井、天号陈等。其中，水井坊菁翠、水井坊典藏、水井坊井台、水井坊臻酿八号是公司核心产品。

公司于1996年在上海证券交易所上市，股票代码"600779"。公司总部设在成都市金牛区，在锦江区、金牛区、郫都区、邛崃市均设立子公司，在北京、上海设有分支机构。

"水井坊"是中国知名的高端白酒品牌。水井坊酒以老窖菌群为根本，采用泥窖固态发酵，精选优质多粮，工艺精湛甚微，完美融合多粮风格，具有"无色透明，窖香、粮香幽雅，陈香细腻，醇厚甘柔，香味谐调，回味净爽，多粮浓香型白酒风格典型"的特点，成为中国浓香型白酒的典范。

元末明初的"水井街酒坊遗址"是公司独有的重要生产资源和品牌基础，是不可复制的、极为珍贵的历史文化遗产和有极高使用价值的"活文物"，被国家文物局列为"1999年全国十大考古新发现"，誉为"中国白酒第一坊"，国务院批准为"全国重点文物保护单位"，并被国家文物局先后三次列入《中国世界文化遗产预备名单》；"水井坊酒传统酿造技艺"被国务院列为"国家级非物质文化遗产"；"水井坊"商标被国家工商总局认定为"中国驰名商标"。2021年9月，中国质量检验协会授予公司"全国质量诚信标杆企业"及"全国百佳质量检验诚信标杆企业"等称号。

公司的愿景是成为浓香白酒领导品牌，持续健康成长，备受尊敬与信赖的白酒公司。公司的使命是持续保持水井坊业务健康成长，赢取更大的次高端与高端市场份额；打造更强品牌价值，创造更好，性价比更高的消费体验；优化经销系统，积极与优质合作伙伴多维度拓展市场，分享更多成长红利。水井坊品牌的使命是以600年传承创新的酒中美学，弘扬中国美学文化，共创国民美好生活。

近年来，公司三度携手央视，独家冠名现象级文博综艺《国家宝藏》，为传统文化赋予新生；举办"水井坊杯"城市网球赛，与上海劳力士大师赛展开战略合作，成为其官方合作伙伴；2021年11月成为中国冰雪指定用酒，为中国举杯，为中国冰雪加油；2022年1月成为WTT世界乒联全球顶级合作伙伴。

水井坊立足成都，深入建设成都基地市场，积极参与城市文化建设，融入城市重大事件，将水井坊打造为名副其实的“成都名片”，以助力四川白酒成都产区高质量发展。2021年4月，水井坊联合中糖集团，打造全国春季糖酒商品交易会成都主场。同时，水井坊博物馆与大运会执委会签订了《第31届世界大学生运动会城市特色文化类官方指定平台赞助意向书》，象征着水井坊将紧密参与到成都城市发展的标志性活动中，助力成都创建“国际消费中心城市”、“世界级公园城市”。

公司认真履行企业社会责任。近年来，公司公益捐赠金额累计达2524.9万元：2018年，设立非遗基金，捐赠724.9万元以支持成都大漆产业发展；2020年1月向武汉市慈善总会捐赠人民币900万元，支持当地疫情防控工作开展；2021年7月向河南慈善总会捐款人民币500万元，助力受灾地区群众尽快恢复正常生活；2022年9月通过中国红十字基金会向泸定地震灾区捐款人民币200万元；2021年9月，与中欧国际工商学院教育发展基金会展开合作，推动企业社会责任课题研究，累计捐赠人民币200万元。

中国长城葡萄酒有限公司

CHINA GREAT WALL WINE CO., LTD.

中国长城葡萄酒有限公司成立于1983年8月1日，是集葡萄种植、葡萄酒研发、生产和销售一体化的专业葡萄酒企业，世界500强中粮集团全资下属企业。现占地面积21万平方米，建筑面积8万平方米。注册资金1.8亿元，现有资产总额9.35亿元，固定资产7.51亿元。综合产能6万吨,成品仓储能力100万箱，日产量20万瓶，日发货能力7万箱。

成功研制 “中国第一瓶干白葡萄酒（1978年）”、“中国第一瓶香槟法起泡葡萄酒（1991年）”。早在1978年就已确立了酒庄模式生产，1999年再确立国际标准白兰地的生产，行业领先。拥有“干白葡萄酒新工艺研究（1987年）”和“长城庄园模式的创建及庄园葡萄酒关键技术的研究与应用（2005年）”两项国家科技进步二等奖。2023年，公司自研项目《沙城产区龙眼葡萄栽培及酿造关键技术创新与应用》取得了“国际领先”成果水平，这是长城葡萄酒首个“国际领先”科研成果，也是葡萄酒行业较为罕见的科研高度。科学技术累计获国家、省、部、行业协会等奖项70多次。

技术研发体系产研结合。工厂技术中心是农业农村部酿酒葡萄加工重点实验室、河北省葡萄酒技术创新中心，通过国家（CNAS）认可实验室认证；与外部科研机构、大学等开展广泛合作，包括国家葡萄酒及白酒、露酒产品质量监督检验中心、DNV、SGS、中国农业大学、河北农业大学等等。

现有干、半干、半甜、甜、加香、起泡、蒸馏7大技术类型200多花色品种。1979年长城干白葡萄酒首获国家金奖，1983年、1984年、1986年相继获伦敦、马德里、巴黎品酒会金银奖。2019年五星干红再获IWC伦敦特等奖，为中国首款获此荣誉的产品，实现获得国际大奖大满贯。产品累计获得300多项国际、国内大奖。

获得质量（ISO9001）、食品安全（FSSC22000）、环境（ISO14001）、职业健康及安全（ISO45001）管理体系认证。通过国家“良好农业规范（GAP）”认证、中食联盟酒类优级产品认证，是国家安全生产标准化二级企业。2018年全面导入“卓越供应链管理体系”，确立7大管理项目：质量与安全管理体系、集中改善体系、工作流程体系、KPI与目标一致性体系、绩效管理体系、全面生产保全体系、产品研发技术体系，企业管理再上新台阶。

独创星级产品系列，为业内最优秀的系列产品之一，五星成为明星级超级单品，荣选为国宴用酒，频频亮相G20系列峰会、“一带一路”高峰论坛、金砖系列峰会、上合峰会等等国宴餐桌，2009年第一次荣登博鳌亚洲论坛，成为论坛唯一指定用葡萄酒。“国有大事，必饮长城”，历届领导人以及到访的外国领导人、友人均在国宴上品过公司产品。自1986年起一直供应人民大会堂、钓鱼台国宾馆、中国驻外使领馆等。是北京亚运会标志产品，北京奥运会葡萄酒独家供应商，是上海世博会、广州亚运会指定用酒。40年来累计亮相各级别宴会超过800场。如今，“国事家宴，共享长城”的品牌理念深入人心，成为家喻户晓的中国葡萄酒代表品牌。

TÔNHWA
通化葡萄酒

中国葡萄 中国酒
Since1937

通化葡萄酒股份有限公司始建于1937年，迄今已有86年的历史，是中国最早的葡萄酒生产企业之一。

通葡地下大酒窖是中国最早的地下酒窖之一，拥有772个大橡木桶，总面积10340平方米，形成了世界罕见的大橡木桶集群。2013年5月，被国务院列为重点保护文物。

通化葡萄酒曾作为国宴用酒，周总理更是亲自命其名为国庆酒，多次受到党和国家领导人的关爱先后到厂视察并题词鼓励。

1

翡翠堡冰酒(白)

酒精度:12%vol 规格:375ml

葡萄品种:威代尔葡萄

酿造工艺:

采收鸭绿江河谷冰冻风干的威代尔冰葡萄,分选除梗。经筐笼式和缓压榨后,低温中缓慢生香发酵。历经数月,初酿而成的白冰原酒再经数十月低温醇熟。

品鉴笔记:晶莹的金黄色,浓郁的蜂蜜和荔枝香气,润泽甘美,唇齿留香。

获奖介绍:

国际葡萄酒(中国)大奖赛 2022 金奖

2023 IWSC国际葡萄酒与烈酒挑战赛银奖 IWGC

2

翡翠堡冰酒(红)

酒精度:12%vol 规格:375ml

葡萄品种:北冰红葡萄

酿造工艺:

采收鸭绿江河谷的北冰红冰葡萄,经筐笼式和缓压榨后,非浸渍下即获取深浓甘美的冰红葡萄汁液,继而高密度缓慢生香发酵。

品鉴笔记:深宝石红色,散发着草莓、红醋栗、香草及焦糖的香气,甜润甘美,余味悠长。

获奖介绍:

国际葡萄酒(中国)大奖赛 2022 金奖

2023 IWSC国际葡萄酒与烈酒挑战赛铜奖 IWGC

3

翡翠堡晚收白葡萄酒 (银堡版)

酒精度:12%vol 规格:740ml

葡萄品种:威代尔葡萄(晚收)

酿造工艺:

11月上旬晚期采摘过熟的威代尔葡萄,除梗破碎入待流发酵池,经9-10°C下低温浸渍72小时,分离自流汁13-15°C下低控温酿造。

品鉴笔记:明亮的金黄色泽,美妙而成熟的热带水果风味,微甜微酸,口味清爽。

获奖介绍:2023品醇客Dencanter铜奖

4

翡翠堡晚收山葡萄酒 (金堡版)

酒精度:18.5%vol 规格:740ml

葡萄品种:双红葡萄(晚收)

酿造工艺:

手工精选优质葡萄,筐笼式和缓压榨取汁,特种芳香酵母低控温生香酿造。窖藏白兰地回添增香,并经恒温陈酿熟成。

品鉴笔记:宝石红色,具有葡萄干、红枣及干果类的复合香气,酒体甘满润泽,回味持久留香。

5

双微小白威代尔脱醇葡萄汽酒
双微小红脱醇山葡萄汽酒

酒精度:0.5-1.0%vol 规格:330ml

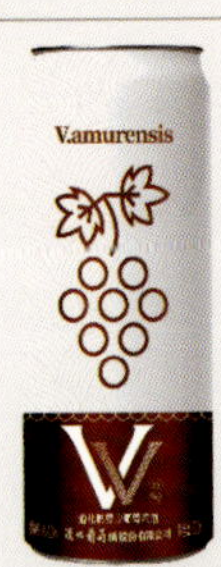

葡萄品质:北冰红葡萄、双红葡萄 | 葡萄品种:威代尔葡萄

品鉴笔记:(小白)迷人的宝石红色,林间红色野果的气息,细腻的气泡,酸甜平衡的一款低度酒。

(小红)灿烂的金黄色,散发着果脯、杏干、凤梨的香气,口味甘美,酸度活泼,气泡绵绵。

6

见证1959晚收山葡萄酒

酒精度:18.5%vol 规格:740ml

葡萄品种:双红葡萄(晚收)

酿造工艺:

手工精选优质葡萄,筐笼式和缓压榨取汁,特种芳香酵母低控温生香酿造。窖藏白兰地回添增香,并经恒温陈酿熟成。

品鉴笔记:宝石红色,具有葡萄干、红枣及干果类的复合香气,酒体甘满润泽,回味持久留香。

获奖介绍:2022北京旅游商品和文创产品大赛强国复兴红色主题TOP20

酒鬼酒
CCTV.®
品牌强国工程
中央广播电视总台
百酿馥郁
妙境天成
173道百酿工艺
把大自然的味道 交给大自然酿造
20

COMPANY PROFILE 企业简介

酒鬼酒股份有限公司由创建于1956年的吉首酒厂发展而成，1985年更名为湘西吉首酿酒总厂，1992年更名为湘西湘泉酒总厂，1996年改制为湖南湘泉集团有限公司，成为湖南省50家最早进行现代企业制度改革的企业之一；1997年由湘泉集团独家发起创立酒鬼酒股份有限公司，在深圳证券交易所上市；2016年成为中粮集团成员企业。

公司是湘西州最大的工业企业，湖南省农业产业化龙头企业，湖南省唯一央企酒类上市公司，中国白酒陶瓷包装时代的开创者，中国白酒文化营销的先行者，中国洞藏文化酒的首创者，中国馥郁香型白酒的始创者、标准制定者，中国文化酒的引领者。公司系列产品依托“地理环境的独有性、民族文化的独特性、包装设计的独创性、酿酒工艺的始创性、馥郁香型的和谐性、洞藏资源的稀缺性”六大优势资源，成就了“湘泉”“酒鬼”“内参”三大品牌。酒鬼酒成为“中国地理标志保护产品”。

酒鬼酒生态文化产业园位于湘西州府吉首市北郊，占地面积1300亩，为世界文化遗产预备名录“苗疆边墙”振武营营盘遗址所在地。地处大湘西南北旅游线枢纽、湘西世界地质公园腹地，是全国首批工业旅游示范点、中国馥郁香型白酒核心产区示范园。

公司现有总资产60.85亿元。2021年、2022年分别实现营业收入34.14亿元、40.5亿元，上缴税收分别排名湖南省企业第22位、第19位。

江苏汤沟两相和酒业有限公司位于世界美酒特色产区、中国白酒之乡灌南县，地处沂沭泗河交汇处的汤沟古镇，是国家名优酒厂、江苏白酒代表企业。汤沟酒上溯先秦，中兴北宋，鼎盛于明清，有文字记载的历史超过1000年，能品得到的历史超过400年，是享有盛誉的国家名优酒、历史文化名酒、中华老字号、江苏名牌产品、国家地理标志保护产品。汤沟酒生态文化旅游区是国家3A级旅游景区、江苏省工业旅游示范区。汤沟酒酿造技艺被江苏省人民政府列为江苏省非物质文化遗产。

汤沟酒酿造技艺，是历史长河中一颗璀璨的非遗明珠，沿袭的是非遗老工艺，坚守的是传世老手工，奉献的是浓香老味道。古今一法、天地同酿，汤沟以其得天独厚的生态环境，生生不息的酿酒文化，成就了“幽兰陈香、入口柔顺、饮中愉悦、饮后舒适”的独特体验，赢得中国浓香型白酒典范的盛誉。

汤沟是中国酿造白酒的天选地　汤沟地处淮北平原，气候温和，四季分明，春暖温润，湿热多雨，雨热同季，适宜酿酒原辅农作物的种植生长和各类微生物的繁殖，有利于制作高温曲，生成众多酿酒微生物种群和酶系，赋予了汤沟极宜酿造美酒的自然环境。汤沟位于海河交汇处，地表水与海水在这里交融，汤沟酒的酿造用水来自于千里之外的云贵高原，富含偏硅酸和锶的高原之水历经四十年辗转流淌汇聚汤沟，成为汤沟酒的酿造之源。汤沟的土壤中含有大量的腐殖质和有益菌群，有利于酿酒微生物的繁殖驯化、互生共生，适宜培养窖泥。在沧海桑田、岁月更迭的历史变迁中，只要有人类在汤沟居住，汤沟必定会有酿酒活动，汤沟酒变成了汤沟人生活痕迹的重要组成部分。汤沟的独特地理位置和自然环境让其成为中国酿造白酒的天选之地。

汤沟是中国白酒酿造技艺的守护人　汤沟酒坚持纯手工酿造，形成了“七人师传班”的技艺传承模式，沿用至今的老五甑酿造工艺历经数百年传承，于2007年被列入江苏省“非物质文化遗产”名录。老五甑酿造技艺流程正在逐步被固化，汤沟酿造工艺坚持在传承的基础上创新，在老五甑工艺的核心基础上持续优化提升。老五甑工艺不仅成就了汤沟酒“香而不艳、绵而不淡、净而不寡、甜而不腻”的经典风格，而且具有极高的历史、人文传承保护价值，汤沟将继续传承和发扬老五甑酿造工艺，以纯手工酿造出令人回味无穷的汤沟美酒。

汤沟是中国白酒历史变迁的见证者 据考证，商周时期便有伊尹以酒入汤的的记载，在汤沟出土的酒具被确定为生产于先秦时期，建于北宋年间的连云港海清寺阿育王塔功德碑上，载有汤家沟酒场魏钧等人捐酒捐物的记录，众多史料证明汤沟在中国白酒历史变迁中担任着见证者的角色。汤沟拥有十口保存完好的天启窖池，该窖池已经被不间断使用402年，至今仍在酿出美酒，这十口天启窖池历经400余年的岁月洗礼，在汤沟静静地经历了无数的日落月升，花落花开，见证了从明朝至今的白酒酿造发展历史，是汤沟作为中国白酒历史变迁的见证者的重要佐证。

汤沟是中国白酒文化交融的活标本 汤沟见证了北酒南流，两宋交替之际，契丹人移居汤沟，将蒸馏酒工艺传到汤沟，经由汤福星和黄玉生改良后发扬光大，南北白酒酿造技艺在这里彼此交融。汤沟也是离海洋最近的白酒酿造地，在历史长河中，汤沟逐渐成为中国东西酒文化、南北酒文化相互交融的活标本，汤沟美酒也因岁月洗礼而香飘千年。清代戏剧家、《长生殿》的作者洪昇，在饮汤沟酒后挥毫写下“南国汤沟酒、开坛十里香”的名句，更是增添了汤沟酒的文化意蕴，让汤沟酒名扬四海。

在这片古老的土地上，孕育了跌宕起伏的酒业传奇，这里有世代坚守的匠人之心，这里有守正出新的浓香老味道，在这绵延千年的酒香里，印上了世代汤沟人的奋斗印记，在这青砖黛瓦里触摸到传承坚守的技艺风骨。

如今，企业已形成汤沟酒业大厦、汤沟酒生态文化旅游区、汤沟酒业产业园三大功能版块，一个现代化、规模化的白酒企业正在崛起；未来征程中，汤沟人将发展的目光定位在“藏大爱，奉国艺”，始终奉行“传承匠心、诚信担当、和谐共进、创新奉献”的企业精神，锐意进取，不断超越，以“共筑百亿汤沟伟业，挺进中国白酒廿强”为愿景，精耕酿造之业，秉持酿造之魂，传承汤沟浓香，誓做“中国白酒守艺人”。

正道致远 劲无止境

——劲牌公司70周年高质量发展专题报告发布

七秩风华，青春正好！70年，对历史长河来说，不过一瞬；对劲牌公司来说，却有着沉甸甸的份量。

9月19日，劲牌七十华诞。回首往昔风雨路，数不尽坎坷崎岖。劲牌的七十年，既是波澜壮阔、灿烂辉煌的七十年，也是艰难困苦、筚路蓝缕的七十年。从1953年建厂至今，劲牌七十年的发展历程，经历了1953年至1978年的艰苦创业、1979年至1997年的转折探索、1998年至2018年的奋进发展和2019年至今的转型变革四个时期，企业发展的每一步都与黄石大冶发展步调一致、荣辱与共。

厂长带着3名酿酒师，4197元起家

艰苦创业期的矢志不渝，实现了劲牌基业的薪火相承。

在国家第一个五年计划起始之年——1953年秋，公司第一任厂长李富庭，带着3名酿酒师傅，4197元起家，在大冶城关先锋街28号筹建劲牌的前身——大冶县新建酒厂，日产48度清香型白酒400斤。

这25年里，在新中国计划经济的历史背景下，劲牌几经沉浮，多次迁址。老一辈劲牌人矢志不渝、艰辛建设，企业熬过了这段历久弥坚的艰难岁月，在劲牌基因里刻下了“奋斗”的铭文。

转折探索期的上下求索，坚定了公司保健酒的差异化道路。

1978年，改革开放的春风吹拂神州大地，劲牌人紧跟时代浪潮，从“统购统销”的计划经济突围，开启了18年的转折探索之路。在当时酒类市场鱼龙混杂的竞争环境下，劲牌始终坚守“品质为先”，携手曹雪芹研究会，寻访老中医，坚定地走上滋补养生酒的差异化道路。时任厂长黄清时主导研制了滋补酒，相继推出了莲桂补酒、长寿酒、御品酒、“红楼梦”系列产品。在保健酒道路上进行了有益探索，为“中国劲酒”的诞生打下了良好的基础。

面对酒厂扩建，债务沉重、设备陈旧、技术落后的严峻局面，1987年6月1日吴少勋厂长接受组织安排，临危受命，担当重任。在董事长吴少勋的带领下，1989年“中国劲酒”诞生上市，拉开了保健酒的帷幕。

蓄力发展期的踔厉奋进，劲牌事业走上健康可持续的新阶段。

公司顺应市场经济要求，探索生存之道。1997-1998年，公司历经2次改制，进入到了崭新的历史时期，并且实现了二十多年的持续增长。在董事长吴少勋的引领下，一代代劲牌人在艰难困苦面前迎难而上，在彷徨迷茫之中不懈探索，公司从当初的县域酿酒小作坊，成为一家全国知名的专业化健康产品企业。销售额也从1987年的286万元、人均负债2万元到如今年度纳税20多亿元。科研技术和工艺水平达到行业领先水平，实现“从草根到将军”的逆袭，确立并稳固了中国保健酒行业的龙头地位。

转型变革期的守正创新，劲牌人踏上了新时代下的二次创业探索征程。

随着时代发展，市场开始从“人找酒”向“酒找人”的转变。劲牌人面对暂时的困境，坚持解放思想、守正创新，践行“白加黑、五加二”的二次创业精神。为了实现新时代下劲牌的健康可持续，进一步夯实劲牌百年基业，自2019年起，劲牌开启转型变革之路，坚持以用户为中心，重新塑造劲牌营销新体系，打造百年劲牌产品及品牌矩阵，探索健康可持续的营销模式。与此同时，数字化转型、人力资源转型、管理变革全面启动，全员参与二次创业。百年道路，征途漫漫，劲牌人继续勇往直前！

劲牌的七十年，是一代又一代劲牌人艰苦奋斗、攻坚克难的七十年！

风雨兼程、一路同行。劲牌的七十年，更是社会各界关心帮助的七十年！

一条好而不同的健康可持续之路

暮色苍茫看劲松，乱云飞渡仍从容。回首70载，一代代劲牌人艰苦奋斗、务实创新，共同探索出了一条好而不同的健康可持续之路——坚持“五个战略核心”，这是劲牌70年沉淀的经验总结，也是百年劲牌健康成长的关键基因。

劲牌始终坚持以人为本，坚定“健康之路”不动摇。健康是人类永恒的追求，中医药是中华文明的瑰宝。“通过提供健康的产品和服务，不断提高消费者的身体素质和生活质量”是劲牌人的使命，从滋补养生酒的探索，到保健酒、草本白酒新品类、新赛道的开创者，再到培育中药业，劲牌始终坚定的走“健康人类”的道路。

所有产品必须赋予健康内涵和健康价值，坚决不做与健康无关的产品，这是劲牌的坚持。无论是“既过酒瘾又滋补身体”的保健酒，还是减少肝损伤、辅助降血脂的草本白酒，亦或是持正堂中药业务，都是以消费者健康为出发点，始终为消费者提供健康产品、传递健康理念、分享健康价值，开辟健康道路。

劲牌始终坚持创新引领，坚定“科技之路”不动摇。科技是劲牌持续向前奔跑的核心引擎。围绕产品质量改进提高、与时俱进，劲牌从未停止过技术研发的创新步伐。

劲牌对技术研发的投入不遗余力，每年销售收入的3%用于研发，近7年的技术研发累计投入已超过21.18亿元。如今，劲牌拥有专职研发人员380余名，其中硕士、博士占比40%以上。

创新，从来都不是闭门造车，而是取长补短，站在“巨人”的肩膀上看世界。多年来，劲牌始终坚持整合全球众多顶尖科研机构和院校资源，开展合作。劲牌以工匠之心突破一项项关键核心技术，用科技赋能品质、以品质保障健康，助力消费者美好生活，始终坚持走“人无我有、人有我优”的差异化道路。

精益求精，劲牌坚定“品质之路”不动摇。品质是企业生存的命脉与基石，把产品做好是企业的第一责任。“好而不同，追求极致”是劲牌多年来一直信守的产品理念，作为致力于成为世界一流的健康产品企业，无论是药材、粮食、水源、酒曲，还是原酒酿造、陈酿，劲牌坚持把每一环节的品质做到极致。

围绕品质打造，劲牌进行了大量前置性的资源配置。不论是名列行业前茅的原酒总量、陶缸存量，还是遍布全国各地的道地药材基地、以及公司持续增长科研技术投入，这些都是劲牌践行长期主义、坚持品质至上的基础保证。劲牌不断提升对原料品质与产品质量的极致追求，引领保健酒、草本白酒、中药业的创新发展。

劲牌始终坚持助力社会发展，坚定“责任之路”不动摇。企业的使命是为社会创造价值，企业的财富来自社会、来自消费者。劲牌的健康可持续，离不开和谐的社会环境，依赖社会各方的支持。“国家兴亡，匹夫有责。”劲牌将“履行社会责任、推动社会发展”作为劲牌的价值体现，始终秉承“怀仁行善、和谐共荣”的理念，以“情系社会、共创繁荣”为宗旨，积极开展扶贫助困、助学助教、生态修复等工作，推动社会慈善事业的发展，努力为国家、社会、人类做出最大贡献。

弘扬正气，劲牌坚定“文化之路”不动摇。“正”，是劲牌的立企之根，生存之本。劲牌的“正文化”根植于中华民族优秀传统文化，是劲牌治企理念和经营实践的提炼总结，是全体劲牌人的行为准则。在过去的70年里，一代代劲牌人始终坚持做正直的人、做正义的事，以“正”为价值导向，将“正”的文化基因融入到企业生产经营的各个细胞，为劲牌的健康可持续注入了持久的生命力。“树正气 有担当 可持续”不仅是劲牌人价值观，更是劲牌对社会、对国家、对全体消费者的庄严承诺。

做少、做小，做专、做精，做强、做久

站在劲牌建厂七十年的新起点，展望未来，劲牌的健康事业也将高质量地迈向百年新征程。

公司将继续聚焦保健酒、草本白酒、中药业三大主营业务，继续坚定“健康、科技、品质、责任、文化”道路，保持战略定力，着力打造百年品牌、百年企业。

人生不满百，常想千年事。公司在二十多年前就联合北京长城企业战略研究所对公司未来的治理体系、财富及权力传承问题进行研究，今年在广泛研讨基础上正式制定完成了《劲牌可持续纲领》，是对劲牌七十载的经验总结，也是劲牌人必须坚守的信仰和指南。

劲牌坚持“做少、做小”。古往今来多少实践都证明，企业大多都是在做大的过程中做死的，很少因做小而做死的。劲牌坚信“少即是多”，艺多不养家。面向百年愿景，劲牌将始终专注于保健酒、草本白酒、中医药三大业务，坚持走差异化的发展道路，以“正文化”为核心，坚持“好而不同”的产品理念、坚持“做难事必有所得”，不断构建并提升企业核心竞争力。

劲牌坚持“做专、做精”。“一尺之棰，日取其半，万世不竭”。在健康人类的道路上，还有太多的未知领域需要人类去探索，劲牌的产品力、健康功能还有不断提升的空间。劲牌以“精准、精细、精确、精益”的匠人之心，追求产品品质的极致，持续夯实中药现代化技术，围绕质量提升深化白酒酿造工艺创新、强化健康产品基础应用研究技术，不断提升产品力，努力促进企业产品设计、生产制造、质量控制技术达到世界一流水平。

劲牌坚持“做强、做久”。行百里者半于九十，“百年产品、百年市场、百年品牌、百年企业”是劲牌的不懈追求。做百年企业是一场考验耐力、定力的马拉松长跑，劲牌一直在这条长跑赛道上，坚决摈弃“超常规”和“跨越式发展”，认准自己的目标，坚持长期主义，不图一时之快、不拼一时之勇，练好企业内功，稳健迈向百年！

山河远阔，日月流转。2023年，劲牌已经走过70个春秋。站在新的历史节点，全体劲牌人将坚定不移，以人类健康事业为安身立命之本，初心如磐、矢志奋斗，将一个有力的“劲”字，在“百年品牌、百年企业”的征程中赓续传承！

安徽口子酒业股份有限公司

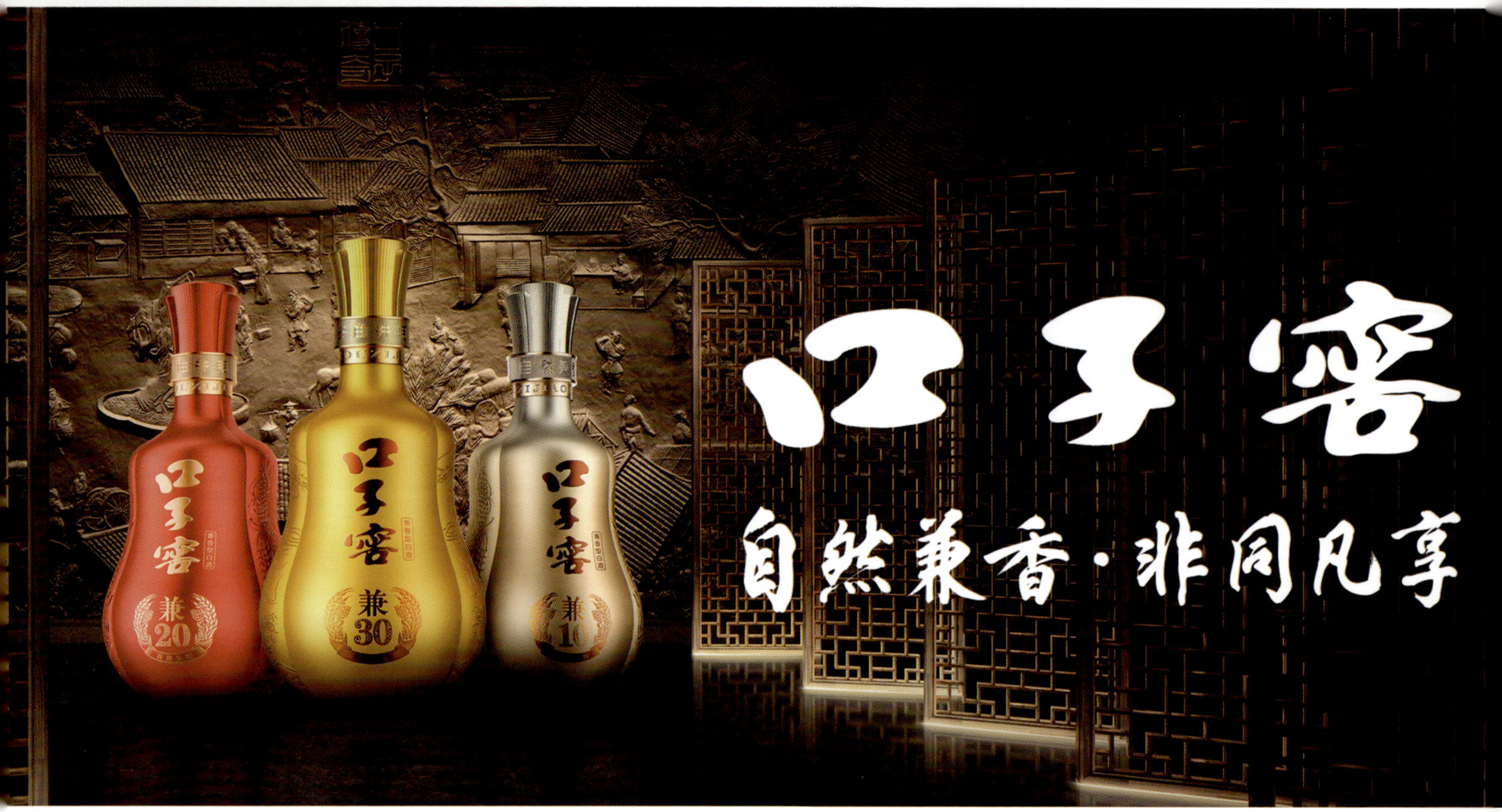

口子窖

自然兼香·非同凡享

安徽口子酒业股份有限公司，是位于隋唐大运河文化带和黄淮河名酒带的国家酿酒重点骨干企业。2015年6月29日，在上交所成功挂牌，成为全国第17家、安徽第4家白酒上市企业。多年来，心无旁骛聚焦主业，精益求精提升品质，务实进取完善产能，已成为中国兼香型高端白酒的典型代表。

历史悠久，底蕴深厚。口子古镇酿酒历史悠久，距今已达2700余年。始于春秋，兴于隋唐，明清至民国时期发展迅猛，出现了“七十二坊争雄”的繁荣景象，口子酒业即是在此基础上发展而来。2018年，全国发掘面积最大的酿酒遗址——濉溪明清酿酒作坊群遗址揭开面纱，印证了口子酒发展的脉络和起源。传承自明清时期的“大蒸大回”酿造技艺，被列为非物质文化遗产；发掘使用至今2000余年的隋唐仙指井、沿用600余年的元明老窖池、始建于明末清初的明清地下酒窖、上世纪50年代苏联风格酿造建筑群等，先后被评为全国文物普查重要新发现、省级文物保护单位和国家工业遗产。

传承创新，品质卓越。口子窖是兼香白酒的推动者、兼香标准的制定者和兼香技艺的传承者。依托国家“地理标志保护产品”独特的产区优势，坚持多曲并用、多粮酿造、长期发酵、长期贮存而形成的“一步兼香”工艺优势，最终成就了自然兼香的品质优势，获得全国消费市场和国家权威部门一致认可。2002年，被评为中国首个获得“国家原产地域保护产品”的兼香型白酒品牌。2006年，被认定为首批“中华老字号”品牌，并率先通过“纯粮固态发酵白酒标志”认证。2010年，荣获全国白酒标准化技术委员会兼香型分技术委员会秘书处承担单位，正式成为兼香型白酒国家标准的“制定者”，开启了兼香型白酒发展的新篇章。

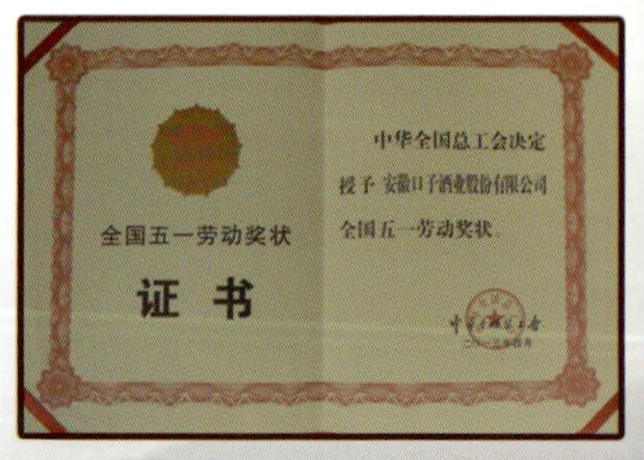

一企三园，未来可期。口子酒业始终坚守“真藏实窖”的匠心品质，不断完善产能规模，逐步形成了以口子工业园、口子酒文化博览园、口子产业园为主的“一企三园”宏大格局。口子酒文化博览园以国家4A级工业旅游区标准设计建设，是一处酒文融合、酒旅融合的特色旅游示范区；口子工业园和口子产业园以“智慧工厂”建设为重点，以数字化赋能传统工业，在自动化、信息化、智能化生产方面不断探索提升，生产和储酒产能业内领先。

展望未来，口子酒业将始终秉承“理智、敬业、规范、创新”的企业文化，与时代同频，与市场共振，以匠心精神酿大国兼香，以奋斗精神创长青基业！

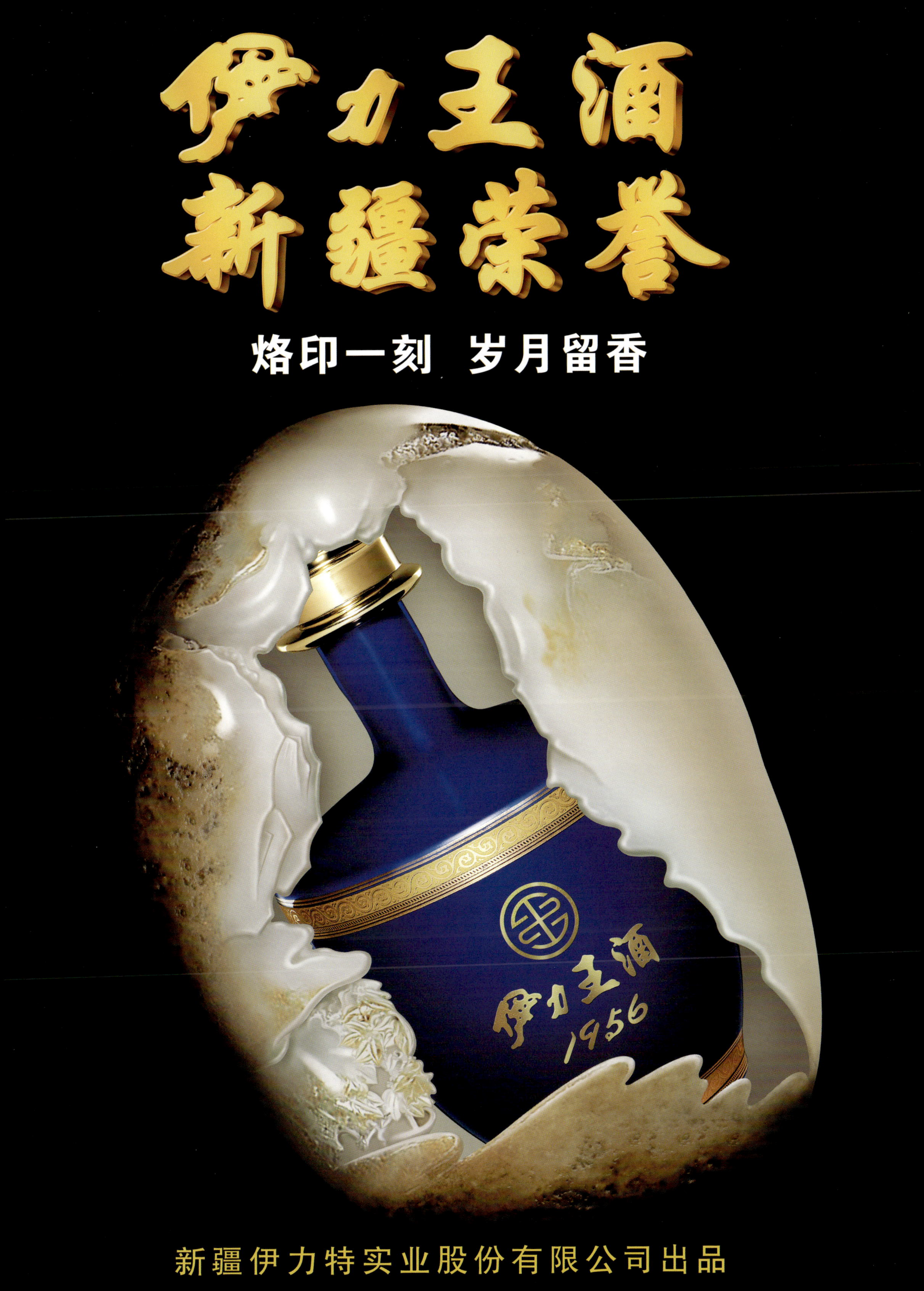
伊力王酒
新疆荣誉
烙印一刻 岁月留香
伊力王酒
1956
新疆伊力特实业股份有限公司出品

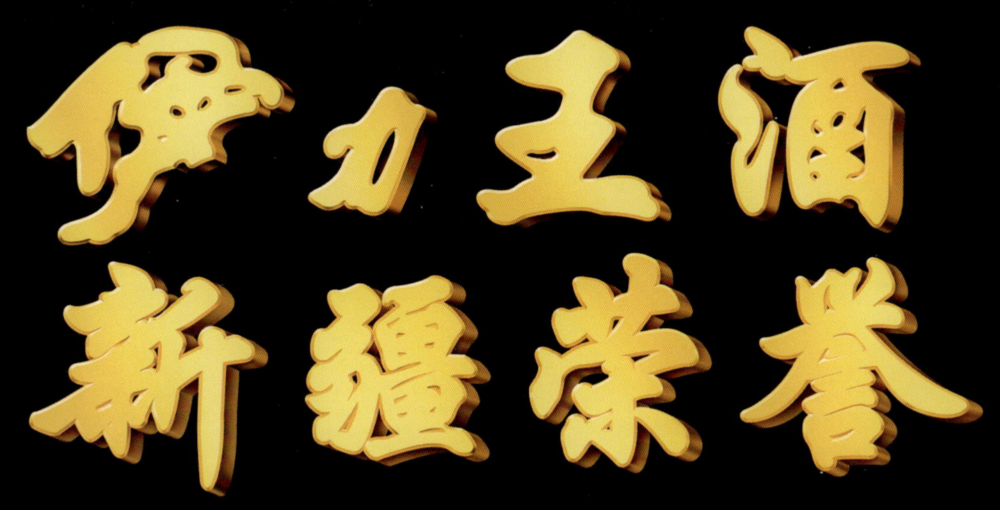

青海互助天佑德青稞酒股份有限公司

青海互助天佑德青稞酒股份有限公司主要从事青稞酒的研发、生产和销售，主营“天佑德、互助、八大作坊、永庆和、世义德”等多个系列青稞酒，以及“马克斯威”品牌葡萄酒。公司旗下拥有4家全资子公司和2家控股子公司。截至2022年底，公司注册资本4.73亿元，总资产32.23亿元，在册员工2000余人。青海互助天佑德青稞酒股份有限公司是全国最大的青稞酒生产基地，也是西北地区白酒行业龙头，被誉为“中国青稞酒之源”。2011年12月22日，公司在深圳证券交易所上市，股票简称：天佑德酒，股票代码：002646。2011年至2022年，累计上缴各项税金46.41亿元，连续成为青海省财政支柱企业和青海企业50强，为促进区域经济发展和地方建设做出了突出贡献。

天佑德青稞酒以青藏高原特有农作物一青稞为原料，其主要种植于我国西藏、青海等海拔2700米以上的青藏高寒地区，独特的种植地带使得青稞基本生长在无污染环境，具有纯净、天然、绿色、有机的品质。公司拥有10万亩有机青稞种植基地，并获得中国有机产品认证，确保产品质量从源头上得到有效控制。酿酒所采用的地下井水，发源于祁连山冰雪融水，穿过数十米深的冰川岩层，层层过滤，水质纯净，软硬适中，清冽微甘，富含锌、硒等多种微量元素，是天然酿酒好水。公司采用历史传承的“清蒸清烧四次清”传统工艺，于2021年5月被认定为国家级非物质文化遗产。公司拥有完善的研发与检测体系，白酒检测中心取得中国CNAS国家实验室认可（注册号L8508）。悠久的酿造历史、天然无污染的原料、独特的酿造工艺及先进的检测技术造就了天佑德青稞酒的上乘品质，被国家酿酒专家誉为“高原明珠、酒林奇葩”。

2022年，公司经营方针为‘质量制胜、营销互补、创新立企、品牌共情’，以‘青稞产业振兴计划’为契机，统筹推进疫情防控与经营发展。为了更好的推动公司战略落地，发挥天佑德头部品牌影响力，1月份将企业名称正式变更为“青海互助天佑德青稞酒股份有限公司”。证券简称也由“青青稞酒”变更为“天佑德酒”。企业更名将发挥天佑德头部品牌影响力，为公司产品深度化运营、品牌高度化曝光提供良好背书，并有效实现公司在资本市场商誉、品牌价值、资本价值的良性互动和优势整合。同时隆重举办公司上市十周年活动，向社会全面、准确、深入讲述天佑德上市十年来发展历程、经营理念、经营成就及社会贡献等，让全社会再一次深度认识一个真实而又欣欣向荣的天佑德。

在青海最好的文旅季，公司隆重举办每年一届的青藏高原文旅盛会：第五届青稞酒文化节。以弘扬高原民族文化，传承青稞酒文化为核心宗旨，系统策划一场封坛大典、十大工匠评选、百桌七彩家宴品尝、千人安昭舞表演、“万人游酒乡”活动、天佑德辉煌70年演唱会、第四届青稞产业发展学术大会暨天佑德真年份战略发布会、昌耀诗歌节等14项系列活动，向社会集中展示河湟文化、土族文化和青稞酒文化。

此外，营销转型全面推进：深入各地开展各级市场与消费者调研，全面优化升级天酿工艺、加强新品开发、完成年份基酒专用储库建设及认证工作、参与制定清香型白酒标准、《露酒》团体标准、《露酒年份酒（白酒基）》团体标准等严格标准的制定工作、建立技术新平台：青海省科技厅首批“科技特派员工作站”以生产应用研究为主开展创新性研究等工作，对产品品质持续提升、开源节流有效开展增益影响显著；全面落实消费者体验与互动工作、推进酒旅融合工作，在消费者体验及舆论口碑方面有明显改善；青稞基地、青稞产业园、酒糟饲料车间、1.73万吨优质青稞原酒陈化老熟技改等一大批重点项目建设有序推进......

2022年，公司被评为互助县“2021年度优秀民营企业”、“2021年度利税大户”、“2021年度青海企业50强”、青海省首批“科技特派员工作站”，被品牌影响力发展论坛暨成果发布活动组委评为公司“2022品牌影响力践行社会责任十大典范企业”、“2022品牌影响力质量先锋企业”，被中国酒业协会评为“2021年度中国酒业协会科学技术奖‘优秀论文奖’”、“科技技术进步二等奖”，被评为全国白酒行业质量领先企业、全国白酒行业质量领先品牌，被国家知识产权局确定为“国家知识产权优势企业”。

与此同时，公司主要产品多次获得国内、国外重要奖项：公司“天佑德45度金标出口型酒（第三代）、天佑德52度国之德真年份6年”获得青海省首届青稞酒‘金蝉奖’一金奖，公司“岩窖30、红五星、三代金标”产品被中国食品工业协会核准为纯粮固态发酵标志，公司《白酒挥发性风味数据库的构建及青稞酒风味特征研究与应用》项目荣获中国食品工业协会科学技术奖“二等奖”。

2023年是公司“三年绩效管理战略”的第三年——绩效突破年，也是“九年管理战略”的第六年，公司的年度经营方针是：国企担当、民营机制、战略协同、亮剑行动。围绕年度经营方针及年度关键词，公司紧扣目标，强化举措，致力于营销模式转型、技术质量升级、供应链优化、企业管理提升等开展各项生产经营工作。

（截止2023年10月30日）公司：被全国工商联、人力资源和社会保障部、全国总工会授予“全国就业与社会保障先进民营企业”称号；获得中国酒业协会颁发的“中国酒业30年文化双创奖”、公司以古法“天酿工艺”为核心的青海青稞酒传统酿造技艺入选首届“中国酒业文化遗产运营经典案例”、公司李董获得“中国酒业30年功勋人物奖”；公司冯总作为论文《全二维气相色谱-飞行时间质谱结合代谢组学方法揭示缩醛作为中国高原青稞酒的老熟标志化合物》作者荣获2022年度“中国酒业协会科学技术奖”（论文类　二等奖）、公司喇总入选2022年中国酒业科技领军人才、公司封江部长被评为首届“中国酒业优秀文化遗产工作者”6项大奖；“互助青稞酒”国家地理标志产品保护示范区入选，成青海省获批筹建的首个国家地理标志产品保护示范区；公司荣获《中国酒业》杂志及“中国酒业年度百强榜发布盛典暨2023品牌营销创新论坛”活动组委会专业评委颁发的“2022年度中国酒业百强企业（生产类）奖”；公司被农业农村部认定为“农业产业化国家重点龙头企业”；公司喇总荣登中国食品工业协会“中国特色风味食品制作技艺传承人名录”；公司酒厂所在互助县荣获中国国际酒业博览会组委会授予的“世界美酒特色产区”、“中国青稞酒乡·互助”称号；公司荣获“青稞香型·天佑德”中国风味标准典范白酒称号；公司荣获中国上市公司协会“2023年上市公司乡村振兴最佳实践创建-最佳实践案例”奖；公司荣登国际品牌科学院评定的“2023年度世界蒸馏酒品牌榜”第73位等诸多奖项荣誉。

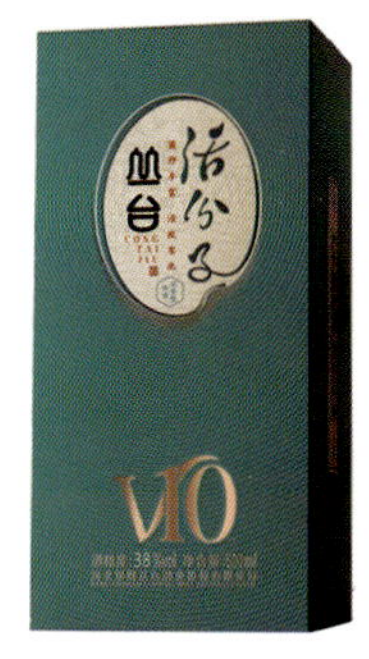

河北邯郸丛台酒业股份有限公司企业简介

河北邯郸丛台酒业股份有限公司（以下简称“丛台酒业”）是集白酒酿造、科研开发、包装物流、酒文化观光、科普教育、文化创意、供应销售于一体的高新技术企业和文化产业园区，正式建厂于1945年11月，是邯郸市第一批国有工业企业，1994年在原邯郸市酒厂基础上经股份制改造后组建而成，其前身“贞元增烧坊”始创于1496年，是明清时期冀南久负盛名的白酒烧坊。

丛台酒业先后获中国驰名商标企业、全国地理标志保护产品企业、全国食品工业优秀龙头企业、国家级放心酒工程·示范企业、全国食品行业质量效益型先进企业、国家级绿色工厂、国家4A级工业旅游景区等，公司注册资本1.2亿元。公司先后于1999年和2010年被国内贸易部和国家商务部认定为“中华老字号”，公司贞元增酒传统酿造技艺2007年被河北省政府批准公布为省级非物质文化遗产。公司主导产品为丛台酒和贞元增酒系列，其中丛台酒为“中国驰名商标”、“河北名牌产品”，荣获“中国优质酒”和国家质量奖银质奖章。

丛台酒业在继承中创新，以创新求发展，建有河北省固态酿酒技术创新中心、河北省浓香型白酒酿造产业技术研究院、省级院士工作站、省级国际科技合作基地、省级企业技术中心等科技创新平台，拥有一支由享受国务院特殊津贴专家、国家和省级白酒评酒委员、河北省省管优秀专家、河北省突出贡献技师等组成的精干科技研发团队，专业水平在全省同行业处于领先地位。

丛台酒业通过ISO9001质量管理体系和危害分析与关键控制点（HACCP）体系认证，建立了食品安全追溯体系，实现产品质量安全可追踪溯源、风险可管控，保障了白酒质量安全。公司积极推行卓越绩效管理模式，2020年荣获河北省政府质量奖。

丛台酒业占据晋冀鲁豫四省交界中心城市的优势地位，是连通东北、西北、华北的交通枢纽和商品流通中转站、集散地。公司坚持“以质量为中心，以创新促发展，以顾客满意为宗旨”的质量方针，坚守“用户至上、真诚守信、合作双赢”的经营理念，一如既往地秉承“一心一意酿酒，全心全意奉献”的企业核心价值观，为振兴民族白酒工业，为区域经济高发展做出新的更大贡献！

山东云门酒业股份有限公司

云门酒业位于中国酱酒·青州产区，是一家拥有75年建厂史、50年酱酒酿造史的白酒企业，2009年参与中国《酱香型白酒》国家标准制定，成为中国酱酒国标三大制定者中唯一的北方酱酒企业，主导产品云门酱酒是我国北方酱香型白酒的典型代表。

企业核心厂区占地面积500亩，建有集原料贮存、粉碎、制曲、酿酒、储酒、灌装、成品贮存等功能为一体的现代化、智能化北方酱香白酒生态示范园；拥有员工900余人，其中非遗传承人、中国酿酒大匠、中国评酒大师、国家、省级白酒评委、齐鲁首席技师、高级品酒师、高级酿酒师等专业人才280余名。完善的基础设施建设和强大的酿造技术团队，充分保障了云门酱酒的卓越品质。

青州产区悠久的酿造历史和天然的酿造环境，为云门酱酒的诞生奠定了良好的底蕴传承和气候条件。以“12987”传统酿造工艺为基础，结合青州七千年酿造文明，形成的云门酱酒“160”操作法，与青州仰天山脉狮子峪“天人洞”“天合洞”两处生态洞藏基地一起，成就了“酱香幽雅，风味醇厚”的云门酱酒风格特点。

近年来，云门酒业先后获得“中华老字号”“山东省非物质文化遗产”“中国酒类放心酒工程示范企业”“全国质量诚信先进企业”“全国白酒行业质量领先企业”“中国创新品牌500强”“2022年度山东省食品产业高质量发展表现突出集体”“第九届潍坊市市长质量奖”等荣誉；拥有“山东省博士后创新实践基地”“山东省企业技术中心”“江南大学科研教学实践基地”“齐鲁工业大学实践科教基地”“中国北方酱香白酒研究院”等科研中心、实践基地；云门酱酒荣获“2022年度中国白酒类新品青酌奖”“中国白酒酒体设计奖”“中国酒业最具投资价值品牌”“全国消费者质量信誉保障产品”等奖项。

立足发展新阶段，云门人将继续立足“青州产区”，坚持原产地酿造，坚定不移走好“品质、品牌、品味”高质量发展道路，做有根、有魂的中国白酒企业，为消费者全力打造中国北方好酱酒。

提振信心对于促进消费的重要性已是不言而喻。但我们相信，作为全球最具活力的经济体和最大的消费市场之一，我国的消费复苏仍是未来的主要趋势。

具体到食品部门的消费情况，居民人均食品烟酒支出在过去长期内保持快速增长；同时，食品消费结构在过去 10 年中持续优化，粮食占比下降，而其他食品（如蛋、奶、蔬菜等）占比上升。这一趋势反映出我国居民膳食结构正朝着多元化、营养化和科学化发展，对所有食品行业的发展路径和发展策略提出了相应的要求。

【c. 行业百强数据】

1. 百强企业总体分析

2022 年，中国调味品著名品牌企业 100 强数据显示：入围的百强企业生产总量为 1749.4 万吨，同比下降 1.5%；销售收入为 1363.8 亿元，同比增长 6.9%。在过去数年的统计中，这是百强产量首次出现同比下降，产量与销售收入的增速出现分化。

2022 年，部分企业在特殊时期，生产会受到一定程度的影响，另外企业也可能根据销售情况主动进行了生产计划的调整，上述因素均有可能导致产量下滑。但我们同时也需警惕，在持续数年的产能扩张大潮后，行业内的相关企业或许更需要高度关注现有产能和计划产能的安排、调整与平衡。

具体来看，在 100 家调味品企业中，54 家企业的产量和销售收入均同比增长；16 家企业产量同比下降、而销售收入同比增长；26 家企业产量与销售收入均同比下降；另外有 4 家企业产量同比增长但销售收入同比下降。大部分企业的产销变化同向；但对于产量减而收入增的 16 家代表企业，我们分析可能原因包括：品类升级与淘汰、企业有效去库存、在售品提价等。这些企业的表现反映出调味品行业龙头企业的策略更多偏向于理性与灵活，并且多强调在“安全库存”内实现增长。

过半企业产量与销售收入齐增，去库存与扩产能需合理抉择

16 家企业产量减但收入增，或为产销结构优化，或为有效去库存

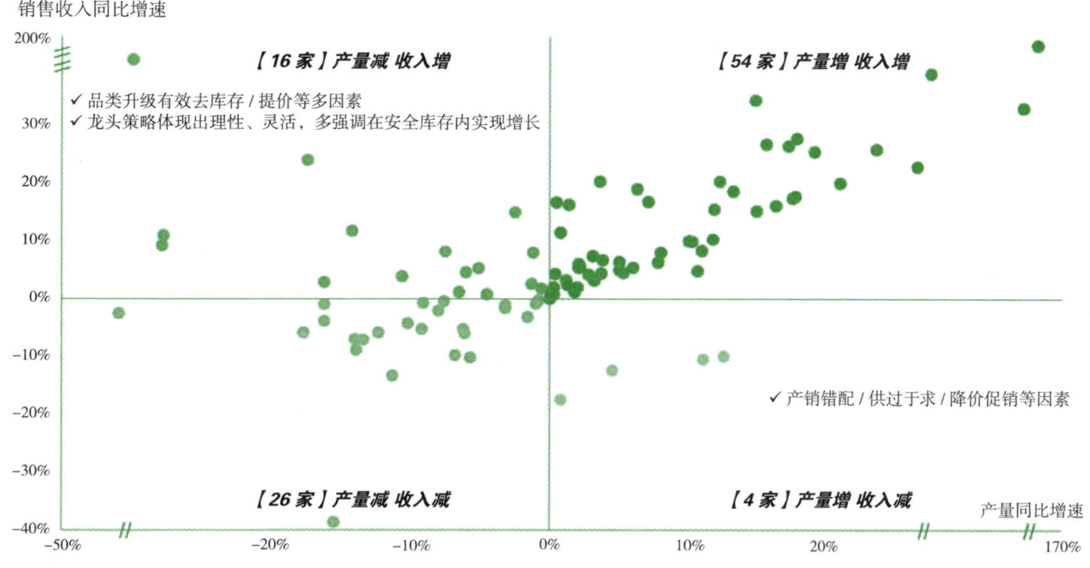

数据来源：中国调味品著名品牌企业 100 强数据统计汇总分析

12

从百强产销的绝对体量看行业格局，目前，行业仍呈现一超多强局面。十几年以来，头部企业一直保持着领先性的竞争优势，但是在这些企业内部，以及在拥挤圈层的中腰部企业之间，彼此竞争地位的替换与波动极度频繁、激烈。

百强一超多强格局，行业竞争激烈
调味品企业力求向“外”突破

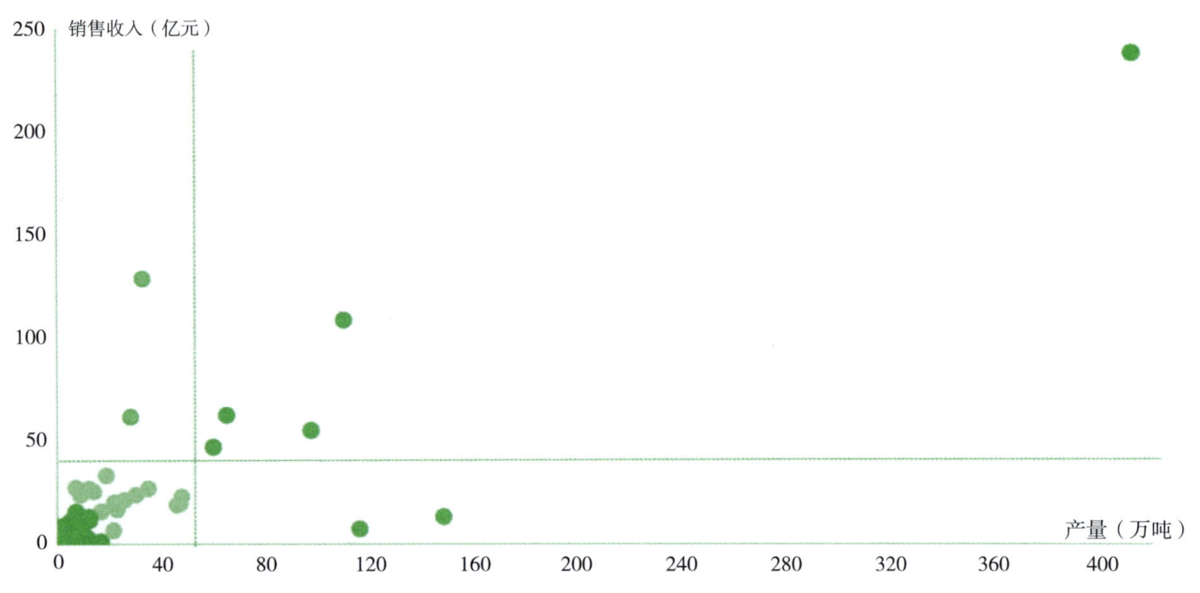

数据来源：中国调味品著名品牌企业 100 强数据统计汇总分析

2. 百强企业品类分析

根据百强数据，对各大品类的产量与销售额进行比较，可以看出复合调味料、鸡精（粉）、火锅调料、香辛料、酱腌菜的单位产量收入较高，均超过 1 万元 / 吨；而食用盐的单位产量收入相对较低，不及 5000 元 / 吨。

不同品类单位产量收入差异明显
多数品类单位产量收入 >5,000 元 / 吨，少数品类单位产量收入较低

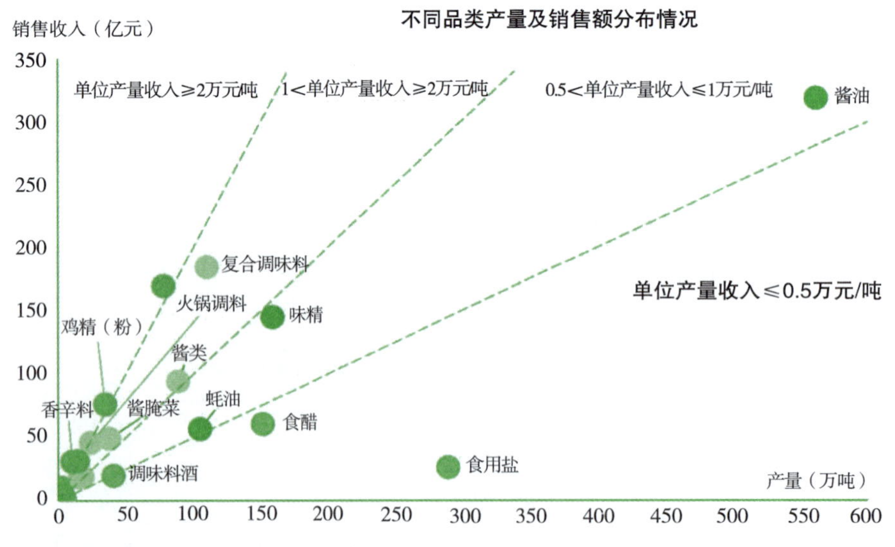

百强榜单按品类比较产量与销售额，可以看出复合调味料、鸡精（粉）、火锅调料、香辛料、酱腌菜的单位产量收入较高，食用盐的单位产量收入相对较低。

数据来源：中国调味品著名品牌企业 100 强数据统计汇总分析

大部分品类从 2019 年到 2022 年的复合增长率为正；过去几年，尽管受到疫情的影响，但调味品作为民生相关的必需品，大多数品类仍然实现了较为稳健的复合增长。同比多数品类产量与收入同比增长，酱类和食醋产量同比下降，但收入同比增长，少数品类产销同比下降。

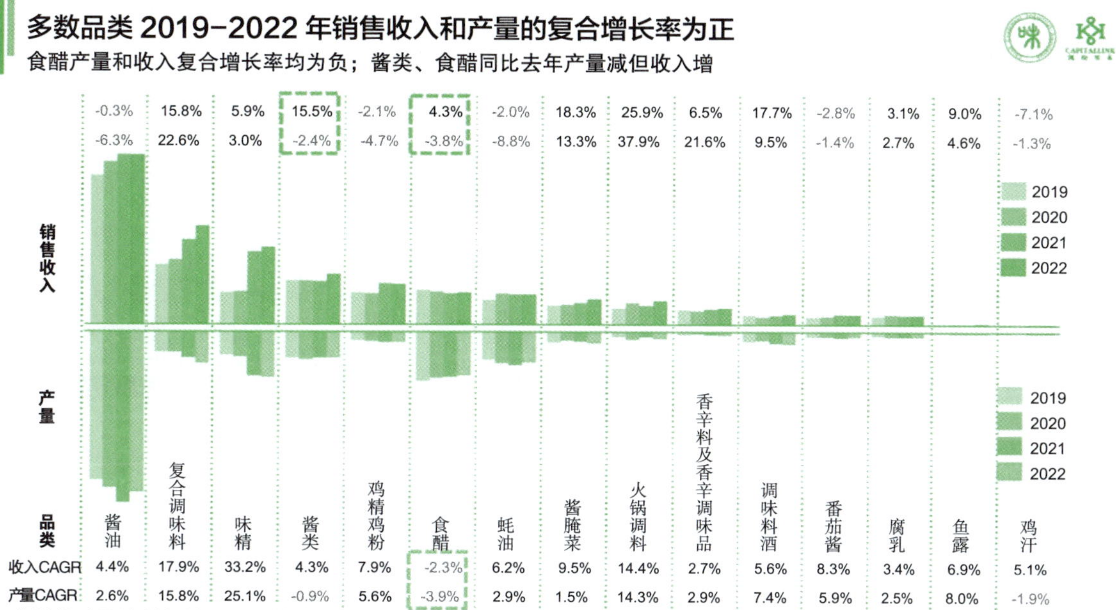

从 2019 年到 2022 年，各品类的集中度和规模发生了不同程度的变化和调整。食用盐、蚝油、味精的集中度仍保持较高水平；酱油、鸡精 / 粉、鸡汁、食醋、蚝油等品类集中度与 2019 年相比获得提升。复合调味料变动最为明显，品类百强 CR3 数值显著下降、百强收入规模显著上升。复调赛道扩容，玩家纷纷布局，品类竞争加剧。

品类间百强收入CR3存在较大差异

复合调味料赛道扩容，从2019到2022年百强CR3明显下降

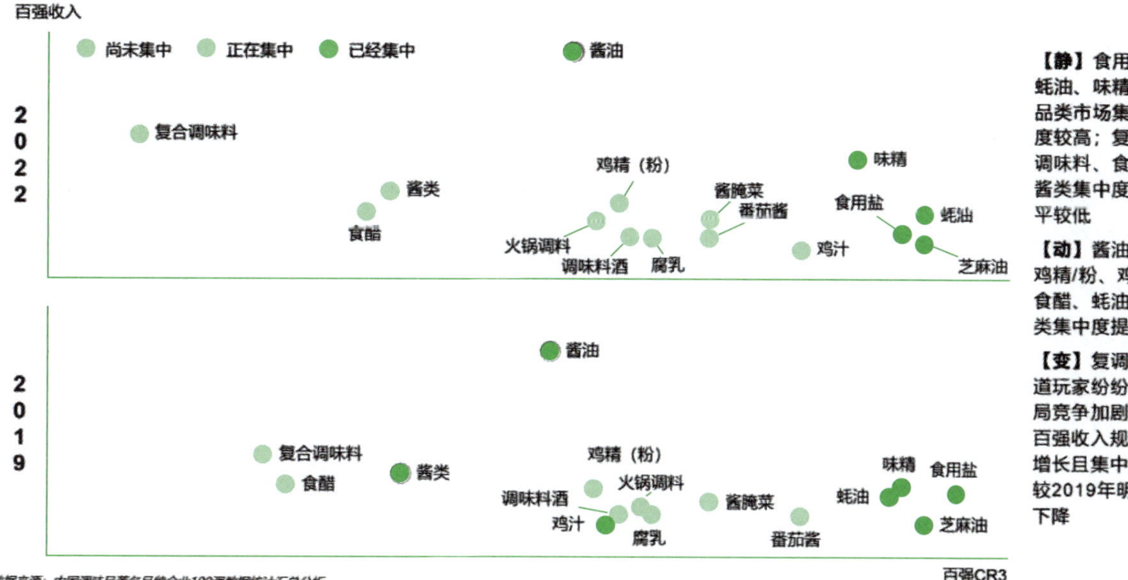

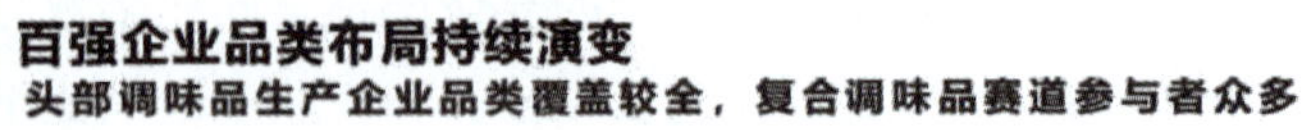

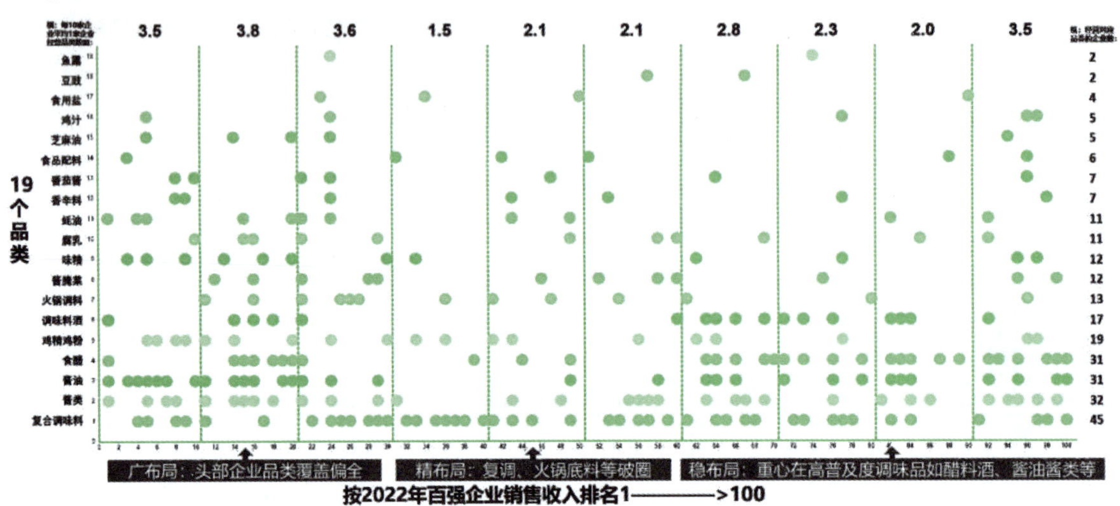

数据来源：中国调味品著名品牌企业100强数据统计汇总分析

从百强企业的品类布局来看，一共有45家企业生产销售复合调味料，而酱类、酱油和食醋也各自有超过30家企业布局。我们发现处在不同收入规模区间的百强企业在品类布局上，呈现出分段式的特点。头部企业倾向于广布局，例如销售收入排名在前30的百强企业，平均每家企业生产销售3.5–3.8个品类，品类覆盖较全；而排名31–60区间的企业平均每家仅布局1.5–2.1个品类，更多选择在主营产品深耕；排名61–90区间的企业则倾向布局于普及度较高的品类。

3. 百强企业细分品类数据分析

（1）酱油

入围企业收入同比持平，产量同比下降6%，单位产量收入达到近年新高。入围企业数31家，营业收入合计318.7亿元，前三名在入围企业的占比为66%；产量合计562万吨，前三名在入围企业的占比为67%；单位产量收入5671元/吨。

（2）复合调味料

入围企业收入、产量均同比增长，单位产量收入同比下降。入围企业数45家，收入合计184.9亿元，前三名在入围企业的占比为28%；产量合计110.3万吨，前三名在入围企业的占比为26%；单位产量收入16762元/吨。

（3）味精

入围企业收入、产量、单位产量收入均同比增长。入围企业数12家，收入合计145.3亿元，前三名在入围企业的占比为91%；产量合计158.8万吨，前三名在入围企业的占比为94%；单位产量收入9148元/吨。

（4）酱类

入围企业收入同比增长，产量同比下降，单位产量收入同比增长。入围企业数32家，收入合计94.5亿元，前三名在入围企业的占比为50%；产量合计88.9万吨，前三名在入围企业的占比为56%；单位产量收入10613元/吨。

（5）食用盐

入围企业收入、产量与单位产量收入均同比下降。入围企业数4家，收入合计26.3亿元，前三名在入围企业的占比为51%；产量合计290.6万吨，前三名在入围企业的占比为97%；单位产量收入907元/吨。

（6）鸡精（粉）

入围企业收入与产量同比小幅下降，单位产量收入同比小幅增长。入围企业数19家，收入合计76.3亿元，前三名在入围企业的占比为70%；产量合计34.9万吨，前三名在入围企业的占比为 28%；单位产量收入 21890 元 / 吨。

（7）食醋

入围企业收入同比增长，产量连年下降，单位产量收入同比增长。入围企业数 31 家，收入合计 60.7 亿元，前三名在入围企业的占比为 48%；产量合计 151.5 万吨，前三名在入围企业的占比为 52%；单位产量收入 4004 元 / 吨。

（8）蚝油：

入围企业收入与产量均同比小幅下降，单位产量收入同比增长。入围企业数 11 家，收入合计 56.7 亿元，前三名在入围企业的占比为 97%；产量合计 105.1 万吨，前三名在入围企业的占比为 98%；单位产量收入 5398 元 / 吨。

（9）酱腌菜

入围企业收入、产量与单位产量收入均同比正增长。入围企业数 12 家，收入合计 49.2 亿元，前三名在入围企业的占比为 78%；产量合计 37.9 万吨，前三名在入围企业的占比为 70%；单位产量收入 13009 元 / 吨。

（10）火锅调料

入围企业收入与产量同比增长，单位产量收入同比下降。入围企业数 13 家，收入合计 46.1 亿元，前三名在入围企业的占比为 68%；产量合计 24.1 万吨，前三名在入围企业的占比为 59%；单位产量收入 19137 元 / 吨。

（11）香辛料

入围企业收入与产量均同比增长，单位产量收入同比下降。入围企业数 7 家，收入合计 31 亿元，前三名在入围企业的占比为 96%；产量合计 10.3 万吨，前三名在入围企业的占比为 93%；单位产量收入 30141 元 / 吨。

（12）腐乳

入围企业收入同比小幅增长，产量同比持平，单位产量收入同比近持平。入围企业数 11 家，收入合计 18.5 亿元，前三名在入围企业的占比为 73%；产量合计 16 万吨，前三名在入围企业的占比为 68%；单位产量收入 11595 元 / 吨。

（13）调味料酒

入围企业收入、产量与单位产量收入均同比正增长。入围企业数 17 家，收入合计 20 亿元，前三名在入围企业的占比为 71%；产量合计 40.9 万吨，前三名在入围企业的占比为 78%；单位产量收入 4884 元 / 吨。

4. 上市企业数据分析

目前国内上市的调味品代表企业共 20 家，其中大部分企业从 2019 年到 2022 年产量与收入复合增长率为正。相比于 2021 年，规模较大的上市企业产量和收入大多实现正增长，7 家企业产量减少但收入增长。

从上市企业的财务表现来看，大多数企业营

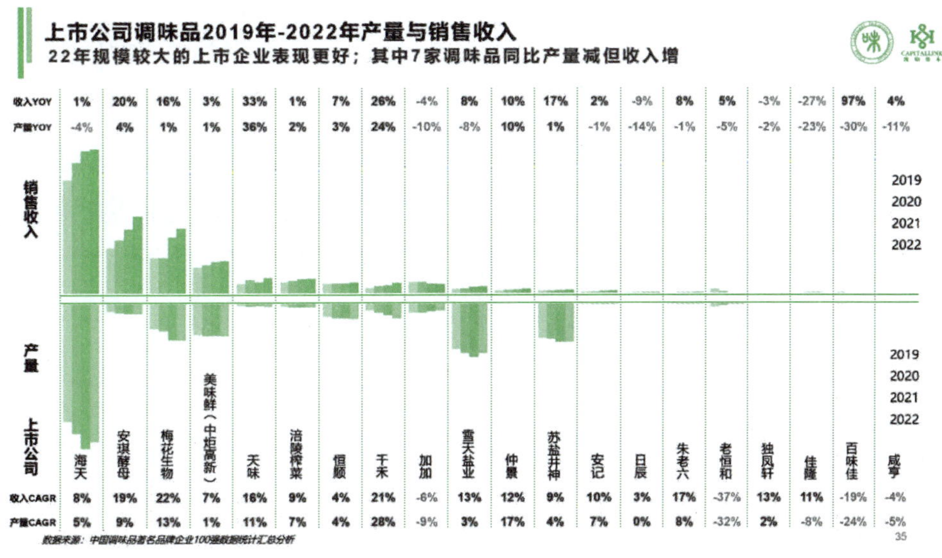

业收入和营业成本相较于疫情前均有上涨，由于成本的涨幅更大，相应的企业毛利率承压下行。销售费用表现分化，而在管理费用和研发费用上，多数企业还是在持续投入。

上市企业股市表现

调味品赛道经历暴涨与回调，应当树立清醒理性的资本市场认知

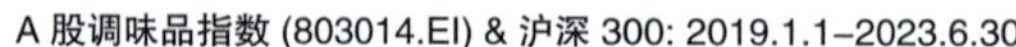

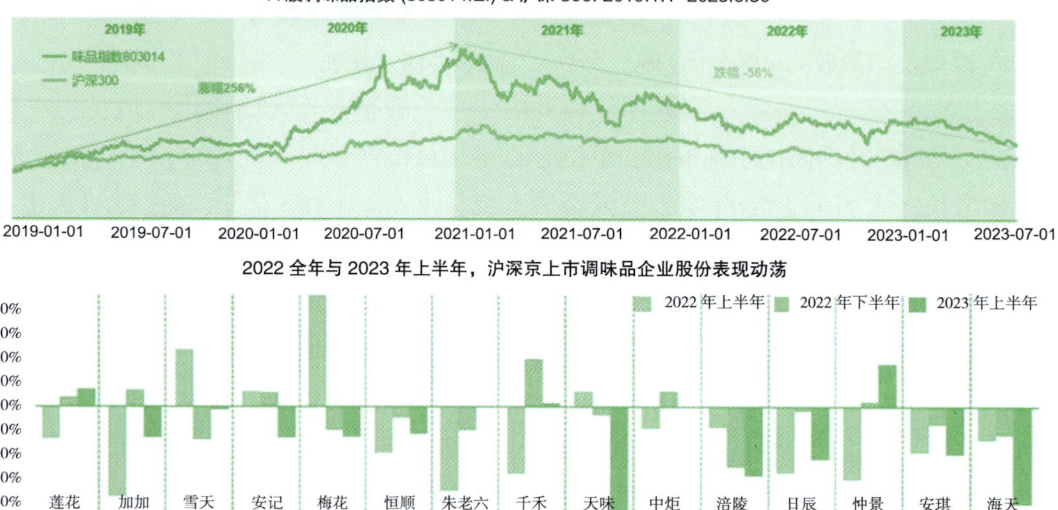

数据来源：上市公司公开数据，Choice，凯联资本

上市公司利润结构：营收与成本均上涨，后者承压毛利率多表现下行

调味品上市公司销售费用现分化趋势，研发费用投入增加

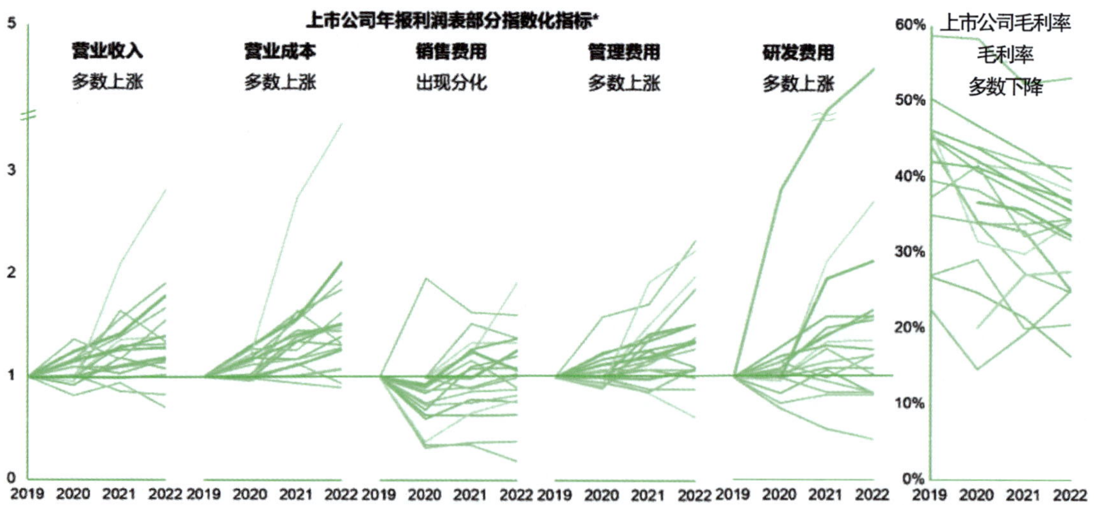

注：20家上市公司样本包括安记食品/安琪酵母/百味佳/独凤轩/涪陵榨菜/海天/恒顺/加加/佳隆股份/老恒和/莲花生物/梅花生物/千禾/日辰/威亨股份/天味食品/雪天盐业/中炬高新/仲景食品/朱老六

指数化指标计算：以2019年为基年，将每家公司2020年-2022年的对应值除以2019年的值，得到各年度各家对应指标相对于2019年的变动倍数。

由于部分年报起始时间限制，百味佳/独凤轩/老恒和/朱老六/威亨食品5家上市企业以2020年为基年

数据来源：上市公司公开数据、choice、凯联资本

36

少数调味品企业出口已具规模

11 家企业出口额占比超过 10%

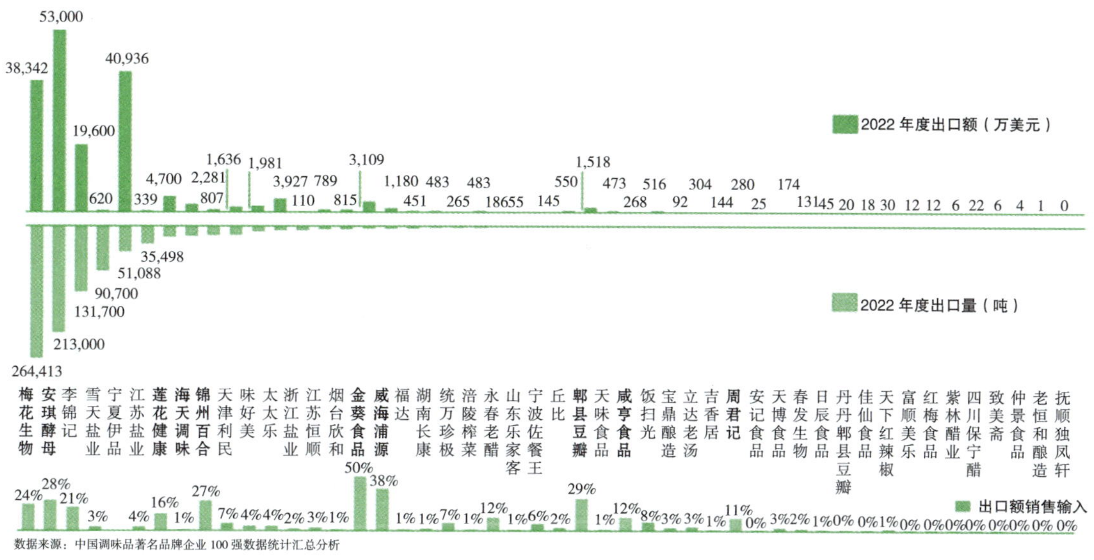

自 2019 年以来，调味品赛道经历了阶段性暴涨和震荡下行的过程。2019 年初至 2020 年底，A 股调味品指数涨幅达到 256%，此后指数开始下行，截至 2023 年 6 月底跌幅达 56%。2022 年，多数上市公司股市表现较动荡，上半年仅雪天盐业和梅花生物表现为上涨，下半年仅千禾味业表现上涨。进入 2023 年后，除仲景食品外，多数企业股价继续下跌。

百强企业出口数据分析 2022 年统计到的出口数据中，梅花生物、安琪酵母、李锦记与宁夏伊品等 4 家企业出口额接近或超过 2 亿美元，已初步形成规模。统计到 11 家企业的出口额 / 销售收入占比已超过 10%，其中 7 家已超过了 20%。

【d. 行业现状及趋势】

1. 行业所属阶段与特征

自改革开放以来，随着市场经济的不断完善与发展，调味品行业经历多个阶段取得飞速发展，当前行业已来到了充满挑战与机遇的新时期。

回顾历史，20 世纪 80 年代经济开放，调味品作为家家户户的日常消耗品，对应市场也开始形成和逐渐壮大。在这一阶段，调味品市场迅速起量形成一定规模，但商品更多是在区域性中小市集流通，渠道比较单一，交易品种也主要是基础调味料，例如盐、酱油、醋等等。而随着 90 年代中国工业化进程迅猛发展，调味品行业也进入到工业化大生产阶段，迎来第一轮快速发展期。在这一阶段，行业快速上升调整，流通区域也实现突破，更多企业从当地走向外省市，全国性市场开始形成。

到 21 世纪的第一个十年，这是调味品行业加速发展的黄金十年。在这个十年中，行业的年均复合增长率达到约 20%。产能建设、需求旺盛以及消费升级等诸多因素为行业扩容奠定基础。同时，伴随经济腾飞、大卖场大商超等兴起，调味品行业渠道逐渐演变，从批发农贸到商超、从区域到全国。这一时期内行业竞争呈现百家争鸣的景象，大批优秀企业纷纷找准核心定位，开始形成品牌印象。从 2010 到 2020 年，行业开始集中，一超多强格局逐渐形成稳定，行业的复合增长率开始降速。随着电商、外卖以及社区团购等新消费形式的兴起，调味品行业渠道也向着多元化和精细化演变。同时，由于消费者的需求更加多样化，行业的品类创新呈井喷之势，品类间的替代和品类的细化均启动加速，复合调味料兴起。在这一时期内上市的调味品企业数量为有史之最，资本的助力促进企业壮大同时也促进行业格局的演变。

2020 年前后全球遭遇疫情冲击。国内调味品行业与整体经济走势一致，都从高速发展开始向中高速调整。供给过剩叠加谨慎型消费的大趋势之下，各消费行业生存压力加大。调味品行业同样面临供给过剩与需求弱复苏的压力，行业依靠人口驱动型的消费增长已不可持续，基础调味品已率先进入低单个位数增长期。但作为居民必需品，调味品需求价格弹性小、周期性弱，受宏观经济等外部因素影响相对其他行业而言较小，行业长期将趋于稳定。我们判断，未来行业的发展将更多强调高质量发展，这既符合一般行业发展的必然趋势，也是对行业对企业化解内外部挑战的必然要求。

高质量发展并不是一概而论的发展。对于企业而言，需要结合不同消费环境下的消费者偏好和市场敏感度，针对不同品类采取差异化策略。例如对于普及度较高的产品，企业进一步探索产品升级的空间；而对于普及度仍然较低的产品，企业需继续提高产品的市场渗透率，让更多人能够消费到优质产品。

2022 年，调味品行业承压，从工商数据来看，行业共新注册企业 14862 家，同比下降 58.4%。在这些新注册企业中，调味品制造企业 4301 家，占比 28.9%。2023 年上半年，受到国内经济总体环境的影响，调味品行业重启较为缓慢；但调味品制造相关的企业工商注册量环比大幅增长；从这个角度看，行业已逐渐恢复向稳。

2. 上游成本与渠道变革

调味品行业在疫情期间面临了较大的成本压力。调味品生产企业的上游原料多为一些初级农产品。在过去几年中，农产品价格大幅上涨，另外由于企业的人力成本等也在上行，导致调味品企业在成本端普遍承压。疫后复苏阶段，我们认为排除长期的持续性的极端气候条件和意外事件，农产品收成将趋于稳定，因此调味品行业的上游成本压力将逐步得到缓解，长期行业的原料价格趋于平稳。

行业下游的传统经销商同样面临较大的压力。2021Q1–2022Q1，以经销商为主的调味品流通企业注册数量连续多季度出现下滑。尤其是在 2022Q1，流通企业新增数量出现负增长。经销商面临严峻的生存压力，在内外部冲击下尾部中小企业或加速淘汰离场。另一方面，作为调味品生产企业的重要渠道伙伴，传统经销商的整合发展势头加剧。由于单一品类、单一渠道的经销商经营压力不断加大，销量出现下滑，而多渠道、多品类的经销商则迅速壮大崛起，经销商开始跨品类、跨渠道融合。KA 渠道销量继续被分化，品牌化崛起的社区终端（便利店、食杂店等）让性价比、即时性、近场化购物优势进一步凸显。渠道单一的厂家和经销商面对数量庞大、覆盖面更广、销售潜能更大的社区终端，在营销上将更加被动，淘汰速度进一步加快。

调味品企业零售渠道同时正从传统线下经销商渠道转变为线上线下融合发展的新零售体系，“线上线下一体化、传统新兴全覆盖”趋势显著。调味品企业正持续加强线上化运营能力，通过内容及企业自播构筑私域流量，提升渠道把控力，且借力内容及直播电商目的也从注重品宣转变为追求盈利。综合来看，调味品市场销售的线上与线下渠道正加速融合与调整。

疫后复苏阶段，提振消费逐渐成为市场共识。调味品行业的需求端也出现一些新变局和新趋势。消费者对饮食的需求从吃得到、到吃得好、再到吃得便捷，不仅更加重视食物的安全与健康，也对高效化、便捷化饮食需求高涨。具体而言，调味品行业下游需求主要由餐饮端、家庭零售与食品加工构成，比例约为 5 ：3 ：2。

家庭零售是调味品企业的 ToC 业务场景。近年来，零售端需求呈现精细化趋势，且消费者的消费场景也开始多元化。消费者在家庭烹饪中对调味料的使用更加具体、更有针对性，在烹饪时会主动选择能帮助节省时间、同时保证菜肴美味度的调味料，也会针对菜肴属性，使用对应调味料如油醋汁等以简化烹饪程序、提高出餐效率。另外，特定细分人群例如减脂减重群体等，相应地对调味料会附加 0 糖 0 脂等要求；特定消费场景如烧烤、家庭火锅、野餐露营等，也会激发适用于相应场景的调味料如烧烤蘸料等的市场需求。

3. 餐饮端更加强调成本、效率与风味稳定

尤其是在餐饮连锁化趋势持续的市场环境下，餐厅需要综合考虑用料成本和出餐效率，同时也需要保持所属餐饮品牌的风味特色，存在从餐厅自制酱料向购买现成定制料转变的动机与趋势，因此对更节省和更便捷的定制化调味品需求的增长，驱动中餐食品工业化、推动调味品的复合化与定制化。

4. 食品加工端新兴品类层出不穷

以休闲食品、预制调理食品、方便速食、代餐轻食为主的细分领域增长潜力巨大；而这些食品的加工过程中使用的调料包 / 酱料包 / 酱汁等调味品直接决定其最终风味呈现。因此，随着各类食品的品类创新和消费规模壮大，对相应调味品的加工使用需求也会随之调整。

调味品行业餐饮、零售和食品加工三大消费端的比例和边界在重构。综合渠道与终端需求的重构与演变，催化出定制餐调的新风口，同时也引发传统调味品市场与资本方的高度关注。目前，定制调味品企业业务定位各有侧重，比如圣恩、聚慧餐调、川娃子等企业以火锅调料、川调定制为主营业务，北京圣伦主要经营中式复合调味料，上海宝立食品定位西式复合调味料，日辰股份则以日韩复合调味料为主。不同类型企业充分发挥以研发为核心的多品种、小批量定制模式的价值优势，在竞争中更加考验柔性生产、标准研发能力，为市场提供更节约成本、使用更加便捷、同时保证风味独特且稳定的定制产品。

5. 发展方向与未来策略

调味品行业的新阶段、新特点以及市场一系列新趋势，将引发行业竞争达到一个新的高度，我们判断未来的竞争将是企业间更全面、更深层的竞争，重心是围绕各运营环节优化策略、协同进行品牌建设。

生产环节，在市场供过于求之下，调味品企业需及时调整生产策略，加快供给侧结构性改革，进行产能升级，淘汰落后产能，同时利用智能制造实现降本增效。目前食品加工行业产能利用率低于工业制造，行业存在前期产能扩建较多但目前需求不足的问题，同时也存在对高需求调味产品相应产能安排无法满足需求、而相对低需求的调味品和过时产品等产能过多，整体上产能结构错配的可能性。另外，环保因素、技术限制以及人力成本上涨等因素，共同迫使企业进行供给侧结构性改革。

渠道管理环节，企业可以优化经销商管理，与经销商实现良性互动和共赢合作，从而把双方对渠道的洞察和对市场需求的捕捉转化成产品力的提升；同时抓住线上渠道的发展趋势，积极拓展电商渠道布局。

品牌营销环节，结合企业与产品的特性，实现精准定位和智能触达到目标群体。一方面，企业善用互联网工具，可以挖掘新需求发现新机会。以云山半为例，围绕社交媒体的减脂话题，云山半准确及时抓住细分市场需求，再利用营销放大需求，趁势推出 0 脂肪全麦荞麦面、0 脂肪番茄意面酱、0 卡糖低脂鸡胸肉肠等品类，建立公司产品矩阵。另一方面，针对目前消费者从吃得到、吃得好，到吃得更健康、吃得更便捷的需求转变，企业可以根据有机、减盐、新国潮等相关话题放大市场影响力，提高消费者对品牌的认可度。除此之外，近年来以太太乐等为代表的调味品企业尝试探索私域布局与数字化升级，服务存量客户、增加复购忠诚，同时实现多渠道与消费者进行沟通。

市场布局环节，部分地方企业存在区域扩张的潜力，但需结合目标市场的特点和竞争情况进行权衡后再择时而入。根据百强数据中对企业出口的分析，我们判断在目前的市场节点行业已经有了海外布局的契机与机会。对于企业而言，在制定出口战略时，需要重点考虑目标消费人群是华人群体还是海外消费者，产品是改良中式口味还是创新西式风味产品。

消费者服务与需求洞察环节，企业应时刻关注消费者的需求动向，提高对市场变动的敏感度，从理解需求，到满足需求，再到创造需求。无论产品战略是选择高端化还是主打渗透率，结合终端需求格局的新变化，企业更需高度关注调味品的消费场景，对消费者进行基本需求调查。在理解消费者的基本需求后，还要把握在各类消费场景下产品的可替代性，不仅关注同类产品竞争，还应关注可替代品竞争。企业在洞悉消费者的前提下去做好产品，从单纯的经营产品转型到服务消费者；在消费者的产品体验、使用反馈上收集有效信息，从而把握和挖掘新机会。

对于调味品企业，好产品是核心竞争力。在产品策略与研发创新环节，产品分级、多矩阵战略、菜系开发与跨边界等战略选择需要结合企业本身的定位与产品情况进行抉择。对于酱油、醋等普及度较高的调味品，高质量发展需要强调食品安全、口味与健康，因此企业可酌情考虑品类升级，实现产品的多线并行。产品结构较为简单、品牌阵列单一的企业可以考虑多矩阵战略，提高产品丰富度，打造副品牌。针对消费端的新变化和新趋势，以中国 4000 多道菜品为突破点，企业还可以尝试研发和创新附加值高、能满足特定菜式需求、能简单化烹饪的产品。另外，调味品行业外延日益丰富，未来“调味品 +”概念下，调味品跨界应用将开启对美食的重新塑造。

【e. 行业整合与资本运用】

调味品行业竞争愈加激烈，未来企业的生存压力加大，大企业不断挤占小企业的生存空间。行业内部整合趋势之下，对于企业而言，资本路径也在不断调整和变化。资本市场股票流动性已经出现了较明显的差异，大量中小上市企业缺少分析师的有效覆盖，股票流动性欠缺。另外，在全面注册制下，上市企业的优胜劣汰机制完善。对于未上市企业而言，同时寻求企业上市与其他资本化方式、进行多种可能性探索，可以助力企业走得更远。

随着疫情散去、经济重启和消费复苏，调味品行业也同样迎来恢复增长、实现重启的关键时期。行业未来走向何方，更需要所有企业共同拼搏、主动创造，充满信心去穿越迷雾、逐光致远。

中国调味品协会

2.13 生物发酵工业

【a. 概况】

2022年是全面建设社会主义现代化国家新征程、向第二个百年奋斗目标进军的关键时刻，是我国落实“十四五”规划的重要一年。协会按照中央经济工作会议的总体部署和要求，在中国轻工联、总社党委的正确领导和支持下，坚持稳中求进的工作总基调，立足新发展阶段，贯彻新发展理念，构建新发展格局，以推动高质量发展为主题，以满足人民日益增长的美好生活需要为根本目的，积极适应国内外复杂多变的新形势，在做好新冠疫情应对工作的同时，坚定信心、化危机为生机，行业整体稳定运行，实现了年度各项工作目标，取得了一定的成效。

2022年，原辅材料、运输成本等压力有所缓解，需求逐步复苏，但疫情反复、国际贸易摩擦仍然给行业造成一定冲击。氨基酸、有机酸、多元醇、酶制剂、酵母、功能发酵制品均实现了产量、产值稳定增长；淀粉糖、食用酵素的产量、产值均有所下降。根据中国生物发酵产业协会统计，2022年生物发酵行业主要行业产品产量约3150万吨，同比下降约0.5%；总产值约2870亿元，同比增长约11%。2022年，生物发酵产业主要产品进口量约130万吨，同比下降约3%；进口额约22亿美元，同比增长约8%；出口量约650万吨，同比增长约16%；出口额约105亿美元，同比增长约29%。

【b. 行业分析】

1. 氨基酸行业

2022年，我国氨基酸总产量约711万吨，同比增长约11.2%，工业总产值约680亿元，同比增长约13.3%。行业整体依旧呈现以大宗氨基酸产品及为主，高附加值医药级、食品级、日化级等小品种氨基酸产品为辅的产业格局。大宗氨基酸产能持续扩张，产量持续增长，终端需求低迷，盈利快速压缩。小品种氨基酸随着应用端的开拓，产品品种、产能及产量均有所增长，并有继续扩张的趋势。食品级氨基酸的生产、应用及开发受到了广泛的关注，将成为今后发展的重点。饲料级氨基酸国内竞争愈发激烈，海外市场不断拓展。

2022年，氨基酸产品总进口量约1.5万吨，同比下降约18.0%；进口额约1亿美元，同比下降约11.1%；出口量约219万吨，同比增长约13.3%；出口额约40.3亿美元，同比增长约22.6%。虽然进口氨基酸产品量有所下降，但我国进口氨基酸产品近几年呈现波动上涨的趋势，以高品质产品为主，我国氨基酸产品需进一步提升产品质量及稳定性，才能占领高端应用领域市场。由于我国氨基酸产品的成本优势，上半年整体呈现出口增长的态势，但下半年受多方因素的影响，出口明显放缓，出口仍以美洲、欧洲、亚洲国家为主。

氨基酸行业近年来受到资本的广泛重视，多

为观望。企业以自身扩大产能、延伸产业链来生产氨基酸或兼并重组为主。氨基酸行业集中度没有明显变化，大宗产品生产基地主要集中在黑龙江、内蒙古、山东、宁夏、新疆等地，小品种氨基酸及精制型企业主要集中在湖北、江苏、浙江等地。

2. 有机酸行业

2022 年，我国有机酸总产量约 271 万吨，同比增长约 4%，产值约 260 亿，同比增长约 21%。其中柠檬酸约 178 万吨，同比增长约 6%；葡萄糖酸约 55 万吨，同比下降约 8.3%。受国家产业政策导向，乳酸及其衍生品丙交酯、聚乳酸市场前景看好，国内乳酸产能快速扩增，2022 年，产量约 33 万吨，同比增长约 22%；衣康酸 5 万吨保持不变。有机酸主要产品出口量约 180 万吨，同比增长约 11%，出口额约 28 亿美元，同比增长约 68%。柠檬酸、柠檬酸盐及柠檬酸酯出口价格同比增长约 61% 和 57%，乳酸及其盐和酯的出口价格有 13% 的涨幅，葡糖酸及其盐和酯的出口价格降低约 4%，2022 上半年，国外柠檬酸企业开工不足，依然依靠国内企业供货。柠檬酸出口前 20 国总量约占总出口量的 65%，占比基本保持不变。柠檬酸出口国家和地区价格最低的是土耳其、俄罗斯和阿联酋联邦，低于平均出口价格约 20%。柠檬酸盐及酯出口前 20 国总量约占总出口量的 76%，土耳其和新加坡的出口价格相对较低，低于平均出口价格约 14% 以上。2022 年有机酸产品除乳酸外其他产品的进口量都很小，乳酸进口量仍有约 9% 的增长，约 1.62 万吨，说明国产高品质乳酸竞争力仍有待提高。柠檬酸行业前五家占市场份额 85%，乳酸行业前两家占市场份额 55%，葡萄糖酸行业前三家占市场份额 70%。

2022 年上半年，受新冠疫情及能源问题影响，国外生产企业无法正常稳定生产，在出口市场的带动下柠檬酸市场价格上扬。2022 年下半年开始，新增产能投产，行业供应量快速增加，市场价格不断回落。葡萄糖酸需求萎缩，产能过剩，虽然葡萄糖酸成本下降，但呈现动荡下跌态势。柠檬酸行业开始了新一轮扩产，导致 2022 下半年柠檬酸出口价格急剧下滑。乳酸行业产能增长过快，下游应用市场跟进不足。随着国内聚乳酸技术的成熟，国内掀起了一轮聚乳酸等生物基材料热，乳酸作为聚乳酸的主要原料，掀起了一轮新建、扩建潮。其他小品种有机酸未来仍有很大发展空间。

3. 淀粉糖行业

2022 年，淀粉糖行业整体产量同比下降，受疫情原因影响，原料、人工、物流等多个环节受到制约。根据中国生物发酵产业协会统计，主要行业产品产量约 1405 万吨，同比下降约 3%，产值约 534 亿人民币，同比增长约 11%。淀粉糖均价在 3500 元 / 吨左右，主要原料玉米淀粉、一水葡萄糖等价格整体平稳；结晶果糖价格涨幅较大，在 3700 元 / 吨左右；阿洛酮糖产品成本加大。产品用途依然以食品工业用为主，医药、日化、化工等其他工业为辅。玉米是淀粉糖生产的主要原料，玉米成本变化主导淀粉糖价格走势，2022 年，原料玉米价格同比下跌，但由于供应增量大于需求增量，国内淀粉糖价格基本维持低位。淀粉糖行业主要集中在山东、河北、广东、黑龙江、河南、吉林六个省份；多元醇生产主要集中山东省、江苏省和广东省。

葡萄糖及糖浆是淀粉糖出口中量最大的产品，出口量同比增长约 30%；出口额同比增长约 37%，出口平均价格增加。果糖及果糖浆出口量同比增长约 172%。糊精及其他改性淀粉出口量同比增长约 47%，出口额同比增长约 28%。化学纯果糖出口量同比增长约 24%，主要由于国内阿洛酮糖生产能力增加，果糖需求增加。果糖及果糖浆进口量同比大幅下降约 66%。大部分高端糊精和改性淀粉依赖进口，国内产品质量仍有待提升，提高国际市场竞争力。其他固体糖及未加香料或着色剂的糖浆产品进口量同比下降约29%。化学纯果糖进口量同比下降约61%。果糖及果糖浆、其他固体糖及未加香料或着色剂的糖浆和化学纯果糖产品降幅大的主要原因是进口糖浆和国内糖浆差价较之前有所缓解，国内需求小，成品出口量不大。

受疫情等原因影响，造成了淀粉糖产品供应增量大于需求增量，行业供需差扩大，部分产品急需转型升级。但随着食品工业的发展和人们消费结构的变化，淀粉糖产品需求量仍会增加，品种结构亦会日益完善。同时，零糖、低糖产品得到大力推广并受到广大注重健康的消费者的青睐，功能性淀粉糖的需求量也在不断上升，随着疫情的放开，未来随着需求的增长，产量还将进一步上升。

4. 多元醇行业

2022年，我国多元醇行业运行稳中有升。根据中国生物发酵产业协会统计，2022年，多元醇总产量约187万吨，同比增长约2%；总产值约175亿元人民币，同比增长约12%。2022年多元醇相关产品出口量约57万吨，同比增长约4%，出口额约13亿美元，同比增长约6%。其中山梨醇出口约15万吨，木糖醇出口约5万吨，同比增长约22%，甘露糖醇出口约1.5万吨。

多元醇行业布局主要集中在玉米主产区，液体糖受供应半径的限制，在市场应用区也有布局，在山东所占比重最大。2022年行业有部分新增产能，现有市场基本处于过饱和状态，需要不断拓展应用领域。2022年初春玉米开始上市，玉米价格略微下降，对以玉米、淀粉为主要原料的糖醇企业特别是山梨醇企业极大利好。木糖醇产品发展稳定，总量呈增长趋势，发展势头良好。木糖主要市场是欧美的宠物饲料、日韩高端桌面糖、香精香料市场，近几年发展比较稳定，用量逐年增长，价格随着原材料的变化有所波动。麦芽糖醇应用较为广泛，用量比其他糖醇产品略多，其良好的稳定性和较低的价格体系，使其成为比较受青睐的产品。赤藓糖醇产能急速扩大，市场容量有限，造成价格严重下滑，从原来的每吨2万多降至1万左右，2022年下半年国内多数企业压缩产能。

5. 酶制剂行业

2022年，酶制剂行业发展平稳，行业总产量约200万（标）吨，同比增长约2%，产值约46亿元，同比增长约12%，全球市场占比份额基本不变，仍为10%左右。主要产品价格同比基本均呈下降趋势，其中，主导产品糖化酶同比下降2%；纤维素酶同比下降5%，植酸酶同比下降12%。得益于燃料乙醇、酒精客户的开发，支撑了糖化酶产品价格的大幅下滑，纺织行业的整体回暖，使纤维素酶的部分产品价格保持稳定。酶制剂产品出口量约为11万吨，同比增长约23%，出口额约为5.5亿美元，同比增长约8%；碱性蛋白酶和碱性脂肪酶的出口量同比增长均达到40%以上，碱性蛋白酶出口额同比下降约32%。进口量约1.3万吨，同比下降约9%，进口额约4亿美元，同比下降约7%。其中，碱性蛋白酶的进口量及进口额同比大幅下降。侧面反映我国国产酶制剂的品种和品质有了进一步提高。

受畜牧行业经济下行、饲料原料及生产成本大幅上升、下游减产等因素影响，产品需求减少。同时，饲料酶市场同质化现象严重，市场竞争愈发激烈，利润空间进一步压缩。随着人们对健康、营养以及安全性要求的提高，食品酶也面临着更高的挑战，目前我国食品酶产品品种和生产规模相对较少，结构不合理，产品质量不能够完全满足实际应用需求，高活性、高质量的复合酶将成为食品酶发展方向之一。其他工业酶如洗涤酶、造纸酶、纺织酶，受国家绿色、低碳发展趋势的倡导以及专项的支持，国产化比例显著提高，部分关键核心技术已经得到了突破。

根据企业发展布局和规划，2022年酶制剂行业投资建设产能约为5万吨。酶制剂行业生产企业约为15家，产品品种显著增多，超过30余类，国内重点生产企业产能以及诺维信（中国）

投资有限公司等国际公司在我国的产能之和达到90%以上，国产酶制剂的市场占有率逐步提升。

6. 酵母行业

2022年，我国酵母行业总产能约48万吨，同比增长约1.5%，中国酵母行业工厂数量（不含啤酒酵母源）24家以上。目前，产能居行业前三位的企业是安琪酵母中国、乐斯福中国、益海嘉里马利，其产能约占全国总产能的85%，行业集中度进一步提高。酵母类产品进口较大幅度减少，酵母类产品进口量约2000吨，同比下降约24%；进口额约2100万美元，同比下降约14%。国际市场，主要出口品种为面用酵母、酒用酵母、饲料酵母及酵母抽提物等。酵母类产品出口量约14万吨，同比下降约13%；出口额3.6亿美元，同比下降约3%。

2022年，随着行业内主要头部企业乐斯福、安琪酵母的继续扩张，全球发酵产能进一步上升，目前全球总产能已经接近200万吨。受全球疫情的影响，酵母行业生产加工、运输等方面受到阻碍，但酵母在日常生活中具有刚需属性，因此市场受到影响较小。但受强势美元和通货膨胀影响，海外市场需求疲软，导致国内酵母出口业务遇到一定阻力。糖蜜作为糖业副产品，基本缺乏供应价格弹性（不因价格上涨而增加供应），只能靠抢占其他领域（酒精/饲料/发酵/酱色等）的糖蜜供应，糖蜜供应作为卖方市场，价格上涨压力巨大，2022年糖蜜价格处于高位震荡中，同时部分辅料成本如硫酸价格也较去年同期有较大增长，酵母生产成本的大幅上升，对企业利润造成一定压力。

未来五年市场将继续保持稳定增长，全球酵母行业市场规模预计进一步增长，2022年全球酵母市场产能和需求约为215万吨。国内酵母行业的主要增长来源于下游行业扩容及应用场景多元化带来的需求增长。以消费量计，国内酵母行业市场规模从2017年的17.9万吨增长至2022年的21万吨左右，年复合增速为3.5%左右。

7. 功能发酵制品

功能发酵制品主要应用于人类营养、动物营养及特殊膳食等领域，其中低聚糖类、糖醇类、膳食纤维类、微生物多糖类、抗氧化剂、活性肽类、微生物油脂、微生态制剂等产品研发及增长活跃。部分产品已经在国际上占有重要地位，我国已成为生产大国。合成生物学技术已成为创新的源泉，很多功能原料正试图用合成生物技术开发生产，如多糖、微生物油脂、低聚肽等。未来，随着下游消费领域对健康营养、绿色低碳的需求，功能发酵制品行业将继续保持平稳发展。

8. 酵素

食用酵素行业工艺技术水平和科研能力有了较大幅度的提升，企业规模化和现代化程度不断提高。但目前行业内尚无《食品安全标准 食用酵素》，无法办理“食用酵素类”生产许可证，导致酵素产品执行标准不统一，产品质量参差不齐。为进一步提升我国食用酵素行业科技创新能力和产业整体发展水平，同时维护公平有序的市场环境，为《食品安全标准 食用酵素》标准申请立项提供技术支撑，协会组织相关科研机构、重点企业、特色园区开展食用酵素安全性和功能性评价工作，此项工作也得到国家相关部门认可。

9. 益生制品

大众对益生菌营养和免疫保健意识的不断增加，益生菌行业总体发展态势良好，全球益生菌市场继续保持增长。国内益生菌相关产品市场规模达到约230亿元，国内益生菌原料市场占比最大为美国杜邦与丹麦科汉森两家公司。随着我国益生菌产业不断发展，我国产品已出口到60多个国家和地区。同时，我国益生元产业持续快速发展，保持传统优势产品的同时，积极开发了一些新的优势产品，我国已成为全球益生元产品市场发展速度最快的国家之一。

10. 生物资源提取

我国生物资源提取物丰富多样，目前进入工业提取的已达300多种。我国生物资源提取产品以出口为主，出口量能占到总产量 70% 左右。美国、日本、欧盟、印度、东盟是我国提取物出口较多的国家和地区。但国内生物资源提取行业内中小企业较多，同质化竞争严重，品牌意识较差，抵御市场风险的能力有限，再加上国内企业长期缺乏统一的产品质量标准，提取物企业一直以价格取胜，而不注重产品质量和研发，国际竞争力较弱。

【c. 面临问题】

1. 部分产品产能结构性过剩

（1）部分行业产品受疫情影响出口量增长明显，但从国际市场需求看，并未出现新的应用领域，企业新一轮的产能增长存在较大的市场风险；

（2）行业低水平重复建设问题一直没有得到很好重视，在产品布局前缺乏专业的咨询，以市场需求热点为依据，从生产线建设开始就已经进入了低门槛的同质化竞争环境，投资预期存在不确定性。

2. 工业用工程菌安全性评估体系尚未建立

农业农村部负责组织开展转基因微生物安全评价工作，主要为专家审评制。由于，应用领域不同、菌种特性不同无法进行较详细的、统一的审评规定，由此导致，审评及获得许可的时间较长。生物发酵产业的主要核心为菌种，新菌种的开发、传统菌种的优化均需开展相应的安全性评价。审评及获得许可的时间，会影响菌种的合法使用。

3. 政策法规的认知和应用亟待提高

在食品和饲料领域，申请新原料（添加剂）、产品扩大适用范围、用量的改变、剂型的改变、产品生产工艺及原料的改变等均需要进行相应的申报审批。但目前，国内大部分的企业并没有意识到申报审批及行政许可的重要性，依然存在坐跨国公司审批授权实质等同的船出海的传统思维，不利于国产新产品的开发、应用、企业市场竞争力和品牌影响力提升。

4. 行业碳达峰碳中和体系尚未完整建立

中共中央、国务院印发《关于完整准确全面贯彻新发展理念做好碳达峰碳中和工作的意见》，把“深度调整产业结构”作为实现碳达峰、碳中和的重要途径和重大任务，对产业结构优化升级提出了明确要求。目前生物发酵产业完善了工业绿色低碳标准体系框架，但节能与综合利用领域、绿色制造领域、碳达峰碳中和领域相关标准缺乏，生物发酵行业及企业的绿色产业链分析与碳排放评估尚未覆盖全行业，生物发酵行业低碳发展路径还需要完善和验证。

【d. 发展趋势】

1. 竞争优势减弱

生产成本波动式上升，环保要求严苛，高端产品难与国际大企业媲美，单纯依靠低成本的大宗产品占领市场的国际竞争优势减弱。

2. 政策法规提升竞争水平

“一企一品”为食品原料创新发展的必然趋势，亦是提升企业核心竞争力的手段，随着企业竞争意识的不断提高，通过政策法规完善产品生产合法化的手段，成为必要途径。

3. 国际技术水平飞跃发展

国际合成生物技术水平高速发展，菌种优化创新水平日新月异，如何利用先进技术，提升我国工业菌种生产水平，并拥有自主知识产权是发展核心。

4. 国际贸易摩擦频现

随着我国氨基酸产品在国际市场占有率的提升，国际贸易制裁、压榨手段频频出现，只有提升产品品质、增加产品品种、避免知识产权问题、保证产品安全才可健康稳定发展。

5. 规范化、统一化推动产业进步

转基因生产用菌的安全性评估、产品生产许可的合法化、污染物排放、能耗限额、碳排放等指标的规范化，将逐步提高行业准入门槛，推动行业进步和水平的提升。

【e. 主要工作】

协会按照国家“十四五”整体部署，落实工信部等5部委发布的《关于推动轻工业高质量发展的指导意见》要求，积极推进《中国生物发酵产业“十四五”高质量发展指导意见》确立的重点工作。在争取良好的企业发展政策环境，推动行业交流，展览展示，拓展行业服务领域，强化行业创新能力，推动绿色发展，产业集群培育，优化标准体系，服务政府和行业等方面开展了扎实有效的工作。

1. 坚持党建引领，凝聚共识，筑牢共同思想政治基础

（1）强化理论武器，提高政治站位。协会党支部在国资委党委、中轻联党委的正确领导和指导下，坚持以习近平新时代中国特色社会主义思想为指导，深入学习贯彻党的十九大和十九届历次全会精神；

（2）抓好专题学习，加强自主学习。深入推进专题学习和自主学习相结合，定期召开支部党员大会，党员围绕落实国家政策、提升业务水平分享交流，互学互鉴的同时带动党员自主学习。以不同形式集中学习“党的二十大”精神4次，围绕习近平同志中国特色社会主义讲话精神、“两会”精神等专题学习5次、召开组织生活会1次；

（3）加强支部建设，夯实战斗堡垒。定期组织召开组织生活会和民主评议党员活动；

（4）抓支部党建工作，履行第一责任人职责。严格执行一把手抓党建，切实履行第一责任人的职责。

2. 坚持围绕产业、服务企业，充分发挥协会职能

聚焦行业发展热点，加强行业交流，召开1次生物发酵与营养健康产业大会，举办国际生物发酵产品与技术装备展览和酵素与健康产品博览会各1场，高峰论坛及专业学术交流24场；举办新技术、新产品发布会8场，1次重点企业座谈会，2次分会换届暨理事会。适应产业发展需求，新成立2个分会。解决政策法规标准限制产业发展问题，完成33种氨基酸产品新营养强化剂申报工作，组织实施高端氨基酸的生产技术攻关及产业化应用、食用酵素安全性与功能性评价、工业酶制剂评价技术研究与标准化行业共性课题，推进氨基酸母液综合处理研究及氨基酸行业双碳政策对未来发展的影响分析研究。加快产业集群培育，谋划特色区域布局，召开4次产业发展规划工作会，4次规划编制工作会。持续开展企业调研，收集整理58家企业有关金融或能源需要支持事项，上报工信部消费品工业司。推荐企业参加各类活动和认定，支持22家企业参评省、国家“专精特新”企业、“小巨人”企业，7家企业参评省、国家“单项冠军企业”，1家企业参评市“隐形冠军”，1家企业参评省知名、优质品牌。开展50余次调研工作，开具行业相关证明40余件。

3. 坚持扛牢责任、服务政府，全面保障产业发展

及时准确的汇总、分析行业情况，协助工信部消费品司开展“加快我国生物制造发展有关情况研究”，向国家相关部委递交6项有关生物经济新阶段生物发酵行业发展相关政策建议，4项人大、政协提案等相关文件复函，3项政策征集意见反馈，保障产业稳定发展。为国家了解产业状况提供依据，编写4项产业相关报告，并定期向相关部门报送行业信息。

4. 坚持创新驱动、科技强国，加快产业转型升级

组织实施高端氨基酸的生产技术攻关及产业化应用。为解决细胞培养基国产化及相关生物药产品生产所用高端氨基酸原料无国产化的“卡脖子”难题，启动“高端氨基酸的生产技术攻关及产业化应用项目”。我国虽然是氨基酸生产大国，但生产的氨基酸产品绝大多数应用于食品、饲料等领域。当前国内细胞培养用高端氨基酸产品基本依靠进口，受制于国外企业的高技术壁垒和垄断。高端氨基酸产品种类繁多且技术壁垒较高，其制造工艺主要被日本、德国、美国企业所垄断。为解决国内细胞培养产业链的原料供应瓶颈问题，协会组织氨基酸领域技术研发 + 氨基酸生产制造 + 产品分离提纯装备制造企业 + 细胞培养基制造企 + 疫苗和生物制药企业联合攻关，实现国产替代，提升产业链供应链韧性和安全。此项课题将为解决国内细胞培养产业链的原料供应瓶颈问题，提升产业链供应链韧性和安全水平奠定了基础。

发掘行业发展新平台，新增中国海洋大学与中国生物发酵产业协会共建的“我国海洋食品生物技术创新中心”、华熙生物科技股份有限公司组建“我国生物活性多糖研究技术中心”、宜兴食品与生物技术研究院有限公司与中国生物发酵产业协会共建“我国功能食品配料低碳智造创新与应用技术中心”。

推动技术进步，20 项技术成果通过中轻联组织的科技成果鉴定，其中 13 项鉴定为国际领先，7 项为国际先进，15 个项目申报中国轻工业联合会科学技术进步奖，现已公示获奖结果，经协会推荐的 15 个项目中 4 个获得一等奖，2 个获得三等奖，4 月 11 日轻工联合会将于厦门召开颁奖会议；提名 1 人为“2022 年度何梁何利基金科学与技术奖”候选人，推荐 3 项中国专利奖，专利奖评审工作还在进行中。

工业经济支撑作用日益凸显，西王集团有限公司、阜丰集团有限公司、梅花生物科技集团股份有限公司等 12 家企业入围轻工业二百强，安琪酵母股份有限公司、黑龙江金象生化有限责任公司、山东英轩实业股份有限公司等 14 家企业入围食品五十强，西王集团有限公司、阜丰集团有限公司、梅花生物科技集团股份有限公司等 12 家企业入围轻工业科技百强、西王集团有限公司、阜丰集团有限公司、梅花生物科技集团股份有限公司等 12 家成为生物发酵行业十强企业。

5. 坚持标准化战略、构建标准化体系，全面推动产业高质量发展

整体规划产业标准体系布局，健全“十四五”生物发酵行业标准体系框架，构建“绿色低碳”标准体系。细化标准制修订工作，提出国家标准、食品安全国家标准、行业标准、团体标准立项建议，开展食品安全国家标准和国家标准制修订等。

整体规划产业标准体系布局。根据《“十四五”工业体系绿色发展规划》和《工业领域碳达峰实施方案》等文件提出的任务，结合本行业标准体系现状，在原有体系的基础上，补充了“绿色低碳”领域，增加了“节能、节水、资源综合利用、碳达峰碳中和、清洁生产、绿色制造”等方面的标准框架，进一步完善了生物发酵行业标准体系的内容。目前的标准体系涵盖了基础通用标准、原料标准、产品标准、方法标准、管理标准、安全标准、绿色标准和其他，基本满足行业发展标准化的需求。在开展调研的基础上完成了《生物发酵行业绿色低碳标准化工作调研报告》，并提出“十四五”期间，生物发酵领域绿色低碳标准项目需求，旨在通过标准的规范和引领，全面提高行业绿色发展水平。

细化标准制修订工作。提出国家标准立项建议 1 项，食品安全国家标准 4 项，行业标准立项建议 18 项，团体标准立项建议 5 项；开展食品安全国家标准和国家标准制修订 8 项，发布绿色标准、方法标准、氨基酸产品标准等行业标准 19 项，发布《温室气体排放核算与报告要求生物发酵生产企业》等团体标准 6 项。

6. 坚持生态优先、智能发展，行业绿色制造水平持续提高

绿色发展理念逐步深入，加强省部级绿色工厂、绿色设计示范企业等申报指导，开展绿色产品、绿色工厂标准宣贯。完善绿色智能制造标准体系建设。

绿色发展理念逐步深入。协助企业完成省级绿色工厂报告、绿色设计示范企业报告，并开展1次绿色产品、绿色工厂标准宣贯活动。

开展绿色智能制造标准体系建设。《生物发酵行业智能制造第1部分：控制系统》和《生物发酵行业智能制造第2部分：智能生物反应器》行业标准送审稿通过了标委会组织的专家审查，并分别获得国际先进，国际领先的评价，这也是整个轻工行业首次完成制定智能制造行业标准。

7. 坚持扛牢责任、提高效能，协会自身建设全面加强

建立与企业常态化沟通联络机制，接受企业监督，召开理事会暨常务理事会和监事会，审议相关文件、讨论行业存在问题及发展趋势、接受企业反馈意见和建议。接受审查工作提升协会规范性，按照国资委要求完成社会团体年检，狠抓落实的能力持续提升。

中国生物发酵产业协会

2.14 盐 业

【a. 概述】

2022 年，全国盐行业企业坚持以习近平新时代中国特色社会主义思想为指导，坚持“稳字当头、稳中求进”的总基调，在推进盐产业经济发展中，坚持全面贯彻新发展理念，加快构建新发展格局，统筹疫情防控与行业发展并举。

2022 年，中国原盐生产稳定增长，行业盈利能力有了大幅提升，经济效益持续向好。从工业盐市场看，各盐企原盐销量普遍增加，总体经济运行良好；从食盐市场看，经营行为比同期更趋于理性，销售稳中有增，但企业间的销售量、收入、利润有差异。随着地方人大地方政府制修订的盐业管理法规规章的陆续出台，食盐专营得到加强，企业间的产销联合有了不同程度的进展，“三品”战略持续推进；国有企业认真贯彻落实国企改革三年行动方案，实施混合所有制改革，推动企业做优做强取得新成绩；新技术新工艺的专利申请数量增加；数字经济助推传统产业转型发展正在加快，部分企业 5G+ 智能工厂示范项目已实践运行；积极探索和推动碳达峰碳中和工作，资源综合利用项目 -- 盐 + 储能产业稳步推进；企业在坚持做好主业基础上，拓展和创新多元化经营取得效果；在疫情防控中，企业积极履行社会责任，国企担当凸显。

2022 年，中国原盐产能 12053 万吨，其中，海盐产能 3490 万吨，占 28.96%；井矿盐产能 6885 万吨，占 57.12%；湖盐产能 1678 万吨，占 13.92%。

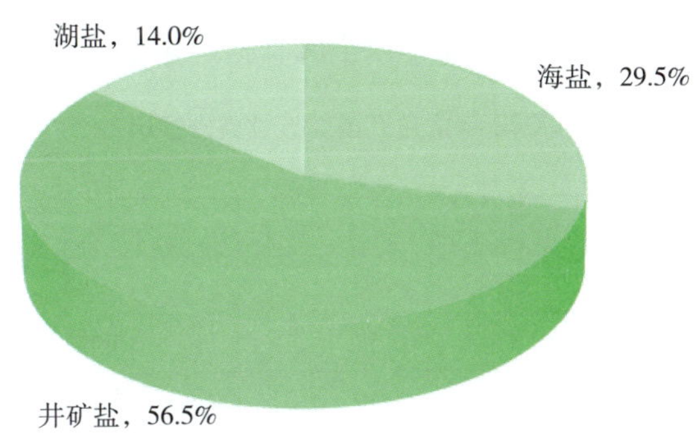

2022 年原盐盐种产能比例（%）

2022 年，中国原盐累计产量约 9775 万吨，其中，海盐产量约 2125 万吨，占 21.74%；井矿盐产量约 5972 万吨，占 61.09%；湖盐产量约 1678 万吨，占 17.17%。

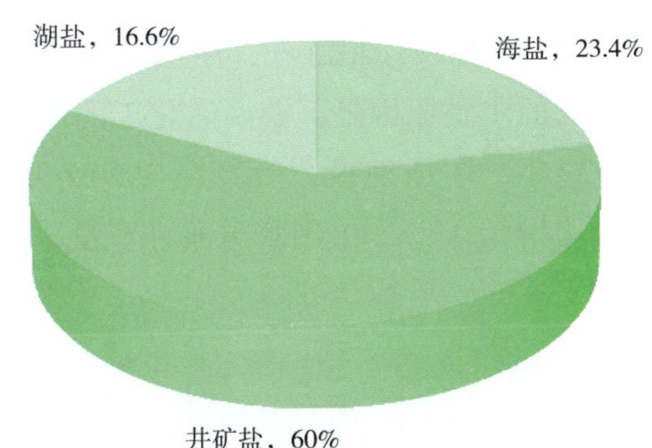

2022 年原盐产量分盐种比例（%）情况

原盐产量前五位的分别是山东、江苏、青海、河南、新疆，占全国盐产量的 62.6%。同比山东、河南产量有小幅下降外，江苏、青海、新疆产量有所增长。

2022 年原盐产量前五位省份情况

（单位：万吨）

省份	2022 年产量（万吨）	2021 年产量（万吨）	同比增长（%）
山东	2450	2550	–3.9%
江苏	1583	1527	3.6%
青海	1000	900	11.1%
河南	562	570	–1.4%
新疆	520	500	4%

2022 年，中国食盐产量 1181 万吨，同比下降4.0%。食盐产量排前五位的分别是山东、湖南、四川、江苏、湖北，占全国食盐产量的 64.0%。

2022 年食盐产量前五位省份情况

（单位：万吨）

省份	食盐产量（万吨）	同比增长（%）
江苏	180	14.7%
湖北	158	12.9%
湖南	149	12.2%
四川	138	11.3%
山东	131	10.7%

2022 年，中国原盐消费量 11863 万吨，同比增长约 5%。其中，两碱工业盐消费量 10122 万吨，占 85.3%；食盐消费量 1225 万吨，占 10.3%；小工业盐消费量 400 万吨，占 3.4%；出口盐 116 万吨，占 1.0%。2022 年，中国原盐消费量同比增长的主要原因是下游两碱化工的产量增长，2022 年，中国纯碱累计产量 2920.2 万吨，累计同比增长 0.3%。中国烧碱累计产量 3980.5 万吨，累计同比增长 1.4%。两碱产量均呈现增加趋势。此外，食盐、出口消费有所减少，小工业盐消费不变。

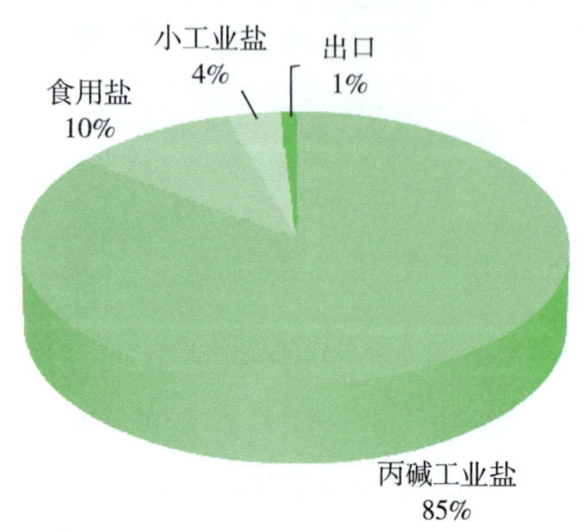

2022 年原盐消费情况（%）

2022 年中国原盐消费情况

（单位：万吨）

省份	2022 年消费量（万吨）	2021 年消费量（万吨）	同比增长（%）
合计	11863	11269	5.3%
两碱工业用盐	10122	9458	7.7%
食用盐	1163	1256	–7.4%
小工业盐	400	400	0
出口	116	155	–25.2%

2022 年，中国食盐销量 1225 万吨，同比下降2.5%。食盐销量排前五位的分别是山东、江苏、湖南、湖北、四川，占全国食盐销量的 62.9%。

2021 年食盐销量前五位省份情况

（单位：万吨）

省份	食盐销量（万吨）	同比增长（%）
湖北	173	0.6%
江苏	172	2.4%
湖南	149	–6.3%
四川	142	–2.7%
山东	135	–10.6%

2022 年，中国小包装食盐销量 544 万吨，占食盐总销量 44.4%；食品加工用盐销量 561 万吨，占 45.8%；其他占 9.8%。

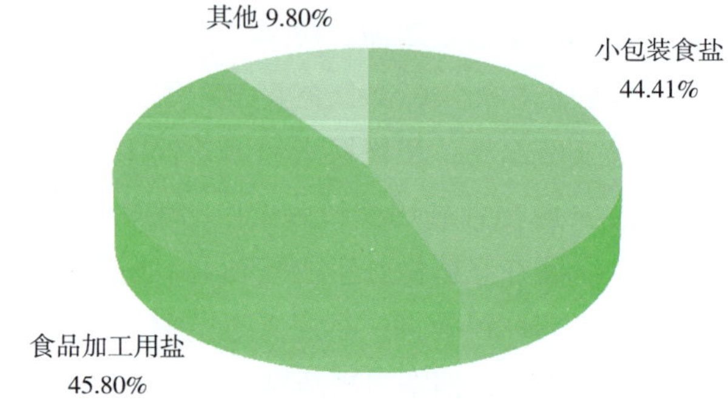

2022 年食盐品种销量情况（%）

从增长比例看，小包装食盐销量同比下降 2.3%，食品加工用盐销量同比增长 0.9%。

2022 年食盐品种增减情况

省份	2022 年销量（万吨）	2021 年销量（万吨）	同比增长（%）
小包装食盐	544	557	-2.3%
食品加工用盐	561	555	0.9%

加碘食盐方面，2022 年，加碘盐销量 623 万吨，占食盐总销量的 49.6%；小包装加碘盐销量 403 万吨，占小包装食盐总销量的 74.1%。

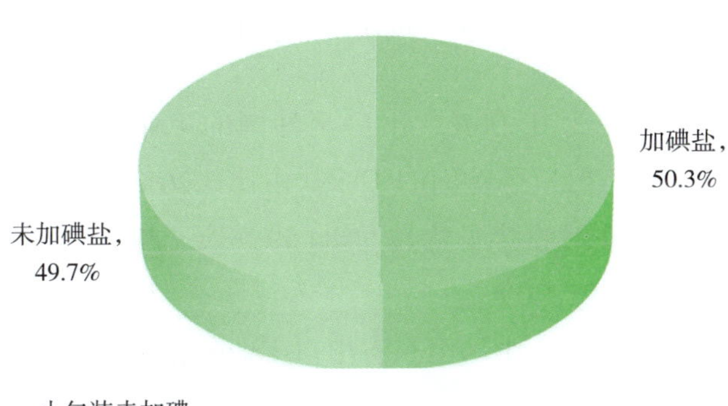

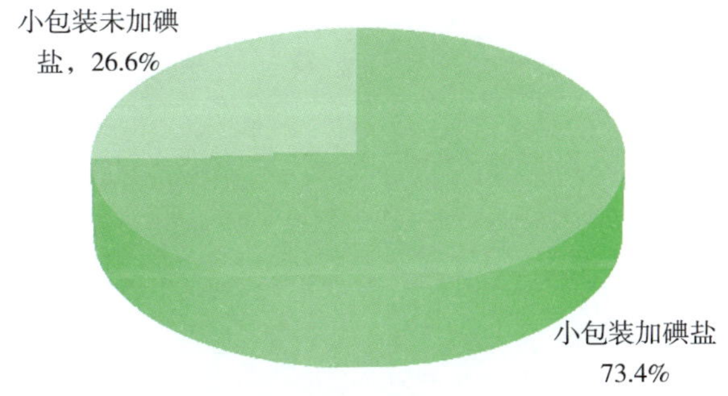

2022 年加碘食盐销量比例情况（%）

从增长比例看，加碘盐销量同比下降 1.3%；小包装碘盐销量同比增长 4.4%。

2022 年加碘盐产品增减情况

省份	2022 年销量（万吨）	2021 年销量（万吨）	同比增长（%）
加碘盐	623	631	-1.3%
小包装碘盐	403	409	4.4%

多品种食盐销量 50 万吨，占小包装食盐销量的 9.2%。同比减少 8.4%。

2022 年，中国各级批发企业（包括省级盐业集团及下属企业）食盐销量 883.8 万吨，同比下降 4.3%。其中，小包装食盐销量 466.6 万吨，同比下降 4.7%；食品加工用盐销量 329.1 万吨，同比增长 4.3%。

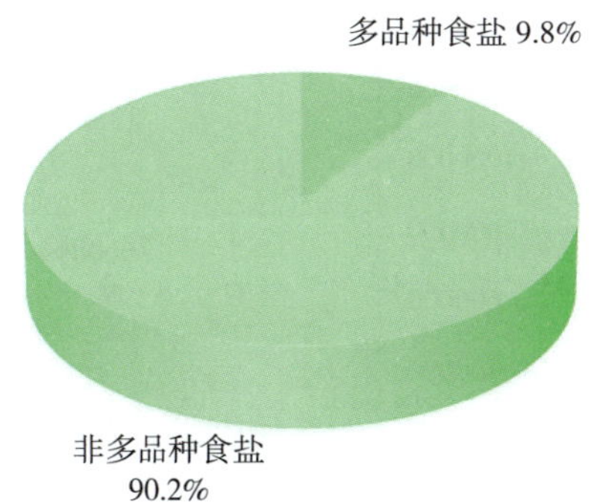

2022 年多品种食盐销量情况（%）

2022 年食盐品种增减情况

（单位：万吨）

省份		销量（万吨）	同比增长（%）
食盐	883.8	933.4	-5.3%
小包装食盐	466.6	489.4	-4.7%
食品加工用盐	329.1	315.5	4.3%

国家海关统计数据显示，2022 年，中国进口工业盐 942.53 万吨，较 2017 年同比增长 1.9%。其中，从印度进口工业盐占比 57.4%，从墨西哥进口工业盐占比 22.9%，从澳大利亚进口工业盐占比 19.3%。12 月份，进口工业盐平均单价 46.69 美元 / 吨，较上月环比下降 1.6%。

2022 年工业盐进口情况（单位：万吨）

	数量（万吨）	同比增长（%）
12 月进口工业盐	129.26	21.5
累计进口工业盐	942.53	87.4

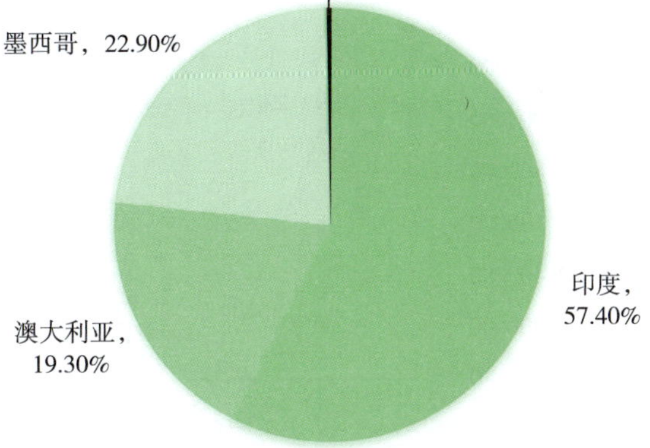

2022 年多品种食盐销量情况（%）

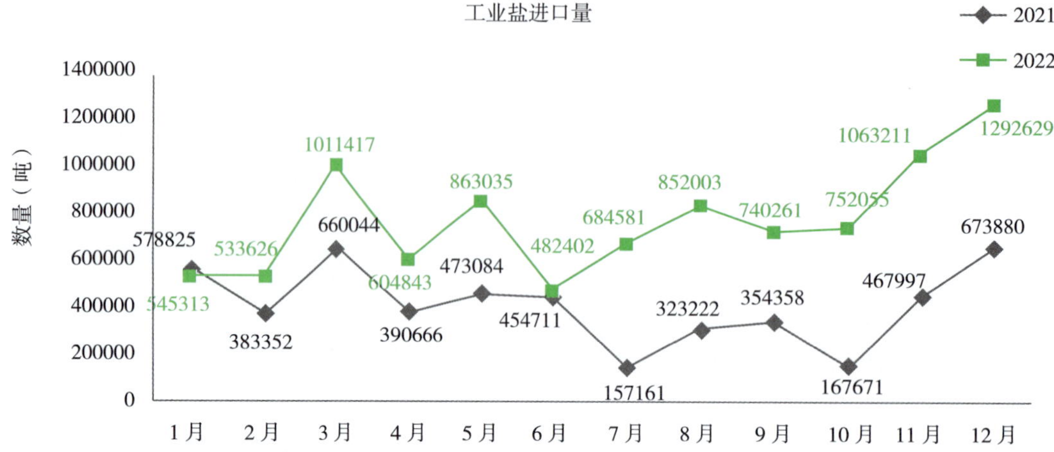

2022年，中国浙江省进口工业盐量最多，占比27.32%；江苏省进口工业盐量占比17.85%，山东省进口工业盐量占比17.23%。

2022年，中国累计出口工业盐71.34万吨，同比下降7.22%。其中，出口至日本的工业盐量占比为67.08%，出口至韩国的工业盐占比18.08%，出口至越南的工业盐占比3.26%。12月份，出口工业盐平均单价84.59美元/吨，较上月环比增长1.09%。

2022年，中国山东省出口工业盐量最多，占

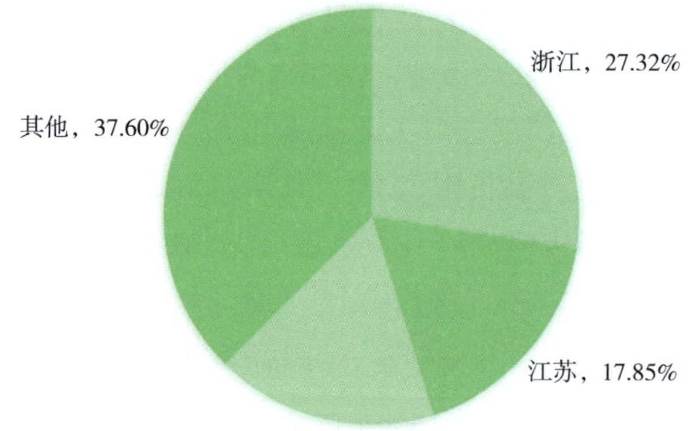

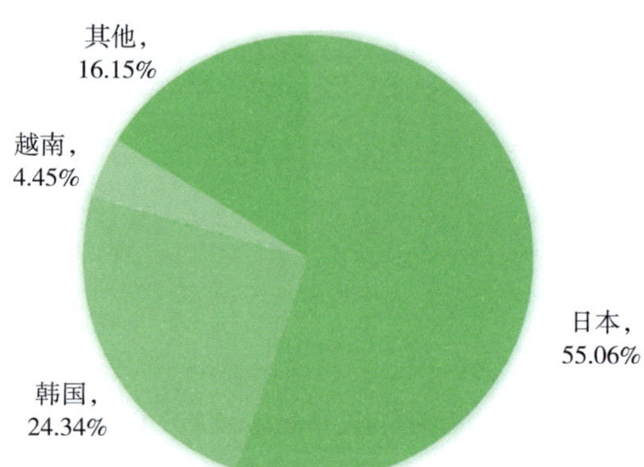

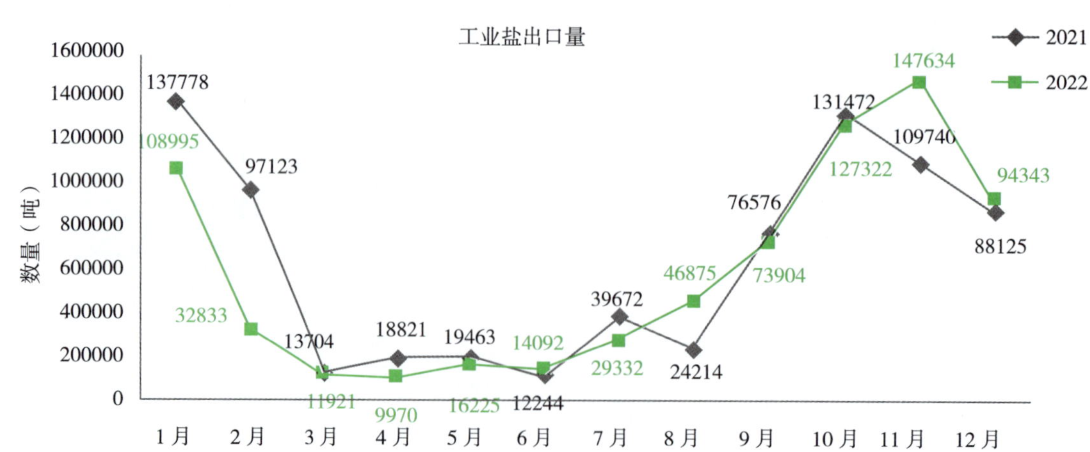

比 67.77%，江苏省出口工业盐量占比 8.91%，辽宁省出口工业盐量占比 5.12%。

2022 年，中国累计出口食用盐总量 64.07 万吨，同比下降 12.38%。中国以出口韩国食用盐为主，其他贸易国家和地区依次为：菲律宾、越南、马来西亚、中国香港。12 月份，中国出口食用盐平均单价 94.38 美元 / 吨，较上月环比增长 9.32%。

2022 年，中国盐行业资产总额 1784.8 亿元，同比增长 16.0%。其中，制盐企业资产总额 1183.0 亿元，同比增长 16.5%。各级批发

企业资产总额 601.8 亿元，同比增长 6.3%。

2022 年，中国盐行业销售收入 668.3 亿元，同比增长 13.8%。其中，制盐企业销售收入 434.4 亿元，同比增长 14.8%。各级批发企业销售收入 233.9 亿元，同比增长 11.98%。

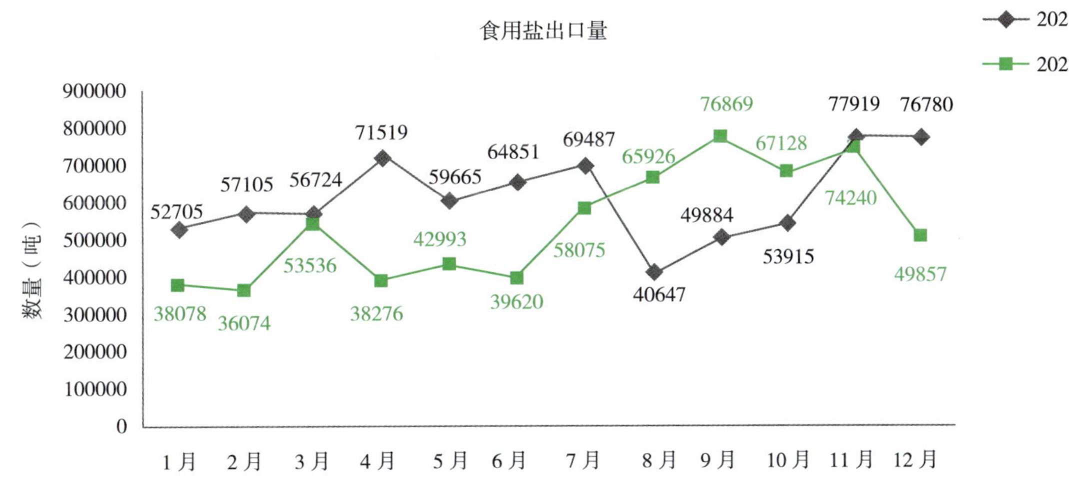

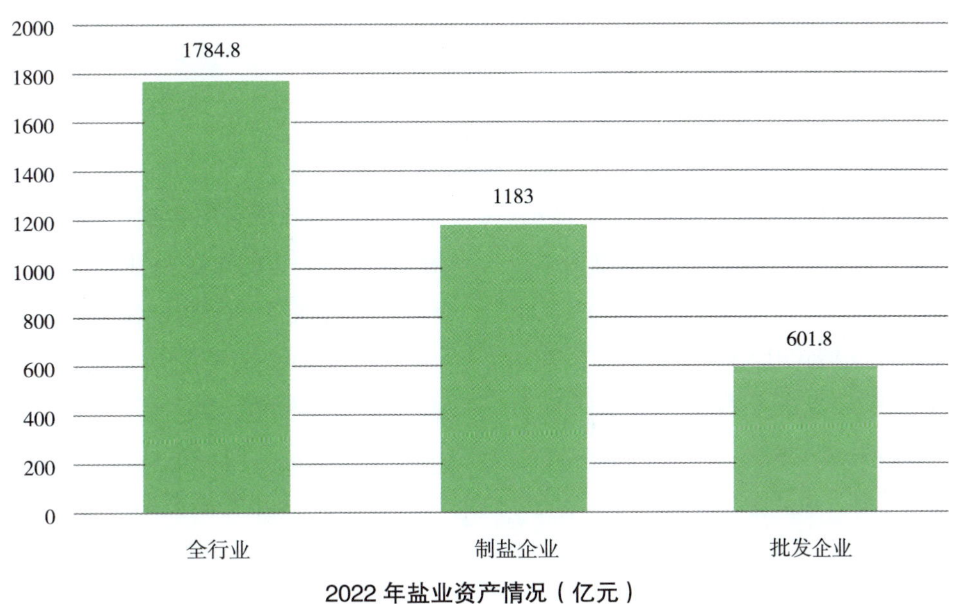

2022 年盐业资产情况（亿元）

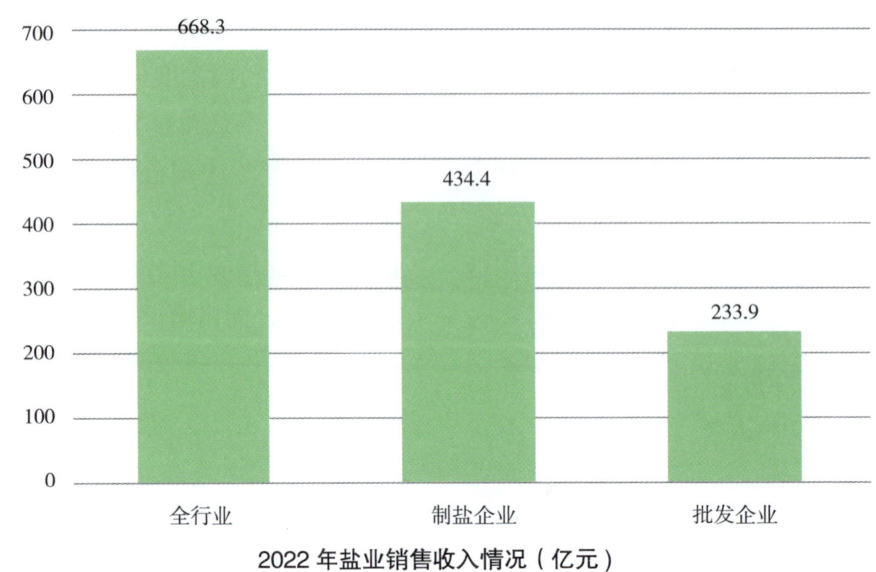

2022 年盐业销售收入情况（亿元）

120
100
80
60
40
20
0
99.6
67.9
31.7
全行业
制盐企业
批发企业

2022 年盐业利润总额情况（亿元）

2022 年，中国盐行业利润总额 99.6 亿元，同比增长 58.3%。其中，制盐企业利润总额 679 亿元，同比增长 116.2%。各级批发企业利、润总额 31.7 亿元，同比增长 0.6%。

（注：文中各级批发企业数据来自省级盐业集团，包括其下属食盐定点生产、批发企业，但不包括部分省级以下批发企业）

【b. 主要工作】

1. 修订《食盐定点企业规范条件》及其《管理办法》

《规范条件》是盐业主管部门为落实盐业体制改革方案研究制定的，于 2018 年施行，以此作为重新审核现有的食盐定点企业的依据，目的是进一步规范食盐定点生产企业、多品种食盐定点生产企业和食盐定点批发企业的生产经营行为。《管理办法》是配合《规范条件》实施审核监督检查的管理制度。

办法规定，通过审核发放的资质证书有效期为五年。2023 年资质证书有效期将届满。为做好 2023 年食盐定点企业证书的换发工作，2022 年工信部委托中盐协会对现行的《规范条件》和《管理办法》进行重新修订，成立了修订工作小组，制定了工作方案，通过企业调研、公开征求盐业企业意见和建议的方式，收集反馈意见 119 条，并逐一梳理汇总，分析上报给有关政府部门，旨在对原有规定中有些表述规定的不明确、个别定义不准，有的规定与实际情况不相符合等进行修订和完善，使之更加科学、规范和具有可操作性。

2.《盐行业“十四五”指导意见》实施成果

自2021年《盐行业“十四五”指导意见》发布以来，中盐协会引导行业按照《指导意见》内容积极推进各项工作落实实施，企业各项工作呈现出诸多亮点：中盐集团坚持贯彻“三品”战略和“健康中国行动”，以“低钠盐大单品”为核心，持续做优做强“中盐”品牌，在工艺技术装备优化升级、盐穴综合利用、“双碳”、数字化转型、资源综合利用及环保技术等领域做好“十四五”科技规划；江苏盐业加快构建“盐+储能”产业发展的格局，着力打造具有核心技术的绿色低碳循环经济产业链。湖南盐业深度分析市场，聚焦品牌优势，塑造高端品牌新形象。精简产品，形成合力，全力聚焦“松態997”等重点产品销售，通过有效策略提升竞争力；江西盐业积极推动企业信息化、智能化，建设智能化工厂，产量和良品率得到提升，效益得到显著提高；四川盐业围绕“提质增效”的经营思路，全面树立市场化经营理念。加强产品研发，深入挖掘、广泛宣传川盐文化内涵。广西盐业扎实推进食盐零售终端网络建设，稳定产品结构，提振经营效益，品牌宣传工作模式进一步丰富。湖北盐业加强与外省盐业公司合作，推动非盐与泛盐业务突破，优化盐品结构，积极推进调味品等产业的投资。贵州盐业强化基础管理，调整优化结构，主责主业总体偏好，同时，充分利用国家支持贵州的政策，抢抓发展新机遇，闯出一条现代农业产业新路。沧州盐业积极推动“浓海水综合利用”项目，加强海盐产业与食盐、海水淡化、溴素产业、盐化工产业、光伏产业的合作，促进上下游企业集群模式发展。此外，行业其他企业也在积极探索适合自己的发展之路，并且取得了一定进展。

3. 行业“三品”专项行动典型成果显著

2022年上半年，工信部消费品工业司继续组织行业开展食品工业“三品”专项行动典型成果推荐工作。为展示盐业“三品”成果，学习其他消费品行业先进经验，协会组织盐行业参加此次推荐工作，共收到15家单位的35项申报信息，其中，增品种申报信息12项，提品质申报信息14项，创品牌申报信息9项，后协会择优选出15项典型成果，上报消费品工业司。经消费品工业司筛选，有中盐集团、江苏盐业集团、广东省广盐集团、天津长芦汉沽盐场等单位5项成果成功入选。

4.《食盐生产环节安全形势调研报告》课题

2022年6月，国家市场监督管理总局为科学评估当前食盐生产环节安全形势，加强对食盐质量安全的精准监管，确定将“食盐生产环节安全形势调研报告”的课题委托中盐协会完成。

为保障课题能按时保质完成，协会牵头成立了课题工作组，于7月8日，在天津塘沽国家盐产品质量检验检测中心召开会议，就课题的内容、专家组成员的任务分工、调研工作及任务完成时限做了研究确定。8月底，课题组完成了征求意见稿，后征求协会领导和各专家意见建议，进行了修改完善，定稿后报送国家市场监管总局。

5. 地方食品安全评议考核

2022年2月，工信部消费品工业司下发了《关于做好2022年食盐专营管理工作的通知》（工消费函〔2022〕96号），要求各食盐定点生产企业将生产的全部食盐产品电子追溯信息完整、及时上传至全国食盐追溯平台。

为协助企业完成考评任务，当年4月，中盐协会下发了《关于推进食盐电子追溯体系建设工作的通知》（中盐协〔2022〕27号），组织企业学习政策内容，解读考核要求，培训工作流程。同时，完善食盐电子追溯系统，做好各企业数据与平台对接上传的准备。针对各省不同企业遇到的问题，中盐协会组织技术人员一对一提供服务解决方案，帮助福建、青海、江苏、云南、河北、辽宁、山东等7个省做好上传工作，并通过电话、微信群、组织座谈会等方式，加强与企业沟通交流。截止 11 月底，全国有 27 个省市均已完成了食安办考核任务，实现了 101 家食盐定点生产企业追溯系统与全国平台的对接，超出食安办考核任务指标 35%。

6. 完善行业标准

由于，现行的《食品安全国家标准 食用盐》（GB 2721）未将风味盐纳入该标准的适用范围，不利于食盐加碘消除碘缺乏病的工作的落实和盐行业的健康发展，也有悖于《食盐专营办法》中对食盐的定义；国家有关部门在对现行《食品安全国家标准 食用盐碘含量》（GB 26878）修订过程中，拟将现行三档食用盐碘含量平均水平 20、25、30（mg/kg）碘的波动范围由 ±30% 缩小为约 ±6.7%。为解决上述问题，协会积极与负责修订标准的起草单位进行协调，从食盐生产技术状况、产品包装运输特点，食盐的物理特性等方面提出了意见和建议，并得到国家有关部门和专家的广泛认同，负责修订标准的单位接受了协会的意见建议。

7. 行业年度食盐质量抽检

为中盐协会一直持续组织国家盐产品检测中心和中国轻工业井矿盐检测中心对食盐实物质量和标签标识进行市场抽查。从近几年抽检结果看，产品质量基本保持在较高水平。

2022 年 7 月，中盐协会组织开展本年度抽检工作，其中，国家盐产品质量检验检测中心负责抽测黑龙江等 17 个省份，国家轻工业井矿盐质量监督检测中心负责抽测湖北等 14 个省份，基本覆盖了全国各省企业，确保抽检结果的全面性和准确性，检测结果将于 2023 年年初发布。

8. 食盐标志日常管理

2021 版食盐标志的使用后，大多数盐企顺利完成了新老标志替换工作，得到了行业内企业的充分认可。为充分发挥 2021 版食盐标志的防伪、追溯功能，保障食盐质量安全，中盐协会组织防伪协会、国家盐产品质量检验检测中心、碘标委的相关专家，按照工信部标准修订的工作部署，根据新版食盐标志的生产、技术要求，对现行的《碘盐标志技术条件》和《碘盐标志生产企业管理规范》两个标准进行修订，于当年 8 月将反复修订的报批稿提交给全国盐标委和中国轻工业联合会的审核反馈。此外，中盐协会加强与食盐标志的生产企业和相关供应企业密切沟通，加强食盐标志的质量监督，及时协调生产企业和相关供应企业在标志生产、供应等方面出现的问题，保障了标志的供应和食盐的正常生产。

9. 协调碘酸钾供应

2011 年年底开始，福建、河北、湖南、湖北、江苏、海南、青海等多省的食盐定点生产企业陆续反映生产加碘食盐所需的碘酸钾出现供应不足的情况，以致影响了企业的正常生产和市场供应。中盐协会通过约请中国地方病协会和国药集团等方式，了解到出现碘酸钾供应紧张的主要原因是受疫情影响，原碘的国际市场价格大幅提高，加之国家财政补贴资金未能全部到位，于当年 2 月，起草了《关于当前生产加碘食盐所需的碘添加剂（碘酸钾）出现供应短缺的情况报告》（中盐协〔2022〕6 号），报送工信部消费品工业司，请其研究并尽快会同卫健委，与国家财政部沟通解决原碘采购资金补贴到位事宜。历经半年协调，财政部补贴资金陆续到位，碘酸钾供应基本平稳，保障了合格碘盐的生产供应。

10. 行业推优

为更好地宣传行业，展示企业，发挥骨干企业示范引领作用，当年 8 月，组织企业参加轻工行业竞争力综合评比和科技竞争力评比，江苏苏盐井神盐化股份有限公司和江西省盐业集团分别荣获“中国轻工业二百强企业”和“中国轻工业食品行业五十强企业”。10 月，组织企业参加轻工第九批创新和升级消费品评比活动，云南省盐业有限公司普洱盐—低钠盐、江苏苏盐井神股份有限公司食用低钠盐（480 克盒装）、中盐西南盐业有限公司天一井加碘钙盐入选轻工第九批升级消费品名单。组织参加轻工科学技术奖励申报评比，天津科技大学《高盐废水综合利用项目》荣获科技创新二等奖，云南盐业集团的《多品种盐开发、智能化关键技术研究及产业化研发项目》荣获科技创新三等奖。

11. 双碳工作和区域交流

2022 年，中盐协会井矿盐专委会负责启动了井矿盐企业的有关工作，经过半年调研工作，完成了井矿盐能效有关情况调查表，摸清了 68 家井矿盐企业的产能、综合能耗、消耗煤炭总量以及二氧化碳排放量的情况，并起草了井矿盐节能降碳行动方案；通过已建的四个片区工作平台，先后于 2 月、7 月、11 月组织召开了北方片区井矿盐企业和部分域外重点企业参加的工作交流会、长三角地区重点井矿盐企业座谈会三次盐业企业工作交流会和部分省份井矿盐企业工作交流会（视频），并于会上通报了全行业的产销情况，企业分析了当前盐业市场的供需关系。此外，配合主办方云南盐业筹备西南片区（云南）活动方案；参与湘鄂赣片区的活动；保持与各片区经常性的沟通联系，及时了解活动开展情况，协助企业就盐穴综合利用、组建医药盐专委会、昆明盐矿技术改造、中盐金坛井矿盐工业史培训等工作提供专业咨询业务。

据调查统计，全国 15 个省区生产井矿盐，井矿盐法人企业 67 家，至 2021 年，产能规模为 7073 万吨，2021 年实际产量 6210.3 万吨，产能利用率 87.8%。2021 年全国井矿盐企业销售 6198.3 万吨，产销平衡。其中江苏产能 1620 万吨、产量 1394.3 万吨；山东产能 980 万吨、产量 990.1 万吨；河南产能 950 万吨、产量 653 万吨。

12. 海盐产区探讨多业态融合发展

海盐专委会组织专家对山东滨州沿海进行考察，对当地发展盐业进行了深入调研探讨，并向地方政府提出了通过依托原盐、盐化工、盐产品深加工、海水养殖等多业态融合带动发展，建成山东乃至全国重要的海洋资源高效综合利用和蓝色经济高端产业聚集区的建议，得到地方政府的认同。组建了海盐信息统计群，现有成员 55 人，及时进行沟通和交流，根据企业实际，开展海盐统计和信息报送工作，做到每季度统计一次产销存数据，提供了数据参考。运维《中国海盐》内部资料期刊，设置市场行情、产销存信息、价格动态、气象信息、经验介绍、海盐文化等栏目，迄今累计发行 27 期。

13. 湖盐区加快合作共赢

湖盐专委会努力克服疫情影响，组织区域内五省区的各会员单位，通过线上方式，在盐产品研究开发、市场营销、基础管理、人才培养等方面开展信息交流，促进合作共赢。协助各会员单位立足盐业资源，面向市场需求，立足于绿色、天然、纯净、无污染、天然含硒等湖盐特性，纷纷推出独具特点的主打产品，在丰富盐业品种、提高产品质量、打响市场品牌等方面精准发力，提高了市场掌控力。

14. 引导网络舆情

2022 年 7 月开始，有网络媒体流传“混合盐”的视频，视频中称“市场上销售一种叫‘混合盐’的食盐产品”，其成分中含有害物质，长期食用危害身体健康。由此引发了消费者的恐慌心理，食盐企业的信誉也受到一定影响。为澄清不实传言，消除不良影响，中盐协会迅速与国家市场监管总局和卫健委联系并说明情况，同时致函网信办，希望尽快删除、屏蔽相关视频，对恶意编造、散布谣言的相关人员追究法律责任。此外，对于多年散布食盐中添加亚铁氰化钾有毒有害的谣言，中盐协会也通过各种渠道予以澄清，维护了行业利益。

15. 行业质检员培训

为提高盐业企业检测人员的技术水平和综合素质，确保食盐检验结果准确可靠，保障食盐质量安全，2022 年 11 月 29 日，中盐协会联合国家盐产品质量检验检测中心以视频方式举办了盐业企业检测人员培训。全国食盐定点生产企业、食盐定点批发企业共计 106 人参加了培训。

16. 行业信用体系建设

2022 年，中盐协会在前期工作基础上，组织全行业盐业企业继续开展信用评价工作，参评定点生产企业 86 家，其中 AAA 级 52 家，AA 级 34 家；参评省级定点批发企业 23 家，均为 AAA 级；参评市县级定点批发企业 326 家，其中 AAA 级 82 家，AA 级 81 家，A 级 163 家。在开展信用建设过程中，协会注重充分发挥省级盐业协会作用，先后与 10 个省的盐业协会研究开展市县批发企业信用评价工作，省级盐业协会对此项工作非常重视，截至 2022 年底已全部按照标准要求完成了相关工作。

17. 行业统计和运行分析

2022 年，行业在已建立的企业行业统计队伍基础上，继续拓展队伍力量，提出工作要求，建立工作机制，加强日常的沟通交流。目前，日常统计人员 30 名，年度统计队伍 70 多人，月度收集的企业涵盖食盐产量的 65% 以上，年度收集的企业产量覆盖面达 90% 以上，基本能够保证日常数据信息的收集、共享和分析。经济运行研究方面，加大了对行业数据的分析力度，形成了“月度”“季度”“年度”三个层次的报告；编写了“2022 年度中国盐业市场经济运行分析报告”，得到了行业和盐业主管部门的充分肯定和认可，成为企业生产经营的重要参考。

18. 史志鉴材料编写

中盐协会组织行业专家参与了工信部组织的《食品工业发展报告（食盐行业篇）》的编写，和中轻联组织的《中国食品工业创新发展报告（2021 年度）》的编写和《中国盐业工业史》的编写。

19. 新媒体运用

为继续加强行业和企业的宣传，通过协会网站围绕国家时政要闻和政策文件开展重点宣传工作，针对行业重点工作和热点文章及时推送发布，总结行业优秀企业发展中的经验和亮点进行大力宣传推广，比如抗疫保供、品牌营销、党建引领、“5·15 碘缺乏病日”等活动开展专题栏目进行报道。2022 年协会网站供发布信息报道共 212 篇，做到聚焦行业热点，发布信息及时，覆盖内容广泛。同时，继续完善新版协会官网建设，调整页面风格，细化栏目设置、补充多项功能，在原有的栏目的基础上，增设了“关于协会”“会员服务”“行业刊物”“食盐标志”“食盐追溯”“科学技术”“专题报道”“协会活动”等 14 个栏目，新网站已经于 2022 年 12 月 24 日上线。充分利用微信公众号推送效果快，影响范围广的优势，及时发布行业焦点热点，大力宣传企业产品动态，中盐协会的公众号关注度逐步提高，截至 2022 年底共有关注人数 1.6 万余。

20. 传统刊物编撰

《中国盐业年鉴》作为行业内唯一一部记录整个行业发展的史料性书，至今已经成功发行了 16 册，已经成为行业最权威工具书籍。《中国盐业年鉴 2021》的编写工作已经如期开展，年鉴设有行业要闻篇、地方篇、市场分析篇、重要文件篇、专题篇，并且收录了每个年度国家相关主管部门发布的重要文件，以及反映行业发展的大事要闻、市场数据、重点企业的发展情况，这对于做好盐业史料的保存具有重要意义。

协会联合全国盐业科技信息中心、全国井矿盐工业信息中心，通过整合原有《会员通讯》《井矿盐信息》《海湖盐信息》采编稿件渠道和人力资源，成立新的编写团队，共同编撰会员通讯，进一步提高刊物编写质量，丰富刊物内容。

21. 建设食盐专营管理信息系统

2022 年初，工信部消费品工业司为实现食盐专营工作的信息化管理，决定建设“食盐专营管理信息系统”。该管理信息系统的主要功能：一是向社会宣传食盐专营方面的政策；二是实现国家盐业主管部门指导省级盐业主管部门的日常业务工作以及审批和变更事项的备案管理。中盐协会承担委托任务后，与技术开发单位合作，共同推进工作。截至 2022 年底，信息系统已进入收尾调试阶段。

【c. 大事记】

1 月 19 日，工业和信息化部消费品工业司张晓峰副司长、食品处李强处长等一行 4 人到中盐协会调研。

2 月 17 日，豫鲁皖苏鄂冀陕湘赣滇渝制盐企业座谈会在河南省平顶山市平煤集团联合盐化公司召开，来自十一个省 25 家制盐企业共 80 余人参加此次会议。

3 月 24 日，中国盐业协会组织部分重点食盐定点生产企业食盐追溯系统建设负责人、食盐追溯系统建设的服务商代表召开食盐追溯工作座谈会，通报食盐电子追溯体系建设政策要求，督促并推进各企业食盐追溯系统建设和使用。

4 月 28 日，中国盐业协会发布《关于推进食盐电子追溯体系建设工作的通知》（中盐协〔2022〕27 号），提出食盐定点生产企业与全国平台对接和数据上传的具体工作目标和工作要求。

5 月 15 日是中国第 29 个“防治碘缺乏病日”。为使公众更好地了解防治碘缺乏病的重要性，积极宣传碘缺乏病防治措施的重要作用，加快推进健康中国建设，中国盐业协会发出《关于开展 2022 年防治碘缺乏病日活动的通知》。

5 月 26 日，金坛盐穴压缩空气储能国家试验示范项目投产仪式在江苏省常州市金坛区举行。项目整套设备启动连续满负荷试运成功，实现连续 4 天满负荷、满时长“储能－发电”运行，完成一次调频性能、AGC 功能等涉网试验，各项指标优良，即将正式投入商业使用。

5 月 27 日，中国盐业协会参加由工信部消费品司召开的“2022 年食盐电子追溯体系建设工作视频座谈会”，作“食盐电子追溯系统平台对接与数据上传情况和下一步工作计划”汇报。

6 月 1 日，中国盐业协会举办食盐电子追溯体系建设线上培训会。工业和信息化部消费品工业司一级巡视员张晓峰出席并讲话。

7 月 8 日，中国盐业协会受国家市场监督管理总局“食盐生产环节安全形势调研”课题委托，在天津塘沽国家盐产品质量检验检测中心召开首次会议，研究课题具体撰写事宜。

7 月 14 日下午，中国盐业协会与第三方信用评价机构北京国富泰信用管理有限公司召开信用体系建设工作推进会。

7 月 20 日，中国盐业协会执行理事长王小青、科学技术工作委员会主任赵建国、全国盐行业信用体系办公室主任刘元才等人一行赴沧州盐业集团开展工作调研，深入了解沧盐集团盐改后的运营发展，就食盐定点企业市场竞争秩序等方面内容进行现场座谈交流。

7 月 22 日下午，中国盐业协会组织召开《食盐定点生产企业和食盐定点批发企业规范条件》视频会，对《食盐定点生产企业和食盐定点批发企业规范条件》和《食盐定点生产企业和食盐定点批发企业规范条件管理办法》（征求意见稿）征求意见。

7 月 27 日，中盐协会井矿盐工作委员会在南京组织召开长三角地区重点井矿盐企业座谈会。

7 月 29 日，全国盐文化场馆联盟成立大会暨全国盐文化场馆高质量发展学术研讨会在中国海盐博物馆召开。中盐协会执行理事长王小青，盐城市人民政府副市长唐敬，江苏省文化和旅游厅二级巡视员姚文中，江苏省盐业协会理事长唐正东，盐城市文化广电和旅游局局长袁国萍，以及来自自贡市盐业历史博物馆、河北海盐博物馆、山西河东池盐博物馆、上海市金山区博物馆、山东东营盐文化博物馆、河南岩盐博物馆、天津长芦汉沽盐业展览馆、青海察尔汗盐湖小镇等全国 18 个城市 31 家盐文化场馆及相关单位代表出席了大会。

7 月 28 日，《陕西省食盐管理条例》经陕西省第十三届人民代表大会常务委员会第三十五次会议通过，自公布之日起施行。

8 月 10 日，以“贯彻新时代战略 建设轻工业强国”为主题的中国轻工业百强企业高质量发展高峰论坛在北京顺利召开。本着企业自愿参评的原则，共有7家盐业企业参与了本年度评比。其中，江苏苏盐井神股份有限公司和江西省盐业集团股份有限公司凭借优秀的综合评比、单项评比成绩脱颖而出，荣登“中国轻工业二百强企业”和“中国轻工业食品行业五十强企业”榜单。

8月11日，“陕西盐业教育培训基地”揭牌仪式在色彩斑斓的定边千年盐湖畔举行。陕西省盐业专营有限责任公司党委书记、陕西省盐业协会会长王勇和延长石油定边盐化工公司党委书记、总经理冯建亮共同为“陕西盐业教育培训基地”揭牌。

8月12日，《河北省食盐专营管理实施办法》经省政府第156次常务会议通过，自2022年10月1日起施行。

8月13日，第八届（济南）电子商务产业博览会在山东国际会展中心举行。鲁盐集团受邀亮相展会，以“鲁盐·山海未来”为主题，通过现场宣讲与直播方式展示鲁盐集团“‘盐’+创新发展、数字‘盐’展未来”的发展理念，荣获“十佳电商产品”“电子商务应用示范企业”奖项。

8月16日，内蒙古自治区盐业协会第五届第一次会员代表大会暨《内蒙古盐业志》编纂启动工作会议在锡林郭勒盟东乌旗召开。

8月18日，广投集团所属企业广西盐业集团成立60周年庆祝大会在南宁隆重举行。广投集团党委书记、董事长周炼，副总经理焦明出席大会，广西盐业集团党委书记、董事长李奕添回顾盐业集团60年发展历程。

9月16日，中盐新疆公司举行自治区政府食盐储备协议签约仪式，在自治区粮食和物资储备局、财政厅、工信厅、发改委的大力支持下，自治区人民政府常务会议2022年6月10日批准政府食盐储备方案，明确中盐新疆公司为自治区政府1万吨食盐储备的承储单位。

9月19日，中国盐业协会发布《食盐电子追溯体系建设2022年1–8月工作通报》（中盐协〔2022〕42号），通报各食盐定点生产企业追溯系统与全国食盐电子防伪追溯服务平台对接和数据上传情况。

9月29日，中国盐业协会参加由工信部消费品司召开的“前三季度食盐电子追溯体系建设工作视频座谈会”，介绍当前全国食盐电子追溯体系建设总体进展情况，各省关于食安办对食盐追溯工作指标考核完成情况。

10月10日，市场监管总局发布《食品相关产品质量安全监督管理暂行办法》（以下简称《办法》）。《办法》自2023年3月1日起施行。

10月12日，中国盐业协会参加中国盐业集团前三季度食盐电子追溯系统建设工作视频座谈会，介绍中盐系统各公司食盐电子追溯体系建设进展情况。

10月1日，《竹盐》《螺旋藻碘盐》《水处理用盐》三个产品标准正式实施，三个标准于2022年4月8日发布。其中《竹盐》《水处理用盐》为新制定的行业标准，《螺旋藻碘盐》为第一次修订的行业标准。

10月1日以来，山东省潍坊市、东营市、烟台市等部分地区出现强降雨天气，大到暴雨局部大暴雨，并伴有雷电和大风。在大风降雨及海水大潮的影响下，渤海湾临海部分地区盐场受损严重。预计此次恶劣天气将导致受灾地区海盐产量减少200万吨左右，也造成部分盐场今年原盐秋晒生产绝产，还可能重创整个原盐生产链并影响明年春产和原盐价格。

10月26日，中国盐业股份有限公司召开“食盐电子追溯信息对接全国平台推进工作视频会”全面推进食盐电子追溯信息系统建设工作，所属生产、批发企业和食盐电子追溯信息系统承建单位代表共计118人参加会议。

11月1日，中国盐业协会参加辽宁省前三季度食盐电子追溯系统建设工作视频座谈会，介绍辽宁省食盐定点生产企业电子追溯系统对接情况。

11 月 3 日，中国盐业协会提供数据支撑工信部消费品司发布《关于反馈食盐追溯体系建设工作完成情况的函》，向各相关省、自治区、直辖市盐业主管部门反馈截至 10 月 31 日各省市食品安全食盐追溯考核目标完成情况及各企业与全国平台对接和追溯数据上传情况。

11 月 9 日，中国盐业协会召开食盐追溯系统建设服务商视频座谈会，座谈交流各食盐定点生产企业追溯系统对接全国平台相关事宜。

11 月 11 日，中盐协会以视频方式组织召开部分制盐企业座谈交流会。中盐协会副理事长宋占京、中盐股份副总经理蒋华彬、中盐股份市场管理部部长崔静及相关人员在北京主会场参会，23 家制盐企业相关负责同志近百人在各企业分会场参会。

11 月 14 日，根据《国家工业旅游示范基地规范与评价》行业标准，经有关省（区、市）文化和旅游行政部门推荐，文化和旅游部按程序组织专家评审并进行公示，国家文化和旅游部发布《文化和旅游部关于确定北京市 751 园区等 53 家单位为国家工业旅游示范基地的公告》（文旅资源发〔2022〕110 号）。天津长芦汉沽盐场有限责任公司成为盐行业唯一一家入选单位。

11 月 17 日，中国盐业协会以视频形式召开 2022 年度《中国盐业年鉴》《会员通讯》工作会议。

11 月 29 日，中国盐业协会联合国家盐产品质量检验检测中心以视频方式举办了盐业企业检测人员培训。

12 月 2 日，《四川省盐业管理条例》由四川省第十三届人民代表大会常务委员会第三十八次会议于 2022 年 12 月 2 日修订通过，将自 2023 年 1 月 1 日起施行。

张　君

2.15 食品添加剂和配料工业

【a. 概况】

2022年，受国际形势严峻复杂，国内疫情反复等不确定因素影响，我国经济增速明显放缓，但依然保持强大的韧性和活力，总体延续了恢复发展的态势，食品添加剂和配料行业作为重要的民生行业，依然有序运营。全行业积极推进和贯彻以国内大循环为主、国内国际双循环相促进的发展方针，继续做好产品结构调整和优化升级，多元融合提升自身竞争力。整体上看，2022年食品添加剂和配料行业受大环境影响，增速放缓，根据协会对行业骨干企业、会员企业所报数据的统计和分析，2022年全年食品添加剂主要品种总产量达到1545万吨，同比增长约4.4%；销售额为1455亿元人民币，同比增长3.9%；出口额38.9亿美元，同比增加3.5%，虽受新冠疫情、单边国际贸易不利及人民币对美元汇率贬值等多重影响，仍然保持良好的国际竞争力。

【b. 主要产品】

1. 甜味剂

（1）高倍甜味剂

受疫情及市场总体需求相对低迷等情况影响，高倍甜味剂的生产、销售、应用等都受到了一些影响，尤其上半年长三角地区受疫情影响相对较大，而我国高倍甜味剂行业生产企业主要集中在长三角地区，但甜味剂企业生产供求关系基本稳定，出口量保持增长势头，企业效益同比增加。2022年产销量12.5万吨（不含复配），同比略有增长，其中高倍合成甜味剂产品以出口为主，部分供应国内。主要品种中，糖精（钠）销售量约4.0万吨，甜蜜素销量3.4万吨，安赛蜜销量约为1.4万吨，阿斯巴甜销量约为1.2万吨，三氯蔗糖销量0.9万吨，甜菊糖销量约0.7万吨。

（2）糖醇类产品

当前我国无糖、低糖行业正步入产业发展繁荣期，健康理念深入人心，国际征收糖税的国家越来越多，未来下游消费市场，代糖产品的占有率将会持续提升，下游市场的旺盛需求拉动了功能糖产业的快速发展。国内用于食品行业的各类糖醇每月产量约12万吨左右，全年产量140多万吨，其中木糖醇6.6万吨的产量，木糖7.6万吨，赤藓糖醇产量22.5万吨，麦芽糖醇产量3.5万吨，山梨糖醇约100万吨。

2. 着色剂

2022年，虽受疫情防控、原材料及人工成本上涨、海外出口的成本增加、人民币对美元汇率贬值等因素影响，但着色剂行业整体运行较为平稳，全年总产销量为43.4万吨，同比下降3.6%；销售额67.8亿元，同比增加17.1%；出口量3.2万吨；出口额3.1亿美元，基本持平。三大类产品中，焦糖色素产量40万吨，产销量同比下降5%，出口额增加了10.6%；合成色素0.36万吨，产销量同比下降10%，出口额下降了47.8%；天然色素产量3.1万吨，同比增长15%。

3. 食用香精香料

2022年上半年由于一些地区受到新冠疫情的影响，以及国际上乌克兰危机后能源价格一度创历史新高，许多合成香料供应短缺，货运空间严重不足，导致运费更高，交货时间延长，下半年供应开始缓慢恢复，但恢复的速度较慢。2022年全年食用香精香料销售额126.6亿元左右，出口创汇18.1亿美元，同比略有增长。预计在下游行业增长和疫情防控逐渐放开的背景下，香料香精市场规模将恢复较快增长的趋势，尤其是天然香料精细加工的技术创新及应用不断发展，合成香料有所侧重的引进石化、医药、农药等相关工艺技术，团体标准及行业标准的制定工作逐步推进，我国食用香精香料将更具国际竞争力。

4. 防腐剂和抗氧化剂

受俄乌战争带来的欧美经济下滑、全球政治对抗和国内疫情带来的市场消费低迷的影响，大部分企业主要产品的产销量均受到一定的影响，但总体情况较为平稳。苯甲酸和苯甲酸钠产销量18.2万吨，其中，苯甲酸12.7万吨，同比增长3.1%，苯甲酸钠5.5万吨，同比增长2.1%，山梨酸（钾）全年运行平稳，销售量和销售额同比增长3%，乳酸链球菌素小幅增长约6%，纳他霉素降幅约8%，聚赖氨酸降幅约24%，但由于这三种防腐剂基数较小，对全行业整体销售影响不大。

5. 增稠剂、乳化剂和品质改良剂

2022年，由于疫情的不确定性，资源性的原料普涨，行业产能基本持平未扩张，由于2021年大部分企业储备了一些原料，一定程度上消化了原料涨价的危机，增稠剂、乳化剂和品质改良剂终端产品价格微涨。乳化剂主要品种（单甘酯、司盘、吐温）销量5.2万吨，销售额6亿元；增稠剂（不包括淀粉产品）销量2.1万吨，面粉改良9.5万吨，变性淀粉销量2万吨，磷酸盐产品销量5.6万吨，酶制剂、助剂、配料（含维他纤维、聚葡萄糖、大豆膳食纤维）2.2万吨，同比基本持平。

6. 新食品原料

当前资源环境约束日益趋紧，迫切需要依靠科技创新来支撑我国食品资源生产方式的根本转变，增强可持续发展能力。新食品原料可作为食品原料使用，亦可以作为保健食品原料使用，在食品领域具有巨大研究价值和产业化潜力，对大健康产品的开发具有十分重要的支撑作用。例如，通过工厂发酵生产替代传统种植和养殖生产方式，以微生物细胞为平台，以微生物蛋白为基础，突破大规模、低成本、可持续的蛋白质、淀粉和油脂等食品原料高效制造，实现“农业生产的工业化”，将颠覆传统种植与养殖业的生产新模式，给予行业发展更广阔的空间。

7. 营养强化剂和功能性配料

近几年，大健康产业有了较快发展，行业的生产经营均呈现稳定增长态势，更多的保健食品、特殊医学用食品的出现对引导消费和普及大健康理念起到了积极作用，形成一批具有较强创新能力和国际竞争力的大型企业，机遇与挑战并存，行业前景看好。《健康中国2030规划纲要》《国民营养计划》的实施为我国营养健康产业提供了较大的发展契机，但当前营养方面相关法规标准的缺失和滞后也是行业发展中痛点，行业企业还要积极参与相关国家标准的制定与修订工作。

【c. 面临的问题】

1. 消除公众对食品添加剂的疑虑、困惑和不解，迫在眉睫

到目前为止，国内外食品安全头号问题仍旧是因食用致病微生物污染的食品而引发的疾病，在食品中使用防腐剂是有效降低食源性疾病发生、保障居民身体健康的有效手段。相反，声称“零添加”的食品如果其本身的成分或在其他方面不足以抑制微生物的生长则可能存在一定隐患。正确合理的使用食品添加剂对提高食品质量，保障食品安全具有重要的正面作用。

由于社会公众和消费者对食品中的食品添加

剂及非食用物质认识不清，一些不法分子有意识混淆食品添加剂和非食用物质的界限，向食品中添加非食用物质（如孔雀石绿、苏丹红、三聚氰胺等），生产出危害人们健康的假、冒、伪、劣食品，这是严重的违法行为。由于普通消费者不清楚这两者之间的区别，往往会将添加非食用物质造成的食品安全事件归罪于食品添加剂，加深了公众对食品添加剂的误解。希望媒体能够更多地关注食品添加剂和配料行业，多引导舆论并开展正面的导向宣传，增强食品添加剂和配料的科普宣传力度和效果。

2. 食品安全国家标准无法完全满足行业的需求

食品添加剂的法规和标准随着《食品安全法》的贯彻和实施在不断地完善，大多数食品添加剂的质量规格国家标准都已制定或修订，进一步保证了对食品添加剂生产经营的监管，但由于部分标准难以短时间出台，当前行业生产经营过程中还有一些法规和标准的空白区域。当前，国家大力推动团体标准制定工作，提供了补充和完善食品添加剂及其原辅料标准的有效平台和手段，协会已启动相关产品团体标准的制定工作，但由于社会对团体标准认可度及执行环境有待发展成熟，因此，还需要持续一段时间工作才能缓解行业困扰。

3. 天然原料的胶体或多糖的管理办法有待优化

食品添加剂中有很多来源于天然原料的胶体或多糖，如：果胶、卡拉胶、刺槐豆胶、瓜尔胶、半乳甘露聚糖等，部分特殊规格的产品，其蛋白含量和纤维含量均很高，在最后产品中可以成为重要的蛋白和膳食纤维的来源。这一类产品的安全性都很高，都属于JECFA评估结果ADI值不限制的产品。在美国大多数产品都属于GRAS管理，在中国台湾地区大多数产品现行的法规应仍当作食品原料进行管理。而我国法规中一直按照食品添加剂进行管理，相对应的在标签和营养方面也有很多限制。建议对于蛋白含量和纤维含量很高的这类胶体产品，可以考虑类似聚葡萄糖的多重身份的管理模式，这有利于产品发展和创新应用。

4. 缺乏创新型人才、企业作为科技创新的主体地位还不突出

食品添加剂和配料行业是一个涉及多领域、多学科的高新技术行业，它的发展推动着食品工业的技术创新和发展，同时，它本身的发展也需要高新技术的支持。尤其在大健康时代，行业要保持天然优势，开展精细加工新工艺、新产品的研究和应用，充分利用我国丰富的天然可再生资源。同时加强技术创新，提升自动化控制水平，加快工艺设备及技术升级，提升生产效率、产品的稳定性及安全性；重视专业技能人才培养，加快高素质人才储备。通过多种方式促进食品添加剂和配料行业科技创新，为食品工业的创新和发展提供技术支持，助推行业向低碳转型，从而实现行业可持续和高质量的发展。

【d. 主要工作】

1. 积极反馈行业意见诉求，配合参与政府部门的相关工作

受国家食品安全风险评估中心委托，协会承担了食品添加剂二氧化钛、D-甘露糖醇、赤藓糖醇、麦芽糖醇等产品的行业调查工作，形成行业调研报告供有关部门制定法规政策时参考使用。同时，协会将持续跟进参与国家市场监管总局承担的《食品生产许可审查通则》《食品添加剂生产许可审查细则》相关工作，反馈行业共性的修订意见，帮助企业解决生产经营中遇到的问题，对于“分装”和“复配”这两个行业关注重点，协会广泛征求行业意见，及时与总局汇报和多次会面交流，并陪同总局相关领导实地调研，使《审查细则》的出台能更好地与行业实际情况相结合。

根据“国家发展和改革委员会办公厅关于启动《产业结构调整指导目录》修订意见的通知”，协会积极组织专家对其中涉及食品添加剂行业的内容进行研讨，并提出修改意见。

2. 向国家有关部门提出糖醇类产品管理的建议

2022 年 5 月，根据行业反馈诉求及工作需要，协会组织召开糖醇类产品研讨会，重点讨论该类产品的管理意见，会后，协会发函报送国家食品安全风险评估中心“关于加强糖醇类产品管理的建议”。2022 年 9 月，在 GB2760 公开征求意见时，针对糖醇类食品添加剂增加脚注内容，协会参考国际国外法规管理及安全性评估情况，并结合行业实际调研结果，代表行业提出建议，或可按照前期报送的“建议”方式进行管理，最终在标准审查时给予了认可采纳，顺利解决了糖醇类产品的使用问题。

3. 研究分析食品添加剂二氧化钛发展现状和趋势、形成产业调研报告

2022 年，欧盟宣布禁止在食品中添加二氧化钛，陆续包括沙特、也门、卡塔尔等国家在内的海湾标准组织以及瑞士、韩国等国家也跟随欧盟做出了同样的决定。基于国际形势的发展趋势及对二氧化钛的安全性争议，受国家食品安全风险评估中心委托，协会承担了食品添加剂二氧化钛的行业调查工作，针对过去三年（2019–2021）的历史情况，对其产能产量和市场规模、进出口贸易、重点生产企业市场份额以及纳米级二氧化钛所占比例等进行深入的分析，收集国内主要厂家近期样品及相应的检测报告，并送检第三方检验机构，重点验证二氧化钛粒度分布情况，最终形成二氧化钛产业调研报告，有助于评估中心以此作为该食品添加剂生产应用的依据和评价。

4. 关注法规、标准的完善，促进行业有序发展

（1）2021 年协会承担的《食品添加剂　叶绿素铜钠盐》《食品添加剂　辣椒油树脂》2 项食品安全国家标修订任务，完成了行业内征求意见，形成了送审稿及编制说明等材料，已上报秘书处待专委会审查。

（2）2022 年 5 月，食品安全国家标准审评委员会秘书处公开征求 2022 年度食品安全国家标准立项计划（征求意见稿）意见，协会作为食品添加剂乳酸（修订）及食品添加剂橡子壳棕（制定）2 项标准的牵头承担单位，待正式计划下达后推进相关工作。另外，协会还承担了《食品安全国家标准 食品添加剂 结冷胶》修改单的研制工作。目前上述均已召开标准工作启动会，正式进入起草阶段。

（3）2022 年年初，协会向行业全面征集 2022 年度食品添加剂和配料行业发展亟须的团体标准立项建议，共计收到 7 项立项建议，已通过协会团体标准技术委员会秘书处初审，计划于明年展会期间组织专家进行立项研讨。2021 年批准立项的团体标准《植物角鲨烯》已发布实施，目前实施效果较好。《餐桌甜味料》起草工作持续推进中，已召开了多次讨论会对文本进行反复修改。

（4）2022 年 3 月，协会针对秘书处转来的《食品安全国家标准 食品添加剂 甘草酸三钾》《食品安全国家标准 食品添加剂 焦亚硫酸钠》《食品安全国家标准 食品添加剂 赤藓糖醇》《食品安全国家标准 食品添加剂 聚甘油蓖麻醇酸酯（PGPR）》等 4 项食品添加剂产品质量规格标准跟踪评价意见进行研究，并分别反馈解决方式和建议，其中后两项于 2022 年申请了立项修订。

（5）关于《食品添加剂使用标准》（GB2760–2014）修订工作，协会协助国家食品安全风险评估中心承担行业调研、意见收集等工作任务，及时反映行业共性诉求，且基本得到有效解决。

5. 发挥行业组织的桥梁作用，继续为行业搭建交流平台

2022 年 8 月 15 日，中国食品添加剂和配料协会六届二次会员代表大会暨六届四次理事扩大会、六届七次常务理事会在广州阳光酒店召开，审议通过了《2021 行业发展及六届四次理事会工作报告》和《2021 年度财务工作报告》，回顾食品添加剂和配料行业的发展状况，讨论行业的发展问题，提出解决问题的建议和思路，展望行业未来发展方向。

2022年8月16～18，在广州中国进出口商品交易会展馆成功举办第二十五届中国国际食品添加剂和配料展览会暨第三十一届全国食品添加剂生产应用技术展示会（FIC2022）。历经30年行业专业资源的沉淀和积累，与中国食品工业高速发展同步的FIC展会已经有口皆碑，牢牢奠定了行业的领先地位，成为业内同仁及品牌企业等共同期待的年度盛会。本次展会展出总面积十多万平方米，参展商共计1132家，其中国际贸易展区参展商279家，汇聚行业顶尖企业及国家地区展团，其中包括美国、韩国、日本和中国台湾展团，国内展区的参展商为853家，精心打造行业内最为丰富的一站式服务，现已成为全球食品添加剂和配料行业规模最大、最具影响力、专业性最强的专业展览会，是企业观行业、谋发展的最佳平台。

食品添加剂是食品工业科技创新和发展的重要推动力，同期举办的23场新产品新技术发布会，充分展示了国内外食品添加剂和配料行业及食品领域的最新变革和发展趋势，促进了食品行业企业深入发展“三品”战略，不断向中高端和高品质迈进，促进食品创新化、健康化，推进品牌国际化，为行业注入源源不断的新活力。

展会圆满落幕后，借此业内专家共聚羊城之际，中国食品添加剂和配料协会、中国轻工企业投资发展协会、佛山市三水区招商局共同举办了“食品行业青年企业家交流活动”，40余位青年企业家共赴中国（三水）国际水都饮料食品基地参观，深入了解千亿级食品饮料产业集群的打造过程及食品饮料产业发展状况，先后实地考察了多家知名企业，深入了解生产过程、数字化管理、产品研发、包装运输等模块，加强了食品产业链上下游企业的深度合作，形成了一个开放共享的行业平台。

6. 建立“食品添加剂管理师”的职业技能项目

食品添加剂和配料行业属于食品工业链的前段，为食品工业提供原辅料，从产业特性看处于化工、制药、生物工程等行业。食品添加剂产品的使用的法律风险较高、技术的限制性较强，造成对食品添加剂和配料类产品的使用职业能力要求高。结合以上行业特性，本协会目前正在开展“食品添加剂管理师”的培训，为食品生产加工企业提供添加剂使用的职业技能支撑，从2022年6月起，该项目已着手进行培训大纲的制定，考虑到食品添加剂产品的技术性难点存在点多面广，法规要求高的特点，大纲的制定较为审慎，目前已经进行三个轮次的研讨，大纲初稿现已完成。

徐　晨

2.16 饮料行业

【a. 概况】

2022 年，在疫情防控、经济下行、外部形势严峻的大环境下，饮料行业顺应从快速发展迈向高质量发展的新趋势，坚持健康、绿色、可持续的新发展理念，为不断满足人们日益增长的物质需要，贡献行业力量。全行业总体上继续保持了平稳发展、稳中向好的态势，在质量安全、产业政策、标准化工作、科技进步、节能减排等方面开展大量有益工作，取得了令人满意的结果。

【b. 运行情况】

2022 年，饮料行业总产量超过 1.8 亿吨，销售收入约 5400 亿元，同比保持稳定。

1. 各品类占比分析

包装饮用水仍占到饮料总产量的一半，同比保持稳定，碳酸饮料、果蔬汁类及其饮料产量占比同比略有减少，除包装饮用水、碳酸饮料、果蔬汁类及其饮料外的“非三大”饮料同比保持增长趋势。

2. 区域分布上分析

我国饮料行业产量分布较为集中。2022 年，东部地区饮料产量在全国的饮料产量占比同比略有上升；中西部地区的饮料产量占全国饮料产量的比重相当，中部地区饮料产量同比持平，西部地区略有下降。2022 年，中国饮料产量前五省份分别是广东省、四川省、浙江省、湖北省、福建省。基于经济发展水平、人口总量和消费观念的差异，我国饮料在不同区域之间的生产、消费水平存在较大差异。总体上，经济发达、人口较多地区饮料的生产、消费水平高于其他地区。

2022 年，饮料行业规模以上企业有 1800 多家，同比增加近 60 家，同比增长 4%。行业“二十强”企业产量在全国饮料产业中的占比将近 50%，同比增加近 2 个百分点，行业集中度持续提高。

【c. 质量安全】

“民以食为天，食以安为本”，保障食品安全是食品工业发展的底线，饮料行业始终将食品安全放在首要位置。2022 年，国家市场监督管理总局全年在全国范围内共抽检饮料 202062 批次，样品合格率为 98.9%，与 2021 年饮料产品合格率（98.56%）基本持平，饮料质量安全形势总体良好稳定。

为力求将食品安全风险消除在萌芽状态，饮料行业尤其重视食品安全风险排查和预警。例如，积极配合国家卫生健康委员会和国家市场监管管理总局开展各饮料品类在各个环节可能存在的食品安全风险问题的调研。2022 年，针对化学污染物及有害因素监测、微生物及其致病因子监测、放射性污染监测及其他方面监测等反馈 20 余条食品安全风险检测计划建议，还针对采样环节、产品标签、产品特性指标、农药残留、等内容提出了 20 余条食品安全抽检工作建议。

【d. 产业政策】

2021 年 11 月，工息部印发的《“十四五”工业绿色发展规划》中指出以减污降碳协同增效为总抓手，大力推进工业节能降碳，全面提高资源利用效率，积极推行清洁生产改造。饮料行业针对废弃饮料瓶回收再利用的社会热点问题，组织饮料企业开展《回收 PET 饮料瓶食品级循环使用质量控制与经济成本分析研究》和《我国回收 PET 饮料瓶多路径再生利用研究》两个研究项目。两个项目聚焦饮料废弃 PET 瓶再生利用途径，提升废 PET 资源化水平，为 PET 再生利用企业、回收企业、PET 饮料包装生产企业提供技术支撑，为饮料行业可持续发展和政府部门制定相关法规标准提供学术支撑。

2022 年，国务院印发的《关于做好 2022 年全面推进乡村振兴重点工作的意见》中指出聚焦产业促进乡村发展，重点发展农产品加工。饮料行业作为农产品加工的一个重要领域，积极响应政府号召，大力推进植物饮料、果蔬汁、蛋白饮料、茶饮料等与农产品加工相关品类的生产研发和推广，努力提升特色农产品的附加值。在由工信部举办的“农产品深加工典型企业宣传推广”活动中有 3 家饮料企业代表行业参加，充分体现了饮料产品与农产品加工相融合的发展趋势。

2022 年初，国家发改委对《产业结构调整指导目录》进行修订，《目录》是引导社会投资方向、政府管理投资项目，制定实施财税、信贷、土地、进出口等政策的重要依据。行业组织专家和相关企业进行研讨后，向国家发改委等有关部门提出增加指导目录中关于饮料行业鼓励类条款的建议。

积极推进“健康中国”建设，既是中国饮料行业义不容辞的义务，更是全行业持续健康发展的重要路径。行业及时跟进相关政策法规标准的制修订进展，如《预包装食品营养标签通则》《上海关于深入推进爱国卫生运动的实施意见》等。一方面积极与相关起草单位建立沟通渠道说明行业情况并提出建议，争取公平合理的政策定位。同时向业内及时传递政策趋势，引导企业做好积极的政策应对，注重营养健康产品的研发和创新，提升产品供给质量。

【e. 标准化工作】

饮料行业始终坚持用高水平标准发挥规范和引领作用，不断完善饮料产品质量标准体系。2022 年 8 月，《食品安全国家标准 饮料》（GB7101–2022）发布，新版标准将饮料的术语定义、适用范围、理化指标、微生物限量、标识要求及其他要求进行了修改和完善，在内容上更加科学、合理，对饮料行业食品安全水平的提升和高质量发展具有重要意义。

2022 年，《饮料浓浆》(T/CBIA 009–2022) 团体标准发布；《复合蛋白饮料》行业标准完成报批工作；以及两项国家标准制《固体饮料质量要求》《取水定额 第 65 部分：饮料》和四项团体标准《饮料工程卫生设计规范》《包装饮用水中铜绿假单胞菌快速检测方法》《电解质饮料》《营养素饮料》的制修订工作有序推进，取得了阶段性成果。

【f. 科技进步】

科技创新是高质量发展的不竭动力，饮料行业将其作为推动产业转型升级的新动能、提升产业竞争力的重要抓手以及产业高质量发展的重要途径。2022 年，饮料企业积极参加工信部、中国轻工联合会等单位的各类相关科技进步奖项申报。其中，有 2 家饮料企业分别获得 2022 年度中国轻工业二百强企业、中国轻工业食品行业五十强，有 1 家饮料企业获得 2022 年第 24 届中国专利优秀奖。

在“2022 年度中国饮料行业科技创新论文奖与科技进步奖”评比活动中《高性能系列无菌包装成套装备的研发及产业化》荣获“2022 年

度中国饮料行业科技进步奖”特等奖。该项目围绕饮料包装的无菌保障与高速高精灌装两大关键环节，在高性能无菌包装核心装备技术上取得了原创性突破，彻底打破国外技术垄断，自主创新形成了系列无菌包装装备并产业化，实现了我国饮料产品高性能无菌包装装备从无到有、从进口到出口的巨大转变，对行业科技进步和产业结构升级有重大推进作用。

【g. 节能减排】

2021 年，工信部印发《“十四五”工业绿色发展规划》，饮料行业将以此为指引，积极响应低碳、绿色发展的时代要求。为带动饮料企业提升能源利用效率、提高绿色制造水平，中国饮料工业协会持续开展 2022 中国饮料行业节水节能优秀企业考核工作。此项工作已经连续开展十余年，对提升全行业节水节能水平、促进全行业履行保护环境的社会责任方面起到了积极作用。最终有 86 家企业获评“2022 年中国饮料行业节水优秀企业（生产基地）”，有 90 家企业获评“2022 年中国饮料行业节能优秀企业（生产基地）”。

众多饮料企业从覆盖源头、生产到包装等整个供应链上的每一个环节都积极探索低碳、绿色途径，并取得了可嘉的成果。2022 年 3 月，康师傅推出国内首款无标签版冰红茶，提出“减法”包装低碳新主张，践行双碳战略；4 月，达能位于中国武汉和邛崃的脉动饮料生产工厂通过探索优化能源结构，提高光伏发电等绿色能源使用率，优先选用可再生电力和其他清洁能源等举措率先实现碳中和，成为国内饮料行业首批碳中和工厂；太古可口可乐在国内的首家 100% 绿电工厂落地，该项目成功认证实施后，可减少碳排放 23760 吨；6 月，可口可乐中国推出再生瓶标包装，通过这一应用，使每个瓶标减少 30% 原生塑料的使用，为推动循环经济发展贡献力量；11 月，香飘飘旗下 Meco 果汁茶推出无标签新品，据了解，该新品通过零碳认证，每杯主动减少碳排放 29.76g。

【h. 大事记】

1 月，全国饮料标准化技术委员会换届大会在福建漳州召开，选举产生了第二届全国饮料标准化技术委员会成员。

3 月，针对《节约用水条例（征求意见稿）》中将纯净水、矿泉水、饮料制造视同高耗水行业设定排污要求的不合理条款，向司法部办公厅致函阐述行业意见。

4 月，开展“2022 年度中国饮料行业科技创新论文奖与科技进步奖”评选活动。

5 月，就修订《产业结构调整指导目录》征求行业意见，向国家发改委提出增加目录中与饮料相关的鼓励类条款的建议。

7 月，《电解质饮料》《包装饮用水中铜绿假单胞菌快速检测方法》两项团体标准立项通过，并组织成立课题组，按计划开展标准制定工作。

7 月，《取水定额 第 65 部分：饮料》《固体饮料质量要求》国家标准计划批准立项，按计划开展标准制定工作。

7 月，就《中国居民膳食指南 (2022)》中有关含糖饮料的相关描述和消费推荐存在明显的科学漏洞和逻辑错误及歧视的相关表述，向有关部门反映行业意见。

9 月，四川甘孜州泸定县发生 6.8 级地震，行业向灾区捐款 10 万元。

12 月，针对围绕“含糖饮料致死率相关研究”的负面报道，协会联合企业汇总相关领域专家的驳斥意见，协助国家卫健委等有关部门，提供科学公正的学术依据，回复国务院领导的关切。

12 月，《饮料浓浆》(T/CBIA 009-2022) 团体标准发布。

中国饮料工业协会

2.17 精制茶加工业

【a. 概况】

2022年，受到多重因素影响，全球经济增速放缓。据国际货币基金组织（IMF）估计，2022年，全球经济增速仅为3.2%。面对风高浪急的国际环境，中国统筹疫情防控与经济发展，宏观经济大盘总体稳定，经济总量持续扩大，发展质量稳步提高，发展韧性彰显。据国家统计局公布数据：2022年，中国国内生产总值（GDP）达121.02万亿元，同比增长3%；全国CPI同比上涨2.0%。

尽管受到新冠肺炎疫情的持续冲击，宏观经济环境不甚理想，但中国茶产业依托国内超大市场规模和持续稳定的市场需求，通过放缓增速、微调结构、减少进口，顺势完成了茶类消费结构的调整与升级。在新茶饮、花草茶及茶衍生品等新消费增长极继续拓展的同时，“围炉煮茶”“宋代点茶”“相期以茶”等茶文化现象次第涌现，“中国传统制茶技艺及其相关习俗”列入联合国非遗名录更是为后疫情时代的中国茶产业夯实了发展底气。

【b. 生产情况】

2022年，全国茶叶生产克服干旱等不利影响，面积产量基本稳定，规模扩张态势得到扭转，绿色生态茶园建设加快，茶叶产品向优质多元方向发展，带动农民增收效果显著。

1. 数据指标总体向上

（1）茶园面积稳中略增

近年来，我国茶园面积增幅稳步收窄，面积盲目扩张趋势已得到扭转。据统计，2022年，全国茶园面积达4995.40万亩，同比增加99.31万亩，同比增长2.03%。其中，开采茶园面积4539.89万亩，同比增加165.31万亩；其中，超过300万亩的省份分别是云南（665.45万亩）、贵州（654.47万亩）、四川（534.55万亩）、湖北（430万亩）、福建（319.85万亩）、湖南（308.2万亩）。值得关注的是，2022年，湖南省的茶叶采摘面积首次突破300万亩，而安徽省以297.29万亩仅有一步之遥。

表1 2022年度全国茶园总面积

（单位：万亩）

省份	2022年	2021年	同比增加数	同比增长%
江苏	51.00	51.45	–0.45	–0.87
浙江	310.50	307.70	2.80	0.91
安徽	307.52	295.73	11.79	3.99
福建	352.05	341.22	10.83	3.17
江西	175.70	171.80	3.90	2.27
山东	40.51	40.83	–0.32	–0.78
河南	175.11	208.60	–33.49	–16.05
湖北	558.03	545.01	13.02	2.39
湖南	310.82	298.10	12.72	4.27
广东	149.30	123.13	26.17	21.25
广西	151.73	142.44	9.29	6.52
海南	3.56	3.35	0.21	6.19
重庆	85.20	84.62	0.58	0.69
四川	605.38	596.20	9.18	1.54
贵州	708.34	714.60	–6.26	–0.88
云南	756.92	720.25	36.67	5.09

续表

省份	2022 年	2021 年	同比增加数	同比增长 %
陕西	235.73	233.66	2.07	0.88
甘肃	18.00	17.40	0.60	3.45
合计	4995.40	4896.09	99.31	2.03

数据来源：中国茶叶流通协会

（2）茶叶产量继续稳增

受夏秋季长江流域持续高温干旱影响，部分主产省夏秋茶减产，使 2022 年全国茶叶总产量略低于我会的前期预计数。据统计，2022 年，全国干毛茶总产量为 318.10 万吨，同比增长 10.8 万吨，同比增长 3.85%。安徽、江西、山东、河南、广东、广西、海南、云南、陕西增产 5% 以上，江苏、浙江、湖北、湖南、重庆、贵州均有不同程度减产。

表 2　2022 年度全国干毛茶总产量

（单位：吨）

省份	2022 年	2021 年	同比增加数	同比增长 %
江苏	10400.00	10702.50	−302.50	−2.83
浙江	193500.00	195300.00	−1800.00	−0.92
安徽	154100.00	142412.75	11687.25	8.21
福建	459674.38	450469.83	9204.55	2.04
江西	83700.00	78888.00	4812.00	6.10
山东	31601.65	27262.00	4339.66	15.92
河南	94282.65	89190.11	5092.54	5.71
湖北	314515.25	384000.00	−69484.75	−18.09
湖南	247542.86	250253.40	−2710.54	−1.08
广东	148000.00	108443.04	39556.96	36.48
广西	130300.00	102800.00	27500.00	26.75
海南	844.60	800.00	44.60	5.58
重庆	47300.00	48700.00	−1400.00	−2.87
四川	366292.67	350000.00	16292.67	4.66
贵州	344857.78	345017.40	−159.62	−0.05
云南	432904.09	380023.00	52881.09	13.92
陕西	119689.49	97297.16	22392.33	23.01
甘肃	1533.49	1592.10	−58.61	−3.68
合计	3181038.91	3063151.29	117887.62	3.85

数据来源：中国茶叶流通协会

（3）农业产值保持增长

2022 年，全国干毛茶总产值再创历史新高，达到 3180.68 亿元，同比增加 252.42 亿元，同比增长 8.62%。从全年总体来看，春季茶青价格基本保持稳定，夏秋季茶青价格比增 2.4% 左右。由于，茶叶品质整体优良，加之生产成本持续增加，带动了干毛茶交易价格整体上涨。名优茶与大宗茶比例约为 7:3，经济效益持续稳增。

表 3　2022 年度全国干毛茶总产值

（单位：万元）

省份	2022 年	2021 年	同比增加数	同比增长 %
江苏	327400.00	330925.00	−3525.00	−1.07
浙江	2640005.00	2591400.00	48605.00	1.88
安徽	1826000.00	1757259.00	68741.00	3.91
福建	3095785.52	2981236.90	114548.62	3.84
江西	714000.00	808421.80	−94421.80	−11.68
山东	739333.31	748501.44	−9168.13	−1.22
河南	1876237.13	1602090.52	274146.61	17.11
湖北	2172913.69	2219125.00	−46211.31	−2.08
湖南	1770088.00	1715748.00	54340.00	3.17
广东	1791325.06	1568038.08	223286.98	14.24
广西	1246558.00	983000.00	263558.00	26.81
海南	14997.14	21572.50	−6575.36	−30.48
重庆	460300.00	445300.00	15000.00	3.37
四川	3671855.71	3350000.00	321855.71	9.61
贵州	4980000.00	4146006.00	833994.00	20.12
云南	2322138.82	2021207.00	300931.82	14.89
陕西	2126474.23	1963200.00	163274.23	8.32
甘肃	31340.21	28510.00	2830.21	9.93
合计	31806751.83	29281541.24	2524210.59	8.62

数据来源：中国茶叶流通协会

（4）茶类结构均衡发展

2022 年，中国传统六大茶类的生产格局同比大体一致。

在产量方面，绿茶产量 185.38 万吨，同比增加 0.44 万吨，同比增长 0.24%；红茶 48.20 万吨，同比增加 4.75 万吨，同比增长 10.94%；黑茶 42.63 万吨，同比增加 2.95 万吨，同比增长 7.43%；乌龙茶 31.13 万吨，同比增加 3.35 万吨，同比增长 12.07%；白茶 9.45 万吨，同比增加 1.26 万吨，同比增长 15.41%；黄茶 1.30 万吨，同比减少 0.03 万吨，同比下降 1.90%。绿茶、红茶、黑茶、乌龙茶、白茶、黄茶的产量比例为 58.28:15.15:13.40:9.79:2.97:0.41；绿茶在总产量的占比下降，黄茶占比稳定，其他茶类占比攀升。

表 4　2022 年中国六大茶类产量统计表

（单位：吨）

茶类	2022 年	2021 年	同比增加数	同比增长 %
绿茶	1853819.13	1849415.07	4404.06	0.24
红茶	482017.86	434503.16	47514.70	10.94
黑茶	426325.99	396843.82	29482.17	7.43
乌龙茶	311318.02	277783.72	33534.30	12.07
白茶	94522.40	81899.15	12623.25	15.41
黄茶	13035.51	13288.31	（252.80）	（1.90）
合计	3181038.91	3063151.29	117887.62	3.85

数据来源：中国茶叶流通协会

从产值上看，绿茶产值 2058.19 亿元，同比增加 115.60 亿元，同比增长 5.95%，总值占比为 64.71%；红茶 509.47 亿元，同比增加 55.79 亿元，同比增长 12.30%，总值占比为 16.02%；黑茶 268.56 亿元，同比增加 52.54 亿元，同比增长 24.32%，总值占比为 8.44%；乌龙茶 254.76 亿元，同比增加 21.36 亿元，同比增长 9.15%，总值占比为 8.01%；白茶 77.93 亿元，同比增加 7.04 亿元，同比增长 9.94%，总值占比为 2.45%；黄茶 11.77 亿元，同比增加 0.17 亿元，同比增长 1.45%，总值占比为 0.37%。

表 5　2022 年中国六大茶类产值统计表

（单位：万元）

茶类	2022 年	2021 年	同比增加数	同比增长 %
绿茶	20581922.82	19425897.45	1156025.37	5.95
红茶	5094657.94	4536720.82	557937.12	12.30
黑茶	2685629.91	2160213.31	525416.60	24.32
乌龙茶	2547576.58	2333949.71	213626.87	9.15
白茶	779277.01	708848.93	70428.08	9.94
黄茶	117687.57	116011.02	1676.55	1.45
合计	31806751.83	29281541.24	2524210.59	8.62

数据来源：中国茶叶流通协会

2. 产制运行态势良好

（1）生产运行平稳。

2022 年，我国暖干气候特征明显，旱涝灾害突出，气候状况总体偏差。年内全国平均降水量 606.1 毫米，较常年偏少 5%，冬春季降水偏多、夏秋季偏少。东北、华南、华北地区降水量偏多，长江中下游、西南、西北地区降水量偏少；七大江河流域中，除长江流域和淮河流域降水量偏少外，其他流域降水量均偏多。全国平均气温 10.51℃，较常年偏高 0.62℃，除冬季气温略偏低外，春夏秋三季气温均为历史同期最高；区域性和阶段性干旱明显，南方夏秋连旱影响重。但据应急管理部的统计数据，与近五年平均值相比，气象灾害造成的农作物受灾面积和直接经济损失均偏少。

总体来看，气候条件对 2022 年全国茶叶生产的整体影响有限。3 月初，湖南、广西部分茶区虽然出现了不同程度干旱，但在中旬随着降水得以缓解。湖北、湖南、江苏等地茶园在夏秋季受到旱灾严重影响，导致夏秋茶产量下降，但质量持续向好，价格还略有上涨。由于国内抗旱防灾技术较为成熟，各地区相应成立技术指导组，结合本地实际提出科学抗旱减灾建议，最大程度保障了茶农利益。

2022 年是抗击新冠肺炎疫情的收官之年。经过三年的时间，各茶叶主产区政府已经具备了较为成熟的措施办法，有效地推进了“抗疫生产两手抓”。主要做法：一是积极做好采茶工招募与培训工作，缓解用工缺口；二是深度融合数字化转型，通过网络营销、直播带货等新渠道，打造新消费场景；三是研判防控形势，适时调整市场人员管理模式，确保线下交易有序进行；四是深耕科研创新，助推茶叶生产提质增效。这些举措切实维护了茶农收入的稳步增长，保障了全年茶产业的平稳运行。

（2）生态低碳成为亮点

各地加快建设标准化的绿色生态茶园，打造绿色低碳茶叶产品和品牌，促进茶产业发展绿色转型。据不完全统计，全国累计建成各类生态茶园350余万亩。浙江省建成生态茶园40.6万亩，亩产值达9500元，比常规茶园增加约1000元。全国农技中心、中国农业科学院茶叶研究所和杭州中农质量认证中心联合创设生态低碳茶认证，截至12月底已认证12家企业18个茶叶产品，认证茶园平均年碳排放量较全国茶园平均水平减少约76%。

（3）突出问题仍然存在

在中国茶产业持续向好的同时，应清醒地看到长期困扰茶产业高质量发展的一些突出问题仍然没有得到有效解决。一是采茶用工成本持续走高。疫情减少采茶工流动，60%以上产区在春茶生产旺季存在采茶工短缺问题；同时疫情防控增加了用工成本。二是茶园基础设施建设滞后。我国老旧茶园占比大，立地条件差，不利于推进机械化，大部分山区茶园缺少灌溉设施，防灾能力弱，加剧高温干旱等灾害影响。三是市场销售压力增大。近年来，国内茶叶消费承压较大，产品供需结构失衡的问题亟待解决。

【c 国内市场】

2022年，中国茶叶内销市场保持平稳。据统计，2022年，中国茶叶内销总量为239.75万吨，同比增加9.56万吨，同比增长4.15%；内销总额3395.27亿元，同比增加275.31亿元，同比增长8.82%；内销均价为141.62元/千克，同比增长4.48%。

表6 2022年度中国茶叶内销数据统计表

年份	2022	2021	增加值	增长率%
内销总量/万吨	239.75	230.19	9.56	4.15
内销总额/亿元	3395.27	3119.96	275.31	8.82
内销均价/（元/千克）	141.62	135.54	6.08	4.48

数据来源：中国茶叶流通协会

1. 内销总量增幅放缓

2022年，中国绿茶内销量131.10万吨，同比增长0.12%，占总销量的54.68%；红茶38.13万吨，同比增长10.82%，占总销量的15.90%；黑茶36.44万吨，同比增长7.58%，占总销量的15.20%；乌龙茶24.84万吨，同比增长8.99%，占总销量的10.36%；白茶8.13万吨，同比增长15.41%，占总销量的3.39%；黄茶1.12万吨，同比下降1.90%，占总销量的0.47%。

表7 2022年中国六大茶类内销量统计表 单位：万吨

茶类	2022年/万吨	2021年/万吨	同比增加数	同比增长/%
绿茶	131.10	130.94	0.16	0.12
红茶	38.13	33.88	4.25	10.82
黑茶	36.44	34.41	2.03	7.58
乌龙茶	24.84	22.79	2.05	8.99
白茶	8.13	7.05	1.08	15.41
黄茶	1.12	1.14	（0.02）	（1.90）
总计	239.75	230.19	9.56	4.15

数据来源：中国茶叶流通协会

2. 内销总额持续增加

2022年，中国绿茶内销额2110.45亿元，同比增长5.83%，占内销总额的62.16%；红茶564.21亿元，同比增长12.18%，占总额的16.62%；黑茶321.35亿元，同比增加24.49%，占总额的9.46%；乌龙茶284.56亿元，同比增加9.75%，占总额的8.38%；白茶100.53亿元，同比增长9.94%，占总额的2.96%；黄茶14.17亿元，同比增加1.45%，占总额的0.42%。

表 8　2022 年中国六大茶类内销额统计表

单位：亿元

茶类	2022 年 / 亿元	2021 年	同比增加量	同比增长 /%
绿茶	2110.45	1994.21	116.24	5.83
红茶	564.21	502.94	61.27	12.18
黑茶	321.35	258.13	63.22	24.49
乌龙茶	284.56	259.27	25.29	9.75
白茶	100.53	91.44	9.09	9.94
黄茶	14.17	13.97	0.20	1.45
总计	3395.27	3119.96	275.31	8.82

数据来源：中国茶叶流通协会

3. 内销均价基本稳定

在各茶类中，绿茶均价 160.99 元 / 千克，增幅 5.70%；红茶 147.97 元 / 千克，增幅 1.23%；黑茶 88.19 元 / 千克，增幅 15.73%；乌龙茶 114.56 元 / 千克，增幅 0.70%；白茶 123.67 元 / 千克，略减 4.75%；黄茶 126.40 元 / 千克，增幅 3.41%。值得一提的是，黑茶均价在经历了 2021 年度的剧烈下调后，触底回升；而白茶均价则出现了轻微迟滞。

表 9　2022 年中国六大茶类内销均价统计表

茶类	2022 年（元 / 千克）	2021 年（元 / 千克）	增长量 / 元	增长率 /%
绿茶	160.99	152.31	8.68	5.70
红茶	147.97	146.17	1.80	1.23
黑茶	88.19	76.21	11.98	15.73
乌龙茶	114.56	113.77	0.79	0.70
白茶	123.67	129.83	（6.16）	（4.75）
黄茶	126.40	122.22	4.18	3.41
总计	141.62	135.54	6.08	4.48

数据来源：中国茶叶流通协会

4. 进口茶叶

受 2022 年度全球茶产业形势的影响，中国进口茶叶明显减少。据中国海关数据，2022 年，中国进口茶叶量 4.14 万吨，同比下降 11.67%；进口额 1.47 亿美元，同比下降 20.87%；均价 3.54 美元 / 千克，同比下降 4.93%。

（1）分茶类统计

进口量方面，2022 年，红茶进口量 3.01 万吨，同比下降 22.64%，占总量的 72.93%；绿茶 0.84 万吨，同比增长 92.45%，占比 20.33%；乌龙茶 0.26 万吨，同比下降 20.74%，占比 6.26%；花茶 59 吨，同比下降 73.52%，占比 0.14%；普洱茶 138 吨，同比增长 3483.81%；黑茶 1.5 吨，同比增长 121.97%。

数据来源：中国海关

进口额方面，2022 年，红茶进口额 1.07 亿美元，同比下降 22.83%，占比 73.46%；绿茶 0.13 亿美元，同比增长 18.33%，占比 9.12%；乌龙茶 0.26 亿美元，同比下降 26.75%，占比 15.73%；花茶 159 万美元，同比下降 47.62%，占比 1.06%；普洱茶 84 万美元，同比增长 537%，占比 0.58%；黑茶 7 万美元，同比增长 392.45 万美元，占比 0.04%。

数据来源：中国海关

进口均价方面，2022 年，红茶均价 3.56 美元 / 千克，同比下降 0.28%；绿茶均价 1.59 美元 / 千克，同比下降 38.37%；乌龙茶均价 8.88 美元 / 千克，同比下降 7.5%；花茶均价 26.8 美元 / 千克，同比增长 97.93%；普洱茶均价 6.08 美元 / 千克，同比下降 82.22%；黑茶均价 50.69 美元 / 千克，同比增长 121.84%。

数据来源：中国海关

（2）分省份统计

2022 年，共有 26 个省（市、自治区、直辖市）涉及茶叶进口。其中，茶叶进口量逾千吨的共计 6 个，分别是福建省（1.22 万吨）、浙江省（0.84 万吨）、云南省（0.73 万吨）、广东省（0.43 万吨）、上海市（0.39 万吨）、江苏省（0.23 万吨）。

表 10 2022 年茶叶进口量逾千吨省份统计表

企业注册地	红茶	绿茶	乌龙茶	花茶	普洱茶	黑茶	合计
福建省	10005295	465723	1741260	27664	58	0	12240000
浙江省	7938204	408373	6253	2115	444	0	8355389
云南省	149051	7104866	75234	180	819	0	7330150
广东省	3765085	141723	283829	10993	114607	1367	4317604
上海市	3338561	143498	354405	12654	1137	87	3850342
江苏省	2282593	3373	57540	2	0	0	2343508

数据来源：中国海关

2022 年，全国共有 11 个省（市、自治区、直辖市）茶叶进口额过百万美元，分别是福建省（4651.83 万美元）、上海市（3349.38 万美元）、浙江省（2021.48 万美元）、广东省（1980.31 万美元）、云南省（850.7 万美元）、江苏省（570.42 万美元）、广西壮族自治区（214.67 万美元）、湖南省（186.39 万美元）、山东省（174.38 万美元）、北京市（154.55 万美元）、安徽省（133.04 万美元）。

表 11 2022 年茶叶进口额过百万美元省份统计表

企业注册地	红茶	绿茶	乌龙茶	花茶	普洱茶	黑茶	合计
福建省	35400790	1261470	9312705	537074	6222	0	46518261
上海市	23939334	1660226	7494723	349509	42594	7437	33493823
浙江省	18575797	1206471	203596	189526	39375	0	20214765
广东省	15145577	1349194	2269433	266716	706128	66045	19803093
云南省	622877	6556360	1314793	4862	8080	0	8506972
江苏省	4783769	42370	877490	530	0	0	5704159
广西壮族自治区	1465557	41853	604372	36	34906	0	2146724
湖南省	890397	775096	103797	94624	0	0	1863914
山东省	1283973	294395	152820	12311	0	272	1743771
北京市	1312693	67870	128785	35323	386	454	1545511
安徽省	1320117	10234	23	0	0	0	1330374

数据来源：中国海关

（3）按来源地统计

从进口茶叶来源地来看，斯里兰卡连续多年稳居榜首。在排名前十位中，斯里兰卡、印度、印度尼西亚、布隆迪以供应红茶为主；缅甸、越南以供应绿茶为主；中国台湾地区以供应乌龙茶、花茶为主，泰国也以供应花茶为主。除此之外，越南主要供应普洱茶，肯尼亚主要供应黑茶。

从近三年进口量变化来看：虽然斯里兰卡一直排名首位，但从其进口茶叶总量却下降了 23.91%。其余前九位中，从肯尼亚（–64.75%）、中国台湾地区（–42.24%）、越南（–41.07%）、印度（–27.81%）进口茶叶量同比递减，从缅甸、印度尼西亚、布隆迪与马拉维进口茶叶量同比增加，其中，缅甸茶叶进口量同比增长 44.61 倍，其余三个来源地也分别同比增长 6.52% ～ 106.33%。

表 12　2022 年茶叶进口国家（地区）统计表

序	茶叶进口量排名		茶叶进口额排名	
	国家或地区	总量（千克）	国家或地区	总额（美元）
1	斯里兰卡	11596944	斯里兰卡	59309269
2	缅甸	5854835	中国台湾	20899646
3	印度	5714779	印度	14049310
4	印度尼西亚	3806677	布隆迪	7232255
5	越南	3228293	越南	6854252
6	布隆迪	2572054	缅甸	5373452
7	马拉维	2002083	泰国	4940044
8	肯尼亚	1451595	印度尼西亚	4648047
9	中国台湾	1293800	马拉维	3356532
10	泰国	913624	肯尼亚	3268361

数据来源：中国海关

【d. 外销市场】

2022 年，受汇率波动及疫情反复的影响，中国茶叶出口呈现出“量增价跌总额减”的态势。据中国海关统计，2022 年，中国茶叶出口总量 37.52 万吨，同比增长 1.6%，再创历史新高；出口额 20.82 亿美元，同比下降 9.42%；均价 5.55 美元 / 千克，同比下降 10.77%。

整体来看，绿茶仍是我国茶叶出口优势品类，出口量、出口额均占较大比重，分别为 83.65% 与 66.93%。在出口量方面，除普洱茶持续同比下降 11.94% 外，其余品类茶叶出口量同比均有不同程度增长；其中，增长最高的是红茶，同比增长 12.33%。在出口额方面，所有品类同比均有下降；其中，黑茶与普洱茶下降最为明显，分别同比下降 43.96% 与 42.54%。出口均价方面，普洱茶单价最高，为 15.9 美元 / 千克；但各茶类均价全部下调；其中，黑茶下降最大，同比下降 44.99%。

表 13　2022 年中国茶叶出口量、出口额、出口均价统计

茶类	出口量（吨）同比	增长同比（%）	出口额（亿美元）	增长（%）	出口均价（美元 / 同比千克）	增长（%）
花茶	6507	11.52%	0.56	–2.92%	8.7	–12.59%
绿茶	313895.46	0.52%	13.94	–6.32%	4.4	–7.48%
乌龙茶	19346.38	1.05%	2.58	–8.37%	13.4	–9.14%
普洱茶	1916.29	–11.94%	0.3	–42.54%	15.9	–34.06%
红茶	33239.28	12.33%	3.41	–17.89%	10.3	–26.77%
黑茶	350.78	1.97%	0.027	–43.96%	7.8	–44.99%
合计	375255.18	1.6%	20.83	–9.42%	5.55	–10.77%

数据来源：中国海关

总体看来，量增额减的主要原因：一是海运费用大幅下降；二是附加值低的大包装原料茶出口量上升，小包装茶减少；三是向欠发达国家及地区出口的茶叶量增加，拉低了平均单价；四是东南亚和中国香港地区出口的高价茶大幅下降。

1. 分茶类统计

从出口量来看，绿茶出口量 31.39 万吨，同比增长 0.52%，占比 83.65%；红茶出口量 3.32 万吨，同比增长 12.35%，占比 8.86%；乌龙茶 1.93 万吨，同比增长 1.05%，占比 5.14%；花茶 0.65 万吨，同比增长 11.52%，占比 1.73%；普洱茶 0.19 万吨，同比下降 11.89%，占比 0.51%；黑茶 351 吨，同比增长 0.18%，占比 0.11%。

数据来源：中国海关

从出口额来看，绿茶出口额 13.94 亿美元，同比下降 6.29%，占比 66.93%；红茶出口额 3.41 亿美元，同比下降 17.87%，占比 16.36%；乌龙茶出口额 2.58 亿美元，同比下降 8.25%，占比 12.41%；花茶出口额 0.56 亿美元，同比下降 2.54%，占比 2.70%；普洱茶 0.3 亿美元，同比下降 42%，占比 1.46%；黑茶 0.03 亿美元，同比下降 44%，占比 0.13%。

数据来源：中国海关

从均价来看，绿茶均价 4.44 美元 / 千克，同比下降 6.72%；红茶均价 10.25 美元 / 千克，同比下降 26.89%；乌龙茶均价 13.36 美元 / 千克，同比减少 9.18%；花茶均价 8.65 美元 / 千克，同比下降 12.63%；普洱茶均价 15.89 美元 / 千克，同比下降 34.81%；黑茶均价 7.81 美元 / 千克，同比下降 44.13%。

数据来源：中国海关

2. 分省份统计

2022 年度，全国共有 6 个省份的茶叶出口总量超万吨，分别是浙江省 15.38 万吨，同比增长 1.98%，占比 40.98%；安徽省 6.21 万吨，同比下降 8.3%，占比 16.54%；湖南省 4.76 万吨，同比增长 14.51%，占比 12.69%；福建省 3.18 万吨，同比增长 21.98%，占比 8.48%；湖北省 2.45 万吨，同比增长 4.4%，占比 6.54%；江西省 1.41 万吨，同比下降 0.23%，占比 3.75%。

数据来源：中国海关

在出口额方面，上述六大省份出口额超亿美元。其中，福建省 5.31 亿美元，同比增长 3.58%，占比 25.52%；浙江省 4.84 亿美元，同比下降 0.48%，占比 23.22%；安徽省 2.45 亿美元，同比下降 14.74%，占比 11.76%；湖北省 2 亿美元，同比增长 5.28%，占比 9.59%；湖南省 1.4 亿美元，同比增长 12.94%，占比 6.74%；江西省 1.3 亿美元，同比增长 7.16%，占比 6.24%。

数据来源：中国海关

表 14　2022 年我国茶叶出口前二十名统计表

名次	茶叶出口量排名		茶叶出口额排名	
	省份	总量（千克）	省份	总额（美元）
1	浙江省	153788501	福建省	531491770
2	安徽省	62077729	浙江省	483569575
3	湖南省	47635592	安徽省	244990252
4	福建省	31836726	湖北省	199641826
5	湖北省	24534335	湖南省	140272093
6	江西省	14067020	江西省	129971582
7	重庆市	6513834	贵州省	85114463
8	河南省	6127888	广东省	69543251
9	四川省	6071327	云南省	57391134
10	贵州省	4939935	河南省	43503611
11	云南省	4473516	广西壮族自治区	25608258
12	广东省	4249630	山东省	22662118
13	上海市	4202469	四川省	14108457
14	江苏省	1222512	上海市	12122446
15	广西壮族自治区	1161819	陕西省	7228791
16	山东省	921078	重庆市	6124173
17	新疆维吾尔自治区	556932	江苏省	5936118
18	陕西省	529545	天津市	1100871
19	内蒙古自治区	164984	新疆维吾尔自治区	1030276
20	黑龙江省	92809	北京市	555719

数据来源：中国海关

均价方面，出口量排名前十位的省份中，贵州茶叶出口均价仍排名首位，高达 17.23 美元/千克，但同比下降也最为明显，同比下降53.97%；福建省排名第二位，均价为16.69美元/千克；剩余省份均价均在10美元/千克以下。从涨幅方面看，共有五个省份均价上涨。其中，河南省领跑，同比增长57.76%；四川省位居次席，同比增长21.46%；其余三个省份分别为江西省（7.44%）、重庆市（1.1%）、湖北省（0.46%）。

数据来源：中国海关

3. 分出口国统计

2022年，中国茶叶销往126个国家和地区。其中，出口量超万吨的国家（地区）共计11个。其中，摩洛哥继续排名第一位，达7.54万吨，占比20.1%。与2021年度相比，我国对多哥的茶叶出口量跌至万吨以下，2022年，仅为0.85万吨，同比下降29.59%；对喀麦隆出口量恢复性反弹至1.12万吨，同比增长55.76%。

表15　2022年我国茶叶出口国前二十名统计表

名次	茶叶出口量排名		茶叶出口额排名	
	国家或地区	总量（千克）	国家或地区	总额（美元）
1	摩洛哥	75439886	摩洛哥	75439886
2	乌兹别克斯坦	24941345	乌兹别克斯坦	24941345
3	加纳	24510533	加纳	24510533
4	俄罗斯联邦	19717570	俄罗斯联邦	19717570
5	塞内加尔	17156390	塞内加尔	17156390
6	美国	13007590	美国	13007590
7	毛里塔尼亚	12591611	毛里塔尼亚	12591611
8	中国香港	12307277	中国香港	12307277
9	阿尔及利亚	11462439	阿尔及利亚	11462439
10	喀麦隆	11172002	喀麦隆	11172002
11	德国	10615668	德国	10615668
12	日本	9586293	日本	9586293
13	马来西亚	9265404	马来西亚	9265404
14	马里	9249023	马里	9249023
15	贝宁	8532851	贝宁	8532851
16	多哥	8476550	多哥	8476550
17	尼日尔	7296781	尼日尔	7296781
18	泰国	7255412	泰国	7255412
19	利比亚	7078198	利比亚	7078198
20	巴基斯坦	6406863	摩洛哥	6406863

续表

数据来源：中国海关

（1）“一带一路”出口情况

截至2022年底，我国已与151个国家和32个国际组织签署200余份共建“一带一路”合作文件。其中，涉及茶叶出口的国家有93个。中国海关数据显示，2022年，对“一带一路”国家茶叶出口总量29.24万吨，占比77.95%；出口总额7.18亿美元，占比34.47%。

（2）欧盟与东盟十国出口情况

2022年，我国对欧盟27国茶叶出口总量2.83万吨，同比增长6.39%，占比7.55%；出口额1.23亿美元，同比增长8.41%；对东盟十国茶叶出口总量2.37万吨，同比增长16.13%，占比6.31%；出口额4.65亿美元，同比增长3.58%，占比22.34%。

【e. 运行趋势】

1. 消费端趋势

（1）从消费品类方面看，传统原叶茶的消费保持稳定。绿茶、红茶、乌龙茶仍是消费者最喜爱的品类。白茶近年来实现了年均两位数的高速增长，年销量与内销额已分别突破8万t和100亿元，销量占比增幅最迅猛。当前，市场对产品的需求主要呈现三个趋势：一是品牌、文化、情感因素使传统茶消费向中高端集中。二是日常消费更趋于理性，实用性强、性价比高的茶类产品更受大众消费者欢迎。例如：“中华老字号”北京张一元凭借亲民产品实现了单店年销售额破2亿的成绩。三是健康理念持续推动茶消费需求保持增长。茶饮料在叠加低糖、低脂、低盐、零添加等消费概念后风行。据统计：近年来，国内无糖包装茶饮料保持着20%以上的增速；预计到2025年，中国无糖茶饮市场规模将突破百亿。

（2）从消费渠道看，茶叶线上交易已经成为线下消费市场的强有力补充。茶叶是体验型商品。连锁专卖店、专业交易市场、茶馆、商超是传统消费通路。但在疫情三年中，线上交易成了中国茶叶流通的最强有力补充。据中国茶叶流通协会估算，2022年，中国茶叶线上交易总额已突破330亿元，近三年的年均复合增长率保持在10%以上。以八马茶业为例。该公司持续加强渠道建设，建立起直营+加盟线上+线下的全渠道销售体系，实施跨区域、跨品类的平台化发展战略。2022年，八马茶业积极布局淘宝、京东、抖音等主流电商平台，发展线上线下相融合的新零售模式，在各消费群体中的心智份额日益提升。2022年“11.11”，八马茶业再次蝉联天猫乌龙茶类目第一，连续8年稳居该类目榜首。在抖音直播电商，该公司也进行了重点布局发展，带来声量、销量双增长。此外，八马茶业在唯品会和京东平台上也有着不俗的表现。

（3）从消费人群看，年轻态消费群体已逐渐成为市场主力。随着年龄、消费习惯、社会环境的变化，80、90甚至00后对茶的接受度持续走高。在接纳茶叶的同时，年轻一代通过加入个性化、多样化需求，也在改变着茶产品与茶消费，形成完美“和解”。年轻一代的茶文化与茶消费渐成主流。京东平台数据显示，2022年，在该平台购买茶叶的用户群体中，主力人群年龄在21–40岁，35岁以下茶叶消费者在总占比中达57%。

2. 供给侧趋势

（1）产品整体供给方面。为满足消费市场对中国茶叶产品多元化、高质量的需求，解决好茶叶供需失衡、质量效益不高等问题，行业龙头企业各产区政府或在近年来注重补齐基础短板，构建符合自身发展实际的自主可控、安全高效的产业链供应链，并向茶旅游、新茶饮等新消费供给渠道延展，取得了较好效果。2022年，四川省茶业集团股份有限公司积极探索新茶饮渠道，建立“新茶饮”区域定制中心，把传统茶企链接进来，规范原叶供给品质，构建“直供基地+传统茶企+新茶饮企业”的利益联结机制，开发出了区域定制品牌，销量同比增长了50%。在茶旅游方面，武夷山市深入挖掘茶艺、茶诗、茶歌、茶戏、茶事、茶俗等茶文化，联合龙头企业建立中国武夷茶博物馆、八马茶文化研学体验园、香江茶人小镇、正山茶业综合实践区等综合性旅游景点；推出茶园生态游、茶乡体验游、茶保健旅游、茶事修学游等茶文化旅游线路，以茶为主题的旅游业蓬勃兴起。

（2）传统茶供给方面。随着新技术、新能源不断应用于加工装备上，茶叶加工向绿色、节能、安全、清洁方向发展，连续化、标准化加工生产线正向初步数字化作业迈进。目前，多个茶类标准化加工生产线已得到广泛应用，使品味和卫生品质均得到提升，也保障了新风味、新包装的持续研发。2019年，萧氏茶业投资过亿元研发的世界首个茶叶加工智能化“无人工厂”建成投产，自控投用率达98%，实现从鲜叶到成品全流程“无人化”机械生产，使总体运营成本降低55%；2021年，小罐茶黄山超级工厂正式投入运行，实现全产业链工业化、标准化、智能化；2022年，竹叶青打造全自动、清洁化封闭制茶生产线，将传统制茶技艺融入现代科技之中。

（3）新消费供给方面。以喜茶、奈雪的茶、蜜雪冰城、茶颜悦色等为代表的新式茶饮融入大众生活，健康、时尚、社交的属性让新式茶饮成为市场的宠儿。目前，蜜雪冰城门店数量已突破2万家，多个新茶饮品牌门店数量均已突破1000家，新茶饮消费正走向常态化，成为消费者日常生活的一部分；以茶里、茶小空为代表的新袋泡茶，以极致便捷和多元口味创新产品赛道，使越来越多的年轻人将新袋泡茶作为自己的“口粮茶”。

（4）茶文化供给方面。2022年，茶文化热点事件不断，受到各界普遍关注。与此同时，随着后疫情时代的消费需求，茶旅融合的步伐逐渐加快。各地立足生态茶园基础，大力推动茶文化产业的高品质、多样化升级，深挖当地传统茶文化、非遗文化、红色文化，打造茶旅精品，促进转型发展，以茶促旅、以旅兴茶，茶旅交融、康养结合，延长产业链，提高茶产品附加值，从而助力茶农增收。例如：华祥苑茶业在中国各主要茶品类原产地布局8座茶庄园，在保证源头茶叶品质的同时，大力发展茶庄园旅游，打造全域旅游产品体系，让茶庄园真正成为年轻人爱茶、懂茶的线下入口，成为产品与文化的体验场。

【f. 相关建议】

1. 持续推动茶产业绿色转型

在有效控制茶园面积规模性扩张的同时，应抢抓“双碳”机遇，在技术体系集成创新与示范推广方面下功夫，打造出适配不同产区的低碳生态茶园技术体系，并为主产区提供必要支持，指导各主产区集成应用生态低碳生产模式，促进茶叶生态低碳标准化生产。在精制茶加工业领域，要实施全面节约战略，发展绿色低碳产业，倡导绿色消费，优化配置各项生产要素，丰富优质茶叶商品的市场供给，抵制过度包装，促进茶叶消费提质增量。在技术拼配方面，应重点关注进口原料茶技术指标。

2. 以数字经济促进产业发展

目前，我国茶产业已经具备了一定的数字化发展基础，应积极拓展融合创新的数字经济新渠道、新模式、新业态，支持茶企数字化转型、打造数字化工厂，并依托数字化手段提升政府、行业组织对茶产业的领导力，高效推进茶业数字经济与实体经济融合发展，使之切实成为推动产业高质量发展的新动能和新引擎。

3. 以文化服务促进消费恢复

盛世茶兴。制茶技艺体现着中国之智，饮茶习俗展现着文化自信。在国力强盛的未来，中国茶的消费需要茶文化的支撑、茶科技的助力。因此，在供给侧要把握好传统与创新、品饮与健康、标准化与个性化、公共品牌与企业品牌的关系。在需求侧，要做好消费推广活动，提振全民消费信心，要注重培育新型消费升级，推广绿色品质消费。抓住人口红利转化为人才红利的窗口期，推进消费的提档升级。通过持续关注“传统茶文化”与“消费新需求”的融合发展，挖掘并释放年轻消费群体的内需潜力，促进传统消费焕发新的活力。

4. 提升茶产业全球配置能力

各出口企业应筑牢优质茶原料基础，提升加工技术创新升级，对标国际标准和出口目标国技术要求，严把商品质量关；应发挥中国茶的品类优势，选择特色茶、品牌茶、保健茶、功能茶等，打造个性化定制新需求，做好茶产品市场资源的全球配置。行业组织、各产茶区政府应坚持实施“请进来，走出去”战略，参与或主办国际高端茶事活动，加强国际交流合作，持续打造国际茶产业智慧发展高地；同时应探索与品牌企业联手，在海外开设“茶驿站”等具有中国特色的茶体验店和连锁店，结合中国品牌传播，促进中国茶全球市场开拓。此外，行业组织还应探索推进茶叶质量溯源管理体系的打造，推动茶叶出口统一标准的制定，研究、推进并建立信用等级推荐制度，通过大数据、互联网、区块链等数字科技手段助推茶叶国际贸易发展。

梅　宇

第三部分

地方篇

3.1 北京市

【a. 概况】

2022 年，规模以上食品工业企业数 255 家（不含烟草），同比持平，其中，农副食品加工业企业数 103 家，同比持平；食品制造业企业数 115 家，同比持平；酒、饮料和精制茶制造业 37 家，同比持平。实现营业收入 1268.2 亿元，同比下降 7.8%，其中，农副食品加工业企业 471.6 亿元，同比下降 11.%；食品制造业企业 518.4 亿元，同比下降 7.3%；酒、饮料和精制茶制造业 278.2 亿元，同比下降 2.8%。实现利润总额 54.7 亿元，同比下降 40.4%，其中，农副食品加工业企业 10.0 亿元，同比下降 65.6%；食品制造业企业 24.1 亿元，同比下降 44.4%；酒、饮料和精制茶制造业 20.7 亿元，同比增长 5.4%。

2022 年，流动资产 1085.3 亿元，同比增长 4.8%，其中，农副食品加工业企业 270.4 亿元，同比增长 4.2%；食品制造业企业 327.8 亿元，同比下降 0.3%；酒、饮料和精制茶制造业 487.1 亿元，同比增长 8.9%。

2022 年，平均用工人数 7.2 万人，同比下降 5.1%，其中，农副食品加工业企业 1.9 万人，同比下降 5.6%；食品制造业企业 3.4 万人，同比下降 4.1%；酒、饮料和精制茶制造业 2.0 万人，同比下降 6.2%。

2022 年北京市规模以上食品工业企业主要经济指标简明表

单位：亿元

行业代码	指标名称	企业数量（个）	利润率	平均营收	平均利润	营业收入			利润总额			流动资产合计			平均用工人数（万人）		
						全年累计	去年同期	增减（%）	全年累计	去年同期	增减（%）	年末	去年同期	增减（%）	全年累计	去年同期	增减（%）
13	农副食品加工业	103	–	–	–	471.6	530.5	–11.1	10.0	28.9	–65.6	270.4	259.3	4.2	1.9	2.0	–5.6
14	食品制造业	115	–	–	–	518.4	559.2	–7.3	24.1	43.3	–44.4	327.8	328.9	–0.3	3.4	3.5	–4.1
15	酒、饮料及精制茶制造业	37	–	–	–	278.2	286.1	–2.8	20.7	19.6	5.4	487.1	447.3	8.9	2.0	2.2	–6.2
食品工业合计	不含烟草	255	–	–	–	1268.2	1375.9	–7.8	54.7	91.9	–40.4	1085.3	1035.5	4.8	7.2	7.6	–5.1
全市规上工业总计		3043	–	–	–	26794.4	28171.1	–4.9	1980.9	3667.8	–46.0	25976.0	25168.3	3.2	77.0	78.2	–1.5

注：1. 由于烟草制品业企业数量不足 3 家，此次提供的数据不包括此行业；2. 提供数据为月报口径。

【b. 食品安全】

按照国家市场监管总局统一部署，北京市市场监管局持续深入开展2022民生领域案件查办“铁拳”行动。为进一步维护首都食品市场秩序，保障人民群众健康安全，北京市市场监管部门聚焦食品安全领域，集中力量“铁拳”出击，查办了一批食品非法添加、加工生产不合格食品、非法添加“瘦肉精”等典型案件。

1. 北京市市场监管局查处北京羲和小馆餐饮有限公司第一分公司采购不符合食品安全标准的食品原料案

2022年9月26日，北京市市场监管局依法对北京羲和小馆餐饮有限公司第一分公司采购不符合食品安全标准的食品原料的违法行为，作出罚款10000元、没收违法所得105.8元的行政处罚。

2022年7月21日，北京市市场监管局收到国家食品安全抽样检验信息系统对当事人的食品安全抽样检验结果，《检验报告》显示：2022年6月28日在北京羲和小馆餐饮有限公司第一分公司抽检的河鲈鱼经中检科（北京）测试技术有限公司检验，恩诺沙星项目不符合GB31650-2019《食品安全国家标准食品中兽药最大残留限量》要求（检验项目：恩诺沙星μg/kg，检验指标≤100，实测值247单项判定不合格），检验结论为不合格。经查，2022年6月28日当事人从北京某公司采购2.3kg河鲈鱼，购进单价为46元/kg，购入金额为105.8元。当事人行为构成采购不符合安全标准的食品原料行为，货值金额为105.8元，违法所得105.8元。

当事人上述行为违反了《中华人民共和国食品安全法》第五十五条第一款的规定，北京市市场监管局依据《中华人民共和国食品安全法》第一百二十五条第一款第（四）项的规定，作出上述行政处罚。

2. 北京市石景山区市场监管局查处北京市豪伦科贸有限责任公司广浩食品加工厂生产不合格食品案

2022年10月10日，北京市石景山区市场监管局依法对北京市豪伦科贸有限责任公司广浩食品加工厂生产的布丁蛋糕菌落总数超过食品安全标准限量的违法行为，作出罚款6万元、没收违法所得650元的行政处罚。

2022年7月18日，执法人员接到关于北京市豪伦科贸有限责任公司广浩食品加工厂涉嫌生产不符合食品安全标准的食品的案件线索。经北京市产品质量监督检验研究院出具检查报告显示：当事人生产的布丁蛋糕菌落总数不符合GB7099-2015《食品安全国家标准糕点、面包》要求，检验结论为不合格。当事人上述行为构成生产不符合法律、法规或者食品安全标准食品的违法行为。

当事人上述行为违反了《中华人民共和国食品安全法》第三十四条第（十三）项的规定，北京市石景山区市场监管局依据《中华人民共和国食品安全法》第一百二十四条第二款的规定，作出上述行政处罚。

3. 北京市丰台区市场监管局查处北京永盛鲜汇超市连锁有限公司第一分公司销售非法添加“瘦肉精”牛肉案

2022年7月11日，北京市丰台区市场监管局依法对北京永盛鲜汇超市连锁有限公司第一分公司销售非法添加“瘦肉精”牛肉的违法行为作出罚款10万元、没收违法所得256.81元、没收牛肉（备样）2.86公斤的行政处罚。

2022年3月，执法人员接到消费者投诉举报，称当事人销售的肉制品口感不好，要求商家退款并赔偿。执法人员进行现场核实，并委托中国肉类食品综合研究中心对当事人销售的牛肉进行抽检，检验结论为：克伦特罗项目不符合《食品中可能违法添加的非食用物质和易滥用的食品添加剂名单（第四批）》要求，检验结论为不合格。当事人行为构成销售添加食品添加剂以外的化学物质和其他可能危害人体健康物质的食用农产品案违法行为。经查，当事人于2022年3月30日以单价68元/公斤的价格从某市场购进牛肉23.94公斤，共计金额：1627.92元，并以79.6元/公斤的价格销售上述牛肉19.85公斤，以89.6元/公斤的价格销售上述牛肉1.232公斤，剩余备样重量2.86公斤，违法所得共计256.81元。

当事人上述行为违反了《食用农产品市场销售质量安全监督管理办法》第二十五条第一款第（一）项规定，北京市丰台区市场监管局依据《中华人民共和国食品安全法》第一百二十三条第一款第（一）项的规定，作出上述行政处罚。

4. 北京市通州区市场监管局查处北京洪林木果商贸有限公司销售农残超标的食用农产品案

2022年11月2日，北京市通州区市场监管局依法对北京洪林木果商贸有限公司销售农药残留、兽药残留物质含量超标的食用农产品的违法行为，作出罚款3.7万元、没收违法所得291.6元的行政处罚；对当事人未建立食品进货查验记录制度行为给予警告的行政处罚。

2022年7月，执法人员接到关于北京洪林木果商贸有限公司销售不合格食用农产品的案件线索。经查，2022年6月27日，当事人从某市场购入鲤鱼14.5斤，芹菜40斤。上述鲤鱼及芹菜经中国检验检疫科学研究院综合检测中心检验，地西泮及毒死蜱项目检验结论不合格。当事人上述行为构成销售农药残留、兽药残留物质含量超过食品安全标准限量的食用农产品的违法行为。又查，当事人未履行进货查验制度，导致问题农产品无法得到有效追溯。上述涉案货值金额共计291.6元，违法所得共计291.6元。

当事人上述行为违反了《食用农产品市场销售质量安全监督管理办法》第二十五条（二）项的规定，北京市通州区市场监管局依据《中华人民共和国食品安全法》第一百二十四条第一款第（一）项、第一百二十六条第一款第（三）项，对当事人作出上述行政处罚。

5. 北京市延庆区市场监管局查处北京禹忠堂中医院销售食品标签含有虚假内容等违法行为案

2022年9月20日，北京市延庆区市场监管局依法对北京禹忠堂中医院销售食品标签含有虚假内容等违法行为作出警告、没收违法所得3980元、罚款1.6万元的行政处罚。

2022年7月6日，执法人员收到某市市场监督管理局的案件移送函，称该局辖区某公司生产的食品标。

夏红卫

3.2 天津市

【概况】

2022年，天津市食品工业取得了食品行业良好的生产经营业绩。

食品工业规模以上企业313家。同比增加13家。其中：农副产品加工业为143家，同比增加6家；食品制造业为135家，同比增加7家；酒、饮料和精制茶制造业为34家，同比持平，天津市食品行业从业人员达到48510人，同比减少401人。

2022年，相比全市规模以上企业来看，天津食品行业虽然受疫情常态化影响较重，但经济指标同比仍有增长。2022年，食品行业实现产值占全市工业的5.8%；实现产值同比增长9.9%。营业收入1260.14亿元，同比增长3.44%。其中，农副产品加工业同比增长1.34%。食品制造业工业同比增长6.01%；实现工业增加值同比增长3.9%；其中，农副产品加工业实现工业增加值同比增长16.6%；食品制造业工业实现工业增加值同比下降8.4%；酒、饮料和精制茶制造业实现工业增加值同比增长10.5%。

李建中

3.3 河北省

【a. 概况】

2022 年，河北省规模以上食品工业增加值同比增长 6.9%，占全省工业的 6.8%，累计拉动河北省工业增长速度 0.4 个百分点。其中：农副食品加工业同比下降 3.0%；食品制造业同比增长 16%；酒、饮料和精制茶制造业同比增长 11%；烟草制品业同比增长 9.2%。（附件 1）

2022 年，河北省规模以上食品工业企业 1258 家，实现营业收入 4354.53 亿元，同比增长 6%，占全省工业营业收入的 8.31%；实现利润总额 148.5 亿元，同比增长 5.5%，占全省利润总额 11.77%。（附件 2）

主要产品产量：在统计的 34 种产品中，有 19 种产品同比为正增长，占统计品种的 55.88%，小麦粉、大米、成品糖、熟肉制品、液体乳、婴幼儿配方乳粉、膨化食品、营养保健食品、发酵酒精、冷冻蔬菜、葡萄酒、速冻米面食品、包装饮用水、蛋白饮料、果汁和蔬菜汁饮料 15 种产品同比为负增长。（附件 3）

附件 1　2022 年河北省食品工业增加值增长情况单位：%

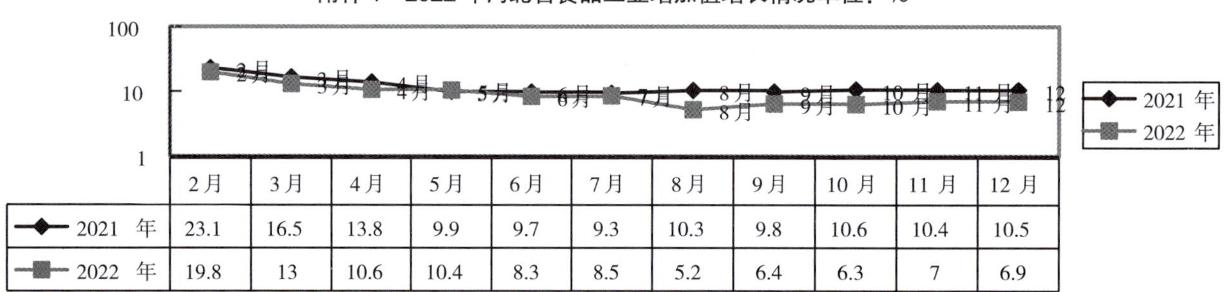

	2月	3月	4月	5月	6月	7月	8月	9月	10 月	11 月	12 月
2021 年	23.1	16.5	13.8	9.9	9.7	9.3	10.3	9.8	10.6	10.4	10.5
2022 年	19.8	13	10.6	10.4	8.3	8.5	5.2	6.4	6.3	7	6.9

附件 2　2022 年河北省食品工业主要经济指标完成情况

单位：亿元

行业 / 指标	资产合计		营业收入		利润总额	
	累计完成	同比增长 %	累计完成	同比增长 %	累计完成	同比增长 %
食品工业总计	3809.12	10.8	4354.53	6.0	148.5	5.5
农副食品加工业	1945.7	11	2539.13	5.5	38.99	–26.7
食品制造业	1081.41	24.6	1105.01	8.1	58.14	28.4
酒、饮料和精制茶制造业	645.44	–1.6	372.07	5.8	45.77	–3.9
烟草制品业	136.58	–15.8	338.32	3.6	5.6	204.8

附件 3　2022 年河北省主要产品产量完成情况

产品名称	单位	产量	同比增长 %
焙烤松脆食品	万吨	8.65	761.8
冷冻饮品	万吨	8.05	28.2
方便面	万吨	42.25	24.2
食品添加剂	万吨	34.4	21.7
酱油	万吨	4.58	18.3
罐头	万吨	17.92	10.0
糖果	万吨	9.22	7.5
冻肉	万吨	21.43	3.4
冷冻水产品	万吨	6.01	3.2
饮料	万吨	549.34	2.4
其中：碳酸型饮料	万吨	64.8	15.8
包装饮用水	万吨	220.95	–0.4
果汁和蔬菜汁类饮料	万吨	49.55	–8.8
蛋白饮料	万吨	24.17	–10.2
饮料酒	万千升	204.57	1.5
其中：白酒（折 65 度，商品量）	万千升	14.22	3.0
啤酒	万千升	182.35	1.7
葡萄酒	万千升	2.46	–32.9
果酒及配制酒	万千升	2.12	62.9
鲜、冷藏肉	万吨	202.96	1.2
食醋	万吨	6.79	1.0
味精	万吨	1.42	1.0
精制食用植物油	万吨	257.12	0.3
卷烟	万吨	792.36	0.0
乳制品	万吨	389.71	–1.9
液体乳	万吨	379.55	–2.1
固体及半固体乳制品	万吨	10.16	3.8
其中：婴幼儿配方乳粉	万吨	4.63	–16.4
乳粉	万吨	9.72	1.4
成品糖	万吨	47.24	–4.3
冷冻蔬菜	万吨	11.11	–4.60
熟肉制品	万吨	12.0	–8.4
大米	万吨	51.31	–9.0
营养、保健食品	万吨	1.62	–11.5
发酵酒精（折 96 度，商品量）	万千升	5.03	–13.5
速冻食品	万吨	21.18	–14.0
速冻米面食品	万吨	4.45	–2.0
小麦粉	万吨	1098.15	–14.7
膨化食品	万吨	0.52	–53.5

【b. 大事记】

面对新冠疫情的挑战，河北省食协向政府部门及时反映企业诉求，保障食品供应

4 月 8 日，按照河北省发改委要求：在省内部分地区发生疫情情况下，河北省食协对食品行业的 20 家龙头企业进行经济运行情况调研，通过对食品生产企业反馈的情况汇总后及时上报河北省发改委，以使企业的困境得到解决：

从生产运行情况看：

1. 在被调研的 20 家企业中；营业收入增长的 14 家、利润增长的 12 家；

2. 企业中正常生产的 16 家，现停产的 4 家，其中：

邢台河北绿岭公司、邢台五得利柏乡面业公司、沧州十里香酒业公司、沧州小洋人饮料公司分时间段停产。

3. 原材料供应情况：正常的企业有 12 个，8 个企业均有不同影响。其影响的因素有：邢台绿岭公司外地原料受疫情影响，发货货运受限无法及时供应；唐山施尔得公司受疫情影响，原料物流无法到达；邢台五得利公司小麦价格涨幅较大；石家庄君乐宝公司天然气价格大幅上涨；沧州十里香公司因疫情原料受阻等。

从产品销售情况看：

唐山施尔得公司 70% 自由门店关停，销售受限；沧州唇动公司订单不能按时发货；邢台绿岭公司受疫情影响，部分地区无法发货，货物发出后，销售回转放缓，回购率及数量减少；五得利公司受疫情影响销售受阻、销量较小；衡水老白干公司、沧州十里香公司由于疫情影响，销售严重受阻等。

从产业链情况看：

沧州小洋人公司原料不能入厂，产品不能发出；唐山香宇公司进口原料肉无法采购；沧州唇动公司交通受阻，产品订单不能发货，原材料供应不到位；邢台绿岭公司生产原料供应受到影响，生产销售，发货受地域限制，运费上涨；唐山施尔得公司受疫情影响，原料物流和销售物流受管控等。

从项目建设情况看：

沧州小洋人公司疫情期间，停滞状态；沧州唇动公司疫情期间停工；邢台绿岭公司部分项目因疫情影响，前期考察无法实施，项目进展受到影响，投资实施放缓等。其他项目建设正常。

食品企业诉求：

受疫情影响，车间改造暂停，可能延误企业生产许可证的审核，可否将生产许可证适当延期；受疫情影响，原料物流和销售物流受管控，原料物流无法到达，解决物流车辆的输入和输出问题；望尽快恢复生产，恢复交通；在符合疫情防控要求的条件下，允许进口肉采购使用。

向政府建议：

1. 对涉及民生的产业开通绿色通道；

2. 根据企业存在的不同困难，有关部门给予疏解。

河北省发改委领导高度重视在疫情期间企业存在困境，及时协调解决，使食品行业克服重重困难，保障市场的食品供应。

5月　开展食品企业落实《加力帮扶中小微企业纾困解难若干措施》情况的调研工作

5月，国务院促进中小企业发展工作领导小组办公室印发工信部企业函〔2022〕103号《加力帮扶中小微企业纾困解难若干措施》的通知，为了解该政策在河北食品企业的落实情况，河北省食协以冀食协〔2022〕16号文件对食品行业的42家中小微企业进行了问卷调查，调查的食品企业涉及乳制品、肉制品、白酒、饮料、焙烤食品、淀粉制品、食品添加剂、大米、苹果等9个门类；企业从十个方面政策的落实情况给予了回复，河北省食协汇总后上报河北省工信厅。

食品行业经济效益下降原因分析

7月3日，河北省食协针对河北省食品工业行业整体利润下降问题，向河北省发改委提交食品行业经济效益下降原因分析报告。

受多重因素的影响，2022年以来，原辅材料及人工价格大幅上涨，高位震荡。本轮原辅材料价格上涨成因较复杂，存在供需错配、外部输入性影响和投机炒作等因素相互交织、叠加作用的结果。对中小微企业来说，原材料成本占其成本的比例较大，对价格上涨非常敏感。原材料价格上涨带来的经营成本上升，挤压了利润空间。自2021年5月份开始，已经连续13个月食品行业利润呈下降态势。2022年1–5月份食品行业利润总额只有68.83亿元，同比下降13.39%，占到全省利润总额的9.08%，其中：农副食品加工业利润总额17.09亿元，同比下降29.5%；食品制造业利润总额22.5亿元，同比下降15.2%；酒、饮料和精制茶制造业利润总额24.99亿元，同比增长4.6%；烟草制品业利润总额4.26亿元，同比下降11.5%。

粮油加工行业

1. 三河汇福粮油集团饲料蛋白有限公司成立于2004年，是以经营大豆进口、加工及产品销售的大型民营企业，有两个月国际大豆价格一直处于高位，国内豆油豆粕产品价格也在高位震荡，下游企业需求较弱，提货较慢，因此压榨企业的利润维持在较低水平，基本保持平稳运营。

2. 谷物磨制业：一是蒸汽价格大幅提升，从50多元一吨提升到了80多元；二是小麦花生价格大幅提升，小麦从1.2元/斤升到1.6元/斤，花生每吨也涨了1千元左右；三是疫情带来的市场消费疲软，餐饮业业绩下滑严重，使以饭店为渠道市场的粮油调味品等业绩下滑。

粮油加工行业面临问题

1. 企业贷款融资困难

粮食是大宗物资，企业对流动资金需求量大，资金周转速度慢，粮油企业大多数都是中小企业，抵御外部风险能力弱，银行授信水平低。目前金融部门将粮食行业列入风险提示，粮食企业资金短缺成为制约企业发展最大的瓶颈，尤其是小微企业贷款审批难、贷款利率高，企业发展举步维艰。

2. 粮油加工业发展不平衡、大而不强问题突出

主要依赖规模扩张，同质化严重，竞争力不强。深加工转化能力有待提高，产业链条需进一步完善，产品附加值低，部分品种盲目无序低水平发展等矛盾依然突出。

3. 企业面临更大竞争压力

我国经济进入高质量发展新时代，发展面临资源环境约束加大、要素成本上升等挑战，人工、水电、流通、市场等运行成本上升较快，盈利空间不断压缩。

行业建议

1. 加大信贷扶持力度

在深化农业供给侧结构性改革的关键时期，金融机构要积极拓展服务创新，帮助粮油加工企业渡过资金难关；特别是农发行作为政策性银行要深化改革加强服务，充分发挥职能，加大促进实体经济健康发展的政策扶持力度；加快完善粮油加工企业信用担保体系建设，提升担保机构对企业资金支持效果。

2. 提高优质粮油产品供给能力

为适应新时代新变化新要求，一方面要坚持以市场消费需求为导向，以现代营养理念为引领，积极推进农业供给侧结构性改革，增加优质产品供给，满足不同群体的消费需求；另一方面要坚持质量第一，效益优先，围绕延伸产业链、提升价值链、打造供应链，加快推动产业创新发展、转型升级、提质增效，要把满足人民日益增长的美好生活需要作为工作的出发点和立足点。

3. 强化企业技术创新能力

粮油加工企业要抓住机遇转型升级，加大多渠道融资力度，积极引进具有技术研发优势的战略投资者，全面增强创新能力，着力攻克一批关键核心技术，提升现代化水平，提升加工效率、降低生产成本，提升行业集约化程度。

4. 推进一二三产业融合发展

向产业链上下游延伸，积极构建“产购储加销”一体化全产业链经营模式，开展多种类型的一二三产业融合发展，加强与种粮大户、家庭农场、农民合作社结成粮食产业化经营联合体和利益共同体，发展规模化种植和标准化生产，通过订单农业、土地流转、土地经营权入股等方式建立稳定的原料生产基地，提供良种供给、技术指导、订单收购、烘干、储存、加工、销售等一条龙服务。

5. 推广全链条节粮减损新技术

在粮食储运环节，开发推广科学储粮技术，通过气体传感器、高清摄像设备和算法、专用害虫传感器、气体传感器等，推进仓储保管技术数字化。

6. 充分发挥市场主体作用

企业作为推进行业高质量发展的主体，要立足新发展阶段、贯彻新发展理念、构建新发展格局，瞄准人民群众的新需要和不断升级的市场需求，要紧紧围绕增品种、提品质、创品牌，提升创新能力，改善质量效益，提高供给能力。增强品牌意识，加大宣传力度，讲好品牌故事，提高品牌影响力和美誉度，真正形成差异化竞争优势，提升品牌附加值，提高企业竞争力和市场占有率。

乳制品行业

1. 受本轮疫情影响，局部地区部分企业临时减产停产，且波及上下游相关企业的正常生产经营。

以君乐宝乳业集团有限公司为例，一是影响产品销售。上海、吉林以及我省沧州、唐山、邯

郸等地先后实施封控政策，给乳制品的正常供应和销售造成了一定困难，出现物流运输受阻、消费者购买无路等问题。2022 年 1–4 月，君乐宝仅酸奶产品销售额就减少近一亿元；二是进口原材料价格上涨。君乐宝奶粉的部分原辅料由国外供应商提供，上海是货物进出口的重要枢纽，由于疫情形势严峻，经上海港进口的原材料的转运费用、转运效率受到很大影响。同时，进口乳品原辅料价格上涨，涨幅约在 15%–20%，部分原辅料出现有价无市的状态。君乐宝通过增加备货等措施应对，情况在逐步好转；三是物流运输影响较大。近两年来，冷链运输在疫情期间的管控和排查较其他行业更加严格，乳制品在运输中面临着周期延长、销售窗口期变短等问题。由于疫情，各地对物流车司机进行严格的管控，司机数量减少，部分疫情地区面临有车无司机的情况，部分线路运输费用飙涨三倍以上，给企业带来很大的运营压力；四是学生奶供应压力大。受疫情影响，河北唐山、邯郸等地中小学生多居家学习，君乐宝学生奶被迫暂时停产。在当地政府大力协调调度下，实现居家供餐、无接触配送，缓解了压力；五是人力成本上涨。为促进企业高质量发展，君乐宝加大高层次研发及管理人才引进力度，员工人数增加及素质提升的同时，企业人力成本较去年同期上涨 20%。

7 月，向省发展和改革委反映秦皇岛鹏远淀粉有限公司项目建设、生产经营遭遇困难导致停产的困境，使问题得以解决。

鹏远淀粉公司创建于 1995 年 5 月，是淀粉制品生产企业，公司年加工玉米能力 50 万吨，生产经营玉米淀粉、葡萄糖、麦芽糊精等产品。公司热电联产车间年发电能力 1.5 亿度，年供汽能力 90 万吨，该企业在满足生产所需动力的同时，也为周边企业提供动力。

由于新冠疫情等原因，该公司投资建设的几个项目都处于停滞状态，其中：※ 从 2019 年开始的粉丝加工产业园区热电联产项目遭遇电力手续问题；※2021 年开始的昌黎西部热电联产联供工程遭遇手续瓶颈问题；※ 企业受疫情影响流动资金问题。这些问题已导致该企业处于停产状态并影响用电企业的正常生产。河北省发改委及时给予协调解决，让企业走出困境。

2022 年，石家庄市提出推进“五大产业集群发展”的决策部署，其中，石家庄市现代食品产业园区是五大产业集群之一，目标是打造千亿级现代食品产业集群。石家庄市委、市政府以〔2022〕3 号文件印发了《关于支持现代食品产业发展的若干措施（试行）》通知，是石家庄市食品产业大力发展的新机遇，河北省食协受邀参加石家庄市召开的促进食品工业发展座谈会。

2 月 12 日 –13 日，中国食品工业协会领导到石家庄考察指导工作。应石家庄市政府邀请，中国食品工业协会常务副会长沈篪带领张京玉副秘书长及耿德文高级研究员、郭金龙首席专家等一行 7 人到石家庄市对食品产业发展进行考察指导工作，河北省工业和信息化厅副厅长宋向党、消费品处处长毛红领、副处长张秋怡参加考察指导工作。

在中国食协指导工作期间，召开了有河北省工业和信息化厅有关领导参加的座谈会；召开有石家庄市领导与石家庄市藁城区、鹿泉区、正定县、栾城区食品工业园区领导参加的座谈会；召开有石家庄市君乐宝乳业、益海粮油公司、中粮饮料公司、东康乳业、青岛啤酒公司、长城食品公司、一然生物公司等食品企业参加的座谈会。考察期间，参观了石家庄惠康食品有限公司、塔元庄同福乡村振兴示范园、藁城区现代食品产业园。河北省食协全程陪同。

4 月，河北省食品工业协会召开第六届四次理事（通讯）会议

在疫情防控的情况下，河北省食协以通讯方式召开了河北省食协第六届四次理事会议，会议审议通过了《河北省食品工业协会 2021 年工作总结及 2022 年工作要点》《河北省食品行业科技成果评价管理办法》议案、《关于增补河北省食

品工业协会副会长、常务理事、理事的议案》。

6月24日，是河北省食品工业协会成立四十周年纪念日，在这一历史节点，河北省食协回顾食品工业发展的足迹，以岁月的时空展现食品工业的辉煌成就。食品工业发展的每一步跨越都是在河北省委省政府的大力支持下、在食品企业家的奋斗中、在食品战线的每位食品人的无私奉献里获得的。河北食协成立四十周年纪念册记录了一代代食品人的奋斗史，记录了食品工业战线的企业家、研发团队、技能人才、全体员工的拼搏史，回望四十年，河北省食品工业协会无愧于时代，无愧于历史赋予的重任；本书以文字、图片展示食品工业的历史再现。

【c. 科技创新】

12月，河北省食品行业获得的中国食品工业协会科技进步奖一等奖4项、二等奖3项、三等奖1项。

一等奖项目是：君乐宝乳业集团有限公司研发的悦鲜活新型乳制品开发；河北同福健康产业有限公司、中国食品发酵工业研究院有限公司、河北医科大学第一医院、北京四海佳悦供应链管理有限公司、西藏金谷农业高科有限公司共同研发的中央厨房营养餐创制关键技术及产业化应用；今麦郎食品股份有限公司、河北农业大学研发的高离散高复水非油炸方便面加工关键技术与产业化；河北古顺酿酒股份有限公司研发的六粮兼香绵柔舒爽风格白酒的生产技术研究与应用

二等奖项目是：河北养元智汇饮品股份有限公司研发的全核桃CET冷萃核桃乳工艺技术研究与应用；河北新希望天香乳业有限公司研发的新型饮用型酸奶风味控制与改善关键技术研究；河北邯郸丛台酒业股份有限公司研发的浓香型低度高品质白酒生产技术开发与应用；三等奖项目是：十里香股份公司研发的国香25十里香白酒生产技术。

河北省食品行业获中国食协科技创新领军人物的是：

（1）王占刚　河北衡水老白干酒业股份有限公司

（2）李鹏亮　河北邯郸丛台酒业股份有限公司

（3）杨军山　河北邯郸丛台酒业股份有限公司

（4）袁庆彬　君乐宝乳业集团有限公司

科技创新杰出人才

（1）王俊转　河北养元智汇饮品股份有限公司

（2）王爱军　河北古顺酿酒股份有限公司

（3）齐　兵　河北养元智汇饮品股份有限公司

（4）高宝龙　河北新希望天香乳业有限公司

（5）康志远　君乐宝乳业集团有限公司

（6）武志强　河北古顺酿酒股份有限公司

（7）张建功　河北邯郸丛台酒业股份有限公司

12月，获河北省科技厅科技进步奖的项目是：河北省同福健康产业有限公司、河北科技大学、同福集团股份有限公司、中国食品发酵工业研究院有限公司研发的功能性碗粥生产关键技术开发及产业化应用；河北科技大学、河北省兽药饲料工业总站、河北怡达食品集团有限公司、承德神栗食品股份有限公司研发的山楂活性物质分级提取与综合利用关键技术开发应用。

12月，河北省食品行业企业技术中心达到46家，新增两家企业；河北一然生物科技股份有限公司、河北香宇肉制品有限公司 .

12月，制定河北省食品行业团体标准

河北省食协为行业发展需求共完成7项团体标准：

由河北凤来仪酒业有限公司为起草单位的T/HBFIA0028-2022净雅香型白酒；由邯郸丛台酒业股份有限公司为起草单位的T/HBFIA0029-2022丛台白酒；由昌黎县粉丝行业协会为标准起草单位的T/HBFIA0030-2022粉条（丝）；由河北绿岭康维食品有限公司为起草单位的T/HBFIA0032-2022坚果炒货制品烤核桃；由河北省食品工业协会为起草单位的T/HBFIA0033-2022冀酒生产技术规范；由石家庄开发区供排水公司为起草单位的T/

HBFIA0031-2022 水质菌落总数的测定平皿计数法；T/HBFIA0034-2022 水中肠球菌测定荧光酶底物法。团体标准已通过审定并发布公告正式实施。

12 月，河北省食品工业企业管理水平综合情况。在 118 家行业头部企业的统计中：建立追溯体系的企业：84 家；省级企业研发机构：A 级 29 家、B 级 19 家、C 级 15 家；高新技术企业：国家级 14 家、省级 4 家；省级工程技术研究中心 9 家；省级重点实验室 4 家；省政府质量奖 25 家；中华老字号企业：16 家；地理标志产品：国家级 12 家、省级 1 家；HACCP 认证企业：75 家。

河北省食协全年共完成科研成果评价 3 项：河北科技大学食品与生物学院的杂粮谷物功能性产品的开发与示范；河北双鸽食品股份有限公司的果蔬在肉制品中的应用研究及产品开发；河北绿岭庄园食品有限公司的姜黄在核桃乳中的应用研究及产品开发。

【d. 品牌建设】

8 月，河北省食协在十里香酒业有限公司举办了河北省白酒评委培训再学习，学习中以盲评形式对全省的 29 家企业的 46 款产品进行品评并综合企业的综合实力，评价出河北省白酒领军品牌企业 8 家、河北省白酒优势品牌企业 11 家、河北省白酒特色品牌企业 8 家；

河北省白酒行业领军、优势、特色品牌企业（27 家）名单

企业名称	品牌
河北衡水老白干酒业股份有限公司	河北省白酒领军品牌 8 家
河北山庄老酒股份有限公司	
河北邯郸丛台酒业股份有限公司	
承德乾隆醉酒业有限责任公司	
十里香股份公司	
刘伶醉酿酒股份有限公司	
河北古顺酿酒股份有限公司	
河北凤来仪酒业有限公司	

续表

企业名称	品牌
廊坊昊宇酿酒有限公司	河北省白酒优势品牌 11 家
河北兴台酒业集团有限责任公司	
河北裕升庆酿酒有限公司	
保定五合窖酒业有限公司	
石家庄市制酒厂有限公司	
承德清宫酿坊白酒制造有限公司	
沧州御河酒业有限公司	
昌黎地王酿酒有限公司	
河北滴溜酒业有限公司	
邯郸永不分梨酒业股份有限公司	
承德九龙醉酒业股份有限公司	
衡水甘陵酒业有限公司	河北省白酒特色品牌 8 家
唐山百姓梦酒业有限公司	
河北女娲赐醪酒业有限公司	
河北宋祖酒业有限公司	
承德县康乾酒业有限公司	
河北将军岭酒业有限公司	
河北海生集团太行酿酒有限公司	
香河第一城酒业有限公司	

【e. 职业培训】

5 月，河北省食协、石家庄高新技术产业开发区供水排水公司与美国爱德士微生物培训中心联合举办线上《包装饮用水中铜绿假单胞菌的测定酶底物法》团体标准宣贯及实际操作培训会。

团体标准 T/HBFIA0026-2021《包装饮用水中铜绿假单胞菌的测定酶底物法》已正式发布并实施，为协助相关实验室及时理解并执行该标准，加强包装饮用水检测的实际操作技能，有效提升包装饮用水检测水平；授课老师就包装饮用水中铜绿假单胞菌污染情况现状做了介绍；对 T/HBFIA0026-2021《包装饮用水中铜绿假单胞菌的测定酶底物法》标准进行解读；对酶底物法检测铜绿假单胞菌做了实操培训，受到包装饮用水生产企业的好评。

8月，河北省食协组织省级白酒评委再学习活动。在泊头市十里香股份公司召开河北省白酒评委培训会议，全省白酒行业有29个企业的120人参加培训会议；中国食品工业协会秘书长马勇、河北省工业和信息化厅消费品处副处长张秋艺、泊头市副市长胡振涛、十里香股份公司副董事长祁雪、河北衡水老白干酒业股份有限公司副董事长张煜行等领导和企业家到会并致欢迎词。

中国食品工业协会马勇秘书长以视频方式为大会作了全国白酒行业的发展情况、技术营销是现代白酒营销的核心、了解运用好2.8法则、创新就是创造白酒的未来的讲座；

省工信厅张秋艺副处长针对我省白酒产业悠久的历史，深厚的文化底蕴，扎实的产业基础，但没有形成冀酒在全国的明确定位和发展目标的现状下，要求：抓住政策红利和发展的契机，以品质创品牌、用品牌创信誉，用信誉赢市场，为消费者提供多样化高品质产品，振兴冀酒；希望：通过这样的会议培育人才，提升冀酒品质，推动白酒行业的健康发展；

泊头市胡振涛副市长代表市委、市政府对大家的到来表示欢迎；并介绍了泊头的历史、区位、沿革、发展和主导工业产业，介绍了十里香公司的发展情况；

十里香股份公司副董事长祁雪对培训会议在十里香公司召开并对来自省工信厅和泊头市领导、协会、企业的专家和评委表示欢迎；并向与会者详细介绍了十里香公司的历史和传承传统工艺，不断创新，建设智能化车间，实现了浓香白酒传统工艺向智能酿造的转型情况；

河北省打造冀酒专家组组长张煜行作了全国白酒经济形势、行业发展机遇、资本动态、行业标准和政策、风格创新、品质改进创新、智能化创新讲座；与大家分享了老白干机器人智能化、发酵车间、发酵生态环境研究创新等经验，大家受益匪浅。

河北省打造冀酒专家组副组长李泽霞作为品评辅导老师带领大家对29家企业的46个产品进行品评、学习。品评采用盲评形式进行，在品评中，国家、省级白酒评委和打造冀酒专家组分为两组，每轮的品评由评委及专家进行点评，大家在每轮白酒的品评和点评中得到在感官品评的启发、修炼和提升；

打造冀酒专家组副组长武光路在总结培训活动时，对会议整体情况进行回顾、介绍参评产品基本情况和分组原则、对每轮次参评产品的数据和产品形象进行展示、分享品评现场场景。

【f. 为政府服务】

5月，受河北省工业和信息化厅委托，省食协开展打造冀酒工作

在河北省工信厅指导下，打造冀酒项目于2022年5月份立项。立项后，省食协带领全省白酒行业以“品质强基、品格铸魂、品牌逐梦，让河北人自豪的喝家乡酒”为目标，开展了一系列工作。

1. 组建由龙头企业中国酿酒大师、中国工艺大师、中国首席品酒师、国家、省级白酒评委、大专院校教授、国家级审核员、营销专家等组成的打造冀酒专家队伍并颁发证书；

2. 召开打造冀酒座谈会。2022年5月31日，以腾讯会议召开线上打造冀酒座谈会，由白酒生产企业的领导、大专院校教授、食品专家、技术专家、营销专家及政府部门有关人员等组成打造冀酒专家团队38人参加了座谈会，座谈会以营造打造冀酒的共识；制定提升河北省白酒品质的团体标准；提升产品的品质、优化营商环境、倡导冀商卖冀酒、冀酒文化、品牌传播；政策建议等方面展开热烈讨论。座谈会上大家对打造冀酒反响强烈，集思广益，各抒己见，凝心聚力发表了值得借鉴的打造冀酒的思路，经过梳理，供大家再思考。

※ 打造冀酒是河北白酒人的共同心声，要共同为河北白酒产业的转型升级、高质量发展奉

献智慧和力量，要有紧迫感，不负时代赋予我们的重任；

※ 打造冀酒坚持三个思维，一是食品安全底线思维；二是强化生命线思维，白酒产品的质量和品质，建立完善的标准体系；三是强化主线思维，新发展理念，开放协调，追逐品牌的梦；

※ 坚持传承与创新，提高技艺，做好基础酒；

※ 坚持人才队伍建设，培养更多的中国酿酒大师、工艺大师、品酒师、白酒评委。建议开展工匠活动评选；

※ 挖掘河北白酒的历史文化，运用多种形式，讲好品牌故事，组织推介活动宣传冀酒；

※ 冀酒团标引领河北白酒提档升级，扎实做好具有河北特色的白酒品质；

※ 从河北白酒消费大省情况看，振兴河北白酒势在必行，提升冀酒的市场竞争力从几个方面加力：一要争取各级政府部门的带动作用，在河北热点事件、招商时的随手礼、赞助酒等方面要用冀酒；二要发挥省市两级政府作用在上下游、体系内等组织品鉴活动；三要争取省直各部门在宣传方面给与打造冀酒的支持；

※ 设计冀酒团标 LOGO 并制定使用规范；

※ 给与省政府部门沟通，争取对打造冀酒在各方面的支持政策。

3. 由中国白酒特邀白酒评委武光路执笔【冀酒生产技术规范】团体标准，经立项、召开研讨会、征求意见、公示，修改后的审定稿通过专家论证；T/HBFIA0033-2022《冀酒生产技术规范》团体标准于 2022 年 9 月 26 日以省食协冀食协〔2022〕33 号文件发布并实施。

4.9 月 23 日，河北省工业和信息化厅邀请有关白酒生产、工艺、标准文本编写、检验等领域里的专家组成专家组，对由河北省食品工业协会承担的课题《河北省白酒产业发展研究报告与（冀酒生产技术规范）团体标准》，通过了结题验收。

8 月，受河北省市场监督管理局委托，河北省食协组织对全省农村假冒伪劣食品整治行动效果开展评估工作

河北省食品工业协会受河北省市场监管局委托，组织食品行业专家对全省农村假冒伪劣食品三年整治行动效果进行评估工作。该评估工作是为深入贯彻《中共中央国务院关于深化改革加强食品安全工作的意见》，按照国家市场监管总局等六部委《关于联合开展农村假冒伪劣食品整治行动方案（2020—2022 年）的通知》市监食经〔2020〕121 号和省市场监管局相关文件要求进行的。2022 年是《农村假冒伪劣食品整治行动方案（2020–2022）》收官之年，是全面推进农村食品安全综合治理能力提升之年。通过对全省农村假冒伪劣食品整治情况进行效果评估，进一步推进农村假冒伪劣食品问题治理，确保农村市场食品质量安全，不断提升农村居民食品安全获得感、幸福感、安全感，促进乡村振兴战略有效实施。

为确保农村假冒伪劣食品整治行动效果评估工作顺利、有序开展，省食协从制定评估标准到组织食品行业专家队伍到评估验收培训到编写农村假冒伪劣食品整治文件汇编，作了一系列筹备工作。10 月份开始，7 个评估小组对全省 14 个市、区的 22 个县的 218 个食品经营市场、“三小”摊点的农村假冒伪劣食品情况开展评估。评估工作于 12 月底前完成，并提交评估成效工作报告。

3 月，召开《饮料企业节水管理规范》研讨会议。为提高河北省饮料生产企业的用水效率，规范节约用水工作管理，河北省食协进行为期三个月调研工作后，形成《饮料企业节水管理规范》文本，为使规范更加符合饮料生产企业的实际，更加有操作性，于 3 月 4 日在石家庄召开有河北省水资源研究与水利技术试验推广中心梁宝成书记等领导、省食协、部分食品企业及专家参加的研讨会，以聂建中为专家组长的专家团队及食品企业专家对规范内容进行了翔实的解读、修正、补充、完善，使之更加有指导性、科学性、操作性。

9 月 27 日，召开河北省预制菜产业联合工

作委员会成立大会

预制菜是一场三产融合的“农业革命”，是一场从家庭手工作坊到现代餐食大工业的“厨房革命”，发展预制菜产业是促进现代农业与食品产业集群高质量发展、推动乡村产业振兴的重要载体和有力抓手。预制菜产业的发展对于从农民到市民，从企业到政府，从粮食安全、食品安全，到能源安全，推进乡村振兴，打造健康河北具有重要意义。

9月28日，在省民政厅指导下，组建了河北省预制菜产业联合工作委员会。省预制菜联合工委是由河北省乡村振兴促进会、河北省农产品品牌协会、河北省特色产业协会、河北省食品工业协会、河北省调味品协会、河北省饭店烹饪餐饮行业协会等六家协会共同发起组织的，并得到了河北省发改委、河北省工信厅、河北省农业农村厅、河北省市场监督管理局、河北省商务厅、河北省乡村振兴局等主管部门的大力支持。省政府主管部门的主要领导出席了本次大会并发表致辞。他们充分肯定了河北省预制菜产业联合工作委员会成立的必要性和及时性，并在加快推进预制菜产业发展方面提出了希望与要求。

六家协会共同签署了《河北省预制菜产业联合工作委员会战略合作协议》。公布了首届河北省预制菜产业联合工作委员会组织成员，其中，河北省饭店烹饪餐饮行业协会会长吕毅华当选联合工委主任，河北省食品工业协会党支部书记吴龙妹当选常务副主任，河北省饭店烹饪餐饮行业协会常务副会长兼秘书长俞静任秘书长；联合工委副主任单位17家、副主任个人5名、高级智库专家5名、专家18名、成员单位142家。

【g. 信息交流】

完成河北省发展和改革委员会授权的河北省食品工业每月经济运行分析报告；完成河北省发展改革委员会授权撰写的《河北省食品工业发展报告》；完成河北省市场监督管理局授权撰写的《河北省食品工业质量发展报告》。

【h. 党支部活动】

2022年是胜利召开中国共产党第二十次代表大会的一年。在这一年里，河北省食品工业协会党支部率全体党员和员工，深入学习贯彻习近平新时代中国特色社会主义思想，沿着党的二十大召开的喜讯中汲取继续前进的智慧和力量，满怀信心迈进全面建设社会主义现代化国家新征程。

3月21日，河北省食品工业协会党支部召开全体工作人员会议，党支部书记吴龙妹传达河北省民政厅社会组织党支部书记述职线上会议精神，一是学习先进协会工作经验，介绍省农业产业协会等6个协会党支部书记做的典型经验介绍；二是传达河北省委组织部领导对协会党支部书记述职工作的肯定，严肃认真、效果很好、重点突出；三是学习省社会组织党委书记陈建民对协会党支部工作的要求和安排，开展五个一活动，以实际行动迎接党的二十大召开；把党建工作写入协会章程；提高政治站位，加强标准化建设；积极参与乡村振兴活动，巩固脱贫成果；发挥党员先锋模范作用。

省食协全体人员深刻领会会议精神并结合自身工作进行梳理，明确工作目标，将以新的工作状态，优异实绩向党的二十大献礼。

8月，河北省食品工业协会全体人员赴绿岭公司参观李保国科技馆开展红色教育

为深入开展党史学习教育活动，8月5日，河北省食协全体人员赴临城县绿岭核桃小镇－李保国科技馆，学习李保国先进事迹，弘扬红色精神。李保国教授扎根太行、科技扶贫，他的足迹遍布太行山区，他坚持把科研成果写在太行山上，先后完成山区开发研究成果28项，走出了一条科技扶贫的新路，让10多万山区人民摆脱贫困，被誉为“太行山上的新愚公”。一张张图片、一件件实物、一段段讲解，生动展现了李保国同志扎根太行山35年，把荒山变绿岭，带领群众脱贫

致富的感人事迹。

通过参观学习，省食协全体人员在思想上接受了洗礼，大家都书写了心得体会，纷纷表示要以李保国同志为榜样，不忘初心，牢记使命；学习他扎实苦干、无私奉献的高尚精神；不断提高自身专业能力，为推动全省食品行业快速发展贡献自己的力量。

11 月 2 日，省食协党支部组织全体人员学习党的二十大精神。习近平总书记在党的二十大报告中指出："没有坚实的物质技术基础，就不可能全面建成社会主义现代化强国。"建设现代化产业体系，是党中央从全面建设社会主义现代化国家的高度作出的重大战略部署。省食协组织全体人员认真学习、深刻领会这一战略部署的重大意义，准确把握原则要求，扎实推进现代化产业体系建设，为全面建成社会主义现代化强国、实现第二个百年奋斗目标奠定坚实的物质技术基础目标中贡献我们的力量。

【i. 优秀企业】

1. 河北养元智汇饮品股份有限公司

河北养元智汇饮品股份有限公司始建于 1997 年，是中国植物蛋白饮品龙头企业。作为中国集研发、生产、销售于一体的核桃饮品企业，养元饮品先后主导、起草参与了核桃乳行业标准和国家标准，引领了行业规范性发展。养元饮品拥有河北衡水、安徽滁州、江西鹰潭、河南漯河、四川简阳五大生产加工基地，产销规模稳居行业前列。养元饮品 2018 年在上海证券交易所挂牌交易，成功登陆 A 股资本市场。

养元饮品自成立以来，心怀"提高人生智慧和幸福指数"的企业使命，坚持"低碳、环保、可持续发展"的理念，恪守真材实料的品质承诺，以高品质、高附加值的多元化产品，赢得了消费者的信赖。"真诚务实，勤学笃行"的企业精神，深入每一个养元人的血液和灵魂，推动企业不断前行。

养元饮品始终将食品安全作为企业发展的第一生命线，从原料到加工，从运输到销售，全面将产品品质安全牢牢掌控。养元饮品拥有新疆、云南、太行山三大黄金核桃产区，每年精选采购核桃超一亿公斤，并制定了严苛的"3.6.36"核桃选材标准，所有原料都经过 6 大检测指标和 36 项理化指标检测，更好地满足消费者对高品质的需求。养元饮品构建了全方位的质量管控体系，严控生产过程中的每个环节，在业内率先通过 ISO22000 食品安全管理体系认证和 ISO9001 质量管理体系认证的企业，并获得了诚信管理体系认证及欧盟"BRC 食品安全全球标准"A 级认证；高标准严控产品品质，与国际标准接轨，使得每一罐产品都能让消费者放心。养元饮品一直坚持和推动创新战略，经过多年发展，已经建立了多个领先的技术研发和产学研合作平台，拥有国内领先的六大技术研发平台和 1 个国家级实验室；凭借雄厚的科研实力，以及强大的创新能力，养元饮品形成了行业领先的三大工艺，即"5・3・28"工艺、全核桃 CET 冷萃工艺、五重细化研磨工艺。

养元饮品专注于为消费者提供营养、健康、美味的植物蛋白饮品，形成了包括核桃乳、植物奶等品类在内的丰富产品矩阵；拥有六个核桃、六个核桃 2430、养元植物奶等明星品牌。"六个核桃"核桃乳作为公司的主导产品，连续多年在核桃乳饮料全国市场销量领先。

在二十余年的发展中，养元饮品始终将社会责任的担当视为立身之本。养元饮品首发高端核桃乳——核桃饮品产业（Deep-Up）递优计划，致力于推动核桃饮品产业的前中后端全链升级，打造更高端的核桃乳产品，推动核桃饮品产业价值革新。

作为行业龙头，养元饮品以"扶贫惠农"为己任，形成"养元集团 + 地方加工企业 + 基地核桃种植户"的四位一体帮扶计划，精准扶贫助力原料产地农民走上致富之路，实现核桃主产区规模化、产业化，惠及农户逾十万户，发展核桃种植面积超 100 万亩。

养元饮品一路走来，初心不改，始终致力于植物自然营养价值挖掘。面向未来，养元饮品将继续加大对植物蛋白品类的研发和布局，不断进行技术创新、产品创新，保持企业竞争活力，推动植物奶行业不断发展。

2. 晨光生物科技集团股份有限公司

晨光生物科技集团股份有限公司始建于 2000 年，是一家专注于植物有效成分提取的高科技型上市企业，在中国、印度、赞比亚等地建有 30 多家子（分）公司。产品涵盖天然色素、天然香辛料提取物和精油、天然甜味剂、天然营养及药用提取物、保健食品、油脂和蛋白等六大系列上百个品种，其中辣椒红色素、辣椒油树脂、叶黄素产销量世界领先。

公司首创辣椒红色素连续提取分离技术，使中国一跃成为世界辣椒红色素生产强国。如今晨光生物已成为中国植物提取行业领军企业、全球重要的天然提取物生产供应商。

公司始终秉承“人与企业共发展”的价值观，勇担“取自然精华，为人类健康”的崇高使命，坚持科技创新、诚实守信、艰苦奋斗、敬业奉献，持续实施技术改造升级，推进植物资源综合利用，发展生态循环经济，努力引领行业健康发展。同时公司主动承担社会责任，助力脱贫攻坚、参与“一带一路”，为提升“中国制造”水平贡献力量。

公司先后荣获农业产业化国家重点龙头企业、国家高新技术企业、国家技术创新示范企业、制造业单项冠军示范企业、国家“守合同重信用”企业，2012 年荣获国家级企业管理现代化创新成果一等奖，2013 年、2018 年荣获河北省政府质量奖。公司建有国家企业技术中心、博士后科研工作站、国家地方联合工程实验室、院士工作站等科研平台，拥有 265 项国家专利技术、3 项国家重点新产品、40 项省部级科技成果；荣获 44 项省部级以上科技奖励，其中“辣椒天然产物高值化提取分离关键技术与产业化”2014 年荣获国家科技进步二等奖、“番茄加工产业化关键技术创新与应用”2017 年荣获国家科技进步二等奖。

公司先后通过了 BRC 体系认证、CGMP 体系认证、国家实验室（CNAS）认可、ISO9001 认证、ISO22000 认证、ISO14001 认证、OHSAS18001 认证、KOSHER 认证、HALAL 认证、FAMI-QS 认证、CMS 认证、SEDEX 认证、美国 FDA 产品注册以及知识产权管理体系认证。公司产品符合联合国粮农组织、世界卫生组织及国家标准要求，产品远销欧洲、美洲、澳洲及日、韩、南亚、东南亚、非洲部分国家和地区。

品质卓越，自然领先！公司瞄准“建设世界天然提取物产业基地，为人类健康做贡献”的愿景目标，坚持开放合作、平台共享，创建国际领先的研发中心、检测中心、中试中心，占领行业科技制高点，做十个世界领先的植物提取产品，努力为中国增加一个世界领先的产业。在做天然产物提取物优质原料的基础上，延伸升级产业水平，结合植物提取物的功效，开发保健品；将植物提取技术和中医药理论有效融合，实现中药提取现代化，构建国内有影响的保健品、药品的大健康产业基地，晨光生物要做真正有功效的、老百姓吃得起的保健品、药品，为人类健康贡献力量！

【j. 企业家】

姚奎章　现任河北养元智汇饮品股份有限公司董事长，衡水市第六届人大常委会委员；中国食品工业协会副会长；先后获得了省劳动模范、省优秀民营企业家、省管优秀专家、第五届河北省优秀中国特色社会主义事业建设者、省“巨人计划”第二批创新创业团队领军人才、衡水市十大领军人物等荣誉称号。他带领的养元公司高举改革开放伟大旗帜，以敢为人先的创新意识、锲而不舍的奋斗精神，积极培育厚植先进企业文化，不断提升科技创新能力，展示新时代创新创造的铿锵足音。当越来越多的人惊羡于企业的发展传奇时，平和淡定的姚奎章给出了八个字——“守正笃实久久为功”。守正，对人而言，就是要有理想信念；对企而言，就是要有清晰的公司战略。笃实，就是要脚踏实地，不同的时代会有不同的发展机遇，但机遇只垂青于有准备的人。久久为功，就是要有“咬定青山不放松”的战略定力。姚奎章以智慧和才能在21年奋斗中把一个名不见经传的地方小微企业发展成为年销售收入近百亿、全国规模最大的植物蛋白饮料企业。公司发展战略定位是养元自主开发的一个新品类饮料，在当时的饮料市场上，既是第一又是唯一，是一个种子产品。确立了“专注核桃饮品”的公司发展思路，明确了要为人们提供安全、美味、优质的核桃饮品的企业使命，开始了以后引领核桃饮品从小到大、由弱到强的发展历程。产品立足于好技术和好品质。在他的坚持和带领下，公司经过多年潜心研究于2005年取得了研发技术与生产工艺的双重重大突破，自主创立了国内先进的“5.3.28”核桃饮品生产工艺，成功解决了产品的“涩、腻”口感难题；以新技术工艺为基础，带领企业走品牌突围之路，在市场纵深上拓展立足之地；为核桃饮品品类确立了“有益大脑”的精准定位，提出了“经常用脑，多喝六个核桃”的品类诉求并在全国领先媒体上大力度进行传播。由原来的风味型边缘饮料变身成为“南北通喝、全国同饮”的主流饮料，“六个核桃”也随之发展成为家喻户晓的全国知名饮料品牌，行业领军品牌。不忘初心，方得始终。姚奎章认为只要是公司战略对国家有利，对消费者有利，对社会进步有利，就要始终保持坚定的战略定力和持之以恒的毅力。他也正有了“定生慧，慧生能”这种坚守、毫不动摇的思想，才带领养元在发展过程中捕捉到了一个个症结、难题和突破口。在风云诡谲的市场大潮中，养元饮品的崛起，更凸显出领导者的人格魅力。面对充满不确定性的发展前景，他坚信坚定坚守；面对过程中的艰难险阻，他迎难而上，坚忍坚毅；面对员工和合作伙伴，他坦诚以待，同行共赢；面对社会，他积极投身衡水事业建设，资助贫困地区孩子图书，助力美丽乡村建设。他在公司内外的各种场合解困惑、讲战略、增信心，在公司激流险滩之际以憨厚务实，自强不息的精神定军心，又在公司快速发展时加固地板、强化长板、弥补短板，他以“持续升级稳健发展”为管理核心，打造品质、品牌、营销、管理、队伍、文化层面的多重共进与协同发展，为建设经济强省、美丽河北作出更大的贡献。

范现国　时任今麦郎食品股份有限公司、今麦郎饮品股份有限公司董事长。多年来范现国同志始终秉持“产业报国造福社会”的企业理念，致力打造世界一流食品企业。在范现国同志的带领下，今麦郎已经成为中国乃至世界范围内举足轻重的方便食品企业品牌。其中今麦郎面品连续14个季度、今麦郎饮品连续11个季度行业增长领先，被业界称为“今麦郎现象”。

经过29年的长足发展，今麦郎各产业深度融合，形成了从农业种植、加工、包装、物流、信息技术、销售等闭环链条，发挥集聚规模化产业链优势，为消费者持续提供高品质低价格、物超所值的好产品。

同时范现国同志关注农业产业发展，在他引领下的今麦郎走出一条产业化提高农业、工业化致富农民、城镇化发展农村的成功之路，创造了数万个就业岗位。今麦郎荣获全国首批农村一二三产业融合领军企业，是河北省内唯一获此殊荣的企业。

在范现国同志推动下，今麦郎一直走在创新路上。公司推出的弹面、香锅、一桶半，都成为行业明星产品；2015年推出的一菜一面更是被称为行业颠覆性“黑科技”产品。2018年，非油炸高端方便面老范家在东京上市，一举打破了日本油炸方便面引领世界方便面行业的格局。从中国制造到中国创造，今麦郎持续、积极响应国家“创新”号召。范现国始终相信，未来的中国是世界范围内超级企业、超级品牌、超级平台的集中诞生地；在他的领导下，一个千亿企业的蓝图正在徐徐展开。

1. 以全产业链思维谋划产业发展

经过29年的企业发展，范现国同志深刻的意识到，中国食品产业正在经历“数量扩张”向“素质提高”的转变，同时我国食品产业从“高速度增长”转向“高质量发展”，为消费者提供高品质、低价格的好产品是范现国坚持不变的理念。

为了服务社会，回报消费者，多年来今麦郎致力践行“双29字方针”，坚持管理模式创新以及产品技术创新。范现国带领今麦郎走出了以产业链带动规模发展的企业路线。今麦郎拥有超强的渠道下沉能力，打造快消品第一管理平台，在全国掌控300万家终端网点；拥有完善的全产业链优势，今麦郎在全国建有25万亩优质麦基地，以今麦郎为纽带各产业深度融合。

今麦郎根据区域优势，持续不断提升产业基础能力和产业链水平。多年来利用多产业融合，形成优势互补、高质量发展的区域经济布局。发挥集中力量办大事的制度优势和超大规模的市场优势，走出产业基础高级化、产业链现代化的优势道路，不断降低生产成本，为消费者提供实实在在的优质产品。

2. 推动“三农”融合发展，带动区域经济发展

农业农村的发展离不开产业的带动，范现国同志所带领的今麦郎29年走出了一条以“工业带动农业，农业带动城镇化建设”的路线。

今麦郎积极响应国家对于“三农”振兴号召，自2005年开始，今麦郎开始关注优质麦工程建设，远远走在这个行业的最前端，期间从订单农业到产业联合体，以企业为主题，建立起与农民间利益的连接，在确保好麦源的同时也能让农民分享到二产三产的收益。建设全产业链，在优质麦过程中推动一二三产业联合发展的长效机制。这种模式为农产品加工企业和食品企业提供了广泛的可学习模式。

同时“三农”融合对社会发展起到了溢出效益，有益于脱贫致富奔小康，有益于人民的营养健康，有益于保障粮食安全。今麦郎特色农业产业模式也受到了包括农业部、农科院、中科院等专家领导好评。在第五届优质麦产业发展论坛，国家农业种植司相关领导出席会议并参观今麦郎优质麦田，对于今麦郎对于农业发展贡献给予高度评价。

3. 秉承创新精神，以创新产品带动企业高速发展

多年来，今麦郎在创新方面不遗余力。范现国曾说“今麦郎的发展靠创新，唯有创新才能引领未来”。

在技术研发方面，企业在隆尧建立今麦郎中央研究所，在北京建立今麦郎饮品研究院两大研发中心，针对行业共性关键技术、生产加工技术研究、食品营养与安全等方面进行深度研究，开发出适合不同消费者饮食习惯和需求的创新产品。

在产品创新方面，企业聚焦品类创新，不断加大研发创新力度，打造新物种。2018年，范现国带领团队研发的非油炸高端面打破了日本油炸方便面引领世界方便面行业的格局，非油炸高端制面技术从学习日本到引领行业发展，以范现国为代表的创新精神和创新实践使得中国品牌立足世界品牌强林做出了突出的表率作用。

与此同时，还有针对特色风味人群的“刀削宽面”、采用航天冻干技术的“一菜一面”，都能看到今麦郎不断在优化产品来满足消费者不同的场景需求，不断地提高技术创新来打破行业局限。通过不断技术创新、品牌创新，产品附加值不断攀升，开创新品类，创造消费者新需求，今麦郎赢得市场和消费者喜爱，逐渐成为方便面行业创新的领跑者，引领行业发展新趋势。

4. 发挥企业家精神，践行千亿梦

中国梦关乎着中国未来的发展方向，凝聚了中国人民对中华民族伟大复兴的憧憬和期待；它是整个中华民族不断追求的梦想，是亿万人民世代相传的夙愿，每个中国人都是中国梦的参与者、创造者。

而范现国作为民营企业的中坚力量，他以成就千亿级企业为发展目标，立志让中国品牌引领行业、引领世界。近年来，范现国多次义务为中小企业、党政机关授课，指导当地企业转型升级、为政府建言献策，促进区域经济发展。范现国践行新时代企业家精神，与伟大祖国同频共振，以产业报国为己任，以利他之心造福社会，利益更多人。

卢庆国　是晨光生物科技集团股份有限公司的创始人，以“天道酬勤”为人生信念，脚踏实地、深耕细作，以创新为驱动，以产学研为导向，以人才为支撑，长期致力于植物有效成分的提取制备技术开发及产业化工作，搭建了研发、孵化、推广、应用等科技服务平台，以技术的裂变效应，释放发展空间，激发产业动能，缔造了辣椒红、辣椒精、叶黄素三个产品产销量世界第一的传奇。带领公司先后荣获“农业产业化国家重点龙头企业”“国家高新技术企业”“国家技术创新示范企业”“制造业单项冠军示范企业”“国家“守合同重信用”企业”“国家知识产权优势企业”“中国轻工业百强企业”“河北省百强民营企业”“国家博士后科研工作站”“河北省AAA级劳动关系和谐企业”“河省创新型农业企业”“河北省政府质量奖”企业。公司建有国家企业技术中心、博士后科研工作站、国家地方联合工程实验室、院士工作站等科研平台，拥有265项国家专利技术、3项国家重点新产品、40项省部级科技成果；荣获44项省部级以上科技奖励，其中“辣椒天然产物高值化提取分离关键技术与产业化”2014年荣获国家科技进步二等奖、“番茄加工产业化关键技术创新与应用”2017年荣获“国家科技进步二等奖”、2019年获得“中国工业大奖表彰奖”、2021年获得“河北省企业创新奖”；参与国内外标准制修订53项。

卢庆国带领团队研究揭示了辣椒红、辣椒素及其他成分在溶剂中的溶解和分配规律，设计复合溶剂提取体系，开发出辣椒红、辣椒素同步连续逆流梯度提取技术及多级连续离心萃取分离技术，集成创新系列配套装备，建成了世界首条连续化、规模化辣椒提取分离生产线。单套设备日投辣椒颗粒由2吨提高到600吨，带动我国自主生产的辣椒红市场占有率由不足2%增至80%以上。作为项目负责人或第一完成人承担国际级科研项目3项、重大技术项目5项，获国家科技进步奖二等奖1项、省部级科技奖13项、省部级以上管理创新奖5项，获授权国家发明专利45项、授权美国发明专利3项。

卢庆国是十二届、十三届全国人大代表、河北省政协委员、河北省工商联副主席，个人先后被上级党委政府给予享受国务院政府特殊津贴专家、国家“万人计划”科技创业领军人才、全国优秀企业家、植提行业特殊贡献奖、轻工大国工匠、河北省劳动模范、河北省省管优秀专家、河北省企业管理创新有特殊贡献带头人、河北省政府质量奖等诸多荣誉。

卢庆国坚持发展循环经济的理念，创新植物资源综合利用技术，改变对原料单一化提取方式，促进原料的多部位、多成分综合利用，率先提出“番茄皮渣为原料提取天然番茄红素”的工艺思路，发明番茄皮渣高温、瞬时烘干技术，及复合溶剂提取番茄红素工艺，建成了一条年加工6万吨番茄皮渣的连续化生产线，创下了番茄红素加工“零成本”的世界纪录；并延伸开发棉籽、甜叶菊加工剩余物有效成分系统分析、功效评价及分离技术，做到了植物原料的“吃干榨净”，该成果成为植物提取物行业的标杆工程，推动番茄红素、叶黄素等产品（保健食品）实现了由“奢侈品”到“平民化”的彻底转变，促使保健品走进老百姓日常生活，引领了植物提取行业的发展方向，进一步提升了“中国制造”的国际影响力。

卢庆国坚持“走出去”发展理念，带着技术、人才、资金和装备走出河北，把工厂开到新疆、云南等地区，甚至到印度、赞比亚等国家，建立原料种植基地 90 万亩，辐射带动国内外植提原料种植达 180 万亩，带动 30 万农户年增收近 20 亿元，成为科技创新、产业扶贫、乡村振兴、“一带一路”等国家战略和倡议的坚定拥护者、实践者、贡献者。

石克荣是汇福粮油集团董事长，在中国粮油行业，他是一个传奇人物。30 多年，他把民族意识和责任担当看得高于一切。正是在这样的思想和理念下，才不断地燃烧着他决心振兴中国粮油产业的激情。他凭着一颗粮油赤子心，凭借自身的聪明才智，把一个濒临倒闭的油脂加工企业，逐步发展壮大成粮油集团，并跻身于中国粮油行业的前三位，被评为“中国食品工业十强企业”“中国制造业 500 强企业”，他是当之无愧的中国粮油行业领军人物。

石克荣在粮油行业是一个“逐梦人”。他怀揣着中华民族伟大复兴的梦想，开启了汇福人实现梦想的新征程，谱写了汇福粮油集团发展的新篇章。纵观他几十年来的实践行动，主要有几方面的特点：敢于对标世界先进技术和工艺，善于管理企业；注重夯实生产装备和检验设施；积极构建全产业链发展模式；思维超前，建成了 18 条铁路专用线、拥有 11 条巴拿马型散货轮、在巴西南圣佛朗西斯科建立了港口仓储，借智建立了十几家科研院所。尤其是注重创新，他运用创新之光，照亮了产业发展之路。这些超常规举措，最终成功创造了“汇福”这个民族品牌，成为中国粮油行业的标杆。

同时，在循环经济上，石克荣重新解读自己的企业，延伸产业链条，打造一个高效、稳定、协调、可持续发展的人工复合性生态系统。他组织兴建了日处理污水能力 1000 吨的污水处理厂，实现污水零排放。从大豆油加工过程中的下脚料里，提取预防心脑血管病和对人类健康有益的大豆生物活性物质，把一颗豆子的可使用价值发挥到极致。他把汇福集团打造成资源节约型、环境友好型、循环经济型、综合效益型的实体经济体，逐步实现从国内到国际的产业布局，从传统到高端的产业跨越，从粮油加工到油脂化工、生物工程的转型升级，打造了集群化、规模化、标准化、示范性的产业基地。

作为振兴粮油产业的梦想追逐者，虽然石克荣已经在粮油产业的发展道路上拼搏了 30 多年，但他至今仍旧怀揣梦想，仍在不断地寻求新的突破，向着“粮油强国”的征程进发，力争再创新的辉煌。他是时代的榜样，这种民族精神令人敬佩！

吴龙妹

3.4 上海市

【a. 概况】

2022 年，面对国内外复杂严峻经济环境和疫情冲击等超预期因素的多重挑战，全市坚持以习近平新时代中国特色社会主义思想为指导，把学习贯彻习近平总书记考察上海重要讲话精神作为全部工作的鲜明主题和贯穿始终的突出主线，坚决贯彻落实党中央、国务院和中共上海市委、市政府的决策部署，统筹疫情防控和经济社会发展，加力落实稳经济各项政策举措，经济新动能持续发力，创新驱动深入推进，城市核心功能稳定运行。

全市规模以上食品工业企业完成产值 2298.64 亿元，同比增长 0.9%，占全市工业 5.7%；完成营业收入 2629.03 亿元，同比下降 1.9%；完成出口交货值 37.60 亿元，同比增长 1.7%；实现利润 340.98 亿元，同比下降 5.3%。

若不计烟草，完成工业总产值 1247.47 亿元（现价），同比下降 5.8%；占全市工业总产值 3.1%，较 2021 年下降 0.2 个百分点；完成营业收入 1544.7 亿元，同比下降 3.8%；实现利润 87.56 亿元，同比下降 34.0%。

（以下内容不包括烟草制造，数据为规模以上食品工业企业）

【b. 食品工业经济运行】

1. 经济运行主要特点

（1）产值同比小幅下降

2022 年本市规模以上食品工业企业完成工业总产值 1247.47 亿元（现价），同比下降 5.8%。

工业总产值完成

亿元

	工业总产值（现价）		
	2022 年	2021 年	同比增长 %
上海食品工业合计	1247.47	1324.01	–5.8%
其中：农副食品加工业	370.79	385.79	–3.9%
食品制造业	772.52	818.81	–5.7%
饮料、酒和精制茶制造业	104.17	119.41	–12.8%

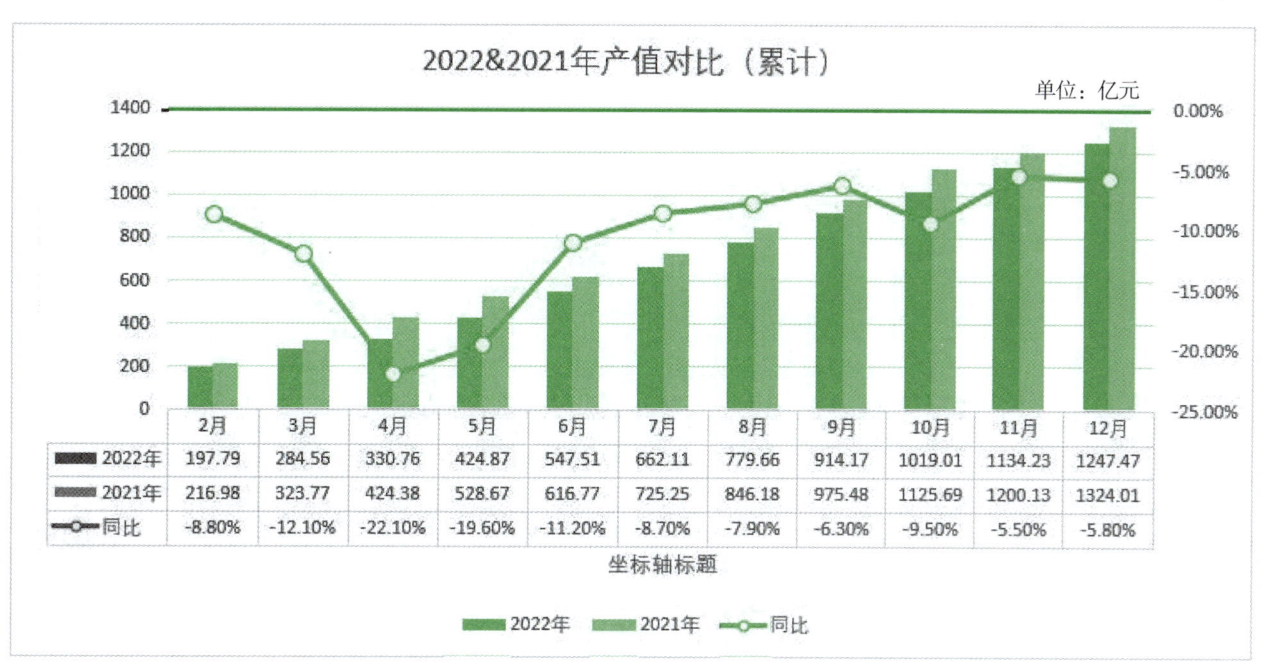

图 1 2022 年月度累计产值对比

从图中可以看出，2022 年年，全市食品工业产值都处于低位运行的态势。在 2022 年 3–5 月、10 月、12 月，全市食品工业产值都处于由升转降的拐点，与全市新冠疫情暴发的时间点相吻合，可见新冠疫情仍是影响本市食品工业生产的主要因素。

分行业看，同比下降较大的有糖果巧克力及蜜饯制造，饮料制造和酒制造，产值同比分别下降 18.9%、13% 和 12.8%。由于，与民生保供关联度相对较小，在 5 月同比分别达到 44.2%、35.2% 和 32.9%，即使在复工复产后，生产逐步恢复正常，也仍对这几个子行业造成较大影响。

（2）营业收入小幅同比下降

2022 年，全市规模以上食品工业企业完成营业收入 1544.7 亿元，同比下降 3.8%，受一季度疫情影响，市场销售萧条，营业收入同比大幅下降，二季度开始降幅逐月收窄，至 12 月，基本与 2019 年持平。

营业收入、出口交货值完成

亿元

	营业收入			出口交货值		
	2022 年	2021 年	同比增长 %	2022 年	2021 年	同比增长 %
上海食品工业合计	1544.70	1605.08	–3.8	36.82	36.26	1.5
其中：农副食品加工业	487.10	508.46	–4.2	9.22	10.57	–12.8
食品制造业	938.53	963.58	–2.6	25.34	23.55	7.6
饮料、酒和精制茶制造业	119.07	133.04	–10.5	2.27	2.14	5.8

从 2022 年 5 月管控期后，全市食品行业营收情况开始稳步回升，但是，市场大环境的整体低迷仍旧使得食品行业整体营收情况处于低位态势。

出口情况相较于国内市场有所好转，完成出口交货值 36.82 亿元，同比增长 1.5%。子行业中，除去农副食品加工出口同比有所下降外，其余两个中类子行业同比均有增长。

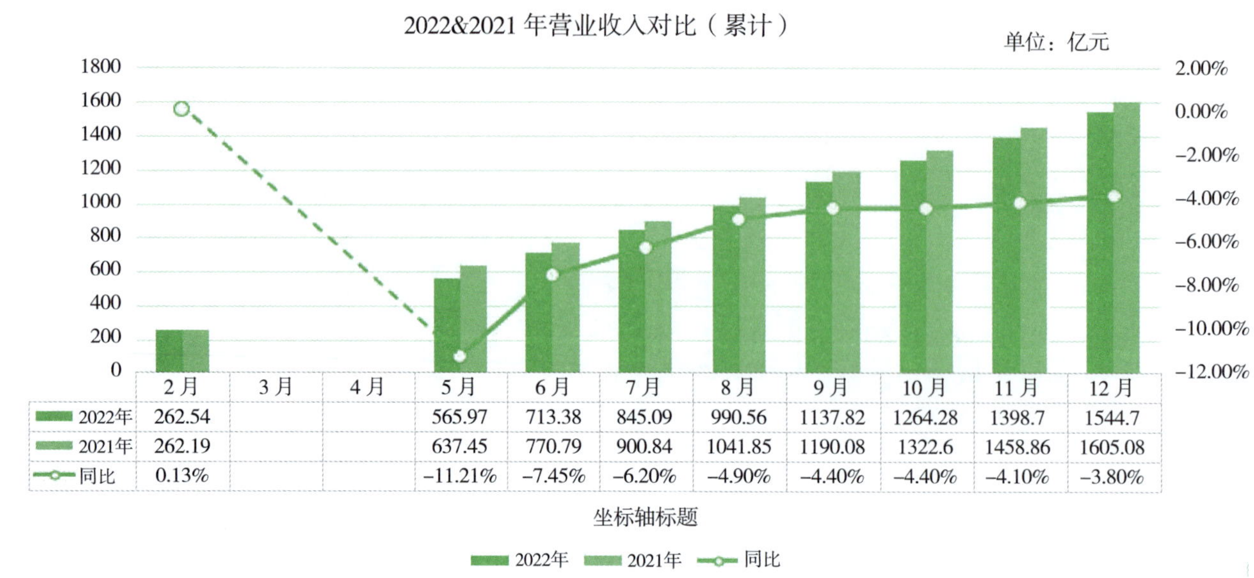

图 2 2022 年月度累计营业收入对比

（3）赢利同比大幅下降

2022 年，实现利润 87.56 亿元，同比下降 34.0%。

利润完成 单位：亿元

	利润		
	2022 年	2021 年	同比增长 %
上海食品工业合计	87.56	132.68	-34.0
其中：农副食品加工业	16.90	27.48	-38.5
食品制造业	63.82	94.13	-32.2
饮料、酒和精制茶制造业	6.84	11.07	-38.2

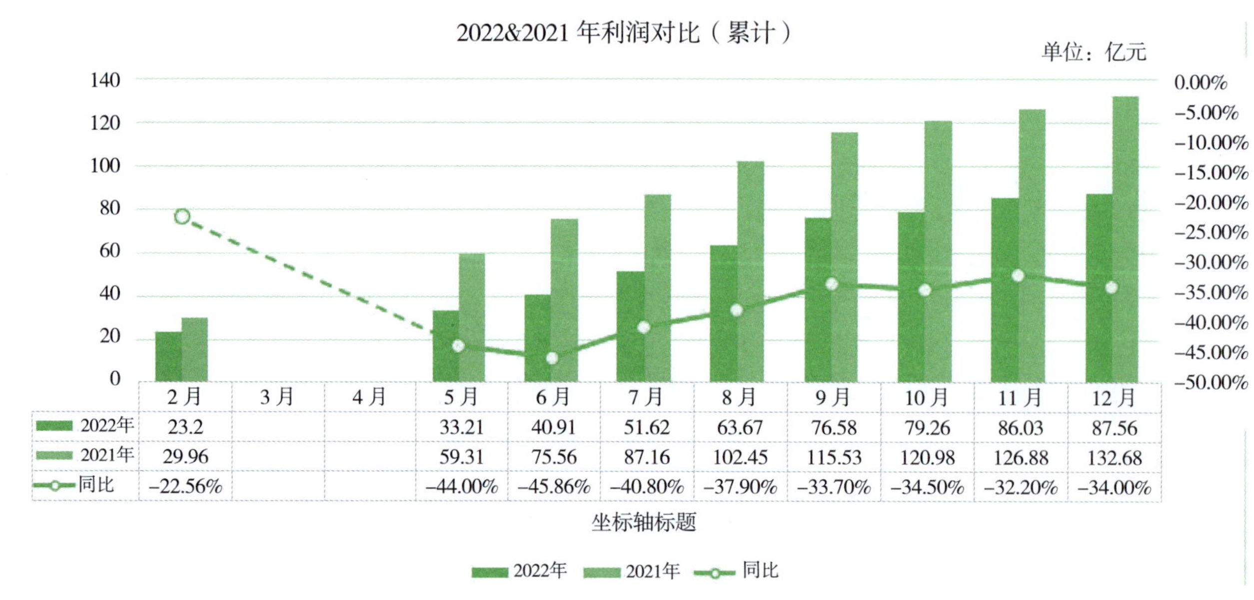

图 3 2022 年月度累计利润实现

2.2022 年本市食品行业的利润大幅下降主要受到以下几方面的影响

（1）受到新冠疫情暴发影响，全市食品工业企业一段时间内处于停工停产状态，但是各项支出还正常支出，对企业的经营造成极大压力。

（2）近 2 年，原物料成本的大幅增长对企业造成的生产成本增加开始体现。由于，受到国际经济和政治等因素的影响，企业生产所需的原料，尤其是进口原料，价格上涨较大。其次，企业所使用的包装材料，如塑料膜，纸箱等，价格也在连年上涨。

（3）物流成本同样受到国内疫情以及国际形势影响，今年大幅上涨。

营业收入利润率（%）

	营业收入利润率 %	
	2022 年	2021 年
食品工业总计	5.7	8.3
其中：农副食品加工业	3.5	5.4
食品制造业	6.8	9.8
饮料、酒和精制茶制造业	5.7	8.3

2022 年，营业收入利润率为 5.7%，同比上升 2.6 个百分点。

3. 社会消费情况

2022 年，社会消费品零售总额 16442.14 亿元，同比下降 9.1%；其中，吃的商品 3513.86 亿元，同比下降 8.2%。

总的来看，上海食品行业在 2022 面对的经济形势复杂且严峻，随着新冠疫情减弱，本市全面放开，2023 年本市食品行业将会呈现回稳向好态势。

【c. 大事记】

1.2022 年牢守食品安全底线，保障舌尖上的安全

2022 年，全市认真贯彻党的十九大关于“实施食品安全战略，让人民吃得放心”和党的二十大“强化食品药品安全监管”的战略部署以及习近平总书记关于食品安全额重要指示批示精神，全面落实食品安全“四个最严”和“疫情要防住、经济要稳住、发展要安全”的要求，切实增强责任感、紧迫感和使命感，统筹防控和食品安全工作。全面落实《中共中央国务院关于深化改革加强食品安全工作的意见》《上海市贯彻〈中共中央国务院关于深化改革加强食品安全工作的意见〉的实施方案》，落实《企业落实食品安全主体责任监督管理规定》，持续推进食品安全治理体系和治理能力现代化，牢牢守住食品安全底线，保障人民群众“舌尖上的安全”。

2022 年，上海主要食品的食品安全总体监测合格率为 99.6%，较前一年下降 0.1 个百分点；食品安全总体状况继续保持有序、可控、稳中向好的态势。

2022 年，上海共监督抽检各类食品样品 137359 件，合格率为 98.63%，与 2021 年基本持平；快速检测 110 万余项次，同比减少 8.4%，快速检测筛检阳性 3990 件，阳性率为 0.4%，与 2021 年持平，合格率呈平稳趋势。

社会方面，2022 年市民食品安全知识知晓度得分为 90.6 分，比 2021 年上升 3.3 分。2022 年本市市民食品安全状况总体满意度评分为 90 分，比 2021 年增加 1.1 分。调查结果显示，在食品安全总体状况、政府部门食品安全工作、主要食品品种安全、主要食品经营场所等方面满意度较高，对农贸市场与网络订餐的食品安全满意度较低。

2. 持续开展诚信体系建设，树立食品企业诚信观念

为贯彻实施工信部关于在食品工业企业开展诚信管理体系建设的要求，上海持续开展推进食品工业企业建立诚信管理体系的工作。

至 2022 年底，本市已有 35 家食品工业企业建立诚信管理体系，并通过了第三方评价。

【d. 协会工作】

1. 抗击疫情方面，上海市食品协会号召全体会员企业听党指挥，全力抗“疫”，围绕上海市防疫大局，切实扛起政治责任，把疫情防控工作作为最重要的政治任务，毫不放松抓好“外防输入、内防反弹”各项工作。

同时，协会领导通过多种途径加大对会员企业干部和职工，特别是城市保供等岗位干部和职工的关心关爱力度，主动做好走访慰问、心理健康服务，以及涉疫一线人员家人亲属的关心关爱和志愿服务行动。

2. 平台互动方面，上海市食品协会借助上海市消保委、上海市中小企业发展服务中心等平台，凝聚合力促发展。借用他们的渠道和优势，联合举办蝴蝶酥、咖啡展示和上海优选伴手礼等活动，增强为会员企业服务的针对性，引导会员企业正确运用政策法规，解决在生产经营中遇到的各类问题。

协会参与主办“上海咖啡文化周”活动；参与主办食品药品联络委员会第十一次活动；参加《促进本市社会团体高质量发展》座谈会，并在会上做交流发言；参加由上海地市商协会联合会联合上海部分社会团体主办的赴象山开展考察交流等活动。

3. 参与活动方面，协会组织会员企业参加“德州市食品加工产业（上海）推介会”“鲜学之巅·鲜耀未来”为主题的太太乐鲜味科学研讨会、外省市在上海召开的招商推介会等。

4. 内外事接待方面，协会接待藏自治区政府、四川都江堰政府等外省市政府部门来访考察；接待广州市咖啡行业协会等外省市行业协会来访交流。

协会先后与巴基斯坦、菲律宾等国家的食品业签订了战略合作意向。鼓励上海食品企业，到全国各地乃至海外开辟新市场。

5. 职业技能竞赛方面，协会举办“2022 年第十五届上海市食品行业职业技能大赛暨上海市第六届蝴蝶酥技能大赛”；参与指导由中华全国供销合作总社职业技能鉴定指导中心、中国就业培训技术指导中心主办的 2022 全国行业职业技能竞赛第三届“悦鲜活杯”全国咖啡师职业技能竞赛上海赛区选拔赛；主办“2022 年第十五届上海市食品行业职业技能大赛暨上海市食品行业西式面点师职业技能大赛”。

6. 品牌推广方面，协会举办上海特色旅游食品推荐评测和展示活动，组织企业参与长三角名优食品认定和展示活动。

【e. 主要数据】

主要经济指标

指标	单位	食品工业合计		其中：农副食品加工业		食品制造业		饮料制造业		烟草制品业	
		2022 年	同比增长 %	2022 年	同比增长 %	2022 年	同比增长 %	2022 年	同比增长 %	2022 年	同比增长 %
工业总产值	亿元	2298.64	0.9	370.79	-3.9	772.52	-5.7	104.17	-12.8	1051.16	7.1
销售产值	亿元	2246.85	-2.3	371.93	-3.7	760.28	-6.2	105.59	-9.0	1009.06	1.2
营业收入	亿元	2629.03	-1.9	487.10	-4.2	938.53	-2.6	119.07	-10.5	1061.23	2.9
出口交货值	亿元	37.60	1.7	9.22	-12.8	25.34	7.6	2.27	5.8	0.77	8.2
利润	亿元	340.98	-5.3	16.90	-38.5	63.82	-32.2	6.84	-38.2	253.42	11.5
利税合计	亿元	1148.26	-1.1	22.9	-32.6	96.97	-25.4	12.26	-28.1	1016.13	3.7
资产总计	亿元	3234.37	1.8	373.61	5.7	952.43	3.7	169.85	2.2	1738.47	0.0%

注：1. 本文数据为规模以上食品工业企业 2. 工业总产值与同比增长率。

部分食品市场占有率

序号	产品	第一名		第二名		第三名		第四名		第五名	
		品牌	占有率%	品牌	占有率%	品牌	占有率%	品牌	占有率%	品牌	占有率%
1	食用油	金龙鱼	30.5	海狮	17.5	多力	12.5	鲁花	11.7	福临门	7.4
2	中国烟	中华	40.2	双喜	12.6	利群	8	玉溪	8	牡丹	6.6
3	黄酒	和酒	19	古越龙山	14.9	金色年华	14.8	石库门	6.7	金枫	5.9
4	啤酒	青岛	24.1	百威	17.3	光明	12.6	雪花	10.3	燕京	5.7
5	酱油	海天	44.4	欣和六月鲜	29.1	李锦记	10.8	千禾	8.3	鲁花	2.7
6	醋	恒顺	37.1	宝鼎	30.6	东湖	7.5	金山寺	5.9	宝鼎天鱼	4.6
7	包装大米	光明谷锦	40.0	乐惠	26.9	金龙鱼	2.6	香满园	1.2	欢宴	1.1
8	巧克力	德芙	36.1	费列罗	22.3	健达	9.2	瑞士莲	5.7	士力架	5.7
9	糖果	大白兔	24.5	彩虹糖	6.6	悠哈	5.9	旺仔	3.9	春光	3.5
10	挂面	想念	51.6	陈克明	10.1	金龙鱼	9.9	顶味	4.4	收麦人	4.2
11	膨化食品	乐事	55.8	上好佳	13.5	旺旺	12.2	好丽友	5.8	品客	1.5
12	饼干	奥利奥	32.9	闲趣	15.2	百奇	6.7	太平	6.6	百醇	3.4
13	八宝粥	娃哈哈	52.2	真的	22.9	银鹭	19.6	达利园	1.9	其他	3.3
14	肉（鱼）罐头	梅林	55.3	世棒	23.7	鹰金钱	12.8	郁金香	1.8	粤花	1.4
15	冷鲜肉	龙大	10.4	雨润	7.3	中粮家佳康	5.3	牧原	5.2	苏食	4.2
16	冷饮	梦龙	24.1	和路雪	21.4	光明	14.2	伊利	11.2	八喜	10.9
17	成人奶粉	雀巢	53.5	光明	12.7	伊利	11.2	蒙牛	6.4	荷兰乳牛	5.5
18	国产液体奶	光明乳业	39.5	伊利	30.9	蒙牛	26.8	每日鲜语	1.4	味全	0.4
19	饮用水	农夫山泉	45.1	怡宝	19.6	景田百岁山	8.7	雀巢	8.6	巴黎水	3.8
20	南北货	禾煜	34.5	闽龙达	34.4	燕之坊	2.9	华雄	2.2	雄峰	2.1
21	瓜子	洽洽	60.0	恒康	9.9	华味亨	6.6	张二嘎	4.5	阿里山	4.3
22	坚果	华味亨	16.8	洽洽	16.3	天喔	16.2	恒康	8.1	口水娃	3.2
23	休闲鱼（肉）制品	新东阳	24.3	立丰	18.1	太仓	7.5	天喔	4.6	小辣椒	3.8
24	蜂产品	冠生园	73.6	智仁	5.3	智力	3.8	周氏	2.9	捷氏	2.5
25	麻油	三添	41.7	龙溪一滴香	21.2	金龙鱼	13.1	鲁花	5.1	小车牌	4.2
26	鸡精	太太乐	80.5	家乐	12.1	佛手	6.5	黄金厨师	0.4	双桥	0.3
27	味精	双桥	46.9	佛手	30.1	太太乐	7.1	大厨	0.7	家乐	0.3
28	调味粉	味好美	49.9	太太乐	17.6	乐畅	11.1	唯加	3.5	佛手	3
29	速冻调理品	湾仔码头	29.4	龙凤	9.6	思念	8	海霸王	7.6	安井	7.2
30	奶酪	妙可蓝多	50.0	百吉福	28.7	光明	9.5	伊利	9.3	安佳	4.5
31	果冻布丁	喜之郎	59.9	旺旺	5.2	樱桃小丸子	5.1	亲亲	4.4	台尚	3.5
32	沙琪玛	台尚	70.2	徐福记	12.9	名沙	9.9	精益珍	2.4	谷焙奇	1.4
33	含气饮料	雪菲力	55.4	元气森林	10.5	延中	6.1	屈臣氏	5.6	怡泉	5.4

续表

序号	产品	第一名		第二名		第三名		第四名		第五名	
		品牌	占有率%	品牌	占有率%	品牌	占有率%	品牌	占有率%	品牌	占有率%
34	常温酸奶	伊利安慕希	54.1	光明莫斯利安	36.3	蒙牛纯甄	6.9	君乐宝简醇	1.7	其他	1.0
35	威化	雀巢	26.0	嘉顿	24.3	纳宝帝	15.3	爱时乐	7.2	奥利奥	6.7
36	派	好丽友	88.7	乐天	6.1	盼盼	1.7	百晨	0.7	中洋宝	0.5
37	蜜饯	华味享	43.9	万顺昌	13.8	益民	7.1	天喔	6.2	溜溜梅	2.3
38	婴幼儿奶粉	爱他美	38.8	惠氏	12.5	雀巢	12.4	伊利	5.8	美赞臣	5.6
39	茶饮料	统一	23.5	康师傅	22.1	三得利	15.0	东方树叶	6.0	农夫山泉茶π	5.7
40	功能糖果	绿箭	31.0	荷氏	25.3	金嗓子喉宝	6.1	京都念慈菴	6.0	酷兹	5.8

施伟俊

3.5 江苏省

【a、概况】

2022年，面对复杂严峻的外部环境和多重困难挑战，全省食品工业高效统筹疫情防控和经济社会发展，随着稳经济一揽子政策措施落地实施，食品行业发展稳定、韧性较强的优势持续显现。食品工业以占全省工业3.1%资产，创造了4.2%的营业收入，完成了7.1%的利润总额。

【b.运行特点】

1.效益平稳增长，增速高于全国

2022年，全省规模以上食品工业企业（不含采盐业）2047家，同比增加147家，实现营业收入6667.24亿元，同比增长7.9%，高于全省工业3.2个百分点，高于全国食品工业2.4个百分点。实现利润总额567.04亿元，同比增长14.3%，高于全省工业19.4个百分点，高于全国食品工业4.3个百分点；营业收入利润率8.4%，高于全国0.8个百分点。全省食品工业基础扎实，制造实力较强，随着全国疫情防控措施优化，经济持续恢复，受刚需支撑带动，居民收入提高及消费需求增加，全年食品行业保持稳定增长。

2.行业优化调整，盈利有所改善

从三大行业看，农副食品加工业、食品制造业、酒饮料和精制茶制造业营业收入同比增长分别6.9%、10%、14%，分别高于全国0.4、6、9.1个百分点，利润同比增长分别为-2.6%，32.6%，20.9%。农副食品加工业呈现“量增利减”，主要原因是作为刚需产品的农副食品需求增加，但我省农副食品加工以粗加工为主，产品利润率总体较低，同时受到上游原材料价格总体仍较高于去年同期影响，行业利润有所承压。食品制造业和酒饮料精制茶业利润增幅呈现“量利双增”，主要原因是随着疫情防控常态化，下游消费场景逐渐恢复，消费者对食品产生更高层次的需求，促进了以精深加工为主的食品制造业和酒饮料制造业得到快速发展，为全省食品工业利润整体增长发挥了重要作用。

3.市场供应稳定，消费持续恢复

2022年，面对疫情散发和极端天气等不利因素，各地区各部门积极落实“保民生”政策措施，食品市场供应充足。我省液体乳、啤酒、猪肉等主要食品产量同比增长8.9%、11.9%、2.4%。居民食品消费量持续恢复，全省限额以上单位粮油食品类、饮料类商品零售额比上年分别增长8.7%、5.3%。

【c.主要工作】

1.抓好《食品工业企业诚信管理体系》国家标准宣贯和诚信管理体系评价工作

以贯彻实施GB/T33300-2016《食品工业企业诚信管理体系》国家标准为重点，加大宣贯力度，引导企业建立诚信管理制度，强化企业食品安全主体责任，规范企业诚信管理，预防企业失信风险，确保诚信管理体系有效运行，建立了保障食品安全长效机制。一是先后对无锡市（常州市）、扬州市、淮安市所辖区食品企业负责人以及体系员进行国家标准宣贯。通过 GB/T33300-2016 国家标准宣贯，确保《食品工业企业诚信管理体系》国家标准（GB/T33300-2016）实施工作有序进行。企业通过建立食品工业企业诚信管理体系，进一步强化食品企业抗风险能力，消除或降低法律风险；进一步强化员工诚信意识，筑牢食品安全道德底线；进一步提升企业诚信文化层次，打牢社会责任基础；进一步提升食品企业社会信誉，赢得社会品牌认知度；进一步规范整合其他管理体系，提升食品企业管理效率；进一步规范食品企业经营行为，保障食品质量安全。

二是严格评价程序，组织开展评价审核工作。按照工信部评价机构工作规则和评价工作程序的要求，严肃认真组织开展评价审核工作，2022 年共评价了 16 家企业。截至 2022 年底，全省通过评价获证企业达 87 家，在证书有效期内正常运行企业 58 家，获证企业和评价企业数位列全国前列。

2. 做好中国食协科学技术进步奖推荐工作

根据中国食协开展 2022 年度科学技术奖评审活动的文件要求，积极组织省内相关机构和食品企业申报，经过自愿申报、项目初审、专家评审、平台公示等程序，江苏省获科学技术奖项目 7 个，科技创新领军人物 2 人，科技创新杰出人才 4 人。

2022 年江苏省荣获中食协科技进步获奖名单

<table>
<tr><th>序号</th><th colspan="2">名称</th><th colspan="2">单位</th><th>奖项</th></tr>
<tr><td colspan="6">科学技术奖项目</td></tr>
<tr><td>1</td><td colspan="2">浓香型白酒窖泥菌群寡培养技术及其应用</td><td colspan="2">江苏今世缘酒业股份有限公司</td><td>一等奖</td></tr>
<tr><td>2</td><td colspan="2">高品质河蟹提质增效加工关键技术创制及应用</td><td colspan="2">江苏省农业科学院</td><td>一等奖</td></tr>
<tr><td>3</td><td colspan="2">绵柔型白酒细胞自噬及抗氧化效应的研究</td><td colspan="2">江苏洋河酒厂股份有限公司</td><td>一等奖</td></tr>
<tr><td>4</td><td colspan="2">滨海白首乌功能品质提升与高值化加工关键技术创新及产业化</td><td colspan="2">省农业科学院、盐城市新洋农业试验站、盐城果老首乌科技有限公司、盐城金舫首乌科技发展有限公司</td><td>二等奖</td></tr>
<tr><td>5</td><td colspan="2">营养健康导向的水产加工品质量提升技术创新及应用</td><td colspan="2">江苏省农业科学院</td><td>二等奖</td></tr>
<tr><td>6</td><td colspan="2">营养米酒生产的物理强化关键技术创新及应用</td><td colspan="2">丹阳颐和食品有限公司</td><td>二等奖</td></tr>
<tr><td>7</td><td colspan="2">乳酸菌及发酵乳中关键菌珠精确鉴定检验规范及应用</td><td colspan="2">南京卫岗乳业有限公司</td><td>三等奖</td></tr>
<tr><td colspan="6">全国食品工业科技创新领军人物</td></tr>
<tr><td>1</td><td>白元龙</td><td>男</td><td colspan="3">南京卫岗乳业有限公司</td></tr>
<tr><td>2</td><td>金兴仓</td><td>男</td><td colspan="3">苏州金记食品有限公司</td></tr>
<tr><td colspan="6">全国食品工业科技创新杰出人才</td></tr>
<tr><td>1</td><td>孔令伟</td><td>男</td><td colspan="3">淮安快鹿牛奶有限公司</td></tr>
<tr><td>2</td><td>左文霞</td><td>女</td><td colspan="3">江苏今世缘酒业股份有限公司</td></tr>
<tr><td></td><td>葛向阳</td><td>男</td><td colspan="3">江苏洋河酒厂股份有限公司</td></tr>
<tr><td></td><td>陈诚</td><td>男</td><td colspan="3">江苏洋河酒厂股份有限公司</td></tr>
</table>

【d. 长三角名优食品】

根据《长三角名优食品认定办法（2022 修订版）》的认定程序，经企业自愿申请，各设区市食品（工业）协会、行业主管部门初审推荐、省级食品行业协会审核，长三角名优食品评审委员会评审。长江三角洲地区（城市）食品（工业）协会联席会审议确定，2022 年度江苏省被认定长江三角洲地区名优食品 69 个（见下表）：

序号	企业名称	产品名称	商标
1	南京樱桃鸭业有限公司	官礼贡鸭	图案（三只小鸭）
2		鸭血粉丝汤（盒）	图案（樱桃小黑）
3	南京沙塘庵粮油实业有限公司	大米	湫湖
4	南京冠生园食品厂集团有限公司	月饼	园
5	南京天环食品（集团）有限公司	香肚	天环
6		香肠	天环
7	南京依泽瑞丝食品有限公司	糕点	维利康
8	南京甘汁园股份有限公司	纯正红糖	甘汁园
9	江苏三鸿食品有限公司	肉酥	三鸿
10	南京小苏州食品有限公司	月饼	小苏州
11	南京清真桃源村食品厂有限公司	月饼	桃源村
12	南京禄口禽业发展有限公司	鸡蛋	六口
13	中科健康产业集团有限公司	中科创新牌灵芝孢子油	中 ZK 科
14	南京桂花鸭（集团）有限公司	盐水鸭腿	桂花
15	南京圣贤米业有限公司	糯米	圣贤乡
16	南京新贵米业有限公司	南粳 46 软香米	宁贵
17	南京夫子庙食品有限公司	糕点	夫子庙
18	泸溪河食品（南京）有限公司	桃酥	泸溪河
19	无锡天资乳业有限公司	巴氏鲜牛奶	天资
20	江苏香道食品有限公司	虎皮蛋	随便
21		尚吧卤蛋	尚吧
22	江苏沛公酒业有限责任公司	沛公酒	沛公
23	江苏黎明食品集团有限公司	黑蒜	好蒜道
24	江苏美鑫食品科技有限公司	复合调味品	小凤鲜
25	江苏惠生堂食品股份有限公司	富硒草本蛋白肽谷物粉	惠生堂
26	江苏五香居食品有限公司	酱牛肉	五香居
27	常州市鑫灿食品有限公司	桃酥	三聚阁
28	江苏食俞美食品有限公司	鸭血	食俞美
29	苏州市味知香食品有限公司	速冻调制食品	馔玉
30	新希望双喜乳业（苏州）有限公司	今日鲜奶铺	新希望
31		源态酪乳	新希望
32	倍思特食品（苏州）有限公司	热加工熟肉制品	倍思特
33	苏州真滋味美食食品有限公司	双合利牛排	真滋味
34	南通麦蒂酥食品有限公司	麦蒂酥糕点	麦蒂酥
35	南通北渔人和水产有限公司	文哈粉	仙缘
36	江苏和府餐饮管理有限公司	番茄调味酱	和府捞面
37	江苏晨希米业有限公司	如东大米	苏通绿禾

续表

序号	企业名称	产品名称	商标
38	如东喜丰农业科技有限公司	大米	老愚家
39	南通顺昌豆制品有限公司	豆制品	隔灶香
40	江苏汤沟两相和酒业有限公司	清代窖池 30 酒	汤沟
41	江苏桃林酒业有限公司	桃林芝酱白酒	桃林
42	江苏海州湾酒业集团股份有限公司	海州湾绵 15 酒	海州湾
43	江苏万千食品投资有限公司	烘烤类糕点	万仟
44	江苏今世缘酒业股份有限公司	42 度今世缘典藏 D20 酒	今世缘
45		42 度高沟标样（黑标）酒	高沟
46	江苏康强食品有限公司	捆蹄	康强
47	江苏白玫糖业有限公司	绵白糖	白玫
48	盐城市怡美食品有限公司	梅童魚	鲜怡
49	盐城市健桥乳业有限公司	发酵乳	纤动益生
50	东台市千禧福冷冻食品有限公司	烤乳猪	千禧福
51	江苏宇航食品科技有限公司	乳制品	宇航
52	东台市赐百年生物工程有限公司	螺旋藻	赐百年
53	扬州维扬豆制食品有限公司	豆制品	维扬
54	扬州天禾食品有限公司	速冻藕合	荷仙
55	江苏沪耀粮油制品有限公司	蝴蝶酥	沪耀
56	镇江金山寺食品有限公司	食醋	金山寺
57	江苏桃李面包有限公司	醇熟面包	桃李
58	镇江肴之味食品科技有限公司	水晶肴蹄	金晶
59	江苏骥洋食品有限公司	酱卤肉制品	骥洋
60	靖江市津津食品有限公司	猪肉脯	福至
61	江苏洋河酒厂股份有限公司	洋河梦之蓝系列	梦之蓝 M3M6M9
62		梦之蓝手工班酒	梦之蓝手工班
63		梦之蓝手工班（大师）酒	梦之蓝手工班
64	江苏双沟酒业股份有限公司	生态苏酒（天绣地锦）酒	苏
65		苏酒头排酒	苏头排酒
66		双沟圣坊	双沟珍宝坊
67	江苏乾隆江南酒业股份有限公司	乾隆江南系列酒	乾隆江南
68		乾酱系列酒	乾酱
69	江苏分金亭酒业有限公司	分金亭金酒	分金亭

【e. 主要经济数据】

1.2022 年江苏省各市食品工业营业收入排名表

单位：亿元

市别	农副产品加工业	食品制造业	酒、饮料和精制茶制造业	烟草制品业	合计	排名
合计	3725.55	1108.36	873.02	960.31	6667.24	
南京	151.31	146.14	57.72		355.17	8
无锡	54.11	94.69	54.16		202.96	11
徐州	275.07	56.64	36.84		368.55	7
常州	63.29	43.07	14.31		120.67	13
苏州	552.50	240.18	93.23		885.91	1
南通	590.54	66.19	22.85		679.58	4
连云港	249.07	63.34	20.84		333.25	9
淮安	301.57	76.09	78.83		456.49	5
盐城	356.77	37.87	33.74		428.38	6
扬州	112.93	26.02	25.66		164.61	12
镇江	180.83	38.03	11.60		230.46	10
泰州	633.88	141.05	25.74		800.67	2
宿迁	203.68	79.05	397.50		680.23	3

另：采盐业完成营业收入 14.70 亿元。（省统计局提供）

2.2022 年江苏省各市食品工业利润总额排名表

单位：亿元

市别	农副产品加工业	食品制造业	酒、饮料和精制茶制造业	烟草制品业	合计	排名
合计	111.51	92.34	230.88	132.31	567.04	
南京	2.44	8.00	3.85		14.29	9
无锡	1.13	10.11	12.34		23.58	6
徐州	10.02	2.73	1.92		14.67	8
常州	2.03	4.73	1.26		8.02	12
苏州	13.18	15.31	6.36		34.85	3
南通	24.78	2.98	0.39		28.15	5
连云港	6.12	5.55	1.75		13.42	10
淮安	14.05	13.02	32.43		59.50	2
盐城	10.63	2.46	1.68		14.77	7
扬州	6.32	0.96	0.82		8.10	11
镇江	–2.01	2.50	0.41		0.90	13
泰州	16.12	16.35	1.66		34.13	4
宿迁	6.69	7.65	166.01		180.35	1

另：采盐业实现利润总额 4.06 亿元。（省统计局提供）

3、2022 年江苏省主要食品产量

单位：（万吨、万千升）

产品名称	2022 年产量	同比增长 %	全国位次	产品名称	2022 年产量	同比增长 %	全国位次
原盐	593.99	–0.65		酱油			
大米				发酵酒精	36.79	–3.62	
小麦粉				白酒	21.02	–1.97	
食用植物油				啤酒	201.06	11.90	
糖果				饮料			
速冻米面				卷烟（亿支）	1054.36	0.44	
方便面							
乳制品	152.96	8.87					

唐建泽

3.6 浙江省

【a. 概况】

2022年，浙江省食品工业共有年销售收入2000万元及以上的工业企业（以下简称“规模以上企业”）1360家，从业人员17.28万人。全年实现营业收入3451.48亿元，同比增长6.01%，位居全省各工业行业第13位。

1. 工业增加值增加

2022年，全省食品工业完成工业增加值1019.61亿元，同比增长4.05%，略低于全省工业平均增长水平。其中，农副产品加工业完成工业增加值127.08亿元，同比增长7.01%；食品制造业完成工业增加值174.39亿元，同比下降2.31%；饮料制造业完成工业增加值153.06亿元，同比增长2.76%；烟草制品业完成工业增加值565.09亿元，同比增长5.86%。

2. 主要产品产量增长

列入统计的34种主要产品，有20种产品产量实现同比增长，其中，4种产品产量同比增长达10%以上，鲜、冷藏肉同比增长14.6%，焙烤松脆食品同比增长13.0%，成品糖同比增长73.7%，冷冻饮品同比增长20.2%。14种产品产量同比下降，其中酱油、食醋、蛋白饮料和果酒及配制酒等同比有大幅度下降。

3. 产销率提升

2022年，全省食品工业完成销售产值2831.54亿元，同比增长6.79%。全行业产销率为98.41%，同比增加0.26个百分点，高于全省工业平均产销率。其中，农副食品加工业产销率为98.43%，同比减少0.09个百分点；食品制造业产销率为99.22%，同比增加0.76个百分点；饮料制造业产销率为95.70%，同比增加0.42个百分点；烟草制品业产销率为99.86%，同比减少0.07个百分点。

4. 出口持续增长

2022年，全省食品工业完成出口交货值261.70亿元，同比增长9.46%。从分行业情况看，农副食品加工业完成出口交货值125.83亿元，同比增长1.89%；食品制造业完成出口交货值104.79亿元，同比增长19.97%；饮料制造业完成出口交货值29.58亿元，同比增长11.85%；烟草制品业完成出口交货值1.50亿元，同比下降15.67%。

5. 盈利略有提升

2022年，全省食品工业实现利税总额736.43亿元，同比增长4.52%，大幅高于全省工业平均水平。其中，全行业实现利润总额205.78亿元，同比增长0.73%，同样大幅高于全省工业平均水平。从分行业看，农副食品加工业实现利润30.14亿元，同比增长22.18%；食品制造业实现利润40.63亿元，同比下降12.47%；饮料制造业实现利润58.48亿元，同比下降10.78%；烟草制品业实现利润76.53亿元，同比增长13.14%。

6. 科研投入持续增加

2022年，全省规模以上食品企业完成新产品产值394.69亿元，同比5.01%。全省规模以上食品工业企业科技活动经费为仅有35.70亿元，同比增长11.23%，占行业营业收入的1.03%，远低于同期全省工业企业科技活动经费2.93%的占比投入。

【b. 大事记】

1月份，中央企业数字化发展研究院公布首批企业数字化转型典型场景汇编，浙江省盐业集团有限公司“放心浙盐”食盐智控平台入选。中央企业数字化发展研究院是由国务院国资委指导成立的支撑国企数字化发展的智库机构，联合多家知名国企、央企及平台共同建设创造产学研用融通融合的数字化协同创新和数字经济生态。浙盐集团打造的“放心浙盐”食盐质量追溯系统，实现对食盐的生产、仓储、运输、配送等全流通过程的数字化监管与电子追溯，并深度融入“浙食链”系统并实现二码合一，从盐场到车间到餐桌的全过程质量监控和闭环管理，进一步提升浙盐产品的质量安全保障水平。

1月份，浙江省政府公布2021年浙江省人民政府质量奖获奖组织名单，授予10家单位“2021年浙江省人民政府质量奖”，10家单位“2021年浙江省人民政府质量管理创新奖”。浙江古越龙山绍兴酒股份有限公司、浙江寿仙谷医药股份有限公司2家企业获“2021年浙江省人民政府质量奖”；浙江一鸣食品股份有限公司、浙江华康药业股份有限公司2家企业获“2021年浙江省人民政府质量管理创新奖”。浙江省人民政府质量奖作为浙江省最高质量奖项，主要授予绩效管理卓越、自主创新能力和市场竞争力等处于全省领先地位的企业，旨在引导全省企业牢固树立质量第一意识，用实力持续发声，为推动浙江省实现高质量发展夯实基础。

2月23日，2021年度浙江省名特优食品名单正式发布，浙江五芳斋实业股份有限公司、杭州姚生记食品有限公司等61家企业的61个产品成功获评首届浙江省名特优食品。“浙江省名特优食品”评价活动于2021年启动，致力于打造我省的名特优食品公共品牌，推动浙江省食品产业转型升级，促进全省食品产业高质量发展。

3月1日起，《杭州市西湖龙井茶保护管理条例》（以下简称《条例》）正式施行。由此西湖龙井茶有了专属法律的保护，在全国开创了以地方性法规保护驰名商标的先河，并为全国农产品区域公用品牌的立法保护提供方案。《条例》对西湖龙井茶防伪溯源专用标识进行了定义和使用规定，并采用数字化技术对其进行管理，开展原产地溯源保护。今后，西湖龙井茶凡需要包装销售的，都应当在包装显著位置加贴西湖龙井茶专用标识。

3月25日，浙江省市场监管局移动端应用程序“浙里点检”在浙里办和支付宝同时上线。“浙里点检”包括“你点我检”“你扫我检”“你拍我检”“你送我检”“你查我检”以及“结果反馈”等6个模块。该应用贯通了中国物品编码中心国家商品条码库和食品抽检数据库，汇集1100余万条食品条码信息和116万余条全省近三年食品安全监督抽检数据。老百姓只要扫一扫、拍一拍，不仅可成为食品安全“云监工”，还能向监管部门“点单”检查。

4月12日，由金华市食品药品检验检测研究院牵头，金华市市场监管局、金华酥饼行业协会及多家酥饼生产企业共同起草并制定的《浙江省食品安全地方标准酥饼生产卫生规范》（DBS33/3013-2022）（以下简称《标准》）正式实施。《标准》填补了金华酥饼行业无地方标准的空白，对酥饼生产选址及厂区环境、厂房和车间的设计与布局、设施和设备的保养与维修、卫生管理、食品原料、食品添加剂和相关产品要求、生产过程中食品安全控制、贮存和运输、召回管理、人员和文件管理等相关内容做了明确规定，使得酥饼生产更具科学性、适用性和可操作性。《标准》的实施，将促使浙江省酥饼企业有序生产，规范酥饼生产企业的生产行为，确保原料质量控制、生产过程控制和产品质量该标准的制定。

4月21日，浙江省食品药品安全委员会公布首批浙江省食品安全示范县（市、区），杭州市上城区等22个县（市、区）上榜。创建评审工作主要从食品安全状况、党政同责落实、风险管理能力、整体智治成效、社会共治格局、产业高质量发展、示范引领成效等七个方面，进行全方位评价，择优进行命名。省食药安办对获得命名的县（市、区）将定期开展跟踪评价，发现问题的将视情采取责令整改、通报、暂停称号、取消称号等方式，确保获得命名的县（市、区）持续符合省级食品安全示范县（市、区）标准。

6月13日，浙江省奶牛遗传改良与乳品质研究重点实验室项目在温州泰顺县开工。该项目占地面积705亩，预计总投资3.21亿元，拟通过3年时间，建设成一个对标国际、国内领先的省级重点实验室。浙江省奶牛遗传改良与乳品质研究重点实验室，也是浙江省首个奶牛遗传改良实验室，项目重点围绕遗传改良、高效扩繁、营养基因组学、乳品研究四个方向开展关键技术创新及关联研究，将有效填补浙江省奶牛种业的空白，助力浙江奶牛优质种质资源实现零的突破。

7月3日至4日，浙江省合理膳食行动暨第一届中小学食育大赛决赛在杭州举行。浙江省合理膳食行动暨第一届食育大赛由浙江省国民营养健康指导组、浙江省卫生健康委员会主办，旨在普及大众对“合理膳食”的科学认知，提高少年儿童的健康素养。670个作品以食育短视频的形式参加初赛，经过专家分级评审，60个作品脱颖而出，进入决赛现场演绎环节。幼儿组、小学组及中学组分别产生了1个一等奖、2个二等奖、3个三等奖，另外还评出了最佳现场表现奖、最佳视频制作奖和优秀组织奖。此外，同期还举办了2022浙江省第一届儿童青少年食育发展论坛、持续食育助推食品营养产业高质量发展圆桌论坛等活动。

7月5日，杭州市市场监管局经过前期试点探索，正式发布《杭州市自动售货设备食品安全管理规定》，在全省率先推广自动售货设备从事食品制售准入准营，通过风险评估提前防控、“线上线下一体化”智慧监管，在推进食品经营许可和监管改革的同时，大力支持市场主体创新发展。《规定》的发布实施，使杭州自动售货设备食品经营许可（备案）的受理、审查、决定及监督检查有据可依，有效填补了自动售货设备许可监管的空白。

8月16日，浙江省市场监督管理局在温州上线启用“GM2D（GlobalMigrationto2D，以下简称‘GM2D’）在线”数字化应用，标志着GM2D示范区建设取得阶段性成效。浙江是国际物品编码组织确定的全球二维码迁移计划全球首个示范区。“GM2D在线”系统构建“一库、一图、四清单、六场景”的“1146”体系框架，聚焦“国际性”构建全球统一的物品编码数据库和物品信息接入口，搭建国际化的商品二维码公共服务平台，打破国际商品信息壁垒，贯通全省、覆盖全国、辐射全球，构建国际首个商品二维码全程信息数据库。“GM2D在线”将贯通“浙食链”“浙冷链”“浙农码”等在内的数字化应用食品、食用农产品等重点产品存量转码、增量赋码，并在相关食品生产企业开展“一物一码”试点工作。

8月22日至23日，新一届全国食品工业职业教育教学指导委员会成立大会暨2022食品工业职业教育产教融合创新发展论坛在浙江绍兴举办。活动由全国食品工业职业教育教学指导委员会主办、浙江工业职业技术学院承办，全国食品工业行指委委员、食品产业园区和政府领导、省级食品行业协会代表、国内开设食品类专业的院校代表及企业代表等180余人线上线下参加会议。

8月29日，2022年浙江省食品安全宣传周活动正式启动，今年宣传主题为“共创食安新发展，共享美好新生活”。活动时间为8月29日至

9月30日，宣传重点包括宣贯食品安全理念、展示食安治理成效、引导行业诚信自律、倡导社会共治共享等。此次宣传周活动进一步突显“浙江味”“数字味”和“改革味”，以公益宣传片、主题巡展、企业培训、观摩交流等形式，推广“浙冷链”“浙食链”“浙农码”“浙江外卖在线”等数字化应用成果，集中展示浙江立足新发展阶段，贯彻新发展理念，推动食品产业高标准、高质量发展，推进食品安全从田间到餐桌全链条精准化监管，全力守护群众“舌尖上的安全”等方面的新思路新举措及取得成效。

9月18日至20日，2022年浙江省首届食品检验检测技能竞赛决赛在杭州举办。本次竞赛既是全省首届也是全国首次，为全省食品检验检测人员搭起了展现风采、比学赶超的新舞台。此次竞赛由浙江省市场监督管理局和浙江省总工会主办。竞赛历时2个多月，全省139家政府部门、第三方检验检测机构和企业，近500名一线职工参加本次竞赛初赛，最后共72名选手进入决赛。本次竞赛参赛队员涉及社会各方，全面展现了我省一线食品检验检测技术人员的能力水平和素养，各地以本次竞赛为契机，开展了技能培训、岗位练兵等活动，搭建了展示业务技能、同台切磋高超技艺的重要平台，为检验检测事业发展夯实了根基和底蕴。

8月、9月份，浙江省市场监管局两次组织召开浙江省预制菜产业发展研讨会。2022年预制菜行业在全国迅猛发展，温州、湖州、杭州等地区预制菜产业发展走在省内前列，研讨会旨在深入了解预制菜产业发展现状、存在的困难问题和下一步的发展建议，抢抓发展机遇，助力浙江省预制菜产业加快发展，同时为《长三角预制菜生产许可方案》的制定提供依据。

9月30日起，《浙江省食品销售进货查验记录和销售记录工作规范》正式施行。《规范》明确，食品销售者应建立食品安全追溯体系；销售者采购食用农产品应该建立进货检验记录制度，记录和凭证保存期限不得少于六个月。《规范》的实施将有利于规范我省食品销售环节进货查验记录和销售记录工作，督促食品销售者落实主体责任，切实保障食品安全，推进“浙江省食品安全追溯闭环管理系统”“浙江省冷链食品闭环管理系统”等数字化系统的普及应用。

11月7日至13日，由中国酒业协会、绍兴市人民政府主办的2022中国国际黄酒产业博览会暨第28届绍兴黄酒节在绍兴举行。本次节会同步举行“云上黄酒博览会”，通过数字化技术手段提供云推介、云登录、云导览、云展示、云直播、云预约、云互动等体验服务，通过互联网扩大黄酒的影响力和知名度。活动的成功举行标志着2022中国国际黄酒产业博览会作为商务部批准的全国唯一黄酒类国际性展会，对进一步提升绍兴作为“中国黄酒之都”的城市形象，充分展示“中华国酿·绍兴黄酒”的魅力，推进黄酒产业持续健康发展起到了长足且关键的作用。

11月16日，浙江省市场监管局召开全省市场监管系统疫情防控工作暨全省强化食品安全“两个责任”推进会，学习贯彻落实党中央、国务院和省委、省政府疫情防控最新要求及全省强化食品安全“两个责任”工作部署会精神，部署市场监管领域疫情防控和食品安全“两个责任”工作。

12月9日，由金华火腿行业协会牵头、多家金华火腿生产企业、科研院校参与起草制定的《浙江省食品安全地方标准即食发酵火腿生产经营卫生规范》（DBS33/3014—2022）由浙江省卫生健康委发布。该标准的发布实施，填补了国内即食发酵火腿生产经营无国家标准、行业标准和地方标准的空白。该标准对即食发酵火腿生产选址及厂区环境、厂房和车间的设计与布局、设施和设备的保养与维修、卫生管理、食品原料、食品添加剂和相关产品要求、生产过程中食品安全控制、贮存和运输、召回管理、人员和文件管理等相关内容做了明确规定，使得即食发酵火腿生产经营更具科学性、适用性和可操作性。

12月18日，中国传统制茶技艺及其相关习俗列入人类非物质文化遗产代表作名录庆典仪式在杭州举行。仪式上发布了《迈向可持续发展新未来——“中国传统制茶技艺及其相关习俗”保护传承杭州宣言》。宣言由“中国传统制茶技艺及其相关习俗”保护工作组的47个成员单位共同发布，提出将做好激发代际传承活力，促进传承发展；扩大实践范围，拓展实践空间和实践形式；促进可持续发展，弘扬当代价值；完善保护机制，深化互动协作；持续监测该遗产项目的潜在风险并妥善管理等5个方面工作。

12月21日，浙江省食品工业协会成立40周年，协会发布《同行四十载筑梦再启航——浙江省食品工业协会成立40周年》视频宣传片。

12月26日，《食品安全责任保险风险防控技术服务规范》团体标准发布。该标准由浙江省市场监管局委托浙江省食品工业协会和浙江省中小餐饮行业协会共同研究制定。《规范》明确了保险机构开展的基本原则、服务项目与形式、服务流程、服务保障、服务评估与改进等规范性要求，对引导保险机构建立保险事前、事中、事后服务体系，将风险管控与服务保障有机结合，提升风险管理能力，有效发挥食品安全责任保险的食品安全社会管理功能，帮助食品生产经营企业落实食品安全主体责任，成为食品安全风险隐患排查治理的重要辅助力量和食品安全监管部门的助手，对提高食品安全的保障能力，具有积极的促进作用。

2022年度长三角名优食品品牌峰会在安徽宣城举行。来自江苏、浙江、上海、安徽三省一市食品企业、行业协会的近300名代表参加峰会，共研长三角地区食品品牌建设。会议发布2022年长三角名优食品名单。经综合评审决定，推荐192家企业的212个产品获评2022年度长三角名优食品。其中，来自我省古越龙山、小王子、塔牌绍兴酒、杭州豆制品等43家企业的45个产品成功获评。

2022年，受浙江省经信厅监督和指导，浙江省食品工业协会作为工业与信息化部授权委托的诚信体系评价机构之一，继续推进全省诚信体系建设工作，全年累计对30家食品企业的诚信体系评价，开展食品安全管理人员培训班，并协助温州、嘉兴、宁波、衢州、舟山5地经信局/食品协会开展诚信体系培训。

【c 政策、法规】

3月1日，《杭州市西湖龙井茶保护管理条例》(以下简称《条例》)正式施行。

4月12日，《浙江省食品安全地方标准酥饼生产卫生规》(DBS33/3013-2022)正式实施。

7月5日，杭州市市场监管局经过前期试点探索，正式发布《杭州市自动售货设备食品安全管理规定》。

9月30日，《浙江省食品销售进货查验记录和销售记录工作规范》正式施行。

12月9日，浙江省卫生健康委发布《浙江省食品安全地方标准即食发酵火腿生产经营卫生规范》(DBS33/3014—2022)。

12月26日，《食品安全责任保险风险防控技术服务规范》团体标准发布。

【d.2022年主要经济指标】

1.2022年浙江省食品工业分行业营业收入表

	营业收入（亿元）	同比增长%
全省工业	10795.64	7.44
全省食品工业合计	3451.48	6.01
农副食品加工业	1225.21	10.96
食品制造业	715.95	3.57
饮料制造业	535.84	6.14
烟草制品业	974.48	2.22

2.2022 年浙江省食品工业主要经济效益指标

	单位	全省工业		食品工业	
		2022 年	同比增长 %	2022 年	同比增长 %
企业个数	家	55093	/	1360	/
亏损企业个数	家	11260	40.29	370	13.50
亏损企业亏损额	亿元	989.57	58.52	21.40	25.69
新产品产值	亿元	42984.32	12.32	394.69	5.01
营业收入	亿元	107956.36	7.44	3451.4	6.01
研发费用投入	亿元	3158.31	14.46	835.70	11.23

3.2022 年全省食品工业分行业利润总额表

	利润总额（亿元）	同比增长 %	利税总额（亿元）	同比增长 %
全省工业	5863.61	–14.87	9181.18	–7.89
全省食品工业合计	205.78	0.73	736.43	4.52
农副食品加工业	30.14	22.18	43.52	20.57
食品制造业	40.63	–12.47	62.53	–6.03
饮料制造业	58.48	–10.78	85.76	–6.38
烟草制品业	76.53	13.14	544.63	6.72

【e.2022 年主要产品产量】

1. 2022 年全省食品工业主要产品产量表

指标名称	计量单位	产品产量	同比增长 %
小麦粉	吨	756840.6	9.4
大米	吨	712409.6	–8.1
精制食用植物油	吨	843624.6	5.0
鲜、冷藏肉	吨	622624.7	14.6
熟肉制品	吨	49555.7	–6.4
冷冻水产品	吨	959754.1	3.8
冷冻蔬菜	吨	147222.1	2.2
膨化食品	吨	38355.1	–3.9
焙烤松脆食品	吨	9910.9	13.0
糖果	吨	35524.8	2.4
速冻食品	吨	151912.1	–8.5
其中：速冻米面食品	吨	102821.3	–3.0
方便面	吨	248274.3	–5.3
乳制品	吨	631667.8	–8.9
其中：液体乳	吨	580719.7	–9.4
固体及半固体乳制品	吨	50948.1	–2.7
乳粉	吨	14526.7	–14.4

续表

指标名称	计量单位	产品产量	同比增长 %
婴幼儿配方乳粉	吨	8559.8	6.6
罐头	吨	559978.1	-0.1
味精（谷氨酸钠）	吨	31482.7	-7.9
酱油	吨	35298.1	-21.9
食醋	吨	15827.0	-18.8
营养、保健食品	吨	20509.1	7.7
冷冻饮品	吨	119186.0	20.2
食品添加剂	吨	757712.6	8.1
饮料酒	千升	3218593.8	7.7
其中：白酒（折 65 度，商品量）	千升	9429.7	5.4
啤酒	千升	2703291.0	9.6
黄酒	千升	499965.0	0.9
果酒及配制酒	千升	2452.0	-79.5
饮料	吨	11647046.5	4.0
其中：碳酸饮料（汽水）	吨	955444.5	4.4
包装饮用水	吨	6339194.1	6.6
果汁和蔬菜汁饮料	吨	1326272.5	2.5
蛋白饮料	吨	760846.7	-13.0
精制茶	吨	202562.6	5.9
卷烟	万支	9406080.0	0.6
成品糖	吨	16076.5	73.7
食用盐	吨	174313.5	-18.6

【f.2022 年名优产品】

1. 2022 年浙江省名特优食品名单

序号	企业名称	产品名称	商标名称
1	农夫山泉股份有限公司	茶饮料	东方树叶
2	杭州鸿光浪花豆业食品有限公司	鸿光豆浆	鸿光浪花
3	浙江狮峰茶业有限公司	龙井茶传承金奖 100g 礼盒	狮峰
4	祐康食品（杭州）有限公司	鲜奶馒头	祐康
5	浙江不老神食品有限公司	不老神鸡	不老神
6	湖州老恒和酿造有限公司	500ml 料酒（五年陈酿）	老恒和
7	中国水产舟山海洋渔业有限公司	鱿鱼丝	明珠
8	浙江麦尚食品有限公司	猪肉烤片	麦尚我不吹牛
9	会稽山绍兴酒股份有限公司	会稽山大师兰亭黄酒	会稽山

续表

序号	企业名称	产品名称	商标名称
10	浙江蓝海星盐制品有限公司	低钠盐	浙盐蓝海星
11	浙江绿海制盐有限责任公司	鲜晒自然盐	雪涛
12	浙江舟山远东海盐制品有限责任公司	雪花盐	雪涛
13	乌毡帽酒业有限公司	乌毡帽金山黄酒	绿水青山
14	嘉兴市南湖斋食品股份有限公司	锦绣山河粽蛋礼盒	红船
15	浙江星菜农业科技有限公司	冻干粥	星菜
16	浙江御庄园食品股份有限公司	粽子	御庄园
17	金华小老黄食品有限公司	酥饼	小老黄
18	浙江善蒸坊食品股份有限公司	梅干菜饼	善蒸坊
19	浙江荣信生物科技有限公司	香菇牛肉酱	味花纯
20	杭州茗宝生物科技有限公司	速溶茶	
21	绍兴咸亨食品股份有限公司	腐乳	咸亨
22	浙江百珍堂食品有限公司	佛跳墙（速冻调制食品）	晨曦
23	浙江江心调味食品有限公司	乌釉红（黄酒）	江心
24	宁波铜钱桥食品菜业有限公司	榨菜	铜钱桥
25	浦江县倪记好全食品有限公司	手工豆腐	倪记好全
26	浙江大好大食品有限公司	奶茶	香约
27	浙江红石梁集团济公家酒坊有限公司	红曲酒	天台宋红
28	嘉兴市犇腾餐饮管理有限公司	肥牛（速冻生制品）	
29	杭州天堂食品有限公司	西湖藕粉	天堂牌
30	浙江茗皇天然食品开发股份有限公司	速溶茶	茗皇
31	浙江美丽健乳业有限公司	A2 屋顶鲜牛奶 200ml	西湖牌
32	浙江临安三和园竹盐食品有限公司	未加碘竹盐	三和園
33	杭州冠华王食品有限公司	叫花鸡	冠华王
34	浙江五芳斋实业股份有限公司	八宝饭	五芳斋
35	杭州梅园食品有限公司	黄桃干蜜饯	西湖梅园
36	浙江农米食品有限公司	山野珍菌礼盒	FARMMI 农米良品
37	温州红果食品有限公司	小瓶装饮用水	QUOVA
38	杭州万隆果干食品有限公司	水果坚果藕粉	万事隆
39	浙江海螺万家调味品有限公司	黑豆酱油	海螺万家
40	丽水市鱼跃酿造食品有限公司	老缸酱油	鱼跃牌
41	新昌县天姥食品有限公司	玫瑰米醋	天姥春
42	嘉兴湘都坊餐饮服务有限公司	笋尖麻鸭煲	九里亭
43	嘉兴市诚兴水产养殖服务有限公司	青鱼干	梅家荡
44	浙江斜桥榨菜食品有限公司	美味榨菜	斜桥
45	嘉兴市新丰生姜开发有限公司	新丰生姜	姜中煌
46	嘉善子陵滩酒业有限公司	原浆黄酒	子陵滩

续表

序号	企业名称	产品名称	商标名称
47	浙江华腾农业科技有限公司	肉松	桐香
48	绍兴女儿红酿酒有限公司	500ml 金奖女儿红黄酒	女儿红
49	绍兴市崧厦传统食品有限公司	腐乳	崧厦
50	浙江越王台绍兴酒有限公司	600ml 越王台绍兴花雕酒	越王台
51	绍兴市咸亨酒店食品有限公司	太雕黄酒	太雕
52	绍兴至味食品有限公司	母子酱油	松盛园
53	均瑶食品（衢州）有限公司	益生元乳酸菌饮品	味动力
54	龙游外贸笋厂	手剥笋	之江
55	温州矾都达记食品有限公司	手打肉面	达记福宴
56	温州快鹿集团有限公司	温州汤圆	快鹿
57	温州市雪顶豆制品有限公司	内酯豆腐	雪顶
58	温州爽康食品有限公司	咸菜鸡	爽康
59	温州市拍手食品有限公司	酱鸭舌	拍手
60	温州市潘氏食品有限公司	鸡精调味料	潘小子
61	温州市金权食品股份有限公司	猪油渣	金权
62	浙江中可粮油股份有限公司	福泉山下系列菜籽油	锐宝丰
63	浙江省东阳市东元食品有限公司	蹄髈	东元
64	东阳白云火腿有限公司	金华火腿	金云
65	东阳市厚山源食品有限公司	东阳索粉	厚山源
66	金华市永圣食品有限公司	金华火腿	精元
67	义乌市全华火腿有限公司	火腿整腿礼盒	金立
68	金华大拇指火腿食品股份有限公司	酱腊肉	一指
69	百川生物科技股份有限公司	大豆拉丝蛋白	太禾

2.2022 年长三角名优食品名单（浙江部分）

序号	企业名称	产品名称	商标名称
1	农夫山泉股份有限公司	茶 π（茶派）茶饮料	农夫山泉
2	祖名豆制品股份有限公司	腐乳	祖名
3	浙江小王子食品有限公司	薯类产品	“董小姐”
4	杭州姚生记食品有限公司	腰果	姚生记
5	杭州姚生记食品有限公司	山核桃	姚生记
6	杭州千岛湖啤酒有限公司	啤酒	千岛湖啤酒
7	杭州丘比食品有限公司	沙拉酱	丘比
8	杭州天堂食品有限公司	西湖藕粉	天堂
9	杭州豆制食品有限公司	豆制品	鸿光浪花
10	杭州知味观食品有限公司	绿豆糕	知味观
11	浙江麦尚食品有限公司	酱卤牛肉	麦尚

续表

序号	企业名称	产品名称	商标名称
12	杭州茗宝生物科技有限公司	原萃咖啡	Richstorys
13	浙江李子园食品股份有限公司	甜牛奶乳饮料	李子园
14	乌毡帽酒业有限公司	乌毡帽“镜道·智”黄酒	镜道
15	浙江备得福食品有限公司	榨菜	备得福
16	浙江圣塔绍兴酒有限公司	黄酒	绍
17	绍兴白塔酿酒有限公司	原绍黄酒	白塔
18	绍兴至味食品有限公司	母子酱油	松盛园
19	浙江一景乳业股份有限公司	鲜牛奶	一景乳业
20	浙江古越龙山绍兴酒股份有限公司	国酿 1959 绍兴酒（青玉）	古越龙山
21	绍兴市祥泰丰食品有限公司	速冻调制食品	祥泰丰
22	绍兴女儿红酿酒有限公司	500ml 十八年桂花林藏（典雅版）	女儿红
23	浙江塔牌绍兴酒有限公司	本酒（黄酒）	塔牌本
24	浙江五芳斋实业股份有限公司	传世臻粽·五芳杏红	五芳斋
25	嘉兴市南湖斋食品股份有限公司	鲍你好运礼盒粽	红船
26	嘉兴市犇腾餐饮管理有限公司	牛排	犇腾
27	浙江德馨食品科技股份有限公司	菊花茶（代用茶）	谱儿食刻
28	海盐沈荡酿造有限公司	沈荡老酒	沈荡
29	嘉兴市美丽家食品有限责任公司	烘烤类糕点	美儷家族
30	浙江宝隆米业有限公司	大米	裕健
31	平湖市老鼎丰酿造食品有限公司	酿造酱油	群欢
32	浙江维亨食品股份有限公司	牛肉（速冻调制食品）	维亨
33	嘉兴市三珍斋食品有限公司	酱鸭	三珍斋
34	浙江大好大食品有限公司	炒货（瓜子）	大好大
35	浙江金恩食品科技股份有限公司	猪肉条（三层油渣）	金恩凡提
36	浙江一鸣食品股份有限公司	乳制品（澳瑞鲜牛奶）	一鸣
37	温州丁源兴食品股份有限公司	月饼	丁源兴
38	浙江天关山酒业股份有限公司	白酒	瓯南春
39	浙江天关山酒业股份有限公司	青梅酒	天关山
40	熊猫乳品集团股份有限公司	炼乳	熊猫牌
41	浙江瑞松食品有限公司	烤鱼片	瑞松
42	温州市雪顶豆制品有限公司	玉子豆腐	雪顶
43	浙江百珍堂食品有限公司	鲍汁拌饭酱	晨曦
44	丽水市鱼跃酿造食品有限公司	原汁米醋	鱼跃
45	绍兴仁昌酱园有限公司	酱窝油（酿造酱油）	仁昌记

【g. 科技进步和科研成果】

1. 浙江省工业大学、浙江大学舟山海洋研究中心、中国水产科学研究院东海水产研究所、中国水产舟山海洋渔业有限公司等单位完成的“海捕渔业资源低碳高效开发与船载高质加工关键技术及应用”获 2021 年度浙江省科学技术进步奖一等奖；浙江新和成股份有限公司、宁波工程学院、浙江大学完成的“淀粉基载体稳定固载脂溶性营养素的关键技术创新及产业化”项目，丽水学院、浙江省林业科学研究院（浙江省林产品质量检测站）、丽水农林科学研究院、桐庐县林业技术推广中心等单位完成的“竹笋食味和安全品质提升关键技术及应用”项目，浙江大学、浙江农林大学、杭州康德权饲料有限公司、泰顺县一鸣生态农业有限公司、浙江一景生态牧业有限公司、浙江省畜牧技术推广与种畜禽监测总站完成的“奶牛绿色健康养殖及优质乳生产关键技术与应用”项目，浙江省林业科学研究院、浙江冠军香榧股份有限公司、常山富而康山茶油有限公司等公司完成的“油茶、香榧等木本油料绿色加工和质量控制技术与应用”项目，浙江省农业科学院、杭州蜂之语蜂业股份有限公司、浙江省食品药品检验研究院、绿城农科检测技术有限公司、浙江树人学院完成的“蜂产品质量安全关键技术创新与应用”项目；浙江省农业科学院、杭州秀川科技有限公司、杭州萧山党山酱萃食品有限公司完成的“特色发酵蔬菜低盐化梯次加工关键技术及产业化”获项目，均获 2021 年度浙江省科学技术进步奖二等奖。

2. 杭州市农业科学研究院、浙江青莲食品股份有限公司、浙江科技学院等单位完成的“传统风味食品减盐加工关键技术与产品创新”项目获 2021 年度“中国食品工业协会科学技术奖”特等奖；绍兴文理学院、绍兴市人民医院完成的“黄酒功能因子在心脑血管疾病防治中的应用”获 2021 年度“中国食品工业协会科学技术奖”一等奖；杭州姚生记食品有限公司完成的“山核桃品质提升关键技术研究与产业化”项目和浙江台州一罐食品有限公司、浙江省农业科学院食品科学研究所等单位完成的“基于人工智能柑橘分瓣设备关键技术研究及万吨级产业化示范应用”获 2021 年度“中国食品工业协会科学技术奖”二等奖；杭州新希望双峰乳业有限公司、浙江科技学院等单位完成的“高自凝风味发酵乳检测与质地调控关键技术与示范”项目获 2021 年度“中国食品工业协会科学技术奖”三等奖。

安圣康

3.7 福建省

【a. 概况】

2022年，福建省规模以上食品工业企业个数达2465个，规模以上食品工业企业营业收入达6882.88亿元，同比增长2.4%；其中，农副食品加工业达3738.62亿元，同比增长5.9%；食品制造业达1707.56亿元，同比下降1.8%；酒、饮料和精制茶制造业达1061.92亿元，同比下降5.0%；烟草制品业达374.78亿元，同比增长11.1%。利润总额，全省规模以上食品工业企业累计利润总额达478.43亿元，同比增长5.5%；其中，农副食品加工业达203.66亿元，同比增长13.2%；食品制造业达144.98亿元，同比下降4.3%；酒、饮料和精制茶制造业达112.53亿元，同比增长11.8%；烟草制品业达17.26亿元，同比下降19.0%。全省规模以上食品工业企业累计资产总计达3886.8亿元，同比增长4.0%；其中，农副食品加工业达1844.95亿元，同比增长6.9%；食品制造业达1128.7亿元，同比增长2.5%；酒、饮料和精制茶制造业达644.47亿元，同比增长1.4%；烟草制品业达268.68亿元，同比下降3.2%。

表1　2022年我省食品工业主要经济指标

指标名称	企业单位数	产成品		资产总计		营业收入		利润总额	
	（个）	（亿元）	同比增长（%）	（亿元）	同比增长（%）	（亿元）	同比增长（%）	（亿元）	同比增长（%）
食品工业总计	2465	307.73	6.2	3886.8	4.0	6882.88	2.4	478.43	5.5
农副食品加工业	1224	199.06	5.1	1844.95	6.9	3738.62	5.9	203.66	13.2
食品制造业	679	52.98	3.2	1128.7	2.5	1707.56	–1.8	144.98	–4.3
酒、饮料和精制茶制造业	554	53.62	16.5	644.47	1.4	1061.92	–5.0	112.53	11.8
烟草制品业	8	2.07	–32.1	268.68	–3.2	374.78	11.1	17.26	–19

2022年，全省主要加工食品的产量为：小麦粉148.45万吨，同比下降25.3%；大米318.35万吨，同比增长25.6%；饲料1527.09万吨，同比增长1.9%；精制食用植物油174.13万吨，同比下降13.9%；成品糖30.75万吨，同比下降24.3%；鲜、冷藏肉183.99万吨，同比增长15.1%；冷冻水产品177.14万吨，同比下降18.9%；冷冻蔬菜59.40万吨，同比下降21.2%；膨化食品12.89万吨，同比增长14.3%；焙烤松脆食品24.97万吨，同比下降15.7%；糖果69.49万吨，同比下降19%；速冻食品57.35万吨，同比下降4.2%；方便面13.04万吨，同比下降1.1%；乳制品15.64万吨，同比下降23.2%；罐头245.58万吨，同比下降9.5%；味精（谷氨酸钠）

中国生态食品城——福建省光泽县

生态食品产业是光泽县的一张亮丽名片。近年来，在习近平生态文明思想的指引下，光泽县深入践行“绿水青山就是金山银山”理念，深耕细作一只鸡、一条鱼、一瓶水、一片叶，持续完善产业链条，实施“现代养殖+分布式光伏”等项目，推动种养殖绿色低碳转型，把特色优势转化为发展优势。2022年，新增省级“专精特新”企业2家；新培育规上企业3家；食品产业产值157.23亿元，同比增长12.46%；工业增加值增幅8.7%，高于全市平均4.3个百分点、居全市第二；全县工业投资累计完成27.46亿元，同比增长19.4%、居全市第四。

“GAN KENG 1662”——光泽城市会客厅的干坑红茶公共品牌

泽汇渔业单个成鱼池可以产出7吨鳗鱼

2023年新建标准厂房3.223万平方米，拟建5.58万平方米

平江县休闲食品产业

休闲食品产业是平江传统产业、主导产业、支柱产业，也是岳阳市七大千亿产业集群之一。2023年11月，休闲食品实现产值346.16亿元，同比增长18.3%。全县共有获证食品生产者682家，品类涵盖辣条食品、豆制品、肉制品、水产品等18类。其中食品生产企业305家、食品生产小作坊377家，A股中小板上市企业1家，食品行业规模以上工业企业133家，占全县规模以上工业企业数量的44.9%。平江休闲食品产业经过多年发展，实现了从原料种植、生产加工到食品机械制造、食品添加剂生产、包装印刷、冷链物流、贸易电商等于一体的全链条产业。

平江县食品行业协会成立于2001年。现协会第五届理事会名誉事理长张玉东；理事长徐望辉；常务副理事长李松桃、毛耿秋、周文星、李满良、余永松、陈建喜、余博文、周双桂、周虎平、袁先斌、黄方文、余伟平、徐潇湘、曾娟、刘高军、吴日勤、张焕华、刘建波、吴逵云、毛赛明；秘书长童湘平，副秘书长陈鹏。

平江县休闲食品产业联合会成立于2021年9月，有来自全国各地包括国外的平江籍会员企业339家。会长周劲松（劲仔食品集团股份有限公司）；执行会长刘卫平（漯河市平平食品有限责任公司)、张玉东（湖南麻辣王子食品有限公司）、徐望辉（湖南省旺辉食品有限公司）、唐明辉（平江县新翔宇食品有限公司）、周水清（昆明冬冬食品有限公司）、欧阳鹏飞（湖南山润油茶科技发展有限公司）、钟惠隆（河南津津友味食品有限公司）、李远征（郑州佳龙食品有限公司）；常务副会长余永松(湖南省永和食品有限公司）、凌霄（安徽皓皓食品科技股份有限公司）、欧阳青松（广西玉林市亲青食品有限公司）、徐百元(沈阳市阳阳食品有限公司）、彭丙根（湖南运康农业科技有限公司）、陈魁江（湖南亚林食品有限公司）、喻新德（长沙市馋大嘴食品有限公司）、谭继友（湖南平江农村商业银行股份有限公司）；秘书长童湘平。平江籍休闲食品企业遍布印尼、越南、柬埔寨等东南亚和非州国家、地区以及国内沈阳、河南、广西、安徽、云南及省内长沙、岳阳、平江县内等国内外，有效解决就业20万余人，通过薪酬工资、产业收人等带动群众年增收超80亿元。

2023中国特色风味食品产业峰会

2023年6月16–18日，应中国食品工业协会邀请，平江县委常委、统战部长、县食品产业链长张生才代表县人民政府前往四川绵阳出席2023中国（西部）健康食品博览会、中国特色风味食品产业峰会，并代表县政府以《发展特色产业，建设中国辣条之乡》在大会上作经验交流。

中国食品工业协会在全国“特色风味食品标志性产品、制作技艺传承人及核心产区名录”三大类评比中，劲仔食品、卫龙食品、麻辣王子、原本记忆、志平食品等5家企业18个单品荣获中国“特色风味食品标志性产品”；周劲松、张玉东两人获评中国特色风味食品“制作技艺传承人”；平江荣获“中国特色风味食品辣条核心产区”“中国特色风味食品鱼仔核心产区”。

中国食品科学技术学会“调味面制品行业工作座谈会”

在第二十三届中国方便食品大会期间，中国食品科学技术学会“调味面制品行业工作座谈会”于2023年9月4日下午在北京国际会议中心303会议室召开，会议由中国食品科学技术学会副秘书长刘昊宇主持。

中国食品科学技术学会名誉理事长孟素荷、国家市场监管总局生产监管司处长金波、国家食品安全风险评估中心研究员王竹天、国家食品安全风险评估中心标准三室主任/研究员张俭波、河南省市场监管局网络交易监管处处长李姝、湖南省农业科学院农产品加工研究所副所长苏东林、北京工商大学食品学院教授曹雁平、中国食品发酵工业研究院教授级高工涂顺明、河南工业大学粮油食品学院教授张国治，郑州平江商会唐明辉、钟惠隆、李长根，平江县食品行业协会徐望辉、童湘平等参加会议。

孙宝国院士平江调研

2023年10月25日，在中国食品科学技术学会二十届年会期间，孙宝国院士、单杨院士到平江调研。对平江休闲食品产业的发展给予肯定、对未来充满信心：“平江以辣条为代表的休闲食品工业，现在已经具备了非常好的基础，在国内外有了非常好的声誉；平江的辣条，要走向世界，我们有这个实力，有这个志向。我相信以辣条为主要代表的平江的休闲食品产业一定会做得越来越好、做大做强。”

部门、行业、协会齐心协力

①

②

③

④

① 2023年1月29日，平江高新区2023年度第一批重点产业项目集中开工仪式在县城麻辣王子产业园项目用地举行。总投资30多亿元的麻辣王子年产25万吨辣条项目和咚咚年产5万吨禽（肉）蛋项目正式开工建设。

② 2023年10月25日，平江县人社局、平江县职校、平江县食品行业协会联合举行湖南省第一期辣条制作、辣条胚料制作专项能力考核培训班。11月25日，48位学员荣获湖南省人力资源和社会保障厅颁发的全国首批辣条职业证书，标志着辣条行业向规范化、标准化又迈进一步。

③ 2023年，联合会组织会员企业大展大走访活动。重点围绕“看”企业生产厂房车间等；“听”取企业生产经营情况介绍；“品尝、品鉴”企业产品；“议”提出意见、建议；“讲”宣传、宣讲，强力推进食品产业发展。全年走访平江、岳阳、浏阳、长沙、湘潭、安徽、江苏、河南等地会员企业100多家。

④ 2023年12月15日，平江县食品行业协会五届三次全体会员大会暨食品产业合作交流年会在平江县星宇国际大酒店隆重召开。平江县食品行业协会会员、特邀嘉宾、辣条专项制作颁证人员、产业链上下游供应商、媒体记者等共300多人出席大会。

中国特色风味食品制作技艺传承人

劲仔风味休闲食品制作技艺传承人

周劲松

周劲松，男，汉族，51岁，中共党员，2010年创立劲仔食品集团股份有限公司（简称劲仔食品），担任党委书记、董事长至今，同时兼任中国食品工业协会豆制品专业委员会副会长、中国水产流通与加工协会六届理事会理事、湖南省休闲食品行业协会执行会长等。2023年度荣获岳阳市“杰出岳商”“道德模范”，并入选“中国特色风味食品制作技艺传承人名录”。

自1990年创业至今，周劲松已在休闲食品行业诚实守信坚守33年。三十多年来，他爱国敬业，敢于担当，积极履行社会责任，以产业报国，用拳拳之心反哺家乡人民；他坚持以品质为先，将产品做成口碑，将诚信守信落到实处，将家乡美食打造成广受全国消费者喜爱的口袋零食，成就中国鱼类零食第一股。自2016年以来，劲仔食品已累计创造营收78.39亿元，利税贡献约15亿元，带动上下游产业链数百亿元，以产业助力地方经济发展。

在周劲松领导下，2023年前三季度，公司实现营收14.93亿元，同比增长47.85%；归母净利润1.33亿元，同比增长47.49%。前三季度营收、净利润均超去年全年总额。公司业绩增速稳居A股休闲食品板块第一梯队，被资本市场誉为“休闲食品三剑客”之一，展现平江风采。

2021年，张玉东当选平江县第十八届人大常委会常委委员。现兼任平江县食品行业协会名誉理事长、平江县食品行业协会辣条专业委员会理事长、平江县休闲食品联合会执行会长、湖南省食品联合会副会长。

为了更好地传承正宗辣条麻辣味，张玉东携手辣条发明人邱平江、李猛能、钟庆元、新一代川菜掌门人肖见明共同研发，将正宗麻辣味辣条发扬光大。

在张玉东的努力下，麻辣王子销量攀升，2023年销售额突破10亿，推动麻辣味辣条成未来发展趋势。尼尔森IQ《2023辣条行业研究报告》显示，辣条品类中麻辣味辣条量价齐升，增速最快，在麻辣味辣条中，麻辣王子市场份额处于领先的地位。

张玉东积极投身乡村振兴，他创办的企业优先农民工就业，每年安排就业1200多人，让农民工实现在家门口就业，以产业助力乡村振兴，促进家乡发展，稳固脱贫成果。

2023年，张玉东作为健康辣条制作技艺传承人入选中国特色风味食品制作技艺传承人名录，同时入选中国食品工业协会食品工业营养健康行动核心领导者名录。

健康辣条制作技艺传承人

张玉东

中国特色风味食品鱼仔核心产区企业

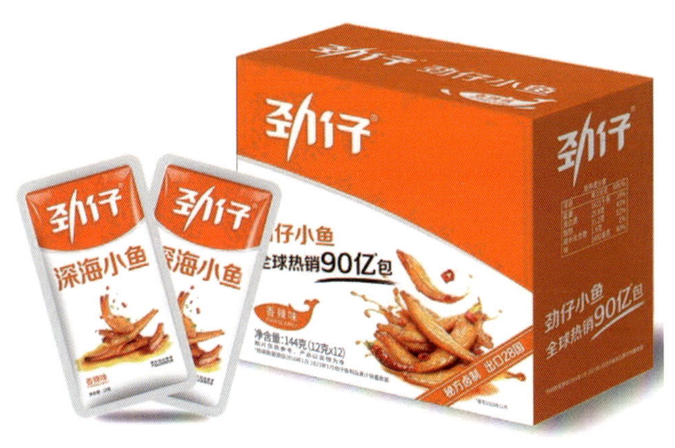

劲仔食品集团股份有限公司是一家集研产销于一体的现代化食品企业，于2020年登陆深交所主板，证券代码：003000，成为鱼类零食第一股。目前，劲仔食品在国内拥有岳阳、平江、北海自动化生产基地和肯尼亚原材料基地，占地面积约450亩。公司积极践行国家“双碳”战略和湖南“三高四新”战略，被湖南省委省政府授予“新湖南贡献奖”，成功晋级国家队，获得国家高新技术企业认定，入选“农业产业化国家重点龙头企业”，荣登“百亿潜力品牌榜”。

劲仔食品坚持品质为先。通过自建原料基地、全程化冷链运输、精细化仓储、智能化生产、全球化营销等，不断完善智慧供应链体系，并积极推进食品溯源系统建设，确保食品安全和品质。劲仔食品已通过BRCGS、IFS、HACCP、ISO9001、GMP等多项国际食安标准认证，是休闲食品上市企业中为数不多获得欧洲双认证的公司。公司获评全国百佳质量标杆企业、全国休闲食品行业质量领先品牌、中国农业品牌公共服务平台水产品推荐品牌等。

劲仔食品以研发促发展。投入大量资金建设智能化生产基地及技术中心，数字化产线水平领跑行业，现拥有风味小鱼加工技术、风味豆干加工技术、自动化设备生产技术等约50多项行业领先专利技术，通过湖南省科技厅认定的首个“湖南省健康休闲食品工程技术研究中心”，并荣获中国食品工业协会科学技术奖一等奖、二等奖、三等奖，湖南省技术发明奖二等奖。

劲仔小鱼传承创新于湖湘名菜火焙鱼，2022年销售额超10亿元，全球热销90亿包，并远销法国、日本、韩国等全球约30个国家，销量连续多年稳居鱼类零食第一。2021年，牵头并联合制定《风味熟制小鱼干》团体标准，该标准是全国首个小鱼零食标准，引领行业高质量发展。2023年，助力平江获评“中国特色风味食品鱼仔核心产区”。

近两年行业报告显示，休闲卤制品零售额年均复合增长率约为15%，劲仔食品年均复合增长率约为30%。截至2022年底，劲仔食品全球市场占有率已超过30%，销售规模稳居卤味鱼类零食行业第一。2023年是公司主板上市的第三年，公司完成了“三年倍增”的阶段性目标，营业收入突破20亿。

湖南尚品彩印包装有限公司成立于2012年，注册资本人民币1800万元，是一家专业从事研发、设计、生产的大型现代化企业。公司地处国家级湖南省长沙市宁乡经济技术开发区，占地面积18000平方米。现拥有员工200多名，年生产能力可达2.2亿元以上。公司秉承“以诚为本，崇尚品质”的原则，为客户提供各种食品、日化、种子、医药类等软包装袋、卷膜。

中国特色风味食品辣条核心产区部分企业

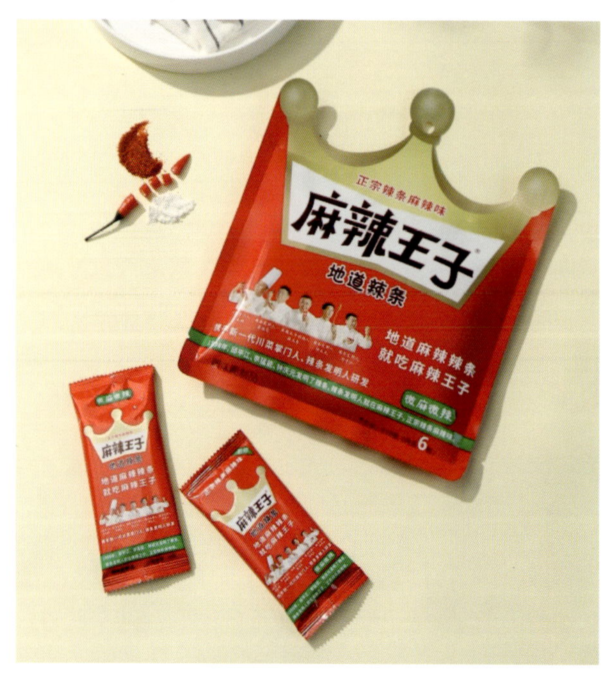

湖南麻辣王子食品有限公司成立于2021年12月17日（前身为湖南省玉峰食品实业有限公司），注册在平江县高新技术产业园区。位于“辣条发源地”——湖南省平江县。

公司致力于传承正宗辣条麻辣味，推进辣条天然健康，专注辣条零食研发、生产、营销20多年，是健康辣条开创者，辣条行业标准起草单位之一，参与承担“十三·五”国家重点研发计划项目1项，省、市级科技项目5项，是湖南省农业产业化龙头企业，国家高新技术企业，现有专利59项（发明专利23项，实用新型专利36项）。多项科研成果获得政府奖励，不断引领行业健康升级，被媒体广泛报道。

2009年，推出麻辣王子正宗麻辣辣条，传承辣条发源地正宗辣条麻辣味，深受年轻人喜爱。多年来，麻辣王子从原料升级，口味升级、包装升级，到不断取消化学合成的添加剂、甜味剂，实现使用天然面粉、非转基因菜籽油，不加色素、甜蜜素、防腐剂多种化学合成添加剂，在辣条行业首个制药级 GMP 车间生产，推动辣条行业走向天然、健康。

2020年9月，麻辣王子与平江职校共建中国首个辣条专业班，拉开辣条行业人才培养序幕。

2020年10月，麻辣王子联合平江县食品行业协会打造中国首个辣条博物馆，向大众展示辣条的起源、发展、原料、工艺、车间等，受到消费者广泛好评,得到人民日报、央视新闻主播康辉点赞。

2022年，辣条发明人李猛能、邱平江、钟庆元加入麻辣王子，麻辣王子携手川菜掌门人和辣条发明人共同研发正宗麻辣辣条麻辣王子。

2023年麻辣王子正宗辣条产业园开工建设。项目总投资20.4亿元，规划总产值90亿元，预计第一期在2024年12月正式投产。

2023年，麻辣王子年销售额突破10亿元，宣布启动全国市场。全年实现含税销售同比增45%，实缴税金1.08亿元。

2023年，旗下麻辣王子地道辣条、霸王丝辣条共4款产品入选中国特色风味食品标志性产品名录。同时，以健康、营养、减盐、减油、零防腐剂的突出特性入选中国食品工业协会营养健康标志性成果名录。

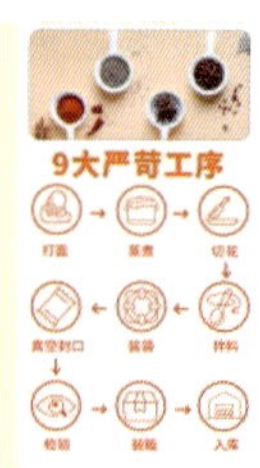

平江县新翔宇食品有限公司成立于2005年8月，公司持有湖南省著名商标“宇仔”“君仔”两个品牌的调味面制品和素食系列产品。

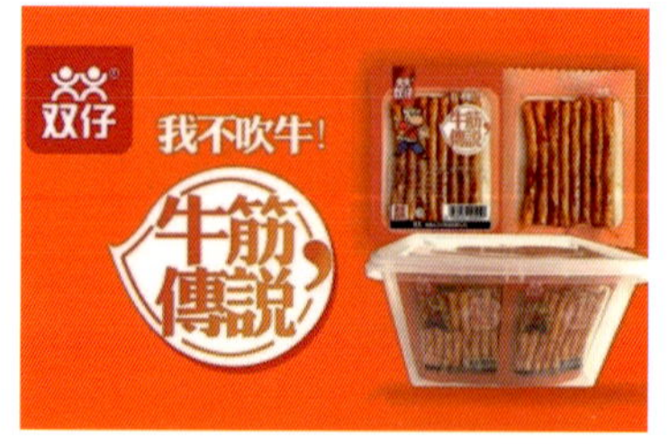

湖南省双仔食品有限公司位于平江县三市镇，成立于2012年6月，主要产品有鲜麦面筋系列、轻盐系列、散装称重系列。

湖南省再得食品科技有限公司成立于2019年，其品牌“周再德”始于2016年，主打产品周氏香油条，上市以来，一直被模仿，从未被超越。

湖南省德建食品有限公司成立于2010年8月，主要有“德建”“陈利民”“KK星”“麻辣三市”“辣拾光”品牌。

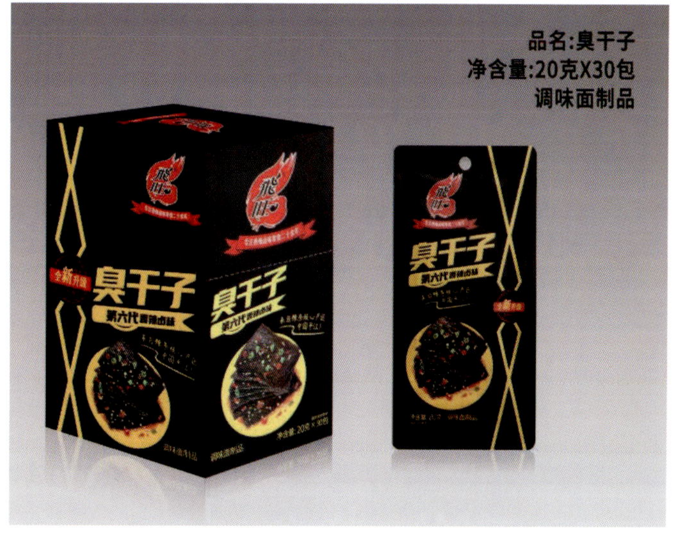

湖南省旺辉食品有限公司位于岳阳市平江县，是国家高新技术企业、湖南省农业产业化龙头企业、国家新农村发展研究院休闲食品特色产业（平江）基地、湖南省省级企业技术中心、湖南省重点上市后备企业。公司始建于1999年10月，是一家集休闲食品研发、生产、销售为一体的民营企业。现有资产2亿元，员工680人，年产值达2.8亿元。公司占地面积3万平方米，智能化标准车间面积达2万平方米，数字智能化设备120台套，产品检测研发大楼、员工公寓及配套设施1.5万平方米。采取公司+合作社+农户的模式，建立菜籽油、花椒、黄豆产业化基地种植规模达1.2万亩。

历经25年的发展，公司实力日渐雄厚，旗下拥有飛旺、旺辉、三个厨娘等知名品牌。企业车间洁净度达到10万级标准，湖南农业大学、湖南省农业科学院为企业提供全方位的技术支持，其王牌产品飛旺臭干子荣登电商即食面筋制品爆品榜TPO1，成为万千网友首选的臭干子辣条。湖南省旺辉食品有限公司先后被评为“全国工人先锋号”“湖南省专精特新小巨人企业”“岳阳市民营企业30强榜”等上百项殊荣，同时“飛旺”商标也是行业首个中国驰名商标。

湖南省小鹏食品有限公司创立于1999年，公司坚持“天然香料、传统配方”的质量方针，“小鹏”系列产品畅销全国二十多个省区。

湖南省新林食品有限公司创建于2011年，主要经营面制品加工等产品。目前品牌有新林星空棒、新林丝丝心动、新林嗨吃飞饼、新林嗨吃干棒。

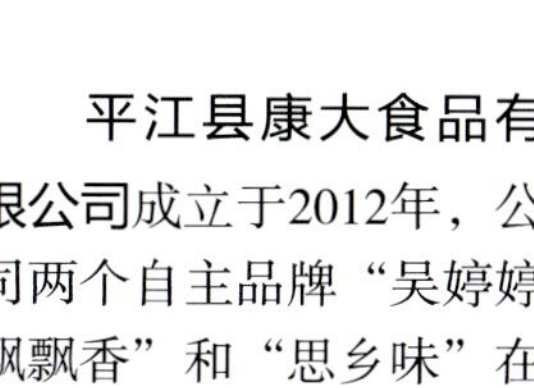
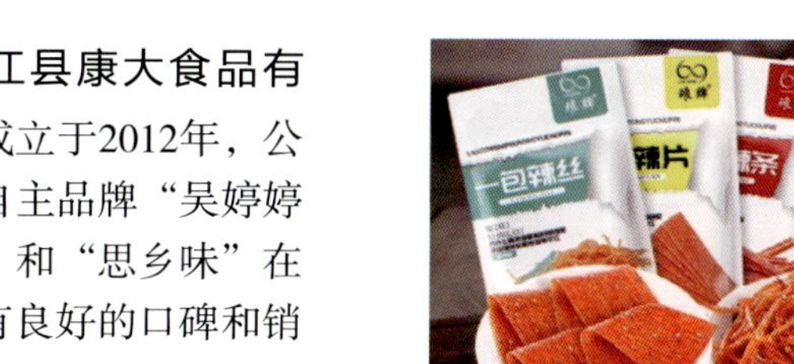

平江县康大食品有限公司成立于2012年，公司两个自主品牌“吴婷婷飘飘香”和“思乡味”在业界享有良好的口碑和销售业绩。

湖南省琅德食品有限公司创建于2006年，公司以“琅牌食品，德行天下”为企业发展宗旨，树立品牌形象，崇尚品德赢市场。

● **辣条领域开拓者，引领行业迭代升级**

湖南省拾光悠味食品有限公司诞生于辣条发源地——湖南平江，隶属于湖南食阳锦生物科技集团有限公司，有多年的辣条研发、生产及销售经验，是一家聚焦辣条产业发展的现代化休闲食品企业。拾光悠味以“为客户提供精质且美味的零食”为企业使命，坚持以创新驱动企业发展，开创辣条领域全新品牌模式引领行业迭代升级。

● **标准化生产造就高品质产品**

为保障产品品质，拾光悠味深耕供应链，布局总占地面积12000多平米的自有工厂，引入先进生产设备和检测仪器，卷膜、全自动生产线等30条以上，按照国家标准打造标准化生产车间，从选材–生产–检控–售后都经过层层筛选与把控，规范每一个生产流程。

● **丰富的产品矩阵满足多元化需求**

拾光悠味旗下有多款明星产品，个性时尚拥有多项专利版权保护，且凭实力广受年轻消费者喜爱。拾光悠味的产品品类皆经由市场流量检验和筛选，旗下诸多规格的产品线，散装称重、袋中袋、盒装等规格可以满足不同类型的渠道，更加适配消费者的需求。

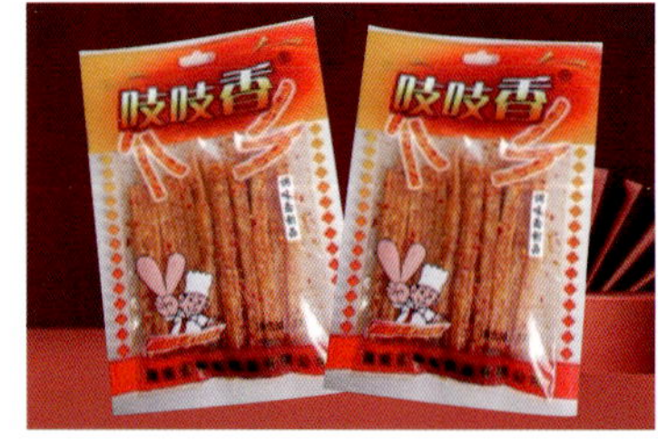

湖南省程荣食品有限公司成立于2004年，公司生产的“吱吱香”系列产品已经申请国家商标专利，并成为多年销量领先的拳头产品，深受消费者的亲睐。

湖南省千里香食品有限公司于2017年9月成立，法定代表人吴逵云，经营调味面制品、糕点面制品、豆制品等休闲食品生产加工及销售。

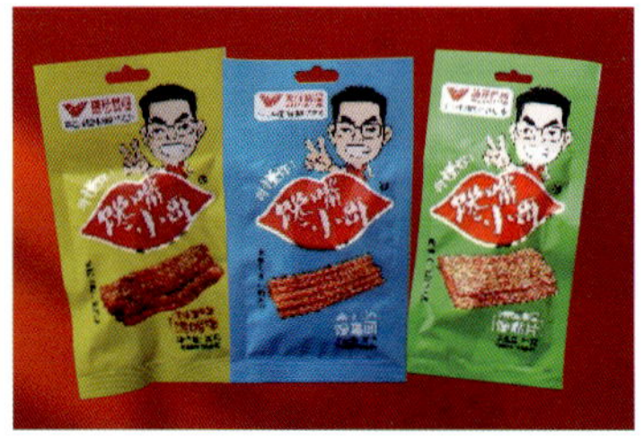

平江县阿伟食品有限公司成立于2003年6月。主要品牌包括“微仔”“馋嘴小哥”。拥有十万级无菌生产车间及生产线，产品畅销全国三十多个省市。

辣可曦曦专注辣条研发、生产和销售，布局50亩自有品牌生产基地，90年代年轻创始人布局海内外，畅销全球多个国家和地区。

中国特色风味食品标志性产品名录部分企业

湖南省原本记忆食品有限公司成立于2016年，总部位于全国食品工业强县——湖南平江，是一家集豆制品研发、生产、销售于一体的现代化食品企业。公司研发技术实力雄厚，专注于豆制品的生产研发，旗下拥有原本记忆、植丫丫、唆哈唆哈等多个休闲食品品牌。公司是平江酱干——中国地理标志证明商标推广者，酸浆豆干引领者，豆干类短保期产品开创者。平江酱干，又名“长寿酱干”“平江豆干”，清康熙年间，被列为“宫廷贡品”。2012年“平江酱干”被认定为中国地理标志证明商标，2016年被评为湖南省著名商标。2017年自原本记忆牌“平江酱干”产品面市，受到消费者热捧，2018年脱贫攻坚战星光行动调研组杨幂团队亲临调研，旗下产品也多次被中央六套、中央二套《年味》栏目、湖南经视、湖南都市、湖南卫视小年夜春晚、《我的纪录片》、《天天向上》等栏目推荐。2023年6月，公司研发的原本记忆牌卤香豆干（卤香味、微辣味）、香辣豆干（香辣味）、香菇豆干（原味）获评中国特色风味食品名录证书。

追溯原本，记忆传承，用匠心成就经典。原本记忆坚持品质第一、安全至上、服务至胜的理念，以“诚信、创新、担当、共赢”为企业核心价值观，用匠心做好每一块有品味的豆干，为生活贡献原本的味道。

湖南省志平食品有限公司是一家集研发、生产、销售、体验旅游为一体的现代化特色休闲食品企业,是长寿镇以酱干特色创建全市农业产业化特色小镇的重点项目。

公司自2005年成立以来，公司规模稳步发展壮大，现拥有近300名员工及20多名专业技术人员。产品畅销全国，并出口至越南、泰国、柬埔寨、东南亚等周边多个国家。

公司产品曾获中国食品工业协会“中国特色风味食品标志性产品”。公司荣获“岳阳市农业产业化龙头企业”“安全生产工作先进单位”“湖南省高新技术企业”“湖南省食品安全首选品牌”“食品行业诚信企业奖”“质量管理先进单位”“诚信体系建设先进单位”等荣誉。

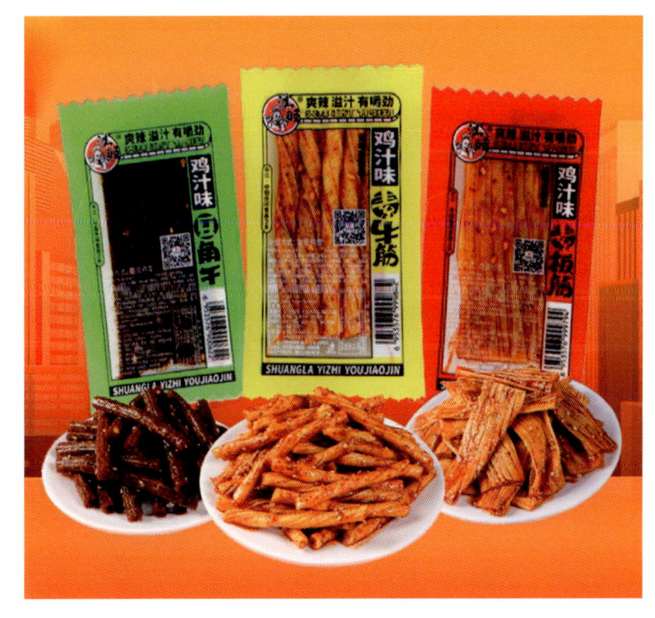

公司开发生产调味面制品有：“鸿旺”“馋香嘴”两大主体品牌，生产的“鸿旺系列鸡汁素牛筋”畅销全国30多个省市。并成功注册了“长寿将军酱干”和“长寿古镇酱干”等系列产品，在长寿传统酱干的基础上，研发具有平江特色的鸡汁酱干、原卤酱干等系列高端豆类产品。现生产主要品种有“古法盐干、香辣酱干、老卤盐干”。作为长寿酱干、调味面制品制作体验示范点的龙头企业，多次得到政府部门和广大消费者的赞誉，有着良好的口碑。

全国食品工业强县—霞浦县

霞浦县，地处福建省东北部，陆地面积1716平方公里，辖15个乡镇（街道），总人口56万。霞浦资源禀赋，依山面海，海洋资源尤为丰富，是全省十个渔业重点县之一，海域面积2.89万平方公里、大陆海岸线510公里、浅海滩涂265万亩、岛屿442个，均居福建省沿海县份首位。盛产大黄鱼、海带、紫菜、刺参、鲍鱼等，年水产品总量位居全省前列，享有“中国海带之乡”“中国紫菜之乡”“中国南方海参之乡”“中国生态大黄鱼之乡”“中国海带苗之乡”的美誉。霞浦风景秀美，是“省级园林县城”“省级生态县”“省级森林县城”和“省级文明县城”，是“梦幻海岸、休闲天堂”，荣获“全国摄影创作基地”“中国诗歌之乡”的称号，被誉为中国“十大风光摄影圣地”“中国最美丽的滩涂”。霞浦潜力巨大，沈海高速公路和福温高速铁路穿境而过，拥有三沙、溪南、东冲等深水泊位；三沙口岸升格为国家一类口岸开放；溪南半岛、东冲半岛等地拥有宝贵的港口岸线和充裕的土地后备资源。

水产品产业发展态势

霞浦依托丰富的山海资源，大力发展以水产品为主导的食品加工业，于2015年、2017年两次被中国食品工业协会授予“全国食品工业强县”称号，同时也涌现出了钦龙食品有限公司、海洋丝路渔业有限公司、溢源海洋食品有限公司、永兴水产工贸有限公司等一批较具实力的水产品加工龙头企业。2022年拥有水产品加工在报规模以上企业24家，2022年累计完成产值52.77亿元，同比增长36.63%。其中出口水产品企业达11家，2022年实现产值46.44亿元。

近几年来水产品加工业在快速发展中进一步创新提升，依托电商业的发展，企业逐步实现产品由粗加工向精加工发展的转变。大力推进霞浦经济开发区小沙水产品加工、三沙紫菜加工、溪南海参加工以及沙江海带加工等四个小微园区的建设，加快水产品加工企业提升品质，打造品牌，集聚发展。

水产品加工园区简介

霞浦经济开发区

霞浦经济开发区于2014年1月经省政府批准设立省级经济开发区，开发区位于城市南部，与霞浦新城区毗邻，规划区位于霞浦县城西南侧，四至范围北起赛下山、南至下岐山、东至赤岸大道、西至南峰山，规划面积为3.626平方公里。其地理位置优越，距沈海高速公路（霞浦互通口）约1公里，距温福铁路霞浦站仅5公里，距三都澳霞浦（溪南）深水港和三沙港分别为40公里和30公里。

开发区产业功能定位：重点发展新能源、轻工制造业、电子电气、食品加工、高新技术产业、现代物流业，配套市政商贸文化设施的滨海综合性经济开发区。

霞浦经济开发区着力推进“一区多园”，目前托管有霞浦新能源产业园和渔洋片区。至2022年底，园区已引进企业79家，总投资突破100亿元，实现规上产值188.15亿元，实现税收2.78亿元。

台湾水产品集散中心园区

霞浦台湾水产品集散中心，位于霞浦县三沙镇陇头湾，总占地面积672.77公顷，建设用地578.36公顷。是国务院台湾事务办公室在中国大陆首家批准支持设立的台湾水产品加工、贸易集散基地。被列为“福建省第一批省级海洋产业园区”，入选“全国农村创业园区（基地）”。以先进商贸物流集散中心、进出口冰鲜水产品加工交易市场、重要对台经贸窗口、台胞台企闽东北第一登陆点、台湾农民创业园及海峡西岸知名的水产品示范园区为发展目标。园区配套设施有国资冷链物流中心、陇头公交首末站、新奥燃气储备站以及污水处理厂及配套管网等。

水产品加工龙头企业

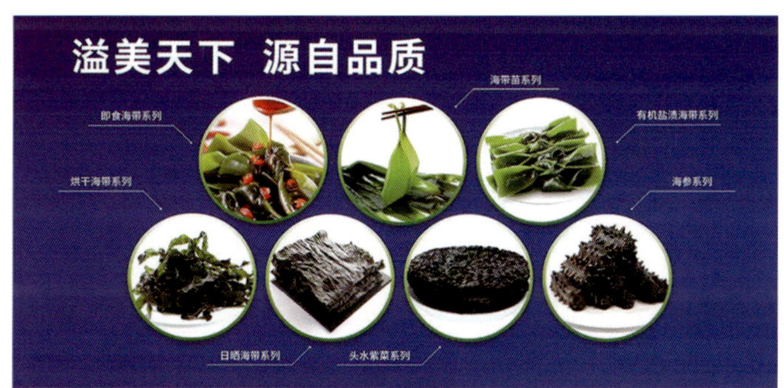

◀福建溢源海洋食品有限公司海带系列产品

福建皓大工贸有限公司紫菜系列产品▶

▲福建钦龙食品有限公司各类鱼肉、鱼柳加工生产线

▲霞浦野湾水产品有限公司海参冷链加工厂区

▲福建福宁港渔业有限公司预制菜系列产品

▲福建省海洋丝路渔业有限公司大黄鱼加工生产线

东坡泡菜全国领先

眉山是“中国泡菜之乡”，着力转变泡菜产业发展方式，坚持一二三产业融合联动，创造了六个“全国第一”（全国第一个泡菜产业园区、全国第一个国家级泡菜质量监督检验中心、全国第一个泡菜产业技术研究院、全国第一个中国泡菜博物馆、全国第一个泡菜行业标准、全国第一个泡菜行业4A级景区）。2022年泡菜销售收入达220亿元以上，把 “小泡菜”做成了“大产业”“大名片”。

基本情况>>>

做强基地，筑牢产业基础

以“菜—稻”粮经复合模式，大力发展“订单农业”，采用“公司+农户”、“公司+合作社+农户”等方式，加强利益联结，全市发展泡菜原料基地40余万亩。东坡区2010年被评为全国绿色食品蔬菜标准化生产基地、全国调味品原辅料种植基地，2018年东坡区以泡菜产业为核心成功创建首批国家现代农业产业园，排名第一。

科技创新，引领产业升级

成立“民办公助”的四川东坡中国泡菜产业技术研究院，构建以泡研院为龙头、科研院所为支撑、企业为主体的科研体系。首创“稳态发酵”“盐渍菜—泡菜”理论，创新发酵泡菜渗香、亚硝酸盐降解等关键技术研究，多项成果居国内甚至国际领先水平。全市泡菜行业荣获四川省科技进步一等奖3项、国家级行业科技进步一等奖1项、授权国家发明专利30余项。建立泡菜微生物菌种资源和基因数据库，收集泡菜菌种资源11000多株。主导制定的泡菜国际标准ISO24220《泡菜（盐渍发酵蔬菜）规范和实验方法》成功发布，标志着四川省在ISO框架下制定食品国际标准实现了“零”的突破。

品牌推广，拓展产业前景

以“东坡泡菜”为统揽，举办13届中国泡菜博览会，2018年经商务部批准更名为“中国泡菜食品国际博览会”，成为我市特色品牌会节，是我市对外开放、交流合作的重要平台。“东坡泡菜”成功创建国家地理标志保护产品、产地证明商标，荣登2023年中国区域品牌（地理标志）百强榜第27位，品牌价值110.94亿元。全市泡菜行业创建国家级重点龙头企业4家，营销网络遍布全国，市场份额占全国三分之一、全省二分之一，并跨出国门远销日本、韩国、新加坡、美国、英国等多个国家和地区。

中国食品名城—潮州市

潮州市食品产业历史悠久，是省内唯一一个、全国第六个“中国食品名城”。产品涵盖凉果、糖果、奶粉、营养食品、肉制品加工等近20大类2000多个品种，拥有“潮汕凉果”“潮式卤水”“潮汕肉脯”“潮汕橄榄菜”等一张张享誉国内外的美食名片，广式凉果、盐焗鸡类产品销量约占全国50%、80%。形成了以肉类加工、果蔬加工、休闲食品和茶叶种植加工等特色产业及一批专业镇，拥有康辉、笑咪咪、新乐、无穷、展翠、佳宝、真美、济公、顺大等骨干企业。2022年，潮州全市110家规上食品工业企业实现工业总产值148.5亿元，同比增长11.5%，实现工业增加值31.8亿元，同比增长8.1%。

潮州食品产业主要优势：

产业集群规模较大。目前，潮州市共有食品工业企业1500多家，拥有康辉、笑咪咪、新乐、无穷、展翠、佳宝、真美、济公、顺大等享有市场盛誉的龙头企业以及展翠、新乐等AEO认证企业。潮安区庵埠镇早在2005年被授予“中国第一食品名镇”称号，饶平县荣获全国首个“中国海鱿之乡”“中国盐焗鸡之乡”称号。目前正在建设的益海嘉里粮油加工潮州基地等一批重点食品工业项目建成达产后，2024年预计全市食品产业链年产值超400亿元。

产业链条日趋完善。潮州市“食品一包装一机械”三大产业联动发展势头强劲，形成了从农业种植、原料筛选、原料贸易到加工制造、包装印刷以及调料添加剂等辅料生产的完整产业链。近年来，包装印刷产业发展迅猛，潮安区庵埠镇获评“中国印刷包装第一镇”“广东省药包材（复合膜）专业镇”。潮州港经济开发区获批省粮油和水产品加工特色产业园。利用海内外潮人众多的优势，潮州市大力开拓国内外市场，食品贸易出口每年达40多亿元，糖果出口量占全省三分之一，液体咖啡等现代休闲食品产销量跃居全国前列。

技术创新步伐加快。潮州市拥有国家级检验检测中心1个、省级检验检测中心4个，省级工程技术中心12家，高新技术企业18家。“凤凰单丛乌龙茶资源利用和品质提升关键技术及产业化项目”获省科学技术奖一等奖。依托韩江实验室、韩山师范学院等平台持续推进食品技术研发，全市30多家食品企业与高校共建“休闲食品实验室”“广东潮汕食品产业研究院”等研发机构。

特色产品优势突出。潮州拥有1000多年的凉果生产史和900多年的乌龙茶栽培制作史，是“中国潮州菜之乡”“中国乌龙茶之乡”。蜜饯凉果、凤凰单丛茶等地方特色食品优势突出，广式凉果产量约占全国50%，日式“烤鳗”有30多年生产历史，“鸭屎香”柠檬茶等新式茶饮品开始走向全国。

当前，潮州市正全面贯彻党的二十大精神，深入贯彻落实习近平总书记视察广东、视察潮州重要讲话、重要指示精神，充分发挥潮州市产业基础和传统文化优势，加强规划引领和政策扶持，着力建设食品贸易集散中心，以贸促工、工贸一体，大力建设现代食品加工制造产业园和特色食品产业园，内育外引、强链补链延链，建立集食品研发、加工制造、食品包装、装备制造、食品安全、物流配送、会展营销等于一体的完整产业链。着力打造食品专业镇，县域食品产业集群，重点打造区域品牌和地理标志，擦亮潮州“中国食品名城”金字招牌，全力加快潮州食品工业高质量发展。

获得主要殊荣：

“中国食品名城”——潮州市；

“中国潮州菜之乡”——潮州市；

“中国乌龙茶之乡”——潮州市；

“中国海鮸之乡”——饶平县；

“中国盐焗鸡之乡”——饶平县；

“中国第一食品名镇”——潮安区庵埠镇。

浙江工业职业技术学院

浙江工业职业技术学院是浙江省属全日制公办高等院校，始建于1979年。学校坚持“艰苦奋斗、自强不息”的办学精神、弘扬“明德敬业、知行合一”的校训，坚持“专业学科服务”一体化办学，坚持政校行企研与国际合作、推动“城产教科创”融合，坚持“珍爱教师、关爱学生、热爱学术”三爱文化，致力于培养具有社会责任、匠心精神、人文情怀、创新创业能力的高素质技术技能人才。学校为全国职业教育先进单位、浙江省高水平高职院校，为教育部现代学徒制试点单位、浙江省四年制高职本科试点单位，浙江科技学院、浙江理工大学硕士研究生联合培养基地。

学校现有梅山、镜湖两个校区，在建新昌校区，总占地1500余亩，拥有全日制在校生15500余人，教师900余人。现设黄酒学院、国际互联网学院等8个二级学院（部），酿酒技术、食品检验检测技术等48个专业，其中有中央财政支持高等职业学校重点建设专业2个、国家级骨干专业6个、教育部批准中外合作办学专业2个。拥有国家级生产型实训基地2个、国家级虚拟仿真实训中心1个、国家级“双师型”教师培养培训基地（黄酒）1个，与中国绍兴黄酒集团合作共建全国职业教育教师企业实践基地；建有《黄酒检测技术》等全国职业教育在线精品课程3门。

大师传授技艺

大师花雕制作指导

教育部部长怀进鹏部长考察黄酒学院

胡志明国家级技能大师工作室揭牌

近年来，学校大力加强职普融通、产教融合、科教融汇，提升技术技能创新与服务能力。黄酒学院拥有教授3人（其中二级教授1人）、博士5人，国家级酿酒大师、国家级技能大师、国家级非遗传承人代表等特聘产业教授15人；与浙江科技学院等高校合作成立浙江省农业生物资源生化制造协同创新中心（省2011计划）绍兴黄酒与营养健康研究中心、浙江省农产品化学与生物加工技术重点实验室功能食品生物技术研究所等学科平台。入选教育部全国食品工业职业教育教学指导委员会副主任委员单位、中国食品产教融合共同体（全国食品工业职业教育集团）副理事长单位，牵头成立全国黄酒产业产教融合人才培养联盟，入选中国食品工业黄酒产业产教融合示范基地等，面向世界开设全球公益直播《中国黄酒技艺与人文大讲堂》。

近三年来，学校共立项省部级课题20余项、厅局级课题200余项。黄酒学院主持浙江省重点项目“黄酒工匠精神研究”、绍兴市文化工程重大项目“绍兴黄酒文化研究”项目（政府科研经费224万）、主持完成“黄酒糟菌酶协同高值化利用”科研项目（政府科研经费90万）；获省部级科技进步一等奖等5项；作为唯一高职代表，参与《黄酒酿造工》《酿酒师》《品酒师》（2019年版）等3项国家职业技能标准的起草与审定，牵头制订全国高职院校《食品工程技术》职业本科专业系列标准，参与制定黄酒相关国家标准、行业标准、团体标准多项。

央视二套节目学院成果介绍

中国黄酒技艺与人文大讲堂

中国甜食之都——内江

内江地处四川盆地东南部，沱江下游中段，面积5385平方公里，人口405万，下辖7个县（市、区）。东汉筑城设县，已有2000多年历史，素有“成渝之心、大千故里、甜城内江”美誉。

——“甜文化”源远流长。内江甘蔗种植历史最早可追溯到隋唐时期；清代，内江同福建、台湾并称全国三大糖业基地；民国初期，糖产量占全川70%、全国48.46%；新中国成立后，制糖业每天榨蔗能力达2840吨，为全国之冠。内江被誉为“甜城”并载入《辞海》，是全国唯一一座因“甜”闻名的城市。

——区位交通优势明显。以内江为中心的200公里范围内，有16座大中城市，辐射人口达2亿。“11条铁路+15条高速公路+2座机场”现代综合交通运输体系加快构建，从内江出发，半小时可抵成都、重庆，3小时可达昆明、西安、贵阳，8小时可到全国所有重点城市。“蓉欧+”、东盟、中欧国际班列定期开行，50小时内货运可直达粤港澳大湾区，北部湾经济区及东盟。

——农产品资源丰沛。内江是国家商品粮生产基地、国家瘦肉猪商品生产基地，拥有“中国黑猪（内江猪）之乡”“中国血橙之乡”“中国无花果之乡”“中国鲶鱼之乡”“中国白乌鱼之乡”“中国天冬之乡”“中国西部鱼米之乡”等7块金字招牌。已建成全国最大“内江黑猪”种群基地，血橙产量占全国60%，无花果种植面积占全国23.2%，成功创建首批国家级稻渔综合种养示范区。

——承接平台强大。内江拥有国家级经开区、国家级高新区、国家级农业科技园区和3个国家级园区。全市已认定国家现代农业产业园1个、省星级园区6个、省合作园区2个、市级园区36个、县级园区75个。形成了以国家级园区为核心、特色园区为支撑、配套工业集中区为补充的“7+2+N”发展体系以及“一县（市、区）一园区”空间布局，是全省4个同时拥有国家级经开区和国家级高新区的地市（州）之一。

——产业基础扎实。内江食品产业涵盖谷物磨制、屠宰及肉类加工、果蔬及坚果加工、糖果巧克力及蜜饯制造、酒类制造、精制茶和饮料制造等细分产业，汇聚了泰国天丝红牛、旺旺、佳美、黄老五、金四方、根兴、天府烤卤等著名企业在内的267家食品企业，2022年实现产值155.9亿元。

——要素保障齐全。内江拥有世界领先、亚洲最大的循环流化床示范电站，装机容量达100万千瓦；页岩气勘测储量约2.2万亿立方米，探明储量5500亿立方米，年产气量近50亿立方米，居全国前列。水、电、气、土地等生产要素价格均明显低于沿海地区，对食品饮料行业水价实行精准的定向支持，食品园区正在加快配套集中蒸汽供应设施。内江是四川劳务大市，有各类大中专院校30余所，可订单式培养企业所需人才，全市有熟练产业工人超过20万，劳动力成本较沿海地区低30%—40%，较成渝两地低20%左右。

——营商环境一流。内江是四川省行政审批事项最少的地区之一，拥有“全国开放型政府杰出服务奖”的金牌荣誉，近三年政务服务综合排名居全省前列，政务服务满意率达99.99%。内江尊商、爱商、安商、敬商的氛围浓厚。市委八届五次全会把“优化营商环境”确定为六项重点任务之一，千方百计为企业提供走心贴心暖心的服务，想方设法为企业纾困解难、降本增效，全力打造“乐业内江·甜蜜回报”城市营商环境品牌。

内江市委八届五次全会提出大力发展甜味食品产业，打造“中国甜食之都”，将“甜味+”食品产业作为四大主导产业之一重点培育，打造500亿产业集群。

一是打造“甜品”产业集群。重点在休闲食品方面，培育各类糖果、巧克力、果冻、饼干以及冷冻烘焙等新兴休闲食品赛道的生产企业。

二是打造“甜饮”产业矩阵。重点在酒类饮料方面，培育高端白酒、精酿啤酒、威士忌、朗姆酒、预调制鸡尾酒等酒类饮料以及功能饮料、运动饮料、果汁饮料、乳饮料、气泡水等软饮料的生产企业。

三是打造“甜果”产业体系。重点在农产品深加工产业方面，培育血橙、无花果、天冬等特色农产品深加工项目。

四是打造“甜菜”产业基地。重点在预制菜产业方面，培育即烹、即热、即食菜，卤味食品，速冻食品，方便食品以及复合调味料生产企业。

五是打造“甜味+”配套产业链。重点培育粮油加工、冷链物流、食品包材等食品产业配套企业。

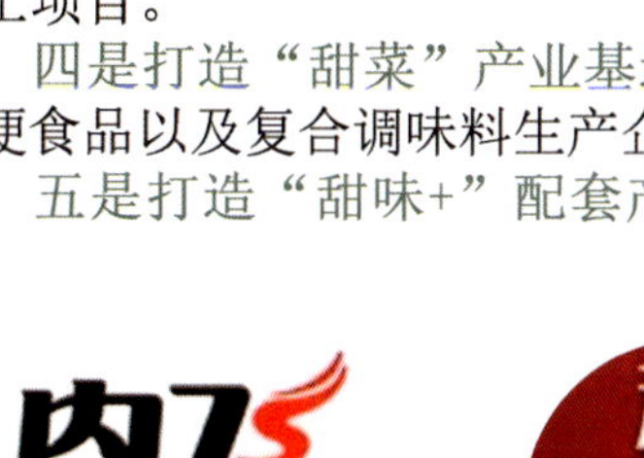

邢台市大力发展品牌农业 激活农业高质量发展新动能

邢台地处河北省中南部，西依太行、东临运河，北望京津、南通中原，自古水土丰润、文化灿烂，全市总面积1.24万平方公里，辖20个县（市、区），常住人口703万。邢台地形地貌丰富，自西向东山地、丘陵、平原呈2:1:7阶梯排列，造就了特色鲜明的农业生产环境，被誉为“太行山最绿的地方”和华北的“优质粮仓”，基本形成了西部沟域林果经济带，中部山前平原农牧经济带，东部黑龙港区粮棉经济带的现代农业发展格局。

近年来，邢台市认真践行习近平总书记关于“三农”工作的重要论述，围绕建设农业强市目标，全面实施乡村振兴战略，大力发展现代农业，立足我市农业资源禀赋，先后打造了内丘县富岗苹果、巨鹿金银花、邢台酸枣3个中国特色农产品优势区，创建了隆尧强筋小麦、威县葡萄等19个省级农产品优势区，培育了巨鹿金银花、临城核桃、威梨、隆尧鸡腿葱、浆水苹果、南和金米、威县葡萄、宁晋羊肚菌、邢台酸枣仁、内丘苹果、南和犬猫粮、南宫黄韭、平乡桃、隆尧小孟甜瓜、清河山楂、邢台贡梨16个省级农产品区域公用品牌。邢台酸枣仁年加工量占全国的70%，金银花年产量占全国的60%，建成了全国最大的酸枣仁加工基地和金银花生产基地。全市拥有9家国家级、90家省级、426家市级农业产业化龙头企业，建成了今麦郎集团全球最大的方便面生产基地，金沙河面业全球最大的挂面生产基地，光明九道菇全球单体规模最大的工厂化食用菌生产基地，玉锋集团全球最大的维生素B12生产基地，南和区全国最大的宠物食品生产基地。

2023年，我市成功举办了2023年邢台市食品加工产业振兴发展大会，重点塑造了“邢台上农”邢台区域品牌整体形象，目前，规划启动了“一带五园”食品加工产业隆起带建设，邢台农业发展迎来了一个崭新时代。

为做大做强食品加工产业体系，邢台市研究制定了《邢台市食品加工产业“一带五园”规划建设实施方案（2023-2026年）》，集中打造宁晋县“健康产品加工园”和“休闲食品加工园”，隆尧县“食品产业园”，南和区“食品加工园”和“宠物食品加工园”，辐射带动柏乡县、任泽区和沙河市，规划中的“一带五园”西至京广铁路、东至规划建设的宁平高速、纵贯南北，串联成主导产业优势明显、区域特色比较突出、示范带动效应显著，总面积约1600平方公里的食品加工产业隆起带。隆起带内6个县（市、区）规上食品加工企业74家，占全市规模以上食品加工企业64%。到2026年底，隆起带食品加工业产值达到1300亿元。

食品加工产业规划，重点突出“一带五园”的示范效应，带动周边县区优质原料种植，推动粮油加工向优质、专用、高效多用途方向转型升级，提质增效。充分挖掘特色农业资源禀赋，研发休闲食品、功能性食品等多样化产品，发展优势特色产业，做好土特产文章。依托绿色优质特色原辅料核心生产基地建设，做大做强方便食品加工、中央厨房（预制菜）、宠物产业等新兴产业，促进产业结构升级，打造食品加工新的增长点。

邢台，始终把农业品牌建设作为推动农业高质量发展的重要抓手，截至2023年底，全市共培育区域公用品牌29个，培育农业领军企业品牌17个。其中16个被评为省级区域公用品牌，邢台酸枣仁、威梨、巨鹿金银花、平乡滏河贡白菜、清河山楂、临城核桃、平乡桃等更是叫响全国。2023年，邢台市农业农村局倾力打造了“邢台上农”区域公用品牌，并对外公开发布，标志着邢台市以全域性区域公用品牌为统领，以单一产业区域公用品牌和企业品牌为纲目的品牌战略格局正式形成。

“邢台上农”是邢台农业的品牌，也是这座城市的名片。在这张名片上，我们看到的是五彩斑斓的邢台。一抹绿色，是太行山的底色，是百泉涌动的生命，更是大平原的希望。一道金橙，是太阳的光芒，是大地上的丰收，更是邢襄儿女的笑脸。在橙绿交织中，邢台农业的丰收画卷正在徐徐展开，又一段动人的品牌故事正在被书写。

中国·河南·临颍

配套设施完善

临颍县地处中原腹地，因滨临颍河而得名。全县辖10镇4乡2个街道办事处，367个行政村，人口76万，面积821平方公里。临颍是全国食品工业强县、全国食品安全示范县、中国休闲食品之都，也是河南省经济管理扩权县、对外开放重点县，享有计划直接上报、项目直接申报、用地直接报批等扩权政策。

历史悠久文化璀璨。西汉初年置县，迄今已有2000多年的历史，建成了闻名中外的国家4A景区——“红色亿元村”南街村景区、河南省首家对台文化交流基地——陈星聚纪念馆，国家准4A景区——小商桥景区，南宋抗金英雄---杨再兴文化陵园。

历史悠久文化璀璨。西汉初年置县，迄今已有2000多年的历史，建成了闻名中外的国家4A景区——“红色亿元村”南街村景区、河南省首家对台文化交流基地——陈星聚纪念馆，国家准4A景区——小商桥景区，南宋抗金英雄---杨再兴文化陵园。

区位优越交通便利。位于河南省中部，地处许昌、漯河、郑州等中原城市群节点，京港澳高速、京广铁路、京广高铁、连霍高速、兰南高速、107国道等交通大动脉承东启西、连南贯北，距新郑国际机场68公里，距连云港口岸560公里，距河南周边六省省会城市济南、石家庄、太原、西安、合肥、武汉均在5小时车程之内，辐射周边达4.3亿多人口的消费市场。

主导产业特色鲜明。多年来，依托资源和区位优势，培育引进了南街村、嘉吉、亲亲、盼盼、养元、怡宝、雅客、上好佳、中大生物等知名食品企业80多家，拥省级著名商标35个，形成了体系完备、名企荟萃、支撑强劲的休闲食品产业集群，被中国食品工业协会命名为“中国休闲食品产业基地”、被中国副食流通协会命名为“中国休闲食品之都”，2021年行业总产值超500亿元。

发展平台坚实广阔。2008年以来，临颍县紧抓省委、省政府产业集聚区建设战略机遇，按照“四集一转”发展要求，倾全县之力打造全省优秀产业集聚区。临颍产业集聚区总规划面积23.72平方公里，目前已累计完成各类投入232亿元，入驻项目138个，建成投产118个，建成“五横十三纵”18条道路150多公里，配套建设供水、排水、燃气、供热等各类管网300余公里，污水处理厂、垃圾处理厂、供水供电供热设施迅速配套，住宿、金融、通讯、购物、邮政、公交等服务设施同步跟进，基本实现产业集聚区基础设施全覆盖。临颍县产业集聚区先后被省政府授予全省“十快”产业集聚区、全省“十先”产业集聚区荣誉称号，并于2015年2月成功升格为省级经济技术开发区。

北京二锅头酒业股份有限公司

北京二锅头酒业股份有限公司成立于2002年8月，系始建于1949年10月国营北京大兴酒厂的改制企业，其酒酿历史可追溯到金大定三年（1163年），至今已有八百多年的悠久历史，明清两代（1368-1910）皇家禁苑，专为皇城酿造贡酒。

北京二锅头酒业股份有限公司坐落皇家禁苑瀛海镇，地处天子脚下，占地100余亩，建筑面积6.7万平方米。拥有一流的厂房和设备，技术力量雄厚。公司现拥有国家评酒大师1人、中国酒业大国工匠1人、白酒评委3人、国家高级品酒师3人、高级酿酒师5人，为公司拓宽科技领域奠定了基础，同时也锻炼了一批成熟的经营管理者。在目前已经基本实现信息化管理的基础上，进一步完善了公司的管理体系，在科学管理上迈上一个新的台阶。

目前公司现有员工400余人，净资产超亿元，京王子酒，醉流霞酒，二锅头等系列产品280余种，2021年全年销售5.2亿元人民币，2022年全年预计8.3亿元以上。我公司产品多次获得各种优质产品称号，“永丰牌”商标2000年度、2004年度、2007年度连续三届被北京市工商行政管理局认定为北京市著名商标;2003年9月“永丰”二锅头、京王子酒被评为北京市优秀新产品奖，2004年10月被授予“中国白酒质量优秀产品”称号。2004年11月被授予首都市场“质量、信誉、服务”优秀企业、优质产品称号；2006年11月被中国诗酒文化协会，酒文化专业委员会评为“中国历史文化名酒”；2007年12月在中国酿酒工业协会组织的企业信用状况评价中，被评为“AAA”级信用企业；同年荣获“中国质量过硬知名品牌”2011年5月被中华人民共和国商务部“永丰”牌评为中华老字号。

近年来获奖的奖项

2011年5月北京二锅头酒业股份有限公司及“永丰牌”商标被认定为“中华老字号”

2012年11月被中国食品安全年会组委会授予“食品安全示范单位”

2015年永丰酒坊50%vol荣获比利时布鲁塞尔国际烈性大奖赛“金奖”

2021年38%vol永丰酒坊老字号酒、46%vol永丰品鉴酒、52%vol醉流霞瓷瓶酒、50%vol永丰粱大侠（典藏）酒、四款产品荣获国际酒类“金奖”

2021年50%vol永丰二锅头（国运）酒荣获国际酒类“大金奖”

2022年永丰酒坊三坊荣获第二届中国酒业精品白酒品鉴会“金奖”

5.67万吨，同比下降41.3%；酱油2.43万吨，同比下降93.6%；食醋3556吨，同比下降76.2%；食品添加剂36.89万吨，同比增长24.6%；饮料酒188.50万千升，同比下降4.1%；白酒（折65度，商品量）4.11万千升，同比下降26.8%；啤酒160.74万千升，同比下降3.2%；黄酒4.03万千升，同比下降13.3%；饮料995.13万千升，同比增长8.5%；精制茶23.09万吨，同比下降11.2%；卷烟899.87亿支，同比增长0.5%。

表2　2022年我省食品工业主要产品产量

产品名称	计量单位	12月	同比增长%	2022年累计	同比增长%
小麦粉	万吨	14.02	−7.4	148.45	−25.3
大米	万吨	28.95	44.1	318.35	25.6
饲料	万吨	131.57	−0.9	1527.09	1.9
精制食用植物油	万吨	19.80	0.9	174.13	−13.9
成品糖	万吨	1.52	−76.6	30.75	−24.3
鲜、冷藏肉	万吨	17.66	11.5	183.99	15.1
冻肉	万吨	0.44	85.5	3.07	−1.8
熟肉制品	万吨	4.87	0.2	70.31	8.5
冷冻水产品	万吨	15.12	−25.0	177.14	−18.9
冷冻蔬菜	万吨	4.88	2.5	59.40	−21.2
膨化食品	万吨	0.98	7.8	12.89	14.3
焙烤松脆食品	万吨	1.35	−39.1	24.97	−15.7
糖果	万吨	5.69	−24.4	69.49	−19.0
速冻食品	万吨	3.76	−33.7	57.35	−4.2
速冻米面食品	万吨	1.32	−40.8	22.28	5.1
方便面	万吨	1.32	19.8	13.04	−1.1
乳制品	万吨	1.14	−31.2	15.64	−23.2
罐头	万吨	20.29	14.0	245.58	−9.5
味精（谷氨酸钠）	万吨	0.53	−47.6	5.67	−41.3
酱油	万吨	0.08	−96.1	2.43	−93.6
食醋	吨	484.00	7.3	3556.00	−76.2
营养、保健食品	万吨	0.21	3.6	2.0	−15.7
冷冻饮品	吨	72.75	−17.9	1409.90	−15.6
食用盐	万吨	0.59	−27.9	7.53	−22.4
食品添加剂	万吨	2.55	−13.3	36.89	24.6
饲料添加剂	万吨	3.83	−9.8	36.47	−2.5
饮料酒	万千升	14.25	7.6	188.50	−4.1
白酒（折65度，商品量）	万千升	0.39	1.4	4.11	−26.8
啤酒	万千升	11.38	12.7	160.74	−3.2
黄酒	万千升	0.26	−49.8	4.03	−13.3
饮料	万吨	72.29	20.6	995.13	8.5

续表

产品名称	计量单位	12 月	同比增长 %	2022 年累计	同比增长 %
碳酸型饮料（汽水）	万吨	8.45	17.4	94.86	0.5
包装饮用水	万吨	34.71	15.4	483.79	10.6
果汁和蔬菜汁类饮料	万吨	10.17	18.4	98.89	4.8
蛋白饮料	万吨	0.89	−26.9	18.57	36.1
精制茶	万吨	2.12	−19.1	23.09	−11.2
卷烟	亿支	30.5	−16.6	899.87	0.5

【b. 科技创新】

福建海兴保健食品有限公司项目“海洋绿藻加工提取制备多糖工艺”，达利食品集团有限公司项目“豆本豆豆奶全豆工艺技术”，福建省亚明食品有限公司项目“速冻面制品品质提升关键技术创新与应用”等 3 个项目获“中国食品工业协会科学技术奖”特等奖；厦门市燕之屋丝浓食品有限公司项目“燕窝高功能活性成分制备关键技术及智能制造工程创建”，福州大学、海欣食品股份有限公司、胜田（福清）食品有限公司联合完成的项目“高品质肉糜制品加工储藏关键技术创新及产业化”等 2 个项目获一等奖；方家铺子（莆田）绿色食品有限公司项目“桂圆干深加工关键技术及产业化应用”获二等奖；厦门市燕之屋丝浓食品有限公司范群艳获得“全国食品工业科技创新领军人物”；福建正味生物科技有限公司刘家光获得“全国食品工业科技创新杰出人才”荣誉称号。

中宝（福建）食品科技有限公司申报的《FD 琯溪蜜柚益生菌果粒酸奶块》被认定为“福建省食品工业新产品”；福建吉百年食品有限公司被认定为“福建省调味料（鱼露、甜辣酱、复合调味料）生产标杆企业”。

【c. 企业品牌建设】

福建御冠食品有限公司、福建仙芝楼生物科技有限公司、福州日兴水产食品有限公司荣获第六届“福州市政府质量奖”。

永辉超市股份有限公司、福建达利食品集团有限公司、福建傲农生物科技集团股份有限公司、福建圣农发展股份有限公司、福建天马科技集团股份有限公司、中绿食品集团有限公司、福建御冠食品有限公司、福建春伦集团有限公司、福清市兆华水产食品有限公司、海欣食品股份有限公司、闽榕茶业有限公司、福清市龙田东华冷冻有限公司、福建闽威实业股份有限公司等 13 家食品企业入围“2022 中国农业企业 500 强”。

福建御冠食品有限公司被正式授牌为“福州市专家工作站”。

福建闽威实业股份有限公司项目“实施海洋食品产业链精准协同质量管控经验”荣膺“全国质量标杆企业”称号。

晋江力绿食品有限公司、福建顶津食品有限公司、福建好日子食品有限公司、蛤老大（福建）食品有限公司、福建省红太阳精品有限公司、方家铺子（莆田）绿色食品有限公司、厦门市燕之屋丝浓食品有限公司、福建省建瓯黄华山酿酒有限公司、福建其亮食品科技有限公司等 9 家企业通过了食品工业企业通过诚信体系评价并获得证书。

福建圣农控股集团有限公司、达利食品集团有限公司、福建傲农生物科技集团股份有限公司、厦门市明穗粮油贸易有限公司、安井食品集团股份有限公司、福建天马科技集团股份有限公司、瑞幸咖啡（中国）有限公司、厦门银祥集团有限公司、福建岳海水产食品有限公司、福建亿达食品有限公司入围“2022 福建省民营企业 100 强”。

达利食品集团有限公司、安井食品集团股份有限公司、福建盼盼食品集团有限公司、福建圣农发展股份有限公司入围“2022 中国食品饮料百强企业”。

漳州市陈宇贸易有限公司、福建岳海水产食品有限公司、福建天马科技集团股份有限公司、福建铭兴食品冷冻有限公司、仙芝科技（福建）股份有限公司、平和县三绿果蔬有限公司、福建闽威实业股份有限公司等 7 个基地被农业农村部办公厅认定为“2022 年农业国际贸易高质量发展基地”。

【d. 协会主要工作】

2022 年，福建省食品工业协会召开了第十届会员大会，按规定完成了各项议程，选举产生了协会第十届理事会、第三届监事会，产生新一届领导班子。协会成立了福建省食品工业协会预制菜专业委员会。福建省食品工业协会团体标准《福州鱼丸》《预制即食沙拉》《青梅酒》《青梅配制酒》《永泰葱饼》《即食海带》发布并实施，制定的福建省食品安全地方标准《佛跳墙》已发布并实施。协会举办了 2022 福州佛跳墙文化节暨佛跳墙产业联盟大会，提升了福州佛跳墙产业知名度。协会组织专家团队赴我省各地市的食品企业进行实地考察、调研，充分了解我省食品细分行业、企业的发展现状、未来发展方向，针对企业发展过程遇到的瓶颈问题、融资困难、人力不足和高端人才稀缺等问题提出建设性意见，助力食品产业健康发展。协会加强自身建设，书记被聘为新一届全国食品工业职业教育教学指导委员会委员，派员参加《食品工业企业诚信管理体系》国家标准评价人员综合能力提升培训班、省企联组织的社会组织业务培训培训班，受邀为省工信厅、省企联举办的培训班作主题演讲。党建建设方面，协会深入学习宣传贯彻党的二十大精神，与福矛酒业、青岛啤酒、长汀盼盼、亚明食品、绿新食品等 20 多家食品企业建立“福建省食品行业会企党建联盟”进行党建共建；支部书记上党课——《深入学习贯彻党的二十大精神以党建引领行业高质量发展》20 多场次；组织我省 100 多家食品相关企业捐资捐物数亿元，为抗击疫情做出贡献。2022 年共刊登月刊《福建食品》12 期，协会官方微信公众号和协会官方网站平台发布 2000 多条信息，进一步提升我省食品行业和企业的知名度和影响力。

林　辉

3.8 山东省

【a. 概况】

食品工业是国家安全战略重要组成部分，是我省国民经济的传统优势支柱产业，是农村一二三产业融合发展的保障民生的重要基础性产业，具有“一业兴，多业旺”的核心产业拉动作用。高质量发展食品工业是新时代树立大食物观背景下的新要求，对拉动农业增值农民增收，带动农工商协调健康发展，推动产业振兴乡村建设具有重要积极意义。我省食品工业规模大、农业基础雄厚、产业体系完整、资源优势明显，在全国占据食品大省的头把交椅。截至 2022 年，全省规上食品企业实现营业收入总量，连续 35 年全国第一。

【b. 食品工业发展现状和特点】

近年来，面对复杂严峻的国内外政治经济形势和多重超预期因素冲击，我省食品工业坚持高效统筹疫情防控和积极推进高质量发展，稳步前行，表现出强劲的产业发展韧性，彰显了朝阳产业优势，呈现了稳中求进发展态势，取得了长足进步，为稳经济、促民生、保就业做出了积极贡献。

1. 产业基础原料供给水平更加稳固，展现“农食大省”资源丰富的发展特点

2022 年，全省农林牧渔业实现总产值 12130.7 亿元亿元，同比增长 4.8%。粮食再获丰收，粮食总产量 1108.8 亿斤，同比增加 8.6 亿斤，连续 9 年过千亿斤；猪牛羊禽肉产量 838.4 万吨，同比增长 2.9%，禽蛋产量 438.1 万吨，同比下降 3.8%；牛奶产量 304.4 万吨，同比增长 5.6%。水产品总产量（不含远洋渔业产量）843.9 万吨，同比增长 2.8%。全省蔬菜总产量常年稳定在 8000 万吨以上。农牧业基础原料生产能力进一步增强，供给保障水平更加稳固。非转基因大豆、强筋和弱筋小麦、直链高粱、玉米等国内主产区供给基本保障了我省食品工业生产需求缺口。

2. 产业规模优势不断巩固，呈现“一降双增”的发展特点

2022 年，根据省统计局提供数据来看，全省食品工业呈现了“一降双增”发展特点：一是产量下降，受疫情影响，我省重点调度的 30 种产品产量（表 1），有 16 种产品产量持续保持全国前三，但同比平均下降 3.1%，其中，葡萄酒、饮料茶、罐头等 6 种产品出现两位数下降；二是营业收入、利润实现双增，全省 3920 家规上食品企业实现营业收入 11447.57 亿元（不含烟草，表 2），同比增长 10.69%，高于全国增速 5.09 个百分点，占全国食品工业营业收入（97991.9 亿元）的 11.68%，同比增加 0.54 个百分点，占全省工业营业收入（108019.87 亿元）的 10.60%，同比增加 0.62 个百分点。利润 363.35 亿元，同比增长 21.95%，高于全国增速 12.35 个百分点，占全国食品工业利润（6815.4 亿元）的 5.33%，同比增加 0.54 个百分点，占全省工业利润（4473.24 亿元）的 8.12%，同比增加 2.3 个百分点。其中，食品制造和酒、饮料及精制茶制造的利润同比增长分别为40.39%、26.91%，利润率分别达到9.62%、7.74%，分别高于全省食品工业利润率6.45个百分点、4.57个百分点，充分说明我省食品产业结构进一步优化，转型升级发展取得新进展。

表1 2022年全省主要产品产量

序号	产品名称	计量单位	产量	同比增长%
1	原盐	万吨	760.2	-1.1
2	小麦粉	万吨	1776.8	0.6
3	大米	万吨	50.3	7.7
4	饲料	万吨	4452.9	-0.2
5	其中：配合饲料	万吨	2527.1	-1.6
6	混合饲料	万吨	359.3	-10.4
7	精制食用植物油	万吨	655.5	10.5
8	成品糖	万吨	119.8	-0.3
9	鲜、冷藏肉	万吨	1105.7	8.9
10	冷冻水产品	万吨	117.7	4.4
11	糖果	万吨	8.0	3.9
12	其中：速冻米面食品	万吨	3.9	-4.9
13	方便面	万吨	16.2	2.5
14	乳制品	万吨	239.1	-1.5
15	液体乳	万吨	213.6	-2.2
16	其中：乳粉	万吨	4.7	34.3
17	罐头	万吨	53.0	-19.0
18	酱油	万吨	53.9	1.7
19	冷冻饮品	万吨	12.0	22.4
20	食品添加剂	万吨	413.8	11.6
21	发酵酒精（折96度，商品量）	万千升	64.3	-7.7
22	饮料酒	万千升	524.4	3.8
23	其中：白酒（折65度，商品量）	万千升	23.3	-3.7
24	啤酒	万千升	489.4	5.4
25	葡萄酒	万千升	6.8	-16.0
26	饮料	万吨	485.5	-10.8
27	其中：碳酸型饮料（汽水）	万吨	90.9	-9.1
28	包装饮用水	万吨	185.0	0.1
29	果汁和蔬菜汁类饮料	万吨	80.8	-20.8
30	精制茶	万吨	0.0	-100.0

表 2　2022 年食品工业经济效益指标（单位：亿元）

行业名称	企业单位数（家）	营业收入	同比增长（%）	利润总额	同比增长（%）
食品工业合计	3920	11447.57	10.69	363.35	21.95
农副食品加工业	2885	8049.26	11.51	137.65	3.17
食品制造业	850	1658.24	10.29	175.92	40.39
酒、饮料和精制茶制造业	185	634.09	1.40	49.78	26.91

3. 产业拉动作用不断增强，凸显“产业韧性”弹力强的发展特点

（1）食品工业增加值对全省生产总值的贡献率为 13.09%，同比增加 0.27 个百分点，高于疫情前 2019 年 2.01 个百分点。规模以上食品工业营业收入和利润增幅分别快于全省规模以上工业 6.45 个百分点和 34.59 个百分点，彰显食品工业成为拉动工业增长重要力量，也是拉动农牧渔业产值达到 1.09 万亿元、带动餐饮服务业收入 3627.7 亿元的主要动力；

（2）复工复产企稳回升快于其他行业，保就业稳物价成效显著，解决就业 63.19 万人，同比增长 1.1%，基本恢复到 2019 年的用工人数。食品价格上涨 2.8%，其中，食品烟酒消费价格上涨 2.3%，粮食消费价格上涨 5.5%，基本达到了食品物价温和上涨可控目标，充分发挥了食品产业保就业稳物价的“稳定器”作用。

4. 发展动力持续增强，彰显“朝阳产业”长盛不衰的发展特点

深入贯彻落实省政府办公厅《关于加快食品产业高质量发

展若干措施的通知》等一列政策措施，政策红利不断释放，发展新动力持续增强。一是产业生态不断进步。截至目前，拥有 37 家国家级和 19 家省级绿色工厂，一大批行业重点生产企业达到了清洁生产目标，拥有 34 家获得两化融合管理体系评定证书，拥有 3 家国家级和 12 家省级新型工业化产业示范基地；二是创新能力不断提升。截至目前，重点食品企业研发强度平均达到 2.5%，拥有 37 家国家级和 190 家省级企业技术中心、113 家省级“一企一技术”研发中心、1 家国家级和 21 家省级工业设计中心、6 家国家级和 40 家省级技术创新示范企业、1054 家国家级高新技术企业、1 家省级独角兽企业、86 家省级瞪羚企业、8 家国家级和 596 家省级“专精特新”中小企业；三是人才队伍不断壮大，截至目前，培养泰山产业领军人才 96 人、齐鲁首席技师 113 人、齐鲁工匠 17 人，拥有 32 家企业建立了院士工作站、13 家齐鲁技能大师特色工作站、39 家省级博士后创新实践基地。

5. 产业转型升级加速，“四新”经济助力强劲的发展特点

大力实施新旧动能转换重大工程，新技术、新产业、新业态、新模式“四新”经济促进了产业转型升级、提质增效。

（1）项目带动作用不断加强，推动了全省食品产业链、供应链和创新链加快融合发展，推进了现代食品产业体系建设水平。截至 2022 年，全省共计下达 2031 项重大实施项目，其中食品行业 114 项，占全省的 5.61%，涉及绿色低碳农业全产业链和智慧农业、功能健康食品、粮油深加工、肉制品、淀粉功能糖、果蔬加工、调味品、现代海洋食品、智能化酿酒、畜牧渔业高效生态循环养殖、应急保障供应链等现代食品产业项目，培育了 13 家营收过百亿元企业和 35 家上市企业，其中，全国食品饮料上市企业市值前 100 强中山东排名第四（广东 11 家、四川 10 家、上海 9 家、山东 7 家），拥有 1 家国家级智能化制造工厂，培育了 13 家省级智能工厂、21 家数字化车间、2 家企业 3 个智能制造场景；

（2）产旅融合发展不断提升，推动了产业品牌文化发展。截至目前，全省拥有2家国家级和47家省级工业旅游示范基地、59项省级非物质文化遗产、6家国家工业遗产、17家国家AAAA级旅游景区、20件中国地理标志保护产品、12家省长质量奖、209家高端品牌培育企业；

（3）产业振兴乡村建设推动区域发展不断进步。随着优势产业加速集聚，产业集中度进一步提高，带动了产业振兴乡村建设，推动了区域经济发展。截止2022年底，我省食品行业拥有1项全国消费帮扶助力乡村振兴优秀典型案例、8项省级乡村振兴典型案例及获奖短视频，拥有229件优质食品入选山东特色优质食品目录、13家省级特色产业集群、15家山东省特色小镇、13个省特色优势食品产业集群、20个省特色优势食品产业强县、20个省特色优势食品产业强镇、22个省特色优势食品产业基地、121家国家级和1091家省级农业产业化重点龙头企业。

【c. 存在的主要问题】

1. 经济效益整体不高

2022年，全省规上食品企业平均营业收入3.02亿元，仅略高于全国平均水平0.47亿元，位居全国中游水平；虽然规模以上食品企业总营业收入占全国的11.68%，但利润总额仅占全国的5.33%，利润率仅为3.37%，比全国平均水平（6.96%）低3.59个百分点。我省食品行业营收大盈利小的现象比较突出，企业盈利水平较低。从上市公司2022年年报公布数据看，得利斯净利率1.04%，龙大美食净利率0.47%，而河南双汇发展净利率为8.98%。

2. 龙头企业和知名品牌偏少

根据全国321家食品行业上市公司2022年最后一个交易日数据，全省食品行业上市公司市值进入前100名的企业仅有7家。其中，市值过千亿的只有青岛啤酒1家，在全国排第17位，与排名第1位的茅台市值相差17.88倍。在2022年中国企业500强榜单中，上榜食品企业有24家，我省只有西王集团、渤海实业2家企业入围，排名分别为461位和464位。在知名品牌方面，我省食品行业企业竞争力不强，据2022年凯度BrandZ最具价值中国品牌百强榜显示，全国共有18个食品饮料（包括酒水）品牌进入百强榜单，而我省仅有青岛啤酒一个品牌入围，其品牌价值位列第74位。

3. 产品结构亟待优化

2022年，全省农副食品加工业、食品制造业和酒、饮料及精制茶制造业的结构比值为78.4:16.0:5.6，全国同期值为59.7:23.0:17.3，全省初加工、低附加值的农副食品加工业营收占比达75%以上，比全国平均值高近20个百分点，食品行业产业结构亟须优化升级。以食品行业营收过千亿的烟台市为例，其农副食品加工业占比79.6%，具有延链增值特性的食品制造业以及酒、饮料及精制茶制造业的合计占比只有20.4%。济南稼禾香农业科技负责人表示，企业还停留在稻米初级加工，缺少米酒、方便米饭等深加工产品，产品附加值较低。

4. 产业集聚发展水平滞后

2022年，全省食品行业拥有荣成食品、诸城食品、平度食品3个国家级新型工业化产业示范基地，拥有高青白酒、诸城食品2个国家级产业集群区域品牌建设试点，主要集中在肉制品加工、水产品加工、食品添加剂、白酒等传统优势行业，产业基地或集群经济规模在100亿元至300亿元左右，相比全国先进省份如内蒙古呼和浩特食品（乳制品）、河南漯河食品（肉制品）、贵州仁怀食品（国优名酒）、四川宜宾食品（国优名酒）等过千亿的产业基地或集群，在产业规模、品牌集中度等方面都有差距。我省具备发展潜力过千亿的粮油加工（邹平、莱阳）、海洋食品（青岛、烟台）、果蔬加工（潍坊、烟台、临沂）、青岛啤酒、烟台葡萄酒等传统优势产业集聚化发展水平不高，没有形成国家级产业集群品牌竞争新优势，与我省食品资源大省、产业大省、消费大省地位不相称。

5. 创新驱动发展动能不足

“十三五”期间，全省规上食品企业研发强度平均不足1%，企业研发投入低于全省工业平均水平。根据2022年度上市食品企业报告来看，研发强度位居全国前三名的山东蔚蓝生物8.80%、山东汉诺佳池7.73%、湖北嘉必优7.45%，而我省统计的35家上市食品企业平均研发强度2.34%，得利斯、青岛食品、张裕、青岛啤酒、春雪、龙大等企业研发强度分别只有0.34%、0.34%、0.39%、0.20%、0.27%、0.05%，低于全省平均水平。企业自主创新能力较弱，造成创新能力不强，发展潜力动能不足。山东莱州大家乐食品负责人表示，企业技术或产品取得的路径中占比最大的是购买科研院所、高等院校的技术。山东高速生物工程负责人则表示，企业缺乏高层次创新带头人，较难申请技术创新基金，目前产品有市场，创新意愿不强。此外，我省食品行业大部分企业依赖传统商业模式，商业模式创新滞后，新技术、新业态、新产业、新模式融合产业发展的意识不强，培育产业高质量发展新动能滞后。

【d. 问题原因和工作建议】

企业创新意识不强，技术进步投入不足，是造成产品结构不优化、品牌价值低值化、产业规模做不大、企业效益质量不高的主因。政府引导力弱、市场环境乱、优惠政策落实不到位等是外因，例如，打击假冒伪劣力度不够、政策（加计扣除税收政策、技术改造贴息政策、新旧动能转换重大项目政策）落实不足，企业没有享受到政策红利。

1. 政府层面

政府要有为，要加大政策供给力度，做到“一企一策”“一区一策”“一业一策”，精准施策，既要解决企业、产区、产业发展中难点、堵点等瓶颈问题，也要解决企业想到或想不到的实际问题，为企业创造良好发展环境，真正做到服务到企、政策落地，实现“一业兴，多业旺”产业拉动区域经济高质量发展的目标任务。例如，淄博烧烤，已成疫情后时代拉动消费、激发市场活力、带动区域经济发展的“山东样板”，现在淄博已传播：繁荣市场的背后一定有一个好市长，发展经济的背后一定有一个好书记。

（1）做优产业链

围绕黄河流域培植一批“农产品基地＋中央厨房＋工业互联网＋现代物流贮藏＋终端消费和服务＋订单农业”的产业链、供应链、创新链、服务链“产供销创服”一体化预制食品（预制菜）产业乡村振兴示范区。围绕沿海区域培育一批海洋食品、保健营养食品、水产品加工、酒和饮料等绿色工厂、智能化车间或工厂等试点示范区。围绕鲁西南树立一批粮油、传统老字号食品、果蔬、肉制品等产旅融合发展的红色食品文化示范区。选择济南、青岛创建一批休闲方便食品、酒类等两化融合、数字化生产、智慧化管理的碳达峰碳中和试验先行区。加快构建粮经饲统筹、农林牧渔结合、植物动物微生物并举的多元化食物供给体系，建设一批粮油、肉制品加工行业核心产区。

打造一批生态环境优美、农业资源丰富、地理位置优越、产业规模突出、产业带动强并拥有骨干企业支撑的产业生态核心产区，加快产业基础高级化和集聚化发展步伐。培植一批“农产品基地＋中央厨房＋工业互联网＋现代物流贮藏＋终端消费和服务＋订单农业”的产业链、供应链、创新链、服务链“产供销创服”一体化预制食品（预制菜）产业。

（2）做强创新链

将食品行业纳入农业现代化“十强”产业发展规划，统筹运用好新旧动能转换基金，加大研发和技改投入，提高产业基础高级化、产业链现代化和生态产业化水平。宣贯DCMM（数据管理能力成熟度）国家标准，加快数字化智能化改造提升传统产业，推动产业数字化发展。加大创新成果转化力度，运用新技术、新业态、新产业、新模式赋能食品行业转型升级提质增效，缓解粮食、能源、农资等价格因素对食品行业的冲击压力。加强第三方检测机构服务力度，推动检测机构高端设备上云，提高产品全生命周期检测效能。

（3）擦亮齐鲁品牌

深挖齐鲁食品文化，讲好齐鲁食品故事，传播齐鲁食品文化内涵，推动“老字号”食品传承升级，打造一批“名企、名家、名品”，培育一批在全国叫得响的“好品山东”“食安山东”知名品牌。深入实施品牌引领战略，巩固“三品一标”农产品对品牌建设的基础支撑作用；开展国际对标，推动“同线同标同质”生产；持续提升“齐鲁灵秀地、品牌农产品”“齐鲁粮油”“齐鲁畜牧”“齐鲁放心果品”等一批区域性公共品牌影响力、权威性和美誉度。着力建设一批具有食品文化风格的特色小镇、博物展馆、特色产业园区等工业旅游示范区，加快食旅文化融合发展。

（4）做深消费市场

立足双循环新格局，加快“双线”创新营销模式，培育引领新型消费，开拓市场新渠道。支持过百亿的龙头企业向千亿级企业冲刺，培育发展成为满足国内外市场消费的大众品牌和高端品牌产品的第一集团军。积极发展海洋食品、植物基食品、保健营养和功能食品、特医食品、战略应急食品，提高特殊情况、特殊环境、特殊人群的食品供给水平。充分发挥我省产区优势、产业优势和品牌优势，努力把我省食品行业打造成新时代国家级“菜篮子”和RCEP协定国家共享的“后厨房”。

2. 企业层面

企业要有作为，有作为，才有地位。以实施“三品”提升工程为切入点，保持“做优、做实、做强、做亮”敬业工作态度，坚定“四个自信”，做大做强企业，为我省食品产业高质量发展贡献更大的力量。

（1）坚持品质自信，加力“提品质、增品种”

“做优”品质，提高产品质量，是企业发展之基。优良的食材、精湛的技艺、严格的管理、严谨的标准，是打造优质产品的重要技术支撑，更是企业品质自信的坚强信念。色、香、味、格是食品品质水平等级评价的四个重要指标，色、香、味是食品基本要素，格是产品质量差异性的重要特征，是人们追求和享受美好生活重要标志。

（2）坚持产业自信，加力转型升级提质增效

①发挥项目带动作用，切实将政策红利落实到企业，加大研发和技改投入，加强产学研合作创新。重点突破绿色低碳技术，运用3D云技术，加快“A或B或C设计+虚拟现实场景体验+智能工厂+产品设计+现代物流”系统设计，建设智能化工厂或车间，提高劳动生产效能，推进食品产业数字化、生态化发展。②加快产业体系现代化发展。加强食品产业安全保障体系建设，重点开发全生命周期远程质量控制技术以及微生物或重金属、农药、兽药等有毒有害污染物物探技术检测技术和食品真实性稳定同位素质谱检测技术。大力开发利用沿黄、沿海滩涂和沿湖湿地，发展生态农牧渔养殖和种植业，建设一批标准化种植养殖试点示范基地、家庭合作社牧场和智能化渔业+娱乐体验示范海洋牧场。加大基础原料、加工工艺、物流贮藏、技能人才、文化遗产、核心技术、科普宣传等产业基础研究和产业政策研究，提高产业基础保障能力，全面推动产业基础高级化，实现产业链现代化。

（3）坚持产区自信，加力提升产业集中度

充分发挥我省农业基础、地理位置、人口和消费大省等资源优势，科学布局预制菜特色产区建设向龙头骨干企业集聚，拉长产业链，做大做强产业集群或园区，创建国家级食品产业试点示范“山东样板”，打造成新时代国家级“菜篮子”

和“一带一路”国家、RCEP 协定国家共享的“后厨房”。

（4）坚持品牌自信

品牌是企业之魂。培育拓宽以 C 端市场为主，兼顾“BC”市场的品牌战略发展思路，是讲好品牌文化故事，“做亮”品牌重要途径。传承和发扬饮食文化（鲁菜、儒菜、齐民要术、黄河等）和企业或产品文化，是厚重“食在山东”品牌文化的重要内涵。山东不缺好食材，缺的是好品牌，因此，做好品牌这篇文章，是做大做强预制菜产业的必经之路。

【e. 山东省食协工作】

1. 加强协会建设，提高服务效能

突出一个“学”字，高效有序抓学习。为认真贯彻《中共中央关于认真学习宣传贯彻党的二十大精神的决定》和省社会组织综合党委有关工作要求，我会立刻开展“二十大”精神系列宣讲辅导专题活动，做好一个“实”字，提高政治站位抓落实。

2. 落实社会责任，发挥协会职能作用

（1）做好疫情常态化防控

面对我国本土疫情零星散发和局部聚集性疫情交织叠加态势，协会向会员单位发出了《常态化疫情防控工作的倡议书》，倡议企业严格遵守疫情防控相关规定；坚持正确的舆论导向，对未经证实的消息不发布、不传播、不讨论；举办各种会议或活动做好疫情常态化防护工作，坚持外出正确佩戴口罩，尽量减少聚集性活动。

（2）好会员之家

①积极为会员单位提供咨询服务。2022 年为 24 家会员单位出具行业排序证明，积极为企业申报奖项提供帮助；

②积极反映会员单位诉求。目前，现行有效的 GB10769–2010《婴幼儿谷类辅助食品》标准修订过程中，配合企业联合省食品质检院、工业信息化研究院等专家分析研究讨论，撰写了修订建议上报国家卫健委。积极落实国务院和省有关疫情期间减税降费政策，共减收免收会员单位各项费用近 20 万元。

（3）做好政府支撑。一是积极参与调查研究。根据《山东省工业和信息化厅 < 关于提供有关材料的函 >》，发动会员企业认真填写《节约用水和废水循环利用情况调查表》反馈至我会，由我会统一汇总上报省工信厅，并协调组织相关企业参加了废水循环利用情座谈会；转发《关于举办 2022 首届“吃货节”大型食品促消费活动的通知》通知，组织相关食品企业积极参加；受中国食品工业协会委托，组织开展了关于“构建最严谨的食品安全标准体系调研问卷”，转发关于协助开展二氧化钛糖醇类等食品添加剂使用情况调研工作的函，发动会员企业将意见或建议信息反馈至我会，并编写了调研报告上报中食协。二受省商务厅委托，共同组建了山东省食品行业贸易摩擦预警平台，建立了重点企业库、开辟了贸易摩擦预警专栏，截至目前，为全省 66 家重点食品进出口企业发布了相关国际贸易摩擦预警、进出口贸易政策、典型案例、知识产权、贸易标准、信息资讯等信息 300 余条，共收集加工信息 408 条，累计应对贸易摩擦宣传培训了 300 余人次，研究编写了《年度食品产业预警专题分析报告》，得到了行业、企业的普遍认可，并通过了省商务厅 2022 年度评估认定。

3. 提高专业化水平，强化服务效能

（1）加快人才培养，壮大人才队伍

①根据中食协《关于开展 2022“中国食品工业协会科学技术奖”评审活动的通知》，经我会推荐的临沂文瑞食品有限公司等 20 家单位或个人荣获科学技术奖特等奖、一等奖、二等奖等 22 个奖项；

②应企业要求和社会需求组织召开了山东省白酒资格评委考评会，经过培训考核，有 30 人取得白酒资格评委的资质。本批资格评委在考评中的业务能力得到与会专家的一致好评。为推进

我省食品产业高质量发展培养储备了技术人才。

（2）**实施质量品牌提升工程，推动食品产业提质增效**

成功举办的"2022第十六届全国食品博览会"品牌展会和第十八届中国（青岛）食品博览会等在全国具有较强影响力的展会平台大力宣传鲁食品牌，树立品牌企业标杆，推动我省食品立足山东，面向全国，走出国门，扩大出口。

（3）**实施标准创新工程，推进食品企业创新驱动发展**

我会联合16家重点白酒和葡萄酒企业、3家焙烤企业、3家海洋产品企业、2家水果加工企业、2家社会组织、2家肉制品企业、1家乳制品企业、2家大专院校、共计31个单位起草立项了7项产品或技术管理创新团体标准，其中有3项已经在全国团体标准信息平台正式发布实施。

【f. 协会大事记】

2月25日，根据《山东省食品工业协会团体标准管理办法》，由山东省产学研合作促进会、山东省包装技术协会会同部分山东省重点食品企业申报的《大樱桃质量控制规范》等3项团体标准，经省食协标准化工作委员会审议同意立项。

2月28日，根据中食协工作安排，组织全省食品企业申报2022"中国食品工业协会科学技术奖"评审活动。经我会推荐的临沂文瑞食品有限公司等20家单位或个人荣获科学技术奖特等奖、一等奖、二等奖等22个奖项；其中我会申报的《基于高质量发展科学布局山东省食品产业"十四五"发展规划研究》荣获二等奖。

2月28日，研究制订《山东省食品工业协会国际贸易摩擦预警工作站管理制度》。

3月16日，发布《关于做好疫情防控工作的倡议书》，倡导会员单位统筹做好疫情防控各项工作。

3月23日，为深入了解全省食品企业粮食（大豆、小麦、玉米、高粱、大麦等）进出口国际贸易对食品生产的影响，及时向政府部门反映行业情况和企业诉求，提出应对措施和合理化建议，对会员单位开展企业进出口贸易情况调查。

5月26～28日，主办"2022第十九届中国（青岛）国际食品博览会"在青岛·红岛国际会议展览中心举办。

5月31日，由山东省食品工业协会等联合起草的《大樱桃质量控制规范》《风河源猕猴桃质量控制规范》创新团体标准，已经全国团体标准信息平台公示无异议，正式发布实施。

6月2日，由山东省食品工业协会等联合起草的《干海参质量控制规范》创新团体标准，已经全国团体标准信息平台公示无异议，正式发布实施。

7月1日，印发《关于做好助力高校毕业生就业工作的倡议书》，号召会员单位做好助力高校毕业生就业工作。

7月25日，印发《关于动员会员单位参与推进乡村振兴工作的通知》，对会员单位在乡村振兴方面开展工作情况进行问卷调查，并积极动员会员单位参与乡村振兴工作。

7月29～31日，主办的"2022年第十六届全国食品博览会"在山东国际会展中心举行。

8月15日，根据《山东省食品工业协会团体标准管理办法》，由山东省食品工业协会、山东省产学研合作促进会、山东省包装技术协会联合山东药品食品职业学院、山东商业职业技术学院、山东扳倒井股份有限公司等20多家重点会员企业申报的山东省食品工业协会《食品感官质量评委考核认定规范》等8项团体标准，经省食协标准化工作委员会审议同意立项。

9月27～28日，举办"山东省食品产业国际贸易摩擦专题辅导活动"，预警站重点联系企业库企业代表、有进出口需求的会员企业代表等50余人参会。

9月27～29日，在济南开展白酒行业资格评委培训会，对申报白酒行业资格评委的人员进行培训考核。有 31 位同志被聘为山东省食品工业协会白酒资格评委。

12 月 21 日，带队我省获奖企业参加在南京召开的 2022 全国食品工业科技进步工作会议暨中国食品工业协会科学技术奖颁奖大会，并领取我会荣获的二等奖奖牌。

【g.2022 年山东省食品工业协会发布团体标准】

序号	标准名称	标准编号	标准状态
1	大樱桃质量控制规范	T/SDFIA32 — 2022	已发布
2	风河源猕猴桃质量控制规范	T/SDFIA33 — 2022	已发布
3	干海参质量控制规范	T/SDFIA34 — 2022	已发布

【h.2022 年山东知名品牌认定名单（食品）】

序号	地市	单位名称	认定产品（服务）名称	备注
1	济南市	济南圣泉唐和唐生物科技有限公司	木糖、L- 阿拉伯糖、木糖醇	知名品牌（产品）
2	济南市	山东大旺食品有限公司	旺旺黑白配	知名品牌（产品）
3	济南市	山东旺旺食品有限公司	邦德咖啡	知名品牌（产品）
4	济南市	山东省鲁盐集团有限公司	食盐	知名品牌（产品）
5	青岛市	青岛正典生物科技有限公司	即食燕窝系列产品	知名品牌（产品）
6	青岛市	青岛丰科生物科技有限公司	Finc-W-247 白玉菇	知名品牌（产品）
7	青岛市	青岛天祥食品集团金喜燕制粉有限公司	小麦粉、挂面	知名品牌（产品）
8	青岛市	青岛晓阳工贸有限公司	东海龙须	知名品牌（产品）
9	青岛市	青岛灯塔味业有限公司	灯塔酱油、米醋	知名品牌（产品）
10	淄博市	山东扳倒井股份有限公司	白酒	知名品牌（产品）
11	淄博市	山东富欣生物科技股份有限公司	麦芽糖醇	知名品牌（产品）
12	淄博市	山东黄河龙集团有限公司	老酿坊 1922 酒	知名品牌（产品）
13	淄博市	山东悠乐滋生物科技有限公司	酸奶粉、益生菌	知名品牌（产品）
14	淄博市	山东百食佳食品科技有限公司	第一店牌食用油	知名品牌（产品）
15	枣庄市	山东欧乐食品有限公司	甘薯制品	知名品牌（产品）
16	东营市	东营广元生物科技股份有限公司	辅酶 Q10 维生素 E 软胶囊	知名品牌（产品）
17	东营市	山东半球面粉有限公司	小麦粉	知名品牌（产品）
18	烟台市	烟台张裕葡萄酿酒股份有限公司	张裕爱斐堡系列葡萄酒	知名品牌（产品）
19	烟台市	山东益生种畜禽股份有限公司	益生 909 小型白羽肉鸡	知名品牌（产品）
20	烟台市	烟台北方安德利果汁股份有限公司	浓缩苹果汁	知名品牌（产品）
21	烟台市	山东鲁花生物科技有限公司	酱香酱油	知名品牌（产品）
22	烟台市	莱阳鲁花醋业食品有限公司	黑糯米醋、鲁花自然香料酒	知名品牌（产品）
23	烟台市	山东龙大粮油有限公司	龙大花生油	知名品牌（产品）
24	烟台市	烟台麦特尔生物技术有限公司	大麦 β – 淀粉酶	知名品牌（产品）
25	潍坊市	诸城东晓生物科技有限公司	赖氨酸	知名品牌（产品）
26	潍坊市	诸城兴贸玉米开发有限公司	玉米油	知名品牌（产品）

续表

序号	地市	单位名称	认定产品（服务）名称	备注
27	潍坊市	山东得利斯食品股份有限公司	得利斯低温火腿	知名品牌（产品）
28	潍坊市	山东惠发食品股份有限公司	鱼味豆腐	知名品牌（产品）
29	潍坊市	山东秦池酒业有限公司	百年秦池头排酒	知名品牌（产品）
30	潍坊市	山东诸城密州酒业有限公司	白酒	知名品牌（产品）
31	潍坊市	山东天合堂食品股份有限公司	狮子头	知名品牌（产品）
32	潍坊市	山东菜央子盐场有限公司	食用盐	知名品牌（产品）
33	潍坊市	寿光市飞龙食品有限公司	飞龙脱壳鹌鹑蛋	知名品牌（产品）
34	潍坊市	山东纳佰味食品有限公司	调理类速冻食品	知名品牌（产品）
35	济宁市	曲阜孔府家酒酿造有限公司	孔府家白酒	知名品牌（产品）
36	济宁市	山东经发孔府宴酒业有限公司	孔府宴酒	知名品牌（产品）
37	泰安市	山东润德生物科技有限公司	N–乙酰氨基葡萄糖	知名品牌（产品）
38	泰安市	山东泰山立福食品科技有限公司	脱水蒜粒	知名品牌（产品）
39	泰安市	泰安巴夫巴夫农业科技有限公司	泰山黑猪肉肠	知名品牌（产品）
40	泰安市	山东富世康面业集团有限公司	原味挂面	知名品牌（产品）
41	泰安市	山东众客食品有限公司	禽肉制品	知名品牌（产品）
42	泰安市	泰安鑫昌农业发展有限公司	黄桃罐头	知名品牌（产品）
43	威海市	荣成泰祥食品股份有限公司	牛肉丸	知名品牌（产品）
44	威海市	山东海之宝海洋科技有限公司	“海芝宝”海带粉	知名品牌（产品）
45	日照市	横山天湖集团有限公司	白茶	知名品牌（产品）
46	日照市	山东美佳集团有限公司	美加佳鱼糜制品	知名品牌（产品）
47	日照市	大自然生物集团有限公司	无水柠檬酸钠	知名品牌（产品）
48	日照市	日照瀚林春茶业有限公司	瀚林春绿茶	知名品牌（产品）
49	临沂市	山东金胜粮油食品有限公司	原生初榨花生油、高油酸花生油、玉米胚芽油	知名品牌（产品）
50	临沂市	费县中粮油脂工业有限公司	花香汇花生油	知名品牌（产品）
51	临沂声	山东沂蒙老区酒业有限公司	贵人道白酒	知名品牌（产品）
52	临沂市	临沂欣宇辉生物科技有限公司	粘多糖	知名品牌（产品）
53	临沂市	临沂万德福食品有限公司	万德福脱水蔬菜	知名品牌（产品）
54	临沂市	山东醉三国酒业有限公司	李九十系列白酒	知名品牌（产品）
55	德州市	古贝春集团有限公司	酱香型系列白酒	知名品牌（产品）
56	德州市	保龄宝生物股份有限公司	结晶果糖	知名品牌（产品）
57	德州市	山东福田药业有限公司	麦芽糖醇	知名品牌（产品）
58	德州市	山东禹王生态食业有限公司	大豆分离蛋白	知名品牌（产品）
59	德州市	山东百龙创园生物科技股份有限公司	麦芽糖醇、聚葡萄糖	知名品牌（产品）
60	德州市	禹城市圣樱食品有限公司	圣樱糖纳豆	知名品牌（产品）
61	德州市	山东恒溢生物科技股份有限公司	匠溢无蔗糖糖粉	知名品牌（产品）
62	德州市	禹城乐富健生物技术有限公司	无蔗糖糖浆（粉）	知名品牌（产品）

续表

序号	地市	单位名称	认定产品（服务）名称	备注
63	德州市	禹城三鑫食品有限公司	三黄鸡、中装鸡	知名品牌（产品）
64	聊城市	山东东阿东方阿胶股份有限公司	阿胶糕	知名品牌（产品）
65	滨州市	长寿花食品股份有限公司	长寿花玉米油、葵花籽油	知名品牌（产品）
66	滨州市	山东渤海实业集团有限公司	豆粕	知名品牌（产品）
67	滨州市	无棣县华龙食品有限公司	华硕牌枣产品	知名品牌（产品）
68	菏泽市	菏泽华瑞油脂有限责任公司	荷宝牌牡丹籽油	知名品牌（产品）
69	菏泽市	劳特巴赫（菏泽）啤酒股份有限公司	劳德巴赫精酿啤酒	知名品牌（产品）
70	济南市	济南舒阳奶业有限公司	“送奶入户”批发零售服务	知名品牌（服务）
71	烟台市	烟台张裕文化旅游发展有限公司	葡萄酒文化旅游服务	知名品牌（服务）
72	烟台市	烟台富美特信息科技股份有限公司	FOODMATE 食品合规管理咨询服务	知名品牌（服务）
73	临沂市	鲁健检测科技有限公司	食品检测服务	知名品牌（服务）

刘如唯

3.9 广东省

【a. 概况】

2022 年，受疫情多点频发和国内外经济形势复杂等因素影响，市场需求整体有所收缩，产业运行压力大。但食品行业作为民生刚需行业，运行较其他行业稳定，总体态势前高后稳、先扬后抑。

1. 工业生产

2022 年，广东省规模以上（下同）食品生产企业资产总计 6396.81 亿元，同比增长 8.9%，平均用工人数 41.15 万人，同比增长 2.4%；食品饮料行业固定资产投资累计增长 13.7%。食品工业营业收入 8994.7 亿元，同比增长 7.7%；工业增加值 2190.34 亿元，同比增长 12.93%。

2. 市场销售

2022 年，广东省食品工业实现销售产值 8120.03 亿元，同比增长 4.5%, 利润总额 522.51 亿元，同比下降 3.5%；出口交货值 408.52 亿元，同比增长 4.1%。

3. 产品产量

2022 年，广东省精制食用植物油产量 711.04 万吨，同比下降 7.2%；成品糖产量 119.16 万吨，同比降低 7.8%；啤酒产量 394.11 万千升，同比降低 3.5%；饮料产量 3853.1 万吨，同比增长 2.5%；卷烟产量 1296.5 亿支，同比增长 0.4%；粮食产量 1291.5 万吨，同比增长 0.9%。预制菜持续保持热度，保健（功能）食品、休闲食品等细分品类表现抢眼。

4. 居民消费

2022 年，广东居民消费价格指数（CPI）同比上涨 2.2%。其中，食品价格上涨 7.0%，非食品价格上涨 1.1%。粮油食品类、饮料类商品零售额分别增长 9.0%、5.6%，餐饮收入下降 4.3%。

5. 食品安全水平持续提高。2022 年，广东省食品市场国家监督抽检合格率 97.55%，省级监督抽检合格率 98.41%，不合格问题主要集中在农药兽药残留超标和微生物污染方面，未发生重大食品安全事故。

【b. 大事记】

1 月 7–8 日，2022 广东“非遗过大年文化进万家”暨“冬养汕尾”嘉年华活动在汕尾隆重举行。广东省食品行业协会在会上被授予“广东省非物质文化遗产工作站（广东特色食品传统医药工作站）”。

2 月 28 日，“中国味道 · 粤品粤香”预制菜推广月活动在北京和广东两地启动。活动由农业农村部农业贸易促进中心和广东省农业农村厅共同举办，旨在通过系列活动将 3 月打造成广东预制菜推广宣传月，为以预制菜为代表的精深加工农产品搭建全方位促进平台，推动预制菜产业高质量发展。

5 月 12 日，2022 首届“全国吃货节”大型食品促消费活动广东分会场活动在广州举行，活动由广东省非物质文化遗产工作站（广东省特色食品传统医药工作站）和广东省食品行业协会主办。全省近500家企业，88个省级以上食品类非遗代表性项目参加此次全国吃货节活动，活动内容丰富，现场气氛热烈，美食琳琅满目，活动持续到5月30日，通过“线上+线下”等方式，为广大消费者提供一场广东非遗美食盛宴。非遗美食承载着鲜明的地方特色和历史文化，也意味着非遗项目更加包罗万象，更接地气更多元，发挥出社会功能和当代价值，为文旅消费产业赋予大能量。

6月2日，在广东省市场监督管理局的指导下，广东省计量院新研制的两种蔗糖溶液标准物质通过全国标准物质委员会专家办公室组织的技术专家委员会的评审，被认定为国家二级有证标准物质。新研制的蔗糖溶液标准物质的标准值为1.00%和5.00%，扩展不确定度分别为0.01%和0.05%，填补了国内蔗糖溶液标准物质低浓度量值的空缺。

8月3日，广东仙津保健饮料食品有限公司（以下简称“仙津公司”）隆重举行增资扩产项目投产仪式，此次仙津公司的增资扩产项目总投资1.2亿多人民币，项目占地面积15亩，厂房建筑面积两万多平方，年产值超3亿。

8月19–20日，为深入贯彻中共中央、国务院《关于深化改革加强食品安全工作的意见》文件精神，继续推进韶关市食品工业企业诚信体系建设，韶关市工业和信息化局与广东省南方食品医药行业评估中心在韶关市联合举办的“2022年韶关市食品工业企业诚信管理体系国标宣贯暨内审员和评价人员培训班”。来自韶关以及广州、深圳等地近80余名食品企业代表参加培训。

9月9日上午广东省食品行业协会凉茶分会召开凉茶企业座谈会，来自广东十家凉茶企业的代表齐聚一堂共同探讨凉茶的生存现状及传承保护发展思路。与会代表一致认为凉茶发展一要加强年轻消费群体的科普宣传活动；二要创新销售模式以适应新形势；三要严把质量关，坚决不踩质量红线。

11月10日广东省工业和信息化厅召开全省食品工业诚信管理体系国家标准线上培训会，会议邀请广东省市场监管局和广东省食品行业协会代表分别就《企业落实食品安全主体责任监督管理规定》，国家关于食品工业诚信体系建设相关政策、食品工业企业诚信管理体系国家标准内容等进行宣贯和讲解。各市、县（区）、镇工业和信息化部门、全省食品工业生产企业近千人通过视频线上参加会议。会议要求，企业在生产经营过程中，要时刻牢记食品安全这一不可逾越的红线，用实际行动保障人民群众“舌尖上的安全”。各地、各食品企业要坚持稳字当头、稳中求进，既要正视困难，又要坚定信心，促进生产经营的数字化、智能化、低碳化、绿色化，保障食品安全稳定可靠，推动食品工业高质量发展。

12月9日，由广东省食品行业协会主办，深圳市合成号食品有限公司承办，并获得深圳市老字号协会、深圳市宝安区传统文化协会、广东省岭南特色食品推广中心的支持的首届广东省省级非遗食品展暨岭南特色食品联展活动在宝安的深圳民俗文化产业园正式启动，岭南各地风味特产美食美味悉数登场，带来满满的民俗记忆和岭南乡愁。现场还举行了广东省岭南特色食品非遗传承教育基地、广东省岭南特色食品推广中心揭牌仪式以及非遗文化论坛，活动旨在通过岭南食品讲好岭南故事，让岭南美食在守正创新上实现新作为，助力乡村振兴，谋求共同发展，赋能大湾区和先行示范区文化产业发展。

12月28日，2022年广东省酱油酿造工艺鉴评职业技能竞赛决赛在广州举行，周其洋等5名选手获得比赛一等奖，由省总工会、省人社厅、省工信厅和省科技厅联合颁发荣誉证书，并将获得由广东省总工会按程序颁发的“广东省五一劳动奖章”。刘璇等10名选手获得由组委会授予的“二等奖”荣誉证书。吴晓玲等15名选手获得“三等奖”荣誉证书。

【c. 经济指标】

表 1 2022 年各省区直辖市食品工业营业收入排位前 10 位

名次	省份	规模以上企业数（家）	营业收入（亿元）	同比增长（%）
1	山东省	3924	11852.51	10.52
2	广东省	2227	8994.70	7.73
3	四川省	2442	8555.0	–1.1
4	河南省	2600	7184.79	8.4
5	福建省	2465	6882.88	2.4
6	湖北省	2424	6727.14	6.32
7	江苏省	2055	6569.0（采盐业）	7.92
8	湖南省	2990	6379.0	9.3
9	河北省	1258	4354.53	6.0
10	安徽省	2074	3824.65	23.14

资料来源：中国食品工业协会

表 2 2022 年广东省食品工业规模以上企业资产合计

行业	资产合计（亿元）	同比增长（%）
农副食品加工业	2453.51	7.7
食品制造业	2136.17	7.4
酒、饮料和精制茶制造业	1292.42	10.8
烟草制品业	514.71	–10.3

资料来源：广东省统计局

表 3 2022 年广东省食品工业规上企业和平均用工人数

行业	平均用工人数（万人）	同比增长（%）
农副食品加工业	14.43	1.4
食品制造业	18.12	–1.8
酒、饮料和精制茶制造业	7.23	–0.1
烟草制品业	1.37	10.9

资料来源：广东省统计局

表 4 2022 年广东省食品工业规模以上企业食品工业营业收入

行业	营业收入（亿元）	同比增长（%）
农副食品加工业	4736.08	9.0
食品制造业	2396.71	0.2
酒、饮料和精制茶制造业	1280.29	5.1
烟草制品业	581.62	5.1

资料来源：广东省统计局

表 5　2022 年广东省食品工业规模以上企业食品工业增加值

行业	工业增加值（亿元）	同比增长（%）
农副食品加工业	408	–0.7
食品制造业	791.8	–0.7
酒、饮料和精制茶制造业	340.81	0.7
烟草制品业	649.71	44.2

资料来源：广东省统计局

表 6　2022 年广东食品工业规模以上企业食品销售产值

行业	工业销售产值（亿元）	同比增长（%）
农副食品加工业	4254.45	6.1
食品制造业	2115.13	–2.9
酒、饮料和精制茶制造业	1170.29	0.2
烟草制品业	581.16	5.7

资料来源：广东省统计局

表 7　2022 年广东食品工业规模以上企业食品流动资产

行业	流动资产（亿元）	同比增长（%）
农副食品加工业	1722.48	9.4
食品制造业	1237.58	4.9
酒、饮料和精制茶制造业	794.45	14.4
烟草制品业	381.16	–13.1

资料来源：广东省统计局

表 8　2022 年广东省食品工业规模以上企业食品利润总额及增长速度

行业	利润总额（亿元）	同比增长（%）
农副食品加工业	121.64	–8.5
食品制造业	244.58	2.3
酒、饮料和精制茶制造业	104.31	–19.4
烟草制品业	51.98	21.2

资料来源：广东省统计局

表 9　2022 年广东省食品工业规模以上企业食品营业成本及增长速度

行业	营业成本（亿元）	同比增长（%）
农副食品加工业	4432.07	10.5
食品制造业	1621.54	0.6
酒、饮料和精制茶制造业	963.82	10.0
烟草制品业	177.36	6.7

表 10　2022 年广东居民食品消费价格比上年涨跌幅度

指标	价格指数（上年 =100）	同比增长 %
食品烟酒	102.9	2.9
其中：粮食	101.6	1.6
食用油	106.3	6.3
鲜菜	106.2	6.2
畜肉类	93.5	-6.5
禽肉类	103.5	3.5
水产品	105.8	5.8
蛋类	106.4	6.4

来源：2022 年广东国民经济和社会发展统计公报

【d. 重点行业】

1. 凉茶饮料

截至 2022 年，我国市场上凉茶企业众多，知名度较高的企业有加多宝、王老吉、黄振龙、邓老凉茶、潘高寿、徐其修等。其中，王老吉作为凉茶龙头企业，占据凉茶市场约五成份额；第二是加多宝，占市场三至四成左右的份额；最后是其他凉茶品牌，占市场约一成的份额。总体来看，凉茶市场呈现垄断格局。

表 11Chnbrand2022 年中国品牌力指数 SM（C–BPI®）凉茶品牌排行榜（广东）（基于 1000 分制）品牌上榜条件是“未提示提及率≥ 7%”

品牌	2022 年 C–BPI 得分	排名	变化
王老吉	689.0	1	--
加多宝	534.6	2	--
黄振龙	224.3	7	+2
徐其修	219.0	8	+3

资料来源：Chnbrand2022 年中国品牌力指数 SM（C–BPI®）

2. 焙烤食品制造

随着疫情好转，2022 年，我省烘焙食品市场规模有明显增长。特别是广式月饼，在中国正常营业状态的月饼企业中，广东省月饼企业数量位于全国第一，占全国相关企业总量的 12.64%。2022 年，广东月饼产品仍占据我国月饼市场主导地位，广式月饼位居消费者喜爱度前三。

3. 调味品制造

2022 年，广东省调味品产量及销售量保持全国领先，海天、李锦记、美味鲜、厨邦、味事达、东古、致美斋等产品在全国占有很大的市场份额，酱油在国内市场的占有率超过 60%，调味品出口世界 160 个国家和地区。

表 12Chnbrand2022 年中国品牌力指数 SM（C–BPI®）酱油（广东）品牌排行榜 品牌上榜条件是“未提示提及率≥ 7%”（基于 1000 分制）

品牌	2022 年 C–BPI 得分	排名	变化
海天	731.1	1	–
李锦记	414.5	2	–
厨邦	380.8	3	–
美味鲜	358	4	+1
味事达	302.1	6	+1
东古	290.5	8	+2

表 13　Chnbrand2022 年中国品牌力指数 SM（C–BPI®）食醋品牌排行榜 品牌上榜条件是“未提示提及≥率 7%”（基于 1000 分制）

品牌	2022 年 C–BPI 得分	排名	变化
海天	533.6	2	-1
李锦记	302.9	7	new
厨邦	262.4	15	new
东古	211.0	16	-1

表 14　Chnbrand2022 年中国品牌力指数 SM（C-BPI®）酱料品牌排行榜

品牌上榜条件是 " 未提示提及率≥ 7%"（基于 1000 分制）

品牌	2022 年 C-BPI 得分	排名	变化
海天	673.8	1	–
李锦记	403.9	3	–1
厨邦	327.9	5	–
东古	218.4	11	new

资料来源：Chnbrand2022 年中国品牌力指数 SM（C-BPI®）

4. 饮料制造

广东省饮料产量达 3853.10 万吨，同比增长 2.6%，占全国产量的 21.2%，产量远超第二位，位居全国第一。

表 15　2022 年全国各省市饮料排行榜（前十位）

排名	地区	年产量（万吨）
1	广东省	3853.10
2	四川省	1582.09
3	浙江省	1164.7
4	湖北省	1103.49
5	福建省	995.13
6	湖南省	963.01
7	陕西省	885.44
8	河南省	717.01
9	北京市	560.93
10	河北省	549.34

来源：中商情报网

表 16　Chnbrand2022 年中国品牌力指数 SM（C-BPI®）瓶装水（广东）品牌排行榜

品牌上榜条件是 “未提示提及≥率 7%”（基于 1000 分制）

品牌	2022 年 C-BPI 得分	排名	变化
怡宝	495.9	2	+1
百岁山	431.1	4	+2

表 17　Chnbrand2022 年中国品牌力指数 SM（C-BPI®）功能饮料（广东）品牌排行榜

品牌上榜条件是 “未提示提及≥率 7%”（基于 1000 分制）

品牌	2022 年 C-BPI 得分	排名	变化
脉动	502.6	2	–
东鹏特饮	413.7	3	+1
健力宝	348.6	5	–

资料来源：Chnbrand2022 年中国品牌力指数 SM（C-BPI®）

5. 乳制品制造

2022 年，广东省乳制品销售额达 2888.98 亿元，市场规模达 4980.6 亿元。

根据 Chnbrand2022 年中国品牌力指数 SM（C-BPI®）酸奶品牌排行榜所显示，广东省燕塘 C-BPI 得分 274.6，位列 12，乳酸菌生产企业中有津威上榜，位列榜单第 10 名，C-BPI 得分为 268.8。

6. 保健食品

广东省是保健食品生产和消费大省，目前广东保健品行业的主要企业共有 1876 家，主要分布在广州和深圳等地。据不完全统计，广州共有相关保健品企业数 766 家，深圳则有 413 家。在 2022 年中国保健行业市场中，汤臣倍健以 10.3% 的市场占有率稳居第一位。

7. 屠宰及肉类加工

广东省是生猪出栏大省，同时也是生猪消费大省。2022 年末，广东生猪年末存栏 2195.86 万头，同比增长 5.8%，其中能繁母猪存栏 204.37 万头，同比增长 6.9%。2022 年生猪出栏 3496.79 万头，同比增长 4.8%。2022 年末，广东家禽存栏 38779.85 万只，同比下降 1.5%。2022 年家禽出栏 133673.30 万只，同比增长 4.4%。2022 年家禽平均出栏价格为 17.14 元 / 公斤，同比增长 9.3%，价格全年持续高位，养殖效益较好。

8. 糖果、巧克力及凉果制造

全年广东省成品糖产量为 119.16 万吨，位列全国第4位。广东省糖果、凉果生产企业主要集中在潮州市庵埠镇，庵埠镇糖果产业发达，经过四十多年的发展，形成了全国唯一集糖果产业研发、生产、包装机械、销售、出口为一体的完整产业链，具有笑咪咪、新乐、汕泰等16家糖果生产骨干企业，产业规模达50亿，占全镇食品销售产值的一半，全省糖果产量的一半，庵埠糖果出口量占全省食品出口三分之一。庵埠镇糖果产业品种齐全，出口量大，其中压片糖、跳跳糖等特色糖果市场占有率高，汕泰生产的跳跳糖占全球市场占有率70%。

【e. 重点企业】

1. 广州白云山医药集团股份有限公司

2022年，白云山实现营业收入707.88亿元，同比增长2.57%；归属于公司股东的净利润为39.67亿元，同比增长6.63%；基本每股收益为2.44元，同比增长6.63%；销售费用约为58.75亿元，同比下降1.33%；研发投入合计达到10.65亿元，同比增长21.1%。王老吉归属白云山大健康业务。2022年年报显示，大健康业务实现营业收入104.73亿元，毛利率为43.52%。王老吉大健康公司在2022年贡献了93.49亿元，主营业务利润为40.44亿元，占大健康业务约89.26%。

2. 加多宝集团

2022年，加多宝持续保持盈利。2022年公司加大品牌推广力度、不断创新销售模式，其中，加多宝无辣不欢年度品牌营销在中国第29届中国国际广告节斩获整合营销金案、创新营销金案、年度活动营销金案等多项金奖。加多宝集团旗下昆仑山矿泉水，凭借昆仑山“点燃希望”年中秀项目荣获2022年度内容营销类案例金奖。加多宝集团秉持发展与社会责任并重的理念，2022年，加多宝集团获得中国乡村发展基金会（原中国扶贫基金会）助力脱贫攻坚卓越贡献奖和荣誉证书。

3. 东莞市华美食品有限公司

在中国的月饼市场上，东莞市华美食品有限公司已连续多年处于领先地位，公司坚持“创新发展，产品驱动”的战略方针不动摇，不遗余力从产品创新、持续发展、战略扩张等方面出发，与合作伙伴聚势新生，携手共赢，共同为消费者带来更好的消费体验和美食享受。华美食品集团董事长袁旭培表示，华美月饼梦工厂是在中华文化复兴的大背景下，东莞文化强市和提倡高质量发展战略方针指引下，并契合了华美自身的行业特点，历经多年规划，融合了多位国内外顶尖设计师心血，按照3A级设计标准倾力打造的工业旅游示范点，集传统节庆美食文化、非遗科普，产学研为一体的综合性文旅项目，梦工厂启用后，增加了企业的动能，华美品牌的商业活力进一步提升。

4. 广州酒家集团股份有限公司

2022年广州酒家实现营业收入为41.12亿元，同比增长5.72%。分产品看，广州酒家月饼系列产品实现营收15.19亿元，同比持平；速冻食品营收10.58亿元，同比增长24.75%；餐饮业务营业收入为7.62亿元，同比增长5.14%。其他产品及商品营业收入7.35亿元，同比下降2.42%。广州酒家旗下拥有“广州酒家”“陶陶居”“天极品”“星樾城”等餐饮品牌，截至12月底，拥有餐饮直营门店36家，其中“广州酒家”直营门店22家，“星樾城”直营门店3家，“陶陶居”直营门店11家，公司授权第三方经营“陶陶居”特许经营门店23家。公司现有广东广州、茂名、梅州和湖南湘潭四大食品生产基地，主要生产自有品牌产品，同时也会为其他第三方品牌提供OEM/ODM服务。公司销售产品以自产为主，针对生产技术成熟的部分粽子类、肉脯类等其他产品，采取委托加工生产模式。

5. 广州珠江啤酒股份有限公司

2022年，珠江啤酒实现啤酒销量133.85万吨，同比增长4.87%；营业收入49.28亿元，同比增长 8.60%；归母净利 5.98 亿元，同比下降 2.13%。利润总额、归属于上市公司股东的净利润、扣除非经常性损益后的归属上市公司股东的净利润分别为 7 亿元、6 亿元和 5.3 亿元，同比分别减少 3.28%、减少 2.13% 和增长 6.60%。公司本报告期末资产总额、归属于上市公司股东的所有者权益分别为 139.40 亿元、96.18 亿元。

6. 广东燕塘乳业股份有限公司

2022 年，燕塘乳业公司实现营业收入 18.8 亿元，同比下降 5.52%，归母净利润 9936 万元，同比下降 37%。2022 年，在复杂多变的外部环境及疫情反复影响下，乳业面临上游成本攀升与下游消费受限等多重压力，燕塘乳业凭借“稳字当头、稳中求进”的主基调，通过控成本、稳品质、扩产能、创新品、增销量、提效益等多项有效工作部署，保持了公司总体业绩平稳。作为广东省首家液体乳上市企业及广东本土老字号品牌，燕塘乳业深耕乳业多年，逐步构建起涵盖“饲草种植、奶牛养殖、研发加工、品控检测、冷链配送、立体终端”的特色工牧一体化全产业链，通过充分发挥各生产管理环节之间的协同效应，优化各节点资源配置，实现了标准化生产并有效降低运营管理成本。

7. 佛山市海天调味食品股份有限公司

2022 年，海天味业入选中国最具价值品牌 50 强，以 62.82 的品牌价值位列第 47 名。公司 2022 年实现营业收入 256.10 亿元，同比增长 2.42%；归属于上市公司股东的净利润 61.98 亿元，同比减少 7.09%。报告期内，海天继续保持在调味品赛道的龙头领先地位，稳居业内第一。2022 年，海天味业的核心品类酱油、调味酱、蚝油的营收均有下滑。其中，海天味业的拳头产品酱油在过去一年的收入约为 138.61 亿元，同比下滑 2.3%；调味酱的收入约为 25.84 亿元，同比下滑 3.07%；蚝油的收入约为 44.17 亿元，同比下滑 2.54%。

8. 广东美味鲜调味食品有限公司

2022 年，美味鲜主要从事 10 多个品类调味品的生产和销售，业务规模连续多年位列行业前茅，拥有中山及阳西两大生产基地。2022 年整体生产量约 69.85 万吨，销售 69.56 万吨，实现销售收入 49.55 亿元，同比增加 3.37 亿元，同比增长为 7.30%，其中，酱油的销售额占业务总收入的 61.89%，鸡精鸡粉占比 12.19%，食用油占比 10.21%，其他调味品占比 15.71%。近年，蚝油、料酒、米醋、酱类等系列新产品发展势头迅猛，多品类发展格局正逐步形成。

9. 东鹏饮料（集团）股份有限公司

2022 年，东鹏饮料实现营业收入达 85.05 亿元，同比增长 21.89%；归属于上市公司股东的净利润 14.41 亿元，同比增长 20.75%。东鹏饮料的主品类东鹏特饮去年实现营收 81.72 亿元，同比增长 23.98%，收入占比为 96.24%；其他饮料实现营收 3.19 亿元，同比下降 14.23%，收入占比为 3.76%。

10. 华润怡宝饮料（中国）有限公司

2022 年，华润怡宝实现营收和净利均达到双位数增长，成为贡献饮料行业增量的核心企业之一。其中，包装饮用水的营收同比增长 10.1%，全年饮料营收同比增长 37.3%。在我国的瓶装水市场中，华润怡宝纯净水以 21.3% 的市占率位居第二。

【f. 行业党建】

2022 年，广东省食品医药行业联合党委深入学习贯彻党的二十大精神，积极履行各项职责，充分发挥“四个平台”的作用，推动“两个覆盖”，努力发挥党建引领发展作用，促进党建与业务融合发展。

1. 建立健全联合党委工作制度

联合党委办公室联合广东省食品行业协会、广东省医药行业协会秘书处起草了《中共广东省食品医药行业联合委员会参与社会组织议事决策工作制度》，其中列明了联合党委参与社会组织议事决策事项、参与程序、保障措施等，确保党建引领行业发展落到实处。该制度于3月25日经理事会表决通过，正式实行。

2. 做好党建工作站项目。

协会所在的004号党建工作站根据新形势新任务新要求，在联合党委的领导下，不断扩大服务范围，目前联系、服务和指导直接登记（含脱钩）的包括食品医药相关行业的省级社会组织由原50家增加至80余家，工作受到成员单位肯定，并以优异的成绩通过了2021年项目验收。

3. 统筹行业疫情防控

根据广东省工信厅、广东省社会组织党委要求，联合党委联合广东省食品行业协会、广东省医药行业协会发出《关于进一步落实主体责任强化防控措施确保企业生产和员工身体健康的通知》《关于坚决做好新冠疫情防控工作的通知》，呼吁所属党组织及会员切实做好疫情防控工作，并积极履行社会责任。据不完全统计，疫情三年省食品医药行业会员合计捐赠款物已超50亿元。

4. 抓好行风作风建设

联合党委印发《关于开展2022年纪律教育学习周的通知》，要求所属各党组织、004号党建工作站成员单位党组织通过自学教育、互动交流、对照检查等形式，开展学习周活动，以达到增强纪律观念、强化纪律执行的目的。省食品医药行业纪委坚持对协会各项业务的监督检查，对诚信体系评价、食品工程职称评审、“三品”评价、标准制定等重点工作实施全程监督，确保过程依法依规、公平公正。

【g. 食品安全】

2022年，广东省各级市场监管部门共完成食品安全监督抽检668698批次，不合格16879批次，监督抽检总体不合格率为2.52%。

从抽检食品品种来看，居民消费量较大的乳制品、粮食加工品、肉制品、食用农产品和食用油、油脂及其制品的抽检不合格率分别为0.18%、0.59%、1.45%、4.03%、1.52%。各类食品监督抽检结果见附件。

从检出的不合格项目类别来看，比例较大的不合格项目占抽检不合格样品总量分别为：微生物污染24.37%、农药残留超标23.45%、兽药残留超标13.22%、质量指标不达标11.47%、重金属等元素污染10.53%、食品添加剂超范围超限量使用8.95%。

表18　2022年广东省食品安全监督抽检结果汇总表

序号	食品种类	样品抽检数量/批次	合格样品数量/批次	不合格样品数量/批次	样品不合格率
1	粮食加工品	54194	53873	321	0.59%
2	食用油、油脂及其制品	31172	30699	473	1.52%
3	调味品	31440	31237	203	0.65%
4	肉制品	25874	25498	376	1.45%
5	乳制品	14086	14060	26	0.18%
6	饮料	23297	23050	247	1.06%
7	方便食品	9183	9079	104	1.13%
8	饼干	8890	8723	167	1.88%
9	罐头	4272	4268	4	0.09%
10	冷冻饮品	4561	4492	69	1.51%

续表

序号	食品种类	样品抽检数量 / 批次	合格样品数量 / 批次	不合格样品数量 / 批次	样品不合格率
11	速冻食品	13820	13739	81	0.59%
12	薯类和膨化食品	5997	5916	81	1.35%
13	糖果制品	13195	13140	55	0.42%
14	茶叶及相关制品	8731	8686	45	0.52%
15	酒类	20602	20424	178	0.86%
16	蔬菜制品	15363	14898	465	3.03%
17	水果制品	13797	13524	273	1.98%
18	炒货食品及坚果制品	9023	8782	241	2.67%
19	蛋制品	2854	2839	15	0.53%
20	可可及焙烤咖啡产品	673	673	0	0
21	食糖	4236	4189	47	1.11%
22	水产制品	7079	6984	95	1.34%
23	淀粉及淀粉制品	7636	7598	38	0.50%
24	糕点	29886	29300	586	1.96%
25	豆制品	10477	10391	86	0.82%
26	蜂产品	1828	1821	7	0.38%
27	保健食品	4841	4824	17	0.35%
28	特殊膳食食品	1431	1425	6	0.42%
29	特殊医学用途配方食品	258	258	0	0
30	婴幼儿配方食品	3173	3173	0	0
31	餐饮食品	72211	68145	4066	5.63%
32	食品添加剂	2126	2119	7	0.33%
33	食用农产品	210815	202324	8491	4.03%
34	其他食品	1677	1668	9	0.54%
	总计	668698	651819	16879	2.52%

【h. 诚信建设】

2022 年，广东省南方食品医药行业评估中心按照《食品工业企业诚信管理体系评价工作程序（试行）》和 GB/T33300–2016《食品工业企业诚信管理体系》国家标准，开展了食品工业企业诚信管理体系评价工作。经评价，2022 年新增广东金友米业有限公司等 16 家企业通过食品工业企业诚信管理体系初次评价，广州王老吉药业股份有限公司等 6 家企业通过食品工业企业诚信管理体系再评价，广东笑咪咪食品有限公司等 35 家企业通过食品工业企业诚信管理体系监督评价。

表 19　新增通过食品工业企业诚信管理体系评价企业

序号	企业名称	证书编码
1	广东金友米业股份有限公司	18-GDSYPG（粤）22-0001
2	广东天益生物科技有限公司	18-GDSYPG（粤）22-0002
3	南雄市香溢工贸有限公司	18-GDSYPG（粤）22-0003
4	新丰珠江啤酒分装有限公司	18-GDSYPG（粤）22-0004
5	韶关市利宝实业有限公司	18-GDSYPG（粤）22-0005
6	广东慧园粮油有限公司	18-GDSYPG（粤）22-0006
7	广东青云山药业有限公司	18-GDSYPG（粤）22-0007
8	广州酒家集团利口福（梅州）食品有限公司	18-GDSYPG（粤）22-0008
9	立高食品股份有限公司	18-GDSYPG（粤）22-0009
10	湛江燕塘乳业有限公司	18-GDSYPG（粤）22-0010
11	广东好味来食品有限公司	18-GDSYPG（粤）22-0011
12	广东江大和风香精香料有限公司	18-GDSYPG（粤）22-0012
13	中山宝利食品有限公司	18-GDSYPG（粤）22-0013
14	阳江喜之郎果冻制造有限公司	18-GDSYPG（粤）22-0014
15	益海嘉里（茂名）食品工业有限公司	18-GDSYPG（粤）22-0015
16	广州奥桑味精食品有限公司	18-GDSYPG（粤）22-0016

【i. 落实“三品”行动】

2022 年，广东省食品行业协会根据党中央、国务院决策部署和省委省政府工作要求，认真落实增品种、提品质、创品牌专项行动，评选出一批“品质好、美誉度高、市场竞争力强”的优势拳头产品和高质量的科学技术项目，取得了较为显著的成绩。

1. 增品种

为鼓励企业开发中高端产品，在丰富和细化产品种类的同时，促进产品向营养、健康方向转变。推荐了“燕塘娟姗鲜牛奶（全脂巴氏杀菌乳）”等 73 个新产品为 2022 年度广东省食品行业优秀新产品，后续将向省工信厅推荐编入《广东消费品供给指南》。

表 20　2022 年度广东省食品行业优秀新产品

序号	产品名称	商标名称	生产单位
一等奖			
1	娟姗鲜牛奶（全脂巴氏杀菌乳）	燕塘	广东燕塘乳业股份有限公司
2	咖啡饮料	东鹏大咖	东鹏饮料（集团）股份有限公司
3	强化葡萄糖酸锌乳酸菌饮品（蜜桃风味）（非活菌型）	津威	东莞石龙津威饮料食品有限公司
4	娟姗鲜牛奶（全脂巴氏杀菌乳）	燕塘	广东燕塘乳业股份有限公司
5	咖啡浓缩液	顺大	广东顺大食品调料有限公司
6	荔枝燕窝（即食罐头）	荔小吉	广州王老吉大健康产业有限公司
7	爽恬清润糖（硬质糖果）	无限极	无限极（中国）有限公司
8	萃雅美姿力胶原蛋白肽饮料	BEAUTRIO	无限极（中国）有限公司

续表

序号	产品名称	商标名称	生产单位
9	意轻松 DHA 压片糖果	优全佳	无限极（中国）有限公司
10	青梅酒（配制酒）	老德头	陆河国泰青梅产业发展有限公司
二等奖			
1	鲜炖海参	官栈	广东参之源健康科技有限公司
2	榛子可可味复合蛋白谷物棒	索米加	广东壹健康健康产业集团股份有限公司
3	藤椒调味油	惠尔泰	广东惠尔泰生物科技有限公司
4	A2 鲜牛奶（全脂巴氏杀菌乳）	燕塘	广东燕塘乳业股份有限公司
5	无糖凉茶植物饮料（茉莉风味）	王老吉	广州王老吉大健康产业有限公司
6	坚果植物蛋白饮品	大寨	广州王老吉大健康产业有限公司
7	荔枝吸吸龟苓膏	王老吉	广州王老吉药业股份有限公司
8	双皮奶浆料（调制乳）	风行	广州风行乳业股份有限公司
9	无糖型能量饮料	东鹏 0 糖	东鹏饮料（集团）股份有限公司
10	果汁能量饮料	她能	东鹏饮料（集团）股份有限公司
11	熔岩流心奶黄月饼礼盒	广州酒家	广州酒家集团利口福食品有限公司
12	型美高蛋白谷物棒方便食品	无限极	无限极（中国）有限公司
13	慧蓓口服液（保健食品）	无限极	无限极（中国）有限公司
14	乐姿片（保健食品）	无限极	无限极（中国）有限公司
15	海陆天鲜大粽礼盒（粽子）	仙味爷爷	仙味爷爷（广州）食品科技有限公司
16	汉本萃葆原饮品（植物饮料）	纽崔莱	安利（中国）研发中心有限公司
17	汉本萃活妍饮品（植物饮料）	纽崔莱	安利（中国）研发中心有限公司
18	复合益生菌（固体饮料）	纽崔莱	安利（中国）研发中心有限公司
19	脆脆夏威夷果仁	天虹牌	广东南兴天虹果仁制品有限公司
20	每日坚果营养款 A（混合坚果仁、蜜饯、水果干）	天虹牌	广东南兴天虹果仁制品有限公司
21	韵香型白酒	伯乐酒	惠州伯乐酿酒有限公司
22	“W 系列”苏打酒（配制酒）	动力火车	广东仙津保健饮料食品有限公司
23	即配柠檬蜂蜜水（蜂产品制品）	蜂乜	东莞市蜂乜保健食品有限公司
24	即配蜂蜜水（蜂产品制品）	蜂乜	东莞市蜂乜保健食品有限公司
25	鲜味生抽（酿造酱油）	厨邦	广东美味鲜调味食品有限公司
26	虾青素红酒蔓越莓流心月饼	鲜果轻	中山洪力健康食品产业研究院有限公司
27	烹饪黄酒	厨邦	阳西美味鲜食品有限公司
28	鲜炖花胶 PLUS+（即食罐头）	官栈	广东官栈营养健康科技有限公司
29	大豆油	香谷一号	广东金妮宝科技发展有限公司
30	DHA 藻油凝胶糖果（无糖型）	惠优喜	广州富诺营养科技有限公司
31	菠萝啤果味气泡水	广氏	广州广氏食品有限公司
32	金菠萝（菠萝汁配制酒）	广氏	广州广氏食品有限公司

续表

序号	产品名称	商标名称	生产单位
33	纤蔬膳食纤维粉固体饮料	乐姿乐言	无限极（中国）有限公司
34	羽衣甘蓝粉（果蔬固体饮料）	麦谷村	广州市如此爱贸易有限公司
35	不老莓原浆（果浆饮料）	麦谷村	广州市如此爱贸易有限公司
36	百香果味维泡爽牌维生素 C 咀嚼片（保健食品）	汤臣倍健	汤臣倍健股份有限公司
37	螺旋藻硒片（保健食品）	汤臣倍健	汤臣倍健股份有限公司
38	冰皮预拌粉（米糕用）	广益	广东广益科技实业有限公司
39	刺梨健康月饼	鲜果轻	中山洪力健康食品产业研究院有限公司
40	百香果酥（烘烤类糕点）	鲜果轻	中山洪力健康食品产业研究院有限公司
41	陈皮苹果醋饮料（黑金版）	天地壹号	天地壹号饮料股份有限公司
42	广东丝苗米	丰隆	汕尾市丰隆米业有限公司
43	沙虾米（丝苗米）	丰隆	汕尾市丰隆米业有限公司
44	沫蟹香米（丝苗米）	丰隆	汕尾市丰隆米业有限公司
三等奖			
1	生榨椰汁（植物蛋白饮料）	椰柔	广州王老吉大健康产业有限公司
2	大颗牛肉丸（速冻肉糜类制品）	仙味爷爷	仙味爷爷（广州）食品科技有限公司
3	淡盐味开心果	天虹牌	广东南兴天虹果仁制品有限公司
4	超级工厂原味夏威夷果仁（半颗）	天虹牌	广东南兴天虹果仁制品有限公司
5	豆豉海鱼罐头	宝和	中山宝利食品有限公司
6	香辣豆豉海鱼罐头	宝和	中山宝利食品有限公司
7	素食田园果蔬比萨（速冻面米与调制食品）	鲜果轻	中山洪力健康食品产业研究院有限公司
8	青葡萄味晴王果汁夹浆软糖（混合型凝胶糖果）	奈亲	广东利强食品实业有限公司
9	白桃味爆爽果汁酸糖（硬质糖果）	奈亲	广东利强食品实业有限公司
10	乌梅条（凉果类）	宏泰记	潮州市潮安区宏泰记食品有限公司
11	强化铁猪肝粉（婴幼儿辅食营养素撒剂）	爷爷的农场	艾斯普瑞（广州）食品有限公司
12	电解质运动饮料	广氏无限量	广州广氏食品有限公司
13	罗汉果糖（餐桌甜味料）	红棉	广州华糖食品有限公司
14	墨汁鱿鱼丸（冷冻鱼糜制品）	鱼意牌	广州市海庆食品有限公司海珠食品加工厂
15	美月安胶囊（保健食品）	INFINITUS 牌	无限极（中国）有限公司
16	护肺片（保健食品）	INFINITUS 牌	无限极（中国）有限公司
17	Fashion 谷物组合（杂粮粥料）	粥功夫	深圳市瑞利来实业有限公司
18	元气阿胶粥（杂粮粥料）	瑞利来	深圳市瑞利来实业有限公司
19	西关鸡仔饼（酥类糕点）	广隆	东莞市广隆食品有限公司

以上各获奖等次中，获奖项目排名不分先后

2. 提品质

为鼓励企业科技创新和技术改造，增强食品安全保障能力，持续提质增效，推进产学研合作和优秀科技成果产业转化，搭建行业技术创新交流平台，组织多场科技成果鉴定会，对来自院校、科研和检测机构及企业完成的33项政府重点科研课题或自主创新项目成果进行评价，确认了1个项目达到国际先进水平、15个项目达到国内领先水平、6个项目达到国内先进水平。并以此为基础，评选出22个项目为2022年度广东省食品行业协会科学技术奖，以及1家科技创新成效显著的先进企业和27位在科技创新方面表现突出的卓越领导者和先进工作者，还进一步提名其中优秀项目参加广东省科学技术奖评选。

表21　2022年度广东省食品行业科技成果评价

序号	成果名称	完成单位	评价结论	证书编号
1	客家预制菜品质保真及安全控制关键技术与产业化	仲恺农业工程学院	国际先进水平	粤食评字[2022]15号
2	基于特征性植物源性成分高通量鉴别蛋白饮料品质技术体系的建立与应用	广州市食品检验所 广州质量监督检测研究院	国内领先水平	粤食评字[2022]10号
3	口服液高速智能化生产技术开发与应用	无限极（中国）有限公司	国内领先水平	粤食评字[2022]11号
4	红曲红色素高效绿色制造工业技术产业化	广东天益生物科技有限公司	国内领先水平	粤食评字[2022]12号
5	中草药健康产品固体制剂全流程柔性化智能制造	无限极（中国）有限公司	国内领先水平	粤食评字[2022]13号
6	谷物膳食纤维制备及其低GI值食品的研发	江门市食品检验所、华南理工大学食品科学与工程学院、广东嘉士利食品集团有限公司	国内领先水平	粤食评字[2022]14号
7	乳品中黄曲霉毒素M1残留的荧光共振能量转移快速检测技术研究与应用	广东食品工业研究所有限公司、深圳大学	国内领先水平	粤食评字[2022]16号
8	食品安全快速检测数据模型构建及应用	广东省食品检验所（广东省酒类检测中心）	国内领先水平	粤食评字[2022]17号
9	白兰地和威士忌鉴别技术研究及应用	广东省食品检验所（广东省酒类检测中心）	国内领先水平	粤食评字[2022]18号
10	提升味精品质和转化率的生产新工艺研究	广州奥桑味精食品有限公司	国内领先水平	粤食评字[2022]1号
11	BHA产业化技术开发及应用研究	翁源广业清怡食品科技有限公司	国内领先水平	粤食评字[2022]20号
12	基于单光子检测器的粮油真菌毒素广谱快速检测技术研究	广东粮食和物资储备保障中心、广东省粮食科学研究所有限公司、江苏省苏微微生物研究有限公司、广东达元绿洲食品安全科技股份有限公司	国内领先水平	粤食评字[2022]22号
13	古方新用创新胃肠护理配方技术开发及产品创制	无限极（中国）有限公司	国内领先水平	粤食评字[2022]25号
14	呼吸道健康功能产品研发、评价体系建立及产业化	无限极（中国）有限公司	国内领先水平	粤食评字[2022]26号
15	分离式蜂蜜果蔬饮料包装结构及关键生产技术的研究	东莞市蜂乜保健食品有限公司	国内领先水平	粤食评字[2022]8号
16	灵芝优质菌种筛选、活性成分提取关键技术及产品创制	无限极（中国）有限公司	国内领先水平	粤食评字[2022]9号

续表

序号	成果名称	完成单位	评价结论	证书编号
17	丛毛红曲菌（monascuspilosus）固态发酵技术研究与产业化	广东省真红生物科技有限公司、贵州省食品发酵研发中心	国内先进水平	粤食评字[2022]21 号
18	温补肾阳类药食同源中草药健康食品国家产品开发及代谢组学功能评价	无限极（中国）有限公司、黑龙江中医药大学	国内先进水平	粤食评字[2022]23 号
19	广式高盐稀态酿造酱油的色泽控制技术	广东美味鲜调味食品有限公司	国内先进水平	粤食评字[2022]2 号
20	食醋固态发酵技术创新及应用	广东美味鲜调味食品有限公司	国内先进水平	粤食评字[2022]3 号
21	一种含乳咖啡饮料的配方和生产工艺研究	东鹏饮料（集团）股份有限公司	国内先进水平	粤食评字[2022]5 号
22	百香果特征风味物质及保鲜加工技术研究	中山火炬职业技术学院、中山洪力健康食品产业研究院有限公司、咀香园健康食品（中山）有限公司	国内先进水平	粤食评字[2022]7 号

以上排名不分先后

3. 创品牌

坚持不懈地培育食品品牌，推进实施广东省食品行业名牌发展战略，推荐“无限极增健牌固体饮料”等 79 个产品为“2022 年度广东省食品行业名牌产品”，“荔小吉海盐荔枝（果汁饮料）”等 29 个产品为第八批广东岭南特色食品。

表 22 2022 年度广东省食品行业名牌产品

序号	产品名称	商标	生产单位
1	杨枝甘露（含乳饮料）	燕塘	广东燕塘乳业股份有限公司
2	海盐芝士酸酪乳（风味发酵乳）	燕塘	广东燕塘乳业股份有限公司
3	怀集丝苗米（籼米）	新天润	广东新供销天润粮油集团有限公司
4	南雄丝苗米（籼米）	新天润	广东新供销天润粮油集团有限公司
5	广东丝苗米（籼米）	新天润	广东新供销天润粮油集团有限公司
6	乳糖益菌粉（固体饮料）	绿瘦	广东壹健康健康产业集团股份有限公司
7	鸡精	双桥	广州奥桑味精食品有限公司
8	加盐味精	双桥	广州奥桑味精食品有限公司
9	味精	双桥	广州奥桑味精食品有限公司
10	风味发酵乳	风行乐悠	广州风行乳业股份有限公司
11	大师手制三黄白莲蓉月饼礼盒	广州酒家	广州酒家集团利口福食品有限公司
12	由柑柠檬茶（果味茶饮料）	由柑柠檬茶	东鹏饮料（集团）股份有限公司
13	天然高维 C 饮料（复合果汁饮料）	刺柠吉	广州王老吉大健康产业有限公司
14	山楂陈皮植物饮料	王老吉植韵	广州王老吉药业股份有限公司
15	咸柑橘植物饮料	王老吉植韵	广州王老吉药业股份有限公司
16	凉茶植物饮料	王老吉尊萃	广州王老吉药业股份有限公司
17	养藏善衡片（保健食品）	纽崔莱	安利（中国）研发中心有限公司

续表

序号	产品名称	商标	生产单位
18	多种植物蛋白粉（保健食品）	纽崔莱	安利（中国）研发中心有限公司
19	银杏苁蓉片（保健食品）	纽崔莱	安利（中国）研发中心有限公司
20	增健牌固体饮料	无限极	无限极（中国）有限公司
21	原味大片红瓜子（烘炒类）	天虹	广东南兴天虹果仁制品有限公司
22	盐焗味夏威夷果（烘炒类）	天虹	广东南兴天虹果仁制品有限公司
23	盐焗味开心果（烘炒类）	天虹	广东南兴天虹果仁制品有限公司
24	蜂蜜黄油味巴旦木仁	天虹	广东南兴天虹果仁制品有限公司
25	华夫软饼（烘烤类糕点）	华美	东莞市华美食品有限公司
26	蚝油	厨邦	广东美味鲜调味食品有限公司
27	梅菜鲮鱼罐头	宝和	中山宝利食品有限公司
28	豆豉鲮鱼罐头	宝和	中山宝利食品有限公司
29	酱板鸭仔饼（面皮）（烘烤类糕点）	鲜果轻	中山洪力健康食品产业研究院有限公司
30	香辣鸭仔饼（绿豆沙皮）（烘烤类糕点）	鲜果轻	中山洪力健康食品产业研究院有限公司
31	冻干菠萝莲蓉月饼	鲜果轻	中山洪力健康食品产业研究院有限公司
32	葱姜汁料酒	厨邦	阳西美味鲜食品有限公司
33	白米醋	厨邦	阳西美味鲜食品有限公司
34	金装渔女蚝油	厨邦	阳西美味鲜食品有限公司
35	腐乳饼（烘烤类糕点）	德妙	潮州市潮安区德妙食品厂
36	小米锅巴（膨化食品）	琥珀	潮州市潮安区琥珀食品有限公司
37	棉花泡泡糖（胶基糖果）	大家好日子	潮州市大家好食品有限公司
38	白桃乌龙茶味果汁硬糖	宏源	广东宏源食品有限公司
39	白桃果汁硬糖	宏源	广东宏源食品有限公司
40	番石榴果味糖（硬质糖果）	宏源	广东宏源食品有限公司
41	爆浆话梅软糖	宏源	广东宏源食品有限公司
42	爆浆陈皮软糖	宏源	广东宏源食品有限公司
43	凉嘴棒－水果味夹心软糖	宏源	广东宏源食品有限公司
44	老酸奶味奶糖	Q 嚼	广东利强食品实业有限公司
45	桂味杨梅（凉果类）	优珍	广东优珍食品有限公司
46	精制白砂糖	红棉	广州华糖食品有限公司
47	手制生肉包（速冻米面熟制品）	利口福	广州酒家集团利口福（梅州）食品有限公司
48	金奖鲜炸鲮鱼（罐头食品）	鹰金钱	广州鹰金钱食品集团有限公司
49	油茶籽油	香谷一号	广东金妮宝科技发展有限公司
50	花生油	金妮宝	广州市金妮宝食用油有限公司
51	菌菇汤底调味料	江大和风	广东江大和风香精香料有限公司
52	牛腩香精（膏体）	江大生物	广州江大生物科技有限公司
53	油黏米	穗穗平安	广东穗方源实业有限公司

续表

序号	产品名称	商标	生产单位
54	泰国茉莉香米	泰拳	广东穗方源实业有限公司
55	太太丝苗米	新穗	广州增城区新塘粮食管理所有限公司
56	薄荷香蒜片（保健食品）	纽崔莱	安利（中国）研发中心有限公司
57	芯颜植物饮料	无限极	无限极（中国）有限公司
58	臻源胶囊（保健食品）	无限极	无限极（中国）有限公司
59	桑唐饮口服液（保健食品）	无限极	无限极（中国）有限公司
60	女仕口服液（保健食品）	无限极	无限极（中国）有限公司
61	澜仕口服液（保健食品）	无限极	无限极（中国）有限公司
62	辅酶 Q10 软胶囊（保健食品）	INFINITUS 牌	无限极（中国）有限公司
63	钙维生素 D 维生素 K 软胶囊（保健食品）	汤臣倍健	汤臣倍健股份有限公司
64	牛初乳加钙咀嚼片（保健食品）	汤臣倍健	汤臣倍健股份有限公司
65	葡萄籽维生素 C 加 E 片（保健食品）	汤臣倍健	汤臣倍健股份有限公司
66	左旋肉碱茶多酚荷叶片（保健食品）	汤臣倍健	汤臣倍健股份有限公司
67	饮用天然泉水	麓湖山	梅州雨花谷山泉水有限公司
68	老卫好米（籼米）	老卫好米	梅州正佳农业发展有限公司
69	双歧因子乳酸菌乳饮品（非活菌型）	津威	东莞石龙津威饮料食品有限公司
70	香软米（油黏米）	靓虾王	东莞市太粮米业有限公司
71	复配面包防腐剂	广益	广东广益科技实业有限公司
72	铁系炒货脱氧剂	广益	广东广益科技实业有限公司
73	杧果莲蓉月饼	鲜果轻	中山洪力健康食品产业研究院有限公司
74	百香果莲蓉月饼	鲜果轻	中山洪力健康食品产业研究院有限公司
75	佛手糕糖果（凝胶糖果）	展翠	广东展翠食品股份有限公司
76	高蛋白果蔬猪肉脯（肉糜脯）	真美	广东真美食品股份有限公司
77	高蛋白果蔬牛肉脯（肉糜脯）	真美	广东真美食品股份有限公司
78	丰隆香米（丝苗米）	丰隆	汕尾市丰隆米业有限公司
79	溪黄草茶（代用茶）	粤北行	广东粤北行健康食品有限公司

以上排名不分先后

表 23　广东岭南特色食品（第八批）

序号	产品名称	注册商标	生产单位
1	海盐荔枝（果汁饮料）	荔小吉	广州王老吉大健康产业有限公司
2	枇杷糖（硬质糖果）	王老吉	广州王老吉药业股份有限公司
3	甜筒（冷冻饮品雪糕）	五羊牌	广州风行乳业股份有限公司
4	海陆天鲜大粽礼盒（混合类）	仙味爷爷	仙味爷爷（广州）食品科技有限公司
5	单黄粽（粽子）	道滘佳佳美	广东佳佳美生物科技有限公司
6	港式香葱味鸡蛋卷	莞小臻	东莞市嘉之惠食品有限公司
7	坚果酥（酥性饼干）	朗客滋	东莞思朗食品有限公司

续表

序号	产品名称	注册商标	生产单位
8	三标有机阳江豆豉（发酵性豆制品）	和鲜	阳江和鲜食品有限公司
9	盐焗鸡腿	无穷	广东无穷食品集团有限公司
10	腐乳饼（烘烤类糕点）	德妙	潮州市潮安区德妙食品厂
11	加应子（凉果类）	宏泰记	潮州市潮安区宏泰记食品有限公司
12	肉桂调味油	惠尔泰	广东惠尔泰生物科技有限公司
13	八角调味油	惠尔泰	广东惠尔泰生物科技有限公司
14	菠萝啤果味型汽水	广氏	广州广氏食品有限公司
15	罐装凉茶植物饮料	黄振龙	广州黄振龙凉茶有限公司
16	瓶装凉茶植物饮料	黄振龙	广州黄振龙凉茶有限公司
17	金银花植物饮料	黄振龙	广州黄振龙凉茶有限公司
18	字母饼干（韧性饼干）	积士佳	广州鹰金钱食品集团有限公司
19	玫瑰露酒（蒸馏酒）	鹰金钱	广州鹰金钱食品集团有限公司
20	金奖鲜炸鲮鱼（罐头食品）	鹰金钱	广州鹰金钱食品集团有限公司
21	增城丝苗米	挂荔	广州增城区新塘粮食管理所有限公司
22	叉烧风味调味酱	佐味家	广州佐味家食品有限公司
23	桂圆（水果制品）	/	深圳市瑞利来实业有限公司
24	桂圆肉（水果制品）	/	深圳市瑞利来实业有限公司
25	广式蛋挞（现烤酥类糕点）	广隆	东莞市广隆食品有限公司
26	五星油黏米	马坝龙	东莞市太粮米业有限公司
27	岭南经典油黏米	太粮	东莞市太粮米业有限公司
28	黑白叉烧包（速冻米面熟制品）	真优鲜农	广东润客食品科技有限公司
29	皇家香大米（油黏米）	丰隆	汕尾市丰隆米业有限公司

以上排不分先后

【j. 食品科技】

1.2022 年度广东省科学技术奖

表 24　2022 年度广东省科技进步奖（食品类）

序号	项目名称	主要完成人	主要完成单位
一等奖			
1	柑橘木虱传播黄龙病菌的生物学机制及绿色防控技术体　系的构建与应用	邱宝利　刘玉涛　胡玉伟 宋晓兵　桑　文　郭雁君 欧阳革成　彭埃天　魏亦云 吉前华　古广文　刘丽辉 吴建辉　黄　蓉	华南农业大学、重庆师范大学 广州国家现代农业产业科技创新中心、广东省农业科学院植物保护研究所、肇庆学院 广东省科学院动物研究所 梅州市特色农产品产业发展中心、广西壮族自治区农业科学院 江西省农业科学院植物保护研究所

续表

序号	项目名称	主要完成人	主要完成单位
2	热带亚热带高产优质多抗大豆新品种选育及推广	年　海　程艳波　马启彬　韩天富　蔡占东　岳岩磊　夏秋菊　连腾祥　王书平　牟英辉　杨存义　曹亚琴　江炳志　蒋炳军　黄　鹤	华南农业大学、深圳市华大农业应用研究院、中国农业科学院作物科学研究所、山东圣丰种业科技有限公司
3	提高仔猪肠道健康的营养调控关键技术及产业化应用	江青艳　任文凯　左建军　王松波　束　刚　邓近平　习欠云　韦建福　王建兵　王丽娜　朱晓彤　朱灿俊　宁　冬　杜景德　邓百川	华南农业大学、清远大北农生物科技有限公司、温氏食品集团股份有限公司、东莞泛亚太生物科技有限公司、云南博仕奥生物技术有限公司
4	农产品安全快速检测关键技术突破与监控体系创新	徐振林　王　弘　雷　毅　王炳志　沈玉栋　肖治理　杨金易　汪廷彩　王　宇　张世伟　梁　科　杨鹏博　严义勇　陈子键　孙远明	华南农业大学、广东省食品检验所、深圳市易瑞生物技术股份有限公司、深圳市计量质量检测研究院、广州市食品检验所、广东达元绿洲食品安全科技股份有限公司、广州万联生物科技有限公司、广州安诺科技股份有限公司
5	特色柑橘全果综合加工关键技术研究及产业化	徐玉娟　潘思轶　吴继军　傅曼琴　李晓凤　余元善　温　靖　邹　波　周金林　安可婧　陈树鹏　彭　健　陈俊平　欧国良　陈柏忠	广东省农业科学院蚕业与农产品加工研究所、华中农业大学、华南理工大学、广东金骏康生物技术有限公司、梅州市飞龙果业有限公司、广东佳宝集团有限公司、江门丽宫国际食品股份有限公司、广东新宝堂生物科技有限公司、江门市新会陈皮村市场股份有限公司
二等奖			
1	果蔬冷链物流保鲜技术、装备开发与标准化示范应用	屈红霞　蒋跃明　王　宏　龚　亮　云　泽　朱　虹　李涛涛　任锦辉　刘锐波　梁婉桃	中国科学院华南植物园、广州拜尔冷链聚氨酯科技有限公司、广州拜尔空港冷链物流中心有限公司、广州市从化华隆果菜保鲜有限公司、广州百昆生物科技有限公司
2	华南优质稻主栽品种粤农丝苗的选育与应用	何秀英　廖耀平刘　维　陆展华　卢东柏　王晓飞　王石光　程永盛　陈钊明　陈粤汉	广东省农业科学院水稻研究所 中国种子集团有限公司、北京金色农华种业科技股份有限公司
3	基于微生物强化的农业废弃物高效转化及产品创制与应用	顾文杰　卢钰升　徐阳春　石超宏　温书恒　解开治　王　丹　徐培智　张留祥　孙丽丽	广东省农业科学院农业资源与环境研究所、南京农业大学 广东植物龙生物技术股份有限公司、杭州汉山环境工程技术有限公司
4	荔枝蒂蛀虫成灾机制与多虫态协同防控关键技术及应用	陈炳旭　徐　淑　董易之　姚　琼　范兰兰　李文景　全林发　唐　孜　张铁军　徐海明	广东省农业科学院植物保护研究所、广东省农业有害生物预警防控中心、山东源丰生物科技有限公司、广州市花都区农业技术管理中心
5	华南特色叶菜品质调控及绿色保鲜物流关键技术研发与应用	陈于陇　陈建业　林　羡　陈存坤　杨相政　王　玲　陈飞平　戴凡炜　范梅红　袁兆飞	广东省农业科学院蚕业与农产品加工研究所、华南农业大学、中华全国供销合作总社济南果品研究所、国家农产品保鲜工程技术研究中心（天津）、广州东升农场有限公司、广东全农农业（集团）有限公司
6	品质与健康导向的广东茶资源创新利用关键技术及其应用	操君喜　孙世利　孙伶俐　赖兆祥　黎秋华　徐　平　李冬利　赖幸菲　陈海强　黄夏然	广东省农业科学院茶叶研究所、浙江大学、五邑大学、广东鸿雁茶业有限公司、广东英九庄园绿色产业发展有限公司、广东茗皇茶业有限公司、广东天池茶业股份有限公司、河源市丹仙湖茶叶有限公司

2.2022 年度广东省食品行业协会科学技术奖

表 25　2022 年度广东省食品行业协会科学技术奖

序号	项目名称	主要完成单位	主要完成人
一等奖			
1	提升味精品质和转化率的生产新工艺研究	广州奥桑味精食品有限公司	冯文清、徐正康、林琳、沈国华、陈思洁、苏丽敏、伍均、王景林、刘志坚、赵伟恩
2	乳品中黄曲霉毒素 M1 残留的荧光共振能量转移快速检测技术研究与应用	广东省食品工业研究所有限公司、深圳大学	许佩勤、蒋文晓、黄志芬、卫娜、孙艺、刘晨、陈雯雯、叶日金、龚晓莹、丘韶麟、陈嘉敏、杨安源、许银叶、林丹、庄俊钰、周芳梅、冯志强
3	基于单光子检测器的粮油真菌毒素广谱快速检测技术研究	广东省粮食和物资储备保障中心、广东省粮食科学研究所有限公司、江苏省苏微微生物研究有限公司、广东达元绿洲食品安全科技股份有限公司	朱启思、张少波、陈威、吴军辉、劳传忠、张海涛、梁科、关则恳、刘晨、邓常继、陆丽婷、王懿、石文婷
4	白兰地和威士忌鉴别技术研究及应用	广东省食品检验所（广东省酒类检测中心）	孙文佳、汪廷彩、熊含鸿、邓艳虹、刘鸿钢、黎欣欣、陈垛洁、周忆莲、黄宇、陈尊俊、洪泽淳、梁兆銮、张静
5	基于特征性植物源性成分高通量鉴别蛋白饮料品质技术体系的建立与应用	广州市食品检验所、广州质量监督检测研究院	肖剑、梁美丹、吴楚森、刘冬豪、王强、冼燕萍、戚平、林秀敏、陈楷、孙雪奇、黄宇锋、郭新东、黄志深、张明明、劳嘉倩
6	客家预制菜风味保真及安全控制关键技术与产业化	仲恺农业工程学院	刘巧瑜、董浩、王军喜、李湘銮、白卫东、刘晓艳、赵文红、钱敏、刘延晖、曾晓房、刘旋斌、黄俊鹏、郭洛先、杨娟、姜浩
7	口服液高速智能化生产技术开发与应用	无限极（中国）有限公司	黄延盛、胡流云、罗珍、张欣、周勇、刘耀军、陈洪璋、邓建军、孔秀莲、刘凤松、张全才、付萌、陆智、温良明、谢建榜
8	分离式蜂蜜果蔬饮料包装结构及关键生产技术的研究	东莞市蜂乜保健食品有限公司	汪良清、唐兵、梁伟峰、曾长根、曾小聪、陈银华
二等奖			
1	牛乳中 β－乳球蛋白检测方法的开发	广东燕塘乳业股份有限公司	何瑛、纪坤发、冯立科、余保宁、杨爱君、陈欣、杨美丰、利志锋、刘传栩、邢益俊、李寄玮、曹学思
2	广式高盐稀态酿造酱油的色泽控制技术	广东美味鲜调味食品有限公司	区晓鸣、兰芳、林虹、侯冶海、赵红娟、刘善策、叶润明、许宁宁、董攀登、王靖显、霍俊庭、付丽、葛明瑞、张义萍、朱福祥
3	食醋固态发酵技术创新及应用	广东美味鲜调味食品有限公司	崔鹏举、代晋、林虹、赵红娟、郑二帅、陈大坤、劳浩晶、迟薇薇、陈波、许宁宁、陈妹、林嘉浩、付丽、葛明瑞、张义萍
4	食品安全快速检测数据模型构建及应用	广东省食品检验所（广东省酒类检测中心）	刘海虹、钟海鹰、乐丽华、雷毅、蔡若纯、刘耀慧、罗志浩、邓皇翼、蔡展帆、丁清龙、王佳、曾晓琮、温海滨、齐春艳、刘鹏展
5	灵芝优质菌种筛选、活性成分提取关键技术及产品创制	无限极（中国）有限公司	夏祖猛、寇秀颖、李文治、周勇、何文江、罗珍、陈洪璋、陶倩、黄延盛、高雅倩、陆智、陈则华、余意、余庆涛
6	一种含乳咖啡饮料的配方和生产工艺研究	东鹏饮料（集团）股份有限公司	李学莉、吴佳鸣、任海燕、林超、胡海娥、马瑞婷、邹继伟、余卫国、陈华芳、单海文

续表

序号	项目名称	主要完成单位	主要完成人
7	BHA 产业化技术开发及应用研究	翁源广业清怡食品科技有限公司	曾伟山、林杰、陈少华、车日晖、黄娜丽、王淑芝、张俊斌、马芬丽、李令星、蓝天威、冯欢、黄文燕
8	谷物膳食纤维制备及其低 GI 食品的研发	江门市食品检验所、华南理工大学食品科学与工程学院、广东嘉士利食品集团有限公司	陈梅斯、李冰、蔡攀福、李振球、练习中、林程标、谭艳仪
三等奖			
1	产 CLA 益生菌筛选及对奶牛乳品质的影响研究	广东燕塘乳业股份有限公司	刘婕、陈观梅、吴汉葵、林木娣、吴航、李敏、袁小花、王涛、林慧吟、黎福德
2	健康食品植物原料中农残亚临界流体表面清洗无损脱除技术	无限极（中国）有限公司、华南协同创新研究院	陆智、杨继国、李亚贤、权毓舒、唐语谦、冯安祺、李亚杰、武俊超、苏杰雄、董华壮
3	调味品中菌落总数快速检测技术	广东美味鲜调味食品有限公司	熊瑞瑞、续颖、崔鹏举、兰芳、郑二帅、罗旗峰、柯粤振、崔豪贤、陈妹、林嘉浩、霍俊庭、吴萍芳、彭裕婷、何智聪、朱福祥
4	广东省包装饮用水铜绿假单胞菌风险预警数据库与快速监测技术的建立及应用	广东省食品检验所（广东省酒类检测中心）	曾晓琮、陈茵茵、苏妙贞、丁清龙、刘单单、苏章庭、韩志杰、韦云、钟卫烨、杨丹婷、陈秀芬、宋美英、周露
5	生物酶法制备香菇风味物质的关键技术	广东江大和风香精香料有限公司、广东工业大学	任艳艳、曾婷婷、汪雄福、黄伟科、黄文星
6	一种无糖型能量饮料的配方和生产工艺研究	东鹏饮料（集团）股份有限公司	李学莉、张金桃、邹继伟、任海燕、马瑞婷、胡海娥、余卫国、陈华芳、单海文、张晓吟、李嘉豪

以上各获奖等次排名不分先后

表 26　2022 年度广东省食品行业科技创新发展卓越领导者

姓名	企业名称	职务
杨爱君	广东燕塘乳业股份有限公司	技术中心总经理、正高级工程师
翁少全	广州王老吉大健康产业有限公司	总经理、高级工程师
冯文清	广州奥桑味精食品有限公司	副总经理、食品工程师
胡海娥	东鹏饮料（集团）股份有限公司	集团研发总工程师、食品工艺工程专业正高级工程师
李词周	广州王老吉大健康产业有限公司	总工程师、食品工程师
汪良清	东莞市蜂乜保健食品有限公司	总监、食品工程高级工程师
黄延盛	无限极（中国）有限公司	健康食品生产技术负责人、食品工艺工程高级工程师

以上排名不分先后

表 27　2022 年度广东省食品行业科技创新发展先进工作者

姓名	工作单位	职务
嵇海涛	广东燕塘乳业股份有限公司	生产事业部副总经理、工程师
李家希	广东燕塘乳业股份有限公司	中控车间副主任
王丹	广东燕塘乳业股份有限公司	研发中心部长助理、高级工程师

续表

姓名	工作单位	职务
黄娟	广东燕塘乳业股份有限公司	研发中心技术员、助理工程师
纪坤发	广东燕塘乳业股份有限公司	品控中心检测主管、工程师
何瑛	广东燕塘乳业股份有限公司	品控中心经理助理、工程师
樊文博	广东燕塘乳业股份有限公司	研发中心研究员、助理工程师
王艳芳	广州王老吉大健康产业有限公司	科研资讯部工程师
贝琦	广州王老吉大健康产业有限公司	技术研发部工程师
寇秀颖	无限极（中国）有限公司	健康食品研发主任、高级工程师
邓元达	广州酒家集团利口福食品有限公司	品控中心经理助理、工程师
朱启思	广东省粮食和物资储备保障中心	粮食质量科专业技术七级、粮食检验高级工程师
张少波	广东省粮食和物资储备保障中心	粮食质量科专业技术九级、粮食储藏与害虫防治工程师
陈威	广东省粮食科学研究所有限公司	广东省质量监督粮油检验站站长、粮食检验高级工程师
劳传忠	广东省粮食科学研究所有限公司	粮食储藏研究室副主任、粮食工程高级工程师
肖剑	广州市食品检验所	微生物检验部部长、食品高级工程师
梁美丹	广州市食品检验所	微生物检验部副部长、质量高级工程师
李学莉	东鹏饮料（集团）股份有限公司	研发创新中心副总经理、食品工艺工程高级工程师
张金桃	东鹏饮料（集团）股份有限公司	产品研发副总监、食品工程师
邱春媚	汤臣倍健股份有限公司	研究员、食品工程师
刘瑜彬	无限极（中国）有限公司	健康食品研发高级主任、主管中药师
陈梅斯	江门市食品检验所	业务室负责人、质量高级工程师

以上排名不分先后

2022 年度科技创新先进单位

获奖单位：东鹏饮料（集团）股份有限公司

【k. 标准建设】

2022 年，广东省食品行业协会立项制定并发布了以下三项团体标准。

表 28　2022 年广东省食品工业标准技术委员会发布的团体标准

序号	标准号	标准名称	标准类型	发布时间	实施时间
1	T/GFPU1007-2022	中小学幼儿园供餐潮汕牛肉丸	产品标准	2022-11-30	2022-11-30
2	T/GFPU2001-2022	植物蛋白饮料多种植物源性成分快速检测数字微流控芯片法	技术标准	2022-11-30	2022-11-30
3	T/GFPU3005-2022	广东省食品工业企业诚信管理体系内审员培训和考试规范	管理标准	2022-12-6	2023-1-1

【l. 人才培养】

经广东省人力资源和社会保障厅授权，广东省食品行业协会按照国家和省职称制度改革工作部署，开展广东省食品工程职称评审工作。2022 年全力做好两项工作：

1. 职称评审工作：开展食品工程技术人才职称评价。

2022 年度职称评审全省共 376 人提交申报资料，经审核，符合受理条件 351 人。（包括工程技术人才申报评审、高技能人才贯通评审以及初次职称考核认定）

2022 年度食品工程专业技术人才正高级职称评审通过 8 人，高级评审通过 46 人，中级评审通过 40 人，助理级评审通过 52 人，员级评审通过 5 人。高技能人才贯通申报职称高级评审通过 19 人，中级评审通过 10 人，助理级评审通过 23 人。初次职称考核认定中级评审通过 8 人，助理级评审通过 100 人，员级评审通过 2 人。

2. 技能竞赛：举办全省食品行业职业技能竞赛。2022 年广东省酱油酿造工艺鉴评职业技能竞赛决赛在广州举行，周其洋、石浩、赵雅珺、李荔、赵崇沾等 5 名选手获得比赛一等奖，并由省总工会、省人社厅、省工信厅和省科技厅联合颁发荣誉证书，第一名还将获得由广东省总工会按程序颁发的“广东省五一劳动奖章”。刘璇等 10 名选手获得由组委会授予的“二等奖”荣誉证书。吴晓玲等 15 名选手获得“三等奖”荣誉证书。

【m. 专题资料】

广东省酱油酿造工艺鉴评职业技能竞赛纪实

开门七件事“柴米油盐酱醋茶”，可见生活中少不了酱，它是鲜味的底色，国人历来是讲究味道的，由此我国在 2000 多年前便发明了酱油，如今，金标生抽、薄盐酱油、天顶头抽、双璜生抽 .... 种类繁多的酱油不仅摆在超市的货架，而且走进了家家户户的厨房，家庭主妇们才能得心应手地享制南北风味。这么多不同名称的酱油，有什么区别？如何选择适合享制各类菜肴的好酱油？

很多人可能会说，看酱油标签上的一个指标：氨基酸态氮，含量越高，品质越好。其实这话只说对了一半。的确，氨基酸态氮含量越高，酱油越鲜，但“鲜”得是否协调、是否醇厚且丰满，就不是仪器可以检测出来的。“民以食为天，食以味为先，味以和为贵”，味道是否调和需要人用感官来“品”，这种品鉴类似于品茶师、品酒师，它是一种技能，要经过长年的培训和不断的实践而获得。

2022 年岁末，广东省酱油酿造工艺鉴评职业技能竞赛决赛在广州举行，来自全省各酱油生产企业的品鉴高手来到现场，他们通过观察颜色、闻其香味、品尝味道等方式，教你判断酱油的咸味、鲜味及品质。

据悉，此次竞赛由省总工会、省工信厅、省人社厅和省科技厅共同主办，由广东省民营企业工会联合会、广东省食品行业协会、广东省食品行业工会联合会承办，《食经》杂志社、省南方食品医药行业评估中心、省食品行业协会调味品专业委员会、省食品行业协会餐饮专业委员会等协办。

广东得天独厚的气候条件，以及名满天下的粤菜，造就广东成为全国乃至全球酱油生产大省的地位。2021 年，广东省酱油产量 492.5 万吨，占全国总产量的 63.3%。广东不仅酱油产量全国第一，酱油行业地位也举足轻重。在 2021 年我国酱油品牌力指数排行榜前十企业中，广东酱油企业占据六席，其中海天、李锦记、厨邦位居前三位。而参加此次决赛的选手正是来自海天、李锦记、美味鲜、厨邦、致美斋、珠江桥、香满源等广东省知名酱油企业的研发、生产、检测等岗位，他们都通过前期各参赛单位自行组织的初赛选拔并经组委会筛选，过五关、斩六将入围决赛。

此次决赛将由理论考核和实操考核两部分组成，其中理论考核占总成绩 30%，实操考核占总成绩 70%。理论考核，内容涵盖思想政治、职业道德、食品安全相关法律法规，如《酱油生产许可证实施细则》、GB2717-2018《食品安全国家标准酱油》、GB8953-2018《食品安全国家标准酱油生产卫生规范》等标准均在考试范围之列。

实操考核考察选手的感官能力，首先是分辨不同浓度的盐水和谷氨酸钠水，以此辨定选手的味觉能力，其次是对酱油标样的鉴别、酱油质量等级的鉴别以及从酱油的色香味评出品质高低，累计需鉴评的样品达 22 个。

酱油的首要功能是调味，因此酱油的风味是其质量的最重要指标。有些酱油吃起来非常鲜，但是有可能部分氨基酸态氮来自谷氨酸钠（味精），即使理化指标中的氨基酸态氮含量高，但缺少酱香、豆香的支撑，也会鲜得单薄。而好的酱油需要咸香味协调，酱香、醇香突出，需要鉴评人员从色泽、香气、滋味、体态四项感官特性进行判定。

只见选手倒出样品，先观其色泽，后将瓶轻轻摇动，嗅其气味，并用品尝勺吸取样品，用舌尖鉴定其滋味及后味，并对着光摇动样品观察体态，再迅速作答，描述各种酱油样品的感官性状、风味特点，分析其工艺特点、主要配料及品质形成原因等。

经过激烈角逐，周其洋等 5 名选手表现优异，获得比赛一等奖，并由省总工会、省人社厅、省工信厅和省科技厅联合颁发“广东省职工职业技能大赛优胜选手”荣誉证书，第一名还将获得由广东省总工会按程序颁发的“广东省五一劳动奖章”。刘璇等 10 名选手获得由组委会授予的“二等奖”荣誉证书。吴晓玲等 15 名选手获得“三等奖”荣誉证书。

第一名周其洋是佛山市海天调味食品股份有限公司核心技术研究院院长，已在酱油行业浸润 13 年。他表示，从业这么多年来第一次参加酱油鉴评技能竞赛，通过此次竞赛既能全面检验自身所掌握的知识，也能获得宝贵的实操经验以及与最优秀同行沟通交流的机会，以后将会更好地投入到以后的研发生产工作中。

“感官评价相对于化学指标，是更能够深入反映酿造食品品质的关键技术。”裁判委员会主任、华南理工大学食品科学与工程学院副研究员冯云子表示，酱油里的风味物质成百上千种。酱油通过多种微生物发酵，将营养物质蛋白质、淀粉等水解成肽、氨基酸、有机酸和糖类化合物，再经过复杂的生物化学变化，形成具有特殊色泽、香气、滋味和体态的调味液。“经验丰富、训练有素的选手能通过感官鉴评判断酿造酱油的品质、酿造工艺特点等，这些专业人才的不断精进和创新，正是我们传统酿造行业发展的核心底气。”

裁判委员会成员、李锦记（新会）食品有限公司食品法规及标准总监、正高级工程师孙胜枚表示，食品的关键是味，好酱油并不只是冰冷的指标数据，懂鉴评的人才能感受到酱油经发酵后味道的底蕴以及风味的独特性，这是机器无法替代的。鉴评技能人才深厚的理论和实践功底，是生产、研发出好酱油的基础技能，企业质量检验、工艺进步都需要此类“工匠”。

裁判委员会成员、广东珠江桥生物科技股份有限公司总经理、正高级工程师周朝晖表示，中国人看重味道，全世界的人都喜欢美味，2022 年全球经济环境不太好，而珠江桥酱油出口却实现了 20% 以上的增长，这说明人类对美味的追求是共通的，而中国传统的发酵酱油是所有味道的基础。酱油做得好不好，识味懂味的人又是生产的关键，企业非常需要这类人才，而业内以酱油为主题的专业技能竞赛已有 20 多年没有举办了，这次竞赛企业认为太及时了，希望每年都有相关的技能竞赛，对激发从业人员学习技能、掌握技能、提升技能具有十分重要的意义。

大赛组委会名誉主任、广东省食品医药行业联合党委书记张俊修表示，酱油产业是中国调味品行业“第一大单品”，无论是产销量，还是企业规模均居调味品行业首位，在人们将健康摆在首位的大背景下，继续挖掘更加健康、美味的传统发酵调味品，是人们消费升级的需要，从这个意义上讲，行业未来的发展潜力是无限的。正因如此，企业需要更多既懂理论又懂实际操作，既有传统饮食文化情怀又有现代市场眼光的专业人才，引领行业发展。此次竞赛的圆满举办选拔出一批综合素质高、专业能力强的酱油酿造行业高技能人才队伍，促进广东酱油行业持续高质量发展。

【n. 法规标准】

1.《加快推进广东预制菜产业高质量发展十条措施》

核心内容：为深入贯彻习近平总书记关于“三农”工作重要论述，立足新发展阶段，完整、准确、全面贯彻新发展理念，构建新发展格局，落实省委、省政府“1+1+9”工作部署，加快建设在全国乃至全球有影响力的预制菜产业高地，推动广东预制菜产业高质量发展走在全国前列，现制定措施。

发布单位：广东省人民政府办公厅

发布日期：2022 年 3 月 24 日

2.《广东省市场监督管理局等六部门关于组织开展预制菜全产业链标准化试点的通知》

核心内容：通过择优推荐、公开遴选、先行先试的原则，汇集粤港澳三方资源，鼓励标准化基础好、技术引领性高、产业带动力强的有关单位开展试点工作，通过先行先试、树立标杆、推广典型、打造示范，推进预制菜全产业链融合化、全流程标准化、全环节品质化，形成一批高品质粤菜预制菜产业湾区标准，推出一批高品质的粤菜预制菜产品，探索形成粤港澳大湾区农产品食品菜品三位一体协调发展新模式，推动粤港澳大湾区预制菜产业走在全国前列。

发布单位：广东省市场监督管理局，广东省农业农村厅，广东省商务厅，广东省人力资源和社会保障厅，广东省卫生健康委员会，广东省供销合作联社

发布日期：2022 年 7 月 22 日

3.《广东省人民政府办公厅关于印发广东省推进冷链物流高质量发展“十四五”实施方案的通知》

核心内容：为贯彻落实《国务院办公厅关于印发“十四五”冷链物流发展规划的通知》(国办发〔2021〕46 号)，进一步明确我省“十四五”时期推进冷链物流高质量发展的主要目标和重点任务，制定本实施方案。

发布单位：广东省人民政府

发布日期：2022 年 9 月 30 日

4.《广东省市场监督管理局关于仅销售预包装食品备案有关事项的通告》

核心内容：广东省内仅销售预包装食品（含保健食品、特殊医学用途配方食品、婴幼儿配方乳粉、其他婴幼儿配方食品，下同）的食品经营者，应当依法取得市场主体资格且在销售活动前依法备案。

发布单位：广东省市场监督管理局

发布日期：2022 年 3 月 21 日

5.《广东省农业农村厅关于印发 2022 年农产品质量安全监管工作要点的通知》

核心内容：为贯彻落实中央经济工作会议、中央农村工作会议、全国农业农村局局长会议精神，做好我省 2022 年农产品质量安全保障工作，我厅制定了 2022 年农产品质量安全监管工作要点，现印发给你们。请结合实际，抓好 2022 年农产品质量安全监管工作落实，着力提升全省农产品质量安全保障水平，不断巩固农产品质量安全稳中向好态势，努力护航农业农村高质量发展。

发布单位：广东省农业农村厅

发布日期：2022 年 3 月 16 日

6.《广东省人民政府办公厅关于印发广东省粮食节约减损实施方案的通知》

核心内容：为深入贯彻落实习近平总书记关于粮食安全的重要论述精神，推动实施《中华人民共和国反食品浪费法》，认真落实《中共中央办公厅国务院办公厅关于印发〈粮食节约行动方

案〉的通知》部署要求，结合我省实际，制定本实施方案。

发布单位：广东省人民政府

发布日期：2022 年 8 月 18 日

7.《关于印发《广东省生猪屠宰行业发展规划》的通知》

核心内容：为加快我省生猪屠宰行业转型升级，推动生猪屠宰行业高质量发展，提高生猪产品质量安全水平，保障人民身体健康，根据《动物防疫法》《生猪屠宰管理条例》等法律法规，结合我省实际，制定本规划。

发布单位：广东省农业农村厅，广东省生态环境厅

发布日期：2022 年 12 月 1 日

8. 广东省市场监督管理局关于印发《广东省市场监督管理局散装食品经营管理规范》的通知

核心内容：为规范散装食品经营行为，督促、引导食品经营者诚信自律，保障人民群众食品消费安全，根据《中华人民共和国食品安全法》《广东省食品安全条例》《广东省食品生产加工小作坊和食品摊贩管理条例》《食品经营许可管理办法》等法律法规及规章的相关规定，制定本规范。

发布单位：广东省市场监督管理局

发布日期：2022 年 9 月 1 日

9.《DB44/T2396-2022 农贸市场分级评定指南》

核心内容：本文件规定了广东省农贸市场分级评定中的相关要求，包括评定原则、评定对象、组织管理、等级划分、评定流程、分级管理和分级评定标准等。适用于指导广东省新建和升级的农贸市场的分级与评定工作。

发布单位：广东省市场监督管理局

发布日期：2022 年 10 月 8 日

10.《DB44/T2389-2022 计量检测数据与结果数字化处理系统技术要求》

核心内容：本文件规定了计量检测数据与结果数字化处理系统的术语和定义、总则、系统技术要求和系统设计要求。适用于计量检测数据与结果数字化处理系统的设计、开发、建设、验收和运维。

发布单位：广东省市场监督管理局

钱　曼

3.10 海南省

【a. 概况】

2022年，海南省规模以上食品工业企业163家，同比增加49家，产值408.33亿元，同比增长18.47%。其中，农副食品加工业企业108家，主要分布在海口、文昌、澄迈、儋州、万宁、琼海、临高和白沙等8个市县，产值288.1亿元，同比增长16.5%；食品制造业企业22家，主要分布在海口、文昌、定安和万宁等4个市县，产值18.5亿元，同比增长12.3%；酒、饮料和精制茶制造业32家，主要分布在海口、澄迈、定安、白沙、万宁、儋州、琼海等7个市县，产值62.27亿元，下降14.9%。形成了以果蔬、热作产品、畜禽产品、水产品、林产品为主导的农产品加工产业格局，形成了本地热作椰子、槟榔等资源精深加工特色产业。企业市场竞争力日渐增强，涌现出椰树、春光、南国、海南口味王、瑞今、远生、翔泰、澳斯卡国际粮油等一批规模较大的食品工业龙头企业。

【b. 主要食品饮料加工业企业】

1. 椰树集团

1986年，由国营海口罐头厂改制成立，位于海口市，下辖海南椰汁饮料有限公司、椰树集团海口罐头厂有限公司、海南澄迈椰树矿泉水有限公司、海口椰树矿泉水有限公司、海南椰树制罐工业有限公司等子公司。

2. 海南瑞今农业产业化开发有限责任公司

2012年成立，位于澄迈县，主要生产肉制品及副产品。

3. 通威（海南）水产食品有限公司

2006年成立，位于澄迈县，主要从事南美白对虾、斑节对虾、海水鱼和罗非鱼系列深加工产品的生产。

4. 海南翔泰渔业股份有限公司

2002年成立，位于澄迈县，是一家以加工出口海洋捕捞水产品为主，集收购、加工、储存、销售于一体的外向型私营生产企业。

5. 海南远生渔业有限公司

2007年成立，位于澄迈县，主要生产速冻食品。

6. 海南勤富实业有限公司

2000年成立，位于文昌市，拥有年产2万吨冻罗非鱼片、条冻罗非鱼的生产能力，其产品主要销往美国、欧盟、墨西哥、俄罗斯和非洲等国家。

7. 海南口味王科技发展有限公司

2010年成立，位于万宁市后安镇，主要生产槟榔食品。

8. 海南春光食品有限公司

1996年成立，位于文昌市东郊镇，是一家以椰子及热带瓜果为主要原料的现代化食品加工企业，主要生产硬糖、软糖、椰子粉、速溶咖啡、饼干、干果、酱腌菜、调味品等10大系列。

现有员工 2500 多人，产品销售网点包括跨国连锁销售系统、大中型连锁超市、专卖店、便利店、批发市场等共有 3000 余家。部分产品出口美国、新加坡、欧洲、中东、中国香港、中国台湾等 50 多个国家和地区，是全国农产品加工业示范企业、农业产业化国家重点龙头企业，产品商标经国家商标局认定为“驰名商标”。

9. 海南南国食品实业有限公司

1992 年成立，位于海口市，主要生产椰子粉、咖啡、糖果、调味品、饼干和水果干等休闲食品。

10. 海南罗牛山食品集团有限公司

2010 年成立，位于海口市，主要从事畜禽养殖，畜禽屠宰加工和销售，预包装食品兼散装食品生产等。（11）海南海航饮品股份有限公司，2003 年成立，位于海口市，主要从事饮料、食品的生产、加工。

【c. 重点项目和其他工业行业】

1. 海南春光饮料加工厂项目

该项目为新开工项目，位于文昌龙楼镇文铜公路东北侧地段，由海南春光食品有限公司投资建设。项目主要建设综合接待办公楼一栋、饮料生产车间两栋，仓库及配套公用工程设施。占地 33.828 亩，计划总投资 3 亿元。项目于 2022 年建成投产。

2. 海南澳斯卡粮油年加工 100 万吨国际粮油产品加工贸易项目

由海南澳斯卡国际粮油有限公司投资建设。项目包括日处理 3000 吨菜籽 /3000 吨大豆车间、油脂精炼车间、浓香菜籽油车间、包装油车间、饲料车间等，及配套原料仓、散粕仓、油罐、研发中心、检测中心、办公楼、污水处理站、停车场等。项目 2022 年建成投产，2022 年总产值 25 亿元。

3. 卷烟工业

2022 年，全省规模以上卷烟制造企业 1 家，即海南红塔卷烟有限责任公司。2022 年生产卷烟 23.8 万箱，产值 39.44 亿，同比增长 9.23%；实现工业增加值 30.96 亿元，同比增长 8.91%；实现销售收入 39.44 亿元，同比增长 8.75%。

4. 印刷业

2022 年，全省规模以上印刷和记录媒介复制业企业 7 家，产值 4.21 亿元，同比下降 12.7%。

5. 制糖业

2022 年，全省成品糖产量 9.79 万吨，同比增长 10.3%。

曾　金

3.11 山西省

【a. 概况】

2022年，在省委、省政府的坚强领导下，全省上下坚持以习近平新时代中国特色社会主义思想为指导，全面贯彻落实党的二十大精神，深入学习贯彻习近平总书记考察调研山西重要讲话重要指示精神，坚决落实党中央“疫情要防住、经济要稳住、发展要安全”重要要求，高效统筹疫情防控和经济社会发展，坚持稳中求进工作总基调，扎实做好“六稳”“六保”工作，有效实施稳经济一揽子政策措施，全省经济持续稳中加固、稳中向好，民生福祉不断增进，社会事业全面进步，高质量发展态势强劲。

【b. 重点行业运行情况】

2022年，山西省食品工业规模以上企业共354个，同比增加60个，规模以上企业共完成营业收入796.6亿元，同比增长7.0%；利润总额98.6亿元，同比增长38.1%；利税总额202.8亿元，同比增长27.9%。

1. 农副2食品加工业

2022年，全省规模以上企业219个，同比增加44个，实现营业收入345.6亿元，同比增长3.4%；利润总额2.7亿元，同比增长410%；利税总额3.8亿元，同比增长460%。其中，稻谷加工和肉制品及副产品加工营业收入同比下滑较为明显；小麦加工和淀粉及淀粉制品制造营业收入分别同比增长54.0%、22.8%，利润同比增长20.0%、180%。

2. 食品制造业

2022年，全省73个规模以上企业，同比增加6个，实现营业收入138.5亿元，同比下降2.0%；利润总额6.9亿元，同比下降20.7%；利税总额9.8亿元，同比下降13.3%。其中，调味品、发酵制品制造业涨幅明显，共完成营业收入17.7亿元，同比增长8.6%；其中，糖果、巧克力制造营业收入同比下降77.8%；方便食品制造业持续增长势头，营业收入同比增长3.6%；其中，方便面制造营业收入4.5亿元，同比增长104.5%；保健食品制造和酱油、食醋制造营业收入同比小幅增长，利润总额同比基本持平。

3. 酒、饮料和精制茶制造业

2022年，全省实现营业收入259.8亿元，同比增长18.8%；利润总额82.5亿元，同比增长35.5%；利税总额152.6亿元，同比增长30.7%。其中，白酒制造持续上涨，完成营业收入207.6亿元，同比增长24.5%，利润总额同比增长36.6%，利税总额同比增长31.2%；瓶（罐）装饮用水制造和啤酒制造营业收入同比增长23.8%、20.4%；茶饮料制造营业收入同比下降29.8%。

4. 烟草制造业

2022年，完成营业收入52.7亿元，同比增长5.2%；利润总额6.5亿元，同比下降54.8%；利税总额36.6亿元，同比增长11.9%。

【c. 大记事】

山西省十三届人大常委会第三十一次会议

通过了《山西老陈醋保护条例》,《条例》共4章24条，于2022年1月1日起施行，旨在通过法治方式保护与传承山西老陈醋传统文化和工艺特色，保障山西老陈醋品质，规范行业生产经营活动，维护消费者和企业的合法权益。

1月26日至27日，习近平总书记来到山西，看望慰问基层干部群众，并且亲临位于平遥古城的平遥牛肉店、东湖老醋坊，了解当地文化遗产保护利用和开展特色经营的情况，购买了平遥牛肉、饺子醋等年货，还参与了陈醋发酵打耙。习近平总书记对山西传统食品给予的特别关注，让人振奋、令人鼓舞、催人奋进，充分体现了领袖对山西人民、三晋食品的莫大关怀，对山西食品行业工作的最大支持。

3月30日，“泽州黄小米”地理标志证明商标被核准注册，商标专用权期限自2022年3月28日至2032年3月27日。这是晋城市继“沁水蜂蜜”“陵川潞党参”“陵川连翘”“高平大黄梨”“阳城蚕茧”“高平山茱萸”等地理标志证明商标注册后的第7件地理标志商标。

4月1日，经临汾海关检验检疫合格的480箱干黄粉虫宠物饲料从临汾启运发往南非，这是山西省宠物饲料产品首次出口非洲。

4月22日，山西农业大学食品科学与工程学院硕士研究生郭东东在老师的指导下在国际知名期刊《InternationalJournalofBiologicalMacromolecules》(TOP1区，影响因子6.953)在线发表了研究论文。

5月15日，由太原海关检验检疫合格的156公斤香椿在日本顺利通关，这是山西省首次出口香椿。

6月6日，山西省第十三届人民代表大会常务委员会第三十五次会议初次审议了《山西省小杂粮保护促进条例(草案)》。

7月22日，《山西省小杂粮保护促进条例》已由山西省第十三届人民代表大会常务委员会第三十六次会议通过，自10月1日起施行。

7月19日，经山西省食品安全地方标准审评委员会审查通过，现发布《食品安全地方标准毛建草》(DBS14/003-2022)、《食品安全地方标准毛建草代用茶》(DBS14/004-2022)2项食品安全地方标准。

8月11日，山西省食品安全抽检监测标准化技术专家组成立大会暨第一次委员会议在太原召开。会议明确专家组成立后将主要负责全省生产、流通和餐饮领域食品抽样检验、监测，不合格食品的处置、召回，风险预警等领域地方标准制修订、实施、体系建设和规划等工作，旨在全领域、全链条、全流程、全方位推进我省食品抽检监测标准化事业高质量发展。

8月19日–21日，2022中国杏花村国际酒业博览会在汾阳市杏花村国际白酒交易中心举办。

8月21日，以“金波琼酥流粹代州”为主题的2022代州黄酒文化节暨黄酒嘉年华在千年古关—雁门关拉开帷幕。

8月31日，“2022年全国食品安全宣传周(山西)活动”启动仪式在大同举行。

9月1日，由朔州市人民政府、山西省农业农村厅、山西省商务厅、太原海关、中国畜牧业协会主办，怀仁市人民政府承办的“晋北肉类平台2022山西·怀仁羔羊肉交易大会”在怀仁市农特产品展销展示中心盛大开幕。

9月16日，山西省市场监督管理局关于对《山西省食品小作坊禁止生产加工的食品品种目录(第一版)》公开征求意见的通知。

9月23日，山西省发布了“有机旱作·晋品”省域农业品牌，全省共有66个产品品牌入选。山西省已经拥有山西小米、山西陈醋等12个省级区域公用品牌，平遥牛肉、运城苹果等46个市级区域公用品牌，产品品牌和企业品牌达数千个，这些产品品牌生产规范、品质优良、知名度高，充分体现了“有机旱作·晋品”“特”和“优”的本质内涵，集中代表了“山西本色，自然出色”的品牌形象。

9月29日，“山西食品安全校长论坛”在太原举办，由山西省食安办指导，山西省教育厅、山西省市场监管局主办，是2022年全国食品安全宣传周（山西）主场活动之一。

10月21日，山西省预制菜产业高质量发展座谈会暨山西预制菜产业联盟筹备座谈会在山西农业大学龙城校区召开。

11月21日，“平遥牛肉”国家地理标志产品保护示范区成功入选，成为2022年山西省唯一获批筹建的国家地理标志产品保护示范区。

12月5日，山西省市场监督管理局批准发布《“山西标准”（标识）农产品认证规则》等8项山西省地方标准。

【d. 重点企业】

汾酒篇

山西汾酒2022年实现营收262.14亿元，同比增长31.26%；实现净利润80.96亿元，同比增长52.36%。从产品来看，山西汾酒中高价酒类、其他酒类实现营收分别为189.33亿元、71.07亿元，同比增长分别为39.45%、14.05%。从市场来看，2022年山西汾酒省内销售收入为100.36亿元，占比为38.54%。省外销售收入则达到160.04亿元，占比为61.46%。

汾酒年报显示，截至2022年末，汾酒在全国共有经销商3637家，其中，省外市场增加了73家，达到2869家，省内市场增加40家，达到768家，2022年汾酒净增经销商113家，经销商结构进一步优化，全国可掌控终端数量突破112万家。

2021年12月17日，袁清茂出任山西杏花村汾酒集团党委书记、董事长。20日，山西汾酒发布公告，公司董事会收到了控股股东山西杏花村汾酒集团有限责任公司发函，推荐袁清茂为山西汾酒第八届董事会董事、董事长人选。

1月14日，山西省委常委、常务副省长张吉福深入汾酒集团，就企业生产经营、安全生产、重点项目推进等进行调研，并围绕国企改革发展座谈交流。

2月25日，汾酒集团五届一次职工代表大会、四届一次工会会员代表大会在汾酒会议中心胜利召开。两百余名代表肩负着全体汾酒人的重托，带着公司万余名职工的心声和期盼齐聚一堂，积极建言献策，认真履行职责，共商汾酒发展大计，共绘汾酒壮阔蓝图。

5月19日，汾酒召开“践行汾酒复兴纲领，全方位推动汾酒高质量发展”大会。会上，袁清茂作了题为《践行汾酒复兴纲领全方位推动汾酒高质量发展》的讲话。讲话从目前汾酒形势的总体判断，汾酒复兴总纲领，汾酒复兴第一阶段主要纲领，践行汾酒复兴纲领的“16字要求”四个方面进行了阐述。

6月17日，第十一届中国白酒T8峰会在四川泸州召开。汾酒党委书记、董事长袁清茂，总经理谭忠豹应邀出席。

6月23日，汾酒老作坊修葺揭碑仪式在汾酒老作坊博物馆隆重举行，汾酒“2022企业文化月”大幕正式拉开。

8月9日，走进汾酒第一车间——全国主流媒体原粮（大麦）基地行活动在张掖山丹马场举办。在活动现场，山西汾酒集团公布了山西农业大学小麦研究所大麦专家周元成与高粱研究所高粱专家平俊爱针对汾酒原粮种子选育的研究成果。实验证明，“汾麦30”的优质曲率和出酒率以及原酒酒样感官评分均优于现在所用大麦品种；而“汾酒高粱30”出酒率高，商品性好，且产量高，稳产性好，拥有极高的耐瘠性和养分利用效率。

8月17日，由中国酒业协会主办，山西杏花村汾酒厂股份有限公司承办的“首届中国露酒T5峰会”在汾阳召开。

8月20日，由中国酒业协会名酒收藏专业委员会主办，山西杏花村汾酒厂股份有限公司协办的陈年汾酒陈年竹叶青专场鉴评活动暨“时间的味道”高端品鉴会在山西省汾阳市成功举办。

9月27日，2022汾酒封藏大典在山西杏花村汾酒老作坊博物馆举办。

12月17日，由中国酒业协会主办的“酒都宜宾和美世界”2022中国国际名酒博览会在四川宜宾国际会展中心开幕，汾酒作为重要参展企业参加。

12月22日，由中国食品工业协会主办的“2022中国食品工业科技进步大会暨中国食品工业协会科学技术奖颁奖盛典”于南京国际博览中心举行。经省食协积极组织、企业申报、协会推荐，中食协组织专家审核、结果公示等程序，由山西杏花村汾酒厂股份有限公司完成的《智能化汾酒大曲培育房研制及应用试验》以及山西杏花村汾酒厂股份有限公司与山西农业大学联合完成的《高产乙酸乙酯库德毕赤酵母在清香型大曲调味酒生产中的应用》两个项目获得“中国食品工业协会科学技术奖”三等奖。

【e. 协会工作】

3月，山西省食品工业协会会长办公（扩大）会议在线上线下同步召开。会上，会长李秋喜向全省食品行业传达习近平总书记在全国两会期间的重要讲话精神和全国两会精神，并提出将山西特优食品打造成食品行业“山西精品”的工作思路及开展省食协“提升服务质量年”行动方案。

4月，山西省食品工业协会会长李秋喜与山西省酿酒工业协会会长杨建峰亲自带领专家调研组，前往大同云冈区、浑源等区县，调研大同市白酒产业及食品工业发展情况。山西省委常委、大同市委书记卢东亮出席座谈会。

5月，“山西省食品行业会长联席会议暨大同市白酒（黄花）产业高质量发展建议报告专家论证会”在太原举行。山西食品行业五家商协会和大同黄花产业发展研究院、山西省食品研究所的负责人、专家学者，针对大同市白酒和黄花产业高质量发展建议的“两个报告”提出意见和建议。同月，编制并发布《大同市白酒产业发展建议报告》《大同黄花产业“双高两化”高质量发展建议报告》，李秋喜会长专程前往大同市陈述，得到大同市委、市政府高度评价。

6月，由山西省食品工业协会、省食协酒业专委会指导，代县工业和信息化局主办的首个“黄酒四级品酒师”职业技能培训班在代县开班。学员通过省食协组织的职业技能认定合格后，获得“黄酒四级品酒师”职业证书。

7月，配合山西省乡村产业融合发展中心开展山西预制菜产业发展调研和企业走访，并组织召开“山西预制菜发展研讨会”，为食品加工企业创造转型升级再发展提供良好机遇。

8月，由省食安办、大同市人民政府主办，大同市食安办、山西省食品工业协会承办的“2022年全国食品安全宣传周（山西）活动”在大同启动。

9月，承办“山西食品安全助推产业高质量发展论坛”，省农业农村厅、省卫健委、省市场监管局等省食安委成员单位主要领导，省食协、省公用品牌建设联合会领导以及食品安全与营养健康专家、汾酒集团等企业高管围绕论坛主题进行主旨或主题发言。此次论坛活动在全省尚属首次。

11月，山西省食品工业协会发布《山西食醋分类》团体标准正式实施。作为基础性标准，《山西食醋分类》团标的发布实施，填补了现行国家标准、行业标准的空白。

【f. 标准发布】

2022年山西省食品工业协会共发布3项团体标准

一、《山西食醋分类》T/SXFIA003-2022

二、《藜麦植物蛋白饮品》T/SXFIA004-2022

三、《红枣干制品热泵与变温压差组合干燥技术规程》

T/SXFIA005-2022

附：数据情况

2022 年山西省规模以上食品工业主要效益指标

地区	企业单位数（个）	营业收入		利润总额		利税总额	
		总量（亿元）	同比增长（%）	总量（亿元）	同比增长（%）	总量（亿元）	同比增长（%）
山西	354	796.6	7.0	98.6	38.1	202.8	27.9
太原	37	166.1	8.1	11.9	22.7	46.0	11.1
大同	22	17.7	-3.3	-0.1	0	-0.1	-
阳泉	5	3.4	17.2	0.2	0	0.2	0.0
长治	21	50.8	-2.9	1.4	-163.6	2.0	-
晋城	15	25.4	17.1	0.0	-100	0.2	-
朔州	33	35.3	-9.5	1.2	-7.7	2.1	0.0
晋中	58	128.1	4.7	2.6	-18.8	5.1	-5.6
运城	47	72.7	5.1	2.8	40	3.7	76.2
忻州	30	16.8	-12.5	0.1	-75	0.2	-60.0
临汾	25	21.4	-6.6	-0.2	-33.3	0.0	-
吕梁	61	259.0	16.1	78.8	37	143.4	31.1

2022 年山西限额以上单位商品零售额及其增长速度

指标	绝对数（亿元）	同比增长（%）
粮油、食品类	314.7	5.4
饮料类	30.8	9.5
烟酒类	115.0	7.3

2022 年全省主要产品产量及其增长速度（食品类）

产品名称	计量单位	总产量	同比增长（%）
粮食	万吨	1464.3	3.0
其中：玉米	万吨	1021.1	4.4
小麦	万吨	245.2	0.8
谷子	万吨	52.8	4.7
豆类	万吨	24.3	11.8
薯类（折粮）	万吨	59.6	-8.9
油料	万吨	14.9	-3.3
蔬菜及食用菌	万吨	1010.3	3.5
水果	万吨	1002.8	2.9
其中：瓜果类	万吨	58.5	6.3
园林水果	万吨	944.3	2.7
食用坚果	万吨	30.5	5.2
其中：核桃	万吨	29.4	5.5

续表

产品名称	计量单位	总产量	同比增长（%）
猪牛羊禽肉	万吨	142.5	6.0
其中：猪肉	万吨	92.4	4.5
牛肉	万吨	9.1	1.5
羊肉	万吨	11.2	7.5
禽肉	万吨	29.8	11.8
禽蛋	万吨	118.0	5.0
牛奶	万吨	142.8	5.7
水产品	万吨	5.3	4.4
液体乳	万吨	55.2	4.2
食用坚果	万吨	31.8	5.3
食醋	万吨	46.1	–5.4
白酒（折 65 度）	万千升	26.3	13.9
饮料	万吨	113.3	1.8
卷烟	亿支	153	0.3

黄永建　王　彬

3.12 安徽省

【a. 概况】

2022 年，安徽省 2074 家规模以上食品工业企业实现营业收入 3316.1 亿元，同比增长 6.3%；利润总额 219.7 亿元，同比增长 5.8%。

行业	营业收入/亿元	增长率/%	利润总额/亿元	增长率/%
食品工业合计	3316.1	6.3	219.7	5.8
农副食品加工业	2137.0	5.0	81.4	1.4
食品制造业	568.4	6.3	27.9	–7.8
酒、饮料和精制茶制造业	610.7	11.0	110.3	13.8

【b. 规划政策】

印发《安徽省“十四五”食品工业发展规划》，全力发展白酒、休闲食品、茶等 3 个优势产业，加快提升粮油加工等 6 个重点产业，积极培育未来产业。

【c.“三品”行动】

持续携手央视打造“精品安徽·皖美智造”宣传平台，大力宣传推介安徽食品工业精品，2022 年组织 16 家食品企业参加宣传。举办 2022 世界制造业大会食品饮料先进制造论坛、中国·桐城绿色包装产业发展论坛。向中石化易捷推荐优质食品等消费品，促进产需对接。向工业和信息化部消费品工业司推荐食品工业“三品”专项行动典型成果 34 个。开展“皖酒皖茶全国行”活动，组织企业参加第 23 届中国·青海绿色发展投资贸易洽谈会。举办全省食品工业企业诚信管理体系建设暨地方特色食品产业发展培训班。

【d. 协会主要工作】

安徽省食品行业协会以“服务政府、服务企业，促进食品行业高质量发展”为宗旨，本着“桥梁纽带、服务咨询、耦合资源、促进共赢”的办会理念，加强行业自律，按照章程建立健全行业规范和奖惩机制，提供食品安全信息、技术等服务，引导和督促食品生产经营者依法生产经营，推动行业诚信建设，宣传、普及食品安全知识，维护会员的合法权益，维护行业的全局利益，对接政府、研究机构和企业等各方资源，打造专业、互联、高效、共享的公共服务平台，推动全省食品行业高质量发展。协会多次获得省社会组织管理局的好评，被省民政厅评为“AAAAA”级社会组织，被民政部评为第四批“全国先进社会组织”。2022 年安徽省食品行业协会作为首家商协会轮值单位，协助省民政厅宣传、总结安徽全省商协会工作。

1. 以党建工作为引领，积极开展工作。

中共安徽省食品行业党支部坚持在省委非公委和省民政厅党组的指导下，认真开展“不忘初心、牢记使命”主题教育。省市场监管局食品安全协调处、抽检监测处分别与协会结成支部共建单位；全省省级社会组织党建工作推进会上，协会党支部进行经验交流发言；协会组织党员先后赴淮安、金寨等地开展党建学习，保证协会的公益性、树立为全行业服务的指导思想。为积极落实《安徽省社会组织综合党委关于开展党史教育的通知》，扎实推动全行业党史学习教育，安徽省食品行业协会党支部举办了“学党史、悟思想、办实事、开新局”党史学习教育党课活动。通过党建工作的开展，加强行业服务思想教育，引领协会各项工作的顺利开展。

2. 发挥桥梁纽带作用，积极配合政府做好有关工作

（1）在省市场监管局的指导下，认真贯彻党中央、国务院和省委、省政府有关食品安全的决策部署，在全行业内积极推动食品生产经营者落实主体责任。协办或承办了配合省市场监管局流通处进行了多次风险排查；配合省食安办进行我省食品安全指数的前期研究工作等；配合省市场监管局做好“食安安徽”“食品生产者责任主体清单”等相关宣传及咨询服务工作。为进一步落实食品安全“两个责任”机制工作，2022 年在滁州市举办了食品安全落实“两个责任”宣贯暨食品安全总监培训班。会同省市场监管局组织会员企业参加《关于进一步加强食品安全社会共治的意见（征求意见稿）》征求意见座谈会等活动。

（2）承办省经信厅组织的规模以上食品工业企业诚信管理体系培训活动。组织专家协助省经信厅做好盐业经营企业评估工作。组织企业参加省经信厅“四送一服”双千工程宿州、淮北要素对接会。省民政厅“四送一服”帮扶工作等。协会还承担了省人社厅职业技能鉴定《食品保鲜》的编制工作，参与编制安徽省食品行业“十四五”有关规划等。连续三届组织外地供应链企业参加安徽省农业产业化（合肥）交易会。

3. 积极推进我省绿色食品长三角一体化发展

（1）安徽省食品行业协会作为长三角食品产业创新合作联盟的主要发起单位，通过与沪、江、浙食品协会的区域协作，有力地推动我省食品行业长三角一体化融合发展。先后参与和举办了“长三角食品与包装创新论坛”“长三角食品产业高质量发展大会”“长三角食品产业创新协作大会”“食品包装与创新论坛”等；“徽味 100”上海、南京推广会等；组织行业间交流考察、先后邀请上海包装协会、宁波食品行业代表团等 10 多批次来皖考察；

（2）连续四年共推荐近 200 个产品入选“长三角名优食品”品牌认定，并参与了在杭州、上海等地举行的“长三角名优食品品牌峰会”。2022 年度“长三角名优食品品牌”认定工作由安徽承办，品牌峰会在宣城成功举办。

4. 深入实施品牌发展战略，推动食品行业高质量发展

（1）协会认真落实省委、省政府关于开展质量提升行动推进质量强省建设的实施意见，以品牌建设为抓手，引导企业加强诚信建设，通过区域品牌合作，培育、壮大一批安徽食品品牌，提高安徽品牌市场占有率。

（2）为引导白酒产业转型升级提质增效，推动黄淮流域白酒产业高质量发展，参加了由山东、江苏、安徽、河南四省食品协会联合举办的“黄淮流域白酒核心产区领袖企业峰会”，共推荐我省古井、迎驾、种子等 36 款白酒获得了“黄淮流域白酒核心产区标志产品、典型风格产品”等。

（3）助力企业开拓市场，推出了安徽名优食品的“徽味 100”公共品牌计划。为帮助解决企业经营困难，协会向长三角推出了“徽味 100”计划，受到江苏、浙江和上海等地食品行业各界的热情关注和大力支持，“徽味 100”将作为我省食品行业的公共品牌，助力广大会员企业参与市场开拓。

（4）做好“食安安徽”品牌的推荐工作，先后为近百家企业入选“食安安徽”品牌，7 家企业被省市场监管局授予“食品安全研学基地”。

（5）积极向中国食品工业协会、各级政府推荐参加品牌申报等，先后为近 50 多家企业出具了推荐函，近 10 个产品获得中国食品工业协会科技进步奖等。

5. 服务绿色食品“双招双引”工作和县域经济

（1）协会积极助力我省食品产业“双招双引”工作积极搭建平台，积极投身我省食品产业发展服务工作。作为商协会代表，多次参加省长主持的十大新兴产业专题推进会，并做汇报发言，协助编制全省食品产业发展指引，协助筹划长三角绿色食品加工（小岗）大会、安徽省绿色食品产业发展大会等重大活动。协会抽调专人参加省市场监管绿色食品“双招双引”专班工作。通过行业调查、会议、走访推介等活动，多途径挖掘项目线索来源，谋划引进一批重大项目，引导全省主要食品园区建立协同招商机制和对接渠道，加强落地政策体系研究，建立“双招双引”项目库和招商智库网络，完成了《全省各主要食品园区的基本情况（承载能力）调查》结合本次调查，并制定我省绿色食品“双招双引”的路线图。

2022 年 5 月，福建省食品工业协会第十届会员大会召开之际，协会积极抓住机遇，带领宿马现代产业园、合肥未来食品产业园、铜陵国家农业科技园以及省团餐协会、农产品加工技术协会等 5 家机构到会开展“双招双引”工作。并先后考察了厦门来三斤科技、福建有零有食科技有限公司、福建未名、中科预制菜等多家公司，下一步将在福建食品工业协会组织下来安徽开展投资考察。

（2）在服务县域经济方面，协会组织专家为砀山梨产业、霍山石斛产业、淮南市、全椒县、桐城市、舒城县、金寨县、休宁县、明光市、铜陵市、宣城开发区、长丰未来食品产业园等发展食品产业进行咨询谋划；通过制定规划、标准、产业咨询、招商推介、参观考察等，有力地支持了县域经济的发展。

6. 大力开展创新驱动，促进行业科技进步

（1）标准化工作

截止到 2022 年底，协会共为会员单位制定产品标准、加工技术规程、管理规范等等团体标准 91 项，建立了我省主要产品炒货、酒类、浓香白酒生产管理、食品电商质量管理规范等 6 个管理体系；组织专家开展成果评价工作，先后为古井、洽洽、金种子等企业进行成果评价 20 多个。为 100 多家企业提供食品检测、食品安全培训、生产技术指导等技术服务工作。从技术上推动我省食品生产的健康发展。

（2）技术竞赛

为激发创新活动，协会先后举办了省工业设计大赛“古井杯”食品专项赛；与省质量促进会联合举办了安徽省“古井贡酒”杯检验检测技能大赛；举办了“洽洽杯”食品检验技能大赛；举办了全省白酒行业“迎驾贡酒杯”职业技术比武大赛。

（3）技术培训

共举办了三期安徽省评茶员认证培训班，帮助 100 多人取得了评茶员资质，推动了我省的茶文化与茶产业的发展。先后举办了二期全省品酒师培训班，帮助我省白酒企业 60 多人取得了品酒师资质。为落实“食安安徽”品牌实施方案，提升食品安全管理能力，举办了“食安安徽”品牌创建暨食品生产企业管理技术人才培训班。协会与芜湖市繁昌县合办“江南第一茶市”百名评茶员国家职业技能等级认定培训班。先后为包河区等县市开展了多期食品安全培训班。

7. 积极开展公益活动、展示行业风采

2022 年，面对疫情，安徽省食品行业广大企业积极响应党和政府号召，在支援疫情防控阻击战、保障民生食品供应等工作中，展示了全行业的责任担当。协会发出了《就疫情防控致广大会员的一封信》，号召广大会员企业“舍小家，顾大局”，主动承担起社会责任，积极助力疫情防控和做好食品保障工作。

（1）积极参加公益捐助

协会组织古井集团、安徽口子酒业，迎驾集团会员企业累计捐款捐物 1.7 亿元，除捐款捐物外，广大会员企业通过各种途径投入保障民生工作，有力地支持了当地的抗疫防控工作。

（2）协会积极为复工企业做好保障

协会及时组织专家录制视频对全行业生产复工进行防控技术指导，一方面组织行业间互帮互助，安徽国科检测科技有限公司党员主动上岗，为疫情期间的物资免费提供检测服务等。

（3）积极参加扶贫、抗洪救灾工作

全省食品行业积极响应省委省政府的号召，在省民政厅及各级政府的指导下，积极参与疫情防控、抗洪抢险、脱贫攻坚、援助新疆等工作，并取得了很大的成绩，多次受到省民政厅有表彰，向社会彰显了我省食品行业的社会责任。协会组织企业援助新疆皮山县44万元扶贫专款，多次赴临泉老张庄扶贫慰问。

（4）落实“百社进百村”帮扶活动

协会党支部6次到临泉县谭棚镇张老家村，就脱贫帮扶开展深度对接，直接捐赠资金5万多元，并组织企业，结合“一村一品”等特色产业资源开展业务合作，在村设立技术专家工作站。帮助老张庄村与安徽燕之坊进行产业对接，通过设立黑芝麻基地带动农民增收，另外组织会员企业，从该村采购大白鹅等扶贫产品多批次2万多元，达到造血式扶贫。协会对接的新疆皮山县盛产核桃，洽洽食品、三只松鼠、东方果园等食品企业合计采购了一亿多元。

（5）安徽省食品行业协会与安徽省君善公益发展中心共同、联合发起“爱心助力乡村振兴”活动

安徽省食品行业协会及酒类流通分会、食品协会会员单位安徽焦陂酒业有限责任公司和安徽王仁和米线食品有限公司等数家会员企业参加省民政厅、省慈善总会举办“聚社力·兴乡业”社会组织助力乡村振兴专项基金捐赠签约仪式并进行了捐赠。

8. 开展行业自律、积极维护会员权益

（1）协会通过诚信教育、诚信体系培训、建立生产规范体系和制定团体标准等，不断加强行业自律，引领行业生产经营者自觉履行主体责任，通过多种途径推动行业诚信建设，在我省食品行业营造了遵纪守法、诚信经营的良好环境。协会在开展诚信建设和加强行业自律的经验做法，得到了省市场监管局有关领导的高度认可。

（2）协会先后组织企业进行食品安全诚信宣誓；连续三年推荐近20家企业参加了省工业经济联合会举办的企业发布社会责任报告行动；发布节约粮食倡议书；开展食品安全生产者主体责任承诺等活动加强行业自律。

（3）在维护会员权益方面，协会聘请了常年法律顾问，为会员企业在打假、侵权等提供法律咨询；通过技术鉴定、意见书等形式，共为10多家企业解决纠纷提供了有力的支持。

安徽省食品工业协会

3.13 江西省

【a. 经济效益】

2022年，江西省规模以上食品工业企业1088户，同比增加54户（不含烟草制品业，下同）；资产总计1852.10亿元，同比下降1.62%。亏损企业亏损总额52.33亿元，同比增长221.9%。全年实现营业收入2177.46亿元，同比下降1.23%；利润总额1316.68亿元，同比下降27.29%。其中，农副食品加工业营业收入继续保持增长态势，同比增长4.47%，食品制造业营业收入同比下降8.1%，酒、饮料和精制茶制造业同比下降19.69%。

【b. 大事记】

1月15日，组织召开江西省食品工业协会第五届理事会专家委员会恳谈会，会议内容：（1）江西煌上煌集团食品股份有限公司科技创新经验介绍；（2）参观江西煌上煌集团食品股份有限公司党建活动馆、酱卤博物馆和现代化生产线。

3月21日，为做好疫情防控工作，江西省食品工业协会向全省食品工业企业发出倡议：1、担当责任，重视疫情；2、自觉防控，积极配合；3、明辨真伪，做好引领；4、遵纪守法，恪守职业道德；5、尽己所能，奉献力量。

4月15日，江西省工业和信息厅行业综合党委批复同意江西省食品工业协会成立党支部，21日江西省食品工业协会召开党支部成立大会，江西省食品工业协会秘书长郝其刚同志当选党支部书记。

5月20日，江西阳光乳业股份有限公司成功登陆深交所主板。

8月1日，按照国家发展和改革委、工业和信息化部、商务部、国家市场监督管理总局《关于遏制“天价”月饼、促进行业健康发展的公告》（2022年第5号）要求和江西省发展和改革委、江西省工业和信息化厅、江西省商务厅、江西省市场监督管理局7月29日会议精神，江西省食品工业协会发布《拒绝生产销售天价月饼、促进市场健康发展》倡议书。

8—9月，江西省食品工业协会联合南昌市工业和信息化局对江西省南昌市部分重点月饼生产企业进行了调研，与4家企业分别召开座谈会，传达国家发展和改革委、工业和信息化部、商务部、国家市场监督管理总局《关于遏制“天价”月饼、促进行业健康发展的公告》（2022年第5号）精神和江西省发展和改革委、江西省工业和信息化厅、江西省商务厅、江西省市场监督管理局7月29日会议精神。对南昌市旺中旺、天虹、华润、好邻居等商超进行暗访，共计10余人次，暗查的产品50余个品种。

9月19日，人力资源社会保障部公布了《2022年全国和谐劳动关系创建示范企业与工业园区名单》，四特酒有限责任公司成功入选“全国和谐劳动关系创建示范企业”，这是江西省唯一一家上榜的白酒企业。

11月11日，2022年首届“中国预制菜买手节”暨预制菜买手联盟采销大会在江苏省淮安市召开，江西省食品工业协会为主办单位之一。

11月20日，“文物古窖微生物800年后安新家暨国宝李渡技术研究院、文化研究院成立仪式”在国宝李渡酒庄举行。同时，由中国食品工业协会主导的“中国白酒古迹遗存与微生物酿酒工程技术中心”以及与江南大学合作的“江南大学－李渡酒业（元代）古窖微生物联合研发中心”也落地于此。

11月，江西李渡酒业有限公司案例荣获“2022拉姆·查兰管理实践奖”杰出奖，并被清华大学经济管理学院中国工商管理案例库收录。

11月20日，“国宝李渡·我的大学梦”公益助学基金启动仪式在江西李渡酒业有限公司举行，江西李渡酒业有限公司与江西省青少年发展基金会现场签约，向江西省青少年发展基金会保底捐赠1000万元人民币，设立“国宝李渡·我的大学梦”公益助学基金。

11月29日，江西省申报的全南县绿茶制作技艺（赣南客家擂茶制作技艺）、婺源县绿茶制作技艺（婺源绿茶制作技艺）、九江市修水县红茶制作技艺（宁红茶制作技艺）在摩洛哥拉巴特召开的联合国教科文组织保护非物质文化遗产政府间委员会第17届常会上通过评审，成功入选联合国教科文组织人类非物质文化遗产代表作名录。

12月2日，江西省人民政府决定授予江西李渡酒业有限公司、宜春大海龟生命科学有限公司孙海辉为第四届江西省井冈质量奖提名奖。

12月12日，中国工商业联合会第十三次全国代表大会在北京闭幕，煌上煌集团董事长褚浚荣誉当选中华全国工商业联合会第十三届执行委员会常务委员。

【c. 技术创新】

1.2022年度“中国食品工业协会科学技术奖”

颁奖仪式2022年12月22日在南京国际博览中心举行，江西省一批企业和个人获奖：

（1）优秀项目

❖ 一等奖

项目名称：南丰蜜橘等外果加工及副产物高效利用技术集成创新与应用

项目完成单位：赣南师范大学、江西博君生态农业开发有限公司、南丰县吉品生物科技有限公司、扬州福尔喜果蔬汁机械有限公司、江西德都食品科技有限公司

主要完成人：朱博、朱笃、张露、徐小彪、卢占军、彭婷、姚锋先、陈道宗、成臣、杨建军、许荣华、章永兰、陈根福、朱志良、杨为海

项目名称：特香型新型大曲工艺及在酿造生产中的应用研究

项目完成单位：四特酒有限责任公司、江西农业大学

主要完成人：吴生文、林培、徐柏田、曾婷婷、叶芝红、吴晓玉、熊秋萍、姜清萍、蔡珊、黎清华、付建生、付新邱、敖海林

项目名称：灵芝孢子粉纯选、破壁新工艺及生产技术应用

项目完成单位：江西仙客来生物科技有限公司

主要完成人：潘新华、潘峰、郭培花、张锐敏、梅愉、康民、周俊甫、王治宇、余华君、潘登、胡志敏、潘训平、郭亚男、陈晔、何刚

❖ 二等奖

项目名称：雅因乐DHA有机米粉

项目完成单位：江西广来健康产业有限公司、南昌航空大学

主要完成人：谢作桦、芦玲、戴玉华、肖秋云、邹松、黄国太、盛文胜、周丽红

❖ 三等奖

项目名称：馥合赣香型白酒的生产关键技术及产品研发

项目完成单位：江西章贡酒业有限责任公司

主要完成人：廖志勇、万华荣、张志军、张特生、谢腾峰、朱泽南、张世山、黎东墉

项目名称：赣南脐橙酒的研发

项目完成单位：江西章贡酒业有限责任公司

主要完成人：廖志勇、万华荣、朱泽南、张特生、吴海燕、黎东墉

项目名称：雅因乐益生元钙铁锌有机米粉

项目完成单位：江西广来健康产业有限公司、南昌航空大学

主要完成人：谢作桦、盛文胜、戴玉华、陈琦、肖琼、龚桂香、孙雪兰、付静

（2）先进个人

❖ 科技创新领军人物

周彦如　江西广来健康产业有限公司

科技创新杰出人才

李八魁　乐平市洎阳古韵酒业有限公司

杨建军　江西博君生态农业开发有限公司

盛文胜　江西广来健康产业有限公司

廖志勇　江西章贡酒业有限责任公司。

2.2022 年度中国食品科学技术学会科技创新奖

12 月 14 日，2022 年度中国食品科学技术学会科技创新奖颁奖仪式以线上形式举办，南昌大学的富含多糖的营养健康食品创制关键技术与产业化应用入选一等奖。

3.2021 年度江西省科学技术奖

6 月 27 日，江西省人民政府决定对 2021 年度为江西省科学技术进步、经济社会发展作出重要贡献的科技工作者和组织给予奖励。一批食品项目获奖：

江西师范大学，南昌大学，江西福美泰生物技术有限公司，江西德上科技集团有限公司，美泰科技（青岛）股份有限公司新型高品质鱼蛋白胶制备关键技术及应用研究获江西省科学技术进步奖一等奖。

南昌大学，江西省粮油科技创新和物资储备中心，高安市清河油脂有限公司，武汉轻工大学，江西高安建发油脂有限公司稻米油及其深加工产品生产关键技术和装备创制与应用和南昌大学，江西中医药大学，江西省疾病预防控制中心，江西川奇药业有限公司高纯度 L–SeMC 制备关键技术及其在食品中产业化应用获江西省科学技术进步奖二等奖。

4. 首届江西省标准创新贡献奖

12 月 23 日，江西省人民政府公布首届江西省标准创新贡献奖名单，江西省一批食品标准项目获奖：

四特酒有限责任公司申报的 GB/T20823–2017《特香型白酒》获一等奖；

广昌县白莲产业发展中心申报的 DB/T670–2018《绿色食品广昌白莲生产技术规程》和泰和县泰和乌鸡产业发展中心申报的 DB/T666–2018《泰和乌鸡商品鸡生产技术规程》获三等奖。

【d. 品牌创建】

2022 年，江西省食品工业企业积极推进品牌创建活动，并取得丰硕成果。食品项目获奖名单：

1.2022 最受欢迎的江西消费品牌

资溪面包、樟树中药饮片、遂川狗牯脑茶、瑞昌山药。

2022 最受欢迎的江西十大企业消费品牌

绿滋肴（休闲食品）江西省绿滋肴实业有限公司、李渡酒江西李渡酒业有限公司、宁红（茶叶）宁红集团有限公司、赣酒江西省赣酒酒业有限责任公司、万年贡（大米）万年贡集团有限公司、仙客来（保健食品）江西仙客来生物科技有限公司、汪氏（蜂蜜）江西汪氏蜜蜂园有限公司、浮梁茶开发（集团）有限公司。

2.2022 最受欢迎的江西十大新锐消费品牌名单

周真真（米粉）江西周真真品牌管理有限公司、易佰家（预制菜）江西省小才子食品集团有限公司、胜龙牛肉江西胜龙牛业有限公司、纱坦太阳红（茶叶）江西省太阳红茶业有限公司、万方圆（米粉）万方圆餐饮集团股份有限公司。

3.2022 最受欢迎的江西十大网货品牌名单

老俵情（农特食品）中国邮政集团有限公司江西分公司、渣渣灰（米粉）江西阿灰食品科技有限公司、秋田满满（婴幼食品）宜春十九度电子商务有限公司。

4.2022 年省级信息化和工业化融合示范企业

（1）数字化转型

二星山东鲁花（万年）米业有限公司、江西李子园食品有限公司、江西煌上煌集团食品股份有限公司、江西万年皇阳贡米实业有限公司、江西林恩茶业有限公司。

（2）信息化能力建设二星

江西金农米业集团有限公司、江西省百约食品有限责任公司、江西仙客来生物科技有限公司、甘源食品股份有限公司、江西齐力实业发展有限公司、江西华亨宠物食品股份有限公司瑞昌市溢香农产品有限公司、九江大北农水产科技有限公司、江西福美泰生物技术有限公司、北京二商（江西大观楼）食品有限公司、宜春市袁州区中州米业有限公司、江西省富华米业有限公司、鄱阳湖生态农业股份有限公司、婺源县聚芳永茶业有限公司。

（3）信息化能力建设一星

丰城市黑五类食品有限公司、江西井冈山粮油集团有限公司、江西金佳谷物股份有限公司新干粮食储备库、江西维莱营健高科有限公司、江西海盛仁粮油有限公司、江西晶升粮油食品有限公司、江西省天玉油脂有限公司、抚州市绿藤食品科技研发有限公司、江西华晨食品有限公司、江西润田（九江）饮料有限责任公司、高安市瑞前米业有限公司、高安市清河油脂有限公司、江西长汇食品有限公司、江西春晓米业有限公司、江西帝缘食品有限公司。

【e. 协会工作】

1. 积极完成政府及相关部门交办工作

1 月，为落实中央领导同志批示精神，受江西省人民政府有关部门委托，江西省食品工业协会组织 34 家企业填报申请食品工业重点企业白名单信息。组织部分企业、专家回复工业和信息化部消费品工业司研究起草的《关于加快现代轻工产业体系建设的指导意见（征求意见稿）》、全国食品工业标准化技术委员会组织函审的行业标准《肉制品安全信息追溯体系规范》（征求意见稿）。

3 月，工业和信息化部消费品工业司发出《关于请做好首届“吃货节”大型食品促消费活动组织工作的函》（工消费函 [2022]144 号）。江西省食品工业协会积极组织 12 家食品生产企业参加本次线上促销和线下展销两部分活动。线上促销主要是产品促销宣传；线下展销活动包括企业自办的新品发布会、消费者体验等活动及参与的各类展销会、交易会、论坛会、研讨会等活动。

1 月，江西省食品工业协会配合中国食品工业协会品牌战略工作委员会开展的“超级逛吃团－品质好物节”营销新通路 2022 年度系列线上活动，活动联合淘宝直播、抖音、快手三大平台，优选优质的头部和中腰部主播达人，提供产品的保量套餐，保证产品 ROI 产出的同时更能给品牌带来亿级曝光。

2. 发挥桥梁纽带作用，积极服务行业发展

2 月，组织部分企业参加中国酒协黄酒分会、中国食协发酵工程研究会指导，浙江职业技术学院黄酒学院（黄酒学院（中国黄酒技艺传承社科普及基地）主办的《中国黄酒技艺与人文大讲堂》。组织企业学习“阿宽面皮消费者投诉事件”危机公关经典案例。

积极协助中国食品工业协会、国家食品安全风险评估中心、中国食品发酵研究院有限公司等单位共同参与的食品安全国家标准《酒中氨基甲酸乙酯污染控制规范》及《葡萄酒、咖啡和可可中赭曲霉素 A 污染控制规范》制定工作，为进一步了解和掌握“酒中氨基甲酸乙酯”及“赭曲霉素 A”在企业实际生产中的预防与控制情况，做好相关企业的信息收集和意见反馈工作。

为了办好中国首届特（兼）香型白酒产业高质量发展峰会线上系列活动（线上新媒体、直播带货、营销传播），江西省食品工业协会于9月26日在樟树市举办中国首届特（兼）香型白酒产业高质量发展峰会线上系列活动集中培训。

12月8日，与江西财经大学工商管理学院EDP中心合作，在江西财经大学举办第122届高管论坛，我国税法主笔人喻景忠教授主讲《二十大税务政策解读与江西民营企业发展机遇》。

【f. 自身建设】

1. 加强党的建设

为加强协会党的建设，3月1日，江西省食品工业协会向江西省工业和信息化厅行业综合党委申请成立党支部，并承诺：坚决拥护中国共产党的领导，执行党的路线、方针和政策，依照《中国共产党章程》有关规定设立中国共产党的组织，开展党的活动，为党组织的活动提供必要条件，承担保证政治方向、团结凝聚群众、推动事业发展、建设先进文化、服务人才成长、加强自身建设等职责。4月15日，江西省工业和信息化厅行业综合党委批复同意协会成立党支部，4月21日，协会召开党支部成立大会，协会副会长兼秘书长郝其刚同志当选党支部书记。5月23日，江西省工业和信息化厅行业综合党委印发《关于同意中共江西省食品工业协会支部选举结果的批复》（赣工信综党字〔2022〕2号）。

2. 开展主题党日活动

为深入学习宣传贯彻党的十九届历届全会精神和党的二十大精神，全面贯彻落实习近平新时代中国特色社会主义思想，7月5日，江西省食品工业协会党支部与江西省工业和信息化厅轻工业处、医药工业处、对外交流合作处党支部赴江西李渡酒业有限公司开展“庆祝中国共产党成立101周年、喜迎二十大”主题党日活动。

3. 以党建促业务

以白酒为抓手，积极参与乡村振兴工作。7月9日在贵州茅台镇主办江西修江王酒业有限公司修江王酱酒品评会，邀请我国白酒界的权威大师，对修江王酱酒给予鉴评。9月18日，组织支部3名党员对江西万年红酒业有限公司产品进行帮扶，与酿造一线负责人共同探讨万年红酒酿造技术攻坚难题，助力万年红酒品质提升。10月8日，组织支部3名党员在江西李渡酒业有限公司对国宝李渡一号实验车间酿造的原酒进行感官质量鉴评。10月26日，组织支部3名党员到铅山县清玲酒坊调研帮扶，解决问题。10月29日，组织支部3名党员对江西陶令酒业有限公司产品进行感官品鉴。与酿造一线负责人共同探讨陶令酒酿造技术攻坚难题，助力陶令酒品质提升。

【g. 主要经济指标】

2022年江西省规模以上食品工业主要经济指标

分类	规模以上企业数	营业收入（万元）	同比增长（%）	利润总额（万元）	同比增长（%）
食品工业合计	1088	21774618	-1.23	1316676	-27.29
农副食品加工业	663	15423902	4.47	624539	-35.95
食品制造业	279	3986728	-8.10	336064	-11.69
酒、饮料和精制茶制造业	146	2363988	-19.69	356073	-21.78

陈叔然

3.14 河南省

【a. 概况】

2022 年，河南食品安全形势总体稳中向好。全省规模以上食品工业企业 2600 家，同比增加 232 家，其中，农副食品加工业 1484 家，食品业 785 家，酒、饮料和精制茶 325 家，烟草制品业 6 家，经济运行情况良好，规模以上食品工业实现营业收入 7184.79 亿元，同比增长 8.4%，销售收入、盈利水平、主要产品产量均实现增长。其中，农副食品加工业 4087.87 亿元，同比增长 9.4%；食品制造业 1677.16 亿元，同比增长 5.2%；酒、饮料和精制茶制造业 815.29 亿元，同比增长 11.6%；烟草制品业 604.47 亿元，同比增长 6.9%。实现利润总额 426.46 亿元，同比增长 4.4%，其中，农副食品加工业 225.79 亿元，同比增长 6.0%；食品制造业 96.27 亿元，同比增长 3.8%；酒、饮料和精制茶制造业 52.52 亿元，同比下降 9.0%；烟草制品业 48.88 亿元，同比增长 16.0%。

食品产业是河南最重要的传统优势产业，食品产业吸纳就业多、出口能力强、税收贡献大，是关系国计民生、稳经济基本盘的重要支柱，产业总量一直稳居全国各省（自治区、直辖市）的前列，其中，肉类、果蔬和面粉加工能力位居全国第一，食品产业已形成万亿级产业集群。2022 年，河南食品产业增加值占规模以上工业增加值的比重达 13.4%，为五大主导产业之首，同比增长 5.0%，对规模以上工业增长的贡献率达 13.3%。目前，全省规模以上食品企业近 2600 家，其中 20 家食品企业的 26 个产品荣获“中国名牌”称号，三全、思念速冻食品全国市场占有率超过 50%，双汇集团、牧原食品成为全国具有较大影响力的食品企业。

【b. 主要产品产量】

产品名称	计量单位	2022 年	
		产量	同比增长 %
精制食用植物油	吨	1265408.38	−2.9
鲜、冷藏肉	吨	3523160.16	20.6
冻肉	吨	405556.43	43.59
熟肉制品	吨	3289439.82	−2.63
冷冻蔬菜	吨	112182.13	−9.52
膨化食品	吨	227288.19	−7.61
焙烤松脆食品	吨	67409	−55.82
糖果	吨	131490.35	−8.25

续表

产品名称	计量单位	2022 年	
		产量	同比增长 %
速冻食品◇	吨	3090213.44	2.15
其中：◇速冻米面食品	吨	2517955.26	1
方便面	吨	944184.31	-13.45
乳制品◆	吨	2153546.72	11.51
◆液体乳	吨	2152655.42	11.49
罐头	吨	108763.07	-25.1
味精（谷氨酸钠）	吨	143810.3	-34.19
酱油	吨	47304.8	-28.04
食醋	吨	40414.15	14.16
营养、保健食品	吨	21687.38	1.32
冷冻饮品	吨	162734.57	21.2
食用盐	吨	643820.37	22.23
非食用盐	吨	777034.17	91.09
食品添加剂	吨	1239916.94	16.7
饲料添加剂	吨	174443.01	0.01
发酵酒精（折 96 度，商品量）	千升	1436319.36	9.41
饮料酒◇	千升	2192049.95	-2.48
其中：◇白酒（折 65 度，商品量）	千升	222794.29	-8.28
◇啤酒	千升	1884613.02	-0.82
◇黄酒	千升	21113.22	53.03
◇葡萄酒	千升	37209.1	-33.17
◇果酒及配制酒	千升	8849.32	18.31
饮料◇	吨	7170153.72	3.61
其中：◇碳酸型饮料（汽水）	吨	1043118.9	-1.03
◇包装饮用水	吨	2610095.24	4.94
◇果汁和蔬菜汁类饮料	吨	860255.55	-16.14
◇蛋白饮料	吨	477661.53	5.56
精制茶	吨	20748.02	11.46
卷烟	万支	15726643	0.22

赵清贤

3.15 湖北省

【a. 概况】

2022 年，湖北省食品工业呈平稳增长态势，面对复杂严峻的国内外环境和疫情散发等多重考验，湖北省食品行业大力实施“三品”战略，扎实开展数字化、智能化、绿色化、品牌化、精细化改造升级行动，积极推进产业链协同复工复产，全行业保持平稳增长态势，为稳增长保市场供应做出了积极贡献。全省规模以上食品工业企业完成工业增加值同比增长 6.32%，增速同比增加 2 个百分点。分子行业看，农副食品加工业同比增长 7.7%，食品制造业同比增长 4.3%，酒、饮料和精制茶制造业同比增长 5.1%，烟草制造业同比增长 4.2%。

全省规模以上食品工业企业实现营业收入 6727.14 亿元，同比增长 6.32%，实现利润 444.86 亿元，同比增长 6.27%，其中，农副食品加工业实现利润 162.29 亿元，同比增长 11.1%，酒、饮料和精制茶制造业实现利润 114.52 亿元，同比增长 2.2%，烟草制造业实现利润 100.37 亿元，同比增长 11.3%。在 2022 年各省（自治区、直辖市）食品工业排名中湖北省位列山东、广东、四川、河南、福建之后，排名前六位。

【b. “三品”战略成效显著】

以“增品种、提品质、创品牌”为主线，引导企业主动适应消费升级需求，加快食品行业供给侧结构性改革，不断提升高端产品供给能力。1–8 月，精制食用植物油产量同比增长 12.1%，饮料酒产量同比增长 7.7%，精制大米产量同比增长 3%，精制茶产量同比增长 3.4%。武汉热干面、孝感米酒、鄂州武昌鱼等地域产品规模化发展；黄鹤楼酒业、石花酒业、稻花香酒业等传统企业加快转型升级；良品铺子、周黑鸭、仟吉、襄阳锅巴等特色产品和品牌影响力不断提升。

附：湖北省食品工业规上企业 2022 年主要经济指标

指标代码	指标名称	企业单位数	营业收入			利润总额		
		2022 年（个）	2022 年（亿元）	上年同期（亿元）	同比增长（%）	2022 年（亿元）	上年同期（亿元）	同比增长（%）
13	农副食品加工业	1598	3834.33	3561.07	7.7	162.29	146.05	11.1
14	食品制造业	383	1024.70	982.34	4.3	67.70	70.36	–3.8
15	酒、饮料和精制茶制造业	435	997.36	948.57	5.1	114.50	112.06	2.2
16	烟草制品业	8	870.75	835.26	4.2	100.37	90.15	11.3
	小计	2424	6727.14	6327.24	6.32	444.86	418.62	6,27

【c. 重大项目技改和创新发展特色】

1. 省委、省政府高度重视食品产业高质量发展工作，上半年，省政府在咸宁召开全省食品行业技改示范经验交流现场会，通过典型试点示范，合理引导预期，增强各级政府和食品企业信心，加大招商引资和本土企业投入力度，加快推进食品行业技术改造和产业转型升级。呈现出大项目多、项目集聚集群化、中小企业“专精特新”化新特点。咸宁市充分发挥紧邻武汉市的区位优势，提出打造世界级饮料基地的“一瓶水”工程。经过多年的努力，在红牛、奥瑞金、今麦郎、黄鹤楼等一批行业龙头企业带动下，安利大健康智创园、元气森林咸宁生产基地、正大集团等一批知名品牌落户咸宁，全国饮料产品有近300个品牌产品在咸宁生产，世界饮料生产基地初具雏形。2022年食品饮料企业投资500万元以上的技改项目14个，总投资达8.87亿元。

2. 宜昌市通过培育壮大食品饮料龙头骨干企业，全力撬动全市产业的高质量发展，先后成功培育出稻花香、枝江酒业、土老憨、屈姑等一批行业领军企业，打造“稻花香”“萧氏”“土老憨”“采花”“屈姑”等中国驰名商标38个，并在龙头企业的引领、示范和带动作用下，建成“宜昌蜜橘”“宜昌宜红”“宜昌毛尖”“秭归脐橙”等一批区域公用品牌。2022年全市食品饮料产业实现营业收入同比增长14.7%，前景无限好的舌尖产业，已经成为宜昌工业经济的坚实底盘，向着千亿级目标昂首迈进。

3. 襄阳市坚持科技创新，推动产业高质量发展。打造十大重点农业产业链，助力科技创新；聘请科技创新院士专家，选派市、县科技特派员，培养科技专员，推广应用科技创新成果，让群众享受到科技的便利，推动襄阳市农业产业现代化和高质量发展。依托技术转化平台开展技术需求与科技成果的线上智能匹配，每年可促进科技成果转化100项以上，让科技成果切实转化为生产力。目前，全市市级以上农业产业化龙头企业达到426家，居全省第一位；规上农产品加工业产值近1700亿元，贡献了全市工业总产值近1/3；市级以上龙头企业从业人数7.5万人，带动农户66万户，带动增收近70亿元。

4. 十堰市绿色食品饮料产业集群初具雏形，2022年引进北京一轻控股有限责任公司，建设柑橘深加工项目。项目投资约3.5亿元，年可处理2万吨蜜橘，建成后预计年产茶、果汁、天然饮用水等各类饮料30万吨，实现税收约2500万元。近年来，十堰市先后引进农夫山泉、忠和酒业、燕京啤酒、北冰洋汽水、华润怡宝等一批国内外知名企业，突破性发展绿色食品饮料产业集群。据了解，该产业集群整体布局以纯净水为主，以茶饮、果蔬、碳酸、风味、植物饮料为辅；酒精饮料充分结合武当文化、黄酒文化，重点发展特色黄酒、白酒、啤酒和果酒类饮品。2022年，十堰全市绿色食品饮料综合产值787亿元，其中生产产值338亿元，加工产值449亿元。其中，饮料综合产值74亿元，总产量占全省近20%，排名全省第二位。

5. 恩施州围绕“土、硒、茶、凉、绿”特色优势，全方位、全链条壮大硒产业发展，加快推进硒食品精深加工产业集群高质量发展。已初步形成以硒农产品精深加工为基础，以硒保健食品和功能食品开发生产为重点，以原料、研发和检测等为配套的产业体系，硒科技、硒标准、硒产品认证保持国内领先。全州现有“恩施土豆”“恩施硒茶”等地理标志认证商标35件，注册涉硒企业商标299件，涉硒市场主体超过3000家，硒产业总产值达720亿元，年均增速达14%，力争到2025年硒产业产值突破1000亿元。

6. 黄石市聚力打造水果、水产、中药材、茶叶、蔬菜等“五大产业链”，提升产业发展能级，劲酒、珍珠果米酒等区域名品蜚声省内外。该市引进中粮、雨润等一批农业龙头企业，省级以上农业龙头企业增至27家。在其带动下，黄石农业链条长度不断延伸，产业科技化转型步伐加快，农业科技贡献率达到64.39%。目前，黄石拥有绿色食品54个、地理标志农产品2个，“保安湖”螃蟹等6个产品被评为湖北名牌产品，珍珠果酒等14个品牌获评“湖北省著名商标”。

7. 荆门市加大畜牧业产业化发展力度，助推蛋鸡产业提档升级。市畜牧兽医部门牵头组织湖北省禽蛋产业集群项目申报，京山市三年内拟争取中央资金6300万元，推进蛋鸡产业转型升级。全力支持湖北神地、湖北华醇、雯娜鼎匠等实施蛋品加工提升技改项目、智慧养殖项目、家禽肉制品加工项目等建设，加快构建蛋鸡全产业链。牛羊产业链进一步延长，市畜牧兽医中心推动汉江牛业、华中农业大学强强联合，组建湖北荆合农业发展有限公司发展肉牛屠宰加工，开展招商引资，引进湖北凯硕10万基础母羊养殖屠宰加工项目，补齐产业链空白。

8. 省第十二次党代会赋予荆门“打造产业转型升级示范区”的新定位、新目标。在荆门市打造产业转型升级示范区实施方案中提出，推动农产品加工业特色化、品牌化发展。在保障粮食安全的前提下，深耕中国农谷战略，大力调整优化农业产业结构，重点实施以“一袋米”“一壶油”为核心的“五个一”工程，打造一批基础好、链条长、绿色底气足的农业产业链，打响“荆品名门”区域公用品牌，争创国家农业高新技术产业示范区。做强优质稻米全产业链，将“京山桥米”打造成湖北大米第一品牌。做精高油酸油菜全产业链，让“湖北油菜籽、荆门高油酸”叫响全国。做优农产品深加工，提升产业链现代化水平。到2025年，全市农产品加工业实现产值1400亿元以上，农产品加工转化率达到80%以上。

9. 以“打造武汉都市圈重要节点城市”为目标，孝感市深入推进孝汉同城。作为孝汉同城首个示范区，今年11月启动运营的首衡华中国际食品产业新城，在推进区域协同发展上起到产业引擎的作用。据介绍，该项目总投资300亿元，规划总占地面积约8000亩，建成后将成为华中地区规模最大、品类最全、设施最先进、功能最完善的全业态全产业链商贸流通产业集群。

10. “荆州味道”飘香预制菜风口，荆州鱼糕、荆沙财鱼、皮条鳝鱼、公安牛肉、笔架鱼肚、洪湖莲藕……近年来，各类代表“荆州味道”的预制食品声名鹊起，但生产标准不一、加工工艺不先进、品牌不响等因素，也制约着荆州预制菜产业的发展。突破产业瓶颈，荆州打出“组合拳”。荆州市出台《预制菜产业十条扶持政策》，从壮大产业集群、建设研发平台、构建监管体系、培育示范企业、培养产业人才、加强仓储冷链物流建设、拓宽品牌营销渠道、加大财政金融保险支持力度等方面综合发力，促进预制菜产业加速发展。

11. 潜江市稳步推进虾稻共作模式转型再升级，大力推广虾稻共作标准模式、拓展模式、复合模式等虾稻共作升级模式，创新虾蟹稻、虾鳝稻、虾鳖稻拓展模式和虾稻共作+虾稻连作复合模式等种养技术，同时组建科技研发人才队伍，开展小龙虾良种选育繁育科技攻关，加快从“大养虾”向“养大虾”转型。2022年，潜江市制定了《潜江市小龙虾产业链工作实施方案》，明确产业链五年规划和近期工作要点，立足做深一产、做精二产、做活三产、做强品牌、做实标准、做足保障，着力构建全环节提升、全链条增值、全产业融合发展格局，确保到2025年小龙虾综合产值突破1000亿元。潜江市已建成集度假旅游、龙虾美食、文化展示为一体的生态龙虾城，创新推出油焖大虾、蒜蓉虾、清蒸虾、卤虾等128道小龙虾菜品，其中中国名菜4道、湖北名菜10道，在全国开设虾皇、味道工厂、小二上虾等潜江龙虾餐饮名店3000余家。

12. 随着中国首座专业货运枢纽机场——鄂州花湖机场投用，鄂州市农业农村局乘“机”谋划，多次召集业界会商，决定在全省率先组建预制菜产业联盟。花湖机场航站楼开设“鄂州名优农特产品展售专区”，首批进入专区的有“武昌鱼”“梁子湖大闸蟹”“涂镇蓝莓”“沼山胡柚”等当地名优农特产品。以武昌鱼品牌为龙头，鄂州正全面推进现代种业、预制菜、机场交易及冷链物流等多条产业链，力争未来数年构建起千亿级规模的现代农业产业集群。

13. 近年来，黄冈市锚定独特的比较优势，大力推进黄冈市大健康产业实现转型升级。2022年，全市大健康产业规模突破1000亿元。在发展定位上，黄冈市全力推进“药、养、游、医、健”五位一体融合发展，把大健康产业建设成为黄冈富民强市的特色产业、支柱产业、新动能产业。

14. 在2022中国香菇区域品牌价值榜单中，“随州香菇”以106.76亿元位列榜首。“随州香菇”区域品牌是榜单中唯一一个价值超百亿元的区域品牌，远超第2名40余亿元。2022年随州市香菇种植规模达到3.21亿袋，鲜菇总产量约70万吨，占全国香菇产量十分之一；2022年全国香菇及其香菇制品累计出口34.62亿美元，其中随州香菇及其制品出口额达到10.1亿美元，约占全国出口总量的30%左右，连续20年位居湖北首位。

15. 天门市着力提升蔬菜制品产业发展质量，在天门全市蔬菜制品产业集群质量提升座谈会上，22家农副产品深加工企业负责人分别向国内食品研发专家、国家企业标准化良好行为评估专家等提问，请专家开“处方”。

16. 让地理标志成为转动农业产业发展的“金钥匙”，仙桃聚焦“一条鱼”“一粒米”，统筹实施增品种、提品质、创品牌，推进30公里黄鳝产业示范带扩面提质，做强优质稻产业链，力争粮食加工产能达到100万吨，同时持续擦亮郑场豆豉、沔城藕、沔阳麻鸭等老字号，助推“仙”字号特产出圈出彩。

【d. 协会2022年主要工作】

1. 党的二十大召开以来，按照上级党组织的要求，协会深入学习贯彻党的二十大精神，深刻领悟“两个确立”的决定性意义，增强“四个意识”、坚定“四个自信”、做到“两个维护”，忠实履行好为行业会员政府服务的使命任务，更好地为实现湖北省食品产业高质量发展、为全面建设社会主义现代化国家、全面推进中华民族伟大复兴而团结奋斗。

2. 在党的二十大召开之际，以实际行动喜迎二十大胜利召开，协会发文（鄂食协文〔2022〕05号）征集会员企业宣传稿件，宣传一批具有行业代表性、企业形象突出、经营管理优秀的会员企业，展示湖北省食品产业高质量发展的丰硕成果和典型事迹。

3.2022年湖北省级社会组织党组织书记培训班在黄石市委党校开班，全省行业协会商会100余名党组织书记参加培训。湖北省食品工业协会派员参加此次培训。

4. 协会四届二次理事会暨开展党史学习教育活动在中共红安县委党校内隆重举行。省经信厅原一级巡视员陶红兵、中共红安县委副书记王映辉、县人民政府副县长余品祥、县农业农村局局长施停、副局长徐军乐等有关领导应邀出席会议。湖北省食品工业协会第四届理事会会长蔡开云、副会长梅红运以及协会理事、会员代表、特邀食品专家等共计70余人参加交流活动。会议由协会副会长、武汉佳成生物制品有限公司总经理姚继承主持，秘书长谭卫东做协会工作报告。

5. 协会四届二次理事会议安排了党史学习教育专题讲座，中共红安县委党校副校长蔡德春作“不忘初心、牢记使命”主题教育讲座，重点介绍了红安27年光辉的斗争历程及特点、红安为党为国巨大的历史贡献、红安为我们留下的宝贵精神财富等内容。讲座报告生动翔实、图文并茂、科学严谨，受到与会人员好评赞扬，达到了启发教育的目的。

6. 协会“学党史、悟思想、办实事、开新局”活动在荆州洪湖市开展，协会秘书处及会长单位成员一行七人走进翟家湾湘鄂西革命根据地旧址、洪湖市革命博物馆、湘鄂西苏区革命历史纪念园等参观学习，缅怀革命先烈，重温革命道路，不忘初心跟党走。其间，协会一行人走进会员企业华贵食品和洪湖野莲酒业交流学习。

7.4 月 22 日，湖北省民政厅公示湖北省 2021 年度社会组织评估等级结果，湖北省食品工业协会被评定为省级社会组织 AAAA。

8. 为热烈庆祝湖北工业大学建校 70 周年校庆活动，会长单位湖北稻花香酒业股份有限公司赞助校庆活动指定接待用酒 16 万元捐赠仪式在湖工大材化学院一楼大厅举行，湖工大社会资源处、有关学院负责人和协会秘书处、稻花香酒业武汉分公司负责人等参加捐赠活动。

9. 以“自然佳酿天赐酱香”为主题的神农架酒业首届封藏大典在神农架酒业厂区内正式拉开帷幕，协会派代表参加此次盛会。

10. 在随州市经信局有关领导的支持和陪同下，协会派员走访参观调研随州及广水等县市区重点食品企业，包括随州品源、香思里食品、中兴食品、大自然农业、楚丹禽业等，陪同协会会长单位一行走进协会会员单位湖北红日子农业科技有限公司，开展“看名企、访名人、推名品”学习交流活动。

11. 黄鹤楼酒业战略新品・楼 20 出厂仪式暨上市发布会在黄鹤楼酒文化博览园隆重举行。中国食品工业协会秘书长马勇，知名白酒品评专家季克良、高景炎、赖登燡、钟杰、白希智、陈佳、程劲松、盛初集团董事长王朝成、省食品工业协会秘书长谭卫东、省博物馆党委书记万全文及众多全国权威媒体齐聚汉阳，共襄盛典。

12. 绣林玉液・年份酒新品上市发布会在石首市举行，邀约各界人士在风景秀丽的桃花山共品佳酿，共赴发展之约，为石首县域经济高质量发展赋能。协会派员陪同中国食品工业协会副会长兼秘书长马勇、国家食品质量监督检验中心副主任程劲松等专家到该公司参加发布会活动。

13. 省卫健委召开座谈会，邀请相关专业人士了解和讨论我省健康食品行业和健康服务业发展相关情况，协会积极参与方案修改工作，曾多次安排协会专家团队就征求意见稿、省内健康食品产业布局重点支持方向和发展现状等进行认真讨论，并将有关意见和建议及时传递省卫健委，受到省卫健委有关部门领导高度肯定和认可，发挥了为政府服务的职能作用。

14. 协会积极推荐会员企业遴选全省支柱产业细分领域隐形冠军企业和湖北省专精特新“小巨人”，为会员企业出示企业产品市场占有率的证明，主要有中蔬农业公司、回头客食品、小胡鸭食品、协丰印刷公司、众望科工贸、万和食品、新美香食品、武汉源香食品、海通食品、天湖蛋禽公司、森澜生物科技、允泰坊食品、维佳实业公司、宝得瑞（湖北）公司、顾大嫂食品、黄石珍珠果、新生源生物、钟祥亿源、旭东食品、黄仙洞葛业、钟祥兴利食品、武汉柏康公司等 22 家企业。协会推荐大自然农业公司的“蕾奇尔”商标申报中国驰名商标，为其出示推荐函。为会员企业北京兆信武汉分公司拓展业务走进枝江酒业调研工作。

15. 湖北省粮油集团组织召开 2022 年食品专家座谈会，协会秘书长应邀出席会议活动。由湖北省食品工业协会主持的“高品质牛油绿色精深加工关键技术创新及产业化应用”科技成果项目评价会在武汉轻工大学召开，评价会由中国农科院油料作物研究所李培武院士担任专家组组长。

16. 5 月 28 日，协会会长单位稻花香酒业走进湖北长江电气有限公司开展学习交流活动，双方就经济形势、红色党建、数字智造、战略合作等进行了交流探讨，并举行了“匠心美酒礼赠仪式、活力盛宴・稻花香 VIP 鉴赏荟”，现场文化与思想碰撞，匠心与智慧交融，双方携手向前，澎湃楚商力量，共谋美好未来，协会秘书处工作人员陪同参加此次学习交流活动。

17. 湖北工业大学党委书记刘德富、武汉轻工大学党委副书记、校长董仕节带领湖工大社会资源处、食品学院、省食品协会等部门负责人前往湖北良品铺子调研走访，与该公司董事长、湖北工业大学杰出校友杨红春座谈交流，开展校企合作和成果转化相关工作探讨。

18. 由湖北省食品工业协会主持的“半纤维素酶的分子改良与产业化应用”科技成果项目评价会在中南民族大学召开，项目成果已在武汉新华扬生物股份有限公司、广西扬翔股份有限公司、鄂州兴港生态农业有限公司等单位成功应用，在南漳县和鄂州市建立了示范基地，取得了显著的经济和社会效益。李培武院士担任本次项目评价会专家组组长。

19 安徽省食品行业协会会长邵栋梁等一行来协会交流传经送宝，双方就做好行业会员政府纽带作用交流，围绕区域品牌共同建设推广评价等方面工作进行了探讨。湖北省食品工业协会、湖南省食品行业联合会一行到访广东省酒业协会、广东省食品行业协会。

20 作为智慧 CRM 先行者玄武云特邀上百家快消品牌商、行业咨询专家、媒体等共聚一堂，举办了上市答谢会华南站暨品牌升级发布会，共研智慧快消，共探韧性增长，湖北省食品工业协会秘书处一行受邀请参加此次盛会。

21. 由湖北省食品工业协会主办，劲牌神农架酒业有限公司承办的 2022 湖北省白酒评委年会在风景秀美、气候宜人的神农架林区成功召开，这是我省一年一度白酒骨干企业技术交流活动的盛会。国家食品质量监督检验中心副主任、教授级高工程劲松、湖北工业大学酿酒研究所所长、二级教授陈茂彬出席会议并讲座，省白酒专家委员会成员、省白酒评委、省特邀评委等 70 余位代表参加了年会活动。

22. 由全国食品工业职业教育教学指导委员会主办、浙江工业职业技术学院承办的新一届全国食品工业职业教育教学指导委员会成立大会暨 2022 食品工业职业教育产教融合创新发展论坛在浙江绍兴市成功召开，有省食品工业协会、湖北轻工职业技术学院、武汉职业技术学院等单位负责人应邀参加活动。协会如期完成中国食品工业协会交办的《湖北省食品产业发展报告》的编辑整理工作。

23. 湖北省第五届大学生“营养、健康、美味”酸奶 DIY 创新竞赛于 10 月 10 日拉开帷幕，此次竞赛由湖北省食品科学技术学会、湖北省食品工业协会主办，旨在贯彻落实国民营养计划，鼓励大学生积极创新和开发营养、健康、美味食品，应用科技创新健康生活，为健康中国贡献力量。

24. 为助力食品生产企业明确熟悉新规内容，提升企业生产质量管理水平，湖北省食品工业协会联合华测检测开展线上培训活动，特邀请山东省市场监管局原食品生产处处长王玲老师，于 10 月 21 日举办《“新规”下企业实操宝典》线上直播研讨会，围绕食品质量安全管控的有关问题与大家进行交流。

25.11 月 24 日，由湖北省经济和信息化厅主办、湖北省食品工业协会承办的 2022 年湖北省食品工业诚信管理体系培训在汉成功举办。本次培训活动邀请国家市场监管总局认证认可技术研究中心和中国食品工业协会诚信体系负责人、高级培训师、高级评价师赵秀云、于建海、朱亚贤和沈志勇在线上授课。省经济和信息化厅二级巡视员、消费品工业处处长尹传铭、副处长陈萍、武汉市经信局消费品工业处处长胡建华、三级调研员周立、省食品工业协会副会长姚继承、梅红运与武汉市食品企业等单位负责人 20 多人参加线下会议，全省 17 个地市州经信部门分管食品工业负责人、食品企业管理人员等近 300 人参加全天的线上会议。线下会议由协会副会长姚继承主持，协会秘书长谭卫东主持线上会议。

26. 协会微信公众号及官方网站作为协会自媒体宣传平台，据不完全统计，2022 年协会宣传平台共推送党的二十大精神宣传贯彻类材料 9

条、食品安全类消息11条、食品安全监督管理11条、食品行业监管政策1条、工信部政策2条、国务院创新发展促进改革政策3条、企业申报湖北省专精特新7条、酒类新国标3条、中小企业数字化发展、湖北省食品产业各行业发展动态7条、湖北省龙头食品企业动态31条、湖北省食品行业杰出人物事迹宣传3条、行业资讯7条等，原创文章10多篇。这些新闻和消息的推送宣传在行业引起极大的关注，在会员产生很好的反响，其中单次稿件的浏览量最多达3857人次。在党建时事政治宣传、行业品牌重点推广、食品安全监督管理、人才培育团队建设和协会活动跟踪报道等方面，协会秘书处走在同级省级社会组织日常管理工作的前列。

湖北省食品工业协会秘书处

3.16 湖南省

【a. 概况】

1. 行业运行保持增长

2022年，全省规模食品工业（不含烟草）增加值同比增长3.5%；完成营业收入6379.04亿元，同比增长9.3%；实现利润总额248.22亿元，同比增长6.6%；我省食品工业营业收入占全省规模工业的13.4%。

2. 部分重点子行业优势明显

2022年，我省食品工业14个重点子行业中，粮食加工、饲料加工、果蔬加工、精制茶加工、方便食品制造、罐头食品制造等子行业分别完成营业收入941.35亿元、905.15亿元、389.83亿元、379.39亿元、239.66亿元、171.23亿元，其占全省食品工业的比重明显高于全国平均水平，具有一定的比较优势；畜禽肉类加工、食用植物油加工、饮料制造、酒的制造、调味品制造、水产品加工等子行业分别完成营业收入514.41亿元、479.72亿元、261.07亿元、177.93亿元、165.59亿元、135.3亿元，发展来势较好。

3. 产业链群稳步推进

会同省农业农村厅、省商务厅、省市场监管局等6部门制定《湖南生态绿色食品产业集群（产业链）推进工作方案》，围绕种养规模化、产业集群化、发展市场化、质量标准化、产品品牌化、融合数字化，通过对接省政府年度八项重点工作，引导产业链群上中下游配套。依托环洞庭湖区丰富的农产品资源优势，全省围绕岳阳粮油茶水产调味品加工、益阳一县一品特色食品加工、常德粮油酒水产品加工等形成了一批重点食品工业集群。2022年，排全省前4位的岳阳市、益阳市、湘潭市、常德市规模食品工业共实现营业收入3997.53亿元，占全省总额的62.67%，分别实现营业收入1653.35亿元、914.43亿元、766.31亿元、663.44亿元，产业集聚发展优势明显。宁乡经开区、浏阳经开区、望城经开区、城陵矶综保区、平江高新区、湘阴高新区、常德经开区、益阳高新区、安化经开区、湘潭天易高新区等一批食品工业特色园区快速发展，带动区域食品工业集群化发展。

4. 企业不断成长壮大

2022年，全省有规模以上食品工业企业2990家，同比增加31家。形成了一批具有较强市场影响力的龙头骨干企业，金健米业、盐津铺子被评为“中国轻工业二百强企业”，省茶业集团被评为“中国轻工业科技百强企业”，金健米业被评为“中国食品行业五十强”。劲仔食品、湘佳牧业等19家食品企业先后在港交所和A股主板等成功上市。引导企业走专精特新发展道路，共培育食品产业省级专精特新“小巨人”企业204家。

在种种措施助力下，2022年，白酒行业实现大幅盈利。其中，酒鬼酒公司2022年营业收入2022年酒鬼酒实现营收40.5亿元，同比增长18.63%；归属于上市公司股东的净利润约10.49亿元，同比增长17.38%，成为我省最赚钱的食品企业。

预制菜行业是过去一年中联合会重点关注的行业。在省工业和信息化行业事务中心的支持下，联合会邀请长沙理工大学、湖南省湘菜产业促进会等共同组成调研组，调研了包括大湖股份、世林食品、金磨坊食品等会员企业在内的预制菜行业，调研报告通过专家评审，并就发展预制菜产业向省委省政府提出建议。

5.“三品”专项行动深入开展

认真贯彻落实省委提出的“食品医药创优工程”，引导食品龙头企业争创湖南省消费品工业“三品”标杆企业，2022 年度认定了 15 家食品工业企业为湖南省消费品工业“三品”标杆企业，对获评的湖南省消费品工业“三品”标杆企业给予资金奖励，大力引导和支持食品企业“增品种、提品质、创品牌”。

6. 质量安全管理不断加强

组织开展诚信管理体系培训及评价。举办 2022 年全省食品工业企业诚信管理体系国家标准线上宣贯培训班，192 家食品工业企业、各级工信部门、省食品行业联合会相关负责人共 253 人参加培训。组织重点食品企业开展诚信评价，盐津铺子等 6 家食品企业通过工信部授权的第三方机构诚信评价，我省累计有 67 家重点食品企业通过了诚信评价。组织婴幼儿配方乳粉生产企业建立产品追溯体系并与工信部食品工业企业追溯平台对接，澳优乳业、湖南展辉、湖南欧比佳等 3 家婴配乳粉企业已全部实现追溯体系与国家相关平台的技术对接。按照工信部的统一部署，指导企业切实提升追溯平台使用率和数据查询率，2022 年消费者通过工信部食品工业企业追溯平台（我省共 3 家企业）查询国产婴幼儿配方乳粉追溯信息次数较上年大幅提高。

7. 食品科技创新持续推进

创新是企业保持生机活力的第一动力。近年来，湖南把科技创新摆在服务食品产业发展的核心位置，以科技创新引领企业管理、工艺、设备、营销全面创新。当前，全省食品行业产教融合迈出新步伐，科技成果转化取得新成效，全行业创新意识不断增强，创新能力和创新水平不断提升，涌现出了省茶业集团、省粮食集团、绝味食品、唐人神肉制品、金健米业、克明面业、玉峰食品、盐津铺子、劲仔食品、大湖水殖、惠生科技、裕湘面业、汇湘轩等一批科技创新的先进典型。

在联合会的大力推荐下和极力促成下，单杨院士最终同意将唯一的院士工作站落户绝味食品。单杨院士工作站将在创新工艺（如植物萃取）、速冻保鲜技术的应用、食品深加工（智能制造）、散装食品标准化等领域开展研究。特别是植物的萃取技术开发方向，将通过对香辛料的萃取与标准化，打破技术应用的壁垒，实现绿色食品生态产业链，以支持可持续发展和绿色生产。同时，长沙理工大学王建辉教授，被聘为世林食品的首席科学家，对公司的预制菜产业进行全面指导。

【b. 工作重点】

1. 组织开展“三品”专项行动

认真贯彻落实省委提出的“湖南食品医药创优工程”要求，继续培育认定一批“湖南省消费品工业‘三品’标杆企业”，引导食品龙头企业争创“三品”标杆企业。引导和支持食品企业“增品种、提品质、创品牌”，支持食品企业做大做优做强。

2. 推动食品产业转型升级

完善工作推进机制，扎实做好生态绿色食品产业集群（产业链）基础工作。贯彻实施《湖南省食品行业“十四五”发展规划》，推动食品行业转型发展。推动全省食品工业的预制化发展。

3. 抓好湘酒品牌提升专项行动

通过落实《关于推进白酒产业供给侧结构性改革和高质量发展的政策措施》（湘工信消费品〔2021〕34 号），引导主流媒体大力宣传湘酒领先品牌，支持行业协会牵头组织湘酒企业组团参加国内外知名专业展会，进一步提升酒鬼、湘窖、武陵、德山、雁峰等湘酒品牌知名度和行业集中度，推进湘窖酒业2万吨酱酒扩建、酒鬼酒公司生产三区建设、武陵酒扩产等项目建设，促进湘酒产业高质量发展。

4. 推进诚信管理体系建设

推进食品工业诚信管理体系建设，宣贯《食品工业企业诚信管理体系》国家标准，对规模以上食品工业企业开展培训，稳步推进食品工业企业诚信评价工作。宣传推广国产婴幼儿配方乳粉追溯体系，指导企业采取形式多样的宣传、营销措施，提高消费者通过工信部食品工业企业追溯平台查询国产婴幼儿配方乳粉追溯信息次数，切实提升追溯平台使用率和数据查询率。

湖南省食品行业联合会

3.17 内蒙古自治区

【a. 概况】

2022 年，内蒙古规模以上食品工业企业 374 户。其中，农副食品加工业 250 户，食品制造业 77 户，酒、饮料和精制茶制造业 45 户，烟草制品业 2 户。

2022 年，完成营业收入 2234.8 亿元，同比增长 12.6%。其中，农副食品加工业 570.6 亿元，同比增长 14.2%；食品制造业 1450.2 亿元，同比增长 12.3%；酒、饮料和精制茶制造业 73.4 亿元，同比下降 0.1%；烟草制品业 140.6 亿元，同比增长 17.0%。

完成利润总额 182.5 亿元，同比增长 15.7%。其中，农副食品加工业 11.2 亿元，同比增长 27.3%；食品制造业 158.4 亿元，同比增长 16.4%；酒、饮料和精制茶制造业 2.6 亿元，同比增长 23.8%；烟草制品业 10.3 亿元，同比下降 3.7%。

增加值同比增长 6.6%。其中，农副食品加工业同比增长 7.0%，食品制造业增长 9.5%，酒、饮料和精制茶制造业下降 1.4%，烟草制品业增长 0.6%。

【b. 主要产品产量】

2022 年内蒙古食品工业主要产品产量

名称	计量单位	本月止累计	同比增长 %
小麦粉	吨	399052.1	19.4
大米	吨	93637.2	–15.4
饲料◇	吨	4391083.0	1.8
精制食用植物油	吨	108396.8	–12.6
成品糖	吨	608711.0	–10.1
鲜、冷藏肉	吨	364807.5	28.4
冻肉	吨	330835.5	16.0
熟肉制品	吨	162299.4	12.3
冷冻蔬菜	吨	157998.0	11.8
糖果	吨	10.7	–75.4
速冻食品◇	吨	32587.4	–10.7

续表

名称	计量单位	本月止累计	同比增长 %
乳制品◆	吨	4151910.3	12.6
◆液体乳	吨	3949020.4	13.2
◆固体及半固体乳制品△	吨	202889.9	2.8
罐头	吨	26589.9	–18.1
味精（谷氨酸钠）	吨	1519479.0	11.3
酱油	吨	22293.2	1.8
食醋	吨	758.1	–5.4
营养、保健食品	吨	2128.4	32.6
冷冻饮品	吨	90186.1	24.1
食用盐	吨	78269.6	–6.4
非食用盐	吨	50810.1	15.6
食品添加剂	吨	85756.0	58.9
饲料添加剂	吨	750524.0	–15.3
发酵酒精（折 96 度，商品量）	千升	256675.6	46.5
饮料酒◇	千升	667604.8	6.9
饮料◇	吨	812375.6	–11.9
卷烟	万支	3181050.0	1.9

杨晓楠

3.18　广西壮族自治区

【概况】

2022年，广西全区规模以上食品工业企业900家，同比增加52家，全年实现产值3080亿元，同比增长10%，全年食品工业实现投资293亿元，同比增加83亿元，同比增长33%，占全部工业投资的7.2%。

2022年11月，广西壮族自治区规模以上工业企业饮料产量同比增长47.9%，达40.3万吨，增速同比高41.6个百分点，继续保持增长，增速同比全国高53.3个百分点，约占同期全国规模以上企业饮料产量1096.5万吨的比重为3.7%。

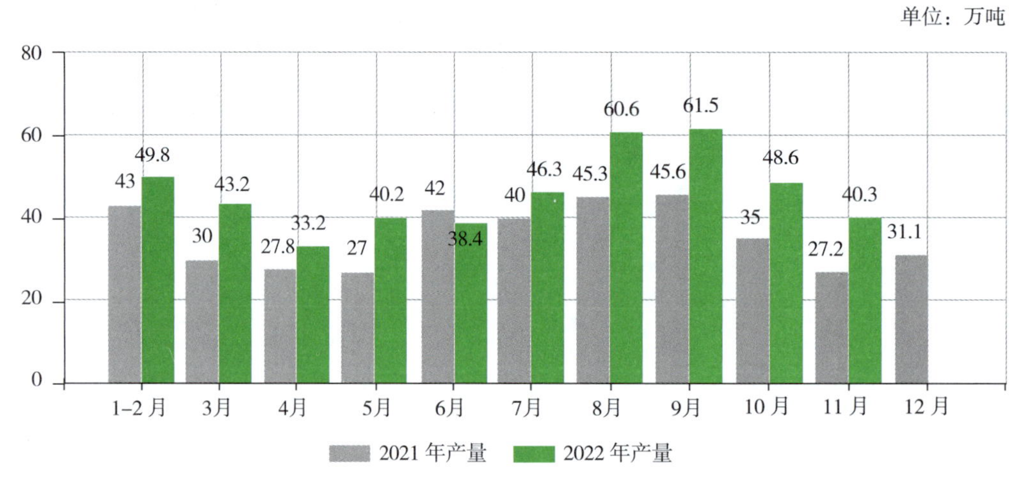

图1　广西壮族自治区饮料产量分月（当月值）统计图

2022年，广西壮族自治区规模以上工业企业饮料产量同比增长24.3%，达463.8万吨，增速同比高3.9个百分点，继续保持快速增长，增速同比全国高23.8个百分点，约占同期全国规模以上企业饮料产量16850.7万吨的比重为2.8%。

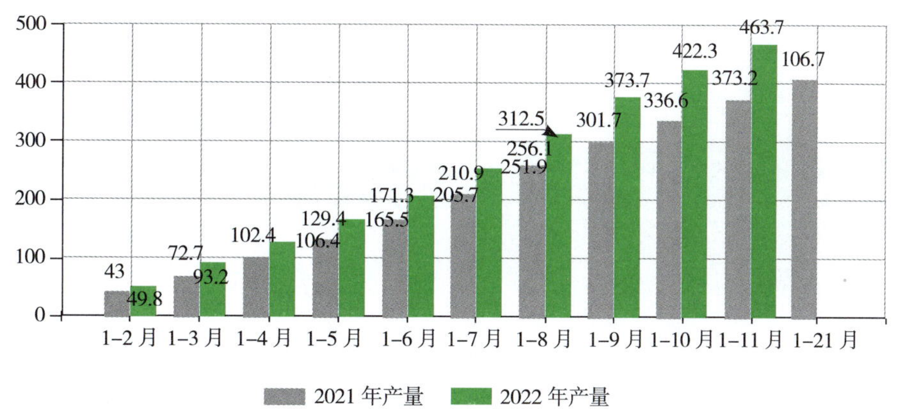

数据来源：国家统计局　　　　制图：市场调研网（20087.com）

图 2　广西壮族自治区饮料产量分月（累计值）统计图

广西食品工业协会

3.19 重庆市

【a. 概况】

2022年，是我们国家极不平凡、充满风险和挑战的一年，重庆食品行业也共同经历了新冠疫情、高温酷暑、停电停产、市场关闭、物流封堵等多重灾难叠加的磨砺，部分企业挣扎在生存的死亡线上。困难面前，全市食品企业携手同心，努力创造条件积极作为，贯彻党和政府疫情防控、复工复产、助企纾困的各项政策措施，反映企业和行业困难和呼声，倾力为政府排忧解难、悉心为企业服务，尽力改变不利因素。

【b. 主要经济指标】

2022年，全市规上食品工业企业有777家，实现工业产值同比增长5.3%，出口交货值同比增长4.5%，实现营业收入1942.9亿元，同比增长5%，利润总额同比增长7.3%，平均用工人数同比下降3.8%。

其中，农副食品加工业规模以上企业493家，工业产值同比增长5.4%，出口交货值同比下降23%，营业收入同比增长5%，利润总额同比下降4%，平均用工人数同比下降2.8%；食品制造业规模以上企业199家，工业产值同比增长5.4%，出口交货值同比增长34.6%，营业收入同比增长5.1%，利润总额同比下降10%，平均用工人数同比下降0.8%；酒、饮料和精制茶制造业规模以上企业81家，工业产值同比增长2%，出口交货值同比下降0.9%，营业收入同比增长6.5%，利润总额同比增长8.1%，平均用工人数同比下降12.4%；烟草制品业规模以上企业4家，工业产值同比增长8.3%，营业收入同比增长3.5%，利润总额同比增长138%，平均用工人数同比下降4.9%。

【c. 食品工业动态】

1. 助力企业抗击疫情，有序复工复产

2022年，为指导企业做好疫情防控工作，我们及时转发市民政局《关于进一步加强全市社会组织疫情防控工作的通知》、市经信委《关于印发全市工业企业疫情防控工作规范的通知》。同时，以“重庆市食品工业协会关于全面加强疫情防控的通知”文件，下发各企业。从疫情防控工作的组织领导、防控措施、减少聚集性活动、疫情防控责任落实等方面作了具体要求，要求各企业坚决守牢疫情防控底线。

2. 发布复工复产倡议书

国家调整疫情防控政策后，为争取企业尽快复工复产，我们向全体全市食品企业发出“关于做好食品企业有序复工复产的倡议书”，要求企业按照属地要求，有序推进复工复产。同时，用好用活市政府纾困政策及12条纾困措施，并转发市经信委提供复工复产期间公益法律咨询服务信息。

3. 积极配合市政府有关部门做好信息收集

疫情期间，市有关部门要求各社会组织及时提供相关数据，为市新冠病毒疫情防控指挥部提

供决策依据，我们按时向相关部门提供了有关数据。据不完全统计，各企业在疫情期间先后出动抗疫人员4188人次；服务人次7451；出动车辆2705台次；企业捐赠物资达120万元；志愿者数千人。

4. 协调食品企业做好市场保供工作

疫情期间，为确保市场供应，我们配合有关部门，协调保供企业闭环生产，如天友乳业、天润食品、德庄食品、聚慧食品、白市驿板鸭、冰晶食品、食友食品、鑫佳宝等企业，一直在保供路上前行。

5. 通过线上对会员企业进行专题讲座、食品安全培训

疫情期间，我们根据各企业不同的需求，联合有关培训机构，先后举办业务合同与应收账款、预制菜应用创新讲座、企业管理能力学习、食品配方专题讲座、财务管理、人力资源管理、诚信体系，食品安全培训、2023企业第一增长点等线上专题讲座和培训多达17次，企业参加人员达1000人次之多，满足不同企业的各类需求。

【d. 主要工作】

1. 适应食品产业发展的新形势，引导企业转型升级发展

当前的食品产业正在经历深刻的变革，食品科技的运用催生出各类新食品、新业态。在这样的背景下，我们通过各种培训、参访、论坛等方式，向企业提供各类资讯，加快技能培养，积极引导企业适应新形势，逐步转变企业的发展方式。于2022年5月13日举办专题讲座，邀请北京市砂砾苍茫产业投资管理有限公司投资经理李泊洋作“从资本市场视角看食品产业发展趋势”专题讲座；邀请浙江中控技术股份有限公司智能制造工程部总经理牟超介绍食品企业智能化工厂整体解决方案分享；邀请重庆德君企业管理咨询有限公司总经理汤小波作“疫情期间中小企业如何进行人才管理”专题演讲讲座。

2. 助推地方政府发展食品产业

积极发挥行业桥梁作用，反映行业发展需求，主动参与市级相关部门产业发展、行业监管、助企纾困、营商环境等政策措施的制定和意见建议征集。

（1）参与重庆市消费品产业“十四五”规划评审。上半年，我们受邀参加由重庆市经济和信息化委员会主持的重庆市消费品产业“十四五”规划的评审会。

（2）协助梁平区政府举办中国西部预制菜产业发展高峰论坛。受梁平区政府委托，协会帮助他们邀请了中食协领导做视频讲话，组织我市食品企业以及云南省、陕西省、四川省食品行业协会负责人及企业参会，为本次会议的成功举办做了大量工作。

（3）9月，与合川区政府达成共建火锅食材产业园协议，推动聚慧食品等龙头企业发挥产业支撑作用。

（4）根据成渝经济发展战略，加强川渝地区食品产业的互动和协作，主动承担了“成渝地区食品行业协会联盟”秘书处筹备工作。2022年6月，乐山市市中区政府在成都举办“乐山味道”川菜预制菜产业发展全球推介会。我们受邀帮助其邀请中食协领导做食品讲话，并帮助邀请贵州、南京、江西、川调、成都等商协会领导和企业与会。为丹棱县食品工业园提供产业发展规划咨询，并受聘担任丹棱县县域经济发展顾问。

3. 帮助企业解决问题和困难，为企业办实事、办好事

（1）督促企业加强特种设备的定期检查，杜绝事故的发生

2022年上半年，重庆市质监局在对我市使用特种设备的企业检查中发现，我市多数食品企业使用的特种设备，如夹层锅、冻库储液罐等未登记注册和定期检验。按照设备安全分类，这些夹层锅、冻库储液罐、电动叉车等属于特种设备，必须进行登记注册和定期检验。但是，长期以来，我市多数食品企业不识这类设备为特种设备，未按规定进行登记注册和定期检验。市质监局希望食品企业引起高度重视，并强调不按规定进行定期检验登记的企业将按规定予以处罚，发生安全事故的企业将追究安全事故责任。

针对该问题，我们专门发出了告食品企业书，要求各食品企业严格贯彻落实《中华人民共和国特种设备安全法》《特种设备安全监察条例》，坚持特种设备注册登记、定期检验，使用过程中妥善管理设备和档案。特种设备操作人员必须培训考试合格后持证上岗。

（2）为桶（瓶）装水企业办理货运车辆绿色、临时通行证

自2014年重庆市开始办理货运车辆绿色通行证以来，办理绿色通行证的难度逐年加大。今年，在办理通行证之前，按照要求各行业、系统办理单位均要向交巡警总队签订“主城区货车通行证申请办理承诺书”，并随时随地接受监督检查，我们也签订了承诺书，表示完全支持，坚决遵守。经过协调和努力，2022年增办了4个绿色通行证，共计办理绿色通行证25个，其中绿色通行证中办理高峰时段通行证15个，另外办理临时通行证6个，每个季度办理一次，全年共计125个次，（含违章补办）。

（3）积极筹备第二届重庆市食品产业高质量发展服务大会

继2020年12月，重庆市相关行业协会召开“促进食品产业高质量发展服务大会”后，参会企业非常感谢主办方提供了这样的企业之间的交流平台，企业普遍反映期待以后继续举办此类服务大会。为此，2022年积极筹备第二届重庆市食品产业高质量发展服务大会，通过对接服务资源，搭建合作平台，促进食品企业与相关服务性企业融合发展；整合产业资源，完善产业链，促进食品产业高质量发展。各项工作准备基本就绪，原定于11月下旬举办，但因疫情原因，不得不推迟举行，大会将在2023年适当的时候举行。

4. 开展食品检验员专业技工资格培训

2022年5月，我们与重庆能院食品检测有限公司联合开展农产品食品检验员五级、四级技工培训工作，因疫情原因，学习采用36个小时的线上学习和两天的线下实操考核，协会6名参加的学员均获得相应的检验员资格等级证书。另外，先后与重庆西部食谷职业技能培训学校、重庆三峡医专开展了食品检验员、公共营养师、农产品检验员、食品安全员等专业技能线上线下培训7次、培训获证人员120余人。

5. 联合兄弟协会，发出促进月饼行业健康发展的倡议

8月31日，在中秋佳节即将来临之际，为提倡节俭、反对浪费，推动月饼等节日食品回归大众消费品属性、回归传统文化本源，把国家发展改革委、工业和信息化部、商务部、市场监管总局等四部门联合发布的2022年第5号公告精神落到实处，重庆市食品工业协会、重庆市糖果糕点行业协会联合向所属月饼生产会员企业发出促进月饼行业健康发展的倡议。倡议强调，拒绝“天价”月饼。对月饼产品合理定价，不生产、不销售“天价”盒装月饼。鼓励生产和销售物美价廉的盒装月饼。拒绝珍稀食材，不使用鱼翅等野生保护动物食材、燕窝、等名贵珍稀食材作为月饼馅料。

6. 完成中食协有关食品安全标准的意见征求反馈

2022年，由中国食品工业协会、国家食品安全风险评估中心等部门发出的食品安全国家标准《酒中氨基甲酸乙酯污染控制规范》及《葡萄酒、咖啡和可可中赭曲霉素A污染控制规范》《食品安全国家标准食品接触材料及制品通用安全要求》（GB4806.1–2016）等的意见征求反馈。由于标准涉及行业、企业较多，范围和影响较大，为使其更加科学合理，贴近企业生产实际，更具可操作性，协会将信息及时发到有关企业，希望企业提供翔实的数据，企业也积极响应，按时完成了信息的反馈。

【e. 发展中存在的问题和困难】

近年来，受国际国内大环境影响（还有近 3 年的疫情影响），重庆市食品行业面临前所未有的困难和挑战，由于劳动力成本增高，产能过剩、同质化产品严重，市场低迷、消费不振、能源紧张、原材料价格上涨等不利因素，制约行业全面恢复，行业整体发展水平低、转型发展压力大，部分企业还挣扎在生存的困难境地中。

1. 劳动力成本增高

除员工的工资外，企业为员工缴纳的社保费太高，企业每月要为每个员工缴纳社保费 2000—3000，企业压力非常大；

2. 能源紧张

由于，国家电网压电，企业白天高峰时期用电价格较高，虽然晚上用电低谷电费便宜，但是，让企业员工全部晚上上夜班，可能员工要全部离开企业，这些情况使得企业的利润几乎为零。

3. 原材料涨价太快

原材料成倍涨价，企业生产的产品又不能随意涨价，企业利润几乎为零，十分艰难。

4. 市场低迷

目前，销售市场还没有全面恢复，消费不振严重制约了企业的生产发展，还需要提高消费者信心。

5. 企业机械化程度不高

食品企业还有不少是手工作坊型的，生产水平不高，缺乏自动化、智能化生产设备，因此，严重影响了企业的效益。

6. 员工技能水平需提高

全市食品企业员工普遍文化程度不高，有的企业又不愿对企业员工进行培训，导致生产力低下。

7. 金融问题

企业融资难、贷款难，企业缺乏资金周转，陷入恶性循环，导致企业举步维艰。

【f. 食品企业发展思路和建议】

1. 积极协调政府有关部门的帮助企业解决困难，如企业劳动力成本增高、能源紧张、原材料涨价、销售市场低迷、融资贷款等都需要政府的有关扶持政策出台，才能缓解企业的困难。

2. 组织企业整合产业链资源，寻求企业发展的新功能，解决市场疲软不活跃，在供应链上游开辟新产品、新种类。

3. 引领行业发展方向，在科技进步日新月异，食品加工手段自动化、智能化高速发展，我们积极引领企业朝着智能化方向发展，已有部分企业开始进行技术改造，上智能化设备，建自动化车间。

4. 降低大宗产品集散价格，通过工业互联网、大数据等形式结合起来，降低企业采购成本，开辟新的采购渠道。

【g.2022 年“重庆地标菜”】

为推动重庆餐饮食品行业相关产业高质量发展，加快建设国际美食名城，2022 年，全市各有关部门和单位积极配合，认真开展餐饮食品高质量发展研究，深入挖掘地方特色，积极推荐本地优秀餐饮企业美食参加评选“地标菜”，为我市建设国际美食城提供品牌支撑。经企业申报，各地主管部门推荐、专家评审、综合评定、现场制作展示等流程，最终从各地推荐的 376 道精品菜评选出 145 道重庆“地标菜”。

2022 年“重庆地标菜”获选名单

序号	区县	申报单位名称	菜名名称	制作人
1	万州区	重庆北三玖玖玖餐饮管理有限公司	万州大格格	魏世春
2	黔江区	重庆市巴蜀印象餐饮文化（集团）有限公司	黔江鸡杂	苏康

续表

序号	区县	申报单位名称	菜名名称	制作人
3	涪陵区	重庆市涪陵榨菜集团股份有限公司	乌江榨菜肉丝	王青云
4	涪陵区	重庆市涪陵榨菜集团股份有限公司	乌江榨菜鱼	王青云
5		重庆惠有礼食品有限公司	涪陵榨菜鱼	李季惠、陈东
6	渝中区	重庆李子坝餐饮管理有限公司	李子坝梁山鸡	杨艾祥、王钦
7		重庆御盛苑富隆汇餐饮有限责任公司	宫保鸡丁	苏叶超
8		吴名厨艺龙湖店	樟茶鸭	杨鑫
9		味澜餐饮管理有限责任公司	鸡豆花	赵晋军
10		老四川酒楼	枸杞牛尾汤	余正平
11		老四川酒楼	灯影牛肉	湛友法
12		老四川酒楼	精毛牛肉	湛友法
13		重庆张记兴隆实业有限公司	尖椒兔	朱自豪
14	大渡口区	重庆徐鼎盛餐饮管理有限公司	鼎盛飞龙鱼	徐小黎、陶焱
15		重庆徐鼎盛餐饮管理有限公司	鼎盛大刀烧白	徐小黎、陶焱
16		重庆徐鼎盛餐饮管理有限公司	民间毛血旺	徐小黎、陶焱
17	江北区	重庆小天鹅控股（集团）有限公司	重庆鸳鸯火锅	郑小滨
18		重庆小天鹅控股（集团）有限公司	每人美火锅	郑小滨
19		重庆巴江水饮食文化有限公司	巴江水毛肚火锅	潘恋
20		重庆百味甘记餐饮管理有限公司	铁山坪麻麻鸡	谢辉
21		重庆市别氏饮食文化发展有限公司	铁山坪花椒鸡	别学成
22		重庆茅溪卤菜餐饮管理有限公司	茅溪卤牛肉	唐光川
23		重庆茅溪卤菜餐饮管理有限公司	茅溪卤水鱼	唐光川
24		重庆杨记味功夫餐饮管理有限公司	杨记招牌鱼	王青云
25		重庆韵琪餐饮文化有限公司	金汤酸菜鱼	胡佐飞
26		清华大酒店	清华烧鸡公	杨东
27		重庆山峡传说饮食文化有限公司	干烧江团	袁辉
28		重庆养家福口餐饮管理有限公司	糯米鸡	彭波
29	沙坪坝区	沙坪坝区渝祥庄餐饮店	磁器口豆汤毛血旺	秦源
30		重庆市沙坪坝区歌乐山林中乐店	林中乐辣子鸡	钟明庆
31		老地方猫儿面	老地方猫儿面	龙明英
32		重庆臻厨餐饮文化有限公司	雷家酸辣粉	雷纹
33	九龙坡区	重庆嘉禧餐饮管理有限公司	二郎卤鹅	周阳
34		重庆市南岸区老幺食店	南山老幺泉水鸡	舒崇贵
35		重庆老八婶卤拼酸辣粉	重庆卤拼酸辣粉	李翀
36		八嬢家常菜	八嬢过水鱼	唐利
37		八嬢家常菜	八嬢白砍鸡	唐利

续表

序号	区县	申报单位名称	菜名名称	制作人
38	北碚区	重庆市北碚区饮食行业协会	三溪口豆腐鱼	陈平
39		重庆泉霖饮食文化传播股份有限公司	兼善三绝	陈平
40	北碚区	重庆市北碚区饮食行业协会	缙云醉鸡	陈平
41		重庆市北碚区柳荫华新龙凤酒楼	翡翠凉粉	邓汝刚
42		重庆黄老邪饮食文化有限公司	嘉陵煎焖碌鹅	刘茂林、谢昌起
43		重庆巴江水饮食文化有限公司	重庆泡菜	童代芬
44	渝北区	龚记民国江湖菜	泡椒鱼蛋	龚德洪
45		重庆摹上云端餐饮管理有限公司	渝北水煮鱼	郑仕河
46		重庆市巴江水饮食文化有限公司	巴国阴米粥	潘恋
47	巴南区	重庆新大恒餐饮管理有限公司	吊烧鸡	张影
48		重庆新大恒餐饮管理有限公司	巴县陈血旺	周朝勇
49		重庆功佳餐饮管理有限公司	巴县杜鹃鱼	赵行伟
50		郑百万餐饮（重庆）有限公司	百万卤鹅	余正强
51		御府千禧年大饭店	御府绝味翘壳鱼	周洋、张勇
52	长寿区	一锅鲜酸菜鸡店	长寿酸菜鸡	谢泽伟
53	江津区	重庆市江津区童雯饭店	江津肉片	王中胜
54		重庆熊阿姨饮食文化有限公司	富硒全鱼宴	罗万俊
55		重庆禾宴饮食服务有限公司	江津芝麻圆子	吴剑锋、梁跃
56		江津区陈有良尖椒鸡有限公司	陈有良尖椒鸡	陈勇
57		重庆老甸堂酸菜鱼餐饮文化有限公司	宋氏酸菜鱼	曹波
58	合川区	重庆满店香饮食文化传播有限公司	合川肉片	刘力、申联文
59		重庆合川熊鼎盛餐饮店	钓鱼城大刀猪肝	熊方兵
60		重庆合川熊鼎盛餐饮店	合川桃片炒盐排	徐志强
61		合川区鼎宏大酒楼	临江黄辣丁	姚家健
62		重庆陈蹄花饮食文化有限公司	陈蹄花	陈永红
63		重庆合川区石全农家乐有限公司	石泉麦粑	邹绍明
64		重庆喜庄酒店管理有限公司	合川三江跳水鱼	瞿江
65		合川区向红餐饮店	向红烧鸡公	向曦
66		合川喜和庄大酒楼	江城口水鸡	蒋勇
67		重庆喜庄酒店管理有限公司	合川鱼城姜爆鸡	瞿江
68		重庆御禾鼎商贸餐饮有限公司	狮滩豆干	刘壮
69		合川区袁世全羊餐饭店	合川羊酥肉	袁开伦
70	永川区	重庆中誉霖齐实业（集团）有限公司	三巴汤	陈静
71	南川区	重庆南川区段莉娟农家乐	石斛老鸭汤	段莉娟

续表

序号	区县	申报单位名称	菜名名称	制作人
72	綦江区	綦江区东溪刘氏黑鸭店	东溪刘氏黑鸭	王渝
73		綦江区安稳文家羊肉文羊庄	安稳全羊宴	文利
74		綦江区周安荣肥肠馆	永新老街肥肠	周杰
75		綦江区綦河春老字号北渡鱼酒家	綦江北渡鱼	王其
76		重庆市綦江区赶水镇余婆婆老米粉店	余家老米粉	谭德维
77		赶水蒋家辣子鸡	蒋家辣子鸡	蒋世现
78		綦江区赶水乡村辣子鸡饮食店	竹笋芋儿鸡	贺大平
79		綦江区扶欢巷子米粉馆	扶欢米粉	罗开银
80	大足区	重庆馋美餐饮有限公司	朱溪肥肠	蒋美、谢荣彪
81		邮亭刘三姐鲫鱼	邮亭鲫鱼	李昆仑
82		大足区城外成饮食文化有限公司	化龙跳水鱼	胡国会
83		重庆市丁家坡洋芋饮食文化有限公司	丁家坡洋芋	王淑华
84	璧山区	重庆市璧山区新概念来凤鱼餐饮有限公司	来凤鱼	张春来、金伟
85		唐兔世家	唐兔	唐琦
86	铜梁区	重庆市隆成佳宴餐饮文化有限公司	泡椒黄辣丁	苏环伟
87		重庆市三活春餐饮文化有限公司	铜梁油烧兔	黎小东
		铜梁区金宏三活庄		
		老太婆三活春		
88		重庆市铜梁区赵木二羊肉餐饮有限公司	六赢羊酥	梅健
89		重庆市铜梁区宏岚餐饮有限公司	铜梁头刀菜	赵联荣
		重庆头刀菜餐饮文化有限公司		
90		重庆渝厨龙应餐饮管理有限公司	铁锅肥肠鱼	张龙应
91		铜梁区四喜鱼府	晏渡炝炒鱼	游华亮
92		铜梁区秦文华食品加工坊	铜梁凤爪	秦晓
93	潼南区	重庆麦蒂斯餐饮文化有限公司	太安鱼	蒋顺勇
94		潼南区巴国传说火锅店	潼南头刀菜	宋宗强
95		潼南区五味轩餐饮店	潼南小煎鸡	张洋
96		重庆市高福餐饮管理有限公司	潼南有机蔬菜宴	李右福
97	荣昌区	重庆市荣昌区牛鹅情食品有限公司	旱蒸牛肉	郑国军
98		重庆市荣昌区牛鹅情食品有限公司	乐汉卤鹅	郑国军
99		荣昌区昌州街道乐汉卤餐馆	荣昌黄凉粉	郑祺杰
100		荣昌区昌元街道奇胜卤餐馆	荣昌铺盖面	郑祺杰
101		重庆市荣昌区三慧餐饮文化股份有限公司	荣昌卤鹅	邹朝文

续表

序号	区县	申报单位名称	菜名名称	制作人
102	开州区	重庆国森山庄有限公司	盛山桂花鸡	王勇
103		重庆开味崽食品有限公司	焦麻牛肉	傅冰聪
104		重庆举子食品有限公司	举子香肠	姚呈伟
105	武隆区	烟草村碗碗羊肉总店	武隆碗碗羊肉	黄永红
106	两江新区	重庆悦来两江国际酒店会议管理有限公司悦来温德姆酒店	悦来相思鱼	谢亮
107	重庆高新区	重庆若富特酒店管理有限公司（品味澜香）	虎溪土鸡汤	蒋能
108	万盛区	重庆新田旅游开发公司	青山酸椒鱼	王永顺
109	城口县	重庆市城口县赵孝春野生食品开发有限公司	城口菜板腊肉	余光美
110	丰都县	重庆隆八碗餐饮管理有限公司	隆八碗	隆进涛、陈余
111		重庆丰都富利实业有限公司	丰都麻辣鸡	隆进涛
		丰都县抓卤记麻辣鸡店		秦宗贵
		丰都县梁记食品有限公司		梁川江
112	垫江县	垫江石磨豆花旗舰店	石磨豆花	袁荣
113		垫江石磨豆花旗舰店	垫江豆花鱼	张绍平
114		垫江石磨豆花旗舰店	丹乡合渣	张绍平
115		垫江县桃李饮食文化有限责任公司	三色豆花	李涛
116		重庆国能酒店管理有限公司	豆花佛跳墙	秦大用
117	忠县	重庆厨博餐饮文化有限公司	石宝蒸豆腐	刘家豪
118		陶然忠州贵宾酒店有限公司	忠州腐乳鸡	陈传来
119		重庆巴忠饮食文化有限公司	巴国竹笋鸡	陈继六
120		忠县姗姗餐饮服务有限公司	韭菜猪肉彩饺	闫青青
121		忠县江中渔翁鱼庄	香酥黑鸭	廖卫荣
122		重庆巴忠饮食文化有限公司	忠味双竹	李明
123	巫山县	巫山县赵小妹烤鱼餐饮服务有限公司	巫山纸包鱼	赵本容、李厚菊
124		巫山县骡坪汪家馆餐饮服务有限公司	风锅腊肉	黄元翠、黄功树
125	巫溪县	巫溪县成娃子烤鱼王有限公司	巫溪烤鱼	张宗成、范越
126		巫溪县乡村风味餐饮有限公司	大宁河汉蒸鸡	张大成
127		巫溪县逍遥宜品餐饮店	生态大鲵	周德华
128		巫溪县发顺酒楼	古镇鸡淖	李启龙
129		巫溪县水韵酒店有限公司	吊锅羊杂	陈振旭
130	石柱县	马耳巴洋芋饭	马耳巴合渣	马建英
131		重庆星驿时尚酒店有限公司	千年头碗	李伟汕
132		重庆星驿时尚酒店有限公司	土家迎宾茶	李伟汕、田军

续表

序号	区县	申报单位名称	菜名名称	制作人
133	秀山县	重庆亚西酒店有限公司	秀山土鸡汤	许平
134		秀山县聂家饮食文化有限公司	石堤豆腐鱼	聂卿
135		秀山县森福饮食文化有限公司	洪安腌菜鱼	杨森福
136		秀山县厨老馆饮食文化有限公司	秀山煨炉子	夏于右
137		秀山县亮厨火锅店	秀山风味米豆腐	杨会芳
138		秀山县培君餐饮文化有限公司	秀山羊脚脚	伍勋
139	酉阳县	酉阳县八大碗民俗餐饮发展有限公司	土家油茶汤	冉华章
140		酉阳县八大碗民俗餐饮发展有限公司	酉阳魔芋鸭	冉华章
141		桃源河边豆花饭店	龚滩烧白	夏彩兰
142		酉阳县土家宴特色餐饮店	酉水豆腐鱼	向红
143	彭水县	任嬢家（重庆）美食文化有限责任公司	彭水心肺米粉	李佳
144		任嬢家（重庆）美食文化有限责任公司	彭水嘟卷子	李佳
145		彭水县咸厘灶餐厅	彭水苗香牛肉	钱胜

【h. 行业大事记】

1 月 17 日，根据重庆・市民政局社会组织管理局“关于开展全市性社会组织安全生产大排查大整治大执法的紧急通知”精神，重庆市食品工业协会出了 2022 年 1 号文件，重庆市食品工业协会关于组织安全生产大排查大整治大执法的通知。要求进行一次安全大检查，对查出的问题逐一进行整改，严格疫情防控工作，落实值班检查和应急处理责任，协会将对部分企业进行抽查。同时，要求随时将情况反馈协会。

2 月 18 日，共商、共建、共发展市食品行业协会联盟 2022 第一次会议召开，举办这次会议的目的就是要加强行业的交流与沟通，增进兄弟协会相互之间的友情，共商行业发展之前景。重庆美食文化发展研究会王伟会长介绍了以“弘扬重庆传统美食文化，建设国际消费中心城市”为主题的 2022 中国・重庆地标菜评选评审活动的开展情况，诚邀重庆各食品行业协会积极参与，为把“重庆地标菜”打造成享誉全球的重庆美食文化“名片”共同努力。

2 月 24 日，重庆市食品工业协会召开 2021 年年会，会上，曾秘书长汇报了 2021 年的工作和 2022 年的工作安排；办公室甘主任汇报协会 2021 年度财务收支情况；邀请西南大学食品科学院院长张宇昊作重庆食品加工产业问题，机遇与创新发展方向专题讲座；电力公司王立作电力市场变化交易解读；市农委刘勇作重庆市农产品加工高质量发展政策宣讲；市经信委消费品处王庆军副处长对我市食品工业发展重点进行了阐述，并给协会提出了希望。

3 月 30 日，重庆市经济和信息化委员会批复“关于支持成渝地区食品行业协（商）会联盟的函”，支持成立成渝地区食品行业协（商）会联盟。

5 月 13 日，在重庆江津德感工业园西部食谷 B 区举行了针对当前疫情期间企业急需了解的专题讲座“先后有重庆德君企业管理咨询有限公司总经理汤小波介绍“疫情期间中小企业如何进行人才管理”、北京市砂砾苍茫产业投资管理有限公司投资经理李泊洋介绍“从资本市场视角看食品产业发展趋势”、浙江中控技术股份有限公司智能制。

5 月中旬，我们与重庆能院食品检测有限公司联合开展农产品食品检验员五级、四级、三级技工培训工作，因疫情原因，学习采用 36 个小时的线上学习和两天的线下实操考核，协会参加的学员均获得相应的检验员资格等级证书（6 人）。

5 月 27 日，通过微信群向会员企业发布，因疫情原因，我们策划了线上直播，19:30 直播预制菜技术及应用创新专场，邀请 6 位预制菜专家与企业探讨预制菜的工业化思考及实践。主题：预制菜技术及应用创新专场；内核：工艺创新菜品保鲜口味复原。

6 月 22 日，组织企业和全国部分省市食品工业协会及其组织的企业参加乐山市市中区在四川省成都市举办的“乐山味道”川菜预制菜产业发展全球推介会（贵州、南京、江西、川调商会、成都食协）。

6 月 27 日 -28 日，2022 年中国预制菜产业峰会在重庆市梁平区召开。

6 月 27 日 -28 日，2022 年中国预制菜产业峰会在重庆市梁平区召开。

6 月 29 日，向重庆市全体食品企业发出了“关于食品企业使用特种设备告会员企业书”，要求按规定对特种设备进行规范管理。

6 月 30 日，受国家食品安全风险评估中心委托，我们向全市食品企业发出了“关于协助开展二氧化钛、糖醇类等食品添加剂使用情况调研工作的函”为相应食品添加剂的科学管理和决策提供参考和依据。

7 月 22 日，将重庆市桶装饮用水生产规范团体标准有关资料报送市经信委科技处审查，该委批复后，资料寄工业与信息化部。

8 月 31 日，重庆市食品工业协会、重庆市糖果糕点行业协会联合向所属月饼生产会员企业发出促进月饼行业健康发展的倡议。倡议强调，拒绝“天价”月饼。

9 月 6 日，全市食品企业天友（17500 元）、品正（5000 多元）、陈昌银麻花（3.8 万）等数万元的产品通过重庆市慈善总会送往四川泸定县地震灾区。

9 月 8 日，全市在合川区召开“重庆火锅食材产业园揭牌仪式暨首届重庆火锅食材产业发展峰会”。

9 月 22 日，市经济信息委开展《食品工业企业诚信管理体系》国家标准及食品安全培训，400 家规模以上食品工业企业负责人及各区县（自治县）经济信息委、相关市级行业协会负责人参加培训。

合川工业园区被认定为重庆市火锅食材产业园（建设基地）；彭水工业园区被认定为重庆市健康食品产业园（建设基地）；荣昌高新区被认定为重庆市休闲食品产业园（建设基地）；云阳工业园区被认定为重庆市云阳小面产业园（建设基地）。

该工程部总经理牟超介绍“食品企业智能化工厂整体解决方案分享”。

9 月 22 日，市经济和信息化委员会开展《食品工业企业诚信管理体系》国家标准及食品安全培训，400 家规模以上食品工业企业负责人及各区县（自治县）经济信息委、相关市级行业协会负责人参加培训。

9 月 30 日，金沙河面业粮食加工仓储及包装饮用水生产项目（一期）于 9 月底正式建成投产。该项目位于忠县新生港，预计总投资约 15 亿元，年加工小麦 100 万吨、挂面 35 万吨、包装饮用水 35 万吨。

10 月 28 日，江津区政府与江小白酒业就“升级清香自然酒，目标百亿新名酒”举行战略签约活动。江津区政府宣布对江小白旗下酿造基地江记酒庄进行 10 亿元战略投资。

金沙河面业粮食加工仓储及包装饮用水生产项目（一期）于 9 月底正式建成投产。该项目位于忠县新生港，预计总投资约 15 亿元，年加工小麦 100 万吨、挂面 35 万吨、包装饮用水 35 万吨。

10 月 28 日，江津区政府与江小白酒业就“升级清香自然酒，目标百亿新名酒”举行战略签约活动。江津区政府宣布对江小白旗下酿造基地江记酒庄进行 10 亿元战略投资。

10 月 28 日，参加市民政局召开的团体标准《慈善组织食品捐赠需求对接与捐赠规范》的讨论，提出了积极的修改意见。

12 月 6 日，我们向我市所有食品企业发布“关于做好食品企业有序复工复产的倡议书”。

2022 年，重庆市合川工业园区被认定为重庆市火锅食材产业园（建设基地）；彭水工业园区被认定为重庆市健康食品产业园（建设基地）；荣昌高新区被认定为重庆市休闲食品产业园（建设基地）；云阳工业园区被认定为重庆市云阳小面产业园（建设基地）。

【i. 标准修订】

2022 年 2 月 25 日，重庆市卫生健康委员会组织重庆市食品安全地方标准审评委员会专家对《江津米花糖》《江津芝麻杆》《香辛料油》《保鲜花椒》《合川桃片》《麻花》《怪味胡豆》《灵芝及其制品》等 8 个食品安全地方标准实施评审，经过重庆市食品安全地方标准审评委员会专家进行讨论、审评，最后专家组一致同意此 8 项地方标准通过评审。

邹世云

3.20　四川省

【a. 概况】

2022 年，全省规模以上食品工业企业实现营业收入 8555 亿元，同比下降 1.1%，其中，农副食品加工业实现营业收入 2588.4 亿元，同比下降 7.3%；食品制造业实现营业收入 1240.9 亿元，同比下降 3%；酒、饮料、精制茶制造业实现营业收入 4193.4 亿元，同比增长 6%。全省省规模以上食品工业企业营业收入占全国营业收入 8.73%，营收规模排全国第三。

【b. 运行情况】

从细分产业看，农副食品加工业中谷物磨制营业收入 334.5 亿元，同比下降 12.9%，饲料加工营业收入 796.6 亿元，同比下降 1.2%，植物油加工营业收入 448.9 亿元，同比增长 5.4%，屠宰及肉制品加工业营业收入 563.5 亿元，同比下降 14.3%。果蔬加工类营业收入 203.9 亿元，同比下降 15.6%。食品制造业中烘焙食品营业收入 134.4 亿元，同比下降 2.8%，方便食品制造业营业收入 255.9 亿元，同比下降 9.2%。罐头食品制造营业收入 125.6 亿元，同比增长 21.1%，调味品营业收入 430.2 亿元，同比下降 3.6%，乳制品制造营业收入 86.1 亿元，同比下降 7.2%。酒、饮料、精制茶制造业中白酒制造营业收入 3658.3 亿元，同比增长 6%，饮料制造业营业收入 386 亿元，同比下降 3.8%。精制茶营业收入 149.1 亿元，同比下降 39.6%。

从利润看，农副食品加工业实现利润 237.5 亿元，同比增长 23.5%，其中饲料加工实现利润 142.9 亿元，同比增长 65.8%。食品制造业实现利润 97.8 亿元，同比下降 4.4%，其中调味品制造业实现利润 43.3 亿元，同比增长 13.1%、方便食品制造业实现利润 13.2 亿元，同比下降 27.9%。酒饮料茶制造业实现利润 819.5 亿元，同比增长 12.4%，其中，白酒制造业实现利润 777.5 亿元，同比增长 14.6%，饮料实现利润 31.5 亿元，同比下降 3.1%，精制茶实现利润 10.5 亿元，同比下降 42%。

【c. 存在问题】

四川省是食品工业大省，产业发展不平衡，不充分，存在“大而不强”突出问题。

1. 产业规模、数量有待提高

2022 年，四川省规上食品企业营业收入全国排名第三，但是，除白酒产业外，四川省规上食品企业规模和数量与排名第一的山东省还有不小的差距，经济总量还相差近 3000 亿元，企业数量还相差 1500 家左右。

2. 产业结构不合理

全省食品行业三大产业结构比值看，农副食品加工业 2588.4 亿元，占 30%，食品制造业产值 1240.0 亿元，占 14.5%，酒饮料茶制造业 4193.4 亿元，占 49%。酒饮料茶制造业占据半壁江山，农副食品加工业、食品制造业占比还比较小。

3. 龙头企业不强

全省龙头企业中，除新希望、通威股份、铁骑力士等传统饲料行业龙头走向全国以外，很少有食品企业到省外投资建厂，走向全国。反观广东、山东、浙江、河南、江苏、福建、内蒙古等省、自治区的龙头企业，在全国布局，其中有不少企业在四川投资兴业。

4. 创新驱动发展意识不强

2022 年，全省规上食品企业研发强度平均不足 3%，低于全省工业企业平均水平，创新平台能力建设不足，高水平的企业技术中心和专业化的创新中心少。高校、科研院所创新能力没有得到充分发挥。

【d. 协会主要工作】

1. 加强党建工作

自成立中共四川省食品饮料产业协会功能性支部以来，在上级党组织的坚强领导下，党支部坚持以习近平新时代中国特色社会主义思想为指引，坚持贯彻落实党的核心领导作用，深刻领悟“两个确立”的决定性意义，增强“四个意识”、坚定“四个自信”、做到“两个维护”。认真贯彻落实上级党委文件和会议精神，把党建工作作为协会管理的重要抓手，推进“三会一课”，“双向进入、双向任职”工作机制。

2. 完善协会内部建设

协会严格按照相关要求，规范党建、组织架构、财务管理等。对协会现有规章制度进行全面梳理，细化内部人、财、物等方面的制度，同时加强内部检查监督，确保各项工作规范有序开展。

3. 协助中食协、中轻联合会在川开展工作

组织编写每年中国食品志四川篇。组织 8 户企业申报特色风味食品标志性产品。组织 30 多户调味品企业申报调味品国家评委。协助中食协在绵阳举办的健康食品博览会，在内江甜味食品产业发展大会，组织认定内江市特色食品示范企业 10 家。组织 8 户企业、科研院所申报中食协科学技术奖（表 1）。

表 1　2022 年四川省荣获中食协科学技术奖名单

序号	项目名称	项目完成单位	奖项等级
1	浓酱兼香型白酒品质提升关键技术创新及应用	四川郎酒股份有限公司、四川省食品发酵工业研究设计院有限公司	一等奖
2	川式麻辣复合调味料关键技术创新与智能制造产业化应用	四川味滋美食品科技有限公司、四川大学农产品加工研究院、麦润智能科技（成都）有限公司、四川轻化工大学	一等奖
3	年代窖泥菌群功能解析和质量标准体系构建及其应用	泸州老窖股份有限公司、江南大学	一等奖
4	基于稳态发酵理论低盐发酵小叶芥菜关键技术及工业化应用	吉香居食品股份有限公司	一等奖
5	无花果品种选育及特色加工产业化示范	四川省食品发酵工业研究设计院有限公司、四川金四方果业有限责任公司、威远县无花果科学研究所、中国农业大学、山东省林业科学研究院、杨凌菲格无花果产业发展有限公司	二等奖
6	罐式发酵豆瓣酱加工关键技术的创新与应用	四川饭扫光食品集团股份有限公司	三等奖
7	陈香“吞之乎”酿造制备技术	舍得酒业股份有限公司	三等奖
8	竹笋木质化进程机理与精深加工关键技术	成都吉食道食品有限公司	三等奖

4. 推进预制菜产业发展

协助省经信厅开展培育预制菜产业发展工作，开展调研预制菜产业调研，收集预制菜行业发展的建议意见，收集整理会员单位产品、技术、设备三张需求清单。组织制定四川省预制川菜团体标准5项团体标准。作为承办单位组织开展了四川省预制菜发展大会。组织60多家企业参加成渝美食工业博览会，组织20多家企业参加好设计新消费展会活动等。

5. 开展产业调研摸底

协会始终把高质量服务放在第一位，想企业之所想、急企业之所急、解企业之所困。为高效、深入了解企业现状，协会深入第一线开展行业调研，走访绵阳、宜宾、泸州、达州、巴中、南充、遂宁、广元等10市州。

【e. 下一步工作打算】

1. 抓好党建工作

以党建工作引领协会工作，制定《2023年度四川省食品饮料产业协会功能性党支部工作要点》；按规定开展“三会一课”，创新支部工作方法，争创“五好党支部”。继续联系省级部门对口处室、直属单位、市（州）对口科室（园区）、重点企业党支部联合开展主题党日活动。

2. 加强协助经信厅开展工作

协助经信厅在乡村振兴、预制菜产业发展、企业培育、品牌建设、食品安全、示范企业、示范园区评比等方面的工作。

3. 加强培训业务的发展

积极对接省人社厅、省总工会及相关培训资源，申报职业资格鉴定资质，组织开展企业战略定位及管理、科技、法务、财税、营销渠道与策略、新媒体、企业食品安全管理等方面的培训。

4. 着力会务会展

提前布局，聚合资源，联合中国食品协会、中国轻工业联合会等国家级商协会，参与办好“中国食品工业品牌博览会暨中国食品产业双循环发展大会”“中国县域民生经济交流博览会暨中国县域民生经济高峰论坛”等活动。

5. 着力科技服务

以协会专家委员会为抓手，深入企业科技服务，开展新技术、新产品研究开发、科技咨询等业务。

6. 着力市场开拓服务

组织企业省内外游学、考察，与省内外食品相关行业组织、企业对接，帮助企业拓展传统销售采购渠道和电商渠道。

7. 着力抓好大数据节点建设

加快屠宰及肉制品加工二级节点的建设，力争年内建设好并投入试运营。

【f. 大事记】

1月10日，协会秘书处赴铁骑力士集团、新希望集团调研。

5月17日，协会秘书处应宜宾市人民政府驻成都办事处的邀请，协会组织四川美宁食品集团有限公司企业到宜宾市筠连县、长宁县、南溪区等地考察调研。

6月30日，四川省预制菜产业发展推进会在成都召开，会议由四川省经济和信息化厅主办，四川省预制菜产业联盟、四川省食品饮料产业协会、成都市食品工业协会承办。

7月15日，协会受邀参加泸州酒博会。

8月24日，协会受邀参加2022中国成渝预制菜产业大会暨展会。

10月19日，四川省食品饮料产业协会组织召开预制川菜团体标准评审会。

何　斌

3.21 贵州省

【a. 概况】

事非经过不知难，成如容易却艰辛。2022年，面对突发疫情、经济下行、严重旱情、债务约束等风险挑战。这一年，在以习近平同志为核心的党中央坚强领导下，贵州省委、省政府带领全省人民，团结一心、拼搏实干、克难攻坚，抢抓新国发2号文件重大政策机遇，主动作为、应变克难，坚决树牢大抓产业大抓项目导向，统筹做好防疫情、稳增长、保安全各项工作，顶住了超预期因素严重冲击，稳住了经济基本盘，发展质量效益有新的提高，民生福祉有新的增进，保持了经济社会大局稳定，使贵州食品工业这艘航船劈波斩浪、行稳致远，保持了高质量发展态势。

【b. 行业运行情况】

1. 贵州省食品行业在全省工业经济中的地位

2022年，全省贵州现代能源、大数据电子信息、基础材料、现代化工、航天航空及装备制造、酱香白酒、健康医药、新型建材、新能源汽车及电池材料、生态食品十大工业产业完成总产值14，394.07亿元，而在全省规模以上食品工业940余家中，仅酱香型白酒、生态食品就完成工业总产值2，276.6亿元，其比重占到全省十大工业产业的15.82%，食品工业依然稳定保持贵州省工业经济的支柱地位。

2. 贵州省食品工业分行业工业增加值（见表1）：

贵州食品工业在众多的工业门类中，以烟酒为代表的食品工业，保持着强劲的增长力，其创造的工业增加值，在全省工业产业中占有重要的地位。

表1 分行业工业增加值（%）

行业	占全省比重（%）	同比增长（%）
食品工业合计	40.1	—
农副食品加工业	0.8	–25.3
食品制造业	1.1	–7.8
酒、饮料和精制茶制造业	27.0	32,8
其中：白酒的制造	26.2	36.1
烟草制品业	11.2	6.7
其中：卷烟制造	11.0	7.0

注：贵州省统计局提供。从表中看出，具有贵州传统优势的白酒制造和卷烟制造，在省委省政府制定的“贵州省国民经济和社会发展第十四个五年规划和二〇三五年远景目标纲要”，要持续做强优质烟酒产业，提升烟酒品牌影响力带动力的战略，正在发挥积极的作用。

3. 贵州省食品工业分行业工业产销率（见表2）：

表2 分行业工业产销率

行业	产销率（%）	同比增长（%）
农副食品加工业	99.1	3
食品制造业	94.2	–2.4
酒、饮料和精制茶制造业	89.2	–1.6
其中：白酒的制造	88.7	–1.5
烟草制品业	99.7	–1.8

续表

行业	产销率（%）	同比增长（%）
其中：卷烟制造	99.7	-1.8

注：贵州省统计局提供。

虽而受疫情和经济下行的影响，2022 年全省的农副食品加工业和食品制造业分行业出现了严重下滑，但作为人们生活的基本必需品在疫情中显现出了其重要性，因此其产销率保持强劲的劲头，也给我们在应对灾情时，如何保证对人们基本生活需求的食品产业的运行提供了借鉴。

食品制造业、酒、饮料和精制茶制造业、卷烟制造产销率的下滑，既有产品结构、疫情和经济下行影响的因素，也有市场理性消费的回应。产销率的下滑，势必造成库存的增加和对来年的生产形成制约和压力。

对此，应加大对供给侧结构性改革的力度，进行主动积极的市场调研，摸清市场，搞清存在问题，坚持食品行业的高质量发展之路，加快食品行业企业技术进步的步伐，创新新工艺、新产品、满足新需求，以食品工业的供给侧结构性改革推动我省食品工业行业的高质量发展。

4. 食品工业行业实现利润概况：

2022 年我省规模以上的工业企业实现利润总额 1320.32 亿元，其中我省以茅台酒为代表的酱香白酒产业表现尤为突出，共实现利润总额为 974.8 亿元，占全省规模以上的工业企业实现利润的 73.83%。我省食品工业尤其是酱香型白酒制造业，对贵州经济的发展有着举足轻重的地位。

5. 全省部分主要食品产品完成情况（见表 3）：

表 3 产品产量汇总表

名称	计量单位	2022 年累计	同比增长%
成品糖	万吨	1.35	82.4
猪牛羊禽肉产量◆	万吨	239.05	5.9
◆猪	万吨	178.85	7.6
◆牛	万吨	22.84	-3.2
◆羊	万吨	4.68	-4.2
◆禽	万吨	32.69	5.1
禽蛋产量	万吨	33.6	21.2
水产品产量◆	万吨	26.84	2.4
◆养殖水产品产量	万吨	26.41	2.7
乳制品◆	万吨	21.26	20.4
◆液体乳	万吨	3.73	-24.1
辣椒制品	万吨	32,54	-37.7
饮料酒◆	万千升	97.28	-8.9
◆白酒（折 65 度，商品量）	万千升	28.89	-22.3
◆啤酒	万千升	67.89	-38.0
精制茶	万吨	45.4	—
卷烟	亿支	1177.59	0.5

注：贵州省统计局提供。【C. 贵州食品行业新格局的构建情况】

2019 年，贵州省委省政府明确提出，结合贵州山地资源的优势，以茶叶、食用菌、蔬菜、生态畜牧、石斛、水果、竹、中药材、刺梨、生态渔业、油茶、辣椒等 12 种特色产业为主攻方向，修改制定贵州 12 种重点特色产业的产品质量标准和技术规程，助推农业农村的振兴，推动食品工艺的高质量发展。同时，按照建立“一个重点产业、一个工作专班、一个技术团队”工作机制，在全国聘请 7 位院士作为产业发展顾问，在省内组织专家组成专业团队，以万名农技干部下基层服务为抓手，对特色优势产业品种开展技术指导，为食品工业的高质量发展提供优质的原料和确保高质量食品产品的生产。

通过近几年的努力，使贵州的辣椒、刺梨、茶叶、饮用水等食品行业的分行业得到了快速的发展。

（1）以贵阳南明老干妈风味食品有限公司、贵州省贵三红食品有限公司、遵义辣椒产业集团有限公司为代表，形成了以贵阳、遵义为核心区的辣椒制品产业群，使贵州在全国成为唯一辣椒种植面积超过500万亩的省份，辣椒产量达到770万吨、全行业辣椒加工产值达160亿元以上，产加销规模继续位列全国首位，不仅带动全省140万椒农增收，同时使贵州每年有20%的辣椒干涌入重庆辣椒市场，在全球108个国家和地区都有贵州辣椒制品的身影。

（2）由于贵州省委、省政府高度重视刺梨产业的发展，将刺梨产业列入全省12大农业特色优势产业统筹发展、高位推动。形成了以黔南龙里、六盘水盘州、黔西北金沙、黔北赤水等地为代表的刺梨产业种植、加工集群，截至2022年底，贵州省刺梨基地面积达210万亩，鲜果年产量30万吨以上，实现年产值150亿元，带动农民群众增收致富超21万人，户均增收8000元以上，刺梨产业已成为贵州巩固拓展脱贫攻坚成果、助推乡村振兴的重要路径。小小刺梨果，承载致富梦。悠久厚重的刺梨文化、得天独厚的资源禀赋、勤劳智慧的劳动人民，造就了贵州作为全国刺梨产业第一大省的地位。

（3）近年来，省委、省政府高度重视、高位推动茶产业发展，按照贵州原料、贵州制造、贵州创造、贵州品牌的发展路径，以“贵州绿茶”品牌为引领，持续深耕东北、华北、西北“三北”目标市场，实施基地黔茶系列品种、茶叶专用肥、绿色防控推广“三大行动”，推动产业链基地生态化、加工标准化、企业集约化、市场品牌化“四化发展”，加速“茶+”融合。

如今，贵州作为中国茶叶原料基地和加工中心初步形成，进入中国茶产业第一方阵。都匀、湄潭、凤冈、黎平县、石阡县、正安县、余庆县、金沙县、西秀区、普安县等10个茶叶主产地入选“中国茶业百强县”，湄潭连续三年位居“中国茶业百强县”第一名。

2022年，贵州茶产业又交出一份漂亮的成绩单，截至当年底，贵州省茶园面积700万亩，茶叶产量45.4万吨，其中绿茶、红茶产量分别为33.5万吨、9万吨，分别占全省茶叶产量73.8%、19.8%；茶叶产值606.2亿元，同比增6.18%，全年茶叶销售40.53万吨，其中省内销售16.2万吨，省外销售24.25万吨。出口0.747亿美元；都匀毛尖、凤冈锌硒茶、朵贝茶、贵州绿茶等茶叶地理标志产品被纳入《中欧地理标志保护与合作协定》互认产品清单。与此同时，贵州茶“干净、生态、安全”的良好口碑也赢得了海内外市场认可。在中国农业农村部和贵州省开展的茶叶质量风险监测中，贵州茶样农残和重金属合格率连续11年保持在100%。

（4）贵州山清水秀，生态环境优良、优质高山泉水资源非常丰富，全省有近3000个山（矿）泉水点可供开发优质山（矿）泉水、729家饮用水企业。全省饮用水行业在省政府《贵州省促进天然饮用水产业加快发展的意见》政策引导下，得到了规范、迅速、高质量的发展。2022年贵州省天然饮用水产业全行业产量达506.33万吨，产值达到70亿元。

贵州先后引进农夫山泉、娃哈哈、康师傅、屈臣氏、好彩头等国内知名水企业落户贵州，培育本土企业北极熊、贵州泉、高原清泉、飞龙雨等品牌企业，120万吨农夫山泉、20万吨屈臣氏、30万吨高原清泉等一批大项目建成投产。包装饮用水产品有天然矿泉水、纯净水、山泉水、富硒水、天然苏打水等；功能性饮用水产品有天然小分子团水、泡茶水、医疗矿泉水、弱碱性水、维生素水、草本水等，产品正逐步向优质化、多元化、功能化、品牌化发展。

【c. 协会主要工作】

1. 坚持不懈始终把食品安全放在协会工作的首位

为切实加强食品安全工作，协会始终把贯彻落实国务院和省委、省人民政府《关于深化改革加强食品安全工作的实施意见》等一系列相关食品安全的决策，放在协会工作的首位。

（1）坚持食品安全处处讲、时时抓，协会无论是在上报、下发的文件资料中，还是在与企业的工作联系中，或是到企业进行调研并协助企业解决问题时，都坚持将食品安全涉及的法律法规、相关政策、国家强制标准等的宣贯放在首位；同时及时通过协会网站、公众号、微信群进行宣传和督促落实不放松。协会工作人员多次深入贵州金沙老太爷食品有限公司、普定众鑫农业发展有限公司、贵州瓮安柴姨妈乡土食品有限公司、贵州晴隆肥姑食品有限责任公司、盘州市玉盛食品加工厂、贵州轻羡食品科技有限公司等几十家食品企业，现场进行食品安全生产的宣传指导和《食品生产许许可证》的申报指导。通过这样的宣贯、督促落实和现场指导，增强了企业的食品安全意识，提升食品安全与生产有机协调结合的能力，尤其是增强了食品生产企业如何做好食品安全第一责任人的能力。2022 年全省协会会员中的食品生产企业，基本杜绝了食品安全责任事故的发生。

（2）把好食品安全标准关，制定相关食品团体标准。协会在与全省会员企业在抓食品安全工作时，除坚定不移地贯彻执行好相关的法律法规外，坚持食品安全标准（包括食品安全国家标准、食品安全地方标准、食品安全企业标准）先行的原则，通过食品安全标准的实施，把有可能影响食品安全的一切隐患消灭在出厂前。

因为，食品安全标准不仅是保障食品安全生产的一种技术手段，更是人们食品安全健康的守护神。为了规范企业对食品安全标准的认识，协会在多种场合并利用各种媒介手段，进行相关食品安全国家标准的宣贯，并充分发挥《中华人民共和国标准化法》赋予团体标准的法律地位，及时进行由于相关食品安全标准缺失对我省食品企业生产带来困境的补充完善，确保我省食品生产企业的食品安全生产。

2022 年，协会针对贵州省卫健委对《贵州腊肉》《水果味月饼》《小曲清香型白酒》《贵州糍粑辣椒》等 19 项食品安全地方标准宣布废止后，面对我省食品企业生产此类产品面临无标生产的局面，为防止这些食品安全地方标准废止后出现的真空状态，协会在为生产同类产品寻求相关可参照执行的国家标准之外，协会还及时启动了相关团体标准、企业食品安全标准的起草制定，以替代相关标准废止后，使我省相应的食品生产企业有标可行，及时填补了因相关地方食品安全标准废止后对行业发展和食品安全生产的不利影响。

2022 年先后制定、发布了 T/GZSX084—2022《管道直饮水系统建设及卫生管理规范》、T/GZSX085—2022《刺梨原汁冻干精粉（固体饮料）》、T/GZSX086—2022《遵辣系列产品油辣椒》、T/GZSX087—2022《遵辣系列产品腌渍辣椒》、T/GZSX088—2022《遵辣系列产品辣椒面》、T/GZSX089—2022《遵辣系列产品辣椒面》、T/GZSX090—2022《糍粑辣椒》、T/GZSX091—2022《冷泡茶饮品》、T/GZSX092—2022《红曲酱香白酒》等九项贵州省食品工业协会团体标准，为我省高质量发展这些特色产业提供了技术支撑。同时，为确保我省酱香型白酒在国内白酒市场的另行地位，启动了严于 GB26760《酱香型白酒》国家标准的《贵州优质大曲酱香型白酒》团体标准的制定。

（3）针对国家市场监管总局出台实施的《企业落实食品安全主体责任监督管理规定》（60 号令），协会及时向全省食品行业发出了“关于落实《企业落实食品安全主体责任监督管理规定》的倡议书”。协会协助贵阳市政府食品药品安全委员会召开了“贵阳市创建国家食品安全示范城市工作推进会座谈会方案”的研讨，为贵阳市创建国家食品安全示范城市工作积极进言，同时还积极主动参与贵阳市市场监督管理局推进贵阳市创建国家食品安全示范城市的工作。

2. 坚持行业自律，服务企业，积极加强与企业在业务、技术支持和省内外信息的互动

（1）坚持行业自律。疫情三年来，市场的疲软，原材料价格及人员工资上涨，让企业举步维艰。在这样的困境中，协会坚持行业自律，积极倡导企业节流开源，共渡难关。

疫情解除后，协会在面对市场及一些中介机构和其他行业协会希望与贵州省食品工业协会合作，利用协会会员单位的资源优势低价进货或代销，赚取差价的诱惑。虽然协会工作经费捉襟见肘，但协会始终坚持行业自律，不为所动，一是坚持不在贵州省食品工业协会内搞价格联盟；二是不利用协会行业管理的便利，以所谓平台或电商的形式向企业低价要产品，赚取中介差价或要返点。即便向企业提供的商业销售信息或渠道，均不索要任何报酬。协会始终坚持服务于企业的宗旨不变。

（2）加强与企业的技术、信息互动，是促进企业和产业发展的推进剂。为此，协会积极发掘和推广食品的新技术、新产品，组织并通过对贵州睿科智创食品有限公司《一种可用冷水煮食的生鲜高营养面及其审查工艺》、贵州龙里荣和酒业有限公司《红曲酱香白酒》、贵州科源众创科技有限公司《食用菌萃取中试线》新产品新技术的鉴定，为这些产品的生产提供了技术支撑。

（3）协会组织我省相关食品企业和涉及食品的事业单位，进行“中国食品工业协会科学技术奖”的申报。协会通过组织和筛选报送，我省有：习酒集团“酱香制曲自动化管理平台建设及产业化示范”、茅台酒股份有限公司“基于现代食品组学技术的黔北优质酿酒高粱品质解析研究及应用”、贵州龙里荣和酒业有限公司“红曲酱香白酒”三个项目荣获一等奖；另荣获二等奖五个、三等奖三个。其中值得一提的是：协会发布的《米粉（米皮）》团体标准项目荣获二等奖，是所有获奖项目中唯一的一个标准项目，该标还荣获工业与信息化部的团体标准示范项目。此次“中国食品工业协会科学技术奖”的申报，我省还有王黔生、周国君、冯翔、闫希军、汪地强、杨刚仁、佘忠才、孟望霓8位同志荣获科技创新领军人物和杰出人物称号。

（4）积极开展行业内及行业外的合作。为落实和贯彻党中央、国务院关于新时代高质量发展的指导精神，结合我省食品工业的发展需求，今年协会联合六三五三举办了“好产品从种植开始”绿色文化节活动，为我省食品工业的发展营造良好的氛围。并与广东食协、重庆食协、福建食协、山东食协、广西食协、云南食协等兄弟协会建立了良好的合作机制，在与菲律宾棕榈油商会、泰国食品商会已建立的合作基础上，今年又接待了马来西亚橡胶委员会的代表，双方对食品级橡胶制品在食品工业的应用进行了深入的交流，并建立了相互联系的机制。

（5）面对自2020年以来疫情对行业的影响，如何协助企业走出困境，我们充分发挥协会与政府与行业外组织联系的优势。协会积极与在市场营销方面有着先进理念和丰富实战经验的中国有赞合作，邀请中国有赞（贵州运营中心）为我省白酒企业举办了“酒类电商营销数字化建设培训班”，帮助酒企充分利用互联网的优势拓展营销通道。并促成了贵州五星酒业集团等企业与中国有赞的合作，为这些企业的白酒市场销售拓宽了渠道。

（6）2022年4月，为拓展疫情后我省食品生产企业走出去的通道，协会邀请贵州省商务厅，为我省食品企业拓展东南亚市场，并进行拓展方式及相关支持政策支持的解读。打通我省食品企业参加第22届越南（河内）农业和食品贸易展的通道。

（7）通过与广西壮族自治区省食协、山东省食协横向合作，介绍并组织我省部分食品企业参加南宁“2022东南亚食博会”山东烟台“2022第十七届东亚食博会”，为我省食品企扩展东南亚和东亚海外市场提供服务。协会应重庆市食食品工业协会和乐山市政府邀请，组织企业出席了川渝两省（市）预制菜研讨会议，并对成都市预制菜发展情况考察调研，为规划我省预制菜产业的发展提供了前期准备的借鉴经验。

（8）发挥桥梁作用，积极为企业纾困

2022中秋由于疫情的影响，致使我省部分烘焙企业的月饼销售招致沉重的打击，本应在有效期内使用的月饼包装物过期而无法使用，造成企业近千万元的过期包装物积压。协会在接到这些企业的报告后，及时向贵州省市场监督管理局递交了“关于申请延长月饼产品旧版包装使用期限的报告”，报告得到了省市场监管局党组的高度重视，处于帮助在疫情期间的月饼企业纾困，为理性执法监管考虑，指示省市场监管局相关具体负责的处室领导，两次听取了协会的当面汇报，并指示协会迅速组织涉及此事的相关企业召开座谈会，拟订出相应的处理办法上报省市场监管局。省市场监管局在接到协会提交的处理方案后，经多方论证，从理性执法、为企业纾困出发，同意了协会提出的旧版包装在完善自我申明的基础上，延期使用至2023年中秋的特殊政策，让企业真正感受到了党和政府的温暖。

（9）为缓解我省食品企业融资难的问题，协会积极与贵阳邮政银行云岩支行合作，举办“助力实体经济服务创业梦想邮你一路同行”的银企联谊会，为企业搭建起较为便捷的融资渠道。

（10）强化协会自身建设：

协会自2022年3月换届后，由于前期换届准备工作的不严谨，导致换届后的法定代表人不理政，使协会的正常工作受到较大的影响。为此，应协会广大理事的要求，2022年12月协会通过全体理事会，依据章程规定罢免了李勇的理事、秘书长、副会长职务（同时兼法定代表人），补选蔡邦红同志任会长兼法定代表人。

蔡邦红同志到任后，提出了“加强党的领导、服务企业、规范行业、发展产业”的思路，协会将按照蔡邦红会长提出的思路，完善协会党支部的建设，坚持以习近平新时代中国特色社会主义思想引领协会工作，协助政府，开展行业共性化和企业个性化的服务，积极开展行业、产业的标准化工作，为规范行业，发展产业献计献策。

杨世尧

3.22 云南省

【a. 概况】

2022 年，云南省食品工业克服疫情和国内经济下行压力等不利环境的影响，在以习近平同志为核心的党中央的领导下，省委省政府高效统筹协调疫情和发展经济的关系，大力推进高质量发展，全省食品工业顶着下行压力，稳住大盘形势，使销售额同比下降 0.95%，实现销售额 1711.62 亿元，高于 2019 年 11.7%，占全省工业销售额 9.24%，下降了 0.6 百分点。占全国规模性食品工业营业收入 1.75%，下降了 0.14 个百分点。同时，为扩大内需，稳就业，振兴“三农”做出积极贡献。

【b. 行业运行】

1. 经济效益

2022 年，全省食品工业实现销售收入 1711.62 亿元，同比下降 0.95%，其中，农副食品加工业同比下降 3%，食品制造业同比增长 10.86%，酒、饮料、精制茶制造业增长下降 4.6%。详情看表 1

2022 年，规模以上食品工业企业实现利税 154.53 亿元，同比下降 0.99%。其中，农副食品加工业利税 48.63 亿元，同比下降 3.19%，食品制造业 35.11 亿元，同比增长 10.93%，酒、饮料、精制茶制造业 70.79 亿元，同比下降 0.99%。详情看表 1

2022 年，规模以上食品工业企业实现利润 105.44 亿元，同比下降 1.02%。其中，农副食品加工利润 35.14 亿元，同比下降 3%，食品制造利润 24.09 亿元，同比增长 10.86%，酒、饮料、精制茶制造业 46.25 亿元，同比下降 4.6%。

2022 年，利税、利润比 2019 年增长 15,74%、8.58%。尤其是 2019 年利润为 97.11 亿元，仍在 100 亿元内徘徊，2021 和 2022 年连续 2 年实现利润超 100 亿元的愿望，全行业经济效益进入高效益阶段。

2022 年规模食品工业经济效益统表（1）

行业	企业数	增长率 %	销售额（亿元）	增长率 %	利税（亿元）	增长率 %	利润（亿元）	增长率 %
农副食品加工	636	4.4	946.04	–3	48.63	–3.19	35.19	–3
食品制造	175	3.6	343.2	10.6	35.11	10.93	24.09	10.86
酒、饮料、茶	264	6	422.38	–6.9	70.79	–4,58	46.25	–4.6
规模食品工业	1075	4.7	1711.62	–0.95	154.53	–0.99	105.44	–1.02

2. 主要食品产量

2022年，云南省食品工业产品产量据统计部门提供，共有27个统计产品，其中，同比增长的10个，同比下降的17个。主要产品成品糖、乳制品、鲜和冷藏肉、饮料为增长，增幅大部分在5%以上。较大的粮油制品、方便面、茶叶、冷冻蔬菜、焙烤食品、食用盐、饮料酒和饲料产量下降，降幅大部分在10%以上。市场前景较好和增长力较强的速冻食品、营养保健食品、食品添加剂、果酒和配制酒增幅在30%以上。详情看表2。

2022年云南省食品工业产品产量表（2）

序号	产品	产量 万吨 / 千升	同比增长 %	序号	产品	产量	同比增长 %
1	小麦粉	28.23	4.1	15	食用盐	37.62	–1.2
2	大米	26.72	–18.1	16	食品添加剂	0.57	201.1
3	饲料	539.7	–13.8	17	发酵酒精 千升	13.48	–21.9
4	精制食用油	32.11	–14.6	18	白酒 千升	7.26	–50
5	成品糖	258.22	4.9	19	啤酒	76.34	–6.7
6	鲜、冷藏肉	21.43	5.8	20	葡萄酒	0.455	–50.3
7	熟肉制品	7.5	–8.1	21	果酒、配制酒	0.84	39.2
8	冷冻蔬菜	96.19	–15.2	22	饮料	531.33	8．3
9	膨化食品	1.42	–25.7	23	碳酸饮料	39.83	–9.3
10	焙烤松脆食品	2.08	–33.1	24	包装水	351.72	14.4
11	方便面	6.02	–4.8	25	果蔬汁	28.37	27.1
12	乳制品 液体乳	81,14 80.57	13.7 13.6	26	蛋白饮料	55.29	–10.2
13	罐头	0.92	–1.9	27	精制茶	13.99	–14
14	营养保健食品	0.75	36.3				

3. 企业状况

2022年，规模以上企业1075户，同比增加48户，同比增长4.67%。其中，农副食品加工636户，同比增加27户，同比增长4.43%；食品制造175户，同比增加6户，同比增长3.55%；酒、饮料和茶制造264户，同比增加15户，同比增长6.02%。

新增加企业主要是农副食品加工企业，占比56.25%，符合云南省食品工业以农副食品加工为主的产业结构。食品制造合计21户，同比增长5.02%，增幅快于农副食品加工业。新兴产业、新业态制造业企业是产业结构调整中重点支持发展的企业，2022年也在增加。

内外招商在云南落地建厂企业又有新增加，如蒙牛奶业、海天味业、金锣肉业、瑞幸咖啡等企业。这些企业都在紧锣密鼓地建设中。

4. 运行特点

2022年，云南食品工业经济运行体现的是稳中微降的态势，销售额同比下降0.95%，但销售额仍然保持在1700亿元以上。基本大局稳住，没有出现大动荡、大滑坡现象，为云南省经济发展做出贡献。

从2019开始至2022年，销售额增长为5.32%、–4.26%、16.62%、–0.95%。增长在正负之间震荡，总体在不断增长。如，2022年，销售额比2019年增加242.18亿元，每年要增加80多亿元；企业平均销售额从 1.46 亿元，增加到 1.59 亿元，每年增加 430 多万元。这些数据充分证明经济稳中求进的总趋势，与中央的发展经济总基调是统一的。

造成稳中微降的特点有不可预测的原因。一是 2021 年的 16.62% 增幅过快，压缩了 2022 年增长的空间，企业受市场销售、原辅材料供给、价格成本、资金投入的制约，向平稳过渡；二是疫情的影响，出现供给冲击，产业链断链不畅、原料供给和产品销售受阻、企业停产等情况；三是需求收缩，市场销售疲软，拉动效益降低。云南省五个超 100 亿元产业中有 3 个产业—果蔬加工、饮料酒、茶业下降幅度大，拉低了全行业的增幅；四是产业结构调整、产品升级换代滞后，创新不足，行业发展遇到瓶颈。如粮油制品、方便面、乳制品、肉类加工、焙烤业等行业，出现同质化和新产品开发落后问题，没有得到有效的解决。

【c. 重大事件】

1. 云南省工信厅组织评选 2022 年云南省食品工业 10 强企业和 20 佳创新企业，每家企业奖励 200 万元和 100 万元。

2. 云南省工信厅出台支持中小企业发展相关条例。

3. 商务厅、农业农村厅组织举办扶持预制菜发展相关活动和措施。

4. 云南省食品行业协会完善换届后党建工作。

5. 云南省最大的现代化 10 万吨酱油生产基地在昆明建成，并正式投产。

6. 中老铁路开通，东南亚大量水果进入中国市场，云南市场受益。

云南省食品行业协会

3.23 西藏自治区

【a. 概况】

2022年，消费品工业处紧盯自治区第十次党代会、区党委经济工作会、自治区两会确定的目标任务，按照王君正书记和严金海主席在我厅调研时的指示精神，贯彻落实全区经信工作会议部署要求，狠抓工作落实，重点推动天然饮用水、藏医药制造业、农畜产品加工业及民族手工业等特色优势产业发展，全力做好全区农牧民碘盐配送及疫情防控物资保障，各项工作取得实效。

经济运行情况：医药制造业产值26.7亿元，同比增长23%；民族手工业产值0.8亿元，同比增长13；农畜产品加工业产值17.5亿元、同比下降16%；天然饮用水（含规下）产销量40.3万吨、同比下降22%。

【b. 主要工作】

1. 天然饮用水产业稳中求进

（1）制定印发《西藏自治区大然饮用水产业高质量发展行动方案（2022–2025年）》；

（2）狠抓运行调度。组织召开全区重点天然饮用水企业经济运行调度会5次，协调解决企业生产经营中遇到的用电、运输等瓶颈制约方面的突出问题，对年度天然饮用水产销量目标细化分解，进一步压实企业责任；

（3）狠抓招商引资。持续推进农夫山泉股份有限公司在林芝市投资建设包装饮用水生产项目事宜，农夫山泉股份有限公司确定在林芝八宜区建设投资3亿元、设计产能50万吨天然饮用水项目；邀请华润怡宝高层和紫荆文化集团高层赴西藏重点天然饮用水企业实地调研，华润怡宝达成与区内企业合作意向；持续跟踪冰川矿泉水公司（5100）与青岛啤酒集团产销合作；巩固西藏天然饮用水特通渠道，厅主要领导带队赴北京与中石化、中石油总部就进一步推动我区天然饮用水销售事宜再次对接；

（4）狠抓生态保护。落实中央环保督察整改有关要求，深入七地市对在建、已建、待建天然饮用水项目进行实地核查，详细了解水源类别、产品类别及证照办理情况等，形成资源调查专项报告。修订发布《西藏自治区天然饮用水产业发展规划（2015–2025年）》。

2. 农畜产品加工业稳步发展

（1）制定印发《西藏自治区农畜产品加工业高质量发展行动方案（2022–2025年）》。组织召开全区重点农畜产品加工企业经济运行暨安全生产调度会，安排部署2022年重点工作，对重点农畜产品加工企业开展行业指导，银企对接融资帮扶；

（2）推动重点项目建设。积极推进青岛啤酒与西藏天地绿色饮品发展有限公司的合作事宜。西藏天地绿色饮品发展有限公司已完成内部股权整合，初步确定合作细节；加快推进洋河朗热酒重点项目建设，该项目已于6月29日开工，计划2023年8月投产；推进达热瓦酒业投资1.9亿元年产10万吨青稞啤酒项目，该项目计划年内投产；持续跟进雪花啤酒迁建项目，该项目经雪花总部考察批准，将于2023在昌都经开区开工建设。邀请中国毛纺协会及国内毛纺龙头企业代表赴藏考察，指导区内毛纺织企业确定产业发展方向，力促达成产销合作；

（3）实施“三品”战略。推荐高原天然水、阿佳牦牛肉两家企业参加全国食品工业“三品”典型成果展。充分利用中小企业发展专项资金，加大对农畜产品加工业在转型升级、技术研发、产品更新、包装设计、绿色发展等方面的扶持力度，支持企业“增品种、提品质、创品牌”，提高供给质量，逐步形成规模化生产。

3. 藏医药业快速发展

（1）制定印发《西藏自治区藏医药产业发展行动方案（2022–2025年）》；推动重点项目建设。推动林芝市米林县投资3亿元达尔干藏医药产业园项目建设，该项目主体建设已完工，一期藏成药和制剂项目建成投产。推动海思科医药集团投资1.2亿元生产厂区项目建设，目前该项目已进入收尾阶段，正在申请证照办理，计划近期投产

（2）支持完善产业链。推动藏药中微生物消杀瓶颈研究，推动中国核工业集团与日喀则神猴药业开展总投资1.1亿元辐照灭菌合作项目，解决长期以来，区内生产的药品、医疗器械辐照灭菌问题，填补产业链空白。

4. 民族手工业有效传承

（1）制定印发《西藏自治区民族手工业发展行动方案（2022–2025年）》《关于支持推动西藏自治区民族手工业高质量发展的若干政策措施》；

（2）架构人才体系。推荐5名自治区级工艺美术大师参加第八届中国工艺美术大师评选，金属锻造师次噶获得第八届中国工艺美术大师称号。指导各地（市）全部完成本级工艺美术大师的评选。启动西藏自治区第三届工艺美术大师评选工作；

（3）培育龙头企业。通过自治区中小企业发展、文化产业发展、非遗保护等专项资金扶持，培育西藏长荣娜秀制衣有限公司等行业龙头企业。鼓励有条件的企业通过合并和股权、资产收购等多种形式实施重组整合。支持企业申报自治区“专精特新”企业和国家专精特新“小巨人”企业。

5. 食盐供应总体平稳

（1）强化行业监管。指导督促西藏中兴盐业有限公司持续推进2022年度农牧民碘盐配送任务；

（2）强化资金管理。落实全区农牧民碘盐补贴资金，完成2021年度碘盐补贴资金专项审计；落实储备保障。积极推进食盐储备工作，指导中兴盐业公司完成全区1740吨政府食盐储备，下达储备管理资金35.87万元。

6. 压实食品安全主体责任

（1）组织召开食品安全专题部署会2次，组织规模以上食品加工企业开展食品企业诚信体系建设培训1次，开展食品安全专项检查5次、制定印发《关于切实做好消费品工业领域疫情防控和安全生产工作的通知》

（2）加大宣传力度。深入企业、社区开展食品安全宣传2次，组织企业开展“诚信经营、放心消费”承诺签名活动

（3）建立追溯体系。督促指导西藏中兴盐业公司建立电子追溯体系，目前相关设备安装调试完成，年底接入国家数据库。

拉　姆

3.24 陕西省

【a. 概况】

2022 年是新冠肆虐横行的第三年，复杂严峻国际环境和国内经济下行多重困难考验下，全省食品战线广大干部职工，积极贯彻习主席为首党中央统一战略部署，紧紧依靠中食协、省工信厅、民政厅的正确领导与全体会员广泛支持，以干克难提效达产、精心谋划保障供给、稳中求进"六稳""六保"抢时间、抓机遇，较好地完成了全年工作任务。

2022 年，全省 1259 家规上食企完成营业收入 2644.4 亿元，同比增长 4.71%，实现利润 150.1 亿元，同比增长 0.94%。按大类统计，农副食品加工业完成销售收入 1222.6 亿元，同比增长 2.8%；食品制造业完成 522.8 亿元，同比增长 4.3%；酒、饮料和精制茶制造业完成 619.7 亿元，同比增长 7.2%；烟草制品业完成 279.3 亿元，同比增长 8.6%。农副食品加工业实现利润 45.3 亿元，同比下降 9.2%；食品制造业实现利润 33.5 亿元，同比增长 1.5%；酒、饮料和精制茶制造业实现利润 54.4 亿元，同比增长 7.9%；烟草制品业实现利润 16.9 亿元，同比增长 9.7%。

【b. 主要产品产量】

指标名称	计量单位	生产量	同比增长 %
小麦粉	万吨	480.94	6.6
饲料	万吨	473.56	–2.3
精制食用植物油	万吨	178.14	–3.8
乳制品	万吨	99.57	–14.4
白酒（折 65 度）	万千升	17.31	3.3
啤酒	万千升	71.15	7.9
软饮料	万吨	885.45	–4.6
卷烟	亿支	823.00	0.0

【c. 主要经济指标】

行业名称	增加值累计增速 %	总产值累计增速 %	利润同比增长 %	营业收入同比增长 %
农副食品加工业	–4.4	–1.8	–9.2	2.8
食品制造业	–1.1	0.1	1.5	4.3
酒、饮料和精制茶制造业	6.7	5.3	7.9	7.2
烟草制品业	–0.2	8.1	9.7	8.6

【d. 大事记】

1. 以通讯形式召开了"陕西省四届二次理事会"

陕西省食品协会四届二次理事会原计划2022年7至8月召开，因疫情多次延期。为配合全省疫情防控工作，不影响协会正常工作进程，按照《陕西省食品协会章程》有关规定，协会于2022年12月1日至12月15日，采取通讯方式召开了"陕西省食品协会四届理事会"。会议内容一是审议陕西省食品协会四届二次理事会工作报告；二是审议2021年协会会费收缴及使用情况报告。至12月15日，全体理事审议通过了以上两个报告。

2. 群策群力切实推进了《中国食品工业志》编辑工作

经过不懈的艰苦努力，协会合作陕西科技大学、陕西学前师范学院，共同承担国家《中国食品工业志》上、中、下基本成稿，上、中册进入最后修订，下册正在审改，可在中食协许可时限由中央党校出版社印发出版。

3. 积极组织推荐了2022年科技进步奖活动

根据中食协安排，协会认真组织推荐了相关企业参加了2022年全国食品工业科技进步奖活动。在中食协南京举办的"2022全国食品工业科技进步工作会议暨中国食品协会科学技术奖颁奖大会"上，我省陕西西凤酒股份有限公司的"白酒数字化工厂建设项目"和杨凌菲格无花果产业发展有限公司的"无花果品种选育及特色加工产业化示范项目分别获得二等奖"。

4. 收集汇编了《陕西食品国家专利与成果》专著300余项

5. 合作举办了《企业战略定位精华班》培训活动

2022年9月20日，协会合作昆仑公司，在陕西功能食品研发中心成功举办了"陕西食品协会赋能，产业精准成为第一《企业战略定位精华班》"。来自石羊、银桥、科仪阳光、龙王泉、德润、中国食品报等20余家企事业单位的经理高管参加了培训。西南财经大学姬瑞恩老师专赴学习班辅导了专场培训。培训班成功举办达到了预期，得到了企业和社会各界的好评。

6. 服务政府、高质量完成了一批攻关课题

（1）合作省参事室、陕西科技大学完成了"关于加快推进我省预制菜高质量发展的建议"报告了省政府主要领导；

（2）合作陕西省茶叶流通协会，按时完成了"陕西省提升农产品精深加工助我省乡村振兴战略路径"报送省工信厅；

（3）合作省政府办公厅完成了"陕西省加快功能性食品产业发展的报告"报送省政府。四是应安康市政府邀请，给安康市公务人员及百余户食品企业家代表讲座了"陕西省富硒食品产业链提升"专题；组织陕科大和陕西学前师范学院相关专家学者，为安康产业链招商大会全体与会代表，分别讲了"富硒食品产业链战略定位"；"硒与人体健康"；"产学研转化推进硒产业加快发展"专题。

7. 强化产学研服务，助推产业转型升级

（1）参加了省工信厅2022年第二批（总第四批）关键核心技术产业化"揭榜挂帅"项目评审，推荐了医药、食品和乳制品共六个项目上榜获得了财政资金支持；

（2）协助茶叶流通协会，评审通过和表彰了2022年全省茶叶流通十大企业、十大品牌、十大企业家；

（3）协助省卫健委卫生健康监督中心成功组织召开了《陕西省食品安全地方标准》八月炸（八月果）审定会。

8. 完善组织机构，提升协会专业工作水平

（1）成立了"陕西省食品协会综合服务中心"；

（2）成立了"陕西省食品协会智慧团餐食品专业委员会"；三是成立"陕西省食品协会鸿骏预制菜专业委员会"。

【e. 目标任务】

2023年是我们全面建设社会主义现代化国家的攻坚年。面临新起点新机遇和新挑战，协会与大家合力共向，全面贯彻党的二十大精神和习近平总书记来陕考察重要指示，坚定不移贯彻新发展理念，加大数字经济牵引力，增强民营经济竞争力，强化产业转型升级，推动行业高质量发展；合作省政府参事室完成《陕西省推进社区配送工程的建议》课题；组织承办好“第十四届中国西安国际食品博览会”“第十二届中国（西安）糖酒食品交易会”和“陕西名优新特产品展销会”；编辑出版《中国食品工业志》和《陕西食品国家专利成果汇编》；协办“中国首届特种食品融合创新发展高峰论坛”；召开“陕西省食品协会四届三次理事会”和“陕西省产教融合暨富硒食品产业链提升交流研讨会”；协助江苏（响水）高新技术产业园区发展规划项目结题；助力乡村振兴和“安康乡村振兴汉滨合力团”等活动。

征程风正劲，担当再奋蹄。疫情激励我们愈挫愈奋，责任呼唤我们越战越勇。衷心希望全省行业同仁和社会各界朋友，携手共进，守正创新，共同开创陕西食品工业更加美好灿烂的未来！

贾超英

3.25 甘肃省

【a. 概况】

甘肃省拥有丰富的农产品资源和独特的地理环境。食品工业是甘肃省传统产业之一，推进食品工业高质量发展，对不断满足人民美好生活需要、全面推进乡村振兴、加快构建新发展格局意义重大。

【b 食品工业持续健康发展】

2022年，甘肃省规模以上食品工业企业增加值同比增长6.9%。实现营业收入659亿元，同比增长11.6%。实现利润总额33.3亿元，同比增长1.7%。平均用工4万余人，同比增长5.2%。

依托资源禀赋和产业基础，甘肃省各市州充分发挥园区引领、辐射效应，引导各种创新要素向园区集聚，鼓励产业链上下游企业向园区集中，建成了一批以食品工业为主导的区域性特色工业园区。

在兰州，永登树屏15平方公里“甘味小镇”项目建设完成，甜美香积、安旗、陇萃堂、思洎湖牛肉面、兰州牛肉面产业园、美团优选等68家企业已签订入驻合同，已入驻企业35家，已投产企业29户。建成兰州牛肉面汶河产业园，打造预包装牛肉面完整产业链条。在张掖，临泽县绿色食品加工集中区入驻红枣、果蔬、保健饮料等绿色食品加工企业19家，民乐生态工业园区绿色有机农副产品加工产业园已入驻滨河等农畜产品加工企业71户。在陇南，徽成经济开发区以酒类酿造、农产品加工、生物制药为主导，辅助发展电子商务、物流业、康养、数字经济等“3+X”产业体系。开发区现有企业71户，其中上市企业1户，规模以上工业企业6户，高新技术企业4户，省创新型中小企业4户。在庆阳，驿马、金龙园区为省级新型农产品工业化产业示范基地，驿马园区被农业农村部命名为全国农产品加工创业基地、全国农产品加工业示范基地，被甘肃省商务厅认定为全省首批农产品加工出口创汇示范园区，金龙园区被认定为甘肃省第一批循环经济示范园区。

【c. 重大项目建设加速推进】

食品工业产业链供应链延伸完善。围绕“强龙头、补链条、聚集群”，甘肃省充分发挥重大项目支撑带动作用，利用省级专项资金支持项目建设，强化协调服务，食品工业重大项目加速建设。

在农副产品加工方面，新希望、海大、大北农、泰昆、溢佳同惠、海牧生物、甘肃美龙等企业饲料生产线项目加快推进建设，年产饲料合计159万吨。年加工20万吨液体麦芽糖浆、70万吨玉米生产线项目在平凉启动建设。同时，全力推动祁连牧歌二号工厂60万只肉羊屠宰加工、山丹马场年产80吨牦牛肉及500吨牦牛肉酱改迁建等在建项目进度。

在食品制造业方面，作为新型餐品形态预制菜核心部分，甘肃品高食品、甘肃中核弘源的

"中央厨房"项目正在加速建设，总投资共计2.7亿元。祁牧乳业、雪顿的牧场及养殖场改扩建项目已经完成，总投资共计12.06亿元。双元乳业新建双元乳业生态奶牛养殖基地，厂区占地50亩，优良品质荷斯坦奶牛200头，年产鲜牛奶可达千吨以上。薯乐佳、薯香园开展马铃薯及食品生产研发中心建设，总投资共计5.5亿元。甘肃丽神年产10万吨苹果梨花生核桃大豆早餐奶项目稳步推进。

在酒水和精制茶制造方面，红川酒业年产1.2万吨投资5亿元纯粮原浆白酒建设项目开工建设；滨河生态科技文化产业园白酒二期建设项目已建成，累计完成投资3.44亿元。

【d."三品""三化"优化发展环境】

食品工业"三品"行动深入实施。认真贯彻甘肃省委、省政府印发的《甘肃省强工业行动实施方案（2022—2025年）》，引导和支持企业深度挖掘用户需求、充分发挥地域特色，进一步优化产品结构，积极开展"三品"质量提升行动。

在增品种方面，开展太空茄子、太空辣椒、太空南瓜、太空丝瓜、太空疙瘩瓜、高原夏菜等育种植物的引种开发试种。鼓励使用生鲜乳生产灭菌乳、发酵乳、调制乳，支持和引导干酪素、酪朊酸钠等特色干乳制品生产，开发羊奶、牦牛奶等特色乳制品。研发蔬菜脆片、蔬菜粉、离心速溶粉、固体饮料等系列产品，玫瑰花饼、百合银耳羹等新产品已进入市场。

在提品质方面，安排专项工作经费，以工业设计理念着力推进重点农特产品包装设计更新。庄园牧场等乳制品加工企业与奶源供应企业、奶农建立了互利保障机制。祁牧乳业2021年通过优质乳工程验收。紫轩酒业荣获"国家放心酒工程·示范企业"。推行青稞酒酿制自动化、智能化生产，大力发展中低度养生青稞酒。此外，引进预制菜先进锁鲜技术及设备，实现预制菜标准化、规模化生产，完善冷链运输体系和质量安全体系，提高产品保鲜水平。

在创品牌方面，培育出以"金花寨""西域""银河""昆仑雪""神舟双喜"等为代表的农副产品品牌，以"庄园""燎原""雪顿""祁牧"等为代表的乳制品品牌，以"平凉红牛""环县羊羔肉""尼玛部落"为代表的牧畜产品品牌，以"紫轩""莫高"为代表的葡萄酒品牌，以"金徽""红川""汉武御""皇台"为代表的白酒品牌。

食品工业"三化"改造卓有成效。甘肃省工信部门积极引导工业企业积极运用新技术、新业态、新模式，大力改造提升传统食品工业，不断推动食品工业向高端化、智能化、绿色化迈进。

在高端化方面，伊利、甘肃中粮可口可乐、顶津等食品产业骨干企业被列为市州"三化"改造重点企业，制定年度工作措施，凝练改造项目，提升行业整体高端化水平。西域阳光、百佳食品、凯地农业等企业被认定为省级"专精特新"企业。普罗生物获得国家级"小巨人"奖励支持。西农科技农产品精深加工等项目获得工业专项支持。

在智能化方面，庄园牧场日处理300吨常温奶数字化车间技术改造建设项目、柳叶包生产线改造项目、康师傅4万瓶碳酸饮料生产线等一批技术改造项目建成并投入运行。甘肃金源面业投资2308万元完成生产线智能化改造，年产能由6万吨提高到20万吨，产品质量合格率由95%提高到100%。金鑫杏、甘肃金源面业两户企业获批省级数字化车间。实施甘肃陇脉药材年产两万吨黄芪精深加工智能化生产线及药食同源食品生产线项目，完成投资3.71亿元。

在绿色化方面，祁牧乳业计划投资840万元建设的污水预处理扩容升级改造项目于2022年开工建设，可以日处理600吨污水，达到农田灌溉标准后，用于乳品厂北侧的农田灌溉。食品工业发展环境不断优化。以强工业行动为统揽，聚焦补短板、强弱项、固底板、扬优势，甘肃省工信部门上下联动，积极构建政策支撑体系，培育创新研发新动能。

在政策支撑体系方面，按照“1+N+X”政策体系，出台了《甘肃省特色农产品及食品加工产业链实施方案》，确定金徽酒业等企业为省级链主企业，发挥龙头示范和引领作用。

在创新研发方面，兰州黄河依托现有的麦芽生产工艺技术，组织进行结晶麦芽的研发生产。甘肃华瑞农业等农畜产品加工企业被认定为省级企业技术中心，西域食品、奥林贝尔、祁牧乳业、紫轩酒业等企业被认定为省级技术创新示范企业。重建酒业研究所微生物实验室，宏源成立农业产业研究院。祁牧乳业采用“企业＋高校”合作模式，推进祁牧乳业公司奶牛胚胎移植技术研究与应用项目实施，开展良种奶牛种源筛查。

【e. 多方发力解难题促发展】

当前，甘肃省食品工业仍存在一些问题。食品工业规模小结构不优。甘肃省食品工业企业在数量、营收、利润等方面，均与食品工业发达省份存在较大差距。受到生产要素价格等因素影响，除烟草制造业外，农副食品加工业、食品制造业、酒饮料和精制茶制造业利润总额呈现全面收窄态势，同比分别下降 17.4%、31.9%、7.5%，食品资源开发与深加工仍然有较大的提升空间。

食品工业企业抗风险能力弱。甘肃省食品工业企业大多数规模偏小，融资难依旧是制约食品工业企业正常运行的瓶颈。同时，适应食品工业生产融资需求的金融产品相对有限，产品更多局限于消费信贷领域，不能全方位有效满足各类食品工业企业的融资需求。

食品工业企业研发力量薄弱。受发展规模和人才制约，企业在创新研发方面普遍投入不足，产品附加值不高、核心竞争力偏弱，产品区域竞争力不强。一些有市场前景的研发产品缺乏孵化、批量生产营销的资金，导致一些企业选择在省外代工生产，难以在本地建立全产业链。同时，行业在建项目不多，储备项目很少，对行业量质提升带来挑战。

推动食品工业政策落实狠抓运行调度。要围绕“强龙头、补链条、聚集群”，在食品精深加工和食品工业上实现突破。发挥好“不来即享”政策精准服务平台，提高政策落实的便捷化程度，推动各类惠企政策落地生效，合力推动食品产业发展规划、产业链实施方案等重点任务的落地落实。

紧盯食品工业重大项目优存量育增量。要不断完善食品工业项目库，加强监测调度和全程服务，帮助企业协调解决项目落地和建设中存在的问题。

加强大中小企业梯度培育和金融扶持力度。鼓励地方特色食品龙头企业发挥产业链主引擎作用，加大地方特色食品领域“专精特新”中小企业培育力度，放宽对中小型加工流通企业、合作社的放贷政策，有效解决农产品加工流通企业融资难问题。

推动食品工业绿色低碳高质量发展。以实现生态效益、经济效益和社会效益协调发展为目标，以“甘味”食品品牌为纽带，探索发展一批融生产加工、市场销售、消费体验、文旅休闲、专业服务于一体的绿色食品全产业链样板。打造一批绿色食品科技成果转化试验站，提高绿色食品生产的科技含量，为食品工业发展注入新动能。

加快特色食品工业融入国内统一大市场。积极推动特色优势食品专业营销网点和渠道建设，鼓励发展特色优势食品流通新业态新模式，开展特色优势食品网络营销、直播带货，支持第三方平台发展特色食品直销配送、线上线下相结合的新零售方式。

甘肃省工业经济和信息化研究院

3.26 青海省

【a. 概况】

青海位于中国西部，深居内陆，远离海洋，地处青藏高原，属于高原大陆性气候，土地实测总面积共69.66万平方公里。其中，农用地面积4510.50万公顷，占全省土地总面积64.75%。全省地势总体呈西高东低，南北高中部低的态势，西部海拔高峻，向东倾斜，呈梯形下降，东部地区为青藏高原向黄土高原过渡地带，地形复杂，地貌多样。青海省有高等被子植物近1.2万种，蕨类植物800余种；西部是世界四大无公害超净区、全国五大牧区之一，绿色有机农畜产品资源丰富。依据独特资源优势青海省人民政府根据提出青海要“着力发展牦牛、藏羊、青稞、油菜、马铃薯、枸杞、沙棘、藜麦、冷水鱼等农牧业特色优势产业。为青海食品产业高质量发展指明了方向，赋予了新内涵，擘画了新路径，提供了新遵循。

2022年，青海在食品产业，依托绿色有机为原料的优势取得新成效，实施化肥农药减量增效行动，粮食播种面积、产量和储备能力再创新高，牦牛藏羊质量安全可追溯规模超过400万头只。随着“绿色有机输出地”建设的全面推进，有力促进了供给侧转型升级、有效带动了需求侧企稳提质，具有时代特征、高原特色、青海特点的生态友好、绿色低碳高质量发展之路，前景可期，无限光明。

青海的世居少数民族主要有藏族、回族、土族、撒拉族和蒙古族，其中，土族和撒拉族为青海所独有根据第七次全国人口普查结果，年末常住人口594万人，比上年末增加1万人。按城乡分，城镇常住人口362.5万人，增加6.2万人，占常住人口的比重（常住人口城镇化率）为61.02%，提高0.94个百分点。全年人口出生率11.22‰，比上年低0.21个千分点；人口死亡率6.91‰，比上年高0.26个千分点；人口自然增长率4.31‰，比上年低0.47个千分点。

【b. 经济指标】

1. 青海省规模以上食品工业企业数

2022年，食品工业规模以上企业有65家，其中，农副食品加工业13家，食品制造业49家，酒、饮料和精制茶3家。

2. 2022年青海省规模以上食品工业总产值及增加值表

表1　　单位：亿元

分类	2022年（总产值）	同比增长（%）（总产值）
食品工业总产值	59.43	6.0
其中：农副食品加工业	22.39	-4.9
食品制造业	16.27	-5.5
酒、饮料和精制茶制造业	11.19	16.4

3. 2019–2021 年份项目农业总产值表

单位：万元

指标	按当年价格计		
年份	2019	2020	2021
农林牧渔业总产值	4543504.3	5071019.3	5285295.8
农业产值	1812511.8	1885990.7	2047302.3
谷物及其他作物	663916.3	717852.6	843620.2
谷物	163636.3	207047.4	246308.2
薯类	225494.8	206830.0	214538.0
油料	155787.0	161239.1	153641.9
豆类	22266.4	23846.2	23043.7
糖料	54.1		
烟草		310.0	320.0
其他农作物	96677.8	138579.9	205768.4
蔬菜食用菌			
花卉园艺作物	558608.5	573869.8	569986.7
蔬菜	542487.5	558992.7	554753.0
食用菌	6984.5	4766.6	10189.6
花卉	1685.3	1418.0	1979.1
其他园艺作物	7451.2	8692.5	3065.1
水果坚果香料原料	48725.7	49608.2	36589.1
中药材	541261.3	544660.0	597106.3
林业产值	112535.4	118639.1	132116.9
林木的培育和种植			
育种育苗	5978.5	6405.7	7791.9
造林	74086.7	78108.7	83646.3
抚育和管理	25921.3	27957.1	30953.1
竹木采运	1534.7	836.4	1020.7
林产品	5014.2	5331.2	8704.9
牧业产值	2508063.0	2951194.8	2985709.2
牲畜饲养	2258803.7	2757496.0	2712683.9
牛的饲养	941743.0	1311898.6	1399570.3
羊的饲养	957641.7	1071523.0	964668.1
其他牲畜饲养	15877.8	15915.2	6850.0
奶产品	322547.5	328265.2	310901.2
毛绒产品	29410.3	29894.1	30694.3
其他牲畜副产品			
猪的饲养	191603.6	118842.2	229088.7
家禽饲养	48044.0	38931.1	30330.4
狩猎和捕捉动物	933.9	3004.4	2752.4
其他畜牧业	8677.8	32921.1	10853.7
渔业产值	39150.6	38774.8	41414.3
农林牧渔专业	71243.6	76420.0	78753.2

4. 主要农蓄产品数据

2022 年，粮食作物播种面积 302.41 千公顷，同比增加 12.38 千公顷。其中，小麦种植面积 98.82 千公顷，同比增加 4.03 千公顷；青稞种植面积 90.68 千公顷，同比增加 7.95 千公顷；玉米种植面积 22.54 千公顷，同比增加 1.17 千公顷；豆类种植面积 15.10 千公顷，同比增加 0.19 千公顷；薯类种植面积 70.49 千公顷，同比减少 2.99 千公顷。经济作物中，油料播种面积 143.50 千公顷，同比减少 0.07 千公顷；药材 35.97 千公顷，同比减少 7.13 千公顷（其中枸杞 30.51 千公顷，同比减少 1.90 千公顷）；蔬菜 42.30 千公顷，同比减少 1.25 千公顷；青饲料 50.50 千公顷，同比增加 4.31 千公顷。全年粮食产量 109.09 万吨，同比增产 1.67 万吨；单位面积产量 3607 公斤 / 公顷。

5. 主要产品产量

2022 年，我省 20 种主要食品工业产品实现了同比不同程度的增长，其中，牛肉 21.25 万吨，同比增长 10.5%;羊肉 12.32 万吨、同比下降 7.5%;猪肉 5.06 万吨、同比增长 59.4%;牛奶 35.39 万吨，同比下降 3.3%;枸杞 8.89 万吨，同比下降 3.4%;蔬菜及食用菌 150.14 万吨，同比持平；马铃薯 30.18 万吨，同比下降 5.2%;青稞 20.48 万吨，同比增长 6.8%；豆类 3.52 万吨，同比下降 0.6%；油料 31.88 万吨，同比增长 5.5%。

2022 年，牛存栏 642.40 万头，同比下降 1.5%；羊存栏 1385.95 万只，同比增长 3.2%；生猪存栏 77.20 万头，同比增长 7.1%；家禽存栏 149.27 万只，同比下降 15.0%。牛出栏 200.29

万头，同比增长 6.0%；羊出栏 672.72 万只，同比下降 13.0%；生猪出栏 72.38 万头，同比增长 61.1%；家禽出栏 162.19 万只，同比下降 26.0%。全年猪牛羊禽肉产量 39.85 万吨，同比增长 8.6%。

【c. 大事记】

1. 引导企业提质增效

为积极响应青海省关于建设绿色有机农畜产品输出地建设任务，进一步落实省委、省政府关于绿色有机农畜产品输出地建设的战略部署，加快推进“青海省绿色有机农畜产品输出地”整合与发展，成立“青食协”严选平台，通过打造品牌主线，跨部门协调发挥行业协会引导作用，吸引社会力量参与，以“提质、稳量、补链、扩输”为总体目标，优化制约产业发展的薄弱环节，夯实产业基础，培育一批竞争力强的“专精特新”龙头企业及国家级龙头企业。

2. 推进全省食品产品全生命周期追溯管理平台建设相关工作

青海省食品工业协会切实贯彻落实省委、省政府“四地”建设、推进“一优两高”的战略部署，协会以搭建青海省食品行业区域品牌体系为抓手，搭建了青海食品工业互联网赋智平台，平台立足于青海省地区优势资源，通过一物一码对产品进行全生命周期溯源管理，一是实现食品全产业链信息化跟踪；二是通过大数据跟踪和分析，提升产品在全国行业中的地位；三是低成本推进企业数字化转型；四是可通过大数据分析为政府决策提供参考依据。同时，牵头搭建青海省食品行业区域品牌体系，用集体商标 + 区域品牌 + 企业自主品牌的管理体系，通过青海省食品工业协会专家团队，确定优势产品，积极培育区域优势产业，按照标准规范推进区域内经济，形成品牌集群的总体形象。

3. 加强食品行业的调查研究

通过调研发现，自从绿色有机农畜产品输出地打造以来，我省第一产业增加值增长 4.5%，但依然存在着一些问题：

（1）技术创新能力不足，基础生产力水平不高。科学技术是第一生产力，打造绿色有机农畜产品输出地需要全方位的技术支撑，新工艺、新技术的运用才能从根本上改变产业形态。然而，在当前发展阶段，我省技术创新方面很大程度上还是依赖于政府，缺乏主动性，创新动力不足，技术推广难度大，科技成果转化率低，农牧业基础设施和技术装备水平相对落后，产业基础薄弱，农畜产品深加工能力不强，特色农牧产品研发不足，综合生产能力难以持续提高。

（2）支持性产业发展滞后，产业融合发展程度不高。打造绿色有机农畜产品输出地需要仓储、物流、物联网、交易信息平台等多方面相关产业的支持。目前，受全省经济发展环境和产业结构影响，相关支持性产业发展基础薄弱，农牧业产业发展仍然停留在原料出售和初加工阶段，精深加工综合利用不足，产业融合程度不高，特别是“农牧业 +”融合发展不够，产业链“接二连三”不足，补链延链有待加强。

（3）缺乏行业领军企业，产品品牌影响力不足。农牧业产业现有的龙头企业带动能力不强，绿色有机生产企业规模小，产品数量少，产业链条延伸不够，产业链整合度、产业链组织化和一体化程度较低。分散生产经营仍占较大比例，企业、合作社规模普遍较小、经营水平不高，集约化、规模化生产还处于初级阶段。由于多数企业普遍分散经营，导致全省农畜产品品牌影响力还仅停留在局部地区，具有跨省、跨区域市场影响力的输出产品品牌少而不强，制约了农畜产业的进一步发展。

4. 积极加强对协会工作的指导

（1）继续关注《青海食品工业志》的编纂、出版工作进展情况。

（2）协会按照国家要求已经跟主管单位脱钩，脱钩后协会也在积极加强自身服务能力建设，我会积极配合国家食协的各项工作，希望在资源、技术等方面得到国家食协的支持。

（3）搭建了青海食品工业互联网赋智平台，平台名称是“臻品链”，“臻品链”立足于青海省地区优势资源，通过一物一码对产品进行全生命周期溯源管理，一是实现食品全产业链信息化跟踪；二是通过大数据跟踪和分析，提升产品在全国行业中的地位；三是低成本推进企业数字化转型；四是可通过大数据分析为政府决策提供参考依据。

（4）牵头搭建青海省食品行业区域品牌体系，用集体商标+区域品牌+企业自主品牌的管理体系，通过青海省食品工业协会专家团队，确定优势产品，积极培育区域优势产业，按照标准规范推进区域内经济，形成品牌集群的总体形象。

（5）牵头搭建销售网络，协会通过自身优势，跟天猫、京东、直播带货等大型线上销售平台和省内外优秀的线下销售团队合作，以“青食协”“青食出青”品牌等多种形式，协助企业打开国内外销售渠道，帮助企业找市场。

（6）参与青海省高原生物研究所、食品企业分别制定的预制菜标准体系、青稞系列标准体系等团体标准体系，助力青海特色产业高质量发展。

【d. 名优企业及产品】

企业名称	品牌	产品
青海互助青稞酒股份有限公司	天佑德	青稞酒
青海可可西里肉食品有限公司	可可西里	牦牛肉
青海新丁香粮油有限责任公司	丁香	青稞面
青海金麦杞生物科技有限公司	金麦杞	枸杞
青海江河源农牧科技有限公司	江河源	菜籽油
青海天露乳业有限责任公司情况介绍	天露	乳制品
青海小西牛生物乳业股份有限公司	小西牛	乳制品
青海花赐生物科技有限公司	花赐	枸杞蜜

李　翊

3.27 宁夏回族自治区

【a. 概况】

2022年，全区食品工业在自治区党委和政府强有力的政策引导，各级有关部门主动深入协调服务下，取得了长足的发展，为保障民生需求，促进全区经济社会发展和打赢脱贫攻坚战作出了积极贡献。2022年，全区食品工业规模以上企业178家，实现工业总产值442亿元，同比增长近8.0%，增加值同比7.1%左右。全年乳制品产值同比增长3.8%，葡萄产量同比下降28.6%，枸杞深加工、牛羊肉加工等细分行业增长放缓，枸杞制品等细分行业发展不及预期。

【b. 重点行业】

宁夏回族自治区充分借助葡萄酒、枸杞、牛奶、肉牛、滩羊、冷凉蔬菜“六特”产业发展形成的原料基础，深化一二三产融合，大力发展预制菜等农副食品精深加工，构建一批从原料基地到终端消费品的绿色食品产业链，把增品种、提品质、创品牌与推动产业转型升级紧密结合起来，持续加大企业品牌、产品品牌建设支持力度。

1. 乳制品制造

依托宁夏牛奶高品质优势和不断增长的产量基础，积极引进光明、君乐宝等国内乳业头部企业，大力发展乳制品本地化、高端化制造，打造国内领先的高端乳制品生产基地，形成银川、吴忠两大核心产区，并逐步完善饲料加工、包装印刷、装备生产等上下游产业链，打造乳制品及相关工业产业链和产业集群。鼓励企业响应国家“三减三健”全民健康生活方式膳食行动倡导，持续优化生产工艺和产品结构，不断推出低糖、低脂、高钙新产品，加大低温乳、发酵乳、婴幼儿（中老年）配方粉及奶酪、奶油、冰淇淋等高附加值乳制品生产，大力开发满足不同人群健康需要的乳蛋白、益生元、乳清、乳糖等功能性乳品基料。

专栏1　乳制品加工发展重点

主要产品：高温低温液态奶、配方奶粉、酸奶、奶酪、黄油等。

重点地区：银川、石嘴山、吴忠、中卫。

重点企业：宁夏伊利乳业有限责任公司、蒙牛乳业（宁夏）有限公司、蒙牛特仑苏（银川）乳业有限公司、宁夏夏进乳业集团股份有限公司、宁夏塞尚乳业有限公司、宁夏亿美生物科技有限公司等。

重点项目：蒙牛乳业（宁夏）有限公司乳制品生产建设项目，宁夏亿美生物科技有限公司乳制品深加工三期扩建项目，蒙牛特仑苏（银川）乳业有限公司利乐包250S新增生产线改造项目。

2. 葡萄酒酿造

以宁夏国家葡萄及葡萄酒产业开放发展综合试验区为载体，加快构建现代葡萄酒产业体系、生产体系、经营体系和技术研发推广体系，全力打造“世界葡萄酒之都”。高起点建设品牌酒庄，加强酒庄分级管理，培育壮大经营主体，提升企业创新能力，增加多元产品供给，研发推出无醇葡萄酒、葡萄蒸馏酒、佐餐系列酒等新品种，满足市场多样化、多系列、多口味并存需求。突出“贺兰山东麓葡萄酒”区域品牌价值，一体推进区域公用品牌、企业品牌、产品品牌建设，建立产区统一的品牌信用监管机制，构建品牌保护全方位支撑体系。

专栏 2 葡萄酒酿造发展重点

主要产品：	红葡萄酒、白葡萄酒、桃红葡萄酒等。
重点地区：	银川、吴忠、石嘴山。
重点企业：	中粮长城葡萄酒（宁夏）有限公司、宁夏西鸽酒庄有限公司、贺兰神（宁夏）国际葡萄酒庄有限公司、宁夏张裕龙谕酒庄有限公司、宁夏贺兰红酒业有限公司、宁夏农垦酒业有限公司等。
重点项目：	宁夏朗斐同得葡萄酒股份有限公司朗斐国际葡萄酒产业园二期项目，宁夏成功红黛墨酒庄管理服务有限公司葡萄酒产业综合体项目，张骞葡萄酒郡项目（世界最大下沉式生态葡萄酒产业园），宁夏恒生西夏王酒业有限公司葡萄及葡萄籽深加工项目等。

3. 枸杞深加工

充分发挥“宁夏枸杞”品质、品牌和深加工技术优势，巩固干果、原浆、籽油等传统产品市场地位，加强叶黄素、玉米黄纸、糖肽、酵素等高端产品生产，不断提升市场竞争力，筑牢“宁夏枸杞”在国内外的标杆和领军地位。支持枸杞深加工企业结合食品、保健、医药、康养等市场需求，加强新产品研发和成果转化，增加保健食品、特膳食品、特医食品、医药产品、化妆品等新品种生产，提高枸杞叶、茎利用率，不断丰富产品线、提高附加值。

专栏 3　枸杞深加工发展重点

主要产品：	枸杞鲜果、干果、原浆、酵素、饮品、休闲食品、保健食品、药品、化妆品等。
重点地区：	银川、中卫。
重点企业：	宁夏百瑞源枸杞股份有限公司、宁夏沃福百瑞枸杞产业有限公司、宁夏华宝枸杞产业有限公司、宁夏早康生物科技有限公司、宁夏顺元堂汉方生物科技有限公司、早康枸杞股份有限公司、宁夏全通枸杞产业有限公司等。
重点项目：	宁夏杞里香枸杞有限责任公司杞里香枸杞健康产业园建设项目，宁夏新中天实业有限公司枸杞系列产品研究开发与精深加工项目，禾胜农业中药材 GMP 车间枸杞精深加工项目等。

4. 牛羊肉制品加工

加大知名肉制品企业招引力度，深化区内外产销合作，依托肉牛、滩羊产业发展优势和现有屠宰加工能力，大力发展冷却肉、分割肉、生鲜调理制品、速冻调理制品、风味提取物等高附加值产品，提高预制品、半成品生产比重，推动骨、血、内脏、油脂等资源利用，打造全国重要的牛羊肉生产基地，巩固提升高端牛羊肉制品市场占有率和品牌影响力。

专栏 4　其他食品制造加工发展重点

主要产品：	冷却肉、分割肉、速冻调理制品、生鲜调理制品等。
重点地区：	吴忠、固原、中卫。
重点企业：	宁夏盐池县鑫海食品有限公司、宁夏涝河桥清真肉食品有限公司、宁夏夏华肉食品股份有限公司、宁夏瑞牧盐池滩羊购销有限公司、固原市丰霖盛肉制品加工有限公司、宁夏六盘山泾河食品有限公司、宁夏好水川食品有限公司等。
重点项目：	西吉县肉牛养殖集群暨牛羊精深加工全产业链建设项目等。

5. 其他食品制造加工

结合全区及周边省区农副产品资源实际，适度发展粮油、饮料、肉制品、马铃薯制品、饲料等农副食品加工，鼓励发展调味品、方便食品、罐头食品、食品添加剂等生产，努力在提升精深加工能力水平，研发高附加值产品，打造宁夏特色品牌，壮大龙头企业，延伸产业链上下功夫。

（1）粮油加工

深入对接“优质粮食工程”和“中国好粮油”行动，不断巩固提升“宁夏大米”“宁夏面粉”“宁夏亚麻籽油”等粮油产品质量标准和品牌效益。重点发展优质大米、专用粉、营养强化粉、特色小杂粮、高端胡麻油、保鲜米饭、即热米饭、营养挂面等绿色、方便食品，培育形成一批集生产加工、销售流通、品牌电商于一体的中小企业特色产业集群。

（2）**饮料制造**

利用全区高品质枸杞、葡萄、苹果、番茄等果蔬资源，大力发展特色果蔬汁饮料，支持生产纯果蔬汁饮品、NFC（非浓缩还原）果蔬汁饮品等高端绿色饮品，不断满足消费者对绿色化、健康化、功能化饮品的需求。

（3）**马铃薯加工**

借力马铃薯主粮化发展趋势，充分发挥六盘山地区优质马铃薯资源优势，在保证淀粉加工规模适度基础上，鼓励马铃薯挂面、生全薯条、饼干、沙琪玛等休闲食品技术攻关和产业化生产，加快引进现代化、智能化马铃薯冷冻产品生产线，打造国内领先的马铃薯绿色加工基地。

（4）**饲料加工**

抢抓全区牛奶、肉牛、滩羊产业规模化发展机遇，支持饲料加工龙头企业增加产品品种、扩大生产规模，研发技术含量高、市场竞争力强的新产品、新工艺。探索发展宠物等饲料加工，积极开拓新市场。

专栏5　其他食品制造加工发展重点

主要产品：大米、面粉、方便米饭、亚麻籽油、马铃薯淀粉及制品等。

重点地区：银川、石嘴山、吴忠、固原、中卫。

重点企业：中粮米业（宁夏）有限公司、宁夏兴唐米业集团有限公司、宁夏塞北雪面粉有限公司、宁夏固原福宁广业有限责任公司、宁夏君星坊食品科技有限公司、宁夏迪葳食品有限公司、宁夏大北农科技实业有限公司等。

重点项目：宁夏中桦雪面粉有限公司面粉及面熟制品生产项目，固原三泰特色小杂粮深加工项目，宁夏伊康元生物科技有限公司年产17万吨反刍饲料扩建项目，宁夏福农薯业有限责任公司6万吨马铃薯发酵薯渣混合饲料及环保综合治理项目等。

朱丽英

3.28 新疆维吾尔自治区

【a. 概况】

2022年，新疆维吾尔自治区食品工业三个主要行业增加值增速分别为农副食品加工业同比下降12.6%、食品制造业同比增长7.6%、酒、饮料和精制茶制造业同比下降29.9%。

【b. 产品产量】

2022年，新疆维吾尔自治区主要食品工业产品产量“四增十降”，其中产量增加的四个产品是小麦粉244.0万吨，同比增长10.5%；乳制品产量81.5万吨，同比增长1.6%；鲜、冷藏肉23.3万吨，同比增长16.1%；速冻食品4.6万吨，同比增长30.5%；产量下降的十个产品是饲料414.0万吨，同比下降10.0%；饮料150.3万吨，同比下降9.2%；精制食用植物油92.5万吨，同比下降10.2%；罐头76.9万吨，同比下降0.2%；饮料酒51.1万千升，同比下降13.2%；成品糖40.1万吨，同比下降12.0%；味精（谷氨酸钠）19.1万吨，同比下降0.4%；大米18.1万吨，同比下降3.4%；冻肉6.3万吨，同比下降5.6%；方便面4.2万吨，同比下降3.4%。

【c. 行业效益】

2022年，新疆维吾尔自治区707家规模以上食品工业企业完成营业收入975.6亿元，同比增长4.7%；实现利润总额48.2亿元，同比下降19.7%。其中，490家规模以上农副食品加工业企业完成营业收入628.85亿元，同比增长7%；实现利润总额8.38亿元，同比下降57.9%。146家规模以上食品制造业企业完成营业收入261.05亿元，同比增长7.7%；实现利润总额35.14亿元，同比增长26.9%。71家规模以上酒、饮料和精制茶制造业企业完成营业收入85.67亿元，同比下降15.5%；实现利润总额4.68亿元，同比下降62.3%。

阿拉西．斯尔克米德克

3.29 辽宁省

【a. 概况】

2022年，是党的二十大召开之年，也是辽宁食品工业坚持以习近平新时代中国特色社会主义思想为指导，完整、准确、全面贯彻新发展理念，主动服务和融入新发展格局，按照省委、省政府改革发展部署，聚焦结构调整“三篇大文章”，积极应对新冠疫情不利影响，坚持稳中求进工作总基调，坚决落实疫情要防住、经济要稳住、发展要安全的要求，稳步前行、韧性十足，实现较好发展态势的一年。

面对错综复杂的国际环境和新冠疫情的冲击，在着力扩大国内需求，强化重要民生商品和能源保供稳价工作的宏观经济背景下，食品工业为全省稳经济、促民生、保就业作出了积极贡献。全省各市一系列保供稳价、助企纾困政策持续落地，有效振了市场信心，稳定市场预期，进一步强化了政策对食品工业的支撑力度；食品工业总量和效益保持良好的增长态势，增幅远高于全省工业平均水平，为全省经济稳增长提供有力支撑；食品工业运行质量有所好转，抗风险能力不断提升，全省规模以上食品企业资产负债率60.6%，同比减少1.9个百分点；疫情等因素催生预制菜产业迎来更大的风口，大连在国内率先提出以海产品为突破口，打造“中国海鲜预制菜之都”，行业进入爆发式增长，2022年，实现产值达千亿；全省食品工业规模以上企业平均用工人数16万人，为保就业稳就业贡献力量；另外，疫情对消费需求造成不同程度的影响，粮油食品类刚性需求食品保持稳定增长，而烟酒、饮料等弹性需求类食品出现下降。

【b. 主要指标】

受到疫情和国际市场收缩等影响，中小企业居多的辽宁食品工业勉力支撑，作为支柱和龙头的规上企业表现较为突出，在稳定市场、满足消费的同时，实现适应新形势创新求发展的稳定增长。

2022年，全省食品工业生产逐步恢复，多个行业产值恢复正增长，规模以上企业生产情况分析看，农副食品加工业同比增长6.4%，食品制造业同比增长1.9%，烟草制品业同比增长10.6%。

全省规模以上食品工业企业989户，占全省规模以上轻工业的近七成。规模以上食品工业企业完成营业收入3082.5亿元，占全省轻工业的87.9%，全省工业的8.6%；同比增长7.1%，增幅高于全省轻工业1.8个百分点，高于全省工业6.8个百分点。实现利润总额82.7亿元，同比增长63.1%，占全省轻工业的90.2%，占全省工业的5.4%。

受大宗农产品原材料价格居高不下等因素影响，食品工业主要行业规上企业增加值同比下降，农副食品加工业同比下降0.1%，食品制造业同比下降4.3%，酒、饮料和精制茶制造业同比下降4.3%。

表 1　2022 年辽宁省食品工业主要经济指标

行业名称	企业数（户）	营业收入（亿元）	同比增长 %	利润总额（亿元）	同比增长 %
农副食品加工业	779	2515.5	7.1	47.2	53.7
食品制造业	159	302.1	6.6	17.3	—
酒、饮料和精制茶制造业	50	165.6	6.7	16.9	-8.2
烟草制品业	1	99.3	10.0	1.3	-18.8
合计	989	3082.5	7.1	82.7	63.1

从出口情况看，2022 年，国家、省出台了稳经济一揽子政策和接续措施支持，在保通保畅、加大财税金融支持力度、鼓励外贸新业态发展、支持外贸企业保订单拓市场、提升贸易安全和便利化水平等方面政策措施效能持续释放，有效激发市场主体活力，全年实现出口交货值 184.5 亿元人民币，同比增长 19.7%；出口比重最大的水产品加工业，逐步实行冷链食品规范化管理，企业分批恢复正常生产，出口交货值增速转正，实现出口交货值 110.2 亿元，同比增长 16.2%。

表 2　2022 年全省食品出口情况表

行业名称	出口交货值（亿元）	同比增长 %
农副食品加工业	149.5	15.1
食品制造业	28.0	13.0
酒、饮料和精制茶制造业	7.0	20.9
烟草制品业	0.0	-100.0

从重点监测的产品看，2022 年，有 6 种产品产量实现同比增长，6 种同比下降。其中：熟肉制品、速冻食品产量增幅达到两位数，白酒和饮料产量下降超过 10%。

表 3　2022 年辽宁省食品工业主要产品产量

序号	产品名称	单位	产量	同比增长 %	占全国比重 %	全国排名
1	大米	万吨	212.4	-8.6		
2	饲料	万吨	1738.7	-6.6	5.8	4
3	鲜、冷藏肉	万吨	375.3	-3.4	10.3	
4	冷冻水产品	万吨	38.9	0.6		
5	乳制品	万吨	58.4	6.1	1.9	
6	白酒（折 65 度，商品量）	千升	5859.3	-15.4	0.09	26
7	啤酒	万千升	158.5	-7.5	4.4	9
8	饮料	万吨	289.3	-10.3	1.6	20
9	卷烟	亿支	279.5	0.3	1.1	
10	熟肉制品	万吨	22.9	17.9	1.3	
11	速冻食品	万吨	33.7	52.1		
12	方便面	万吨	16.8	2.9	3.3	

与全国对比情况看，2022 年，全省规模以上食品工业企业（不含烟草）988 户，占全国规模以上食品工业企业的（不含烟草）2.6%；完成营业收入 2983.2 亿元，占全国的 3.0% 实现利润总额 81.4 亿元，占全国的 2.6%；营业收入利润率为 2.7%，低于全国平均 4.3 个百分点；资产负债率 60.6%，高于全国平均 7.8 个百分点。

从市场消费情况看，全年食品类零售额 444.3 亿元，占限额以上单位消费品零售额的 12.6%。其中：粮油、食品类零售额 352.4 亿元，同比增长 7.4%；饮料类零售额 34.8 亿元，同比下降 11.7%；烟酒类零售额 57.1 亿元，同比下降 3.7%。餐饮收入额 689.1 亿元，下降 5.9%。

从市场价格看，主要行业的产品出厂价格指数（PPI）均有不同程度增长。其中：农副食品加工业同比增长 4.7%，食品制造业同比增长 3.7%，酒饮料制造业同比增长 1%，烟草制造业同比增长 0.6%。全年居民消费价格（CPI）同比增长 2.0%，其中：食品烟酒同比增长 2.9%，全年农产品生产者价格比上年上涨 3.6%。

【c. 主要行业情况】

农副食品加工业产值同比保持正增长。2022 年，受大宗原材料价格推动，农副食品加工业主要产品价格普遍上涨，市场对于粮油、肉类产品需求较为稳定，行业产值同比增长 6.4%，实现营业收入 2515.5 亿元，同比增长 7.1%。实现利润 47.2 亿元，同比增长 53.7%。主要子行业中，谷物磨制业产值同比增长 6.2%，实现营业收入 192.9 亿元，同比增长 5.2%。饲料加工业产值同比增长 3.6%，实现营业收入 563.5 亿元，同比增长 5.2%。植物油加工业产值同比增长 9.8%，实现营业收入 660.3 亿元，同比增长 14.3%。屠宰及肉类加工业产值同比增长 5.2%，实现营收 758.6 亿元，同比增长 3.1%，增量主要来自肉禽屠宰加工。其中：禽类屠宰加工实现营业收入 509.6 亿元，同比增长 8.1%；牲畜屠宰加工实现营业收入 176.8 亿元，同比下降 5.5%。水产品加工业产值同比增长 13%，实现营业收入 194 亿元，同比增长 8.9%。

食品制造业利润水平提升。受沈阳辉山破产重整，一次性出清债务影响，2021 年，食品制造业整体出现了较大额度非经营性亏损，行业同期利润基数为负。2022 年，随着非经营亏损因素的消除，食品制造业实现利润 17.3 亿元，同比增加 42.3 亿元，带动轻工行业利润同比增长 1.4 倍。全行业产值同比增长 1.9%，实现营业收入 302.1 亿元，同比增长 6.5%。其中，方便食品制造业产值同比增长 5.8%，实现营业收入 57.8 亿元，同比增长 8.7%。罐头制造产值同比增长 10.6%，实现营业收入 33.5 亿元，同比增长 11.5%。

酒饮料行业营业收入增长。2022 年，酒饮料行业克服疫情带来的消费减弱的影响，扩大促销力度，调整产品结构，在产值同比下降 0.5% 的情况下，实现营业收入 165.6 亿元，同比增长 6.7%。实现利润 16.9 亿元，同比下降 8.2%。营业收入增量主要来自啤酒制造业。2022 年，啤酒制造业产值同比增长 2.5%，实现营业收入 88.9 亿元，同比增长 10.2%。白酒制造业产值同比下降 0.8%，实现营业收入 3.7 亿元，同比增长 11.6%。饮料制造业产值同比下降 4.4%，实现营业收入 71.9 亿元，同比增长 2.8%。

预制菜行业

10 月 26 日，以“创新引领新‘食’代，科技预制大‘味’来”为主题的中国预制菜产业科技创新大会在大连开幕。会上，中国食品科学技术学会预制菜专业委员会第一届委员会成立，大连工业大学国家海洋食品工程技术研究中心主任、中国工程院院士朱蓓薇当选预制菜专业委员会第一届主任委员；大连市海洋食品与生物制品产业联盟揭牌。

12 月 10 日，大连现代农业产业中心农产品交易市场运营暨预制菜产业园开工仪式在大连金普新区三十里堡现代物流园区举行。项目将引入预制菜研发、加工、包装等相关企业，定位为集预制菜加工、冷链配送、中试研发、检验检测、产品展销等预制菜全产业链功能于一体，打造东北最大、国内一流的预制菜产业园区。仪式上，辽宁省餐饮烹饪行业协会预制菜专委会和金普新区预制菜产业联盟揭牌。

【d. 品牌建设】

10月，中国轻工联合会发布了《升级和创新消费品指南（轻工第九批）》，辽宁越秀辉山控股股份有限公司生产的辉山鲜博士鲜牛奶系列和嘉里粮油（营口）有限公司生产的金龙鱼阳光零反式脂肪玉米油入选升级消费品名单。

新华社、中国品牌建设促进会等机构联合发布了“2022中国品牌价值评价信息榜”，禾丰食品以814品牌强度分和55.72亿元品牌价值位列食品加工制造类第6位；北票宏发食品以735品牌强度分和16.96亿元品牌价值位列农业类第9位。

11月，经国务院食品安全委员会批准，全国29个城市（区）获评第二批“国家食品安全示范城市”，辽宁的沈阳、大连两市入选。

【e. 小资料】

12月，省工信厅公布了102个数字化车间、50个智能工厂，其中，食品工业类数字化车间11个，智能工厂6个。

2022年辽宁省智能工厂名单（食品工业类）

序号	企业名称	智能工厂名称
1	蒙牛乳业（沈阳）有限责任公司	蒙牛乳业（沈阳）智能工厂
2	沈阳伊利乳品有限责任公司	沈阳伊利乳品智能工厂
3	好丽友食品（沈阳）有限公司	好丽友（沈阳）智能工厂
4	嘉里粮油（营口）有限公司	嘉里粮油（营口）公司智能工厂
5	辽宁益海嘉里淀粉科技有限公司	辽宁益海嘉里（铁岭）智能工厂
6	辽宁汇福荣兴蛋白科技有限公司	辽宁汇福荣兴蛋白科技智能工厂

2022年辽宁省数字化车间名单（食品工业类）

序号	企业名称	数字化车间名称
1	沈阳大清宝泉矿泉水饮品制品有限公司	沈阳大清宝泉自动化罐装数字化车间
2	辽宁伊利乳业有限责任公司	辽宁伊利乳业日产700吨鲜奶数字化车间
3	康平牧原农牧有限公司	康平牧原农牧年产30万吨饲料数字化车间
4	大连瑞驰食品有限公司	大连瑞驰水产品加工数字化车间
5	阜新伊利乳品有限责任公司	阜新伊利乳品生产数字化车间
6	辽宁阜新牧原农牧有限公司	阜新牧原农牧饲料生产数字化车间
7	辽宁铁岭牧原农牧有限公司	铁岭牧原年产33万吨饲料数字化车间
8	开原川顺食品加工有限公司	开原川顺速冻果蔬及甜玉米生产数字化车间
9	北票市宏发食品有限公司	北票宏发食品肉鸡加工数字化车间
10	辽宁海辰宠物有机食品有限公司	辽宁海辰宠物有机食品生产数字化车间
11	盘锦宋大房食品有限公司	盘锦宋大房食品酱卤肉制品生产数字化车间

鲁凌志许智超

3.30 吉林省

【a. 概况】

2022 年，面对世界经济下行的风险加大，疫情反复冲击，需求收缩、供给冲击、预期转弱三重压力持续演化等多重挑战，全省食品行业按照“疫情要防住、经济要稳住、发展要安全”的要求，坚持高效统筹疫情防控和稳定生产，行业总体呈企稳回升，逐步稳定的运行态势。

2022 年，全省食品工业规模以上企业 675 户，位居全省第 1 位；累计完成增加值 309.7 亿元，同比增长 2.9%，高于全省 9.3 个百分点；累计完成产值 1455.2 亿元，同比下降 1.5%，高于全省 4.1 个百分点；总量占规上工业总产值比重 11.4%, 位居全省第 2 位。

从全年看，3、4 月份吉林省疫情形势紧迫，工业生产受冲击较大，产值总体下行；5–11 月份随着疫情得到有效控制，供给端、需求端逐渐活跃，生产要素得到有效供应，行业运行逐步恢复；12 月份，疫情防控优化政策出台，感染人数增多，对工业生产造成一定影响，产值较前期略走低。

【b. 重点行业及企业情况】

2022 年，全省 50 户直调重点企业累计实现产值 863 亿元，同比增长 2.4%，占食品行业总产值的 59.3%。

1. 玉米深加工业

2022 年，15 户玉米深加工企业累计加工玉米 883.5 万吨，同比下降 7.3%，完成产值 302.3 亿元，同比下降 5.9%。（下降主要原因是四平天成、黄龙食品和博大生化停产，除去 3 户停产企业，累计加工玉米 868 万吨，同比增长 5%；完成产值 298.3 亿元，同比增长 5%）。其中吉林中粮（榆树、公主岭、黄龙食品 3 家公司）完成产值 40.3 亿元，同比下降 35.3%；国投生物吉林公司（阜康酒精、吉粮天裕、博大生化 3 家公司）完成产值 52.7 亿元，同比下降 13.3%。吉林梅花完成产值 80.3 亿元，同比增长 55.5%。

2. 烟草制品业

2022 年，全省烟草制品业累计完成产值 190.8 亿元，同比增长 6.3%；实现工业税利 137 亿元。“长白山”品牌卷烟省内市场占有率 34.2%。其中吉林烟草工业完成产值 158 亿元，同比增长 5.4%；生产卷烟 94.2 万箱，同比增长 4.4%；湖南中烟四平烟厂完成产值 32.8 亿元，同比增长 10.4%。

3. 屠宰加工业

2022 年，重点调度的 8 户肉牛、生猪、肉鸡屠宰加工企业累计完成产值 188.8 亿元，同比增长 13.8%。其中，肉牛屠宰业，长春皓月实现产值 127 亿元，同比增长 26.2%。肉鸡屠宰业，吉林德大实现产值 15.2 亿元，同比下降 8.1%；吉林正大实现产值 14.8 亿元，同比下降 3.8%。生猪屠宰业，吉林华正完成产值 9.7 亿元，同比下降 17.8%；长春金锣完成产值 8 亿元，同比下降 7.7%。

4. 酒、饮料制造业

2022年，重点调度的7户酒、饮料制造企业完成产值40.2亿元，同比增长9.5%。其中，啤酒行业，金士百完成产值7.1亿元，同比增长0.4%。矿泉水行业，泉阳泉完成产值6.7亿元，同比增长3.9%。饮料行业，四平宏宝莱完成产值7.7亿元，同比下降3.1%。

5. 食品制造业

2022年，重点调度7户食品制造企业完成产值24.7亿元，同比下降6.2%。其中，吉林达利完成产值10亿元，同比下降16.9%；吉林盼盼完成产值8450.8万元，同比下降43.5%。

6. 乳制品加工业

2022年，重点调度4户乳制品加工企业完成产值19.3亿元，同比增长0.4%。其中飞鹤（吉林）乳品完成产值5.6亿元，同比增长0.3%；四平君乐宝完成产值5.1亿元，同比增长9.5%；吉林广泽完成产值7亿元，同比下降4.6%。

7. 粮油加工业

2022年，重点调度7户粮油加工企业完成产值97.1亿元，同比增长3.1%。其中，长春九三完成产值57.8亿元，同比下降4.5%；益海嘉里完成产值12.5亿元，同比增长50%。

【c. 主要产品价格情况】

1. 淀粉

2022年，玉米淀粉受成本推升及供应压力缓解的利多影响，共出现两轮上涨走势，但均未突破去年同期高点。

2. 柠檬酸

2022年上半年，柠檬酸价格受新冠疫情及能源问题影响，国外生产企业无法正常稳定生产，全球柠檬酸市场供弱需强，中国柠檬酸生产企业开工积极性大幅提高，价格不断高涨。下半年随着国外逐渐产能恢复和我国柠檬酸生产企业龙头英轩实业新增产能投产，行业供应量快速增加，企业间竞争压力加大，产品价格快速回落。

3. 酒精

2022年，酒精价格呈现稳步上涨、小幅回落的运行态势。

4. 猪肉

2022年10月中旬，全国生猪价格及猪肉价格达到年内最高价之后，均转入明显下跌态势。猪肉价格主要受生猪价格下跌的带动，根本原因在于生猪供给的释放及猪肉消费需求的疲软。

【d. 主要产品产量】

2022统计局公布的6种主要产品产量中2升4降，其中，鲜冷藏肉同比增长3.8%、卷烟同比增长1.5%；精炼植物油同比下降15.3%、大米同比下降9.7%、发酵酒精同比下降17.8%、饲料同比下降9%、

2022年全省食品行业主要产品产量表

主要产品	产量	同比增长（%）
鲜冷藏肉（万吨）	90.3	3.8
饲料（万吨）	545.4	-9.0
卷烟（亿支）	556	1.5
精炼植物油（万吨）	39.5	-15.3
大米（万吨）	298.8	-9.7
发酵酒精（亿升）	13.3	-17.8

【e. 存在的主要问题】

近些年，虽然全省食品行业经济运行总体平稳，但制约我省食品行业发展的结构性、体制性矛盾还没有从根本上破解，行业整体还存在发展后劲不足、产业结构不优、区域发展不够均衡、大企业大品牌少、受原材料价格影响波动等普遍问题。

张迎新

3.31 黑龙江省

2022年，全省规模以上食品工业企业发展到1466户，实现营业收入2823.7亿元，同比增长2.1%。其中，农副食品加工、食品制造和酒饮料精制茶制造分别实现营业收入1915.4亿元、649.9亿元和258.4亿元，同比增长0.7%、1.3%和15.9%。全省规模以上食品工业增加值增速2.9%。其中，农副食品加工业、食品制造业增加值增速同比分别为2.1%和–1.5%，酒饮料精制茶制造业增加值增速同比18.3%。

2022年，全省规上食品工业10种主要产品产量“7降1平2涨”。其中，液体乳和啤酒产量同比分别增长15.4%和1.7%；白酒（折65度）产量同比基本持平，同比增长0.3%；精制食用植物油、婴幼儿配方乳粉、固体及半固体乳制品、饲料、鲜、冷藏肉、大米、饮料、白酒（折65度）产量同比下降分别为15.6%、12.7%、5.7%、4.1%、4.1%、3.2%、0.9%、0.4%；此外，生物乙醇产量69.2万吨，同比增长62.8%。

车有春

第四部分

统计篇

4.1 2022 年食品工业各省（自治区、直辖市）排名表

名次	规模以上企业数	营业收入（亿元）	同比增长 %
1. 山东省	3920	11447.57	10.69
2. 广东省	2227	8994.70	7.73
3. 四川省	2442	8555.0	–1.1
4. 河南省	2600	7184.79	8.4
5. 福建省	2465	6882.88	2.4
6. 湖北省	2424	6727.14	6.32
7. 江苏省	2047	6667.24	7.92
8. 湖南省	2990	6379.0	9.3
9. 河北省	1258	4354.53	6.0
10. 浙江省	1360	3451.48	6.01
11. 安徽省	2074	3316.1	6.3
12. 辽宁省	989	3082.5	7.1
13. 广西壮族自治区	900	3080.0（产值）	10
14. 黑龙江省	1466	2823.7	2.1
15. 陕西省	1259	2644.4	4.71
16. 上海市	427	2629.03	–1.9
17 贵州省	940	2276.6（主要食品工业产值）	21.59
18. 内蒙古自治区	374	2234.8	12.6
19. 江西省	1488	2177.46	–1.23
20. 重庆市	777	1942.95	5
21. 云南省	1075	1711.62	–0.95
22. 吉林省	675	1455.2（产值）	1.5
23. 北京市	255	1268.2（不含烟草）	–7.8
24. 天津市	313	1260.14	3.44
25. 新疆维吾尔自治区	707	975.6	4.7
26. 山西省	354	796.6	7.0
27. 甘肃省	300	659	11.6
28. 宁夏回族自治区	178	442.0	8.0
29. 海南省	163	408.33（产值）	32.33
30. 青海省	65	59.43（产值）	6
31. 西藏自治区		17.5（主要食品工业产值）	–16

4.2 2022 年食品工业经济效益指标

单位：亿元

行业名称	营业收入	增长 (%)	利润总额	增长 (%)	企业单位数 (个)
食品工业总计	97991.9	5.6	6815.3	9.6	38449
农副食品加工业	58503. 0	6.5	1901.1	0.2	23593
食品制造业	22541. 9	4.0	1797.9	7.6	9119
酒、饮料和精制茶制造业	16947.0	4.9	3116.3	17. 6	5737

4.3 规模以上食品工业增加值同比增长速度

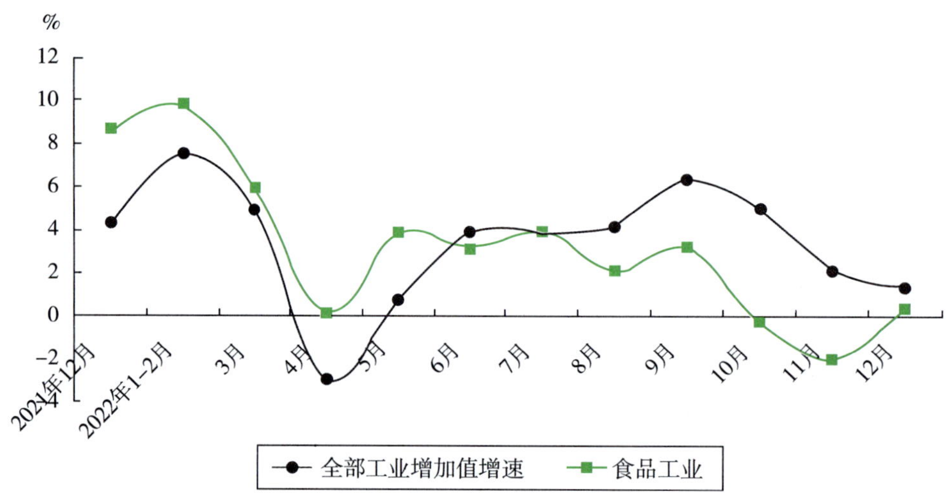

4.4 2022 年食品工业主要产品产量

单位：万吨、万千升

产品名称	产量	比上年增长 (%)
精制食用植物油	4881.9	–4.6
成品糖	1486.8	2.6
鲜、冷藏肉	3632.5	7.6
乳制品	3117.7	2.0
白酒（折 65 度，商品量）	671.2	–5.6
啤酒	3568.7	.1
葡萄酒	21. 4	–21.9
饮料	18140.8.	0.3

4.5 食品消费价格和出厂价格指数走势

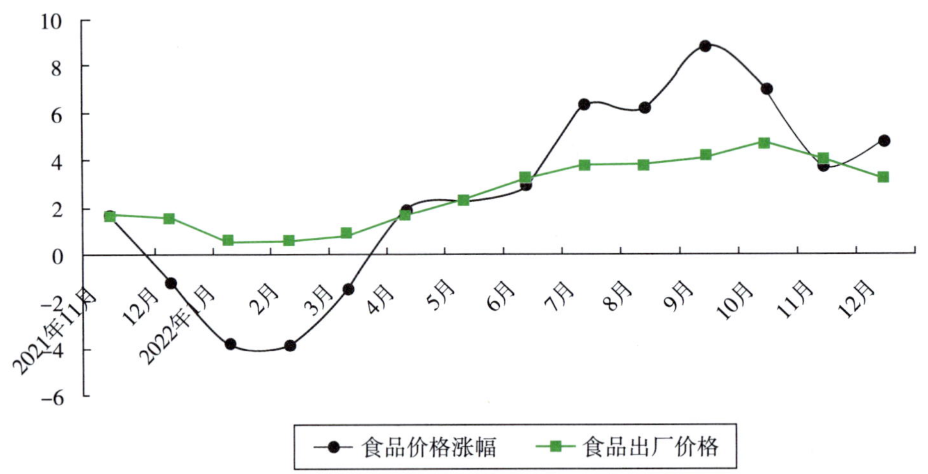

4.6 食品工业（不含烟草）各月累计营业收入利润同比增速

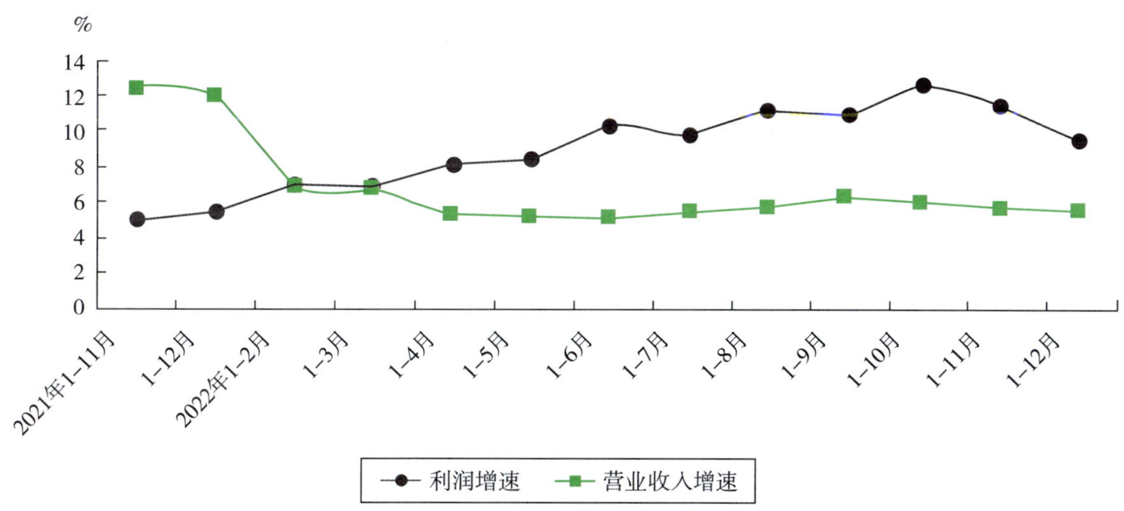

4.7 2022 年食品主要进出口商品统计表

出口				进口			
产品	价值（亿元）	增长（%）	占比（$）	产品	价值（亿元）	增长（%）	占比（$）
食用水产品	1502. 1	7.9	29.5	粮食	5499.9	3.7	39.6
蔬菜及食用菌	829. 0	4.4	16.3	肉类（包括杂碎）	2120.6	2	15.3
干鲜瓜果及坚果	354.7	−10	7.0	食用水产品	1297.9	39.7	9.4
罐头	288. 4	38.7	5.7	干鲜瓜果及坚果	1037.4	5.1	7.5
酒类及饮料	215.3	25.1	4.2	乳品	926.8	3.6	6.7
茶叶	138.8	−6.5	2.7	食用植物油	606.3	−14. 1	4.4
肉类（包括杂碎）	130.2	12.5	2.6	酒类及饮料	402.0	−6.3	2.9
粮食	124.9	9.5	2.5	食糖	172.6	17	1.2

4.8 按工业行业分工业生产者出厂价格指数

（上年＝100）

行业	2017	2018	2019	2020
农副食品加工业	100.6	100.3	103.0	104.8
食品制造业	101.2	101.6	101.3	100.6
酒、饮料和精制茶制造业	100.3	101.6	101.2	100.7
烟草制品业	100.0	100.4	102.3	101.4

4.9 按国际贸易标准分类分进出口商品金额（2022 年）

商品分类	出口		进口	
	亿　元 人民币	亿美元	亿 元 人民币	亿美元
总额	179278.83	25899.52	142936.40	20659.62
初级产品	8014.77	1156.29	47560.57	6869.07
食品及活动物	4399.42	635.32	6804.56	982.54
活动物	41.52	6.00	43.92	6.35
肉及肉制品	156.05	22.52	2093.86	301.91
乳品及蛋品	19.45	2.80	466.84	67.44
鱼、甲壳及软体类动物及其制品	1268.66	183.35	877.82	126.62
谷物及其制品	141.45	20.35	739.08	107.02
蔬菜及水果	1704.27	246.35	1077.65	155.52
糖、糖制品及蜂蜜	155.38	22.43	190.72	27.74
咖啡、茶、可可、调味料及其制品	315.60	45.48	156.85	22.74
饲料（不包括未碾磨谷物）	203.02	29.25	375.03	54.13
杂项食品	394.03	56.78	782.80	113.08
饮料及烟类	175.31	25.28	428.75	62.04
饮料	121.32	17.49	347.55	50.38
烟草及其制品	53.99	7.79	81.20	11.66

4.10 按行业分规模以上工业企业主要指标（2022 年）

单位：亿元

行业	企业单位数（个）	资产总计	流动资产合计	应收账款	存货		负债合计	营业收入	营业成本	销售费用	管理费用	财务费用	利润总额	平均用工人数（万人）
						# 产成品								
农副食品加工业	21881	31462.0	18587.6	2879.5	5553.4	2194.5	18091.6	48806.8	43766.6	1056.7	1457.3	355.0	2244.1	279.2
食品制造业	8267	17291.1	9265.0	1873.4	1897.5	800.7	8468.9	19311.9	14935.9	1705.1	1018.5	99.9	1710.0	174.3
酒、饮料和精制茶制造业	5530	18983.2	11202.6	1063.2	3092.2	947.1	7943.3	14790.5	9640.8	1180.3	794.4	62.6	2465.7	113.5
烟草制品业	105	11052.4	7801.8	296.8	3981.1	215.9	2322.7	11380.6	3554.6	144.4	648.4	−59.2	1143.4	16.6

4.11 按商品类章分进出口商品金额（2022 年）

商品分类		出口		进口	
		亿元人民币	亿美元	亿元人民币	亿美元
总 额		179278.83	25899.52	142936.40	20659.62
第一类	活动物；动物产品	998.73	144.24	3557.73	513.20
01 章	活动物	41.52	6.00	43.92	6.35
02 章	肉及食用杂碎	49.21	7.11	2099.26	302.69
03 章	鱼、甲壳动物、软体动物及	741.25	107.11	857.44	123.66
	其他水生无脊椎动物				
04 章	乳品；蛋品；天然蜂蜜；其他	39.97	5.76	504.32	72.89
	食用动物产品				
05 章	其他动物产品	126.79	18.27	52.79	7.62
第四类	食品；饮料、酒及醋；烟草、	2155.78	310.99	1932.37	279.49
	烟草及烟草代用品的制品				
16 章	肉、鱼、甲壳动物、软体动物及其他水生无脊椎动物的制品	634.25	91.65	24.73	3.59
17 章	糖及糖食	117.96	17.03	180.77	26.30
18 章	可可及可可制品	22.59	3.27	54.16	7.88
19 章	谷物、粮食粉、淀粉或乳的制品；糕饼点心	139.36	20.10	507.69	73.32
20 章	蔬菜、水果、坚果或植物其他部分的制品	527.83	76.11	92.67	13.44
21 章	杂项食品	316.48	45.60	308.67	44.60
22 章	饮料、酒及醋	140.51	20.23	350.50	50.80
23 章	食品工业的残渣及废料；配制的动物饲料	202.79	29.22	331.99	47.91
24 章	烟草、烟草及烟草代用品的制品	53.99	7.79	81.20	11.66

4.12 城镇居民人均主要食品消费量

单位：千克

指标	2014	2015	2016	2017	2018	2019	2020
粮食（原粮）	117.2	112.6	111.9	109.7	110.0	110.6	120.2
谷物	106.5	101.6	100.5	98.6	98.8	98.5	107.3
薯类	2.0	2.1	2.3	2.3	2.4	2.6	2.8
豆类	8.6	8.9	9.1	8.8	8.8	9.5	10.0
食用油	11.0	11.1	11.0	10.7	9.4	9.2	9.9
# 食用植物油	10.6	10.7	10.6	10.3	8.9	8.7	9.5
蔬菜及食用菌	104.0	104.4	107.5	106.7	103.1	105.8	109.8
# 鲜菜	100.1	100.2	103.2	102.5	99.0	101.5	105.4
肉类	28.4	28.9	29.0	29.2	31.2	28.7	27.4
# 猪肉	20.8	20.7	20.4	20.6	22.7	20.3	19.0
牛肉	2.2	2.4	2.5	2.6	2.7	2.9	3.1
羊肉	1.2	1.5	1.8	1.6	1.5	1.4	1.4
禽类	9.1	9.4	10.2	9.7	9.8	11.4	13.0
水产品	14.4	14.7	14.8	14.8	14.3	16.7	16.6
蛋类	9.8	10.5	10.7	10.9	10.8	11.5	13.5
奶类	18.1	17.1	16.5	16.5	16.5	16.7	17.3
干鲜瓜果类	52.9	55.1	58.1	59.9	62.0	66.8	65.9
# 鲜瓜果	48.1	49.9	52.6	54.3	56.4	60.9	60.1
坚果类	3.7	4.0	4.2	4.3	4.1	4.3	4.2
食糖	1.3	1.3	1.3	1.3	1.3	1.2	1.2

4.13 农村居民人均主要食品消费量

单位：千克

指标	2014	2015	2016	2017	2018	2019	2020
粮食（原粮）	167.6	159.5	157.2	154.6	148.5	154.8	168.4
谷物	159.1	150.2	147.1	144.8	137.9	142.6	155.0
薯类	2.4	2.7	2.9	2.8	3.0	3.2	3.5
豆类	6.2	6.6	7.3	7.1	7.7	9.1	9.9
食用油	9.8	10.1	10.2	10.1	9.9	9.8	11.0
# 食用植物油	9.0	9.2	9.3	9.2	9.0	9.0	10.2
蔬菜及食用菌	88.9	90.3	91.5	90.2	87.5	89.5	95.8
# 鲜菜	87.5	88.7	89.7	88.5	85.6	87.2	93.5
肉类	22.5	23.1	22.7	23.6	27.5	24.7	21.4
# 猪肉	19.2	19.5	18.7	19.5	23.0	20.2	17.1
牛肉	0.8	0.8	0.9	0.9	1.1	1.2	1.3
羊肉	0.7	0.9	1.1	1.0	1.0	1.0	1.0
禽类	6.7	7.1	7.9	7.9	8.0	10.0	12.4
水产品	6.8	7.2	7.5	7.4	7.8	9.6	10.3
蛋类	7.2	8.3	8.5	8.9	8.4	9.6	11.8
奶类	6.4	6.3	6.6	6.9	6.9	7.3	7.4
干鲜瓜果类	30.3	32.3	36.8	38.4	39.9	43.3	43.8
# 鲜瓜果	28.0	29.7	33.8	35.1	36.3	39.3	39.9
坚果类	1.9	2.1	2.4	2.6	2.8	3.1	3.1
食糖	1.3	1.3	1.4	1.4	1.3	1.4	1.4

4.14 出口主要货物数量和金额（2022 年）

品名		数量	金额	
			万元人民币	万美元
农产品			52683930	7606292
肉类（包含杂碎）	（万吨）	31	1135717	163946
水海产品	（万吨）	375	12976231	1875319
蔬菜	（万吨）	1017	8281368	1195129
鲜或冷藏蔬菜	（万吨）	692	3995865	577101
鲜、干水果及坚果	（万吨）	387	4699335	682707
苹果	（万吨）	106	997578	144961
茶叶	（吨）	348814	1416433	203806
粮食	（万吨）	355	1409137	202854
稻谷和大米	（万吨）	230	638394	91637
罐头	（吨）	2189620	2195975	316095
蔬菜罐头	（吨）	1540399	1531690	220438
酒类及饮料			1600186	230808
果蔬汁	（万吨）	49	374724	54132
啤酒	（万升）	38674	168055	24267
烟草及其制品	（吨）	217859	539945	77878
烤烟	（吨）	110449	231346	33246
卷烟	（吨）	21632	176585	25700
制盐	（吨）	1151108	67933	9845

4.15 畜产品产量

年份 地区	肉类 （万吨）	#猪牛羊肉				奶类 （万吨）	#牛奶	绵羊毛 （吨）	#细羊毛	#半细羊毛	山羊粗毛 （吨）	山羊绒 （吨）	禽蛋 （万吨）	蜂蜜 （万吨）
			猪肉	牛肉	羊肉									
1996	4584.0	3694.7	3158.0	355.7	181.0	735.8	629.4	298102	121020	74099	35284	9585	1965.2	18.3
2000	6013.9	4743.2	3966.0	513.1	264.1	919.1	827.4	292502	117386	84921	33266	11057	2182.0	24.6
2005	6938.9	5473.5	4555.3	568.1	350.1	2864.8	2753.4	393172	127862	123068	36904	15435	2438.1	29.3
2006	7099.9	5608.4	4650.3	590.3	367.7	3051.6	2944.6	387643	130959	116043	35171	16223	2424.0	33.4
2007	6916.4	5319.8	4307.9	626.2	385.7	3055.2	2947.1	371075	124262	108635	35333	15665	2546.7	38.0
2008	7370.9	5692.9	4682.0	617.7	393.2	3236.2	3010.6	369665	119279	105272	35477	16534	2699.6	38.5
2009	7706.7	5958.5	4932.8	626.2	399.4	3153.9	2995.1	358121	124365	109013	35910	16593	2751.9	39.7
2010	7993.6	6173.5	5138.4	629.1	406.0	3211.3	3038.9	385125	123504	113998	36226	17848	2776.9	38.2
2011	8023.0	6140.3	5131.6	610.7	398.0	3262.8	3109.9	386487	132877	113305	38070	17126	2830.4	41.2
2012	8471.1	6462.8	5443.5	614.7	404.5	3306.7	3174.9	393725	124716	127313	40505	17211	2885.4	43.8
2013	8632.8	6641.6	5618.6	613.1	409.9	3118.9	3000.8	402081	131730	128335	40215	17307	2905.5	43.7
2014	8817.9	6864.2	5820.8	615.7	427.6	3276.5	3159.9	407230	122251	132693	38655	18465	2930.3	46.3
2015	8749.5	6702.2	5645.4	616.9	439.9	3295.5	3179.8	413134	130537	134905	35487	18684	3046.1	47.3
2016	8628.3	6502.6	5425.5	616.9	460.3	3173.9	3064.0	411642	129164	137973	35785	18844	3160.5	55.5

续表

年份 地区	肉类 （万吨）	# 猪牛羊肉				奶类 （万吨）	# 牛奶	绵羊毛 （吨）	# 细羊毛	# 半细羊毛	山羊粗毛 （吨）	山羊绒 （吨）	禽蛋 （万吨）	蜂蜜 （万吨）
			猪肉	牛肉	羊肉									
2017	8654.4	6557.5	5451.8	634.6	471.1	3148.6	3038.6	410523	127921	133458	32863	17852	3096.3	54.3
2018	8624.6	6522.9	5403.7	644.1	475.1	3176.8	3074.6	356608	117891	120430	26965	15438	3128.3	44.7
2019	7758.8	5410.1	4255.3	667.3	487.5	3297.6	3201.2	341120	108973	113284	24875	14964	3309.0	44.4
2020	7748.4	5278.1	4113.3	672.4	492.3	3529.6	3440.1	333625	106109	116849	24034	15244	3467.8	45.8
北 京	3.5	2.1	1.4	0.4	0.2	24.2	24.2	8.1		5.8	3.0	2.3	9.7	0.1
天 津	29.6	18.9	15.4	2.7	0.9	50.1	50.1	277.7	30.3	247.4	1.9	0.1	20.8	0.0
河 北	419.2	313.8	226.9	55.6	31.3	488.3	483.4	16882.6	3306.8	11131.1	1862.5	749.3	389.7	1.3
山 西	102.7	78.7	62.8	7.4	8.6	117.4	117.0	8012.8	2599.0	5413.8	2436.2	1424.0	108.8	0.9
内蒙古	268.0	240.6	61.4	66.3	113.0	617.9	611.5	117124.8	47291.6	17981.7	5619.0	6717.6	60.4	0.2
辽 宁	378.2	221.4	183.5	31.0	6.9	137.1	136.7	5855.7	736.3	5119.5	1680.8	1207.1	331.9	0.2
吉 林	237.4	148.9	105.0	38.7	5.2	39.3	39.3	8526.4	2585.5	5941.0	379.9	34.7	122.0	1.2
黑龙江	253.2	205.6	143.9	48.3	13.4	501.0	500.2	21274.7	3881.7	17393.0	826.7	60.0	117.4	1.3
上 海	9.3	7.6	7.2	0.3	0.2	29.1	29.1	1.0			67.5		2.9	0.1
江 苏	268.2	149.5	140.7	2.6	6.3	63.0	63.0	308.6	97.3	211.2	1.1		231.9	0.6
浙 江	90.1	57.8	54.2	1.4	2.2	18.4	18.3	905.5	1.4	904.1	76.9	2.8	33.2	5.0
安 徽	396.0	213.9	183.4	9.9	20.7	37.6	37.6	194.3	116.2	77.1	17.9	2.4	184.2	1.7
福 建	259.4	108.5	103.8	2.5	2.3	17.5	16.9						53.7	1.7
江 西	285.2	198.5	180.7	15.2	2.6	9.1	9.1	21.5	15.5	6.0	122.9	0.6	61.2	2.3

续表

年份 地区	肉类 （万吨）	#猪牛羊肉				奶类 （万吨）		绵羊毛 （吨）			山羊粗毛 （吨）	山羊绒 （吨）	禽蛋 （万吨）	蜂蜜 （万吨）
			猪肉	牛肉	羊肉		#牛奶		#细羊毛	#半细羊毛				
山 东	728.0	364.7	271.0	59.7	34.0	241.6	241.4	2472.9	484.6	1693.1	346.6	80.7	480.9	0.4
河 南	544.1	390.2	324.8	36.7	28.6	214.7	210.0	3768.2	440.8	2613.6	2492.2	371.3	449.4	6.9
湖 北	307.4	228.1	203.8	15.4	8.9	13.4	13.4	7.4	2.4	5.0	43.2		193.1	2.0
湖 南	455.0	374.3	337.7	20.5	16.1	5.6	5.6				11.8	0.9	118.8	1.3
广 东	401.0	198.6	192.4	4.2	1.9	15.2	15.1						44.6	2.6
广 西	380.4	191.3	174.1	13.6	3.6	11.2	11.2				0.2		26.7	2.6
海 南	58.4	24.4	20.9	2.3	1.2	0.3	0.3						4.8	0.1
重 庆	161.2	123.0	108.8	7.4	6.8	3.2	3.2						45.7	2.4
四 川	597.8	459.1	394.8	37.0	27.3	68.0	68.0	4644.0	1807.0	2728.0	419.0	90.0	167.9	6.3
贵 州	207.9	174.3	146.3	23.1	5.0	5.3	5.3	548.2	157.8	390.4	69.6	7.9	26.2	0.4
云 南	417.4	353.3	291.6	40.9	20.8	73.1	67.3	1223.3	304.3	821.9	78.7	4.1	41.7	1.0
西 藏	28.3	27.8	0.9	21.2	5.7	49.2	44.9	7419.3	2327.7	2705.2	740.6	837.5	0.7	0.0
陕 西	107.1	96.1	77.7	8.7	9.7	161.5	108.7	3050.7	1011.9	2026.0	1700.5	1475.9	64.2	0.8
甘 肃	110.2	101.7	49.2	24.9	27.6	58.4	57.5	33756.8	10288.8	5838.5	1419.2	410.6	19.8	0.5
青 海	37.0	36.3	3.7	19.2	13.3	36.9	36.6	14604.6	5537.9	7703.2	564.2	271.3	1.4	0.0
宁 夏	33.8	30.5	8.0	11.4	11.1	215.3	215.3	8429.8	1734.3	3813.8	876.6	446.0	13.9	0.1
新 疆	173.7	138.5	37.5	44.0	57.0	206.9	200.0	74305.8	21350.2	22078.1	2174.6	1046.6	40.2	1.7

4.16 分地区城镇居民家庭人均主要食品消费量（2022 年）

单位：千克

地区	粮食（原粮）		食用油		蔬菜及食用菌	肉类				禽类	水产品	蛋类	奶类	干鲜瓜果类	食糖
		谷物		食用植物油			猪肉	牛肉	羊肉						
全 国	120.2	107.3	9.9	9.5	109.8	27.4	19.0	3.1	1.4	13.0	16.6	13.5	17.3	65.9	1.2
北 京	105.2	93.1	7.3	7.2	124.0	27.7	15.1	4.1	3.1	8.1	9.7	16.8	32.4	83.5	1.2
天 津	101.9	91.4	9.0	8.9	119.6	24.5	14.2	3.3	2.9	7.2	17.3	21.6	18.2	86.4	1.1
河 北	157.7	140.9	9.4	9.2	124.1	25.2	15.0	2.6	2.3	8.4	9.9	21.2	23.7	91.5	1.2
山 西	130.9	113.5	8.0	7.9	104.6	17.6	10.9	1.3	1.8	4.8	4.3	16.9	22.8	76.2	0.9
内蒙古	141.1	125.2	8.0	7.8	109.3	32.9	16.6	4.8	7.2	8.2	7.6	15.3	31.4	80.7	1.1
辽 宁	129.6	112.1	10.0	9.9	125.0	27.4	16.7	4.0	1.8	8.1	18.6	17.9	23.4	83.0	1.2
吉 林	129.7	114.4	11.2	11.1	106.5	24.9	15.4	4.2	1.2	7.1	12.3	15.3	15.9	77.4	1.3
黑龙江	134.1	120.1	14.1	14.0	109.4	23.8	14.7	3.0	1.7	7.5	11.6	17.0	14.4	76.9	1.5
上 海	106.4	93.7	8.8	8.5	105.9	28.6	18.4	4.4	1.0	13.6	26.8	13.8	23.8	60.6	1.4
江 苏	109.9	97.7	9.4	9.1	106.7	27.1	19.4	2.6	0.9	13.7	21.4	13.2	17.6	49.0	1.0
浙 江	124.2	110.5	10.9	10.5	97.8	27.1	19.8	3.4	0.6	13.6	28.3	10.9	16.5	62.1	1.5

续表

地区	粮食（原粮）		食用油		蔬菜及食用菌	肉类				禽类	水产品	蛋类	奶类	干鲜瓜果类	食糖
		谷物		食用植物油			猪肉	牛肉	羊肉						
安 徽	126.5	110.8	8.5	8.0	107.5	26.8	19.4	3.0	1.1	15.8	16.2	14.2	13.4	61.5	0.9
福 建	98.4	89.6	9.0	8.6	85.5	25.6	19.3	2.8	0.7	13.3	27.7	10.7	13.9	49.5	1.3
江 西	130.9	117.7	15.6	15.2	110.4	33.8	27.3	3.7	0.5	13.3	17.9	9.7	15.4	55.8	1.0
山 东	110.2	98.2	7.4	7.3	105.6	20.9	13.5	1.5	1.2	8.5	19.1	20.6	22.5	91.7	0.7
河 南	136.6	122.4	8.7	8.7	107.8	19.6	12.0	2.2	1.7	9.6	6.6	19.9	19.3	72.4	1.1
湖 北	119.3	106.0	12.3	11.8	120.9	29.2	21.9	3.1	0.8	8.4	19.3	9.9	10.0	49.2	0.8
湖 南	124.0	113.0	12.0	10.3	110.9	31.2	25.0	3.0	0.7	14.9	17.3	9.6	10.6	67.6	1.1
广 东	108.9	99.6	9.1	8.8	113.7	34.4	25.8	3.7	0.7	28.1	30.1	10.2	11.7	53.5	1.5
广 西	103.3	95.1	8.3	7.9	96.9	27.4	21.7	3.0	0.7	29.0	16.5	8.2	9.0	50.4	1.3
海 南	91.5	85.6	8.8	8.4	100.5	23.0	17.4	3.0	1.0	27.6	31.1	6.2	7.0	37.5	0.9
重 庆	122.0	107.3	14.9	13.9	131.3	36.5	29.2	2.7	0.6	14.4	14.1	11.7	17.8	53.5	1.9
四 川	112.8	99.8	11.5	10.7	124.7	37.0	28.9	2.6	0.5	14.4	11.1	10.0	13.8	57.1	1.4
贵 州	108.2	95.2	9.0	7.8	80.5	27.7	23.5	1.8	0.3	8.8	4.4	6.0	9.5	46.0	0.8
云 南	112.1	98.5	7.9	6.7	99.8	26.5	19.6	3.0	0.3	10.0	6.5	5.7	10.9	54.6	1.3
西 藏	164.2	157.3	13.7	11.2	104.9	53.5	14.7	30.7	5.6	3.5	1.4	6.3	19.4	26.4	3.3
陕 西	126.5	110.3	10.3	10.1	101.0	18.1	11.4	2.0	1.5	5.0	4.7	12.2	20.3	67.9	0.9
甘 肃	135.0	121.4	9.1	9.0	107.2	21.3	12.6	2.7	2.3	6.9	5.0	12.0	27.6	86.1	1.5
青 海	94.5	88.0	8.8	8.7	66.8	23.2	8.3	9.7	3.7	4.7	3.1	6.9	22.9	38.7	1.1
宁 夏	93.0	84.9	7.6	7.6	96.9	17.3	6.4	4.8	4.6	7.4	4.1	8.9	18.1	81.4	1.2
新 疆	135.9	129.3	13.1	13.0	119.9	26.1	5.9	6.8	10.4	8.4	5.5	11.5	31.2	73.5	1.4

4.17　分地区城镇居民人均消费支出构成（2022 年）

单位：元

地区	消费支出	食品烟酒	衣着	居住	生活用品及服务	交通通信	教育文化娱乐	医疗保健	其他用品及服务
全 国	27007.4	7880.5	1644.8	6957.7	1640.0	3474.3	2591.7	2172.2	646.2
北 京	41726.3	8751.4	1924.0	17163.1	2306.7	3925.2	3020.7	3755.0	880.0
天 津	30894.7	9122.2	1860.4	7770.0	1804.1	4045.7	2530.6	2811.0	950.7
河 北	23167.4	6234.6	1667.4	5996.0	1540.6	2798.3	2412.2	1988.8	529.6
山 西	20331.9	5304.4	1671.0	4452.3	1149.4	2687.2	2150.2	2421.2	496.3
内蒙古	23887.7	6690.6	2123.5	5149.3	1472.9	3724.4	2099.5	2039.8	587.7
辽 宁	24849.1	7334.0	1717.8	5503.6	1372.7	3016.5	2371.4	2595.2	937.9
吉 林	21623.2	6040.8	1749.7	4597.2	1236.5	2770.2	2187.7	2396.4	644.7
黑龙江	20397.3	6029.5	1615.0	4449.4	1142.1	2436.1	1891.1	2350.7	483.6
上 海	44839.3	11515.1	1763.5	16465.1	2177.5	4677.1	3962.6	3188.7	1089.9
江 苏	30882.2	8291.7	1768.0	9388.4	1809.0	3994.6	2728.2	2173.7	728.6
浙 江	36196.9	9913.7	2035.5	10664.7	2073.1	4987.6	3449.7	2162.1	910.5
安 徽	22682.7	7400.8	1548.9	5348.9	1358.6	2674.1	2283.1	1637.6	430.6
福 建	30486.5	9673.0	1443.5	9355.8	1519.3	3755.2	2300.9	1773.8	665.0
江 西	22134.3	6949.1	1354.5	5315.6	1233.9	2856.8	2262.3	1724.3	437.9
山 东	27291.1	7318.6	2012.5	5972.9	2148.7	3688.4	3204.5	2298.1	647.4

续表

地区	消费支出	食品烟酒	衣着	居住	生活用品及服务	交通通信	教育文化娱乐	医疗保健	其他用品及服务
河 南	20644.9	5584.3	1620.0	4992.8	1413.8	2391.8	2141.9	1899.3	600.9
湖 北	22885.5	7112.4	1472.3	5774.3	1316.0	2852.5	2040.8	1922.3	394.8
湖 南	26796.4	7807.1	1778.4	5465.5	1708.7	3722.5	3360.8	2350.5	602.8
广 东	33511.3	10794.7	1282.1	9457.9	1895.3	4626.3	2958.7	1748.6	747.7
广 西	20906.5	7091.9	874.1	4645.1	1232.9	2601.8	2181.1	1903.4	376.2
海 南	23559.9	8896.1	896.8	5463.9	1140.0	2677.5	2383.2	1668.3	434.1
重 庆	26464.4	8618.8	1918.0	4970.8	1897.3	3290.8	2648.3	2445.3	675.1
四 川	25133.2	8741.1	1674.5	4951.4	1599.6	3052.2	2253.0	2193.4	668.1
贵 州	20587.0	6568.4	1436.0	3929.1	1319.7	3168.4	2001.3	1706.6	457.5
云 南	24569.4	6851.9	1434.4	5310.2	1486.7	4092.4	2531.1	2317.7	544.9
西 藏	24927.4	8637.7	2303.1	5855.3	1827.7	3621.1	1015.1	1098.9	568.4
陕 西	22866.4	6295.8	1649.8	4887.6	1622.3	2855.2	2387.2	2608.4	560.2
甘 肃	24614.6	7068.2	1859.4	5786.6	1662.0	3081.4	2426.7	2090.5	639.8
青 海	24315.2	6754.1	1770.5	5053.7	1509.6	4076.4	2043.1	2524.6	583.1
宁 夏	22379.1	6068.3	1776.3	4319.2	1383.5	3680.3	2250.3	2267.3	634.0
新 疆	22951.8	7194.3	1616.8	4483.1	1500.8	3413.5	1778.2	2349.1	615.9

4.18 分地区工业产品产量

年份 地区	原盐 （万吨）	成品糖 （万吨）	啤酒 （万千升）	卷烟 （亿支）
1978	1953.00	227.00	40.00	1182.00
1980	1728.00	257.00	69.00	1520.00
1985	1479.00	451.00	310.00	2370.00
1990	2023.00	582.00	692.00	3298.00
1995	2977.72	558.64	1568.82	3485.02
2000	3128.00	700.00	2231.32	3397.00
2005	4661.06	912.37	3126.05	19389.08
2006	5663.13	949.07	3543.58	20218.13
2007	6166.97	1271.38	3954.07	21438.84
2008	6664.43	1432.61	4156.91	22199.20
2009	6662.79	1338.35	4162.18	22901.50
2010	7037.76	1117.59	4490.16	23752.60
2011	6742.16	1187.43	4834.50	24474.00
2012	6911.78	1409.47	4778.58	25160.90
2013	7367.60	1592.76	4982.79	25603.86
2014	7049.71	1642.67	4936.29	26098.49
2015	6665.54	1474.11	4715.60	25890.70
2016	6620.10	1443.30	4506.44	23825.76
2017	6654.17	1472.04	4401.49	23448.25
2018	6363.61	1198.77	3800.83	23375.59
2019	6701.44	1389.39	3765.29	23642.49
2020	5852.68	1431.30	3411.11	23863.73
北 京			79.26	161.82
天 津	195.61		16.42	210.62
河 北	291.17	51.34	178.20	773.54
山 西			17.82	151.10

续表

年份 地区	原盐 （万吨）	成品糖 （万吨）	啤酒 （万千升）	卷烟 （亿支）
内蒙古	103.86	81.51	58.52	305.10
辽 宁	92.97		171.39	274.25
吉 林		0.32	72.43	528.23
黑龙江		20.88	128.53	384.70
上 海			28.88	878.08
江 苏	581.93	6.93	173.75	1039.45
浙 江		0.64	259.64	920.43
安 徽	155.35		75.99	1203.47
福 建	34.34	15.01	156.94	886.45
江 西	212.30	1.52	69.97	630.71
山 东	1295.75	105.33	457.96	1267.12
河 南	107.50	0.26	192.90	1550.43
湖 北	426.58		97.54	1330.46
湖 南	330.46	1.36	66.64	1624.96
广 东	4.38	126.02	357.46	1278.37
广 西	3.85	677.03	111.84	706.71
海 南	5.62	11.43	3.38	115.00
重 庆	372.16	0.80	65.54	557.50
四 川	514.10	2.67	217.97	895.22
贵 州		3.58	100.50	1160.07
云 南	160.30	257.18	69.65	3515.88
西 藏			12.53	
陕 西			67.08	798.50
甘 肃	15.14	6.27	34.90	461.20
青 海	465.33		1.30	
宁 夏	90.89	0.28	19.96	80.00
新 疆	393.08	60.93	46.20	174.35

注：1. 本表部分指标存在总计不等于分项之和情况，是数据四舍五入所致，未做机械调整。

2. 成品糖 1997 年及以前名称为糖，产量包括土糖，1998-2004 年名称为机制糖。

3. 啤酒 2003 年及以前计量单位为万吨。

4. 卷烟 2003 年及以前计量单位为万箱。

4.19 分地区居民家庭人均主要食品消费量（2022 年）

单位：千克

地区	粮食（原粮）	谷物	食用油	食用植物油	蔬菜及食用菌	肉类	猪肉	牛肉	羊肉	禽类	水产品	蛋类	奶类	干鲜瓜果类	食糖
全 国	141.2	128.1	10.4	9.8	103.7	24.8	18.2	2.3	1.2	12.7	13.9	12.8	13.0	56.3	1.3
北 京	107.2	95.0	7.5	7.4	122.7	27.3	15.3	3.9	3.1	7.9	9.5	16.9	30.1	81.9	1.2
天 津	111.1	100.2	9.6	9.5	117.2	23.8	14.1	2.9	2.7	7.0	16.8	21.5	16.8	85.8	1.2
河 北	161.8	146.0	8.8	8.5	108.3	20.6	12.9	1.7	1.6	7.2	7.6	18.7	16.5	79.1	1.3
山 西	159.3	139.5	8.6	8.5	98.9	14.7	9.7	0.8	1.3	4.1	3.1	16.3	17.9	63.0	1.1
内蒙古	173.1	155.8	7.7	7.3	100.9	31.9	18.3	3.9	6.4	8.0	6.5	14.3	24.8	67.3	1.3
辽 宁	145.9	128.8	10.4	10.3	117.1	25.1	16.5	3.1	1.4	7.1	15.1	16.6	17.7	69.6	1.2
吉 林	157.5	140.6	11.2	11.1	105.6	20.6	14.2	2.7	0.8	7.1	10.2	14.0	11.6	64.0	1.4
黑龙江	167.1	150.2	16.2	16.1	108.0	22.2	15.0	2.3	1.4	8.2	10.3	16.4	10.6	70.2	1.8
上 海	111.4	98.6	9.2	8.9	105.3	29.1	19.1	4.2	1.0	14.0	27.1	13.9	23.1	60.2	1.5
江 苏	122.1	108.5	10.2	9.9	104.5	25.0	18.1	2.2	0.8	13.2	19.5	13.2	15.4	44.2	1.1
浙 江	137.3	123.0	11.5	11.0	96.9	26.3	20.0	2.9	0.6	13.0	25.9	10.6	14.7	56.0	1.6
安 徽	148.3	132.4	9.0	8.3	104.8	24.1	18.1	2.3	0.9	15.7	14.6	14.2	11.3	55.9	0.9

续表

地区	粮食（原粮）		食用油		蔬菜及食用菌	肉类				禽类	水产品	蛋类	奶类	干鲜瓜果类	食糖
		谷物		食用植物油			猪肉	牛肉	羊肉						
福 建	124.4	114.9	9.6	8.9	89.6	24.6	19.3	2.1	0.6	15.7	26.4	10.7	11.7	45.0	1.6
江 西	154.0	141.4	15.6	15.2	105.5	29.7	24.9	2.6	0.3	12.8	15.7	9.5	11.2	46.7	1.0
山 东	124.0	112.5	7.7	7.7	95.9	18.6	12.4	1.1	1.0	8.2	15.7	20.1	17.6	81.1	0.7
河 南	150.9	137.3	8.9	8.8	94.1	15.9	10.3	1.5	1.1	8.7	5.2	18.9	13.5	62.7	1.2
湖 北	132.9	119.1	13.3	12.8	126.8	25.2	19.4	2.5	0.7	7.7	18.1	9.7	7.7	42.5	0.8
湖 南	157.2	146.6	12.5	10.6	104.5	27.1	22.7	2.2	0.6	15.8	14.6	10.3	7.4	57.0	1.2
广 东	128.2	118.4	9.9	9.5	113.0	33.6	26.0	3.2	0.6	31.1	30.0	9.9	9.6	47.5	1.6
广 西	141.8	134.1	9.1	8.2	89.7	24.4	20.7	1.9	0.5	30.7	13.5	7.6	5.6	39.2	1.2
海 南	107.7	102.4	9.5	8.7	99.4	21.2	16.8	2.4	0.8	30.4	30.8	5.6	4.9	30.2	1.0
重 庆	149.5	133.5	15.3	13.4	130.3	35.3	29.9	1.9	0.5	13.6	12.5	11.8	14.0	46.5	2.7
四 川	146.9	133.6	11.7	10.5	119.6	33.6	28.0	1.9	0.4	14.5	9.2	9.9	10.0	45.8	1.7
贵 州	119.3	106.6	8.1	6.7	79.4	24.7	22.3	1.0	0.2	6.6	3.0	4.8	5.1	34.1	0.8
云 南	139.1	126.4	7.4	5.8	90.0	28.8	24.7	1.7	0.3	9.6	4.8	5.4	6.2	38.2	1.4
西 藏	193.6	189.8	15.3	10.5	55.7	30.4	6.7	17.4	5.5	1.2	0.4	2.4	8.5	11.2	4.0
陕 西	142.3	126.9	11.5	11.3	90.0	15.2	10.5	1.2	1.3	4.0	3.1	10.3	14.7	50.4	1.0
甘 肃	159.0	144.7	9.6	9.5	82.5	17.6	11.9	1.6	1.8	6.3	2.8	9.3	15.7	59.8	1.7
青 海	112.2	105.9	8.8	8.4	58.4	23.8	8.1	10.0	4.7	3.7	1.9	5.2	16.7	29.1	1.6
宁 夏	115.6	107.9	8.5	8.4	88.8	16.3	5.8	4.9	4.4	8.4	2.9	7.4	13.5	73.3	1.5
新 疆	156.0	151.8	13.7	13.6	106.2	23.7	3.4	5.3	12.7	6.9	3.1	8.5	18.7	58.6	1.3

4.20　分地区居民人均消费支出（2022年）

单位：元

地区	消费支出	食品烟酒	衣着	居住	生活用品及服务	交通通信	教育文化娱乐	医疗保健	其他用品及服务
全　国	21209.9	6397.3	1238.4	5215.3	1259.5	2761.8	2032.2	1843.1	462.2
北　京	38903.3	8373.9	1803.5	15710.5	2145.8	3789.5	2766.0	3513.3	800.7
天　津	28461.4	8516.0	1711.8	7035.3	1669.4	3778.7	2253.7	2646.0	850.5
河　北	18037.0	4992.5	1249.7	4394.5	1171.2	2356.9	1799.1	1692.0	381.2
山　西	15732.7	4362.4	1235.8	3460.4	863.9	1980.9	1608.4	1854.0	366.9
内蒙古	19794.5	5686.1	1568.3	4148.6	1119.2	3099.2	1835.9	1891.5	445.8
辽　宁	20672.1	6110.1	1378.2	4473.8	1091.8	2660.0	1950.8	2303.2	704.1
吉　林	17317.7	5021.6	1293.9	3448.2	906.7	2386.0	1742.0	2031.2	488.1
黑龙江	17056.4	5287.2	1300.6	3450.7	895.4	2122.2	1602.9	2023.2	374.4
上　海	42536.3	11224.7	1694.0	15247.3	2091.2	4557.5	3662.9	3033.4	1025.3
江　苏	26225.1	7258.4	1450.5	7505.9	1523.0	3588.8	2298.2	2018.6	581.8
浙　江	31294.7	8922.1	1703.2	9009.1	1789.3	4301.2	2889.4	1955.9	724.4
安　徽	18877.3	6280.4	1210.4	4375.9	1108.4	2172.1	1855.3	1548.0	326.8
福　建	25125.8	8385.1	1182.4	7304.8	1274.8	2972.0	1895.9	1583.2	527.5
江　西	17955.3	5780.6	987.2	4454.9	966.5	2146.4	1879.0	1437.3	303.3
山　东	20940.1	5757.3	1438.0	4437.0	1571.0	3004.1	2373.7	1914.0	444.8
河　南	16142.6	4417.9	1221.8	3807.6	1077.6	1917.2	1685.4	1621.9	393.2
湖　北	19245.9	5897.7	1173.0	4659.6	1088.9	2559.5	1755.9	1764.9	346.4

续表

地区	消费支出	食品烟酒	衣着	居住	生活用品及服务	交通通信	教育文化娱乐	医疗保健	其他用品及服务
湖 南	20997.6	6251.7	1236.9	4436.2	1289.0	2745.5	2587.3	2034.7	416.3
广 东	28491.9	9629.3	1044.5	7733.0	1560.6	3808.7	2442.9	1677.9	595.1
广 西	16356.8	5591.5	595.0	3579.0	929.1	2107.9	1766.2	1540.7	247.3
海 南	18971.6	7514.0	660.6	4168.0	890.0	2118.9	1880.5	1407.3	332.3
重 庆	21678.1	7284.6	1459.1	4062.1	1517.4	2630.9	2120.9	2101.5	501.6
四 川	19783.4	7026.4	1190.4	3855.7	1234.8	2465.1	1650.5	1908.0	452.4
贵 州	14873.8	4606.9	944.6	2998.2	901.1	2218.0	1636.7	1269.6	298.7
云 南	16792.4	5092.1	868.3	3469.8	958.5	2709.4	1835.8	1547.4	311.0
西 藏	13224.8	4786.6	1137.2	2970.5	838.6	1987.5	550.9	589.9	363.6
陕 西	17417.6	4819.5	1156.6	3857.6	1179.3	2194.0	1756.6	2078.4	375.6
甘 肃	16174.9	4768.8	1140.6	3557.3	1045.5	2020.4	1728.6	1544.7	369.1
青 海	18284.2	5224.5	1301.4	3618.5	1073.4	3121.0	1521.3	1975.7	448.5
宁 夏	17505.8	4816.3	1263.9	3348.8	1037.2	2922.0	1760.6	1906.3	450.7
新 疆	16512.1	5225.9	1138.9	3304.7	1031.0	2318.9	1488.4	1611.7	392.7

4.21 分地区居民消费价格分类指数（2022 年）

（上年 =100）

地区	总指数	食品烟酒	食品	粮食	薯类	豆类	食用油	菜	# 鲜菜	畜肉类	禽肉类	水产品	蛋类	奶类	干鲜瓜果类	# 鲜瓜果	糖果糕点类	调味品	其他食品类	茶及饮料	烟酒	在外餐饮
全 国	102.5	108.3	110.6	101.2	103.3	105.6	105.3	106.6	107.1	138.4	102.2	103.0	90.6	101.0	91.6	88.9	101.0	101.3	101.8	100.6	101.3	104.7
北 京	101.7	105.7	106.1	101.8	106.8	105.3	103.7	106.6	107.5	127.4	104.0	101.3	89.9	104.0	90.9	86.7	99.9	100.9	102.0	100.4	100.9	106.3
天 津	102.0	106.5	107.6	101.7	104.9	109.9	98.9	109.8	109.8	131.1	99.4	102.7	87.5	100.0	93.5	90.7	101.2	102.1	102.0	101.5	102.5	104.9
河 北	102.1	107.1	108.4	101.3	101.9	104.0	102.9	105.6	106.1	135.6	104.7	101.8	89.1	100.6	90.5	87.2	101.3	101.2	101.8	100.8	101.3	105.1
山 西	102.9	106.9	108.2	100.5	100.0	103.1	103.1	108.1	108.7	137.2	101.4	102.6	79.6	101.2	90.9	88.1	100.7	100.9	101.7	100.3	100.7	105.6
内蒙古	101.9	105.7	107.0	100.8	98.7	101.4	110.9	107.1	107.6	127.4	101.9	99.9	89.5	100.1	92.4	90.4	99.6	100.1	100.6	99.6	100.2	104.0
辽 宁	102.4	107.4	108.9	101.7	104.9	106.7	102.3	108.7	109.5	134.7	100.2	102.1	89.5	101.6	95.8	94.4	100.8	100.7	100.9	99.8	100.6	105.0
吉 林	102.3	107.5	109.0	100.8	104.7	107.2	105.2	107.2	107.7	135.9	100.8	105.7	89.9	102.1	92.3	90.1	100.9	101.9	102.3	100.7	100.6	105.1
黑龙江	102.3	108.0	109.6	101.9	100.5	106.4	103.2	105.1	105.6	138.9	102.9	103.7	89.0	101.4	92.7	90.9	100.4	99.9	100.9	100.8	100.4	105.9

续表

地区	总指数	食品烟酒	食品	粮食	薯类	豆类	食用油	菜	#鲜菜	畜肉类	禽肉类	水产品	蛋类	奶类	干鲜瓜果类	#鲜瓜果	糖果糕点类	调味品	其他食品类	茶及饮料	烟酒	在外餐饮
上海	101.7	105.3	106.3	101.5	108.4	99.9	106.6	105.9	106.3	131.0	99.9	100.6	96.7	100.7	94.4	92.9	101.9	103.6	100.4	101.8	102.8	103.6
江苏	102.5	109.1	111.9	100.7	110.5	108.0	104.5	109.4	110.3	137.5	105.3	105.5	90.7	102.4	93.7	91.2	102.2	102.0	101.8	101.6	101.9	105.1
浙江	102.3	107.4	109.5	101.7	105.2	105.8	105.3	104.6	105.1	137.3	104.0	102.1	94.5	100.8	93.3	90.1	102.7	102.4	102.9	100.7	100.8	104.8
安徽	102.7	108.4	110.9	101.2	104.5	108.1	108.5	109.5	110.2	139.4	100.4	105.5	87.7	100.2	88.7	84.6	101.2	102.8	101.9	101.3	101.3	104.7
福建	102.2	107.0	109.3	100.3	105.8	104.6	104.6	101.4	101.8	137.0	100.4	103.1	90.0	101.8	88.8	85.6	101.3	101.4	101.5	100.2	100.6	103.3
江西	102.6	108.8	111.5	101.9	106.4	106.9	102.7	104.5	104.7	141.2	98.8	105.1	90.7	100.5	89.6	86.1	100.4	100.8	102.2	100.3	100.8	104.7
山东	102.8	109.5	112.1	102.4	104.5	107.5	101.6	109.3	109.9	140.5	102.5	104.7	90.7	100.6	91.7	89.3	100.4	100.9	102.1	100.1	101.4	105.9
河南	102.8	108.5	111.2	100.3	101.8	104.6	102.1	107.8	108.5	142.3	100.1	100.8	86.2	100.4	91.6	88.4	100.3	101.9	102.4	100.8	101.1	104.3
湖北	102.7	109.3	112.3	101.3	104.0	106.0	103.3	109.0	109.6	143.8	103.8	106.4	93.5	100.2	90.0	87.0	101.1	101.9	100.6	100.2	100.5	104.4
湖南	102.3	108.3	111.4	101.1	104.7	105.5	106.1	104.4	104.7	139.3	103.8	102.3	96.1	99.6	91.5	89.0	100.5	100.4	101.9	99.8	100.7	101.5
广东	102.6	109.1	111.8	101.9	102.5	103.1	102.5	102.1	102.3	142.9	101.6	101.4	94.1	102.4	88.9	86.4	100.5	100.9	102.0	100.5	103.3	103.8
广西	102.8	109.2	111.6	100.9	103.2	106.9	103.7	103.3	103.6	143.1	99.6	103.0	94.2	100.9	91.0	89.3	100.4	100.7	101.3	100.4	100.7	106.0
海南	102.3	108.4	110.5	101.3	103.4	106.5	111.1	98.9	98.8	139.2	102.1	101.8	95.2	101.9	92.1	91.1	97.6	100.9	99.8	99.9	100.8	104.2
重庆	102.3	107.9	110.3	97.4	105.4	106.6	100.0	109.1	110.2	139.9	101.6	102.5	86.9	95.9	84.4	82.1	101.3	101.7	102.0	100.3	100.5	104.4

续表

地区	总指数	食品烟酒	食品	粮食	薯类	豆类	食用油	菜	#鲜菜	畜肉类	禽肉类	水产品	蛋类	奶类	干鲜瓜果类	#鲜瓜果	糖果糕点类	调味品	其他食品类	茶及饮料	烟酒	在外餐饮
四 川	103.2	111.0	114.2	100.7	103.7	107.9	109.8	109.6	110.4	139.3	101.0	103.8	94.9	100.6	93.5	91.6	100.6	101.1	102.8	100.5	102.3	106.1
贵 州	102.6	110.3	113.3	99.9	107.9	105.8	124.6	106.0	106.4	141.2	101.1	103.7	94.5	100.8	91.2	89.2	101.5	99.9	102.3	100.8	100.2	106.1
云 南	103.6	111.6	115.8	101.1	98.2	105.5	121.2	107.0	107.5	150.9	107.8	101.8	98.9	100.1	90.2	88.0	102.1	100.7	103.8	99.9	101.1	105.4
西 藏	102.2	104.8	106.2	102.4	98.7	99.8	103.2	102.5	102.3	118.6	107.7	100.2	97.7	101.8	97.8	97.6	100.4	102.2	101.1	101.1	101.0	102.6
陕 西	102.5	107.6	109.3	101.6	105.4	108.4	104.3	111.8	112.6	135.6	103.0	104.4	85.6	103.2	89.8	85.8	100.3	101.3	102.8	100.7	101.5	106.0
甘 肃	102.0	106.4	108.5	101.7	101.5	102.3	103.0	112.5	113.1	127.9	107.9	100.0	90.4	99.9	93.9	90.0	101.6	100.9	101.3	100.9	100.5	102.8
青 海	102.6	106.5	108.5	101.1	99.1	102.8	102.6	105.6	105.8	124.9	102.9	101.4	87.0	101.1	93.5	91.3	98.9	101.1	100.5	102.2	100.2	103.2
宁 夏	101.5	105.4	106.6	101.7	101.1	102.8	100.6	113.5	114.1	120.2	105.6	101.7	88.8	99.1	93.9	91.2	99.9	101.1	99.1	100.6	100.4	103.9
新 疆	101.5	104.5	105.4	102.1	98.2	103.0	103.6	101.7	101.7	118.6	104.7	100.7	88.8	98.9	90.3	88.6	101.5	100.4	101.1	99.2	101.8	103.1

4.22 分地区农村居民家庭人均主要食品消费量（2022年）

单位：千克

地区	粮食（原粮）		食用油		蔬菜及食用菌	肉类				禽类	水产品	蛋类	奶类	干鲜瓜果类	食糖
		谷物		食用植物油			猪肉	牛肉	羊肉						
全 国	168.4	155.0	11.0	10.2	95.8	21.4	17.1	1.3	1.0	12.4	10.3	11.8	7.4	43.8	1.4
北 京	120.1	106.9	8.9	8.7	114.1	25.1	16.5	2.1	3.0	6.8	8.4	17.6	15.1	71.7	1.4
天 津	155.0	141.8	12.8	12.7	105.5	20.5	13.7	0.9	1.8	6.3	14.7	20.9	10.4	83.3	1.6
河 北	166.1	151.3	8.1	7.9	91.8	15.8	10.8	0.7	0.8	5.9	5.2	16.1	8.9	66.1	1.4
山 西	192.8	170.1	9.4	9.3	92.3	11.3	8.4	0.2	0.7	3.2	1.7	15.5	12.0	47.3	1.4
内蒙古	221.6	202.2	7.2	6.7	88.2	30.5	20.8	2.5	5.1	7.8	4.7	12.8	14.7	47.1	1.7
辽 宁	178.5	162.2	11.3	11.1	101.5	20.5	16.1	1.3	0.6	4.9	8.2	14.1	6.1	42.6	1.2
吉 林	192.7	173.8	11.2	11.0	104.5	15.1	12.7	0.9	0.2	7.0	7.6	12.2	6.1	47.1	1.6
黑龙江	213.6	192.6	19.1	19.0	106.1	20.0	15.3	1.3	0.8	9.3	8.5	15.6	5.3	60.6	2.2
上 海	154.9	142.3	12.7	12.4	99.8	32.9	24.7	2.7	0.8	17.9	29.8	14.4	16.8	57.0	1.7
江 苏	146.1	129.8	11.8	11.5	100.1	20.7	15.5	1.4	0.6	12.2	15.8	13.1	11.0	34.8	1.3
浙 江	163.5	147.9	12.7	12.0	95.1	24.8	20.2	2.0	0.5	11.8	21.2	9.8	11.3	43.8	1.9

续表

地区	粮食（原粮）	谷物	食用油	食用植物油	蔬菜及食用菌	肉类	猪肉	牛肉	羊肉	禽类	水产品	蛋类	奶类	干鲜瓜果类	食糖
安 徽	170.4	154.3	9.5	8.6	102.0	21.4	16.8	1.6	0.7	15.5	13.1	14.2	9.1	50.2	1.0
福 建	167.1	156.2	10.6	9.4	96.3	22.8	19.3	1.0	0.5	19.5	24.2	10.7	8.3	37.6	2.1
江 西	178.2	166.3	15.7	15.2	100.3	25.4	22.3	1.6	0.2	12.4	13.3	9.3	6.8	37.2	1.1
山 东	142.0	131.1	8.2	8.2	83.3	15.6	10.9	0.5	0.8	7.9	11.2	19.5	11.1	67.3	0.7
河 南	163.4	150.4	9.1	9.0	82.0	12.7	8.8	0.8	0.6	7.8	4.0	18.0	8.4	54.2	1.3
湖 北	150.7	136.3	14.6	14.2	134.5	19.9	16.1	1.6	0.5	6.8	16.5	9.5	4.8	33.7	0.9
湖 南	191.6	181.5	13.0	10.9	97.8	23.0	20.2	1.4	0.4	16.8	11.8	11.1	4.1	46.0	1.2
广 东	172.0	160.9	11.8	11.1	111.5	31.9	26.3	2.1	0.4	38.0	29.9	9.1	4.7	33.8	1.9
广 西	175.1	167.7	9.7	8.4	83.5	21.8	19.8	0.9	0.3	32.2	10.9	7.1	2.6	29.6	1.1
海 南	128.3	123.5	10.2	9.1	98.1	18.9	16.0	1.6	0.5	34.0	30.3	4.9	2.3	20.9	1.0
重 庆	192.9	174.7	15.9	12.7	128.8	33.5	30.9	0.7	0.4	12.3	10.0	12.0	8.0	35.3	3.8
四 川	177.7	164.2	11.9	10.4	115.1	30.4	27.2	1.3	0.3	14.7	7.5	9.9	6.6	35.5	1.9
贵 州	127.1	114.7	7.5	5.9	78.5	22.6	21.5	0.4	0.1	5.1	2.0	3.9	2.0	25.6	0.8
云 南	159.0	146.9	7.1	5.1	82.8	30.4	28.5	0.8	0.4	9.3	3.6	5.2	2.8	26.2	1.4
西 藏	204.5	201.8	15.9	10.2	37.5	21.9	3.8	12.5	5.5	0.4	0.0	1.0	4.5	5.5	4.3
陕 西	159.8	145.2	12.8	12.5	77.8	12.1	9.5	0.4	1.1	2.9	1.2	8.2	8.6	30.9	1.1
甘 肃	176.7	162.0	10.0	9.9	64.1	14.8	11.4	0.9	1.5	5.8	1.1	7.3	6.9	40.3	1.9
青 海	130.2	124.2	8.9	8.1	49.9	24.5	7.9	10.3	5.8	2.7	0.8	3.5	10.5	19.3	2.0
宁 夏	142.5	135.2	9.5	9.4	79.2	15.1	5.1	5.1	4.3	9.7	1.5	5.5	7.9	63.8	1.8
新 疆	173.9	171.9	14.2	14.1	94.1	21.7	1.1	4.0	14.8	5.5	0.9	5.9	7.6	45.3	1.3

4.23 分地区农村居民人均消费支出构成（2022 年）

单位：元

地区	消费支出	食品烟酒	衣着	居住	生活用品及服务	交通通信	教育文化娱乐	医疗保健	其他用品及服务
全 国	13713.4	4479.4	712.8	2962.4	767.5	1840.6	1308.7	1417.5	224.4
北 京	20912.7	5968.1	1035.6	6453.1	1120.6	2924.4	1142.7	1972.8	295.4
天 津	16844.1	5621.7	1002.2	3527.9	1026.1	2504.3	931.6	1858.2	372.1
河 北	12644.2	3686.8	810.6	2711.1	782.9	1892.8	1154.6	1380.1	225.3
山 西	10290.1	3247.6	720.9	2286.6	526.0	1145.0	967.4	1182.8	213.8
内蒙古	13593.7	4164.3	727.1	2632.6	583.5	2152.1	1436.5	1667.0	230.8
辽 宁	12311.2	3660.3	698.6	2412.5	529.6	1946.4	1109.1	1718.7	236.1
吉 林	11863.6	3730.5	716.4	1992.7	488.9	1899.2	1177.4	1568.5	289.8
黑龙江	12360.0	4243.7	858.6	2046.8	548.6	1680.9	1197.7	1562.9	220.8
上 海	22095.5	8647.8	1077.5	4439.3	1325.2	3495.5	1003.1	1655.3	451.8
江 苏	17021.7	5216.3	823.0	3785.6	957.7	2786.9	1448.4	1712.2	291.6
浙 江	21555.4	6952.1	1043.1	5719.9	1225.5	2937.5	1776.3	1546.2	354.9
安 徽	15023.5	5145.8	867.5	3390.5	855.0	1663.7	1422.0	1457.4	221.7
福 建	16338.9	6273.9	754.5	3943.0	874.0	1688.3	1232.0	1270.9	302.1
江 西	13579.4	4557.1	602.6	3553.8	686.6	1402.6	1477.6	1136.7	162.4
山 东	12660.4	3721.9	689.0	2434.7	817.9	2112.0	1290.8	1413.4	180.7
河 南	12201.1	3396.7	873.1	2770.1	783.2	1501.8	1285.6	1379.1	211.4

续表

地区	消费支出	食品烟酒	衣着	居住	生活用品及服务	交通通信	教育文化娱乐	医疗保健	其他用品及服务
湖 北	14472.5	4304.5	780.4	3197.6	790.9	2175.3	1382.3	1558.5	283.0
湖 南	14974.0	4635.9	674.4	3367.0	853.0	1730.5	1783.8	1706.6	222.6
广 东	17132.3	6991.8	506.9	3829.2	803.2	1958.1	1275.5	1517.9	249.8
广 西	12431.1	4296.9	354.2	2659.2	667.0	1681.8	1408.2	1227.8	136.1
海 南	13169.3	5766.2	362.1	2529.2	573.8	1412.4	1244.9	1077.3	203.5
重 庆	14139.5	5183.1	736.3	2630.9	919.1	1591.5	1290.3	1560.1	228.3
四 川	14952.6	5478.1	753.3	2866.4	905.4	1935.0	1106.5	1650.3	257.6
贵 州	10817.6	3214.3	595.7	2337.3	603.9	1543.2	1377.8	959.4	185.9
云 南	11069.5	3797.1	451.7	2115.4	569.9	1691.7	1324.2	980.6	138.8
西 藏	8917.1	3369.0	708.0	1908.6	474.6	1386.2	380.1	402.5	288.2
陕 西	11375.7	3182.6	609.6	2715.4	688.1	1460.9	1057.4	1490.7	170.9
甘 肃	9922.9	3065.4	608.1	1905.8	588.8	1234.4	1211.4	1140.4	168.6
青 海	12134.2	3664.7	823.0	2154.9	628.5	2146.7	989.2	1416.0	311.2
宁 夏	11724.3	3331.1	656.0	2197.5	626.4	2022.4	1179.6	1478.0	233.3
新 疆	10778.2	3473.3	713.3	2255.4	612.6	1344.2	1230.4	955.0	193.9

4.24 分地区商品零售价格分类指数（2022 年）

（上年 =100）

地区	总指数	食品								饮料烟酒
			#粮食	#菜	#畜肉	#禽肉	#水产品	#蛋	#干鲜瓜果	
全 国	101.4	109.0	101.2	106.7	138.2	102.5	103.1	90.8	91.6	101.2
北 京	101.0	106.2	101.8	106.6	127.4	104.0	101.3	89.9	90.9	100.7
天 津	101.0	106.9	101.8	109.8	131.1	99.4	102.7	87.5	93.5	102.3
河 北	101.4	107.7	101.3	105.2	134.5	103.2	100.9	89.5	90.4	101.5
山 西	100.9	107.6	100.4	108.1	136.9	101.2	102.5	79.7	90.9	100.6
内蒙古	100.5	106.1	100.7	106.0	125.7	102.2	101.1	89.8	92.1	99.9
辽 宁	101.1	108.6	101.8	108.6	135.3	99.4	102.2	89.6	96.1	100.8
吉 林	100.7	107.9	100.9	106.8	132.6	102.2	104.7	89.4	92.1	101.2
黑龙江	101.5	109.6	102.4	105.2	137.8	102.8	103.3	88.4	93.5	100.8
上 海	100.9	105.9	101.5	105.9	131.0	99.9	100.6	96.7	94.4	102.6
江 苏	101.8	110.3	100.8	109.8	137.2	105.3	105.5	91.1	94.1	101.9
浙 江	101.2	108.1	101.5	104.7	137.6	104.4	102.1	94.6	93.3	100.7
安 徽	101.6	109.4	101.4	109.6	138.8	100.5	105.3	87.4	88.6	101.5
福 建	101.3	108.0	100.2	101.8	137.6	101.2	102.9	89.9	89.1	99.9
江 西	101.6	110.0	101.8	105.4	140.8	97.4	106.5	90.6	89.0	100.7
山 东	102.0	111.0	102.4	109.1	140.6	103.2	104.7	90.5	91.6	101.0
河 南	100.9	107.9	100.4	107.6	141.0	100.7	101.1	86.6	91.3	101.1
湖 北	102.2	111.0	101.3	109.1	143.3	103.1	105.3	92.8	89.9	100.4
湖 南	101.3	109.0	101.1	103.9	138.8	104.0	101.6	94.5	92.3	100.6

续表

地区	总指数	食品								饮料烟酒
			# 粮食	# 菜	# 畜肉	# 禽肉	# 水产品	# 蛋	# 干鲜瓜果	
广 东	100.8	108.3	101.5	102.4	141.9	102.4	101.8	95.0	89.7	102.2
广 西	101.4	110.2	100.9	103.7	142.4	99.6	103.6	93.4	90.5	101.1
海 南	101.6	108.4	101.3	98.1	138.1	102.0	101.6	95.6	92.3	100.7
重 庆	102.2	108.4	97.4	109.1	139.9	101.6	102.5	86.9	84.4	100.5
四 川	102.7	112.5	101.0	109.5	138.4	100.7	103.0	95.6	93.4	101.5
贵 州	101.6	111.8	100.2	105.7	141.7	100.6	103.9	95.0	90.5	100.3
云 南	102.4	113.9	100.8	107.3	152.0	108.0	102.3	98.2	89.5	100.3
西 藏	102.0	105.8	101.9	104.3	118.3	109.8	101.1	99.2	97.0	101.6
陕 西	101.9	108.4	101.3	111.6	138.9	101.8	103.8	84.6	89.7	101.5
甘 肃	101.3	106.4	101.9	112.1	126.7	109.5	100.6	89.9	92.3	100.6
青 海	102.4	107.4	101.2	106.9	126.5	102.0	101.4	84.6	93.9	100.5
宁 夏	100.6	104.9	102.4	111.8	120.9	103.6	102.4	89.6	93.7	100.5
新 疆	100.6	104.4	102.5	100.9	121.0	104.1	100.8	87.8	90.3	101.7

4.25　工业产品产量

产品名称		2019	2020
原盐	（万吨）	6701.44	5852.68
精制食用植物油	（万吨）	5421.76	5476.22
成品糖	（万吨）	1389.39	1431.30
罐头	（万吨）	1034.63	939.21
啤酒	（万千升）	3765.29	3411.11
卷烟	（亿支）	23642.49	23863.73

4.26 进口主要货物数量和金额（2022 年）

品名		数量	金额	
			万元人民币	万美元
农产品			118355584	17087369
肉类（包含杂碎）	（万吨）	991	21312102	3072967
牛肉及牛杂碎	（万吨）	214	7124721	1027290
牛肉	（万吨）	212	7059044	1017839
猪肉及猪杂碎	（万吨）	573	10308542	1486680
猪肉	（万吨）	439	8347296	1204009
水海产品	（万吨）	401	8967771	1293511
冻鱼	（万吨）	220	2718643	391857
乳品	（万吨）	337	8658875	1250560
奶粉	（万吨）	132	5789545	835691
鲜、干水果及坚果	（万吨）	654	8076178	1164653
粮食	（万吨）	14255	35239979	5084254
小麦	（万吨）	838	1631216	234884
大麦	（万吨）	808	1295065	188025
玉米	（万吨）	1124	1710559	248251
稻谷及大米	（万吨）	294	1025304	149511
高粱	（万吨）	481	803160	115607
大豆	（万吨）	10031	27434737	3954557
食用植物油	（万吨）	983	5150455	744358
豆油	（万吨）	96	504969	72352
棕榈油	（万吨）	466	2007976	290935
菜籽油及芥籽油（万吨）	（万吨）	193	1138096	164112
食糖	（万吨）	527	1236492	180281
酒类及饮料			3706560	537134
啤酒	（万升）	58416	481764	69502
葡萄酒	（万升）	47105	1946522	282891
制盐	（吨）	5948842	176711	25514

4.27 居民消费价格分类指数（2022 年）

（上年 =100）

项目名称	全国	城市	农村
居民消费价格总指数	102.5	102.3	103.0
食品烟酒	108.3	107.8	109.6
食品	110.6	110.0	112.1
粮食	101.2	101.2	101.2
薯类	103.3	103.7	102.4
豆类	105.6	105.8	105.2
食用油	105.3	103.8	108.0
菜	106.6	106.6	106.7
# 鲜菜	107.1	107.1	107.2
畜肉类	138.4	137.6	140.3
禽肉类	102.2	102.5	101.5
水产品	103.0	102.9	103.2
蛋类	90.6	90.9	89.8
奶类	101.0	101.1	100.7
干鲜瓜果类	91.6	91.8	90.7
# 鲜瓜果	88.9	89.2	88.2
糖果糕点类	101.0	101.0	100.9
调味品	101.3	101.4	101.1
其他食品类	101.8	101.9	101.6
茶及饮料	100.6	100.6	100.7
烟酒	101.3	101.4	101.1
在外餐饮	104.7	104.5	105.4
衣着	99.8	99.8	99.7
服装	99.9	99.9	99.7
服装材料	100.5	100.6	100.3
其他衣着及配件	99.6	99.5	100.3
衣着加工服务费	102.1	102.1	102.0

续表

项目名称	全国	城市	农村
鞋类	99.2	99.2	99.4
居住	99.6	99.6	99.5
租赁房房租	99.4	99.4	99.4
住房保养维修及管理	101.1	101.2	100.8
水电燃料	99.3	99.5	98.6
生活用品及服务	100.0	100.1	99.9
家具及室内装饰品	99.9	99.8	99.9
家用器具	98.2	98.0	98.7
家用纺织品	99.8	99.7	99.8
家庭日用杂品	100.5	100.6	100.3
个人护理用品	101.0	101.1	100.5
家庭服务	102.7	102.7	102.4
交通和通信	96.5	96.4	96.8
交通	95.0	94.9	95.5
交通工具	97.8	97.7	98.2
交通工具用燃料	86.2	86.2	86.0
交通工具使用和维修	101.4	101.4	101.4
交通费	97.4	96.9	99.0
通信	99.3	99.3	99.3
教育文化和娱乐	101.3	101.4	101.1
教育	102.2	102.3	101.7
教育用品	101.5	101.7	100.9
教育服务	102.2	102.4	101.8
文化娱乐	100.1	100.1	99.6
文娱耐用消费品	98.7	98.6	99.0
其他文娱用品	100.4	100.4	100.6
文化娱乐服务	99.1	99.1	99.4
旅游	101.1	101.3	99.9
医疗保健	101.8	101.7	102.0
药品及医疗器具	101.0	100.8	101.7
医疗服务	102.3	102.4	102.2
其他用品和服务	104.3	104.4	104.1
其他用品类	109.5	110.0	107.4
其他服务类	100.3	100.1	101.1

4.28 农产品生产者价格指数

（上年＝100）

指标	2005	2010	2015	2019	2020
农产品生产者价格指数	101.4	110.9	101.7	114.5	115.0
农业产品	101.6	116.6	99.2	100.8	102.8
谷物	99.2	112.8	98.7	100.3	104.1
# 小麦	96.4	107.9	99.2	100.1	100.5
稻谷	101.6	112.8	101.6	96.5	100.8
玉米	98.0	116.1	96.5	102.0	107.6
大豆	94.2	107.9	99.0	100.1	105.5
油料	91.3	112.1	100.8	105.2	107.9
棉花	111.8	157.7	87.5	97.8	98.5
糖料	111.6	106.0	98.8	97.7	103.1
蔬菜	107.2	116.8	104.6	101.2	105.2
水果	107.4	118.9	99.7	103.6	95.3
林业产品	104.8	122.8	97.9	100.1	100.7
饲养动物及其产品	100.5	103.0	104.2	133.5	132.4
生猪	97.6	98.3	108.9	150.5	155.7
活牛	101.7	104.7	99.1	112.5	110.5
活羊	101.7	108.7	89.4	114.3	110.4
活家禽	105.6	107.0	101.3	107.8	92.9
禽蛋	106.4	107.5	96.9	102.1	85.9
生奶	99.6	115.3	92.2	105.6	101.5
渔业产品	104.7	107.6	102.5	99.4	100.2
海水养殖产品			101.0	97.2	96.3
海水捕捞产品			106.0	100.6	99.6
淡水养殖产品			102.1	99.8	102.0

4.29 全国居民人均主要食品消费量

单位：千克

指标	2014	2015	2016	2017	2018	2019	2020
粮食（原粮）	141.0	134.5	132.8	130.1	127.2	130.1	141.2
谷物	131.4	124.3	122.0	119.6	116.3	117.9	128.1
薯类	2.2	2.4	2.6	2.5	2.6	2.9	3.1
豆类	7.5	7.8	8.3	8.0	8.3	9.3	10.0
食用油	10.4	10.6	10.6	10.4	9.6	9.5	10.4
# 食用植物油	9.8	10.0	10.0	9.8	8.9	8.9	9.8
蔬菜及食用菌	96.9	97.8	100.1	99.2	96.1	98.6	103.7
# 鲜菜	94.1	94.9	96.9	96.1	93.0	95.2	100.2
肉类	25.6	26.2	26.1	26.7	29.5	26.9	24.8
# 猪肉	20.0	20.1	19.6	20.1	22.8	20.3	18.2
牛肉	1.5	1.6	1.8	1.9	2.0	2.2	2.3
羊肉	1.0	1.2	1.5	1.3	1.3	1.2	1.2
禽类	8.0	8.4	9.1	8.9	9.0	10.8	12.7
水产品	10.8	11.2	11.4	11.5	11.4	13.6	13.9
蛋类	8.6	9.5	9.7	10.0	9.7	10.7	12.8
奶类	12.6	12.1	12.0	12.1	12.2	12.5	13.0
干鲜瓜果类	42.2	44.5	48.3	50.1	52.1	56.4	56.3
# 鲜瓜果	38.6	40.5	43.9	45.6	47.4	51.4	51.3
坚果类	2.9	3.1	3.4	3.5	3.5	3.8	3.7
食糖	1.3	1.3	1.3	1.3	1.3	1.3	1.3

4.30 商品零售价格分类指数（2022 年）

（上年 =100）

项目名称	全国	城市	农村
商品零售价格指数	101.4	101.3	102.1
食品	109.0	108.8	110.6
粮食	101.2	101.3	101.2
食用油	104.1	103.5	106.4
菜	106.7	106.7	107.1
畜肉类	138.2	137.7	140.3
禽肉类	102.5	102.7	101.2
水产品	103.1	102.9	103.8
蛋类	90.8	91.1	89.5
奶类	101.2	101.2	100.8
干鲜瓜果类	91.6	91.8	90.6
糖果糕点类	101.0	101.0	101.0
调味品	101.3	101.3	101.1
其他食品类	101.9	101.9	101.6
在外餐饮	104.8	104.6	105.8
饮料、烟酒	101.2	101.2	101.0
茶及饮料	100.5	100.5	100.6
酒类	102.1	102.2	101.9
服装、鞋帽	99.7	99.7	99.6
服装	99.8	99.8	99.7

续表

项目名称	全国	城市	农村
鞋帽袜	99.2	99.1	99.5
纺织品	99.8	99.9	99.5
服装材料	100.6	100.6	100.3
床上用品	99.6	99.7	99.2
家用电器及音像器材	98.0	97.9	98.5
文化办公用品	100.2	100.2	100.6
日用品	100.2	100.2	100.0
日用百货	100.0	100.1	99.9
体育娱乐用品	99.8	99.8	100.1
交通、通信用品	98.6	98.6	98.2
家具	99.8	99.8	99.8
化妆品	101.3	101.4	100.7
金银饰品	117.0	117.3	114.7
中西药品及医疗保健用品	100.9	100.7	102.0
医疗卫生器具	102.1	101.6	105.5
中药	102.5	102.5	102.9
西药	100.1	99.9	101.5
书报杂志及电子出版物	101.5	101.5	101.4
燃料	91.1	91.0	92.0
建筑材料及五金电料	100.3	100.2	100.6
建筑装潢材料	100.2	100.1	100.5
五金水暖	100.5	100.4	100.8

4.31 水产品产量

单位：万吨

年份 地区	水产品 总产量	海水 产品	天然生产	人工养殖	鱼类	虾蟹类	贝类	藻类	其他	淡水产品	天然生产	人工养殖	鱼类	虾蟹类	贝类	其他
1978	465.4	359.5	314.5	45.0	256.1	50.6	26.8	26.0		105.9	29.6	76.2	99.7	3.8	2.4	
1980	449.7	325.7	281.3	44.4	234.1	42.1	23.4	26.2		124.0	33.9	90.2	116.3	5.2	2.5	
1985	705.2	419.7	348.5	71.2	274.5	70.6	47.3	27.3		285.4	47.6	237.8	276.5	5.5	3.4	
1990	1427.3	895.7	611.5	284.2	423.1	107.0	147.3	27.5	8.2	531.6	85.6	445.9	504.9	9.5	7.6	9.6
1995	2953.0	1861.3	1139.8	721.5	758.1	184.8	392.3	74.9	29.0	1091.8	151.0	940.8	1018.6	27.3	20.5	25.3
2000	3706.2	2203.9	1275.9	928.0	896.7	257.9	901.7	106.1	41.5	1502.3	193.4	1308.9	1358.4	76.3	40.0	27.7
2005	4419.9	2465.9	1255.1	1210.8	913.9	281.3	1008.1	133.9	128.6	1954.0	221.0	1733.0	1737.2	140.3	46.3	30.2
2006	4583.6	2509.6	1245.4	1264.2	892.1	299.4	1046.7	137.6	133.8	2074.0	220.4	1853.6	1822.5	167.8	50.9	32.8
2007	4747.5	2550.9	1243.6	1307.3	891.3	298.9	1068.2	138.8	153.7	2196.6	225.6	1971.0	1908.5	202.1	50.5	35.5
2008	4895.6	2598.3	1258.0	1340.3	864.3	288.8	1072.5	142.3	122.1	2297.3	224.8	2072.5	1998.5	210.1	50.1	38.7
2009	5116.4	2681.6	1276.3	1405.2	880.8	303.6	1120.0	148.4	131.0	2434.8	218.4	2216.5	2109.9	228.8	52.0	44.2
2010	5373.0	2797.5	1315.2	1482.3	906.3	310.4	1170.4	156.6	142.1	2575.5	228.9	2346.5	2225.6	248.1	53.8	47.9
2011	5603.2	2908.0	1356.7	1551.3	1075.2	321.8	1212.8	162.9	135.3	2695.2	223.2	2471.9	2343.7	248.8	53.9	48.8
2012	5502.1	2889.6	1314.4	1575.2	957.3	345.7	1264.8	179.0	142.8	2612.5	204.0	2408.5	2235.9	268.7	54.0	54.0
2013	5744.2	2992.4	1327.7	1664.7	972.8	362.6	1327.6	188.5	140.9	2751.9	204.2	2547.7	2366.5	277.0	52.8	55.5
2014	6001.9	3136.3	1403.9	1732.4	1042.5	382.9	1371.7	202.9	136.2	2865.7	202.5	2663.2	2470.7	288.7	51.4	54.8

续表

年份 地区	水产品 总产量	海水 产品	天然生产	人工养殖	鱼类	虾蟹类	贝类	藻类	其他	淡水产品	天然生产	人工养殖	鱼类	虾蟹类	贝类	其他
2015	6211.0	3232.3	1435.7	1796.6	1078.0	386.3	1414.0	211.5	142.5	2978.7	199.3	2779.3	2571.9	300.2	51.6	54.9
2016	6379.5	3301.3	1386.0	1915.3	1063.1	396.1	1476.9	219.3	145.8	3078.2	200.3	2877.9	2653.8	316.1	52.5	55.8
2017	6445.3	3321.7	1321.0	2000.7	1115.8	370.7	1481.4	224.8	129.0	3123.6	218.3	2905.3	2702.6	320.8	46.7	53.6
2018	6457.7	3301.4	1270.2	2031.2	1091.5	368.2	1487.0	236.2	118.5	3156.2	196.4	2959.8	2691.4	369.7	40.8	54.4
2019	6480.4	3282.5	1217.2	2065.3	1060.5	366.2	1480.2	255.6	120.1	3197.9	184.1	3013.7	2686.4	416.5	39.4	55.5
2020	6549.0	3314.4	1179.1	2135.3	1055.4	358.6	1516.3	263.7	120.4	3234.6	145.8	3088.9	2697.3	442.0	35.8	59.6
北 京	22.8	21.1	21.1		21.1					1.7	0.3	1.5	1.7			0.0
天 津	28.5	4.3	3.3	1.0	3.1	1.0	0.1		0.1	24.2	0.5	23.7	20.2	3.9	0.0	0.0
河 北	100.3	71.0	22.2	48.8	15.2	7.3	40.1	0.1	8.4	29.3	3.4	26.0	26.3	2.8	0.0	0.2
山 西	4.7									4.7	0.2	4.5	4.6	0.0		0.0
内蒙古	11.8									11.8	1.1	10.7	11.4	0.1		0.2
辽 宁	462.3	377.8	71.4	306.5	58.5	12.0	238.1	47.1	22.1	84.5	4.4	80.1	75.7	8.3	0.0	0.5
吉 林	24.5									24.5	1.9	22.6	23.7	0.4	0.0	0.3
黑龙江	67.4									67.4	4.2	63.2	65.7	1.5	0.1	0.2
上 海	24.4	16.1	16.0	0.0	15.4	0.7	0.0		0.0	8.3	0.1	8.2	5.8	2.5		0.0
江 苏	490.2	135.0	42.7	92.3	31.4	23.2	71.6	4.8	4.0	355.2	25.9	329.3	250.3	93.0	9.0	3.0
浙 江	589.6	450.9	313.7	137.2	235.5	79.4	109.2	12.0	14.8	138.6	17.0	121.6	104.7	16.9	3.9	13.2
安 徽	232.4									232.4	14.4	218.0	161.7	59.1	6.3	5.3
福 建	833.0	740.5	213.7	526.8	215.7	49.0	334.0	123.8	18.0	92.5	7.0	85.5	76.8	10.0	4.7	1.0
江 西	262.7									262.7	7.2	255.5	225.3	24.6	4.2	8.6
山 东	828.6	718.1	204.0	514.1	166.0	37.9	419.6	67.1	27.5	110.5	9.6	101.0	94.5	14.5	0.4	1.2

续表

年份 地区	水产品总产量	海水产品	天然生产	人工养殖	鱼类	虾蟹类	贝类	藻类	其他	淡水产品	天然生产	人工养殖	鱼类	虾蟹类	贝类	其他
河 南	98.1									98.1	11.1	86.9	88.5	8.1	0.7	0.8
湖 北	467.9									467.9	7.5	460.4	343.5	116.2	0.6	7.5
湖 南	258.9									258.9	2.5	256.5	213.1	38.7	1.5	5.7
广 东	875.8	450.5	119.3	331.2	161.8	83.4	189.6	7.3	8.4	425.3	9.9	415.4	386.3	31.5	2.4	5.1
广 西	345.8	200.9	50.3	150.7	38.4	46.3	109.9		6.2	144.9	8.8	136.1	138.9	1.3	1.6	3.1
海 南	164.6	128.1	101.5	26.7	93.5	18.4	4.0	1.5	10.8	36.5	1.4	35.1	35.7	0.3	0.1	0.4
重 庆	52.4									52.4	0.5	51.9	50.7	1.1	0.0	0.6
四 川	160.4									160.4	0.5	159.9	153.8	5.2	0.2	1.2
贵 州	24.9									24.9	0.7	24.2	24.1	0.5	0.1	0.2
云 南	64.4									64.4	2.9	61.5	63.3	0.5	0.2	0.4
西 藏	0.1									0.1	0.1	0.0	0.0			0.1
陕 西	16.9									16.9	0.5	16.4	15.7	0.3	0.0	0.9
甘 肃	1.4									1.4		1.4	1.4	0.0		0.0
青 海	1.8									1.8		1.8	1.8	0.0		
宁 夏	16.2									16.2	0.9	15.3	16.0	0.1		0.0
新 疆	16.3									16.3	1.4	14.9	15.9	0.4	0.0	

注：北京市水产品产量含中农发集团产量。

4.32 主要农产品产量

单位：万吨

年份 地区	粮食	谷物	#稻谷	#小麦	#玉米	豆类	薯类	棉花	油料	#花生	#油菜籽	#芝麻	麻类	#黄红麻
1978	30476.5		13693.0	5384.0	5594.5		3174.0	216.7	521.8	237.7	186.8	32.2	135.1	108.8
1980	32055.5		13990.5	5520.5	6260.0		2872.5	270.7	769.1	360.0	238.4	25.9	143.6	109.8
1985	37910.8		16856.9	8580.5	6382.6		2603.6	414.7	1578.4	666.4	560.7	69.1	444.8	411.9
1990	44624.3		18933.1	9822.9	9681.9		2743.3	450.8	1613.2	636.8	695.8	46.9	109.7	72.6
1995	46661.8	41611.6	18522.6	10220.7	11198.6	1787.5	3262.6	476.8	2250.3	1023.5	977.7	58.3	89.7	37.1
2000	46217.5	40522.4	18790.8	9963.6	10600.0	2010.0	3685.2	441.7	2954.8	1443.7	1138.1	81.1	52.9	12.6
2005	48402.2	42776.0	18058.8	9744.5	13936.5	2157.7	3468.5	571.4	3077.1	1434.2	1305.2	62.5	110.5	8.3
2006	49804.2	45099.2	18171.8	10846.6	15160.3	2003.7	2701.3	753.3	2640.3	1288.7	1096.6	66.2	89.1	8.7
2007	50413.9	45963.0	18638.1	10949.2	15512.3	1709.1	2741.8	759.7	2787.0	1381.5	1138.2	52.0	66.1	9.6
2008	53434.3	48569.4	19261.2	11290.1	17212.0	2021.9	2843.0	723.2	3036.8	1463.5	1240.3	51.5	56.1	8.0
2009	53940.9	49243.3	19619.7	11579.6	17325.9	1904.6	2792.9	623.6	3139.4	1460.4	1353.6	53.5	31.9	7.1
2010	55911.3	51196.7	19722.6	11609.3	19075.2	1871.8	2842.7	577.0	3156.8	1513.6	1278.8	46.2	24.2	6.5
2011	58849.3	54061.7	20288.3	11857.0	21131.6	1863.3	2924.3	651.9	3212.5	1530.2	1313.7	45.8	22.3	7.0
2012	61222.6	56659.0	20653.2	12247.5	22955.9	1680.6	2883.0	660.8	3285.6	1579.2	1340.1	46.6	19.6	6.3
2013	63048.2	58650.4	20628.6	12363.9	24845.3	1542.4	2855.4	628.2	3348.0	1610.9	1363.6	43.9	17.6	5.7
2014	63964.8	59601.5	20960.9	12823.5	24976.4	1564.5	2793.8	629.9	3371.9	1590.1	1391.4	43.7	16.5	5.1

年份 地区	#甘蔗	#甜菜	烟叶	#烤烟	蚕茧	#桑蚕茧	茶叶	水果	#苹果	#柑橘	#梨	#葡萄	#香蕉
1978	2111.6	270.2	124.2	105.2	22.8	17.3	26.8	657.0	227.5	38.3	151.7	10.4	8.5
1980	2280.7	630.5	84.5	71.7	32.6	25.0	30.4	679.3	236.3	71.3	146.6	11.0	6.1
1985	5154.9	891.9	242.5	207.5	37.1	33.6	43.2	1163.9	361.4	180.8	213.7	36.1	63.1
1990	5762.0	1452.5	262.7	225.9	53.4	48.0	54.0	1874.4	431.9	485.5	235.3	85.9	145.6
1995	6541.7	1398.4	231.4	207.2	80.0	76.0	58.8	4214.6	1400.8	822.5	494.2	174.2	312.5
2000	6828.0	807.3	255.2	223.8	54.8	50.1	68.3	6225.1	2043.1	878.3	841.2	328.2	494.1
2005	8663.8	788.1	268.3	243.5	78.0	71.3	93.5	16120.1	2401.1	1591.9	1132.4	579.4	651.8
2006	9709.2	750.8	245.6	225.5	87.9	82.0	102.8	17102.0	2605.9	1789.8	1198.6	627.1	690.1
2007	11179.4	902.9	242.2	224.9	92.7	86.2	117.0	17659.4	2734.7	2036.4	1258.8	670.9	764.0
2008	12152.1	853.9	275.9	258.2	88.2	80.5	125.5	18279.1	2899.5	2297.0	1296.4	698.2	748.4
2009	11200.4	546.5	296.2	275.0	79.5	72.8	135.1	19093.7	3047.5	2471.7	1343.6	764.9	829.6
2010	10598.2	705.1	283.2	261.2	82.7	75.5	146.2	20095.4	3164.9	2581.7	1409.5	813.5	884.1
2011	10867.4	795.8	299.8	278.6	84.3	76.8	160.8	21018.6	3367.3	2864.1	1448.6	857.7	946.1
2012	11574.6	877.2	324.6	302.3	83.7	76.7	176.1	22091.5	3581.4	3089.4	1550.4	1000.6	1036.0
2013	11926.4	628.7	322.0	304.0	81.8	74.7	188.7	22748.1	3629.8	3196.4	1544.4	1088.5	1103.0
2014	11578.8	509.9	284.7	269.7	81.5	74.4	204.9	23302.6	3735.4	3362.2	1581.9	1173.1	1062.2

续表

年份 地区	粮食	谷物	# 稻谷	# 小麦	# 玉米	豆类	薯类	棉花	油料	# 花生	# 油菜籽	# 芝麻	麻类	# 黄红麻	# 甘蔗	# 甜菜	烟叶	# 烤烟	蚕茧	# 桑蚕茧	茶叶	水果	# 苹果	# 柑橘	# 梨	# 葡萄	# 香蕉
2015	66060.3	61818.4	21214.2	13255.5	26499.2	1512.5	2729.3	590.7	3390.5	1596.1	1385.9	45.0	15.6	4.8	10706.4	508.8	267.7	249.5	81.2	74.1	227.7	24524.6	3889.9	3617.5	1652.7	1316.4	1062.7
2016	66043.5	61666.5	21109.4	13318.8	26361.3	1650.7	2726.3	534.3	3400.0	1636.1	1312.8	35.2	18.1	3.4	10321.5	854.5	257.4	244.5	80.3	73.8	231.3	24405.2	4039.3	3591.5	1596.3	1262.9	1094.0
2017	66160.7	61520.5	21267.6	13424.1	25907.1	1841.6	2798.6	565.3	3475.2	1709.2	1327.4	36.6	21.8	2.9	10440.4	938.4	239.1	227.9	81.7	75.1	246.0	25241.9	4139.0	3816.8	1641.0	1308.3	1117.0
2018	65789.2	61003.6	21212.9	13144.0	25717.4	1920.3	2865.4	610.3	3433.4	1733.2	1328.1	43.1	20.3	2.9	10809.7	1127.7	224.1	211.0	83.1	76.4	261.0	25688.4	3923.3	4138.1	1607.8	1366.7	1122.2
2019	66384.3	61369.7	20961.4	13359.6	26077.9	2131.9	2882.7	588.9	3493.0	1752.0	1348.5	46.7	23.4	2.9	10938.8	1227.3	215.3	202.1	83.3	77.2	277.7	27400.8	4242.5	4584.5	1731.4	1419.5	1165.6
2020	66949.2	61674.3	21186.0	13425.4	26066.5	2287.5	2987.4	591.0	3586.4	1799.3	1404.9	45.7	24.9	1.9	10812.1	1198.4	213.4	202.2	78.8	73.5	293.2	28692.4	4406.6	5121.9	1781.5	1431.4	1151.3
北 京	30.5	29.4	0.1	4.6	24.2	0.3	0.8	0.0	0.3	0.3	0.0	0.0					0.0					53.8	4.3		5.9	1.9	
天 津	228.2	226.3	50.2	62.9	109.7	0.9	1.0	1.0	0.3	0.3	0.0	0.0			0.0							56.4	2.8		5.0	8.8	
河 北	3795.9	3617.7	48.9	1439.3	2051.8	29.4	148.8	20.9	119.5	96.8	5.6	0.3	0.0			63.7	0.2	0.1	0.0	0.0	0.0	1424.4	239.7		350.2	124.6	
山 西	1424.3	1331.2	1.7	236.5	979.9	30.7	62.3	0.2	14.3	1.3	2.1	0.2	0.6	0.2	0.0	0.2	0.4	0.4	0.2	0.2	0.1	909.8	436.6		97.7	34.5	
内蒙古	3664.1	3281.6	123.1	170.8	2742.7	256.4	126.1	0.0	217.3	15.9	28.3	0.1	0.3	0.0		620.2	0.5	0.4	0.6			238.7	25.8	0.0	5.1	5.0	
辽 宁	2338.8	2283.5	446.5	1.7	1793.9	25.6	29.7	0.0	99.7	98.7	0.1	0.0				9.1	1.6	1.3	3.6	0.0		851.3	267.3		133.0	79.8	
吉 林	3803.2	3698.6	665.4	1.7	2973.4	72.8	31.8		81.4	78.3	0.0	0.2	0.1			4.2	2.3	0.9	0.2			146.6	5.6		7.3	8.8	
黑龙江	7540.8	6576.9	2896.2	18.7	3646.6	932.0	31.9		12.3	8.7	0.0	0.0	11.6			14.1	2.9	2.7	0.3			170.1	14.4		5.0	5.6	
上 海	91.4	91.1	84.7	5.3	0.9	0.1	0.2	0.0	0.7	0.1	0.6	0.0			0.2						0.0	43.9		11.7	3.4	4.9	
江 苏	3729.1	3631.6	1965.7	1333.9	308.3	71.6	25.8	1.1	93.0	40.6	51.2	1.1	0.1	0.0	5.2	1.9			3.6	3.6	1.1	974.2	56.6	3.4	78.4	61.1	
浙 江	605.7	536.0	465.1	40.8	25.9	30.8	38.8	0.7	32.1	5.2	25.8	0.9	0.0	0.0	46.4	0.0	0.1	0.0	1.6	1.6	17.7	755.3	0.0	191.8	35.2	76.2	0.0
安 徽	4019.2	3901.9	1560.5	1671.7	663.2	98.1	19.2	4.1	162.5	72.3	85.3	2.0	1.0	0.3	8.0		2.0	2.0	1.0	1.0	12.9	741.5	37.6	3.3	127.5	53.4	
福 建	502.3	408.2	391.7	0.0	14.8	12.0	82.2	0.0	22.7	21.7	1.0	0.0	0.0	0.0	27.0		10.0	10.0			46.1	764.6	0.0	386.1	19.5	22.9	45.2
江 西	2163.9	2076.3	2051.2	3.3	20.7	32.0	55.6	5.3	122.7	50.9	67.8	3.9	0.6	0.0	61.2		2.7	2.6	0.7	0.7	7.2	712.8		425.6	16.5	9.9	
山 东	5446.8	5276.1	98.8	2568.9	2595.4	56.7	114.1	18.3	290.9	286.6	2.2	0.1	0.0			0.0	4.7	4.7	0.5	0.5	2.6	2938.9	953.6		111.1	116.1	

续表

年份 地区	粮食	谷物				豆类	薯类	棉花	油料	#花生	#油菜籽	#芝麻	麻类		#甘蔗	#甜菜	烟叶		蚕茧		茶叶	水果	#苹果	#柑橘	#梨	#葡萄	#香蕉
			#稻谷	#小麦	#玉米									#黄红麻				#烤烟		#桑蚕茧							
河 南	6825.8	6631.8	513.7	3753.1	2342.4	97.9	96.2	1.3	672.6	594.9	45.9	18.4	0.7	0.7	10.7		21.0	20.8	1.2	0.6	7.1	2563.4	407.6	4.7	138.2	88.1	
湖 北	2727.4	2581.4	1864.3	400.7	311.5	39.7	105.3	10.8	344.5	87.1	241.1	13.1	0.8	0.0	28.2		6.3	5.3	0.1	0.1	36.1	1066.8	0.7	510.0	41.5	31.3	
湖 南	3015.1	2876.9	2638.9	7.8	223.2	40.0	98.2	7.4	260.7	29.9	228.7	1.6	0.5	0.0	34.9		18.5	18.3	0.0	0.0	25.0	1150.8		626.7	20.1	24.4	
广 东	1267.6	1158.5	1099.6	0.1	58.2	11.8	97.3		113.5	112.1	0.8	0.6	0.0	0.0	1366.8		4.1	3.6	12.0	12.0	12.8	1882.6		497.7	12.3	1.9	478.7
广 西	1370.0	1290.8	1013.7	0.6	273.3	26.6	52.6	0.1	73.9	69.2	3.1	1.1	0.8	0.7	7412.5		1.9	1.5	37.7	37.7	8.8	2785.7		1382.1	47.1	62.6	303.7
海 南	145.5	126.3	126.3			1.8	17.4		7.7	7.6		0.1			105.8		0.1	0.0	0.1	0.1	0.1	495.6		14.4			112.9
重 庆	1081.4	753.7	489.2	6.1	251.1	41.5	285.2		67.1	14.1	51.4	0.5	0.4	0.0	8.2		5.3	4.0	1.2	1.2	4.8	514.8	0.6	319.9	32.0	12.7	0.1
四 川	3527.4	2836.9	1475.3	246.7	1065.0	138.8	551.8	0.2	392.9	73.8	317.2	0.3	3.1	0.0	37.8	0.1	16.2	14.6	10.0	10.0	34.4	1221.3	80.8	489.0	95.6	41.6	5.1
贵 州	1057.6	704.5	416.0	33.4	220.3	33.7	319.4	0.0	103.4	11.7	76.2	0.1	0.1	0.1	61.3	0.3	22.5	21.1	0.3	0.3	21.1	548.1	34.5	67.8	44.8	33.7	7.8
云 南	1895.9	1587.5	524.9	69.7	938.0	123.3	185.0	0.0	63.1	7.6	54.2	0.0	0.8		1597.2		84.3	81.6	3.4	3.4	46.3	961.6	60.6	135.9	65.4	97.5	197.6
西 藏	102.9	100.7	0.5	17.6	2.8	1.9	0.3		5.1	0.0	5.1						0.0	0.0			0.0	2.2	0.8	0.0	0.1	0.1	0.1
陕 西	1274.8	1150.0	80.5	413.2	620.2	28.3	96.5	0.1	59.1	12.4	37.5	1.1	0.1	0.0	0.7	0.0	5.3	5.3	0.7	0.7	8.7	2070.6	1185.2	51.9	104.3	80.7	
甘 肃	1202.2	942.2	1.7	268.9	616.8	37.2	222.8	3.0	61.4	0.2	33.9	0.0	0.3			22.4	0.5	0.5	0.0	0.0	0.2	779.0	386.0	0.1	23.9	27.1	
青 海	107.4	72.1		37.6	14.8	3.5	31.8		30.2		30.1						0.0					2.9	0.4		0.5	0.0	
宁 夏	380.5	337.3	49.4	27.8	249.1	1.7	41.5		6.7	0.0	0.9					0.0	0.1	0.1				204.5	21.1		0.5	10.8	
新 疆	1583.4	1557.4	41.9	582.1	928.4	10.2	15.8	516.1	54.9	0.9	8.6	0.0	3.3			462.2						1660.4	184.0		154.5	305.6	

注：2003年起水果产量包括瓜果类产量。

第五部分

附　录

植入名录汇总

1. 永吉柞蚕

据永吉县志记载，当地从清道光六年（1826年）就开始放养柞蚕，至今已经将近200年。吉林省最早成立的柞蚕试验种场始建于1952年，就位于永吉县口前镇，该研究院在永吉县共有三个这样的柞蚕种源基地，在柞蚕新品种开发和蚕业综合利用研发上处于国内领先地位。当地产出的永吉柞蚕个头大，体态饱满，蚕肉肥厚，手感挺实，每100克柞蚕内含蛋白质≥18.4g，脂肪≤8.2g，氨基酸≥13.9g，钙≥9mg，是名副其实的高蛋白、低脂肪的营养产品，深受消费者的喜爱，同时也为蚕农带来了不错的收益。正像当地流传的顺口溜说的那样，“种地带养蚕，一年收入顶几年”。永吉县放养柞蚕户数超过1000户，同时带动周边农民从事摘茧、匀蚕等工作，每年累计可使周边农民增收160多万元。全县年产柞蚕种茧80万公斤，商品茧40万公斤，年产值可达6000多万元。

2. 兴业大米

兴业县隶属广西壮族自治区玉林市，位于玉林市与贵港市之间的广西主要产粮区玉贵走廊之上，是玉林市的西大门，该区域河谷盆地相间分布，气候温暖湿润，光热充足，无霜期长，雨量充沛，境内物产富饶，资源丰富，盛产大米，素有“鱼米之乡”美誉，所产的兴业大米因颗粒饱满，表面光滑，晶莹剔透，吸油吃水性能好而驰名全国。

近年来，兴业县政府高度重视当地水稻产业发展，立足本地区位优势，在政策、资金、技术等各方面大力扶持大米产业发展，深入挖掘水稻种植合作社辐射带动作用，积极推动产业化经营，深入挖掘兴业大米文化底蕴，努力打造“兴业大米”品牌，通过引进生产加工销售一体化公司，建成烘干、加工、仓储为一体的全自动大米加工流水线，生产的“兴业大米”已实现品牌化销售。

3. 湛江金鲳鱼

金鲳鱼，又名黄腊鲳，是南方沿海名贵海产经济鱼类之一，主要在广东、广西、海南、福建南部沿海养殖。湛江金鲳鱼养殖历史可追溯到20世纪80年代，随着金鲳鱼人工育苗技术的突破以及深水网箱技术的应用，金鲳鱼产业得到快速发展，成为国内五大海水养殖品种之一，而湛江作为全国最大的金鲳鱼养殖基地，所产的湛江金鲳鱼形似观赏鱼，不仅“颜值高”，且肉质结实细嫩刺少，味道鲜美富含蛋白质、氨基酸、钙等营养物质，是名副其实的水产“靓货”。湛江市金鲳鱼养殖业的迅速发展带动了苗种、饲料、养殖装备、加工与流通等全产业链的发展，直接从业人口约3万人，间接带动从业人口近30万人，金鲳鱼产业总产值约70亿元，成为带动农民致富的特色产业之一。2021年10月22日，湛江市被中国水产流通与加工协会评为“中国金鲳鱼之都”，以湛江金鲳鱼为代表的海鲜已经成为湛江一张靓丽的城市名片。

4、福兴地西红柿

福兴地镇，位于辽宁省阜新市阜新蒙古族自

治县北部，其地处内蒙古高原和辽河平原的中间过渡带，柳河中上游，境内地势开阔，土壤肥沃，属温带半干旱大陆性季风气候，四季分明，夏短冬长，年平均太阳辐射量 138.47 千卡 / 平方厘米，年平均日照时数 2673.7 小时，平均日照百分率 62%，太阳辐射和光照条件是辽宁省最好地区之一，为农作物生长提供了丰富的光热资源，使得当地盛产的福兴地西红柿色泽红润鲜艳，汁多味浓，酸甜可口，番茄红素含量高，营养价值高，深受广市场的欢迎。近年来，福兴地镇把设施农业产业作为富民工程首选项目，坚持产业集约化、绿色化发展方针，狠抓落实、强力推进，利用市场拉动、政策调动、效益驱动、典型带动等举措，大力发展设施农业。目前，全镇设施农业占地面积达到 1.7 万亩，设施生产面积 5100 亩，位于全市前列，设施农业助力群众走上增收致富路。

5. 广河河沿面片

广河河沿面片作为广河县最具特色的代表性美食，早已享誉陇上。广河河沿面片，源于广河县三甲集镇临园河沿一带的饭馆，故统称河沿面片。河沿面片最讲究的就是对面片的纯手工制作，不使用任何机器设备，还有就是对食材羊肉和其他佐料的选择，都是精挑细选的上等绿色食材，使得最终的河沿面片吃起来独具特色，给人以视觉上的享受和味觉上的满足。河沿面片独特的制作工艺和风味，为广大群众和过往旅客所青睐，百吃不厌。经常有人吃过后对河沿面片念念不忘，会不定期从兰州等地专程驱车来吃上一顿一饱口福。现在河沿面片的名气与日俱增，已进入陇原名吃之列，颇具品牌效应。近年来，临夏州委、州政府打造“美食百亿级产业”，为广河美食面向全国市场，带动县域经济发展提供了一次难得机遇。今后，广河河沿面片必将抓住这次难得机遇，趁势而上，将广河河沿面片的品牌打造得更加响亮。

6. 道真福星麻秆糖

道真仡佬族苗族自治县（简称道真县）是遵义市辖下的自治县，以汉代学者尹道真得名。道真县位于贵州省最北部，是云贵高原向四川盆地过渡的斜坡地带，气候属亚热带湿润季风气候，冬无严寒、夏无酷暑，非常适宜玉米、水稻等农作物的生长，由此，一道以玉米或大米、糯米为原料，加入 10% 的谷芽和麦芽，经过高温加工处理制成的小吃——麻秆糖在当地应运而生，其中，道真福星麻杆糖尤为出名。道真福星麻杆糖因主产大磏镇福星村而得名，其味道酥脆香甜，营养丰富，深受人们的欢迎，每逢春节期间，福星麻糖杆都会在道真县城、大赚镇三桥镇等地大量上市，产品供不应求，已成为人们生活中不可替代的副食品和馈赠亲朋好友的礼品，具有较大的开发潜质，常年产量 30 吨。

7. 饶河好鱼

近年来，饶河县深度挖掘开发水产资源潜力，大力打造“饶河好鱼”区域品牌，走好优质鱼养殖加工产业发展之路，饶河县境内有一江 39 河，水资源主体乌苏里江水系是世界上公认没有污染的河流之一，水域宜渔自然水面达 12 万亩，水产资源可利用空间广阔，自然水库、池塘及泡沼水产养殖大多数仍处于“人放天养、自然增殖”的初级状态，具备发展水产养殖业的基础条件，且水产品品质优良，以“三花五罗”为代表的乌苏里江鱼品种丰富。在水产品体系中，乌苏里江鱼是最高品质的代表，“好水出好鱼，好鱼出饶河”。当地政府依托水资源宝库、乌苏里江优良的水质、丰富的淡水鱼种类资源，着力构建优质鱼养殖加工与储运产业链，紧盯省东北全面振兴“十四五”发展规划提出鲟鳇鱼、哲罗鱼、细鳞冷水鱼等发展机遇，全力打造“饶河好鱼”品牌，扩大乌苏里江优质鱼品牌影响力和市场占有率，把渔业产业建成全县新的经济增长点，建成全市最优、省内知名的水产养殖示范区，让丰富的水产资源优势转化为经济优势。

8. 金萃九原

九原区是内蒙古自治区包头市的一个市辖

区。位于内蒙古自治区西部，东邻东河区、石拐区，北靠青山区、昆都仑区，北靠大青山，南临黄河，地处土默特平原与河套平原的接合部。位于"呼包银榆"经济区和"呼包鄂榆"城市群的核心区域，是包头新都市中心区所在地。是包头市重要的粮畜产地。近年来，我区积极打造覆盖全市域、全品类、全产业链的区域公用品牌——"金萃九原"，通过"金萃九原"区域品牌的创建与运营破解了九原区农产品品类多而散、主体多而小、市场竞争力弱的难题，并不断创新运营机制、构建运营生态，溯源管理倒逼与加速农业标准化进程，以品牌背书提升生态产品价值，将生态优势转化为商品优势，将资源优势转化为品牌溢价，在高质量发展中促进共同富裕，让全区人民的幸福感更可持续。

9. 我从伊犁来

新疆维吾尔自治区伊犁哈萨克自治州地处祖国西北边陲、新疆西部，西面与哈萨克斯坦接壤，边境线长 2000 多公里。因伊犁河而得名，素有"塞外江南""瓜果之乡"的美称。历史上是古丝绸之路北道要冲，今天是我国向西开放的重要支点。伊犁州自然资源得天独厚，沃野千里，草原辽阔，森林茂密，全部面积的 87% 是农牧林宜用地，草地、森林的植被覆盖率达 67.7%。是新疆重要的粮食、油料、蔬菜、林果、畜产品生产基地和伊犁马、新疆褐牛培育基地。近年来，当地政府大力发展畜牧业振兴，倾力打造"我从伊犁来"区域品牌，借助伊犁河谷水草丰美的区域优势，发展乡村特色产业，打造优质特色农产品基地。通过积极谋划布局，着力提升当地绿色优质生产能力和加工能力，重点发挥龙头企业在优化产业结构、推进标准化养殖、持续改良牲畜品种上的作用，以优质安全、绿色发展为方向，加快推动奶业高质量发展。随着生产环节稳定供应链、加工环节延长产业链、服务环节保障要素链、输出环节拓宽销售链初现规模，伊犁加强完善上下游联结机制，为奶业发展注入了新动能。

10. 稻乡五常

中国东北部地区有着独特的自然环境和地理条件，被人们视为中国最优质的农业产区。五常市位于我国东北黑龙江省南部，东靠张广才岭，西、北接连松嫩平原，地势东南部较高，层峦叠嶂，多森林，中部丘陵起伏，多沟壑。西北部属平原地带，大秃顶子山海拔 1696 米，为黑龙江省最高峰。拉林河从东南流向西北，斜贯境内。建有龙凤山水库、磨盘山水库。属中温带大陆性季风气候。年均气温 3℃～4℃，年均降水量 500～800 毫米。森林资源丰富，森林覆盖率 42%，自然条件得天独厚，是我国著名的稻米之乡，黑龙江省著名的农业大市之一。五常素有"六山一水半草二分半田"之称，自然资源得天独厚，全部有大小河流 97 条，耕地面积 240 万亩，其中水田 100 万亩，是重要的商品粮基地和全国水稻五强县之一，素有"张文才岭下的水稻王国"之称。多年来，五常市政府立足于本地自然资源优势，全力打造"稻乡五常"区域品牌，紧紧围绕优质稻乡这一主题，大力发展当地的稻米、蔬菜种植、绿色养殖、产品加工、生态旅游等产业的发展。

11. 麻城石材

麻城市地处大别山中段南麓，东部和北部为山地，西部、东南部为丘陵，西南部为冲积平原。地势东北高，西南低。东、北、西三面山脉相连，群峰逶迤。境内地下矿藏资源丰富，主要为有铁矿、铜矿、花岗石矿、大理石矿等。矿区拥有大型花岗岩整体矿山，矿区面积 60 余平方千米，其中饰面花岗岩资源丰富，品质最为优良，加之产区城地处鄂豫皖三省接合部，更是为麻城石材的发展提供了巨大的交通便利。麻城石材，因白鸭山而闻名。背靠着 5 亿立方米储量的资源宝库，近年来，在当地政策的引领下，麻城石材产业园紧盯高质量发展目标，遵循"绿色矿山、绿色加工、绿色运输、循环利用"的工作思路，大力推进石材产业集约化、绿色化发展，先后被省政府认定为全省重点产业集群、省级重点建设项目。2018 年麻城市被授予“全国石材产业集群示范城市”，2019 年被评为“中房协石材优采基地”。麻城石材园区现有规模以上企业 126 家，2021 年元至 8 月，完成工业产值 110 亿元，石材产业实现税收 6.12 亿元，产值占据麻城工业经济的“半壁江山”。高端园区、交易大市场、石材展览馆、石材铁路等重点项目加快建设，石材产业为麻城市“建成中心，挺进百强，谱写新篇”奠定坚实基础。

12. 桦南紫苏油

桦南县隶属于黑龙江省佳木斯市，完达山西麓，三江平原腹地，有“中国紫苏之乡”的美誉。桦南县上世纪 50 年代便有民众在房前屋后零星栽种紫苏，改革开放后，驼腰子镇新合村开始有组织地栽种紫苏，2004 年开始有紫苏油产品及其相关副产品。

紫苏籽成小坚果近球形，灰棕色或褐色，直径 1-1.3mm，有网纹，果萼长约 10mm，紫苏籽含油率高达 45% ～ 55%，紫苏油中含有多不饱和脂肪酸、生育酚、植物甾醇、蛋白及酚酸类等多种营养成分，其中不饱和脂肪酸达到 90% 以上，而在这些不饱和脂肪酸中 α－亚麻酸含量占 65% 左右。

近年来，桦南县紫苏种植面积多年稳定在 10 万亩以上，年产值 5 亿元以上，桦南县充分发挥现有资源和产业基础优势，大力实施紫苏全产业发展工程，为紫苏发展制定了 5 年规划，要做到两个 20，打造 20 万亩紫苏种植基地，打造 20 亿级产业集群。

13. 麻城辣椒

麻城市，湖北省辖县级市，地处湖北省东北部，黄冈市北部，是黄冈市管辖的农业大市。麻城辣椒是麻城市的主要特色蔬菜之一。据文献记载，麻城辣椒早在清康熙九年（1670 年）已有种植。其果形粗大，外观整齐，色泽光亮，果皮薄、肉质厚而香脆，微辣，适于煎、炒、烹、炸等，并且能和多种菜肴搭配，还可生食。麻城辣椒含有丰富的维生素 C、β－胡萝卜素、叶酸及镁、钾；可溶性糖含量 ≥ 1.5 g/100 g，粗纤维含量 ≤ 1.5 g/100 g。

近年来麻城市积极推行蔬菜种植统一配套、统一品种、统一技术、统一品牌、统一销售“五统一”管理标准，通过智能化种植，产量提高近 40%，精心打造蔬菜产业示范区、“三产融合”示范园等项目，2023 年麻城辣椒主产区覆盖 10 多个乡镇，主要采取“春提前 + 秋延后”模式，常年种植规模达到 5 万亩，产量 30 万吨，系列产值达到 10 亿元以上。

14. 钦南钦蜜百香果

钦州市，古称安州，广西壮族自治区辖地级市，地处广西壮族自治区南部沿海，处在著名的亚洲东南部季风区内，温度长期稳定在 20 ～ 30℃，日照时间长，降雨量丰富，非常适合规模化种植百香果。1998 年有种植基地从夏威夷引进百香果种植，2001 年列入钦州市农业产业结构调整的重点发展项目之一。

钦南钦蜜百香果果皮有明显的星状斑点，且富有光泽。香气馥郁、口感甜蜜、鲜嫩多汁，鲜果平均单果重 115 克，可溶性固形物 14.4% ～ 21.9%，果囊 pH 值为 4.5，糖度为 7.7%，酸度为 2.7%，出汁率约 41.2%。

2022 年，钦州不断强化产业科学发展规划，多措并举调结构、抓标准、提品质、创品牌，全方位培育开发产业发展新动能，积极推动百香果从“小特产”升级为乡村振兴“大产业”。目前，全市百香果种植面积约 6.5 万亩，年产量约 8.7 万吨，年产值超过 7.8 亿元，主栽品种为钦蜜 9 号、壮蜜 5 号和台农等品种。全市建有百香果苗木繁育基地 10 余家，年出圃苗木 1300 万株以上。

15. 全州香米

全州县，隶属广西壮族自治区桂林市，地处湘桂走廊，素有“鱼米之乡”“桂北粮仓”的美誉，全州气候温和，雨量充沛，光照充足，四季分明，昼夜温差大，耕地土壤沙黏适中，富含硒、氮、磷、钾等多种矿物质，土壤 pH 值 5.0 ～ 6.5，有机质含量 >30 g/kg。得天独厚的大米生长环境，赋予了全州生产大米颗粒均匀、晶莹剔透、黏度适中、香甜可口、营养丰富，水分含量≤ 14.5%，垩白粒率≤ 8%，直链淀粉含量（干基）14%-20%，胶稠度≥ 70mm。优质的稻米原材料，也为传承 2000 多年的全州县特色风味小吃红油米粉，提供了必不可少的上乘石材主料。

全州县作为“全国优质粮食工程”示范县，通过“全州香米”品牌打开优质粮食的市场销路，以及品牌建设和运维推广，构建“全州香米”公共品牌总体蓝图和实施策略。近年来，全州为适应新形势下粮食流通市场的发展要求，狠抓优质粮食种植基地建设，采取“公司（国有粮油购销公司）+ 企业（粮食加工企业）+ 基地（粮食种植基地）+ 农户（种粮农民）”四位一体的生产经营模式积极参与粮食生产、加工、销售等经营活动模式。

16. 群益枇杷

梅江区城北镇群益村，位于广东省梅州市，由于地理位置优越，肥沃的土壤中有机质含量≥ 1.0%，pH 值 5.5 ～ 7.5。年平均气温≥ 15℃，年平均日照 898.1h ～ 1084.7h，年平均降水量 962.5mm ～ 1419.2mm。加上该村两百多年的种植历经验积累。使得群益村枇杷肉多、果大、皮薄、味甜，可溶性固形物≥ 11%，总酸含量≤ 0.5%，固酸比≥ 22:1，可食率≥ 60%。2022 年来，群益村通过“公司 + 经联社 + 农户”模式，方便统一管理品质、包装，提升“群益枇杷”品牌。群益村现有枇杷果园面积约 1200 亩，几乎家家户户种植枇杷，年产量 100 多万斤。

近年来，城北镇布局一批产业强镇、产业强村，通过大力发展群益枇杷等“一村一品”优势特色产业，逐步实现“四季有花、田里有瓜、树上有果、全年无闲”的农业发展目标，形成龙头带动、特色鲜明的产业格局，推动农业品牌建设，助力提高农产品的质量和市场竞争力。

17. 大通菜籽油

大通回族土族自治县，隶属青海省西宁市，洪武十九年（1386 年）修筑西宁城，同时，在大通河一带，垦荒辟地，开沟修渠，引水灌田，种植菜籽、粮食，蔬菜等。冬冷夏暖的季风气候特征，年均气温 4.9℃，年降雨量 453 ～ 595mm，年日照时数为 2581.7 小时，无霜期 114 天，年降水量 477.4 毫米，年蒸发量 1198.3 毫米，年相对湿度 63%，年平均风速 0.9 米 / 秒。大通油菜籽粒呈黑褐色、籽粒大，饱满均匀，无虫蛀，耐贮藏，含油量高；其中，油菜粗蛋白 g/100g ≥ 18.1，粗脂肪 g/100g ≥ 39，钙 mg/100g ≥ 400，磷 mg/100g ≥ 710。

近些年，当地投资扶持油菜产业精细化加工、绿色生态植物油加工、农机服务合作社、大通县智慧农业科技示范园区等项目，共计投资 3720 万元。油菜作为大通县主要的农作物，已从单纯的油料作物变身为集旅游价值和营养价值为一体的“金花花”，带动农民走出了一条“油旅融合、以油促粮、粮油兼丰”的致富路。

18. 广灵马铃薯

广灵县，隶属山西省大同市，位于山西省东北部，种植马铃薯是 20 世纪七八十年代当地人民的主要食物来源，当地地势偏高，海拔高度平均在 1400—1700 米之间，年平均气温 3℃，年平均降水量 450 毫米，无霜期 112 天，气候冷凉、昼夜温差大，属典型的高寒冷凉山区，土壤通透性好，土壤为黄绵土、黑垆土，有机质含量≥ 12g/kg，非常适宜马铃薯的生长，这里盛产的马铃薯薯块较大，形状规整，表皮光洁，淀粉含量高，口感细腻，淀粉含量每 100g 含 17-22g，干物质含量 100g 含 20-24g。

山西省政府牵头出台了《山西省“土豆革命”行动方案》，到 2025 年，培育和筛选 20 个新品种，推广一批新技术，建设 30 万亩现代加工型马铃薯种植基地，将马铃薯打造成特色农业的主导产业和乡村振兴的支撑产业。

19. 临桂葛根

临桂区，隶属广西壮族自治区桂林市。位于广西壮族自治区东北部，桂林市老城区西面，临桂地区已有数百年的葛根种植历史，当地的土壤有机质含量≥ 3.0%，土壤的 pH 值 5.0 至 6.5，土层厚度≥ 60cm，临桂葛根形态外观似木头，有坚硬的质地，内部为棕黄色或白色，口感清甜微涩，非常独特，初尝有点涩，但咀嚼后口感会慢慢转变为清甜，粗纤维≤ 4%，淀粉≥ 50%，葛根总黄酮含量≥ 0.4%

临桂区葛根种植史悠久，目前已达 11500 亩，年产值过亿元。近年来，临桂区通过规划引领、科技支持、三产融合等举措不断做大做强葛根产业特色文章，临桂区制定《南边山镇葛根产业助推乡村产业振兴实施方案》，调动优势产业资源，采取“企业 + 合作社 + 基地 + 农户”模式。坚持“政府引导 + 龙头带动 + 农户参与”方式，建成千亩葛根种植示范带，辐射带动周边 3 个行政村 500 多户种植，带动脱贫 37 户，鼓起农民钱袋子，助力乡村振兴。

20. 合山澳洲坚果

合山澳洲坚果是广西壮族自治区合山市的特色产品，合山地处亚热带季风湿润气候区，年平均气温为 20.6℃，年平均降雨量 1350mm，年平均日照时数为 1608 小时，年平均无霜期 346 天，相对湿度 78%，土壤 pH5.5–6.5，经试种效果良好，是种植澳洲坚果的理想地域。澳洲坚果的食用价值很高，且营养丰富，含有人体必需的八种氨基酸，还富含蛋白质、多种矿质元素和维生素，有“干果皇后”之美称。近年来，合山市聚焦特色农业产业发展，进一步优化产业布局、强化利益联结、延长产业链条，促进澳洲坚果产业提质增效，带动农民增收致富。目前，全市澳洲坚果种植面积 14000 多亩，产值约 1.2 亿元。

21. 于洪大米

于洪大米生产历史悠久，从城区流经的蒲河给于洪区留下了难得的生态湿地，这里水道纵横交错，气候温润加之光照充足，成就了最适宜水稻种植的沈阳大米种植核心产区。近年来，于洪区发挥区位优势，将高端精品、生态农产品作为推进农业供给侧结构性改革、促进农民持续增收的重要抓手，重点发展了于洪大米、食用菌和精品果蔬等优势产业，全力打造以优质农产品为特色的现代农业生产基地，蹚出了一条都市农业产业发展的品牌之路。

22. 于洪蛹虫草

北虫草又叫蛹虫草，于洪区是沈阳市蛹虫草人工栽培发源地，也是全国工厂化人工栽培蛹虫草最大的生产基地。目前于洪蛹虫草栽培面积近千亩，年产量占沈阳的 70%、辽宁的 60%、全国的 40%，年产量突破两千吨，已形成蛹虫草栽培、深加工等全产业链条。近年来沈阳市于洪区大力发展北虫草产业，全产业链打造中国北虫草之乡，叫响北纬 41 度沈阳北虫草品牌，目前正在打造蛹虫草小镇综合体。

23. 水城刺梨

有着维 C 之王之称的水城刺梨和猕猴桃、水城春“早春茶”一起被誉为“凉都三宝”，六盘水市水城刺梨生长在乌蒙山腹地，生长周期长，刺梨鲜果中维生素 C、多糖、类黄酮等物质含量高。2023 年水城刺梨产量达到 8.5 万吨，综合产值 8 亿元以上，刺梨产业已成为六盘水促进农民增收致富、助力乡村振兴以及推动生态文明建设、改善自然生态环境的重要绿色支柱产业，且带动了该市 20.98 万人增收。

24. 桂林桂花糕

桂林桂花糕，因桂花得名。桂林的桂花糕是一种以糯米粉、糖和天然桂花为原料制作而成的糕点。广西桂林地区气候湿润，桂花生长茂盛，因此产出的桂花糕尤为香甜。而桂花糕的制作在当地更是发展出了独特的技艺和风格，成为了地方文化的一部分。桂林桂花糕凭借其源远流长的历史、精湛的制作工艺和地域特色，在国内外都享有盛誉。无论是其芳香的味道，还是制作过程中所体现的传统文化，都让人流连忘返。在品尝桂林桂花糕的同时，也仿佛能品味到中国悠久的历史和文化底蕴。

25. 利川黄精

利川黄精是利川市的道地药材品种之一，全身是宝，利川黄精因根径象生姜，习性像老虎，生长在纵林、小溪旁，因此民间俗称“老虎姜”历史悠久，在利川市境内的16个乡镇都有分布。尤其在忠路镇，文斗镇、团堡镇，汪营镇，凉雾乡野生资源十分丰富，也有悠久的人工种植的历史。利川黄精根茎白胖、肉质饱满，有酒的香气，味道甜糯、断面透明，气微，嚼之有黏性，黄精多糖、总黄酮含量高，营养物质丰富。利川黄精作为药食同源植物，不仅可以补气养阴、健脾润肺、益肾填精，还可用于治疗心血管疾病、抗菌解毒、抗衰老、脾胃虚弱、体倦乏力、口干食少、肺虚燥咳、精血不足、内热消渴等，是出口创汇中药品种之一。现代药理分析，黄精含有黄精多糖、黄精低聚糖、黏液质、黄酮、生物碱、皂苷等成分，黄精无淀粉，具有抗氧化、抗病毒、抗辐射作用，不但调节血糖血压血脂，同时还有调节尿酸和体重之功效，可防治动脉硬化和肝脏脂肪浸润等疾病，服用可增强机体免疫力，延缓衰老，祛病延年。此外，利川黄精用作煲汤、煮粥等食用价值时，可以将黄精所含有的营养成分很好地激发出来，更利于人体吸收。古法九蒸九晒黄精在利川有上千年历史，其营养更加纯正。由于利川地处世界硒都，生长的黄精天然含硒，品质更加优良，集药用、食用、观赏、美容于一身，市场需求量日益增加，市场供不应求，具有良好的经济效益，发展前景十分广阔。

利川黄精是大众优质杂粮、糖尿病人主粮、特殊人群辅粮。

26. 石坑奈李

石坑奈李是广东省梅州市梅县区石坑镇的特产，种植面积高达3000多亩。奈李，又名粉奈李、芙蓉李。石坑奈李果顶平或微凹，梗洼浅，缝合线比较浅，果粉厚，果实初熟时皮呈黄绿色，肉橙红色，肉质清脆；完全熟后均为紫红色，肉软多汁，味甜而微酸。石坑奈李营养价值较高，具有生津止渴、益胃、醒酒提神、止咳化痰及美容养颜等功效。近年来，石坑镇党委、政府高度重视现代特色农业发展，立足资源禀赋，突出特色优势，倾力扶持专业大户，全面推进特色农产品开发推广，深入实施乡村振兴战略，石坑奈李等特色优势农产品产业基础不断夯实，家庭农场、专业合作社等新型农业经营主体蓬勃发展。

27. 红沙月饼

红沙月饼是海南省三亚市的传统特产之一，因原产于三亚市红沙社区而得名，红沙月饼选用优质绿豆、果仁等原料，并坚决维持传统手工制作工艺，以皮酥、馅实、甜而不腻著称，素有“拿不腻手，吃不甜喉”之美誉，是海南中秋佳节必备的传统节令食品，其独具特色的口味赢得了广大消费者的交口称赞。红沙月饼源自宋代，当时为了庆祝中秋佳节，皇家厨师们经过无数次尝试和改良，在三亚诞生了这款“其外皮薄而脆，内馅滑而不腻，口感丰富多变”独具特色的月饼。随着消费者对传统文化及健康食品认知度提升，“红沙月饼”已成为国内外市场上备受欢迎的高端点心品种。

27. 宝清白鲜皮

宝清县，隶属黑龙江省双鸭山市下辖县，地处黑龙江省东部，三江平原核心，北大荒腹地，地貌特征可概括为“四山一水四分田，半分芦苇半草原”。属于寒温带大陆性气候，四季分明，冬季长而寒冷，夏季短暂而炎热，春秋两季较为短暂。年平均气温3.2℃，无霜期145天，年平均日照时数2491小时。气候温和，适宜多种作物生长，有“植无不宜，种无不丰”之说。年降水量为400至600mm，平均降水量548.6mm。风向冬季西北风，夏季南风，长年主导风向西南风。

宝清白鲜皮是黑龙江省宝清县的特产，宝清白鲜皮的历史可以追溯到《神农本草经》，始载于该书中。现代医学研究及临床应用证明，白鲜皮含有白鲜碱、白鲜内脂、谷甾醇、胆碱、梣皮酮等，对多种致病真菌均有不同程度的抑制作用，白鲜皮还有解热作用。新中国成立后，随着中药市场的繁荣和发展，白鲜皮的需求量不断增加，宝清县开始大面积种植白鲜皮，具有悠久的种植历史和深厚的文化底蕴。白鲜皮是一种具有清热解毒、祛风止痒、活血化瘀等功效的中草药，被广泛用于中医临床治疗各种疾病。

此外，宝清县还充分利用当地的气候和地理优势，大力发展寒地龙药产业，并将白鲜皮作为其中的重点品种进行推广。通过建设中药材观光园、开展中药材文化节等活动，宣传宝清白鲜皮的品牌形象和文化内涵，进一步提升了宝清白鲜皮的知名度和美誉度。

综上所述，宝清白鲜皮具有悠久的种植历史和深厚的文化底蕴，在当地中药材产业中具有重要的地位。通过政策扶持、基地建设、深加工和研发工作以及宣传推广等方面的支持，宝清白鲜皮产业得到了快速发展和提升，为当地农民带来了可观的收益和就业机会。

28. 宝清玉米

宝清县，隶属黑龙江省双鸭山市下辖县，地处黑龙江省东部，三江平原核心，北大荒腹地，地貌特征可概括为“四山一水四分田，半分芦苇半草原”。属于寒温带大陆性气候，四季分明，冬季长而寒冷，夏季短暂而炎热，春秋两季较为短暂。年平均气温 3.2℃，无霜期 145 天，年平均日照时数 2491 小时。气候温和，适宜多种作物生长，有“植无不宜，种无不丰”之说。年降水量为 400 至 600mm，平均降水量 548.6mm。风向冬季西北风，夏季南风，长年主导风向西南风。

宝清玉米在历史上早有盛名。宝清玉米的历史可以追溯到金代时期。据《金史・食货志》记载，女真族人以种植作物为生，其中玉米已在该地区广泛种植。宝清县属于寒温带大陆性季风气候，拥有适宜玉米生长的肥沃土壤和充足的光照条件，宝清玉米品质优良，口感香甜，营养丰富，一穗穗大小匀称、色泽金黄、颗粒饱满的爆裂玉米突破寒地积温考验，实现首次大规模试种成功，填补了国内寒地爆裂玉米种植的空白。因此，备受消费者青睐。

近年来，宝清县不断加强玉米种植技术的研究和推广，提高玉米产量和品质，为当地农民带来了可观的收益。同时，宝清县还通过举办玉米文化节等活动，宣传宝清玉米的品牌形象和文化内涵，进一步提升了宝清玉米的知名度和美誉度。

此外，宝清县万里润达二期 150 万吨 / 年玉米深加工项目是今年黑龙江省重点产业项目之一，也是双鸭山市今年重点打造的产业链项目。该项目将依托当地丰富的玉米资源，大力发展玉米深加工产业，提高玉米附加值，带动当地经济发展。

29. 防城港金鲳鱼

防城港位于广西北部湾畔，既沿海又沿边，地处华南经济圈、西南经济圈与东盟经济圈的接合部，是中国唯一与东盟各国陆海相连的城市，也是中国内陆腹地进入中南半岛东盟国家最便捷的海陆门户。防城港金鲳鱼始于 20 世纪 80 年代，90 年代到 2000 年期间，防城港金鲳鱼是广西防城港市的地方特产，具有悠久的历史和独特的品质。根据当地渔民的传说，防城港金鲳鱼最初是在防城港市江山镇白龙村珍珠湾一带海域发现的。过去，这里的渔民经常在近海捕捞到金鲳鱼。随着时间的推移，当地渔民开始尝试在近海养殖金鲳鱼，并逐渐掌握了养殖技术

防城港金鲳鱼富含多种营养物质，如蛋白质、脂肪、碳水化合物、钙、磷、铁等，其中不饱和脂肪酸和微量元素硒和镁的含量较高。这些物质对人体健康都有很大的益处，能够降低胆固醇、预防心血管疾病、延缓机体衰老等。

然而，在防城港地区，防城港金鲳鱼作为一种重要的渔业资源，一直以来都被广泛捕捞和养殖。随着当地海洋渔业的发展，金鲳鱼的养殖技术也不断得到提升和改进。近年来，当地采取“龙头企业＋平台公司＋村级集体经济组织＋农户”模式进行合作经营，随着水产养殖业的兴起，防城港金鲳鱼逐渐成为当地重要的水产养殖品种之一，当地政府也积极推动金鲳鱼养殖业的发展，加强品牌建设和技术支持，使得防城港金鲳鱼逐渐成为全国知名的水产品品牌之一。

30. 邯郸魔芋

邯郸市位于河北省南部，太行山东麓，西依太行山脉，东接华北平原，与晋、鲁、豫三省接壤，属于温带大陆性季风气候，四季分明，温度差异较大。春季气温回升较快，夏季炎热多雨，秋季气温逐渐降低，冬季寒冷干燥。年平均气温在13.6℃左右，其中夏季最高气温可达38℃，冬季最低气温可达–10℃。邯郸魔芋的历史可以追溯到中国三百多年前。最早把魔芋称为“蒟蒻”的是中国宋代的《开宝本草》一书。在日本和东南亚地区的一些植物学书刊中，仍一直以“蒟蒻”称魔芋。此外，《神农本草经》中称为“蒻头”，《名医别录》中称为“由跋”，《植物名实图考》中称为“磨芋”。魔芋食品是最近10年才在国内兴起的一种食品，历史悠久。

魔芋中含有大量的葡甘聚糖、多种维生素和矿物质，如钙、磷、钾、硒等，还含有大量的膳食纤维。每100g魔芋中含蛋白质2.2g，脂肪0.1g，碳水化合物17.5g，钙19mg，磷51mg。此外还含有大量甘露糖酐、维生素、植物纤维及一定量的黏液蛋白。因此邯郸魔芋被用于制作各种食品，如魔芋豆腐、魔芋粉丝等，这些食品在当时很受欢迎。

魔芋产业是一个相对新兴的产业，其发展速度和规模在过去几年中逐渐扩大。魔芋具有丰富的营养成分和保健作用，被广泛应用于食品、医药保健品、工业品等领域。在魔芋产业中，一些企业已经开始在种植、加工和销售方面进行创新，探索更加高品质、健康和多样化的产品和服务。

31. 柳州米粉

柳州又称龙城，位于广西中北部，总面积1.86万平方公里，市区面积3555平方公里，建成区面积248.5平方公里，辖10个县（区）。柳州米粉的历史可以追溯到中国秦朝时期。在秦始皇发兵统一岭南时，为了解决北方将士水土不服的问题，北方将士尝试将大米磨成粉或浆，再经加工成了后来的米粉。在宋代，米粉在汉代到宋代数百年间得到了进一步丰富和发展，市场上酒馆和粉馆已经相当普遍，出现了加工制作米粉等食品的作坊、酿酒作坊、油盐作食杂店等。到了明清时期，柳州米粉在整个广西地域发展得相当普遍。

现在柳州地区兴盛的商业活动和移民的涌入，为柳州米粉的发展提供了机会。其独特的制作工艺和口感逐渐流传开来，成为柳州地区的代表性美食，主要营养包括：蛋白质、脂肪、碳水化合物、钠、维生素，矿物质：镁、钙、铁、锌、铜、锰、钾、磷等。

柳州米粉产业在广西具有重要地位，其全产业链销售收入超过700亿元，规模以上生产预包装米粉及配套的工业企业超70家。2022年，柳州米粉的门店数位居全国第三，柳州螺蛳粉就遍布28个国家和地区，实现出口额超8000万元，增长61%，再创历史新高。

总的来说，柳州米粉在中国拥有悠久的历史和丰富的文化内涵。无论是作为主食还是小吃，米粉都扮演着重要的角色。

32. 柳州酸豆角

柳州又称龙城，位于广西中北部，总面积1.86万平方公里，市区面积3555平方公里，建成区面积248.5平方公里，辖10个县（区）。柳州酸豆角是广西柳州市的特产，具有悠久的历史。其起源可以追溯到“民国”十七年（1928年），战争年代百姓为了维持生计，并帮助红军填饱肚子，当地百姓用土法腌渍的青豆角送给红军。这种酸豆角也被称为“红军菜”，成了当地一段感人至深的历史故事。

柳州酸豆角是广西柳州市的特产，属于广西菜。柳州酸豆角选取新鲜豆角，搭配辣椒等调料，通过腌制而成，其口感酸辣爽脆，营养丰富，具有开胃消食的作用。其优质的品质包括 新鲜度：优质的柳州酸豆角应该选用新鲜、健康的豆角，经过精细挑选和清洗；口感：柳州酸豆角的口感应该是酸辣爽脆的，豆角鲜嫩多汁，配合辣椒等调料，味道鲜美独特；营养成分：柳州酸豆角含有丰富的蛋白质、膳食纤维、维生素和矿物质等营养成分，对人体健康有很好的保健作用。

酸豆角产业是指以酸豆角为主要原料的食品加工业，包括酸豆角的种植、销售、产业发展、品牌建设等环节。这个产业在全球范围内都有分布。种植面积：不同地区的酸豆角种植面积不同，但总体来说，酸豆角的种植面积呈增长趋势；销售市场：酸豆角产品销售市场主要包括餐饮业、零售市场、电商平台等；产业链发展：酸豆角产业链包括种植、收购、加工、销售等环节，不同环节的发展情况存在差异。一些地区通过发展酸豆角深加工产业；品牌建设：一些酸豆角企业注重品牌建设，通过提高产品质量、口感和包装设计等方面的水平，提升品牌知名度和竞争力，打造自有品牌，拓展销售渠道，取得了不错的业绩。

33. 柳州酸笋

柳州又称龙城，位于广西中北部，总面积1.86万平方公里，市区面积3555平方公里，建成区面积248.5平方公里，辖10个县（区）。柳州酸笋在广西具有悠久的历史底蕴。最初可以追溯到秦始皇统一岭南时期，据传当时北方将士南征，因水土不服而食欲不振。为了解决这个问题，秦始皇命令部下将北方的大米带到南方种植，同时为了解决米饭的口感问题，他们尝试着用腌制的方法来增加米饭的口感和风味，酸笋便是在这种背景下应运而生。

柳州酸笋在广西等地非常流行。它是将竹笋去皮后切成大块，放入锅中煮沸后取出晾凉，再加入盐水腌制而成。酸笋口感酸爽可口，不仅可以直接食用，还可以作为调料使用。每100g酸笋中大约含有钠53毫克、蛋白质3.28、碳水化合物4.47g、纤维素0.9g、脂肪0.13g、钙22mg、磷56mg、铁0.1mg。

柳州酸笋产业在种植、加工、销售等环节都取得了一定的成绩。在种植环节，柳州市及周边地区的气候和土壤条件适宜竹笋的生长，因此种植规模较为可观。在加工环节，柳州酸笋采用传统的手工制作方式，经过挑选、清洗、切片、腌制等工序制作而成，具有独特的酸味和口感。在销售环节，柳州酸笋主要销售市场在广西区内，以及广东、湖南等周边省份，同时也有部分产品通过电商平台销往全国各地。柳州酸笋产业是一个具有地方特色的产业，其发展需要充分发挥地方资源优势，不断提高产品质量和口感，优化生产工艺，拓展销售市场等。同时，柳州市政府也在推动酸笋产业发展方面积极出台政策，加大扶持力度，促进了酸笋产业的快速发展，加强区域品牌建设。

34. 梅河口松子

梅河口市，位于吉林省东南部、通化市北部，地处松辽平原与长白山区的过渡地带，属中北温带大陆性季风气候，总面积2179平方千米。梅河口松子有着悠久的历史底蕴。早在清朝时期，梅河口就以出产优质松子而闻名。松子是长白山天然物产资源的重要集散地，也是当地农民的重要收入来源之一。

梅河口松子富含多种维生素，维生素A：松子中的维生素A含量较高，有助于维持正常视力和免疫功能。维生素E：松子中的维生素E含量也很高，它是一种重要的抗氧化剂，可以保护细胞免受自由基的损害，并对心血管健康有益。维生素B1：松子中还含有较多的维生素B1，它有助于维持正常的神经功能和能量代谢。维生素B2：松子中还含有一定量的维生素B2，它有助于维持正常的免疫功能和皮肤健康。

近年来，梅河口市政府和相关企业加大了对松子产业的扶持力度，推动了松子产业的发展壮大。松子加工手段也从一家一户的人工扒皮、手工挑选向机械加工、规模生产转变。松子加工能力和产量逐年提高，对国内外市场的影响力和辐射力日益增强。

35. 宁远粽子

宁远县，隶属于湖南省永州市，位于湖南省南部，萌渚岭北麓，南有九嶷山，北倚阳明山，东连新田县、嘉禾县、蓝山县，南接江华瑶族自治县，西邻道县、双牌县，北界祁阳县金洞林场。宁远粽子的历史由来与当地的民间传说有关。相传在元末时期，宁远县的农民起义领袖欧阳平章为了抵抗元军的封锁和刀具管制，将粽子包成圆柱形，称为“枕头粑粑”，作为传递信息和运送兵器的工具。为了纪念这场农民起义，宁远县的人们在每年的中秋节吃粽子，并逐渐演变成了一种传统习俗。此外，也有人认为宁远粽子的起源可以追溯到更早的时期，即屈原投江自尽的消息传到宁远县的时候。为了纪念这位伟大的诗人和爱国志士，宁远县的人们决定在每年的中秋节吃粽子。

宁远粽子的特点是馅料丰富，口感香甜，软糯可口，在口感上非常软糯香甜，这得益于选用优质的糯米和绿豆、红豆、花生等馅料，以及粽子叶等材料。

随着生活水平的日益提高，相关产业也得到了极大的发展和促进主要表现在市场规模：随着人们对传统文化的重视和消费者对高品质、健康、多样化的需求增加，粽子市场的规模也在不断扩大。据不完全统计中国粽子市场规模近年来持续增长，2021年达到了约84亿元。预计到2024年，这个市场规模将增长至102.91亿元。产业链结构：宁远粽子产业上游以糯米、粽叶、肉类、调料等原材料供应为主。技术创新：随着科技的发展，一些现代化的技术和设备开始被应用到粽子的生产过程中，如自动化生产线、智能仓储等，提高了生产效率和质量。总的来说，宁远粽子的产业呈现出市场规模不断扩大、产业链结构完整、竞争激烈、技术创新等特点。未来，随着消费者对健康、品质、多样化的需求持续增加，粽子产业还将继续保持稳定的发展态势。

36. 青龙山甘薯

青龙山镇，隶属于内蒙古自治区通辽市奈曼旗，地处奈曼旗南部，东与库伦旗扣河子镇接壤，南与辽宁省阜新县太平乡、北票市台吉营子乡交界，西南与赤峰市敖汉旗北四家子乡为邻，西与沙日浩来镇相接，北与新镇毗连。青龙山甘薯是一种具有悠久种植历史的农产品，主要产自中国内蒙古青龙山镇。青龙山甘薯历史可以追溯到清代乾隆末年，已经有400多年的历史。在战争年代，青龙山甘薯是当地抗日英雄的主要口粮，携带方便，易于保腹。为了纪念甘薯对抗战胜利作出的特殊贡献，当地群众将甘薯品种命名为“胜利百号”。在新中国成立后的六七十年代，青龙山甘薯又成为当地群众的主要口粮，因为甘薯高产，缓解了其他粮食作物紧张、不够吃的难题。

青龙山甘薯以其优良的品质和独特的风味而备受赞誉。其生长的土壤和气候条件都非常适合甘薯的生长，使得甘薯能够充分吸收养分，茁壮成长。青龙山甘薯的口感香甜，营养丰富，富含多种营养成分，如维生素C、铁、钙等。此外，青龙山甘薯还具有补虚、健脾开胃等功效，对人体健康有很好的滋补作用。

青龙山甘薯产业在近年来得到了快速发展，成了当地的特色产业之一。主要表现在种植规模：青龙山镇的甘薯种植面积达到2.2万亩，亩产均在5000斤左右，市场价在1.8元/斤左右。技术创新：采用新品种、新技术和新设备，提高了甘薯的产量、品质、生产效率，销售渠道：包括实体店销售、电商平台等方式进行销售。品牌建设：当地企业和专业合作社开始打造自己的品牌，通过提高产品质量和包装设计等手段提升品牌形象和知名度，青龙山甘薯产品还获得了国家地理标志认证和绿色食品认证等荣誉。通过技术创新创衍生新了多种同类产品，如青龙山粉条等，满足粉条产品质量标准要求（符合 GB14881 标准），大大提升了青龙山甘薯深加工技术，同时在局里领导和政府大力关怀和支持下，当地政府通过提供资金扶持、技术指导、市场信息等服务，帮助农民和企业解决实际困难，促进甘薯产业的健康发展，为青龙山甘薯、青龙山粉条的食品安全保驾护航！

37. 三亚豇豆

三亚市，是海南省辖地级市，地处海南岛的最南端，东邻陵水黎族自治县，西接乐东黎族自治县，北毗保亭黎族苗族自治县，南临南海，陆地总面积 1921 平方千米，光照充足，温度适宜，雨量充沛，是我国得天独厚的“天然温室”，发展冬季瓜菜产业具得天独厚的资源优势，是春节前后“南菜北运”的重要生产基地，是全国人民的冬季“菜篮子”。豇豆属豆科豇豆属，是一种喜高温、高光照作物，一直是三亚市乃至整个海南冬季瓜菜的主栽品种，是三亚市的地方特产，以其豆粒大而饱满、口感糯而甜美、营养价值高等特点而备受消费者喜爱。据传起源于清朝时期，当时，三亚市崖城镇的农民在长期的农业生产实践中，通过不断选育和改良，培育出了一种独特的大粒豇豆品种。这种豇豆粒大饱满，口感糯而甜美，营养价值高，深受当地农民和消费者的喜爱。随着时间的推移，三亚豇豆逐渐成为当地的特色农产品，并开始在周边地区推广种植。到了 20 世纪 80 年代末和 90 年代初，三亚豇豆的种植面积不断扩大，成为了当地农民的重要经济来源。

三亚市的气候条件适宜豇豆的生长，这里的气候温暖湿润，光照充足，土壤肥沃，为豇豆的生长提供了良好的环境，每年第一季度上市豇豆主要是三亚豇豆。三亚豇豆由于收购价格稳定、经济效益高受到广大种植者的喜爱，长期以来是当地农民冬季生产收入主要来源之一，是农民的增收豆，更是当地农业农村发展的支柱产业，对我国南菜北运以及春节期间北方蔬菜的供应至关重要。

三亚市政府和企业积极推广现代化的种植技术和模式。比如，采用防虫网、地膜覆盖、水肥一体化、生物防控等措施来减少病虫害的发生，减少农药化肥的使用量，确保豇豆质量安全，提高豇豆的品质和产量，确保老百姓“舌尖上的安全”和农民增收“双赢”。三亚豇豆作为三亚市的特色农产品之一，以其优良的品质和丰富的营养价值而备受消费者喜爱。未来，随着科学技术的不断进步和市场需求的不断增长，三亚豇豆产业也将迎来更加广阔的发展前景。

38. 五强溪鱼

沅陵县，隶属于湖南省怀化市。地处湖南省西北部，怀化市北端，沅水中游，处武陵山南麓与雪峰山东北尾端交汇处。东与桃源、安化相连，南与溆浦、辰溪接壤，西与泸溪、古丈、永顺毗邻，北与张家界市永定区交界。五强溪鱼的来历可以追溯到三国时期。据《沅陵县畜牧水产志》记载，当时沅陵县就开始了稻田养鱼，山民们有捕江河鱼子进行孵化的习惯，并饲养于稻田、池塘中。随着时间的推移，鱼成为了当地的重要食材，形成了独特的美食文化。在养殖方面，当地政府积极引导渔民进行标准化、规模化养殖，推广先进的养殖技术和模式，提高鱼的品质和产量。在销售方面，当地政府注重品牌建设，通过举办美食文化节、旅游推介会等活动，提高五强溪鱼的知名度和美誉度。在产业链方面，当地政府鼓励企业开发以五强溪鱼为主要原料的深加工产品，如鱼丸、鱼肉香肠等，延长产业链条，提高产品的附加值。五强溪鱼作为沅陵县的特色美食，近年来得到了当地政府的大力支持和推广。通过政策扶持、技术指导、品牌建设等措施，五强溪鱼产业得到了快速发展。

39. 五寨小米

五寨小米产自中国山西省的五寨县。五寨县位于晋西北黄土高原丘陵区，这里的绿意盎然，环境优美，非常适合种植小米。五寨小米的种植区位于海拔1500米以上的黄土高原，具有独特的品种和优越的品质。传说关于明朝时期的一位妃子，她因为吃了五寨小米而美貌动人，受到皇帝的宠爱。这个故事传颂至今，让五寨小米的名声大增。

五寨小米可以用来制作各种美食。可以煮粥、蒸饭、磨面、酿酒等。不同的烹饪方式，都能展现出五寨小米的独特魅力。其中，五寨小米粥以其浓郁的香味和独特的口感，被誉为“液体黄金”。

在五寨县，小米产业得到了现代化元素的提升，现代化的生产线在小米加工过程中得到应用，提升了加工效率。同时，五寨县委、县政府出台了一系列扶持措施，以推动小米产业的发展，提高农民收入。

40. 新兴紫米

新兴县。隶属广东省云浮市，位于广东省中部偏西、云浮市东南部，毗邻珠江三角洲，地处东经111° 57′ 37″ 至112° 31′ 32″，北纬22° 22′ 46″ 至22° 50′ 36″ 之间，东与佛山市高明区、江门市鹤山市交界。新兴紫米产自新兴县，有着非常悠久的历史。在清朝时期，紫米就已经是朝廷的贡品，因此也被称为“贡米”。新兴县种植紫米的历史悠久，至今已有2100多年的历史。当地有着独特的自然环境和气候条件，为紫米的生长提供了得天独厚的条件。同时，当地农民在种植紫米方面积累了丰富的经验和技术，使得新兴紫米在口感和品质上都非常出色。

新兴紫米以其独特的品质和口感而备受赞誉。这种米颗粒饱满、质地坚硬，煮出来的米饭软糯可口，香味浓郁。而且，新兴紫米富含丰富的营养物质，如蛋白质、维生素B1、B2、烟酸、钙、铁等，对人体健康非常有益。

新兴紫米产业在当地得到了快速发展，成了一个具有地方特色的产业。以下是对新兴紫米产业情况的介绍。种植规模：新兴县当地的种植面积从2010年初的1亩发展到目前的3000多亩，年产量达1000多吨，总产值达2000多万元。品种与品质：新兴紫米选用优质的紫稻品种进行种植，如美微紫米等。这些品种具有产量高、品质优良、口感香甜等特点。生产与加工：新兴紫米产业形成了完整的生产与加工链条。销售与市场拓展：新兴县积极开展线上销售，通过电商平台和自有网站等方式进行销售。政策支持与产业融合：当地政府也给予了新兴紫米产业一定的政策支持。政府通过提供资金扶持、技术指导、市场信息等服务，帮助农民和企业解决实际困难，促进紫米产业的健康发展。

41. 永兴豆腐

永兴镇，内蒙古自治区乌兰察布市凉城县下辖镇，东与岱海镇相连，南与六苏木镇毗邻，西与呼和浩特市和林格尔县盛乐镇接壤，北同蛮汉镇隔山相望，行政区域面积361.7平方千米。永兴豆腐的历史可以追溯到2000多年前的中国周朝时期。传说豆腐的发明者是汉朝时期的医学家、药理学家和科学家刘安。据传，刘安为了炼出长生不老药，偶然机会发现了盐卤，于是研发出了豆腐的制法。在古代，豆腐是由当地村民在磨制豆浆时不小心加入了一些卤水（一种含有高钙离子的液体），结果豆浆凝固成了一块类似于现代豆腐的东西。

永兴豆腐具有较高的营养品质，其主要成分包括蛋白质、膳食纤维、钙、铁、锌等矿物质，以及多种维生素和氨基酸。蛋白质：富含优质蛋白质，有助于增强机体免疫力。膳食纤维：有助于促进肠道蠕动，预防便秘，降低胆固醇，对心血管系统有保护作用。矿物质：富含钙、铁、锌等矿物质，有助于维持人体正常的生理功能，促进生长发育。维生素：含有多种维生素，如维生素A、维生素E等，具有抗氧化、抗衰老等作用。氨基酸：含有多种人体必需氨基酸，可以促进蛋白质的合成和代谢，对人体健康有重要作用。

永兴豆腐产业已经形成了一定的规模和产业链。在生产方面，当地有许多豆腐生产企业和作坊，主要生产水豆腐、干豆腐、油豆腐等多种品种的豆腐。销售方面：主要通过商超、农贸市场、餐饮店、电商平台等渠道销售给消费者。当地政府加大了对豆腐产业的扶持力度，出台了一系列优惠政策，鼓励农民和企业投资发展豆腐产业，打造具有地方特色的豆腐品牌。

42. 白石米酒

云安区，隶属于广东省云浮市，位于广东省中西部，西江中游南岸，东与云城区相连，南与新兴县、阳春市接壤，西与罗定市、郁南县毗邻，北临西江与德庆隔江相望。白石米酒有着深厚的历史底蕴。据传，白石米酒起源于南宋时期，当时朱翼中的《北山酒经》记录了酿酒工艺的发展和改进，其中红曲的发现和应用是宋代制曲酿酒的一个重大发展。

白石米酒以当地出产的优质糯米为原料，采用传统的酿造工艺，具有醇香浓郁、口感绵甜、回味悠长等特点。白石米酒还具有健康养生的价值。适量饮用米酒能够促进血液循环、增强免疫力、缓解疲劳等，富含多种营养成分，如氨基酸、维生素和矿物质等，对人体具有一定的滋补作用。长期饮用白石米酒可以改善身体素质、增强体质，对身体健康大有裨益。

白石米酒的发展历史与当地的文化、经济发展紧密相连。白石米酒的发展推动了当地经济的发展，在传统的酿造工艺基础上，云安区不断探索创新，将现代科技与传统工艺相结合，不断提高白石米酒的品质和产量。同时，通过开发衍生品、举办品鉴活动等方式，进一步扩大了白石米酒的品牌影响力和市场占有率。这些举措为当地创造了更多的就业机会和经济效益，也为地方财政收入做出了贡献。

43. 道真花椒

道真花椒产于贵州省道真自治县。该地区属于高原山区，气候适宜，土壤肥沃，具有得天独厚的自然条件。此外，道真县还有丰富的水资源和森林资源，为花椒的生长提供了良好的环境。在特定的地域环境下，道真花椒具有独特的品质和风味。道真花椒，又称“道真黄花椒”，其历史可追溯至古代。据史书记载，早在唐朝时期，道真便开始种植花椒，已有上千年的历史。当时，花椒的种植面积并不大，主要供当地居民使用。然而，到了清朝时期，花椒的种植面积逐渐扩大，成为当地的一大特产。清朝末期，花椒开始进入商业市场，逐渐成为地方名产，吸引了众多商贾前来采购。

道真花椒的品质优良，麻味纯正，麻味特别，入口就能感受到强烈的麻味，非常适合喜欢麻味的人食用。香气浓郁，道真花椒的香气非常浓郁，可以增强食欲，对于食欲不振的人来说有很好的改善作用。口感独特，道真花椒的口感非常独特，入口爽脆，而且有一定的嚼劲，非常适合作为调料食用。道真花椒含有多种微量元素，如钙、磷、铁等，具有很好的保健作用。

近年来，随着人们生活水平的提高和对美食的追求，道真花椒的产业规模不断扩大。根据公开资料，截至2020年底，道真自治县花椒种植面积已达15万亩以上，标准化技术覆盖率达90%以上，鲜椒产量达到10万吨，产值达到11亿元以上。全县花椒种植面积和产值均实现了较大幅度的增长。同时，通过引进先进的种植技术和管理模式，道真花椒的产量和品质得到了进一步提升。目前，道真花椒已经成为当地的特色产业之一，为当地经济发展和农民增收做出了积极贡献。

44. 怀集六十日黄菜

怀集县，隶属广东省肇庆市。广东省财政直管县，肇庆市北部，绥江上游。东接阳山县、广宁县，南连德庆县，西界封开县和广西贺州市，北邻连山县、连南县。地处北纬 23° 28′ 07″～ 24° 23′ 30″，东经 110° 52′ 09″～ 112° 30′ 49″之间。相传，在明朝时期，怀集县有一名新兵因为水土不服而食欲不振、身体不适。后来，一位村民向他推荐了怀集六十日黄菜，他食用后身体逐渐恢复了健康。从此，怀集六十日黄菜的美名逐渐传开，成了当地著名的特产。

怀集六十日黄菜口感清爽、有嚼劲，营养丰富，富含多量的维生素、萝卜硫素、消化酶、芥子油、膳食纤维、硫化物、叶酸以及铁、钙、磷、钾等多种矿物质，还含有一种抗癌、抗病毒的活性物质——干扰素诱生剂。

“六十日”黄菜是怀集县的特色蔬菜，具有广阔的市场前景和巨大的发展潜力。为了推动怀集六十日黄菜产业的规模化、标准化和品牌化发展，提高产业附加值和竞争力，旨在全面推进怀集六十日黄菜产业的发展，优化产业结构，提升产业效益。近年来，当地政府多次开展国际合作与交流，积极与国际组织、科研机构等进行合作与交流，提高怀集六十日黄菜产业的国际影响力和竞争力。

45. 九原鲤鱼

九原区是内蒙古自治区包头市的一个市辖区。位于内蒙古自治区西部，东邻东河区、石拐区，北靠青山区、昆都仑区，北靠大青山，南临黄河，地处土默特平原与河套平原的接合部。九原区九原鲤鱼，作为一种具有深厚地域文化历史底蕴的鱼类，源于中国内蒙古自治区。九原鲤鱼在《包头市郊区志》中有过记载“1961 年郊区开始人工养殖鱼类。1964 年哈业胡同人民公社利用黄河水开发养鱼水面 66.7 公顷，哈林格尔人民公社开发养鱼水面 80.7 公顷，麻池人民公社建成人工养鱼场”，距今已有 60 余年发展历史。

九原鲤鱼以其独特的品质和风味而受到广泛赞誉。优质的生长环境：九原地区拥有清澈的水源、丰富的自然资源和独特的地理环境，为鲤鱼的生长提供了优越的条件。优良的品种：九原鲤鱼采用当地独特的品种，具有强大的生命力，保证了鲤鱼的品质和口感。丰富的营养价值：九原鲤鱼富含蛋白质、不饱和脂肪酸、多种维生素和矿物质，具有很高的营养价值。适量食用鲤鱼有助于增强体质、降低胆固醇、预防心血管疾病等。

九原鲤鱼产业以通过科学养殖、技术创新和市场拓展，实现产业的可持续发展，选择适合鲤鱼生长的水域，确保水质清澈、环境优美，完善养殖基地的设施设备，如增氧设备、排水设备、捕捞工具等，确保鲤鱼的生长环境和品质。通过多种销售渠道，如批发市场、超市、线上平台等，扩大产品的销售范围。当地政府对九原鲤鱼产业采取了多种政策支持，如财政补贴、税收优惠等。同时加强与相关部门的沟通与合作，共同推动产业的发展。

46. 龙潭糍粑

相传，溆浦龙潭鹤田垅住着两户人家，一户姓姜，一户姓夏，两户人家毗邻而居，和睦互助。两家小孩常玩耍一起，两小无猜，一段姻缘水到渠成。谁知，朝廷征兵，小夫妻俩被迫分隔两地，千里相思。后得观音娘娘指引，妻子在龙潭家里栽种“百思谷”，舂制成糍粑。远在军营的丈夫用糍粑的香味吸引巡游的皇帝，最终皇帝被他俩的相思之情感动，两口子最终得以团聚。自那以后，龙潭地区年年种植“百思谷”，年年进贡糍粑，而龙潭人也因此免除徭役，家人团圆。自此，龙潭糍粑扬名天下，经久流传，后改名为白丝糯，更突出其独有的品质。龙潭糍粑以溆浦白丝糯米为主料，经浸泡蒸制、捶打成膏、捏制成型、用茶油炸制而成的大米类点心。龙潭糍粑香软可口，白如雪，拉如丝，软如棉，曾是皇宫贡品。以这种白丝糯米为原料，手工制作成糍粑后，白如雪，软如棉，拉如丝，落口融化，营养丰富，味道鲜美，曾为朝廷贡品。“乾隆私访雪峰山，黄茅园糍粑上桌盘，此地三年免秋粮，只缘皇帝圣旨传。”讲的就是清朝乾隆皇帝游历雪峰山之后品尝白丝糯糍粑的故事。胡耀邦曾于1984年1月8日视察溆浦，品尝出自合田“定邦草堂”的白丝糯糍粑，并按市场价采购了五十余斤白丝糯糍粑带进北京中南海。“共和国勋章”获得者袁隆平院士评价：“溆浦白丝糯，是个很好的地方糯稻”。湖南省农业农村厅水稻专家点赞：“溆浦白丝糯是老天爷老祖宗留给老百姓的稀世珍宝”。为了让龙潭贡糍成为龙潭招牌、溆浦的名片，溆浦人民成立了白丝糯振兴协会，依托资源和区域优势，白丝糯产业取得突飞猛进的发展，种植面积进一步扩大，产品远销国内外市场。

47. 三亚黎陶

三亚市，是海南省辖地级市，地处海南岛的最南端，东邻陵水黎族自治县，西接乐东黎族自治县，北毗保亭黎族苗族自治县，南临南海，陆地总面积1921平方千米。三亚黎陶有着悠久的历史，源自新石器时代，是黎族先民的瑰宝。考古发现，六七千年前就出现于海南地区，主要流传于天涯区黑土村委会布曲、布带、道德三个自然村。2010年6月入选第三批海南省级非物质文化遗产名录。黎族人以独有的制陶技艺，走出一条弘扬中华民族古老文化遗产的传承之路，助力海南乡村文旅振兴与发展。

三亚黎陶有红、黑、灰、褐、紫等颜色，上面各种黎族风情的花纹和图案，经历几千年，黎陶原始古朴，凝重敦厚，结构细密严实。黎陶有如空气、水一般渗透在村民生活的点点滴滴中。从炊煮食物的蒸饭锅、茶具到装点家园的陶罐、盐罐汤匙，大如蒸酒器、小如盐罐汤匙，处处显示了黎族人的智慧和匠心。

三亚黎陶产业以其独特的制陶技艺和丰富的文化内涵，成为海南文化旅游产业的重要组成部分。明确三亚黎陶产业的定位和发展目标，通过优化产业链、提升产品质量、扩大市场规模等措施，推动产业的可持续发展。政府加大对产业的扶持力度，提供税收优惠、资金扶持等措施，同时企业应建立完善的风险预警机制和市场应对策略以降低潜在的风险。

48. 武穴双低菜籽油

湖北省黄冈市武穴市位于长江中游北岸，大别山南麓，鄂东边缘，地扼吴头楚尾，历来是鄂、皖、赣毗连地段的“三省七县通衢”。武穴市种植油菜历史悠久，《清·广济县志》就有文字记载。20世纪70年代，就以水田三熟油菜闻名全国，被誉为“油菜之乡”。20世纪90年代，武穴市双低油菜种植面积不断扩大，被国家列为长江流域双低油菜开发示范区。

武穴双低菜籽油是由双低油菜榨成的食用油。双低油菜是指菜油中芥酸含量低于3%，菜饼中硫代葡萄糖甙含量低于30微摩尔/克饼的油菜品种。菜籽油中主要脂肪酸包括油酸、亚油酸、亚麻酸和芥酸等。双低油菜中的油酸含量达60%，因而被称为“最健康的油”。武穴是中国双低油菜大市，常年种植油菜面积达4万公顷，油菜品种双低率达100%。

武穴属亚热带季风性湿润气候，植物生产期长，雨量较多。境内日照年辐射的总量多年平均值为106.799千卡/平方厘米，全市年平均气温16.8摄氏度。全市年平均降水量为1278.7—1442.6毫米。优越的地理气候条件，非常适宜于油菜产业的生产发展。

作为武穴双低菜籽油的原料双低油菜，湖北省是主要产区之一，产量多年来连续居全国第一位，并扶持本土公司打造武穴双低菜籽油品牌。武穴市双低油菜种植面积就达40余万亩，总产量7万吨左右。全市双低油菜种植面积3万亩以上大镇有8个，双低油菜专业村有60个。龙头企业年加工能力达到50万吨。武穴双低菜籽油产品销往湖北、福建、江西、上海等国内12个省市，远销德国、中国香港地区、东南亚等国家和地区。

49. 新疆褐牛奶

新疆伊犁哈萨克自治州位于新疆西北

部，地处东经 80° 09′ 42″～91° 01′ 45″，北纬 40° 14′ 16″～49° 10′ 45″之间。地处阿尔泰山南部、额尔齐斯河上游流域。新疆褐牛的历史可以追溯到 20 世纪初。最初，新疆褐牛是以从苏联引进的数批阿拉托乌牛和少量科斯特罗姆牛为父本，以当地哈萨克牛为母本杂交而成。经过多年的选育和改良，新疆褐牛逐渐成了一种具有独特特征和优良性能的奶牛品种。1979 年，从西德和奥地利引进了三批瑞士褐牛用于纯种繁育和杂交改良，历经 40 多年选育而成，这使得新疆褐牛奶的品质得到了进一步提升。

新疆褐牛奶的口感独特，质地醇厚，香气浓郁，入口后回味悠长，草原的气息充斥舌尖。这种独特的口感和香气使新疆褐牛奶成了伊犁地区家喻户晓的首选奶品。其次，新疆褐牛奶的营养价值丰富。它含有丰富的蛋白质、钙、维生素等营养成分，特别是钙的含量较高，新疆褐牛奶还具有天然、绿色、健康的特点，对于需要补充营养的人群来说是很好的选择。

新疆褐牛奶产业在近年来得到了快速发展，成了当地的特色产业之一。

根据 2022 年的数据，新疆褐牛的存栏量为 192 万头，牛肉产量为 17.6 万吨，牛奶产量为 222.58 万吨。其中，新疆褐牛奶的产量较高，新疆褐牛奶的产量和产值是比较可观的，但需要进一步提高生产效率和管理水平，加强品牌建设和市场开拓，以实现更好的经济效益和社会效益。

50. 依安玉米

依安县，黑龙江省齐齐哈尔市下辖县，位于黑龙江省西部、齐齐哈尔市东北部，地处小兴安岭西南麓、松嫩平原北缘，属寒温带大陆性季风气候，毗邻 6 个县（市），总面积 3678 平方千米。依安玉米有着悠久的历史。

依安玉米的品质特色主要体现口感好：依安玉米的果穗粒大皮薄、粘度高。

营养价值高：依安玉米不仅含有丰富的蛋白质、膳食纤维、维生素 E、叶酸、花青素等多种营养成分，还具有较高的能量和碳水化合物含量，能够满足人体对营养的需求。品质优良：依安玉米的种植环境优越，生长条件良好，且采用现代化的农业技术和经营模式，保证了玉米的品质和产量。

近年来，依安县积极推动玉米种植和生产，不断提高玉米产量和品质。同时，依安县还注重发展绿色农业和循环农业，通过采用现代化的农业技术和经营模式，实现了依安玉米种植的高产、高效、高收益。

51. 三亚糯米酒

三亚年均气温 25℃左右，雨量充沛且分布均匀。如此良好的自然环境为稻米的生长提供了绝佳条件。三亚糯米酒，是海南岛的一种传统美食，其历史可以追溯到明朝时期。

三亚糯米酒采用纯天然发酵工艺制作而成，无任何添加剂和防腐剂。它以当地优质糯米为原料，并配以特制高活性酵母进行发酵，使得其在保持原有营养价值的同时，更增添了几分清甜与香醇。具有入口绵软、落口甜美、酒味醇和、营养丰富之特点。对于消费者而言，这不仅是一种美食享受，更体现了健康与安全。

随着白酒啤酒等酒业进入了市场调整期，米酒行业发展潜力有待挖掘。国内庞大的人口优势，人们对健康生活方式认识的提升和对传统文化保护重视度加大，未来三亚糯米酒将会在国内外市场上取得更大突破。

52. 三亚藤编

三亚气候温暖湿润，光照充足，是藤蔓类植物生长的理想之地。当地丰富的藤蔓资源为藤编提供了源源不断的原材料。另外，三亚靠海近山，交通便利，有利于产品销售和原材料运输。

三亚藤编以其精细的工艺、独特的设计和实用性强而深受人们喜爱。据记载，“三亚藤编”起源于唐代，并在宋代达到鼎盛。那时候，皇宫内就广泛使用由本地匠人手工编制的各式藤器。这些器具既实用又美观，更体现出皇家尊贵气派。

今天，经过千年传承与发展，“三亚藤编”已经形成了完整且独特的技艺体系，并在全国乃至全球享有盛誉。

随着人们对环保生活方式和传统文化价值认知度提升，“三亚藤编”的市场需求可能会进一步增长。同时，在科技与传统匠艺相结合下，“三亚藤编”也有望通过现代化设备改善生产效率、通过网络销售等多元化渠道扩大市场份额、并通过创新设计满足消费者多样化需求。

53. 佛冈蜂蜜

佛冈是广东养蜂大县，境内所养殖蜜蜂多为中华蜂，《广东省志·农业志》记载，广东本地多养中蜂，其行动敏捷，采蜜勤奋，繁殖力强，且四季均可采蜜，所以备受蜂农重视，当地蜂农捉蜂酿蜜有自己的一套方法，据《养蜂技术经验汇编》(1959 版) 记载，佛冈县的农民在大树根部或分权处，用泥糊成一个土窝，留一小孔出入，则蜂群自来，这样捕捉到蜂群后，放到提前备好的蜂箱，用以产蜜。

佛冈当地在 20 世纪 60 年代左右开始大面积养蜂酿蜜，作为广州的后花园，蜜源丰富的佛冈县，依托佛冈蜂蜜，养活了许多蜂农，据不完全统计，目前全县养殖品种以中华蜂为主，每户养蜂 100 –200 群居多，当地所产蜂蜜，都经过 7–14 天左右充分酿造成熟，波美度维持在 40° 左右，其浓度越高，所含有的营养物质也越丰富。佛冈县的蜂蜜，走在大街上，空气中不时弥漫着蜂蜜特有的淡淡甜香，佛冈县一般有四个花期，分别是荔枝、龙眼、野山花、鸭脚木花，其中每个花期长达 1 月左右，所以在当地流行的佛冈蜂蜜对应的有荔枝蜜、龙眼蜜、野山花蜜、冬蜜，花期的不同，致使各个品种所酿造的时间也不同，所以酿出来的蜜在口感、颜色、营养方面存在些许差异，但每一种蜜都是佛冈蜂蜜的代表，其入口清甜鲜洁，芳香适口，具有美容养颜的功效，对心悸不安，失眠和记忆力减退有一定的帮助。

54. 八乡山番薯

八乡山番薯是广东梅州丰顺县的一种特产作物。八乡山番薯种植历史悠久，清朝康熙年间（1636 年至 1722 年），八乡山镇始种植番薯，迄今已有 300 多年的历史。与其他番薯品种相比，八乡山番薯以其独特的风味和丰富的营养价值而受到人们的喜爱。

八乡山番薯的外观呈现出粗壮，紧实的特点。皮色通常为红色或紫色，质地细腻光滑。番薯的肉质橙黄色，口感丰满，柔软甘甜。不仅如此，八乡山番薯还具有丰富的营养成分，包括维生素 A、B、C、E 以及钙、铁、膳食纤维等。其中，维生素 A 含量较高，对眼睛的保护和皮肤的修复有很好的效果。此外，番薯还富含天然抗氧化物，具有很强的抗氧化能力，能够抵御身体内自由基的侵害。

八乡山番薯作为广东梅州丰顺县的特产，不仅是当地经济的支柱产业，也代表了当地人民的劳动和智慧。它的独特风味和丰富营养使其成为人们餐桌上的美食选择，也展示了农产品的独特魅力。随着人们对健康和品质的追求，八乡山番薯有着广阔的市场前景，并为当地经济发展做出了重要贡献。

55. 郧阳天麻

郧阳天麻是湖北省郧阳区特产，具有悠久的生产历史。自古以来在沧浪山周围的高山地带就生长天麻，明《郧阳府志》和清康熙《郧县志》对天麻的生产都有记载。新中国成立后，郧阳张国荣对野生天麻进行转家生的人工栽培试验，于 1972 年和 1977 年先后研究出天麻无性繁殖和有性繁殖种植技术，并在全区推广。天麻种植技术的成功研究使得郧阳区成了全国天麻种植的发源地。

郧阳天麻有其独特的感官特征。作为兰科寄生草本植物，郧阳天麻无根、无绿叶，仅有地上花茎和地下块茎。块茎外形扁缩而稍弯曲，表面黄白色至黄棕色，质坚硬，断面较平坦，呈黄白色至淡棕色。郧阳天麻还具有特殊的气味和略苦的味道。

由于郧阳天麻具有独特的品质特性，广泛用于中药材领域。天麻能够提高记忆力、改善睡眠，具有良好的保健功效。郧阳区政府非常重视天麻产业的发展，将其作为精准扶贫工程的重要产业来抓。为了促进天麻产业的发展，郧阳区成立了沧浪山天麻协会，为农民提供种植技术指导和信息服务。通过协会、基地和农户的合作模式，天麻产业得到了快速的发展。

郧阳天麻作为郧阳区的特产，不仅在国内市场有一定的影响力，还出口到国外市场。郧阳天麻的发展促进了当地经济的增长，也带动了农民的收入提高。未来，随着天麻市场的不断扩大，郧阳区将继续加大对天麻产业的支持力度，推动其持续健康发展。

56. 天镇黄芪

黄芪是一种名贵的中草药，具有补肾益气的作用。天镇黄芪以“皮光色亮，粉性大，空心小”著称，药用价值比一般的黄芪高。天镇黄芪是我国黄芪出口加工的主要产品之一，这些黄芪远销五大洲七十多个国家和地区，为国家换回大量外汇。

天镇黄芪文化源远流长，据史料记载，天镇早在1500多年前的北魏时期就有刨黄芪入药的历史，元朝得到大面积发展，清代则作为“贡品”进献朝廷。药用价值方面，天镇黄芪有效成分皂苷类、黄酮类和多糖类含量高。

目前，天镇全县黄芪种植面积9.6万亩，已建成丽珠、振兴、万生、恒达、泽青等一大批黄芪加工生产龙头企业，共开发出20多个黄芪系列产品。同时，黄芪羊、北芪菇等一批由黄芪催生的相关产品，延伸了黄芪产业链条。天镇黄芪2022年12月纳入第三批全国名特优新农产品名录，是大同市入选三个农产品中唯一的“人种天养”大健康道地中药材产品，也是中药材黄芪中唯一的、稀缺的地理标志性的并通过国家有机认证道地中药材品种。此外，该县共取得中药材GAP认证、GMP认证、全国首批“道地优质药材种植基地”，四块响当当的举足轻重牌子不仅是巨大的无形资产，而且为天镇黄芪产业的跨越发展奠定坚实基础。

57. 隆尧唐瓜蒌

隆尧唐瓜蒌是河北省隆尧县的优质中药材，20世纪七八十年代，隆尧县开始人工种植隆尧唐瓜蒌，这里地理位置优越，平原广布，水源充沛，光照充足，是瓜蒌的天然适生区，种植出的隆尧唐瓜蒌具有果皮较厚，籽粒饱满，汁稠味甜，三萜皂苷、有机酸、糖分含量高的品质特征，现已成为当地最具代表的经济作物之一。

隆尧唐瓜蒌又叫栝楼，是隆尧百姓家喻户晓的地道传统中药材，据《隆尧文史资料选辑》(1988年)记载：“唐瓜蒌为地道中药材之一，是瓜蒌中的优良品种。唐瓜蒌主要产于隆尧县尧山带，是当地有名的土特产。”20世纪90年代初，隆尧唐瓜蒌的亩产就达到了4000公斤，天花粉产量为1200公斤。在隆尧人民的精心培育下，隆尧唐瓜蒌富含三萜皂苷、有机酸、糖类等营养物质，品质优良，对治疗冠心病、心绞痛和降血脂等疾病具有良好的功效。

在政府的大力支持下，目前隆尧唐瓜蒌的种植面积为1500亩，产量10000吨，年产值达1000万元，2019年，当地还专门成立了隆尧唐瓜蒌研究园，指导和带动当地百姓大规模种植隆尧唐瓜蒌。随着电商经济的发展，隆尧县通过平台直播、微信直销等销售渠道，使隆尧唐瓜蒌得以远销全国各地，获得了广大消费者的一致好评。

58. 凉城莜面

凉城莜面是一种历史悠久的传统食品，源自中国内蒙古的凉城地区。“凉城”是便是鸿茅古镇的名称，在清代和民国时期曾以“凉城莜面”扬名雁北和绥东。这个地区以其独特的自然环境和适宜的气候条件而闻名，为莜麦的生长提供了得天独厚的条件。

莜麦是一种具有高营养价值的谷物，富含蛋

白质、膳食纤维、矿物质和多种维生素等营养成分。在凉城地区，莜麦被广泛种植，并经过传统制作工艺制作成莜面。这种制作工艺非常独特，包括多道工序的加工和处理，使得莜面更加劲道、口感更加滑嫩。

凉城莜面的特色不仅仅在于其独特的制作工艺和口感，还在于其丰富的营养价值。莜面是糖尿病患者、肥胖患者和心血管疾病患者的理想食品，因为它可以有效地降低血糖和血脂，改善心血管疾病的症状。此外，莜面还可以促进消化、增强免疫力、预防癌症等，对人体健康有着很好的作用。

在凉城地区，莜面的制作已经成为当地的一种特色文化。每年都会举办传统的莜面节，吸引着来自世界各地的游客和美食家前来品尝和交流。在莜面节上，人们可以品尝到各种由莜面制成的美食，如莜面窝窝、莜面鱼鱼、莜面饺子等。

凉城莜面是一种具有独特制作工艺、口感和营养价值的传统食品。它不仅仅是一种美食，更是一种健康食品和文化符号。对于那些追求美食和健康的人们来说，凉城莜面是一种不容错过的食品。

59. 崇礼金莲花

崇礼区境内气候属东亚大陆性季风气候中温带亚干旱区，崇礼区昼夜温差大，得天独厚的自然条件十分利于金莲花生长。崇礼金莲花被称为“塞外龙井”，民间还有“宁品三朵花，不饮二两茶”的说法。冲泡后不仅茶水清澈明亮，还有淡淡的香味。崇礼金莲花是集药用、保健、观赏、生态于一体的多年生宿根草本花卉植物，既有抗寒耐寒、抗逆性强，有较强的固土保水能力，极具开发价值。近年来，为把资源优势转化为市场优势、竞争优势，崇礼区政府分析资源禀赋、区位优势和现实基础，以金莲花产业扶贫基地项目为试点，打造完整产业链条，助推农业产业发展提档升级。

60. 昭苏油菜籽

昭苏县，隶属新疆维吾尔自治区伊犁哈萨克自治州，位于伊犁哈萨克自治州西南部，为中亚内陆腹地的一个群山环抱的高位山间盆地。昭苏油菜籽的历史可以追溯到公元前 2000 多年的西汉时期。当时，油菜籽作为外来作物传入中国，并在新疆地区广泛种植。随着时间的推移，昭苏地区逐渐成为新疆油菜籽的主产区之一。昭苏油菜籽黑褐色，颗粒较大呈圆球形，种皮光滑。千粒重 4—5 克，具有油菜籽固有的气味。昭苏油菜籽粒中平均含油量为 41.5%—45.5%，蛋白质含量为 19.5—22.5（克 /100 克），亚油酸 16.5%—19.0% 等。当地农民开始大规模种植油菜籽，并逐渐形成了具有地方特色的油菜籽种植产业。自 2016 年以来当地政府大力推广双低油菜籽的种植，目前双低油菜籽种植面积达到油菜籽种植面积的 85%，芥酸含量在 0.1%—8.0% 之间，远远低于普通油菜籽，形成了昭苏县菜籽油独有特性。随着昭苏油菜籽的种植技术不断提高，逐渐形成了独特的农业文化。当地农民采用传统的种植方法，注重土地的养护和灌溉，使油菜籽的产量和质量不断提高。昭苏油菜籽作为当地农业的重要支柱，为当地经济发展做出了巨大贡献。

61. 新圩青梅

新圩镇是饶平县最早栽培青梅的镇之一，新圩青梅距今已有 300 多年的栽培历史。新圩镇地处北回归线以南，降雨充沛，气候温暖湿润，光照充足，属北亚热带季风气候区。加之新圩境内青梅种植区土壤呈中性，通透性好，土壤肥沃，有机质含量高达 2.19%，特别适合青梅生长，也是该县 5 个青梅栽培专业镇中的最大产区。新圩青梅的果实大而饱满，皮薄肉厚，口感清甜爽脆，赢得了广大消费者的喜爱。新圩青梅酸味纯正，微苦涩，具有清新的果香，可滴定酸含量为 5.93%，蛋白质含量为 1.16%，可溶性固形物含量为 8.2%，肉厚核小，可食率为 88%。该镇现有青梅种植面积 1.3 万亩，年产量 2.4 万吨，种植品种以红心梅、白粉梅为主。如今的新圩青梅也搭上电商快车。近年来，当地大力推进电商平台发展，“互联网＋冷链保鲜”的电商平台经营模式，实现从产地到消费者的快速到达，为新圩镇的特色农产品销售打开了新天地。

62. 西丰冷水稻

西丰县，辽宁省铁岭市下辖县，处于中温带亚湿润区季风型大陆性气候，四季分明，气候温和，雨量集中，春暖夏热，秋凉冬寒，为种植冷水稻提供了良好的环境，使得种植的水稻具有冷凉的特点。西丰冷水稻，对盐碱地、病虫害等都有着很高的抗性，具备不错的适应能力，能够适应较低的气温和水肥条件下生长。当地政府也在积极推广这一特色产业，通过建立品牌、拓展市场等措施，进一步提高“西丰冷水稻”的知名度和市场竞争力。

63. 久治蕨麻

久治县，隶属青海省果洛藏族自治州，地处青藏高原东部，果洛藏族自治州东南部，地势由南、东北向西北部逐渐降低，海拔在3568米～5369米之间。久治具有典型的高原大陆性气候特征，全年无四季之分，年平均气温0.1℃。久治县境内河流众多，且分布均匀。据史书记载，在草原宗教生活中采集蕨麻不但作为医用，而且用蕨麻食用，千百年来，贫困的牧民将采集蕨麻作为日常食品或换取少量的布匹，茶叶、糌粑等日用品。到了清朝中期，蕨麻的需求量增加，蕨麻成了当时贵官达人、寺院和高僧相互馈赠的礼品。久治蕨麻含有17种氨基酸和人体必需的氨基酸以及对人体具有保健功效的钙、磷、铁等矿物质和微量元素，每百克可食部分中含蛋白质12.6克、脂肪0.46克、淀粉42.6克、胆碱51.5克、还原糖4.94克、蔗糖23.5克、总黄酮（以芦丁计）0.98克、氨基酸总量8.46克。为进一步做大做强特色优势产业，结合精准扶贫工作，大力推广蕨麻种植技术。同时，为保持可持续发展，久治县及时成立农牧民合作社，以“合作社＋农户”的形式管理大黄、蕨麻的种植、管理和销售，切实解决牧民群众“无销路、无人买”的后顾之忧，开启久治县牧民群众致富路。

64. 久治佛手参

久治佛手参，也叫手掌参，是一种植物，因为外形像手掌而得名，主要用于药物。生长在海拔3000–4000米的高山灌木丛中。早在公元8世纪，藏族贵族就用佛手参补肾强身、延年益寿，效果很好，故“阴阳草”的美誉流传至今。久治佛手参中含有大量的营养元素，非特殊性营养元素包括维他命、矿物质、微量元素、氨基酸、香精油、脂肪、糖类、人参黄酮苷、多肽类、金氨酸、赖氨酸、甘氨酸、苏氨酸、天冬氨酸、丝氨酸、谷氨酸、维生素B_1、维生素B_2、维生素B_{12}、维生素C、烟酸、叶酸、泛酸、生物素、三叶豆苷、山柰酚。久治佛手参种植一年左右即可挂果，四年进入丰产期，一年结两次果，管理得当亩产可超万斤。如今，在当地政府的引导下，传统久治佛手参产业的转型升级让村民们的收入不断增加，久治佛手参成为助力当地乡村振兴的“致富果”。

65. 久治牦牛

久治县位于青南高原的东南部，果洛藏族自治州东部，久治县平均海拔4000米以上，可利用草场面积996.77万亩。《吕氏春秋》中记载：“肉之美者，牦象之肉”。久治牦牛肉食用品质好，其亲水率高，贮存损失及烹调损失小，肉质鲜美细嫩，色泽鲜红，肌红蛋白含量高，保水性好，肉质安全，无残留、无污染，具有其他牛肉无法比拟的独特风味；牦牛肉营养丰富，具有蛋白质含量高，能量含量高，脂肪含量低，胆固醇低，矿物质元素含量丰富；氨基酸种类齐全，尤其是酸性氨基酸、组氨酸、精氨酸等含量显著高于黄牛肉，是生产加工优质牛肉制品的原料，属于牛肉中的上品，也是一种生物学价值高，口味鲜美的优良肉食和半野味的肉食品。按照青海牦牛的地方标准，营养指标蛋白质≥20%、脂肪≥1.5%（久治牦牛蛋白质≥23.3%、脂肪≥0.87%）各项指标均达到青海牦牛的地方标准。

66. 久治牦牛

久治牦牛是青藏高原的特有牛种。牦牛古称"豪牛"，史书中称之"牦""髦"等，由野生牦牛驯化而来。久治牦牛素有"高原之舟"之称，它既可用于农耕，又可在高原作运输工具，牦牛文化源远流长。久治县位于青南高原的东南部，果洛藏族自治州东部，久治县平均海拔4000米以上，可利用草场面积996.77万亩，牧民从事牧业收入占总收入的90%。久治牦牛养殖区域遍及久治县智青松多镇、门堂乡、索乎日麻乡、哇赛乡、白玉乡、哇尔依乡五乡一镇。依托"久治牦牛"品牌效应，久治县聚力建设"青甘川"三省活畜贸易陆港基地、高原有机牦牛奶生产、饲草种植等产业。久治县集牦牛养殖、饲草种植、活畜交易、牛羊屠宰、奶制品生产和有机肥加工等产业配套相对完善、聚集程度较高的生态畜牧业全产业链发展模式初步形成。截至2022年底，久治县牦牛存栏28万头，完成农牧业总产值2.38亿元。

67. 和静辣椒

和静县，隶属于新疆巴音郭楞蒙古自治州，位于新疆中部，和静县气候类型属于中温带大陆性干燥气候。和静辣椒的由来可以追溯到当地的农业发展，由于和静县位于富硒地带，加上土壤肥沃、昼夜温差大、光照充足、雪水灌溉等自然优势，种植的辣椒色泽红亮、口味香辣，备受消费者青睐。和静辣椒每百克辣椒维生素C含量高达198毫克，居蔬菜之首位，维生素B、胡萝卜素以及钙、铁等矿物质含量亦较丰富。近年来，"和静县通过农户+基地+专业合作社+企业的产业化模式，用市场调节的手段，把农户的涣散经营变成集约经营，对于促进当地劳动力转移，农牧民增收，将起到活跃推进效果。另外，这些龙头企业落户我们和静县工业园区，将进一步带动和静县的辣椒产业持续健康发展。"

68. 阿合奇羊

阿合奇羊作为新疆羊中的老品种，产自新疆克孜勒苏柯尔克孜自治州阿合奇县，该县位于天山南部、帕米尔高原西北部，且长冬无夏，春秋相连，昼夜温差较大有独特的天然草场，非常适合阿合奇羊在高寒地区的高原沟壑生长。阿合奇羊属肉脂粗毛羊，具有耐粗饲、增重快、适应陡峭山地放牧、适应性强、易肥育的特点，体型发育上具有匀称、紧凑、四肢高长的特点。近年来，政府推行"合作社+农户+基地"的共建发展模式，变农户分散养殖为规模养殖，提高了农牧民专业化生产、规模化经营、市场化营销水平，推动全乡畜牧业农村优势产业发展，带动300余户农牧民增收致富，实现了养殖规模化。

69. 原州西芹

原州区，隶属于宁夏回族自治区固原市，地处宁夏南部，六盘山东北麓，黄土高原中西部，位于东经105°28′—106°30′、北纬35°34′—36°38′之间。原州西芹的来历可以追溯到很久以前。传说很久以前，原州区的一位农民在偶然的机会下发现了一种长得像芹菜的植物，它的叶子和茎都可以食用，而且味道鲜美，并将其命名为"原州西芹"。

原州西芹口感非常清脆，纤维少，叶柄脆嫩，口感鲜美。这使得西芹成为许多菜肴中的重要食材，如西芹百合炒虾仁、西芹百合炒腰果等。原州西芹是一种营养丰富的蔬菜，含有丰富的维生素、矿物质和膳食纤维等。长期食用西芹可以促进肠胃蠕动、降低血压、预防心血管疾病等。

原州西芹的种植面积已达数万亩，成为当地农民增收的重要来源。今年来当地通过扩大种植规模，在稳定现有种植面积的基础上，通过推广先进的种植技术和精细化管理，提高单产和品质，逐步扩大种植规模。同时提升产品质量，加强科研和技术创新，引进和培育新品种，提高产品的营养价值和口感，满足消费者对高品质、绿色健康食品的需求。打造知名品牌：通过品牌建设和营销策略，提升原州西芹的知名度和美誉度，树立优质特色蔬菜的形象。

70. 全州红提

桂林市位于南岭山系西南部，地处湘桂走廊南端，广西壮族自治区东北部，地处东经109° 36′ 50″ —111° 29′ 30″ ，北纬24° 15′ 23″ —26° 23′ 30″ ，境域南北长236公里、东西宽189公里。全州红提，一种优质的葡萄品种，起源于欧美地区。在20世纪初，全州红提被引入中国。经过多年的种植和培育，它逐渐适应了中国的气候和土壤条件，成为当地著名的水果品种。全州红提的早期发展，体现了中国农业的多元化和丰富性。

全州红提的果实大，颜色鲜艳，甜度适中，口感清爽。它的独特风味和口感使其在众多水果中脱颖而出。无论是作为新鲜水果还是制作成其他食品，如葡萄酒、果汁等，全州红提都能展现出其独特的魅力。

近年来，全州县等地方大力打造现代特色农业示范区，发展红提种植3200多亩，年产值近5000万元。这不仅推动了当地的经济发展，也带动了农民的增收。同时，通过品牌建设和市场营销，全州红提的知名度不断提升，成为了国内外消费者喜爱的水果之一。

71. 陇西款冬花

陇西县位于甘肃省东南部，定西市中部，总面积2407平方公里，辖12镇5乡，215个村，18个城镇社区、2个农村社区管委会，1287个村民小组，常住人口42.5万人，耕地面积191.05万亩。陇西款冬花有着悠久的历史底蕴。早在古代，它就被用于治疗咳嗽、气喘等多种疾病。据传，款冬花的名字源于《楚辞》中的一句诗：“款冬而生兮，凋彼叶柯。”款冬之名由此而来。在古代，款冬花被视为一种珍贵的药材，与金银花、菊花、大枣等一起被列为贡品。据史书记载，唐朝时期，陇西县已经开始人工栽培款冬花，并成为当地著名的特产。

随着时间的推移，陇西款冬花逐渐成为一种具有地域特色的药材，被广泛应用于中医临床治疗。同时，陇西县也成了款冬花的重要产区之一，其品质和产量均得到了极大的提升。

72. 大姚板栗

大姚县位于云南省北部偏西，地处东经100度53分–101度42分，北纬25度33分–26度24分。东邻永仁、元谋县，南同姚安、牟定县毗邻，西和大理州的祥云、宾川县接壤，北濒金沙江，约62公里江岸，与丽江地区的永胜、华坪县隔江相望。大姚板栗有着悠久的历史底蕴。据传，大姚板栗的种植始于明朝时期，距今已有600多年的历史。当时，大姚县的山林中生长着许多野生板栗树，人们在采摘野板栗时发现了它的美味和营养价值，便开始尝试人工种植。

随着时间的推移，大姚板栗的种植面积逐渐扩大，成了当地农民的重要经济来源。在清朝时期，大姚板栗开始成为皇家贡品，被皇帝赏赐给大臣们享用。

到了近代，大姚板栗的种植规模进一步扩大，成了当地特色产业之一。

73. 大姚马铃薯

大姚县位于云南省北部偏西，地处东经100度53分–101度42分，北纬25度33分–26度24分。东邻永仁、元谋县，南同姚安、牟定县毗邻，西和大理州的祥云、宾川县接壤，北濒金沙江，约62公里江岸，与丽江地区的永胜、华坪县隔江相望。大姚马铃薯的历史渊源可以追溯到明朝时期。据传，大姚县的山林中生长着许多野生马铃薯，人们在采摘野马铃薯时发现了它的美味和营养价值，便开始尝试人工种植。

随着时间的推移，大姚马铃薯的种植面积逐渐扩大，成了当地农民的重要经济来源。在清朝时期，大姚土豆开始成为皇家贡品，被皇帝赏赐给大臣们享用。

到了近代，大姚马铃薯的种植规模进一步扩

大，成了当地特色产业之一。如今，大姚马铃薯已经成云南省的知名品牌之一，并多次在国内外农产品展览会上获得奖项。

74. 平山干豆腐

平山镇，隶属于黑龙江省哈尔滨市阿城区，地处阿城区东南部，东与尚志市帽儿山镇.交界，南部隔西泉眼水库与五常市二河乡相望，西与小岭街道相接，北、东北与松峰山镇为邻。平山干豆腐的历史可以追溯到清朝时期。在平山镇，干豆腐的制作已有百年历史，这里的干豆腐以其筋透薄软、口感一流而著名。据传，平山干豆腐的制作技艺最初是由一位老字号“福王豆腐”的传承人王玉学所掌握。他从小就跟父亲学习制作干豆腐，通过不断摸索和积累经验，最终形成了独特的制作工艺。

平山干豆腐之所以闻名，与其独特的制作工艺和选材有关。在制作过程中，需要选用优质大豆和当地的山泉水，经过多道工序精心制作而成。这种干豆腐具有豆香浓郁、口感细腻、营养丰富等特点，成了当地的一大特色美食

总之，平山干豆腐作为一种具有悠久历史渊源的特色美食，不仅在当地享有盛誉，还成了代表平山镇的一张名片。

75. 久治贝母

久治县，隶属青海省果洛藏族自治州，地处青藏高原东部，果洛藏族自治州东南部，位于东经 100° 20′～101° 47′，北纬 33° 02′～34° 03′，土地总面积 8757.25 平方千米。久治贝母是久治县的特产，属于地理标志证明商标，已有百年历史，久治县位于青海南部，是青海省的牧业大县之一。这里的自然条件非常适合贝母生长，因此久治贝母的品质也相当不错。贝母是一种多年生草本植物，具有润肺止咳、化痰平喘等功效，被广泛用于中药材和藏医药中。

久治贝母在当地享有盛誉，因此也被列为地理标志证明商标，以保护和提高久治贝母的品质和知名度。通过科学种植和加工技术，久治贝母的产量和质量也在不断提高，成了当地农民的重要经济来源。

总之，久治贝母作为一种具有特色的产品，不仅在当地经济中占据重要地位，也蕴含着丰富的文化内涵和历史渊源。

76. 芒市玉米

芒市，云南省德宏傣族景颇族自治州首府，地处云南省西部，德宏傣族景颇族自治州东南部，属南亚热带季风气候，总面积 2900.91 平方千米。芒市常住人口 461922 人。芒市玉米的种植历史可以追溯到很久以前。由于芒市地处中缅边境，气候温暖湿润，非常适合玉米的生长，因此当地农民很早就开始种植玉米。

如今，芒市玉米的品质和产量都得到了极大的提升，成了当地特色产业之一。同时，随着市场需求的变化和农业技术的进步，芒市玉米的品种也在不断更新换代，以满足不同消费者的需求。

总之，芒市玉米作为一种具有悠久历史渊源的农产品，不仅在当地经济中占据重要地位，也蕴含着丰富的文化内涵和历史渊源。

77. 扎兰屯黑木耳

扎兰屯黑木耳种植历史可以追溯到 20 世纪 50 年代。当时，农民利用自然条件和传统技术，开始尝试种植木耳，并逐渐形成了一定的规模。

扎兰屯市地处北温带大陆性气候区，光照充足，昼夜温差大，有利于木耳的生长。同时，当地的水质优良，空气清新，生态环境良好，为木耳的优质生产提供了得天独厚的条件。经过多年的发展，扎兰屯黑木耳产业已经形成了规模化、标准化和品牌化的特点。

扎兰屯市积极推进品牌化建设。并通过参加各种展会和宣传活动，扩大了品牌的知名度和影响力。扎兰屯市的黑木耳产业具有悠久的历史、丰富的资源和现代化的生产方式等特点，是当地经济发展的重要支柱之一。

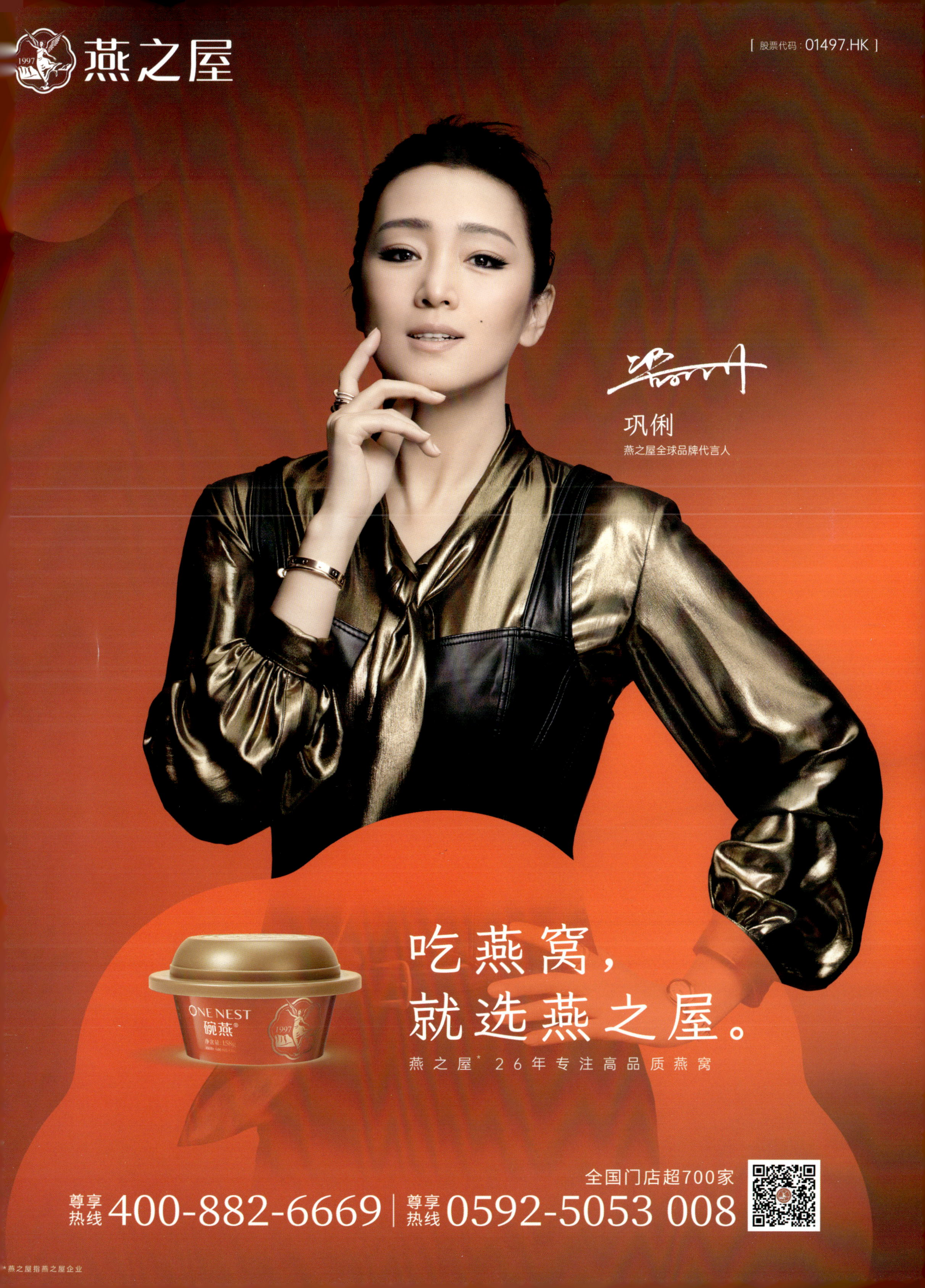
燕之屋
[股票代码：01497.HK]
巩俐
燕之屋全球品牌代言人
ONE NEST
碗燕
吃燕窝，
就选燕之屋。
燕之屋* 26年专注高品质燕窝
全国门店超700家
尊享热线 400-882-6669 | 尊享热线 0592-5053 008
*燕之屋指燕之屋企业

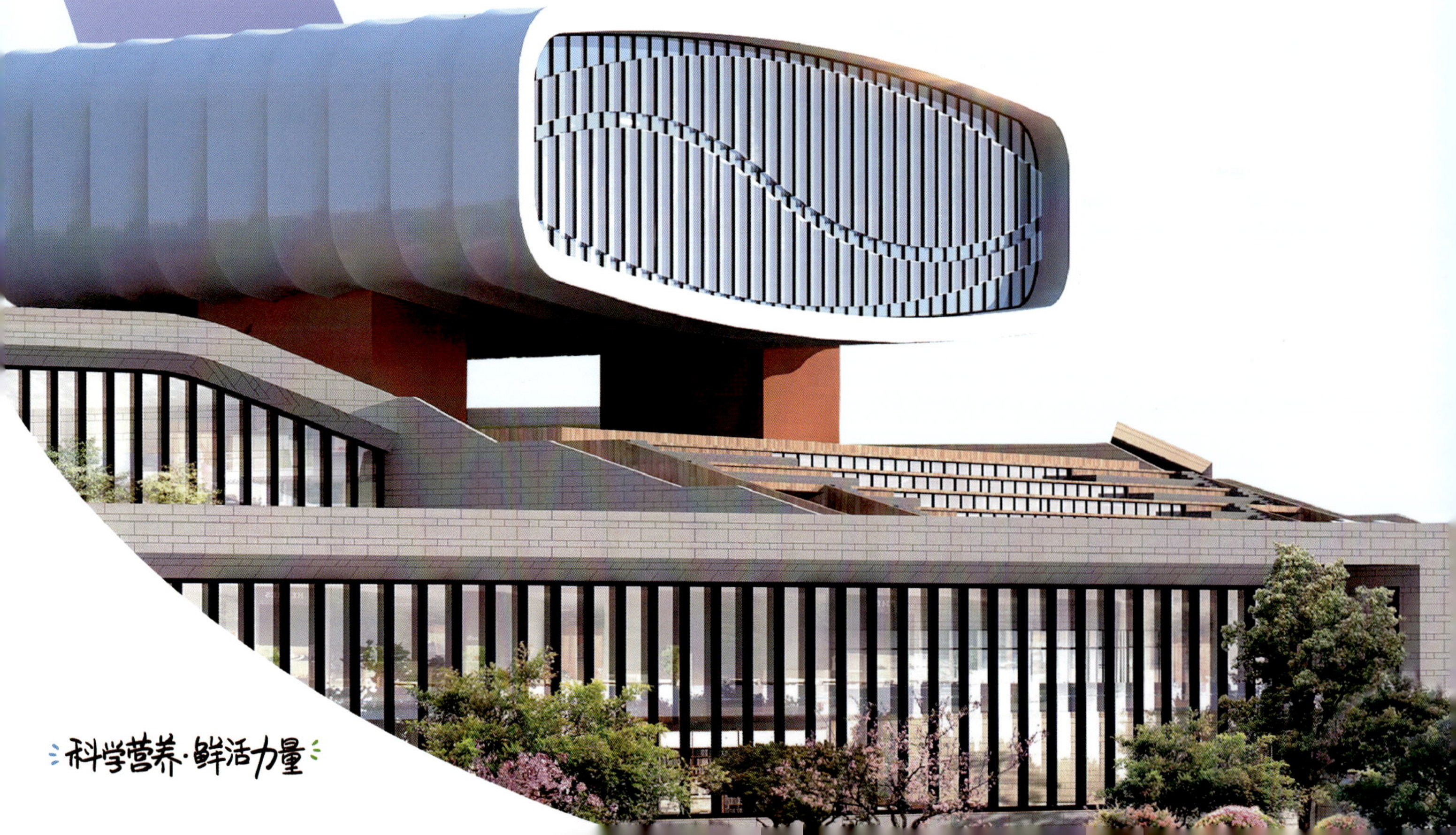

A SCIENTIFIC INDUSTRIAL CHAIN

科学布局全产业链

2 科学生态草场

52.5万亩
牧草种植基地

4 科学绿色工厂

25个工厂

6 科学营养研究院

奶业创新研究院
升级为科学营养
研究院

1 科学育种中心

7头世界排名前
200名的种公牛

3 科学营养牧场

45个牧场
15万头奶牛

5 科学质检中心

通过BRCGS AA+
认证、IFS认证

SIX WORLD-CLASS MODELS

六个世界级模式

世界级的**奶牛育种**

君乐宝开创“国内国外同步自主育种”新赛道。现有世界排名前10名优秀种公牛1头；世界排名前50名的优秀种公牛3头；世界排名前200名优秀种公牛13头。

以上排名来源于2023年8月美国荷斯坦红皮书*

世界级的**研发平台**

投资5亿元创建君乐宝科学营养研究院，以打造世界级奶业研发中心为目标，从牧草种植、奶牛遗传育种、乳品工艺技术到新产品开发，进行全产业链研究。

世界级的**先进牧场**

大型现代化、智能化牧场，全程系统控制，在线监测牛奶质量、TMR精准饲喂,自建自控奶源体系，原奶主要指标优于欧美和日本标准。

世界级的**领先工厂**

整合来自德国、丹麦、新西兰等10余个国家、20多项专利、30多家供应商设备和技术支持，生产品质优质产品。

世界级的**合作伙伴**

优选全球优质供应商，规范源头管理，严格控制供应商质量，确保产品的品质与安全。

世界级的**食品安全管理体系**

通过欧洲“BRCGS食品安全全球标准”AA+认证及欧洲IFS认证。
奶牛养殖、原辅料供应、包装材料供应、生产加工、仓储运输、销售六个环节通过SGS全产业链认证。

STAR BRANDS

明星品牌

优萃 [让小宝宝先吃上有机食品]

有机奶粉第一品牌

有机生牛乳，小分子蛋白，吸收天然营养

旗帜 [98秒急速鲜活 为超级吸收力加冕]

“鲜活”奶粉开创者

独创“鲜活”专利，更多天然活性蛋白

小小鲁班 [上幼儿园 喝小小鲁班]

儿童奶粉专家

36种营养元素科学配比，科学满足3+儿童生长发育

简醇 [怕蔗糖 喝简醇]

低温酸奶第一品牌

全系低GI认证酸奶

悦鲜活 [更好喝的鲜牛奶]

高端鲜奶第一品牌

0.09秒超瞬时杀菌技术，保留更多鲜与甜

纯享 [自然 原本 美味]

高端酸奶领先品牌

天然食材的健康美味酸奶

乐钙 [两倍原生钙，吸收源动力]

首款2倍原生乳钙奶粉

乳源钙 I 低Gi食品 I 适合中老年人食用

广州酒家集团利口福食品有限公司

广州酒家集团利口福食品有限公司成立于1998年，是广州酒家集团旗下的大型现代化食品生产企业，公司旗下拥有湘潭公司、梅州公司2家全资子公司、茂名粮丰园公司1家控股子公司及4家参股公司。利口福公司产品涵盖中秋月饼、速冻点心、广式腊味、预制菜肴、莲蓉馅料、端午粽子、西饼面包、休闲食品等八大系列。数百单品，产品享誉海内外。

利口福公司先后建立起ISO9001质量管理体系、ISO22000、HACCP、FSSC22000食品安全管理体系，每个生产车间均严格按照GMP和SSOP要求设计和建造，从原料进厂到产品出仓实施全过程的检验和监控，全面推行6S管理，构成了强大的食品安全管理体系。利口福公司已通过美国食品药品管理局（FDA）和中国合格评定国家认可委员会（CNAS）的审核，食品安全管理水平和食品检测能力已达到国际先进水平。

利口福公司始终秉持“依靠食品科技创新，推动企业品牌建设”的发展战略，持续加大研发投入，科技创新成果显著。公司先后获批建立广东省广式月饼烘焙工程技术研究中心、中国轻工业焙烤食品工程技术研究中心、中国焙烤食品糖制品工业协会焙烤食品研究院等多个研发机构，初步建成了协同创新、资源协调、成果共享的创新平台，获得“高新技术企业”认定。同时利口福公司还先后与广东省科学院智能制造研究所、华南理工大学、华南农业大学等科研院校建立了长期稳定的产学研合作机制，获批设立“广东省博士工作站”“广州市博士后创新实践基地”。

经过多年发展，利口福公司已经成为国家食品重点企业、华南地区大型的综合食品加工基地、多项国家技术标准的制定者和参与者，利口福品牌被认定为“广州老字号”，获得“中国轻工业二百强企业”“中国轻工业食品行业五十强企业”“中国月饼第一家”“中国月饼十强企业”“中国改革开放40周年焙烤食品糖制品产业领军企业”“广东省重点农业龙头企业”“最美绿色食品企业”等荣誉。

▲ 广东省重点农业龙头企业

▲ 最美绿色食品企业

▲ 全国第一条机械手月饼自动包装线

▲ 自动码垛线机器运作

▲ 湘潭基地

▲ 梅州基地

▲ 茂名基地

中国食品发酵工业研究院有限公司

研究院概况

中国食品发酵工业研究院有限公司（以下简称“中国食品院”）是我国食品行业国内领先、国际同步的科研开发机构，致力于为我国食品行业发展提供全产业链的技术支撑和解决方案。1999年转制为中央直属12家大型科技型企业之一，现为中国保利集团有限公司所属中轻集团全资子企业。

建院以来共完成国家科研项目1000余项，荣获国家和省部级科技奖300余项，获得发明专利授权200余项，制定标准800余项。2020年入选首批国资委“科改示范企业”，2022年获批国家技术创新示范企业及北京市“专精特新小巨人”企业。拥有14个国家科技创新基地、国家一级学科硕士学位授予点和博士后科研工作站。2022年科改示范标杆企业。

主营业务

中国食品院主营业务为食品发酵行业的科技研发、标准制定、高端服务、科技成果转化。在白酒、啤酒等酒种及传统酿造食品关键技术和品质提升、新食品资源和营养功能食品、食品工业微生物利用等领域居国内领先地位；在精准营养干预、传统工艺升级与智能酿造、微生物代谢过程调控、消费者科学评价等技术领域具有领先优势；拥有我国传统发酵微生物菌种资源库，在薄壁金属容器、生物技术、食品技术等领域拥有国际标准制修订工作平台；在国家食品安全和真实性保障、食品标准制定、食品行业共性关键技术、产品创制等方面发挥着不可替代的作用。

服务平台

标准化技术委员会

- 全国白酒标准化技术委员会秘书处(SAC/TC358)
- 全国特殊膳食标准化技术委员会秘书处(SAC/TC466)
- 全国酿酒标准化技术委员会秘书处(SAC/TC471)
- 全国饮料标准化技术委员会秘书处(SAC/TC472)
- 全国食品直接接触材料及制品标准化技术委员会金属制品分委会秘书处(SAC/TC397/SC5)
- 全国食品标准化技术委员会罐头分委会秘书处(SAC/TC64/SC2)
- 全国食品标准化技术委员会工业发酵分委会秘书处(SAC/TC64/SC5
- 国际标准化组织薄壁金属容器技术委员会(ISO/TC52)秘书处承担单位
- 国际标准化组织生物技术委员会（ISO/TC276）对口单位
- 国际标准化组织食品技术委员微生物学分委会(ISO/TC34/SC9)对口单位
- 国际标准化组织食品技术委员会水果与蔬菜制品分委(ISO/TC34/SC3)对口单位

国家微生物资源平台

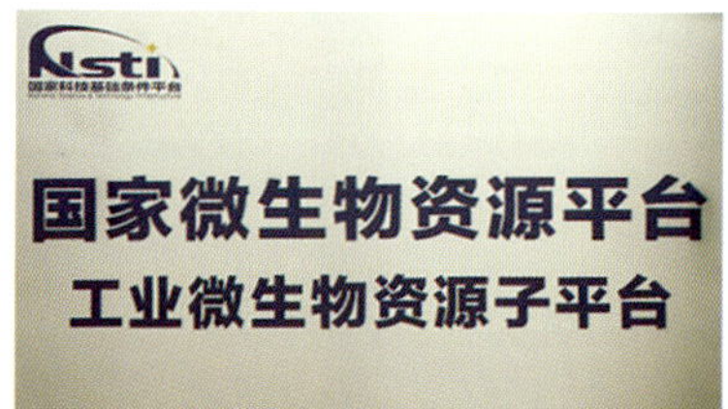

中国工业微生物菌种保藏管理中心

国家酒类品质与安全国际联合研究中心

功能主食创制与慢病营养干预北京市重点实验室

北京市蛋白功能肽工程技术研究中心

全国食品与发酵工业信息中心

国际科技合作基地

行业之最

- 新中国第一瓶干白葡萄酒、干红葡萄酒的技术创造者
- 中国白酒发展史上具有划时代意义的酒业生产工业化“三大试点”（烟台试点、汾酒试点、茅台试点）的科研牵头单位
- 国内首创催化加氢法木糖醇生产工艺和产业化
- 国内首个赤藓糖醇发明专利，奠定了基于解脂亚罗酵母的中国特色发酵工艺
- 啤酒行业第一本专业著作-《啤酒工业手册》
- 国内第一部微生物菌种目录
- 酿酒行业首个国家级国际酒类联合研究中心
- 国内首创发酵衣康酸菌种技术输出到全球500强公司
- 首个肽类国家标准起草牵头单位
- 国内最早食品学科学术期刊《食品与发酵工业》
- 国内首个从事蛋白功能肽研发的科技创新平台
- 首个从事现代果蔬发酵产业化的研发平台
- 国内首个国家级食品及发酵领域标准化研究综合服务平台
- 国内首家国际GI基金会认证的GI国际
- 联合研究与测试实验室

企业资质

★ 国家高新技术企业
★ 首批国资委“科改示范企业”
★ 北京市“专精特新”小巨人企业
★ 国家技术创新示范企业
★ 中关村高新技术企业

产品创制与市场推广平台

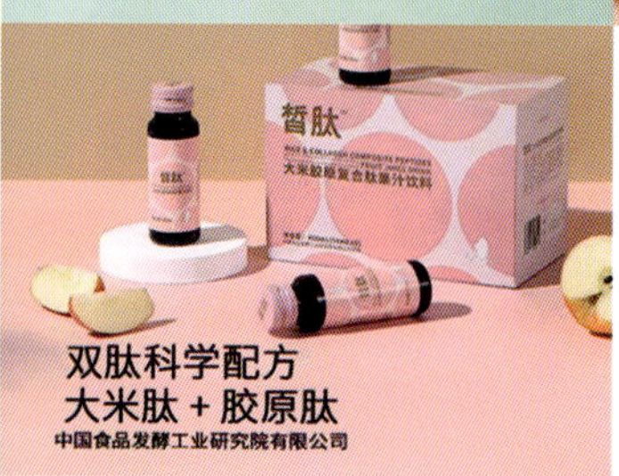

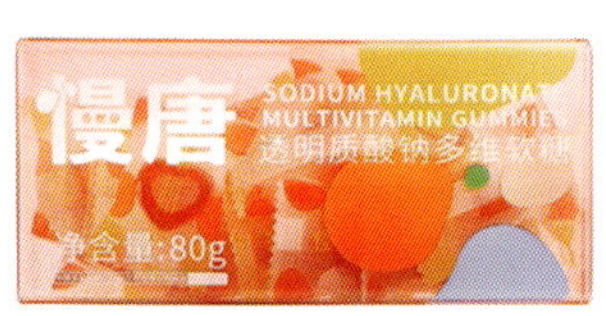

企业文化

◆ 愿景

美好生活的贡献者

◆ 使命

引领产业发展，创造美好生活。

围绕“绿色、健康、智能”的发展方向，以科技赋能实体经济，以创新引领产业升级，以服务保障人民生活品质

◆ 价值观

务实、创新、开放、协作、担当

务实是发展之基石；创新是发展之动力；开放是发展之活力；协作是发展之合力；担当是发展之支撑力

◆ 经营理念

以市场为中心、以共赢为目标、以问题为导向、以需求为引导。

◆ 战略定位

科技创新、产业运营双轮驱动，成为国际知名、国内领先的食品科技创新产业公司

国际知名——即食品与发酵领域的科技创新国际知名

国内领先——即在食品与发酵行业的科技研发、系统集成服务及科技成果产业化国内领先

宁波海关技术中心

NINGBO CUSTOMS TECHNOLOGY CENTER

中心介绍

宁波海关技术中心是隶属于宁波海关的事业法人机构，是集技术、科研、市场于一体的综合技术机构。获得检验检测机构资质认定证书、中国合格评定国家认可委员会的实验室认可证书、能力验证提供者证书、生物安全二级实验室认可证书、良好实验室规范符合性（GLP）证书、进出口商品检验鉴定机构资格证书、农产品质量安全检测机构考核合格证书等10余项检验检测资质，获认可检测项目达4万余项。主要承担进出口商品税则归类、属性鉴别化验、进出口法定检验、检疫、检测、鉴定、监测、隔离检疫、检疫处理、研究咨询与风险分析评估等相关的技术支撑工作；承担相关科研与技术开发、服务和成果转化，提供技术指导，开展相关技术方法标准的制修订工作；承担技术性贸易措施相关研究和服务工作；承担相关实验室规划、建设、管理、指导以及体系运行管理；承接政府、企事业以及相关单位或个人委托的技术服务与培训、咨询业务；配合各级政府部门开展食品安全宣传和风险交流工作。

现有干部职工700余人，其中享受国务院特殊津贴2人，国际组织注册专家任职2人，正高24人，副高70人，博士25人，硕士97人，大专及以上学历占95%以上，40余人次入选各级专家库、人才工程或行业专业委员会组织。拥有实验场地约7万平方米，各类仪器设备近9400台（套），总价值达7亿余元，下设动物检疫、植物检疫、分子、农兽药残留、理化、微生物、食品接触材料、毒理学安全性评价、消费品、油品、化工品、危险品分类鉴定、电气、检验鉴定、纺织服装、家具、资源与环境、轻工等21个专业实验室。

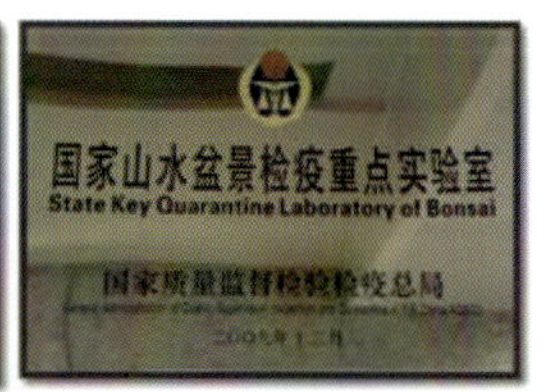

食品相关资质

检验检测机构资质认定证书（CMA）

中国合格评定国家认可委员会实验室认可证书（CNAS）

农产品质量安全检测机构考核合格证书（CATL）

国家水产品检测重点实验室

国家食品接触材料检测重点实验室

国家级进出口食品质量安全（毒理学安全性评价）风险验证评价实验室

市场监管总局、国家卫健委、农业农村部共同公布的食品复检机构

市场监管总局首批特殊食品验证评价技术机构

市场监管总局本级普通食品、特殊食品安全承检机构

韩国食药厅KFDA检测机构

地址：宁波市高新区清逸路66号　业务咨询：0574-87022701　业务受理：0574-86873715、0574-87022905

特色项目

二噁英及二噁英类多氯联苯

二噁英及二噁英类多氯联苯属于典型的持久性有机污染物（POPs），性质稳定，耐酸碱、光化学降解和水解，不仅能在环境中长期存在，还能随大气进行长距离迁移。同时，由于二噁英及二噁英类多氯联苯具有很强的亲脂性，可通过食物链进行逐级富集和转移。二噁英类物质除了广泛存在于大气、水质、土壤及沉积物等环境介质中之外，在动、植物体内以及牛奶、肉、蛋、水产品等食品中以及饲料中也能检测到它的存在，最终通过食物摄入等途径传递到人体内，对人类健康产生威胁。

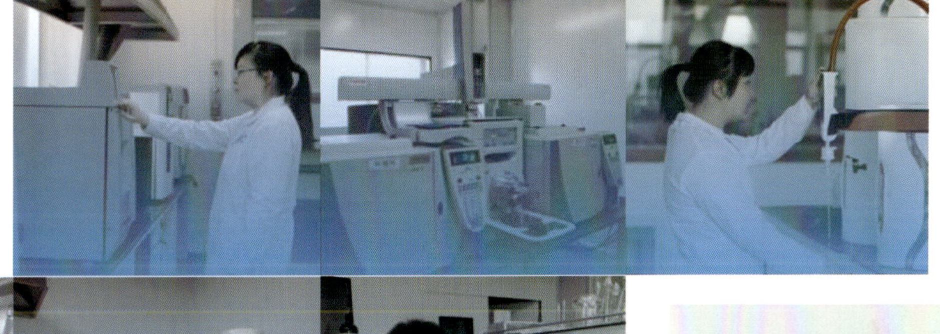

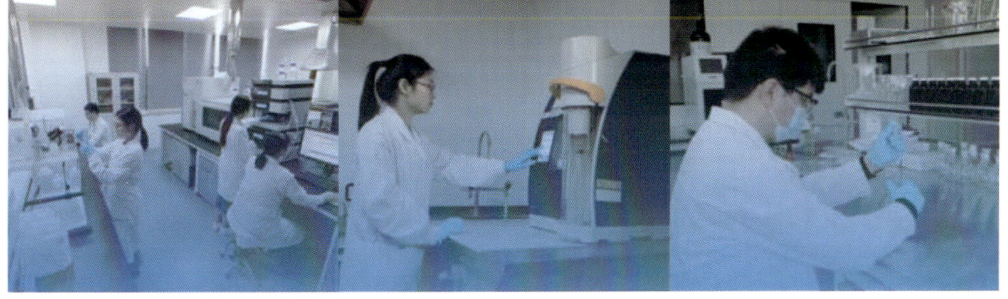

饲料及饲料添加剂

饲料是根据各种动物的营养需要，按科学的配方，利用各种饲料原料和添加剂经合理的生产工艺加工而成，是营养比较全面的商品饲料。饲料安全检测牵动着动物性食品安全的重要一环。近年来，宠物数量剧增，宠物食品的需求也不断扩大，随着对宠物健康喂养理念的提高，消费者和生产商对宠物食品的品质愈加重视。尤其是几次宠物食品安全事件的发生，宠物食品的检测需求增加。我国的饲料卫生标准、农业农村部第20号公告以及欧盟2002/32/EC指令等，对动物饲料中各类不良物质作出了明确的限量规定。

科研合作

积极开展食品相关领域技术研发，拥有食品安全国家标准审评委员会委员1名，国标委分专业委员2名，共主持参与各类科研项目130余项，组织或参与国家标准制修订34项，获专利授权40余项，以第一作者在国内外各类期刊中发表研究论文160余篇，获省部级科技进步二等奖4项、三等奖4项，参与获得中国轻工业联合会科学技术进步奖二等奖、中国食品工业协会科学技术奖二等奖、中国检验检疫学会二等奖等科研奖项。

业绩介绍

技术中心配合政府监管部门开展食品安全抽检工作，可以追溯至2006年，在长期大量的工作实践中积累了较为翔实有效的工作经验。自2016年至今，连续6年承担国家市场监管总局本级食品安全抽检任务。2015年至今，连续7年承担浙江省市场监管局食品安全抽检任务。此外还承担了上海市市场监管局、江苏省市场监管局等省级市场监管部门食品安全抽检任务，在各委托单位的考核中，均名列前茅。近3年累计承担总局本级、省级、市县级各级市场监管部门食品安全监督抽检任务54395批次，为食品安全监管工作提供了重要技术支撑。

白象食品
以守正之心弘扬中国传统面食文化

白象食品股份有限公司正式创建于 1997 年，是一家以生产销售优质面制品为主、以提升人民美好生活为宗旨的综合性食品企业。目前，产品横跨方便面、挂面、快鲜面、辣味速食、调味料、休闲食品、面粉、速冻食品、饮料等十余个品类。白象已在全国布局了12个优质面制品生产基地，旗下设有分子公司20余家，产品覆盖全国30余个省市自治区，出口至78个国家和地区，链接数十亿消费者。

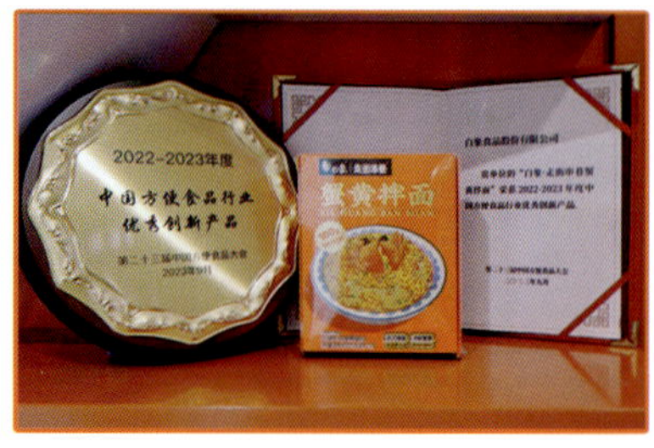

27年来，白象始终坚持食品产业不动摇，积极促进国家三农经济的发展，为农产品深加工发展、产业结构优化做出积极贡献。白象先后荣获“农业产业化国家重点龙头企业”、“全国主食加工业示范企业”、“中国面制品业最具活力企业”、“中国食品工业质量效益奖”、“河南省粮食加工和食品生产龙头企业”、“全球食品工业大奖”等称号。

白象始终坚守品质底线，秉承“优于行业标准，提升行业水平”的产品质量原则，坚持以科技引领食品营养健康。多年来，已自主研发、联合攻关等改进生产工艺60多项，拥有有效专利170件，其中发明专利13件、实用新型专利11件、外观设计专利146件。生产工艺和技术已达到国际先进水平，拥有面饼增水、低脂肪面饼工艺、挂面晾晒、100%荞麦面等核心技术；建立线上&线下新品孵化体系，大力推进产品创新，2023年度开发上市18个系列86支口味。

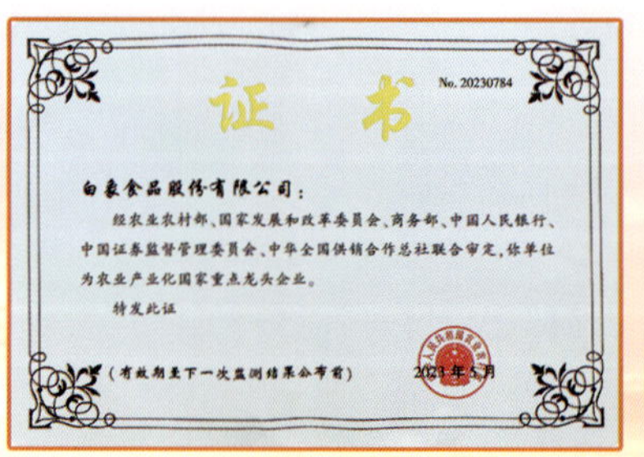
证　书

No. 20230784

白象食品股份有限公司：

经农业农村部、国家发展和改革委员会、商务部、中国人民银行、中国证券监督管理委员会、中华全国供销合作总社联合审定，你单位为农业产业化国家重点龙头企业。

特发此证

（有效期至下一次监测结果公布前）

2021年4月

白象中国面

27年专注中国好面

全网销额第一*

白象积极适应不断变化的新消费场景，主动和年轻人“做朋友”，深入挖掘、满足更多年轻消费者的需求。2003年，白象食品推出国内首款骨汤方便面——“1元大骨面”，成功填补了国内方便面行业骨汤品类的空白，凭借技术上的专注和前沿创新探索，白象食品引领了“开水泡面”到“骨汤泡面”的营养大升级。2012年，白象精炖大骨面作为中国方便面的代表，更是一举拿下世界食品科技大会的高级奖项“全球食品工业大奖”，实现全球方便面行业在该奖项50年历史上零的突破。

2018年，白象的研发人员在走遍全国26座城市之后，寻觅到广东的老火煲汤、江西的瓦罐汤、湖北煨汤、信阳固始鸡汤等数十种地道地方名汤。并在烹饪协会国家级烹饪大师、各地方名厨等专业人士的深入配合下，顺利提出“告别粉酱包，只用高汤包”的全新理念，行业首创的高汤面产品“白象汤好喝”再次提升了营养高度。

2022年11月在长沙开了第一家沉浸式主题店“白象泡面工厂”，随后又陆续登陆杭州、成都、南京、郑州、重庆等城市，打造泡面文化潮流IP，还推出了王者荣耀创意联名产品。

2023年，白象先后与中国国家女子足球队、中国国家女子排球队、中国国家女子篮球队完成签约，成为国内首家同时签约女子三大球的品牌。发扬体育精神，秉承冠军之志，白象希望在做好一碗面的同时，向社会传递奋勇拼搏、永不放弃的精神。

未来，白象食品将继续以提升家庭幸福为己任，不忘初心砥砺前行，推出更多符合消费者口味的产品，丰富家庭厨房。不断推进企业转型，加强与高科技的融合，促进食品行业的互联网化和智慧化，提升行业效率，引领行业发展。同时，坚持传承和弘扬中国美食文化，擦亮“中国制造”的名片。

哈尔滨商委肉制品有限公司

哈尔滨商委肉制品有限公司，创立于上世纪五十年代，是哈尔滨市以生产肉灌制品而享有盛誉的老字号肉制品加工企业。

公司位于哈尔滨市道外区红旗大街516-2号，是一家现代化作业花园式肉类食品企业。企业通过了ISO22000食品安全管理体系认证，ISO9001质量管理体系认证，引进了精密度高的自动化设备，拥有电子化和全电动化的国际生产线，厂房采用闭路监控及自动感应系统。无菌化操作确保食品安全卫生。

产品采用欧洲传统工艺结合现代科技配方，生产出几十种产品，其中“商委牌”红肠、儿童肠、烤肠、松江肠、松仁小肚、叉烧肉、风干肠、炸丸子等最具特色。“商委牌”红肠是以精选的优质猪肉为原料，经传统加工工艺，由从业几十年的老师傅，采用果木烤制而成，成品呈枣红色，肠体干爽伴有光泽。入口熏香、肉质劲道、咸淡适中以及回味持久、绵长的清香味是商委红肠独有的风味和口味。产品既具有红肠古老的经典原味还具有现代生产工艺特征。

多年来，公司本着为消费者提供新鲜、健康、味美、价廉的食品为企业宗旨和干干净净做食品，严把食品安全关的经营理念，无连锁、无分店、全国仅唯一一家店。从原料进厂到产品出厂均实行一条龙逐层把关制度。无论原料、辅料的使用都精选正规厂家的产品，并按规定做到索证齐全，进厂的原料还要进行二次挑选，未经挑选的原料不得进入下道工序，从而严格控制了原料的进出口关。产品都精选优质部位猪肉，按照“立陶宛”红肠传统工艺，由从业几十年的老师傅用果木烤制而成，所生产的商委红肠等产品入口熏香，肉质劲道，咸淡适中，回味绵长。既具有产品古老的经典原味还具有现代生产工艺特征。备受广大消费者的信赖和喜爱，常常是供不应求，门店销售经常是排起长龙大队。

为了保证生产适路畅销的产品，于董事长带领她的团队潜心研究开发新产品，制定了“你无我有，你有我优，你优我转”的产品开发策略。一方面注重提高每个职工的学习能力，鼓励技术人员参加各种专业的培训班，充分发挥职工的创造力，支持职工积极投身于新产品的研发；另一方面坚持深入市场搞调查研究，建立了请消费者参观制度，虚心征求广大消费者的意见和建议，对合理的建议一旦采纳即给奖励。

此外，公司还组织职工积极参加各种类型的设备及产品发布会，大胆将别人的先进经验运用于企业的自身管理。经过不懈的努力，公司已由过去生产红肠等单一的几个品种的肉灌食品发展到现在的40余个品种，并常常是供不应求。

在维权方面企业提高了商标管理部门工作能力，逐步完善商标管理制度。制定商标档案制度、商标标识使用与保管制度、使注册商标的使用、管理、保护沿着正确的、科学的、条理的轨道稳步提升。当发现和企业的商标公告出现与自己的商标相同和近似的，立即提出异议或争议。同时调查市场信息，捕捉市场动态。一旦发现侵犯自己商标专用权行为，或售卖假产品行为，立即向工商行政管理机关或司法机关要求处理，并要求侵权人赔偿损失，在执法部门调查侵权行为时，积极予以配合。

企业先后荣获了“中国质量万里行信誉质量保证单位”、“国家食品安全示范单位”、“中国食品行业名优产品”、“中国食品工业首批AAA级诚信企业”、“中国食品安全信用A级企业”、“全国消费者诚信满意品牌”、“国家级守合同重信用企业”、“中国肉类食品行业强势企业”、“中国肉类食品行业最具价值品牌”、“中国肉类食品行业先进企业”、“中国传统食品标志性产品”、“全国工人先锋号”、“中国特色风味食品标志性产品名录”等多项全国性荣誉称号，2023年董事长于桂芳荣获迄今为止中国肉类行业企业家的最高荣誉“中国肉类行业终身成就奖”。

“礼貌、务实、团结、创新”是商委人的企业精神，于桂芳董事长率领商委人要精心为顾客打造一个百年商委品牌，商委人愿与社会各界共创商委伟业。

益海嘉里
金龙鱼

金龙鱼
中国奥委会官方粮油产品赞助商

金龙鱼

6步鲜
米精控技术
鲜割 鲜谷 鲜存 鲜碾 鲜装 鲜食
特等奖
科学技术奖
2022年度中国粮油学会

金龙鱼
乳玉皇妃
五常大米 稻花香2号
限定五常龙凤山小产区
金龙鱼
鲜
稻谷鲜生
六步鲜五常大米
金龙鱼
五常基地
原香稻

杭州豆制食品有限公司

杭州豆制食品有限公司是一家已有170年历史的“中华老字号”企业，历史悠久，品牌文化深厚，为杭州市“菜篮子”重点商品保供稳价单位。产品销售覆盖杭州市区，辐射浙江省内以及江苏、上海等省市区域市场，公司产品品类齐全，豆腐类、豆干类、油货类、素鸡类、千张类、豆皮腐竹类、休闲素食类、豆浆豆奶类、蛋制品及面筋制品类、禽血制品类等大类产品在市场和广大消费者中有着很好的口碑。

杭州豆制食品有限公司全资企业“杭州鸿光浪花豆业食品有限公司”，是国家级农业综合开发产业化投资项目，坐落于杭州市余杭区凤都工业开发区，投资人民币2亿多元，建有行业领先的大型生产基地，拥有多台（套）智能化自动化先进生产线，“机器换人”一直领先行业；为浙江省高新技术企业研究开发中心，建有10万级净化生产车间和自来水二次净化大型设备，配有现代冷链物流装备；建立并通过了HACCP、ISO9001要求的质量管理体系，运用信息化和全程、全区域的网络管控等技术，实行透明化工厂生产，开展文明经营管理。公司致力于生态环境的保护，为创建生态文明、履行企业社会责任在行业中树立了标杆。

公司坚持品牌战略，重视“产、学、研、市”一体化建设，是国家高新技术企业、杭州豆制品制作技艺“非遗”保护单位。2004年，与有关单位协同发起和创立了中国食品工业协会豆制品专业委员会，并长期担任副会长单位；同时又是浙江省食品工业协会副会长单位、杭州市食品工业协会会长单位、中国豆制品行业质量安全示范单位、浙江省高等院校“十佳诚信”供应商。长期以来，公司致力于行业发展，开展并参与产品及管理标准的制订工作，包括CAC国际标准《非发酵豆制品》；国家标准《非发酵豆制品》、《植物蛋白饮料（豆奶和豆奶饮料）》、《非发酵豆制品生产管理规范》；行业标准《纳豆》、《卤制豆腐干》、《植物蛋白饮料〔豆奶（豆浆）和豆奶饮料〕》、《大豆食品分类》等等，公司产品列入中国食品工业营养健康行动标志性成果名录。

公司先后荣获了“浙江老字号”、浙江省农业龙头企业、浙江省名牌产品、杭州市集体劳动模范等荣誉；“鸿光浪花”内酯豆腐、豆腐干等产品连续被中国绿色食品发展中心认定为“绿色食品”。

杭州豆制食品有限公司巩固了百年企业的制胜优势，持续向大健康产业、年轻化产品转型升级，实现了食品安全保障、产品创新和优质服务；持续把生产装备的智能化、自动化与产品的传统工艺和特色深度融合，实现了产品品质的不断优化、品牌厚度的不断提升；持续把服务市场和消费需求作为企业发展的优势，实现了“全渠道、全产品、全效率”服务。同时，公司长期为浙江省政府、杭州市政府、在杭及周边地区的各类院校提供优质的产品和细致的服务。近年来为“G20杭州峰会”、“全国第十三届学生运动会”、“浙江大学120周年校庆”、“杭州亚运会”等大型社会活动提供了高质量的供应保障服务。

新时代是不断满足人民美好生活向往和需要的时代。“鸿光浪花”将事事追求食品安全与卓越，处处放眼科技进步与创新，人人善为服务优质与领先，继续书写好“鸿光浪花·中国好豆腐”的百年品牌文化和传统食品产业的新辉煌。

广东远航酒业集团

广东的双蒸，世界的米香

2023年是九江双蒸品牌（远航酒业集团旗下品牌，在本文用作远航酒业的代称，下同）迈向世界米香的重要一年，继“九江双蒸酒”成为广东乃至米香品类首个获批“纯粮固态发酵白酒标志产品”，又携手快手火箭完成米香品类的首次飞天。更凭借纯粮真实力斩获吉尼斯“世界最大纯粮标志”的世界纪录，这一“世界最大”称号背后，不止彰显了九江双蒸的品质实力，也意味着品牌身上承载着更重的责任。

2023年1月，九江双蒸酒顺利通过“纯粮固态发酵白酒标志”认证，成为广东省乃至整个米香品类首个获批纯粮固态发酵白酒标志认证的产品和品牌。自然的纯粮固态发酵是中国白酒的精髓和灵魂，九江双蒸酒此次通过纯粮固态认证背后，既是中国食品工业协会白酒专业委员会对产品品质的认可，也是对九江双蒸坚持品质第一、坚守食品质量安全第一的认可。

实际上，多年来九江双蒸始终秉承“醒酒快”健康理念，为了实现产品品质提升，严格遵循精选大米、精磨大米、精准蒸馏、精心储存、精心勾调的五精工艺，极大提升了九江双蒸酒饮后舒适度。

众所周知，一款好的产品能够生产并且受到消费者的认可，离不开好的研发团队、好的生态环境、好的酿造技术等核心要素。多年来九江双蒸借助现代科技进行工艺创新，推动米香白酒在陈年贮藏、饮用体验等方面实现技术突破，其发明专利数量居全国白酒企业第8位（截至2023年7月），在米香品类乃至整个白酒行业均处于全国前列。

为进一步夯实“广东的双蒸，世界的米香”战略定位，6月3日，九江双蒸成功挑战吉尼斯“最大纯粮标志”世界纪录，让全世界的人民共同见证了九江双蒸品牌的实力，九江双蒸成功抢先占位“世界纯粮米香”的定位，让产品的独特工艺和品质被更多人了解，为米香品质光瓶酒提供了更广阔的生长土壤与空间。

可以肯定的是，获得“世界最大纯粮标志”吉尼斯世界纪录后，九江双蒸未来必将以更大的声量在光瓶酒市场上争得一席之地。

回顾2022年至今，除了吉尼斯挑战这一出圈活动以外，在品牌方面，九江双蒸更是通过多渠道、多场景的持续投入，不断拉升米香品类及九江双蒸品牌的高端性和营销精准度。2023年3月，九江双蒸作为中国航天官方授权的“快舟火箭官方合作伙伴”，与快舟火箭一同成功升空，代表米香品类和粤酒板块完成了首次飞天，开启了品牌营销的星辰大海时代。

此次双方合作是一次双相赋能的双赢合作，九江双蒸为中国航天事业助力的同时，快舟火箭也能凭借自身强大的影响力，助推九江双蒸再次出圈。这次飞天不仅向世界再次展示出中国米香白酒品牌的强劲实力，更强化了“广东的双蒸，世界的米香”这一深层次认知。

伴随着九江双蒸与快舟火箭飞天成功，前者构建的“海陆空”三位一体品牌营销体系进一步完善。将有利于进一步立体化推进米香白酒及九江双蒸在全国、全球的影响力，在不断破圈的同时，塑造并强化了九江双蒸高端米香白酒的形象。

吨位决定地位，高端决定天花板。在此背景下，米香白酒领域迎来首个酒庄酒高端产品——双蒸1821酒庄酒，首创米香真年份概念，赋予了米香白酒全新的价值表达点。在今后的发展中，九江双蒸将凭借酒庄酒的高端性进一步拉动米香品类的价值回归和提升。作为米香白酒头部品牌，九江双蒸推出高端化的酒庄酒，不仅进一步优化了自身产品结构，更是补齐了米香白酒品类高端化的短板，让品类崛起和高质量发展有了更有利的抓手。它的上市标志着九江双蒸品牌的再一次跨越，对远航酒业集团的品质化、高端化战略具有里程碑意义。

CLASSIC SERIES

魅力厨房经典系列

新米粥

香醇顺滑，原汁原味

优选3新大米：当季收割新稻谷、
当天脱壳谷里新、当天熬煮新米粥

绿豆汤

沙糯沁甜，清凉解暑

满满绿豆，入口香甜
夏日健康解暑选择

黑米粥

粗细搭配，健康主食

多米复配，低糖0脂
提供满满健康能量

红豆汤

香浓暖胃，甜而不腻

豆粒饱满，香气四溢
随时随地呵护暖胃

ATHLETES

体育·训练局国家队运动员备战保障产品

（新米粥、黑米粥、红豆汤、绿豆汤）

向未来·向更高

琅琊台

— 海洋生态 一地三香 —

53° 酱酒

52° 浓香海派原浆

53° 琅琊香爱我中华

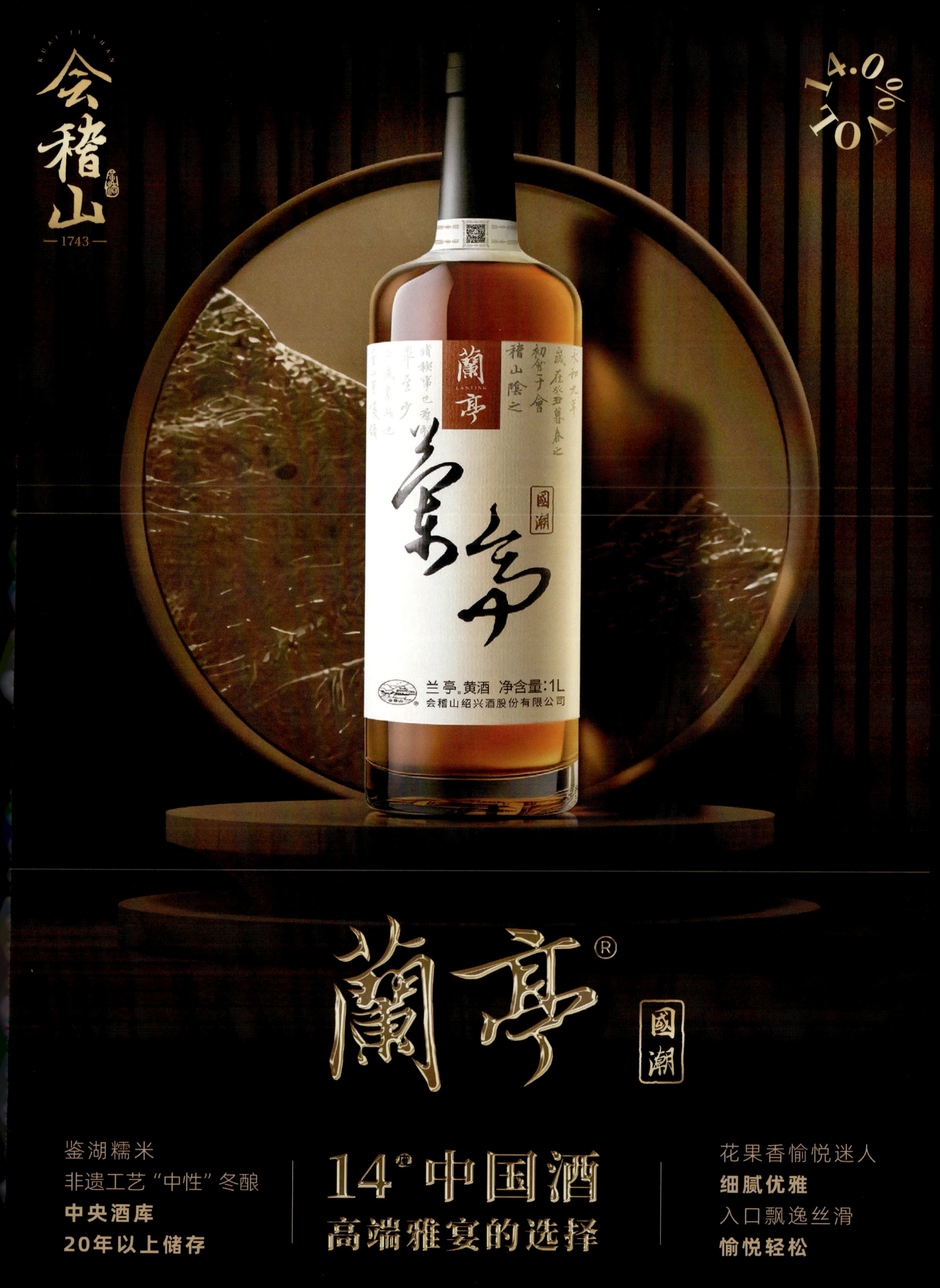

会稽山
1743
14.0%VOL
蘭亭
國潮
兰亭.黄酒 净含量:1L
会稽山绍兴酒股份有限公司
蘭亭®
國潮
鉴湖糯米
非遗工艺"中性"冬酿
中央酒库
20年以上储存
14° 中国酒
高端雅宴的选择
花果香愉悦迷人
细腻优雅
入口飘逸丝滑
愉悦轻松

小仙炖鲜炖燕窝

一、企业简介

小仙炖鲜炖燕窝成立于2014年，诞生于“健康中国”国家战略的时代背景。秉承“让滋补更简单，传承中国千年滋补文化”的企业使命，小仙炖开创鲜炖燕窝新品类，持续为用户提供一碗新鲜、营养有好吃的鲜炖燕窝。秉承系统性创新理念，使传统燕窝滋补产品升级为一套完整的燕窝滋补解决方案，加深了与当代消费者之间的连结，获得众多名人、明星的青睐，推动燕窝行业进入鲜炖燕窝的新时代。目前小仙炖鲜炖燕窝已实现连续6年全国鲜炖燕窝领先。

二、产品介绍

基于广大消费者面对传统燕窝滋补存在的“原料难鉴别、不知如何炖、不知如何吃、没有时间坚持”的四大痛点，和“一般炖煮难以保障燕窝营养留存”的一大难题后，小仙炖开创了鲜炖燕窝品类。原料采用马来西亚、印尼可溯源燕窝，配料只有燕窝、冰糖和水，保质期15天。与此同时，针对鲜炖燕窝的新鲜价值以及燕窝滋补需要长期规律滋补，小仙炖引入C2M模式并创新周期式滋补服务模式，用户下单后工厂新鲜炖煮，系统会自动按周进行拆分，每周顺丰冷鲜配送到家，开发“自助发货调整“小程序，可以修改发货时间和地址，用户可以随时随地自由享受不间断的燕窝滋补。

小仙炖不断匠心打磨产品，以期给用户更好的滋补体验。小仙炖科研及供应链团队多次深入马来西亚、印尼的热带雨林，探索发掘、甄选燕窝的全球优质产区。小仙炖加里曼之星，是来自1.4 亿年原始雨林加里曼丹岛的珍稀燕窝，选取通过小仙炖科研团队认证燕屋出产的7A级雨林燕窝，燕丝长达100mm以上，并进行30项标准严格筛选。此外，还需要历经60道复杂精密的工艺，由小仙炖8名匠人共同配合制作完成。匠人们通过“三觉鉴定法”因“盏”制宜，定制精准的炖煮工艺，严格把关炖煮而成。

三、技术优势

小仙炖在开创鲜炖燕窝品类的同时，创新鲜炖工艺并研发专利炖煮设备，360度旋转180次模拟手工炖煮，以保证燕窝营养和口感保持在最佳状态。经科研实证，小仙炖创新的专利鲜炖工艺在活性蛋白的留存方面具有更高的优势，能够释放燕窝中的活性蛋白，并有效的对活性蛋白进行留存。实验研究表明，小仙炖鲜炖燕窝工艺可147%有效激活燕窝可吸收总蛋白，此外，小仙炖鲜炖专利炖煮的鲜炖燕窝中，以LOXL3、MUC5AC为代表的燕窝关键活性蛋白留存率可达295.7%。

四、品牌战略

自成立以来，小仙炖肩负“让滋补更简单 传承中国千年滋补文化”的使命，潜心为消费者提供新鲜、营养、好吃的鲜炖燕窝，致力于推动中国滋补行业高质量发展。企业的战略始终以创新驱动、高质量供给引领和创造新需求为出发点，把企业的发展同国家深化供给侧结构性改革战略有机结合起来。

2021年，为了拓展用户沟通场景，小仙炖开始布局线下渠道，通过线下场景创新进一步传递中国千年滋补文化，希望引领中式滋补进入现代人的主流生活。一方面，小仙炖革新线下零售场景，将门店布局于在全国布局高端商场，比邻国际一线品牌，塑造中式滋补品牌新认知。另一方面，小仙炖基于东方养生哲学，创新升级“科学滋补+专业养生”服务升级线下门店健康服务，为消费者提供从科学的HRA健康评测、滋补顾问专业滋补建议到“养生下午茶”等深度滋补养生服务在内的一站式科学滋补养生解决方案，进一步引领中式滋补的价值升级。

小仙炖始终坚持“守正创新”原则，在扎实做好小仙炖鲜炖燕窝品牌的基础上，积极推动鲜炖燕窝与主流生活方式场景的创新融合，通过现代化科研和创新，实现中式滋补文化的现代化突破。同时，小仙炖将自身发展经验和成果共享，以“小仙炖标准”为核心进行产业链布局，用标准化赋能燕窝行业向上发展，带动中式滋补行业创新发展。

五、企业及领导荣誉

经过多年的深耕，小仙炖的努力和成绩屡获认可。2022年，小仙炖获北京市2022年度第一批“专精特新”企业认定。同年7月，小仙炖企业科协正式成立，并成为朝阳区成立的首个新消费品牌企业科协，为品牌高质量发展提供科研动能。在2022年河北省工业和信息化厅公布的“河北省工业企业质量标杆企业”及“河北省省级绿色工厂”名单中，小仙炖均作为唯一的中式滋补品牌入选。2023年，商务部公布入选电子商务示范企业名单，小仙炖鲜炖燕窝作为燕窝行业唯一代表成功入选，这些成绩都是对小仙炖自身成绩和行业影响力的充分肯定。

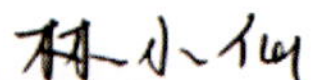

小仙炖鲜炖燕窝创始人
首席产品官&科研官
首席可持续发展官

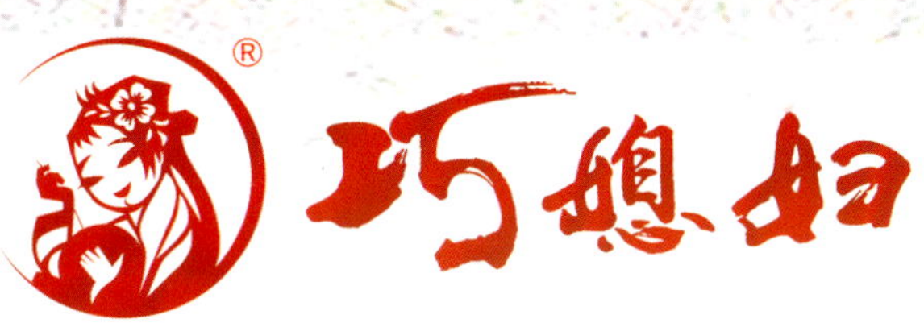

古方龍缸

山东巧媳妇食品集团是链接基础调味料、复合调味料、预制菜产业链条的专业化调味品生产企业，在济南、青岛、淄博、菏泽、泰安建有大型生产基地，公司酱油、食醋、酱类、蚝油、料酒产品年产量均位居全国前十强，现已形成以山东为核心，辐射全国的营销网络，企业先后荣获农业产业化国家重点龙头企业、国家高新技术企业、山东省瞪羚企业、首批好品山东品牌、山东省制造业单项冠军企业、山东省民营企业创新100强等荣誉称号。

“闻香须下马，知味且停车”。从1895年巧媳妇前身“福源永”酱园创办至今，巧媳妇食品百年坚守传统酿造技艺，厚道为本，质量为先，将山东人心中熟悉的老味道传承至今。2022 年，巧媳妇酱油传统酿造技艺列入淄博市“市级非物质文化遗产”代表性项目名录，成为千年齐鲁饮食文化风俗的活化石，更是代表鲁菜经典风味走向全国的一张靓丽名片。

为了守住老味道的“正”，传承、发展百年来在消费者心中沉淀下来的老味道，巧媳妇食品形成了以“酱香”为独特风味优势的巧媳妇酱油系列产品，重点推出了以古方龙缸手工酱油为代表的“手造”系列产品、“零添加”系列产品，先后打造了巧媳妇小米醋、巧媳妇清香米醋等多款醋类经典产品，填补了醋品类中米醋细分品类的空白，定义米醋行业新标准，并先后荣获“特色风味食品标志性产品”、“山东特色优质食品”等荣誉称号。

守正创新，以质为本。巧媳妇食品现已建成全品类、多规格的定制化产品体系，构建了从农田到餐桌的全链条数字化管理系统，作为省级企业技术中心，公司充分发挥风味研发与生产技术优势，在继续深耕基础调味料的基础上，持续以复合调味料的研发生产为参与预制菜产业链条的切入点，迅速占领原料供应高地，形成技术领先优势，全力为食品企业、餐饮企业、团餐企业等全产业链条客户做好配套服务。

为精准服务各渠道客户，巧媳妇将进一步完善复合调味料产品体系，构建佐餐类、厨房热烹类、厨房拌制类、预制食品类四大产品品类。与此同时，在保障产品品质稳定的基础上，利用公司食品工业销售渠道、餐饮销售渠道的基础优势，加强对食品企业、餐饮企业、团餐企业的业务开发力度，优化工业客户服务体系。

巧媳妇食品始终致力于持续推动全产业链条的协同、融合、共生、共赢，在向美味方案解决商、食品工业服务商的转型升级之路上坚实迈进。